KB179964

Discovering Modern C++ 2/E

필요한 것만 골라 배우는 모던 C++

Discovering Modern C++ 2nd Edition
by Peter Gottschling

필요한 것만 골라 배우는 모던 C++

초판 1쇄 발행 2022년 10월 12일 **지은이** 페터 고칠링 **옮긴이** 류광 **펴낸이** 한기성 **펴낸곳** (주)도서출판인사이트 **편집** 정수진 **교정** 오현숙 **본문 디자인** 최우정 **제작 · 관리** 이유현, 박미경 **용지** 월드페이퍼 **인쇄 · 제본** 에스제이피앤비 **등록번호** 제 2002-000049호 **등록일자** 2002년 2월 19일 **주소** 서울시 마포구 연남로5길 19-5 **전화** 02-322-5143 **팩스** 02-3143-5579 **이메일** insight@insightbook.co.kr **ISBN** 978-89-6626-368-4 책값은 뒤표지에 있습니다. 잘못 만들어진 책은 바꾸어 드립니다. 이 책의 정오표는 http://blog.insightbook.co.kr에서 확인하실 수 있습니다.

프로그래밍 인사이트

필요한 것만 골라 배우는

모던 C++

페터 고칠링 지음 | 류광 옮김

인사이트

차례

옮긴이의 글

2022년 1월에 출간된 《C++20: 풍부한 예제로 익히는 핵심 기능》(원서 *C++20: Get the Details*)을 번역하면서 C++20뿐만 아니라 '현대적(modern)' C++로 분류되는 C++11, C++14, C++17까지 아우르는 책이 있으면 좋겠다는 생각이 들었는데, 딱 그런 책을 번역하게 되어서 무척 기쁩니다. 이 책은 단지 C++ 언어의 개별 문법과 기능을 단편적으로 이야기하는 것이 아니라 현대적 C++ 프로그래밍 기법을 가르친다는 점에서 더욱 가치가 있습니다. 또한, 이제는 어느 정도 대중화되고 자료도 많은 C++11/C++14와 최신 표준으로 주목받는 C++20 사이에 "끼어서" 덜 주목받는 C++17에 관한 내용이 비교적 풍부하다는 점도 마음에 듭니다.

이 번역서의 저본은 2022년에 출간된 *Discovering Modern C++: An Intensive Course for Scientists, Engineers, and Programmers*(제2판)입니다. 원서의 부제가 암시하듯이 이 책은 C++을 과학 연구나 공학 프로젝트에 사용한다는 가정을 두고 현대적 C++ 프로그래밍을 논의합니다. 그러다 보니 개별적인 문법이나 기능을 설명하는 짧은 예제를 제외한 본격적인 예제들은 대부분 과학(특히 물리학)이나 공학 문제와 관련이 있습니다. 그래서 해당 분야의 배경지식이 없는 독자라면 동기 부여가 덜 되거나 흥미가 떨어질 가능성이 있습니다.

그렇지만 예제를 조금만 유심히 들여다보면 저자가 예제를 통해서 이야기하고자 하는 보편적인 가치들을 발견할 수 있을 것입니다. 예를 들어 다수의 예제(특히 행렬과 관련한)에는 "저수준의 성능과 고수준의 생산성을 모두 노린다"라는, C++ 언어 자체가 꾸준히 추구해온 가치가 깔려 있습니다. 그 밖에도 공통 인터페이스의 중요성이나 추상화의 위력 등등, 꼭 과학과 공학에만 적용되는 것은 아닌 여러 개념과 가치를 발견할 수 있을 것입니다. 그런 만큼, 과학자나 공학자가 아닌 독자라도 생소한 전문용어의 장벽을 적당히 넘기고(위키백과 등을 이용해서 대략 어떤 범주인지만 파악해도 충분하다고 봅니다) 보편적인 가치들에 주목한다면 이 책을 최대한 활용할 수 있을 것입니다.

이 책을 번역하면서 현대적 C++뿐만 아니라 프로그래밍 자체에 관해서도 많은 것을 배웠고, 생각할 거리도 많이 생겼습니다. 독자 여러분도 그랬으면 좋겠습니다. 그런 긍정적인 독서 경험에 방해가 되는 오탈자와 오역이 없길 바랄 뿐입니다. 제 홈페이지(https://occamsrazr.net/)에 이 책을 위한 공간을 마련해 두었으니, 오탈자나 오역을 발견하면 꼭 알려 주세요. 이 책을 위한 페이지는 홈페이지 오른쪽 상단 '번역서 정보' 링크를 통해서 찾을 수 있습니다.

이번에도 훌륭하고 꼭 필요한 C++ 전문서를 선정해서 제게 번역을 맡겨 주신 도서출판 인사이트 한기성 사장님과 제가 번역과 교정에만 집중할 수 있도록 모든 것을 잘 안배해 주신 정수진 편집자님, 수식 많은 까다로운 책을 문제없이 조판해 주신 조판 디자이너 최우정 님께 감사드립니다. 그리고 이 책의 출간에 기여한 모든 관련자분께도 감사의 뜻을 전합니다. 마지막으로, 교정 전문가로서 명백한 오탈자와 오역은 물론이고 고치면 문장이 훨씬 나아지는 미묘한 표현상의 문제점을 다수 지적해 준 아내 오현숙에게 감사와 사랑의 마음을 보냅니다.

재미있게 읽으시길!

—옮긴이 류광

서문

이 세상은 C++(그리고 C++의 C 부분집합) 위에 세워져 있다.

—허브 서터Herb Sutter

구글, 아마존, 페이스북의 기반구조는 C++ 프로그래밍 언어로 설계, 구현된 구성요소들과 서비스들에 기초한다. 운영체제, 네트워크 기기, 저장 시스템의 기술 스택 중 상당 부분이 C++로 구현되어 있다. 통신 시스템들을 보면, 거의 모든 유선전화와 이동전화의 연결을 C++ 소프트웨어가 제어한다. 그리고 제조업과 운송업 역시, 예를 들어 자동 통행료 수거 시스템이나 승용차/트럭/버스의 자율주행 시스템 같은 핵심 구성요소들이 C++에 의존한다.

과학과 공학에서 오늘날 쓰이는 대부분의 고품질 소프트웨어 패키지는 C++로 구현된다. C++ 언어의 위력은 프로젝트의 크기가 일정 수준을 넘어설 때, 그리고 사소하지 않은 자료 구조(data structure)와 알고리즘이 요구될 때 빛을 발한다. 현재 계산 과학 분야에서 다수의(대부분은 아니라고 해도) 시뮬레이션 소프트웨어(FLUENT, Abaqus, deal.II, FEniCS, OpenFOAM, G+Smo 등)가 C++로 구현되는 것은 놀랄 일이 아니다. 내장형 시스템(embedded system)들도, 내장형 프로세서와 컴파일러의 발전 덕분에 C++로 구현되는 사례가 늘고 있다. 그리고 사물 인터넷(IoT)이나 내장형 에지 지능(embedded edge intelligence) 같은 새로운 응용 영역은 모두 TensorFlow나 Caffe2, CNTK 같은 C++ 플랫폼들이 주도한다.

우리가 일상에서 사용하는 핵심 서비스들은 C++에 기반한다. 휴대전화, 자동차, 통신, 산업 기반, 그리고 미디어와 연예 오락 서비스의 핵심 요소들에는 모두 C++ 구성요소가 들어 있다. 현대 사회에서 C++ 서비스와 응용 프로그램은 어디에나 있다. 이유는 간단하다. C++ 언어는 다양한 요구와 제안을 수용하면서 발전했으며, 프로그래밍 생산성과 실행 효율성 면에서 여러 방식으로 혁신을 이루었다. 그 두 특성 덕분에 C++은 대규모로 실행되어야 하는 응용 프로그램을 위한 언어로 선택받았다.

C++을[†] 배우는 이유

하드웨어에 대단히 가까운 저수준 프로그래밍에서 추상적인 고수준 프로그래밍에 이르기까지 프로그래밍의 스펙트럼 전체를 포괄하는 언어는 사실상 C++뿐이다. 직접적인 메모리 관리 같은 저수준 프로그래밍을 통해서 프로그래머는 프로그램 실행 도중에 실제로 벌어지는 일들을 파악할 수 있으며, 그런 지식과 경험은 다른 언어로 된 프로그램의 작동 방식을 이해하는 데 도움이 된다. C++을 이용하면 전문가가 초인적인 노력을 들여서 작성한 기계어 코드에 근접한 성능을 내는 극도로 효율적인 프로그램을 작성할 수 있다. 그렇지만 그런 하드코어 성능 조율은 잠시 뒤로 미루고, 일단은 명확하고 표현력 있는(expressive) 소프트웨어를 작성하는 데 초점을 두는 것이 바람직하다.

명확하고 표현력 있는 소프트웨어를 작성하는 데 필요한 것이 C++의 고수준 기능들이다. C++ 언어는 광범위한 프로그래밍 패러다임들을 직접 지원한다. 이 책에서 다루는 몇 가지를 거론하자면 객체 지향 프로그래밍(제6장), 일반적 프로그래밍(제3장), 메타프로그래밍(제5장), 동시적 프로그래밍(§4.6), 절차적 프로그래밍(§1.5)이 있다.

C++ 공동체는 C++을 위해 여러 프로그래밍 기법을 고안했다. RAII(§2.4.2.1)나 표현식 템플릿(§5.3)이 그러한 예이다. C++ 공동체에는 언어 자체를 바꾸지 않고도 새로운 기법을 고안해서 구현한 사례가 많은데, 이는 C++의 뛰어난 표현력 덕분이다. 어쩌면 이 책을 읽는 여러분도 언젠가 새로운 프로그래밍 기법을 고안할지 누가 알겠는가?

이 책을 읽는 이유

이 책의 내용은 진짜 사람들의 시험을 거친 것이다. 필자는 독일의 한 대학교에서 3년간 매년 두 학기씩 “C++ for Scientists”라는 제목의 강좌를 진행했다. 학생들은 대부분 수학과였지만, 물리학이나 공학 계열 학생들도 있었다. 대부분의 학생은 C++을 전혀 모르는 상태였지만, 학기말에는 표현식 템플릿(§5.3) 같은 고급 기법도 구현할 수 있었다. 그 학생들과는 달리 여러분은 이 책을 여러분 자신의 속도에 맞게 공부할 수 있다. 본문의 주된 경로를 따라 빠르게 진도를 나아

† [옮긴이] 오랜 관례에 따라 이 번역서는 독자가 C++을 ‘씨뿔뿔’이라고 발음한다고 가정한다. 그래서 C++‘를’이 아니라 C++‘을’이다.

가도 되고, 때때로 부록 A에 있는 추가적인 예제들과 배경지식을 읽으면서 천천히 나아가도 된다.

미녀와 야수

C++ 프로그램을 작성하는 방식은 여러 가지이다. 이 책은 단순하고 직접적인 스타일에서 좀 더 정교한 스타일들로 여러분을 매끄럽게 이끈다. 정교한 스타일에서는 C++의 고급 기법들이 쓰인다. 그런 기법들이 처음에는 좀 난해하고 막막하겠지만, 점차 익숙해질 것이다. 사실 고수준 프로그래밍은 저수준 프로그래밍보다 적용 범위가 더 넓을 뿐만 아니라, 가독성이 더 좋고 성능 역시 저수준 프로그래밍과 비슷하거나 더 나은 코드가 나올 때가 많다.

C++ 프로그래밍 스타일에 대한 맛보기로 간단한 예제를 하나 살펴보자. 단계 크기(step size)가 고정된 경사하강법(gradient descent) 알고리즘의 원리는 아주 간단하다. 함수 $f(x)$가 주어졌을 때, 현재 위치에서 가장 가파르게 아래로 내려가는 기울기 $g(x)$를 계산하고, 고정된 단계 크기만큼 그 기울기를 따라 내려간다. 이런 과정을 반복하면 언젠가는 극소점(local minimum)에 도달하게 된다. 다음은 이 알고리즘을 의사코드로 표현한 것이다.

알고리즘 1: 경사하강법

입력: 시작 값 x, 단계 크기 s, 종료 기준 ε, 함수 f, 기울기 g

출력: 극소점 x

1 do
2 | $x = x - s \cdot g(x)$
3 while $|\Delta f(x)| \geq \varepsilon$

다음은 이 간단한 알고리즘을 두 가지 C++ 프로그래밍 스타일로 구현한 것이다. 기술적인 세부사항을 이해하려 들지 말고 그냥 전체적으로 훑어보기 바란다.

```
void gradient_descent(double* x,
    double* y, double s, double eps,
    double(*f)(double, double),
    double(*gx)(double, double),
    double(*gy)(double, double))
{
    double val= f(*x, *y), delta;
    do {
```

```
template <typename Value, typename P1,
          typename P2, typename F,
          typename G>
Value gradient_descent(Value x, P1 s,
    P2 eps, F f, G g)
{
    auto val= f(x), delta= val;
    do {
```

```
        *x-= s * gx(*x, *y);
        *y-= s * gy(*x, *y);
        double new_val= f(*x, *y);
        delta= abs(new_val - val);
        val= new_val;
    } while (delta > eps);
}
```

```
        x-= s * g(x);
        auto new_val= f(x);
        delta= abs(new_val - val);
        val= new_val;
    } while (delta > eps);
    return x;
}
```

처음에는 두 코드가 상당히 비슷해 보일 것이다. 둘 중 이 책이 선호하는 스타일이 어떤 것인지는 잠시 후에 이야기하겠다. 첫(왼쪽) 버전은 사실 순수한 C 코드이며, 실제로 C 컴파일러로 컴파일할 수 있다. 이 버전의 장점은 구체적인 용도에 대단히 최적화되어 있다는 점이다. 이 버전은 double 값들(**강조된** 부분들에 주목)을 다루는 하나의 2차원 함수를 최대한 효율적으로 구현하려 노력한 결과이다. 그러나 이 책은 용도가 더 광범위한 둘째 버전을 선호한다. 둘째 버전은 임의의 형식(type)의 값을 다루는 임의의 차원의 두 함수를 지원한다(**강조된** 부분들이 이러한 일반성을 위한 장치이다). 놀랍게도, 이런 범용적인 구현이 첫 버전보다 덜 효율적인 것도 아니다. 오히려 둘째 버전은 F와 G가 인라인화(§1.5.3)될 여지가 있으며, 그러면 함수 호출의 추가부담(overhead)이 사라지므로 성능이 향상된다. 그러나 첫 버전은 (추한) 함수 포인터를 명시적으로 사용하기 때문에, 컴파일러는 그런 최적화를 적용하지 못한다.

참을성 있는 독자를 위해, 구식 스타일과 새 스타일을 비교하는 좀 더 긴 예제를 부록 A에 수록해 두었다(§A.1). 그 예제는 이 장난감 수준의 예제보다 현대적인 프로그래밍 스타일의 장점을 좀 더 극명하게 보여준다. 그렇지만 많은 내용을 너무 급하게 제시하면 오히려 독자의 학습에 방해가 될 것이므로 부록으로 뺐다.

과학과 공학을 위한 프로그래밍 언어

> 모든 종류의 수치 해석 소프트웨어를 효율성 손실 없이 C++로 작성할 수 있다면 좋을 것이다. 그렇지만 C++의 형식 시스템을 훼손하지 않고도 그런 목표를 달성할 수 있는 뭔가가 발견되지 않는다면, 포트란이나 어셈블러, 또는 아키텍처에 특화된 확장 기능에 의존하는 것이 더 나을 수 있다.
>
> —비야네 스트롭스트룹 Bjarne Stroustrup

과학 및 공학 소프트웨어는 다양한 언어로 작성된다. 주어진 프로젝트에 가장 적합한 언어가 무엇인지는 프로젝트의 목표와 가용 자원에 달려 있다.

- MATLAB이나 Mathematica, R 같은 수학/통계학 패키지들은 패키지에 구현된 기존 알고리즘들을 활용할 수 있는 상황에서는 훌륭하다. 그러나 조밀한(fine-grained) 연산들(이를테면 스칼라 연산)이 관여하는 독자적인 알고리즘을 구현해야 하는 경우에는 성능이 크게 떨어진다. 풀어야 할 문제가 작거나 사용자의 인내심이 무한하다면 별문제가 아니겠지만, 그렇지 않다면 다른 언어를 고려해야 한다.
- 파이썬Python은 빠른 소프트웨어 개발(rapid software development, RAD)에 적합하며, "scipy"나 "numpy" 같은 과학 라이브러리들이 갖추어져 있다. 그런 라이브러리들은 흔히 C나 C++로 구현되어 있기 때문에, 그런 라이브러리를 사용하는 파이썬 응용 프로그램은 상당히 효율적이다. 그러나 조밀한 연산들이 관여하는 알고리즘을 직접 구현하는 경우에는 역시 성능이 떨어진다. 파이썬은 소규모 또는 중간 규모 과제를 효율적으로 구현하는 데 탁월하다. 그러나 프로젝트가 충분히 커지면, 좀 더 엄격한 규칙이 적용되는(이를테면 인수 형식들이 부합하지 않으면 설정을 거부하는 등) 언어가 필요해진다.
- 수학 패키지들처럼 포트란도 잘 조율된 기존 연산들(밀집행렬 연산 등)을 사용할 수 있을 때는 훌륭하다. 포트란은 노교수가 낸 과제(숙제)를 푸는 데 적합하다(노교수들은 포트란으로 풀기 쉬운 과제들만 내니까). 그러나 필자의 경험으로 포트란은 새로운 자료 구조를 도입하기가 상당히 번거롭다. 그리고 포트란으로 대규모 시뮬레이션 프로그램을 작성하기란 대단히 어려운 일이다. 요즘 자발적으로 그런 프로그램을 포트란으로 작성하는 사람은 소수이며, 점점 줄어들고 있다.
- C는 좋은 성능을 제공하며, 아주 많은 소프트웨어가 C로 작성되었다. C의 핵심 언어는 비교적 작고 배우기 쉽다. 그러나 크고 버그 없는 소프트웨어를 단순하고 위험한 언어 기능들로 작성하기란 쉬운 일이 아니다. 특히 포인터(§1.8.2)와 매크로(§1.9.2.1)가 그런 기능들이다. 가장 최근의 C 표준은 C17인데, 2017에 발표되었기 때문에 그런 이름이 붙었다. 늦든 빠르든 대부분의(전부는 아니지만) C 기능은 C++에도 도입된다.
- 자바나 C#, PHP 같은 언어는 응용 프로그램이 웹이나 GUI 위주이고 수치 계산이 그리 많지 않은 경우라면 좋은 선택일 수 있다.
- C++은 고성능 대규모 고품질 소프트웨어의 개발에 특히나 적합하다. 그렇다고 개발 과정이 반드시 느리고 고통스러운 것은 아니다. 적절한 추상을 도입

한다면 C++ 프로그램도 상당히 빠르게 작성할 수 있다. 필자는 향후 C++ 표준들에 더 많은 과학 라이브러리가 포함될 가능성이 크다고 생각한다.

아는 언어가 많을수록 선택의 폭이 넓어지는 것은 당연하다. 게다가, 그 언어들을 더 깊게 알수록 좀 더 근거 있는 선택이 가능하다. 그리고 대규모 프로젝트들은 여러 가지 언어로 작성된 구성요소들로 이루어질 때가 많다. 그렇지만 대부분의 경우 성능이 중요한 핵심부는 C나 C++로 구현된다. 다 떠나서, C++ 학습은 흥미로운 여정이며, C++을 깊게 이해하는 것은 여러분이 훌륭한 프로그래머로 성장하는 데 도움이 된다.

조판 관례

새로운 용어는 **돋움체**로 표시한다. C++ 소스 코드는 `int i = 1;`처럼 **고정폭 글꼴**로 표시하고, 중요한 세부사항은 **`auto i = 1`**처럼 굵게 강조한다. 클래스, 함수, 변수, 상수의 이름에는 영문 소문자와 밑줄 문자를 사용한다. 행렬은 예외인데, 일반적으로 행렬을 나타내는 변수는 대문자 하나로 표기한다. 템플릿 매개변수와 콘셉트는 대문자로 시작하며, 소문자들 다음에 또 다른 대문자가 올 수도 있다. 즉, 소위 낙타등 표기법(CamelCase)를 따른다. 프로그램의 출력이나 셸 명령은

```
g++ hello.cpp
```

처럼 소스 코드와 구별되는 형태로 표시한다

C++11이나 C++14, C++17, C++20의 기능이 필요한 항목(장, 절, 문단 등)에는 페이지 여백에 작은 상자로 해당 표준 이름을 명시했다. 단, C++11의 기능을 가볍게만(C++03의 표현식으로 쉽사리 대체할 수 있는 수준으로) 사용한 경우에는 C++11을 명시하지 않았다.

아주 짧은 예제 코드 조각들을 제외할 때, 이 책의 모든 예제 프로그램은 적어도 하나의 컴파일러로 시험한 것이다. 대부분의 경우는 세 가지 컴파일러(`g++`, `clang++`, Visual Studio)로 시험해 보았다. 이해를 돕기 위해 모든 예제를 최대한 짧게 작성했음을 밝혀 둔다. 그런 만큼, 실제 응용 프로그램에 쓰이는 모든 기능과 기법이 예제에 반영되지는 않았다. 또한, 아직 설명하지 않은 기능은 최소한으로만 사용했다. 이 책을 끝까지 다 읽은 후에 예제들을 처음부터 다시 훑어보

면서, 새로 배운 기능들과 기법들을 활용해서 기존 예제를 어떻게 개선할 수 있을지 생각해 보는 것도 좋을 것이다.

C++20의 기능을 사용하는 예제들은 여러분의 시스템에서 제대로 컴파일·실행되지 않을 수 있음을 주의하기 바란다. 이 책을 쓰는 현재 모든 컴파일러가 C++20의 모든 기능을 지원하지는 않는다. 그리고 지원한다고 되어 있는 기능이라도 100% 정확하게 지원하지는 않을 수 있다. `<format>` 라이브러리처럼 아직 컴파일러들이 표준 구현을 제공하지 않는 몇몇 새 표준 라이브러리에 대해서는 표준의 원형(prototype)이 된 라이브러리를 사용하기도 했다.

⇒ `directory/source_code.cpp`

문단이나 절에서 하나의 프로그램을 주되게 예제로 사용하는 경우, 문단이나 절 도입부에 위처럼 오른쪽 화살표와 함께 프로그램 소스 코드의 경로를 표시해 두었다. 모든 예제 프로그램은 깃허브의 공개 저장소 *https://github.com/petergottschling/dmc3*에 있다. 다음은 이 깃허브 저장소를 여러분의 시스템에 복제하는 명령이다.

```
git clone https://github.com/petergottschling/dmc3.git
```

Windows에서는 TortoiseGit(*https://tortoisegit.org*) 같은 GUI 기반 깃 클라이언트가 더 편할 것이다.

감사의 글

연대순으로 감사의 글을 전한다. 이 책의 단초가 된 80쪽 분량의 교재를 만든 카를 메르베르겐Karl Meerbergen과 그의 동료들에게 감사한다. 칼과 나는 2008년에 뢰번 카톨릭 대학교에서 그 교재로 단기 집중 강좌를 진행했다. 시간이 흐르면서 대부분의 문장을 고쳐쓰긴 했지만, 원래의 문서는 이 책의 전체 저술 과정을 이끈 초기 원동력으로 작용했다. §7.1 "ODE 해법의 구현"에 기여한 마리오 물란스키Mario Mulansky에게 큰 빚을 졌다.

제1판의 원고를 사소한 세부사항까지 철저히 검수하고 표준 준수와 가독성 측면에서 여러 개선안을 제안한 얀 크리스티안 판 빙켈Jan Christiaan van Winkel과 파비오 프라카시Fabio Fracassi에 크나큰 감사의 마음을 전한다. 제2판의 감수자 척 앨리슨Chuck Allison, 션 페어런트Sean Parent, 마르크 그레구아Marc Gregoire에게도 그만큼 감사한다. 특히 마르크는 이 책의 모든 세부사항을 일일이 점검했다. 또한, 얀 크리스티인 판 빙켈은 제1판의 제작 과정에도 크게 기여했음을 특별히 언급한다.

이 책의 기획에 전략적인 팁을 제공하고, 원서 출판사 애디슨-웨슬리에 나를 소개하고, 그의 잘 준비된 저작물을 재사용하도록 허락해주고, (혹시 잊은 독자를 위해 말하자면) C++을 만들어 낸 비야네 스트롭스트룹Bjarne Stroustrup에게 특별한 감사의 뜻을 전한다. 이상의 모든 사람은 내 아이디어를 최신 언어 기능들로 최대한 갱신하도록 나를 밀어부쳤다.

또한, 여러 제안을 한 카르슈텐 아네르트Karsten Ahnert와 서문의 군더더기를 제거하는 데 도와준 마르쿠스 아벨Markus Abel과 테오도레 옴칙트Theodore Omtzigt에게 감사한다.

§4.2.2.6을 위해 난수의 흥미로운 응용을 고민하던 나에게 얀 루틀Jan Rudl은 자신의 강의[60]에 사용한 주가 변동 예제를 제안했다.

고맙게도 드레스덴 공과 대학은 3년간 내게 수학과의 C++ 강좌를 맡겼다. 생산적인 피드백을 제공한 모든 학생에게 감사한다. 또한, (내가 따로 진행하는)

C++ 교육 과정의 수강생들에게도 감사의 뜻을 전한다.

원서 출판사의 편집자 그레그 도엔치Greg Doench에도 큰 빚을 졌다. 도엔치는 반은 진지하고 반은 실없는 문체를 받아주었을 뿐만 아니라 전략적 결정 사항들에 대해 우리 둘 다 만족하는 결론이 나올 때까지 길고 긴 논의를 견뎠고 전문적인 지원을 아끼지 않았다. 그의 지원이 없었다면 이 책은 출판되지 못했을 것이다.

마지막으로, 나와 함께 보낼 시간을 수없이 희생한 내 아이들 야니스Yanis, 아니사Anissa, 빈첸트Vincent, 다니엘Daniel에게 마음 가득한 고마움을 전한다.

1장

Discovering Modern C++

C++ 기초

아이들아,
컴퓨터 가르쳐 주면서 너무 놀리지 말아.
너희들 숟가락질 나한테 배웠으면서.

—수 피츠모리스Sue Fitzmaurice

이 책의 첫 번째 장(chapter)인 제1장에서는 C++의 가장 기초적인 기능을 훑어본다. 이 기능들을 이후의 장들에서 다른 각도에서 살펴볼 것이다. 이번 장에서든 이 책 전체에서는, 각 기능의 모든 가능한 세부사항을 일일이 거론하지는 않는다. 어차피 그것은 한 권의 책으로는 불가능한 일이다. 특정 기능에 대해 대한 좀 더 세부적인 의문 사항이 생긴다면, *https://en.cppreference.com*에 있는 온라인 레퍼런스를 추천한다.

1.1 생애 첫 C++ 프로그램

C++ 언어로 들어가는 첫 관문으로 다음과 같은 예제 프로그램을 제시하겠다.

```
#include <iostream>

int main ()
{
    std::cout ≪ "The answer to the Ultimate Question of Life,\n"
              ≪ "the Universe, and Everything is:"
              ≪ std::endl ≪ 6 * 7 ≪ std::endl;
    return 0;
}
```

이 프로그램을 실행하면 다음이 출력된다.

```
The answer to the Ultimate Question of Life,
the Universe, and Everything is:
42
```

더글러스 애덤스Douglas Adams에 따르면[2] 그렇다고 한다.† 이 짧은 예제는 C++의 다음과 같은 여러 기능을 보여준다.

- 입력 기능과 출력 기능은 핵심 언어(core language)‡의 일부가 아니라 라이브러리가 제공한다. 즉, 입출력 기능은 반드시 명시적으로 프로그램에 포함시켜야(include) 한다. 그렇지 않으면 프로그램은 데이터를 읽거나 쓸 수 없다.
- 표준 입출력 라이브러리에는 스트림stream 모형이 있다. `<iostream>`이라는 표준 헤더의 이름이 이를 반영한 것이다. 스트림 모형의 기능을 사용하기 위해, 예제의 첫 행에서 `#include <iostream>`으로 `<iostream>`을 프로그램에 포함시킨다.
- 모든 C++ 프로그램은 `main`이라는 함수의 호출로 실행이 시작된다. `main`은 `return` 문으로 하나의 정수를 돌려주는데, 관례상 정수 0은 프로그램이 정상적으로 종료되었음을 나타낸다.
- 중괄호({})는 여러 코드 문장(statement; §1.4)을 하나의 코드 블록으로 묶는 역할을 한다. 그런 코드 블록을 복합문(compound statement)이라고 부르기도 한다.
- `std::cout`과 `std::endl`은 `<iostream>`에 정의되어 있다. 전자는 화면에 텍스트를 출력하는 데 사용할 수 있는 출력 스트림 객체이다. `std::endl`는 한 줄을 끝내고 줄을 바꾸는 효과를 낸다. `std::endl` 대신 특수 문자 `\n`을 이용해서 줄을 바꾸는 것도 가능하다.
- 연산자 ≪는 임의의 객체를 `std::cout` 같은 출력 객체에 전달해서 출력 연산을 수행하게 만드는 데 쓰인다. 실제 프로그램 소스 코드에서 이 연산자는 미만 기호 두 개(<<)임을 주의하기 바란다. 이 책에서는 미려한 표현을 위해 한 글자짜리 프랑스어 기메guillemet †† 문자를 사용한다.

† [옮긴이] 출력은 "생명과 우주 만물에 대한 궁극적인 질문의 답은 42"라는 문구인데, 더글러스 애덤스의 소설 은하수를 여행하는 히치하이커를 위한 안내서에 나오는 이야기이다. 참고로 프로그래밍 서적을 비롯해 기술 서적에서 뜬금없이 42라는 수가 나온다면 바로 이 궁극의 답을 뜻할 가능성이 크다.

‡ [옮긴이] '핵심 언어'는 간단히 말해서 `#include`나 `import`를 이용해서 외부에서 가져오지 않아도 사용할 수 있는 C++의 기능들을 통칭하는 용어이다.

†† [옮긴이] 프랑스어 기메에 관해서는 위키백과 "기메" 페이지(*https://ko.wikipedia.org/wiki/기메*)를 참고하기 바란다. 참고로 '합자(ligature)' 기능을 지원하는 코딩용 글꼴과 코드 편집기에서는 ≪를 실제로 ≪와 비슷한 모습으로 표시해 준다. 그런 글꼴과 편집기로는 이를테면 D2Coding Ligature(*https://github.com/naver/d2codingfont*)와 VS Code(*https://code.visualstudio.com/*)가 있다. 참고로 이 번역서에 실제로 쓰인 기호들은 프랑스어 기메 문자들이 아니라 그보다 조금 큰 겹화살괄호 ≪, ≫이다.

- std::는 그다음에 나오는 이름(형식이나 함수, 객체 등등)이 표준 이름공간(namespace)에 속한다는 뜻이다. 이름공간은 이름(식별자)들을 관리하는 수단인데, 특히 이름들이 충돌하지 않게 하는 데 도움이 된다.
- 이 책의 여러 예제는 std 이름공간에 있는 형식(type)†들을 사용하는데, 간결함을 위해 접두사 std::을 생략할 때가 많다. 그런 예제는 헤더 파일들을 도입한 후에 다음과 같은 이름공간 선언이 있다고 가정한다.

```
using namespace std;
```

  이름공간은 §3.2.1에서 자세히 이야기할 것이다.
- 문자열 상수(좀 더 정확히는 문자열 리터럴[literal])는 큰따옴표로 감싼다.
- 표현식(expression; §1.4) 6 * 7은 하나의 구체적인 정수로 평가(evaluation)된 후 std::cout에 전달된다. C++에서 모든 표현식에는 형식이 있다. 프로그램을 작성할 때는 형식을 명시적으로 지정할 때도 있고 컴파일러가 알아서 연역(deduction)하게 둘 때도 있다. 6과 7은 int 형식의 리터럴[literal] 상수이므로, 그 둘의 곱도 int이다.

다음으로 넘어가기 전에, 이 작은 예제 프로그램을 여러분의 컴퓨터에서 컴파일하고 실행할 것을 강력히 권한다. 컴파일하고 실행한 후에는 코드를 조금씩 수정하면서 가지고 놀아 보기 바란다. 예를 들어 더 많은 연산을 추가하거나 출력을 더 추가해 보면 좋을 것이다. 그리고 오류 메시지가 나오면 유심히 들여다보기 바란다. 프로그래밍 언어를 배우는 유일한 길은 실제로 사용해 보는 것이다. 다음은 주요 C++ 컴파일러와 IDE의 간단한 사용법이다. 컴파일러나 IDE의 사용법을 이미 아는 독자는 이번 절의 나머지 부분을 건너뛰어도 좋다.

리눅스: 모든 리눅스 배포판은 적어도 GNU C++ 컴파일러(부록 §B.1에서 짧게나마 소개한다)를 제공하며, 배포판 설치시 GNU C++ 컴파일러가 함께 설치되는 경우도 많다. 여기서도 GNU C++이 이미 깔려있다고 가정한다. 앞의 예제 프로그램을 hello42.cpp라는 파일에 저장했다고 할 때, 셸에서 다음을 실행하면 프로그램이 컴파일된다.

† [옮긴이] '타입'이라는 용어도 흔히 쓰이지만, 이 번역서에서는 '자료형'이나 '형변환' 같은 기존 용어와의 잘 연결되며 '추상', '가상', '구체', '추론', '연역' 같은 관련 개념어들과 결이 맞는다는 장점을 지닌 '형식'을 사용한다. 그냥 '형' 대신 '형식'을 사용한 것은, 한 글자짜리 '형'은 동음이의어가 많다는 점과 Visual Studio의 C++ 컴파일러(한글로 된 오류/경고 메시지를 제공하는 거의 유일한 컴파일러이다)에서도 '형식'이 쓰인다는 점을 고려한 것이다.

```
g++ hello42.cpp
```

지난 세기의 전통에 따라, g++는 기본적으로 a.out이라는 이름의 이진 실행 파일을 생성한다. 그런데 모든 프로그램이 같은 이름의 실행 파일로 컴파일되면 곤란하다. 다행히, 다음과 같이 -o 플래그를 이용해서 실행 파일 이름을 지정할 수 있다.

```
g++ hello42.cpp -o hello42
```

또한 빌드 도구 make를 이용할 수도 있다. make는 이진 실행 파일 생성을 위한 기본 규칙들을 내장하고 있기 때문에, 그냥 다음을 실행하기만 하면 실행 파일이 만들어진다.

```
make hello42
```

make는 현재 디렉터리에 주어진 이름과 비슷한 소스 코드 파일이 있는지 찾는다. 지금 예에서 make는 hello42.cpp를 발견한다. .cpp가 C++ 소스 코드의 표준 파일 확장자임을 알기 때문에 make는 시스템의 기본 C++ 컴파일러를 실행해서 이 소스 코드를 컴파일한다. 결과적으로 주어진 이름과 동일한 이름의 이진 실행 파일이 생성된다. 이제 다음을 실행하면 그 실행 파일이 실행된다.

```
./hello42
```

이 이진 파일은 다른 어떤 소프트웨어에 의존하지 않는 독립적인 실행 파일이므로, 이 파일을 현재 리눅스 시스템과 호환되는 다른 리눅스 시스템에 복사해서 실행할 수 있다.[1]

Windows: MinGW를 사용하는 경우에는 리눅스에서와 동일한 방식으로 프로그램을 컴파일하고 실행할 수 있다. Visual Studio(이하 VS)를 사용하는 경우에는 먼저 프로젝트를 만들어야 한다. 가장 간단한 방법은 예를 들면 *http://www.cplusplus.com/doc/tutorial/introduction/visualstudio*에 나온 대로 콘솔 앱을 위한 프로젝트 템플릿을 이용하는 것이다. VS의 버전에 따라서는 프로그램 실행이 끝

1 표준 라이브러리는 동적으로 링크될 때가 많다(§7.2.1.4 참고). 그런 경우, 다른 시스템에서 현재 시스템의 것과 호환되는 버전의 동적 링크 라이브러리가 존재해야 실행할 수 있다.

나는 즉시 콘솔 창이 닫혀서 프로그램의 결과를 확인할 겨를이 없을 수 있다.[2] 그런 경우 한 가지 해결책은 프로그램에 `<windows.h>`를 포함시키고 `main`의 끝에 `Sleep(1000);`을 추가해서 1초 동안 기다리게 하는 것인데, 이 방법은 이식성이 없다. C++11 이상에서는 이식성 있는(portable) 방식으로 시간을 지연할 수 있다. 프로그램 시작 부분에 표준 헤더 `<chrono>`와 `<thread>`를 포함시키고, `main`의 끝에 다음 문장을 추가하면 된다.

```
std::this_thread::sleep_for(std::chrono::seconds(1));
```

Microsoft는 '커뮤니티 에디션'이라는 이름으로 VS의 무료 버전을 제공한다. 이 무료 버전도 유료 '프로' 에디션들처럼 C++ 표준 언어를 잘 지원한다. 프로 에디션들은 더 많은 개발자 라이브러리들과 도구들을 제공한다는 점이 다를 뿐이다. 이 책은 그런 라이브러리들을 사용하지 않으므로, 커뮤니티 에디션으로도 이 책의 예제들을 실행할 수 있다.

IDE: 이 책의 예제들처럼 짧은 프로그램은 그냥 보통의 텍스트 편집기로도 충분히 만들고 고칠 수 있다. 그렇지만 좀 더 큰 프로젝트라면 **IDE**(integrated development environment; 통합 개발 환경)를 사용하는 것이 바람직하다. IDE들은 이를테면 함수가 정의된 곳이나 쓰이는 곳을 찾거나, 라이브러리 도움말을 편집 창에 직접 표시하거나, 프로젝트 전체에서 이름들을 찾고 바꾸는 등의 편의 기능을 제공한다. 그런 IDE로 KDevelop이 있다. KDevelop은 KDE 공동체가 C++로 작성한 자유(무료) IDE로, 아마도 리눅스에서 가장 효율적인 IDE일 것이다. KDevelop은 `git`, `subversion`, `CMake`와 잘 통합된다. 또 다른 유명한 IDE는 자바로 개발된 이클립스[Eclipse]가 있는데, 속도가 느리다는 평이 많다. 그렇지만 최근에는 C++ 지원을 개선하는 데 많은 노력이 있었으며, 이클립스를 아주 생산적으로 활용하는 개발자들이 많다. Visual Studio는 대단히 견고한 IDE로, Windows에서 개발 생산성이 아주 좋다. 또한, 최신 버전들은 `CMake` 프로젝트 통합도 지원한다.

가장 생산적인 개발 환경을 찾으려면 시간과 실험이 필요하다. 또한, 무엇이 최고의 IDE인지는 개인 또는 팀의 취향에 좌우되는 면이 있다. 그런 만큼 개발 환경은 시간이 지남에 따라 점차 바뀌게 된다.

---

2 VS 2019부터는 콘솔 창이 자동으로 일시 정지된다.

1.2 변수

다른 여러 스크립팅 언어와는 달리 C++은 강 형식 언어(strongly typed language)이다. 이는 모든 변수(variable)에 형식이 있으며, 한 번 정해진 형식은 바뀌지 않음을 뜻한다. 변수는 형식 이름 다음에 변수 이름이 오는 형태의 문장으로 선언한다. 변수 이름 다음에 변수의 초기화 구문을 둘 수도 있으며,† 쉼표를 이용해서 변수 이름(그리고 초기화)을 여러 개 나열할 수도 있다.

```
int    i1= 2;                // 탭 정렬은 단지 가독성을 위한 것일 뿐임
int    i2, i3= 5;            // 참고: i2는 초기화되지 않음
float  pi= 3.14159;
double x= -1.5e6;            // -1500000
double y= -1.5e-6;           // -0.0000015
char   c1= 'a', c2= 35;
bool   cmp= i1 < pi,         // -> true
       happy= true;
```

슬래시 두 개(//)는 한 줄 주석(single-line comment)을 나타낸다. 즉, 슬래시 두 개부터 그 줄의 끝까지는 컴파일에서 제외된다. 원칙적으로 한 줄 주석에 관해 알아야 할 것은 이것이 전부이다. 그렇지만 설명이 너무 짧으면 뭔가 중요한 사실을 저자가 빼먹은 것이 아닌가 의심하는 독자가 있을까 해서, §1.9.1에서 한 줄 주석을 좀 더 이야기하겠다.

1.2.1 내장 형식

C++의 가장 기본적인 형식들인 **내장 형식**(intrinsic type)들이 표 1-1에 정리되어 있다. 이들은 핵심 언어의 일부이므로 언제 어디서든 사용할 수 있다.

표의 처음 다섯 행은 정수 형식들을 짧은 것에서 긴 것 순서로,‡ 좀 더 정확히는 길이가 더 짧아지지 않는 순서로 나열한 것이다. 예를 들어 `int`는 적어도 `short`만큼은 길다. 실제로 `int`가 더 긴 환경††이 많지만, 반드시 그런 것은 아니다. 각 형식의 구체적인 길이는 구현(컴파일러)에 따라 다르다. 예를 들어 `int`는

† [옮긴이] 초기화 없는 선언과 구분하기 위해 초기화가 있는 선언을 '정의(definition)'라고 부르기도 한다. 그런 구분법에서 아래의 예는 모두 변수 정의이다. 이 책에서는 꼭 필요한 경우가 아니면 굳이 구분하지 않는다.

‡ [옮긴이] 수치 형식에서 '길이'는 값을 구성하는 비트들의 개수(비트수)를 말한다. 문맥에 따라서는 형식의 크기를 '너비'의 관점에서 서술하기도 하는데, 예를 들어 더 큰 형식의 값을 더 작은 형식의 변수에 넣으면 값이 "좁아진다(narrowed)".

†† [옮긴이] 이 문맥에서 '환경'은 CPU 아키텍처, 컴파일러, 운영체제 등의 조합이다.

환경에 따라 16비트일 수도 있고 32비트나 64비트일 수도 있다. 이 다섯 형식 각각에 signed나 unsigned가 붙을 수 있다. char를 제외한 정수 형식들은 기본적으로 부호 있는 형식이므로, 그런 형식들에 signed를 붙이는 것은 아무런 효과도 없다.

정수 형식에 unsigned를 붙이면 음수들이 사라지고 양수들의 개수가 두 배가 된다(그리고 0을 양수도, 음수도 아니라고 간주하면 양수 개수는 두 배 더하기 하나가 되는 셈이다). **signed와 unsigned를 '명사'로서의 정수 형식들 앞에 붙일 수 있는 형용사라고 생각하기 바란다. 또한, 정수 형식 없이** signed와 unsigned만 사용해서 변수를 선언할 수도 있는데, 그런 경우에는 기본적으로 int가 된다. short, long, long long도 마찬가지 방식으로 작용하는 형용사들이다.

표 1-1 내장 형식

이름	의미론†
char	문자와 아주 짧은 정수
short	꽤 짧은 정수
int	보통의 정수
long	긴 정수
long long	아주 긴 정수
unsigned	위의 정수들의 부호 없는 버전들
signed	위의 정수들의 부호 있는 버전들
float	단정도(single-precision) 부동소수점 수
double	배정도(double-precision) 부동소수점 수
long double	긴 부동소수점 수
bool	부울 값(참 또는 거짓)

char는 두 가지 용도로 쓸 수 있다. 하나는 문자이고 다른 하나는 아주 짧은 정수이다. 아주 색다른 아키텍처를 제외하면 char는 거의 항상 8비트이다. 따라서 char로 선언된 변수로는 -128에서 127까지의 값들(signed) 또는 0에서 255까지의 값들(unsigned)을 표현할 수 있으며, 정수에 대해 성립하는 모든 수치 연산

† [옮긴이] 다소 현학적인 용어인 '의미론(semantics)'은 간단히 말하면 실행 시점에서의 특징이나 행동 방식을 뜻하며, 지금 문맥에서 더 간단히 말하면 '용도'라고 이해해도 될 것이다. 의미론은 컴파일 시점에서의 특징이나 행동 방식을 말하는 '구문론(syntax)'과 대조된다.

을 그런 값들에 대해 수행할 수 있다. signed나 unsigned가 붙지 않은 char의 부호 여부는 언어의 구현(컴파일러)이 결정한다. 작은 값들을 아주 많이 담은 컨테이너들이 프로그램에 필요한 경우라면 char나 unsigned char를 사용하는 것이 유용하다.

논리적 참, 거짓 값들은 bool로 표현하는 것이 최선이다. 부울 변수는 참에 해당하는 값 true와 거짓에 해당하는 값 false를 담을 수 있다.

표의 나머지 네 행은 길이가 더 짧아지지 않는 순서의 부동소수점 수(floating-point number) 형식들이다. double은 float보다 짧지 않으며, long double은 double보다 짧지 않다. float의 전형적인 크기(길이)는 32비트이고 double은 64비트 long double은 128비트이다.

1.2.2 문자와 문자열

앞에서 언급했듯이 char 형식은 문자(character)를 담는 데 사용할 수 있다.

```
char c= 'f';
```

8비트로 표현할 수 있는 그 어떤 문자라도 char 형식으로 표현할 수 있다. 또한, 문자와 수치를 한 표현식 안에서 함께 사용할 수도 있다. 예를 들어 통상적인 문자 부호화(character encoding) 방식에서 'a' + 7은 'h'가 된다. 그렇지만 코드를 읽는 사람이 혼동해서 쓸데없이 시간을 낭비할 위험이 있으므로, 이런 형태의 연산은 사용하지 말 것을 강력히 권한다.

C++은 char들의 배열로 문자열(string)을 표현하는 기능을 C에서 물려받았다.

```
char name[8]= "Herbert";
```

이 구식 C 문자열은 항상 char 형식의 값 0으로 끝난다. 어떠한 이유로 문자열 끝에 0이 없으면, 구식 C 문자열을 다루는 알고리즘들은 바이트 0이 나올 때까지 계속해서 메모리의 다음 장소들로 나아가게 된다.† C 문자열에 다른 문자열을 덧붙일 때도 큰 위험이 존재한다. 지금 예에서 name에는 여분의 공간이 없으므로, 또 다른 문자들을 추가하면 기존의 어떤 데이터를 덮어쓰게 된다. 이런 구

† [옮긴이] 이는 웹 서버 등에서 발견된/발견될 수많은 버퍼 넘침(buffer overflow) 또는 버퍼 덮어쓰기(buffer overwrite) 취약점의 근본 원인 중 하나이다.

식 C 문자열로는 모든 종류의 문자열 연산을 제대로(메모리가 깨지지 않게 또는 긴 문자열이 잘리지 않게) 수행하기가 아주 까다롭다. 따라서 구식 C 문자열은 오직 문자열 리터럴에만 사용할 것을 강력히 권한다.

C++ 컴파일러는 작은따옴표와 큰따옴표를 구분한다. 'a'는 하나의 문자 "a"(형식은 char)이고 "a"는 끝에 0이 있는 하나의 문자 배열이다(형식은 const char[2]).

문자열을 다룰 때는 표준 라이브러리의 클래스 string을 사용하는 것이 훨씬 편하다(이 클래스를 사용하려면 <string> 헤더를 포함시켜야 한다).

```
#include <string>

int main()
{
    std::string name= "Herbert";
}
```

C++ 문자열은 동적 메모리를 사용하며, 메모리를 스스로 관리한다. 따라서 문자열에 텍스트를 추가할 때도 메모리 깨짐이나 문자열 잘림을 걱정할 필요가 없다.

```
name= name + ", our cool anti-hero"; // '허버트'는 잠시 후에 소개한다
```

현재 여러 컴파일러는 짧은 문자열(이를테면 16바이트 이하)을 동적 메모리에 저장하는 대신 string 객체 자체에 직접 포함시키는 방식의 최적화를 사용한다. 이 최적화는 값비싼 메모리 할당 및 해제 연산을 크게 줄일 수 있다.

C++14 컴파일러는 큰따옴표로 감싼 문자열 리터럴을 char 배열로 취급한다. 문자열 리터럴을 string 객체로 취급하게 만들려면 "Herbert"s처럼 s라는 접미사를 붙이면 된다.[3] 이 기능은 C++14에 와서야 생겼다. 그 전에는 string("Herbert") 같은 명시적 변환을 사용해야 했다. C++17에서는 좀 더 가벼운 상수 문자열 뷰가 도입되었는데, 이에 관해서는 §4.3.5에서 이야기하겠다.

3 다른 여러 예제에서처럼 이 예제 역시 프로그램에 using namespace std가 있다고 가정한다. 표준 이름공간 전체 대신 이런 접미사들만 프로그램에 도입하거나, 심지어는 특정 접미사만 선택적으로 도입하는 것도 가능하다. 그렇지만 C++을 배우는 도중에는 그냥 표준 이름공간 전체를 도입하길 권한다.

1.2.3 변수 선언

조언

변수는 최대한 늦게 선언하라. 보통은 처음 사용하기 직전에 선언하는 것이 바람직하다. 단, 변수를 초기화할 수 있는 지점 이후이어야 한다.†

앞의 조언을 잘 따르면, 프로그램이 길어져도 코드를 읽기가 수월하다. 또한, 중첩된 범위들과 관련해서 컴파일러가 메모리를 좀 더 효율적으로 활용할 수 있다.

C++11 C++11에서는 변수의 형식을 컴파일러가 연역하게‡ 만들 수 있다.

```
auto i4= i3 + 7;
```

i4의 형식은 i3 + 7의 형식과 같은 int이다. 형식이 자동으로 결정되긴 해도, 일단 결정된 형식은 변하지 않으며, 이후 i4에 배정(assignment)된†† 모든 것은 int로 변환된다. 이 예에 쓰인 auto가 고급 프로그래밍에서 얼마나 유용한지를 차차 보게 될 것이다. 그러나 이번 절에 나오는 것 같은 단순한 변수 선언들에서는 그냥 형식을 명시적으로 선언하는 게 나을 때가 많다. auto는 §3.4에서 자세히 논의한다.

1.2.4 상수

구문론적으로 C++의 상수(constant)는 상수성(constancy)이라는 추가적인 특성을 가진 특별한 변수라고 할 수 있다.‡‡

```
const int    ci1= 2;
const int    ci3;              // 오류: 값이 없음
const float  pi= 3.14159;
const char   cc= singlequoteasinglequote;
const bool   cmp= ci1 < pi;
```

---

† [옮긴이] 예를 들어 int a = b + 3; 형태의 선언은 b가 이미 초기화된 이후이어야 한다.

‡ [옮긴이] 다른 언어에서는 형식의 '추론(inference)'이라는 용어가 많이 쓰이지만, 정적/강 형식 언어인 C++에서는 거의 예외 없이 연역(deduction)이라는 용어가 쓰인다. 추론과 연역의 차이에 관해서는 "C++의 형식 추론과 연역, 귀납, 귀추"(*https://occamsrazr.net/tt/311*)을 참고하기 바란다.

†† [옮긴이] assignment를 '할당'이라고 부르기도 하지만, 할당은 명시적인 메모리 관리 수단을 제공하는 언어들에서allocation의 번역어로 쓰인다. C++도 그런 언어이므로, 할당과의 구별을 위해 이 번역서에서는 assigment를 '배정'으로 옮긴다.

‡‡ [옮긴이] 이런 맥락에서 상수를 '상수 변수'라고 부르기도 한다. 다소 모순적인 이름이지만("변하지 않는 변하는 수"), 리터럴을 그냥 '상수'라고 부르는 경우에는 상수 변수라는 용어가 유용하다.

상수는 변할 수 없으므로, 선언할 때 반드시 값을 지정해야 한다. 이 예제의 둘째 행은 이 규칙을 지키지 않으며, 컴파일러는 그런 규칙 위반을 절대 허용하지 않는다.

값을 수정하지만 않는다면, 상수는 변수가 쓰이는 곳 어디에서나 사용할 수 있다. 변수와는 달리, 앞의 예제에 나온 것 같은 상수는 그 값이 컴파일 시점(compile time; 컴파일러가 소스 코드를 컴파일하는 도중)에서 이미 알려진다. 이 덕분에 다양한 종류의 최적화가 가능하다. 또한 상수는 형식에 대한 인수(argument)로도 사용할 수 있다(이에 관해서는 §5.1.4에서 다시 이야기한다).

1.2.5 리터럴

2나 3.14 같은 리터럴[literal](값 자체)에도 형식이 있다. 간단하게만 말하자면, 정수 리터럴은 그 크기에 따라 int나 long, unsigned long으로 간주된다. 소수점이나 지수가 있는 수(이를테면 3e12 $\equiv 3\cdot10^{12}$)는 double로 간주된다.

그 밖의 수치 형식의 리터럴은 다음 표에 나온 접미사를 이용해서 표기한다.

리터럴	형식
2	int
2u	unsigned
2l	long
2ul	unsigned long
2.0	double
2.0f	float
2.0l	long double

사실 리터럴의 형식을 굳이 접미사를 이용해서 명시적으로 지정할 필요가 없을 때가 많다. 내장 수치 형식들 사이의 암묵적 변환(소위 **코어션**[coercion]) 덕분에, 대부분의 경우에는 프로그래머가 기대한 형식이 적용된다.

그래도 리터럴의 형식에 신경을 써야 한다. 주된 이유는 다음 네 가지이다.

가용성: 표준 라이브러리는 복소수를 위한 형식을 제공한다. 사용자†는 이 형식

† [옮긴이] 이 책에서 별 다른 수식이 없는 '사용자'는 프로그래머를 뜻한다. 일반적인 의미의 사용자는 '앱 사용자'나 '프로그램 사용자', '최종 사용자' 등으로 표기하겠다. 단, 과학 및 공학 소프트웨어 패키지에서 프로그래머로서의 사용자와 최종 사용자의 경계가 명확하지는 않다는 점도 기억하기 바란다. 최종 사용자가 미리 만들어진 기능들로 작업을 진행하다가 필요하면 직접 코드를 작성해서 기능을 확장하거나 특별한 작업을 수행할 수 있는 환경을 제공하는 소프트웨어 패키지들이 있다.

의 객체를 생성할 때 실수부와 허수부의 형식을 명시적으로 지정할 수 있다.

```
std::complex<float> z(1.3, 2.4), z2;
```

안타깝게도 복소수에 대한 연산들은 복소수 형식 자체와 바탕 실수 형식들 사이에서만 정의된다(그리고 이 연산들에서는 인수들이 암묵적으로 변환되지 않는다)[4]. 그래서 복소수 객체 z에 float를 곱할 수는 있어도 int나 double을 곱할 수는 없다.

```
z2= 2 * z;        // 오류: int * complex<float> 연산은 없음
z2= 2.0 * z;      // 오류: double * complex<float> 연산은 없음
z2= 2.0f * z;     // OK:  float * complex<float>
```

중의성: 함수가 서로 다른 인수 형식들에 대해 중복적재된(§1.5.4) 경우, 0 같은 인수는 다수의 수치 형식으로 해석할 수 있어서 중의성(ambiguity) 문제가 발생한다. 그러나 0u처럼 접미사로 한정된 인수는 특정한 하나의 형식에 대응되므로 중의성이 없다.

정확성: long double과 관련해서 정확성(accuracy) 문제가 발생할 수 있다. 한정되지 않은 실수 리터럴은 double이므로, long double 변수에 그런 리터럴을 배정하면 유효숫자들이 소실될 수 있다.

```
long double third1= 0.3333333333333333333;   // 유효숫자들이 소실될 수 있음
long double third2= 0.3333333333333333333l;  // 정확함
```

십진수가 아닌 수: 숫자 0으로 시작하는 정수 리터럴은 8진수로 해석된다.

```
int o1= 042;          // int o1= 34;
int o2= 084;          // 오류! 8진수에는 8이나 9가 없음
```

16진수 리터럴은 0x나 0X로 시작한다.

```
int h1= 0x42;         // int h1= 66;
int h2= 0xfa;         // int h2= 250;
```

C++14 C++14에서는 이진수 리터럴이 도입되었다. 접두사는 0b이나 0B이다.

```
int b1= 0b11111010;  // int b1= 250;
```

4 혼합 산술을 구현하는 것이 불가능하지는 않다. [19]에 그러한 예가 나온다.

긴 리터럴의 가독성을 개선하기 위해, C++14부터는 숫자들 사이에 어포스트로

C++14 피를 삽입할 수 있게 되었다.

```
long                d=   6'546'687'616'861'129l;
unsigned long       ulx= 0x139'ae3b'2ab0'94f3;
int                 b=   0b101'1001'0011'1010'1101'1010'0001;
const long double pi=   3.141'592'653'589'793'238'462l;
```

C++17 그리고 C++17부터는 16진 부동소수점 리터럴도 사용할 수 있다.

```
float  f1= 0x10.1p0f; // 16.0625
double d2= 0x1ffp10;  // 523264
```

지수(exponent)를 지정하기 위해 문자 p가 도입되었다. 지수가 0이라도 생략하면 안 된다. 첫 예의 p0이 그러한 예이다. 접두사 f 때문에 f1은 값 $16^1 + 16^{-1} = 16.0625$를 담은 float 변수이다. 이러한 리터럴에는 세 가지 밑(base; 진법의 기수)이 관여한다. 우선, 유사 가수(pseudo-mantissa) 자체는 0x로 시작하므로 16진수이다. 그러나 p 다음의 지수는 십진수이다. 그리고 그 지수는 2의 거듭제곱에 쓰인다. 예를 들어 d2는 $511 \times 2^{10} = 523264$이다. 16진수 리터럴은 처음에는 난해해 보이지만, 이진 부동소수점 값을 반올림 오차 없이 선언하는 데 요긴하다.

접미사 없는 문자열 리터럴은 char의 배열이 된다.

```
char s1[]= "Old C style"; // 사용하지 않는 게 좋다
```

그렇지만 이런 배열은 다루기가 아주 불편하므로, '진짜' C++ 문자열, 즉 <string>에 있는 string 형식의 객체를 사용하는 것이 낫다. string 객체는 다음과 같이 문자열 리터럴로 직접 생성할 수 있다.

```
#include <string>
std::string s2= "In C++ better like this";
```

아주 긴 텍스트는 여러 개의 문자열 리터럴로 분할해서 지정할 수 있다.

```
std::string s3= "This is a very long and clumsy text "
                "that is too long for one line.";
```

C++14 s2와 s3 둘 다 형식이 string이지만, const char[] 형식의 리터럴로 초기화되었음을 주목하자. 지금은 이 점이 문제가 되지 않지만, 컴파일러가 형식을 연역하

는 경우에는 문제가 될 수 있다. C++14부터는 접미사 s를 이용해서 string 형식의 리터럴을 직접 지정할 수 있다.

```
f("I'm not a string");      // const char[] 형식의 리터럴
f("I'm really a string"s); // string 형식의 리터럴
```

이전 예제들처럼 이 예제도 이름공간 std가 현재 범위에 도입되었다고 가정한다. 표준 이름공간 전체를 도입하고 싶지 않다면 다음과 같은 using 문들을 이용해서 특정한 하위 이름공간들만 도입하면 된다.

```
using namespace std::literals;
using namespace std::string_literals;
using namespace std::literals::string_literals;
```

리터럴에 관한 좀 더 자세한 사항은 이를테면 [62, §6.2]를 보라. 사용자 정의 리터럴은 이 책의 §2.3.6에서 이야기한다.

C++11 1.2.6 좁아지지 않는 초기화

long 변수를 다음과 같이 아주 긴 정수로 초기화한다고 하자.

```
long l2= 1234567890123;
```

long이 64비트인 환경(대부분의 64비트 플랫폼이 그렇다)에서는 이 문장은 잘 컴파일되고 정확하게 작동한다. 그러나 long이 32비트인 환경(컴파일 시 -m32 플래그를 지정하면 이런 환경을 흉내 낼 수 있다†)에서는 우변의 리터럴이 너무 길다. 그래도 여전히 컴파일되긴 하지만, 리터럴과는 다른 값(선행(leading) 값들이 잘린)이 변수에 배정된다.

C++11은 값이 **좁아지는**(narrowed) 문제를 미연에 방지하는, 즉 데이터의 소실이 일어날 것 같으면 오류를 발생하는 초기화 방식을 도입했다. **중괄호 초기화**(braced initialization)라고도 부르는 **균일 초기화**(uniform initialization)가 그것이다. 균일 초기화는 §2.3.4에서 자세히 이야기할 것이므로 여기서는 간단하게만 소개한다. 핵심은, 중괄호로 감싼 값에는 좁아지는 변환(narrowing conversion; 또는 좁히기 변환)이 허용되지 않는다는 것이다.

```
long l= {1234567890123};
```

† [옮긴이] 특별한 언급이 없는 한, 컴파일러 오류 메시지나 플래그는 g++를 기준으로 한다.

이 변수 선언문에 대해 컴파일러는 현재 아키텍처에서 변수 l이 우변의 값을 온전하게 담을 수 있는지 점검한다. 중괄호를 사용할 때는 다음처럼 등호를 생략할 수 있다.

```
long l{1234567890123};
```

중괄호 초기화를 사용하면 컴파일러가 좁아지는 변환을 방지해 주기 때문에 초기화 과정에서 값의 정밀도가 소실되는 일을 피할 수 있다. int를 부동소수점 수로 초기화할 때도 데이터가 소실되는데, 중괄호 초기화는 그러한 소실도 방지해 준다.

```
int i1= 3.14;          // 좁아지지만 컴파일은 성공(손실을 감수함)
int i1n= {3.14};       // 좁아지는 오류: 소수부가 소실됨
```

이 예에서 보듯이 부동소수점 값을 중괄호로 감싸면 암묵적인 정수 변환에 의해 소수부가 사라지는 문제를 컴파일러가 검출해 준다. 비슷하게, 음수를 부호 없는 변수나 상수에 배정할 때도 보통의 초기화 구문은 통과되지만 중괄호 초기화 구문은 컴파일 오류를 발생한다.

```
unsigned u2= -3;       // 좁아지지만 컴파일은 성공(손실을 감수함)
unsigned u2n= {-3};    // 좁아지는 오류: 음수들이 사라짐
```

앞의 예제들에서는 리터럴을 초기화에 사용했다. 컴파일러는 주어진 리터럴을 해당 형식의 변수가 담을 수 있는지 점검한다. 다음도 그런 예이다.

```
float f1= {3.14};      // OK
```

사실 3.14는 그 어떤 이진 부동소수점 형식으로도 절대적으로 정확하게 표현할 수 없다. 그래도 컴파일러는 3.14에 가장 가까운 부동소수점 수를 f1에 설정한다. 그런데 float 변수를 double 변수로(리터럴이 아니라) 초기화할 때는 모든 가능한 double 값이 손실 없이 float로 변환되는지 고려해야 한다.

```
double d;
...
float f2= {d};         // 좁아지는 오류
```

두 형식 사이에서 좁아지는 오류가 양방향으로 발생할 수도 있음을 주의하자.

```
unsigned u3= {3};
int      i2= {2};

unsigned u4= {i2};   // 좁아지는 오류: 음수들이 사라짐
int      i3= {u3};   // 좁아지는 오류: 너무 큰 값들이 있음
```

`signed int`와 `unsigned int`는 같은 크기의 형식들이지만, 한 형식의 값 중에는 다른 형식으로 표현할 수 없는 것들이 있다.

1.2.7 범위

범위(scope)는 (정적이 아닌) 변수와 상수의 수명(lifetime)과 가시성(visibility)을 결정하며, 프로그램의 구조를 확립하는 데 기여한다.

1.2.7.1 전역 정의

프로그램에서 사용할 모든 변수는 그것이 쓰이기 전의 어떤 지점에서 해당 형식과 함께 선언되어야 한다. 변수는 전역 범위(global scope)에서 선언할 수도 있고 지역 범위(local scope)에서 선언할 수도 있다. 전역 변수(전역 범위의 변수)는 모든 함수의 바깥에서 선언된다. 일단 선언된 전역 변수는 코드의 어디에서나(함수 안에서도) 사용할 수 있다. 어디에서나 사용할 수 있으므로 아주 편할 것 같지만, 프로그램이 커지면 전역 변수들이 언제 어디서 변경되는지 추적하고 관리하기가 대단히 어렵고 힘들어진다. 그러다 보면, 코드를 조금만 변경했는데도 그 여파가 프로그램 전체에 퍼져서 오류가 양산되는 사태가 벌어질 수 있다.

조언

전역 변수는 사용하지 말라.

전역 변수를 사용하면 언젠가는 후회할 일이 생긴다. 전역 변수는 프로그램의 어디에서나 접근할 수 있으므로, 전역 변수가 언제 어디서 어떻게 변경되는지를 추적하기란 대단히 지겨운 일이다.

다음과 같은 전역 상수는 괜찮다.

```
const double pi= 3.14159265358979323846264338327950288419716939;
```

상수는 변경할 수 없으므로 부작용이 없다.

1.2.7.2 지역 정의

지역 변수는 함수의 본문(body) 안에서 선언된다. 지역 변수의 가시성/가용성은 그 선언을 포함한 { } 블록에만 한정된다. 좀 더 정확히는, 한 변수의 범위는 선언문이 있는 지점에서 시작해서 그 선언문을 포함한 블록을 닫는 중괄호(})에서 끝난다.

한 예로, 다음은 π 값을 담은 상수를 main 함수 안에서 선언한 예이다.

```
int main ()
{
    const double pi= 3.14159265358979323846264338327950288419716939;
    std::cout ≪ "pi is " ≪ pi ≪ ".\n";
}
```

이 상수 변수 pi는 main 함수 안에서만 존재한다. 다음 예처럼 함수 안에 또 다른 블록을 정의할 수도 있다(일반화하자면, 한 블록 안에 다른 블록을 얼마든지 여러 번 정의할 수 있다).

```
int main ()
{
    {
        const double pi= 3.14159265358979323846264338327950288419716939;
    }
    std::cout ≪ "pi is " ≪ pi ≪ ".\n"; // 오류: pi가 현재 범위에 없음
}
```

이 예에서 pi의 정의는 함수 안의 블록 안으로만 한정되므로, 블록 바깥에 있는 함수의 문장에서 pi에 접근하는 것은 오류이다. 컴파일러는 다음과 같은 오류 메시지를 출력한다.

```
error: 'pi' was not declared in this scope
```

이런 오류를 **범위 벗어남**(out of scope) 오류라고 부른다.

1.2.7.3 이름 가리기(숨기기)

바깥 범위에 있는 변수와 같은 이름의 변수를 안쪽 범위에서 선언하면 어떻게 될까? 그런 경우 바깥쪽 범위의 변수는 더 이상 보이지 않는다. 이를 가리켜 안쪽 변수가 같은 이름의 바깥쪽 변수를 "가렸다(hide)" 또는 바깥쪽 변수가 안쪽

변수 때문에 "숨겨졌다(hidden)"라고 말한다(여러 컴파일러는 이런 이름 가리기에 대해 경고 메시지를 출력한다). 다음 예를 보자.

```
int main ()
{
    int a= 5;               // a#1 선언
    {
        a= 3;               // a#1 배정, a#2는 아직 선언되지 않음
        int a;              // a#2 선언
        a= 8;               // a#2 배정, a#1은 숨겨짐
        {
            a= 7;           // a#2 배정
        }
    }                       // a#2 범위의 끝
    a= 11;                  // a#1 배정(a#2는 범위에서 벗어남)

    return 0;
}
```

이러한 이름 가리기 때문에, 변수의 수명과 변수의 가시성을 구분할 필요가 있다. 예를 들어 a#1은 선언 지점에서 main 함수의 끝까지 살아있지만, a#2가 선언된 지점부터 a#2의 선언을 담은 블록의 끝까지는 보이지 않는다. 정리하자면, 변수의 가시 범위는 변수의 수명 범위에서 변수가 숨겨진 부분을 뺀 것이다. 그리고 당연하겠지만, 한 범위에서 같은 이름의 변수를 두 번 이상 선언하는 것은 오류이다.

범위의 장점은, 어떤 변수를 선언할 때 같은 이름의 변수가 범위 밖 어딘가에서 이미 정의되어 있는지 걱정할 필요가 없다는 것이다. 이미 정의되어 있어도 그냥 숨겨질 뿐 새 변수와 충돌하지 않는다.[5] 단, 숨겨진 바깥 범위 변수에는 현재 범위에서 접근할 수 없다. 이 문제를 그냥 변수 이름을 조금 다르게 지어서 해결할 수도 있지만, 궁극적인 해결책은 아니다. 범위 중첩과 접근성 문제는 이름공간을 이용해서 해결하는 것이 나은데, 이에 관해서는 §3.2.1에서 이야기한다.

정적 변수, 즉 static으로 선언된 변수는 이 규칙의 예외이다. 정적 변수는 실행의 마지막 순간까지 살아있지만 해당 범위 안에서만 보인다. 지금 정적 변수를 소개하면 오히려 학습에 혼란만 생길 것이므로, 정적 변수에 관한 논의는 §A.2.1로 미루겠다.

5 매크로는 그렇지 않음을 기억하기 바란다. C에서 물려 받은 무모한 기능인 매크로는 C++ 언어의 모든 구조와 신뢰성을 무너뜨리므로 반드시 피해야 한다.

1.3 연산자

C++에는 다양한 연산자(operator)가 내장되어 있다. C++ 내장 연산자들은 다음과 같이 여러 범주로 나뉜다.

- 계산:
  - 산술: ++, +, *, %, …
  - 부울:
    - 비교: <=, !=, …
    - 논리: &&, ||
  - 비트 단위: ~, ≪, ≫, &, ^, |
- 배정: =, +=, …
- 실행 흐름: () (함수 호출), ?:, ,
- 메모리 관리: new, delete
- 접근: ., ->, [ ], *, …
- 형식 처리: dynamic_cast, typeid, sizeof, alignof, …
- 오류 처리: throw

이번 절에서는 이 연산자들을 개괄적으로 소개한다. 연산자 중에는 C++의 다른 기능과 연관해서 설명하는 것이 더 나은 것들이 있다. 예를 들어 범위 해소 연산자 ::는 이름공간과 함께 설명하는 것이 제일 좋다. 대부분의 연산자는 사용자 정의 형식에 대해 중복적재할 수 있다. 즉, 여러분이 만든 형식의 객체가 표현식에 쓰일 때 그 객체에 적용되는 연산을 여러분이 직접 정의할 수 있다.

이번 절의 끝에는 연산자 우선순위를 깔끔하게 정리한 표가 나온다(표 1-8). 그 표를 복사해서 여러분의 모니터 옆에 붙여 놓으면 도움이 될 것이다. 실제로 그런 표를 모니터 옆에 붙여 놓는 사람이 많으며, C++의 연산자 우선순위를 완벽하게 외우고 다니는 사람은 아주 드물다. 또한, 연산자 우선순위가 잘 기억이 나지 않을 때는 주저 없이 괄호를 추가하길 권한다. 기억이 나는 경우에도, 코드를 읽는 다른 프로그래머에게 도움이 될 것 같다면 괄호를 사용하는 것이 좋다. 더 나아가서, 컴파일러 옵션에 따라서는 컴파일러가 괄호를 더 추가하라고 권하기도 한다(프로그래머가 연산자 우선순위에 익숙치 않은 것 같다고 판단하고는). §C.2에 C++의 모든 연산자를 간략한 설명과 함께 요약한 표가 나온다.

1.3.1 산술 연산자

표 1-2는 C++이 제공하는 산술 연산자(arithmetic operator)들을 우선순위별로 묶은 것이다(우선순위가 높은 그룹부터 나열했다). 그럼 이들을 차례로 살펴보자.

표 1-2 산술 연산자

연산자	표현식
후위 증가	x++
후위 감소	x--
전위 증가	++x
전위 감소	--x
단항 플러스	+x
단항 마이너스	-x
곱하기	x * y
나누기	x / y
나머지	x % y
더하기	x + y
빼기	x - y

처음 넷은 변수를 증가(increment)하거나 감소(decrement)하는 연산자들이다. 이들은 변수에 1을 더하거나 뺀다. 이 연산자들은 변수에만 적용할 수 있으며, 리터럴이나 상수, 임시 객체(temporary; 연산의 결과로 만들어지는, 이름이 붙지 않은 객체)에는 적용할 수 없다.

```
int i= 3;
i++;             // i는 이제 4
const int j= 5;
j++;             // 오류: j는 상수
(3 + 5)++;       // 오류: (3 + 5)는 임시 객체
```

좀 더 정확히 말하면, 증가 연산과 감소 연산은 수정이 가능하고 주소 지정이 가능한(addressable) 뭔가만 적용된다. 주소 지정이 가능한 데이터 항목을 C++에서는 **왼값**(lvalue)이라고† 부른다(왼값의 좀 더 공식적인 정의가 부록 C의 정의

† [옮긴이] §C.1에 나오듯이 원래 lvalue은 등호(배정 연산자)의 좌변에 올 수 있는 값을 뜻하는 left value를 줄인 용어이다. 그래서 lvalue를 '좌측값'이나 '왼쪽 값'으로 옮기기도 한다. 그러나 역시 §C.1에 나오듯이 "좌변에 올 수 있는 값"은 더 이상 C++의 lvalue를 온전하게 정의하지 못한다. lvalue의 l이 정확히 left는 아니지만 left와 아예 무관한 것도 아니라는(적어도 역사적으로) 점에서, 이 번역서에서는 '왼쪽 값'에서 '쪽'을 생략한 '왼값'을 사용한다. rvalue/오른값도 마찬가지 조어법을 따른 것이다.

C-1에 나온다). 앞의 코드 예제에서 왼값에 해당하는 것은 i뿐이다. j는 상수이고 3 + 5는 주소 지정이 불가능하다.

증가와 감소 앞에 붙은 '전위(prefix)'와 '후위(postfix)'는 증가나 감소가 일어나는 시점을 결정한다. 간단히 말하면, 전위 연산자들은 증가나 감소를 먼저('전') 수행해서 수정된 값을 돌려주고, 후위 연산자들은 먼저 기존 값을 돌려주고 증가나 감소를 나중에('후') 수행한다. 다음 예를 보면 이해가 될 것이다.

```
int i= 3, j= 3;
int k= ++i + 4;    // i는 4, k는 8
int l= j++ + 4;    // j는 4, l은 7
```

연산들이 모두 끝난 후 i와 j는 둘 다 4이다. 그러나, l을 계산할 때는 j의 기존 값이 쓰이지만 k를 계산할 때는 i가 수정된(이미 증가한) 값이 쓰인다.

일반적으로 산술 표현식에서 증가 · 감소 연산자들을 사용하는 대신 j+1처럼 명시적으로 1을 더하거나 빼는 것이 바람직하다. 그러면 사람이 읽기도 쉬울 뿐만 아니라, 산술 표현식에 **부수 효과**(side effect)가 없는 경우 컴파일러가 코드를 최적화할 여지가 생긴다. 왜 그런지는 잠시 후에 §1.3.12에서 보게 될 것이다.

단항 마이너스 연산자는 피연산자를 부정(negation)한 결과를 돌려준다. 즉, 부호를 반대로 바꾼다.

```
int i= 3;
int j= -i;         // j는 -3
```

표준 형식들에 대한 단항 플러스 연산자는 산술에 아무런 영향도 미치지 않는다. 단, 사용자 정의 형식에 대해서는 단항 플러스의(그리고 단항 마이너스도) 행동 방식을 임의로 정의할 수 있다. 표 1-2에 나와 있듯이, 이 단항 연산자들은 전위 증가, 전위 감소와 우선순위가 같다.

연산자 *와 /는 짐작하겠지만 곱하기와 나누기이다. 이들은 모든 수치 형식에 대해 정의된다. 나누기의 경우 두 인수(피연산자)가 모두 정수이면 결과의 소수부가 절단된다(0을 향해 반올림된다). 연산자 %는 정수 나눗셈의 나머지를 돌려준다. 따라서 두 인수 모두 정수이어야 한다.

마지막으로, 우선순위가 가장 낮은 +와 -는 두 피연산자의 덧셈 또는 뺄셈을 수행한다.

C++ 표준은 이 연산자들의 의미론적 세부사항(반올림 방식, 넘침 처리 방식 등)을 명시하지 않는다. 성능상의 이유로, C++은 특정한 세부사항을 명시적

으로 정의하는 대신 구현이 바탕 하드웨어의 특성에 맞게 선택하도록 허용하는 경우가 있다.

일반적으로 단항 연산자들이 이항 연산자들보다 우선순위가 높다. 드물지만 후위 단항 표기와 전위 단항 표기가 함께 적용되는 경우도 있는데, 그럴 때는 후위 표기가 우선한다.

이항 연산자들의 우선순위와 결합 방식은 수학 공식에서와 같다. 즉, 곱셈과 나눗셈이 덧셈과 뺄셈보다 우선하고, 피연산자들은 왼쪽에서 오른쪽으로 묶인다. 이를 왼쪽 결합(left-associative)이라고 부른다. 예를 들어 다음 표현식은

```
x - y + z
```

항상 다음으로 해석된다.

```
(x - y) + z
```

이와 관련해서 기억해야 할 중요한 사항이 있다. 바로, 인수들의 평가 순서는 표준에 정의되어 있지 않다는 것이다. 다음 예를 보자.

```
int i= 3, j= 7, k;
k= f(++i) + g(++i) + j;
```

이 예에서, 이항 연산자의 왼쪽 결합 성질에 의해 첫 덧셈이 둘째 덧셈보다 반드시 먼저 수행된다. 그러나 피연산자 f(++i)와 g(++i) 중 어느 것이 먼저 평가되는지는 컴파일러의 구현에 따라 다르다. 따라서 k는 f(4) + g(5) + 7일 수도 있고 f(5) + g(4) + 7일 수도 있으며, 심지어는 두 증가 연산자가 함수 호출 이전에 평가되어서 f(5) + g(5) + 7일 수도 있다. 더 나아가서, 다른 플랫폼에서도 같은 결과가 나오리라는 보장도 없다. 일반적으로, 표현식 안에서 값을 수정하는 것은 위험하다. 예상대로 잘 작동할 때도 있겠지만, 항상 테스트하고 세심한 주의를 기울일 필요가 있다. 크게 보면, 타이핑이 좀 늘더라도 수정을 개별적으로 수행하는 것이 안전하다. 이 주제에 관해서는 §1.3.12에서 좀 더 이야기한다.

⇒ c++03/num_1.cpp

다음은 이 연산자들을 사용하는 첫 번째의 완결적인 수치 계산 프로그램이다.

```
#include <iostream>

int main ()
{
```

```
    const float r1= 3.5, r2 = 7.3, pi = 3.14159;

    float area1 = pi * r1*r1;
    std::cout << "A circle of radius " << r1 << " has area "
              << area1 << "." << std::endl;

    std::cout << "The average of " << r1 << " and " << r2 << " is "
              << (r1 + r2) / 2 << "." << std::endl;
}
```

이항 연산의 인수들이 형식이 다르면 둘 중 하나 또는 둘 다가 하나의 공통 형식으로 변환된다. 이 변환의 자세한 규칙들은 §C.3에 나온다.

이러한 변환 때문에 데이터의 정밀도가 소실될 수 있다. 변환 시 부동소수점 수가 정수보다 선호되는데, 64비트 long을 32비트 float로 변환하면 당연히 정밀도가 소실된다. 또한, 같은 32비트 형식이라도 int의 모든 값을 float로 표현하지는 못한다(일부 비트가 지수로 쓰이기 때문이다). 그리고 대상 변수가 정확한 결과를 담을 수 있다고 해도 계산 과정 도중에 정확도가 이미 손상되는 경우도 있다. 다음 예가 이러한 변환 행동을 이해하는 데 도움이 될 것이다.

```
long l=  1234567890123;
long l2= l + 1.0f - 1.0;    // 부정확함
long l3= l + (1.0f - 1.0); // 정확함
```

내 플랫폼에서는 다음과 같은 결과가 나온다.

```
l2 = 1234567954431
l3 = 1234567890123
```

l2는 중간 변환 때문에 정확도가 소실되었지만 l3은 정확하게 계산되었다. 사실 이것은 다소 작위적인 예지만, 부정확한 중간 결과 때문에 어떤 위험이 생기는지 잘 알 수 있었을 것이다. 특히, 크고 복잡한 계산을 수행하는 수치 알고리즘들은 오차가 발생하고 누적되지 않게 하는 데 신경을 써야 한다. 다행히, 다음 절에서 설명하는 부울 연산에서는 이런 부정확함이 발생하지 않는다.

1.3.2 부울 연산자

부울 연산자(boolean operator)는 크게 논리 연산자와 관계 연산자로 나뉜다. 두 종류 모두 bool 형식의 값을 돌려준다. 표 1-3은 C++의 부울 연산자들과 그 의미를 우선순위별로 묶은 것이다.

표 1-3 부울 연산자

연산자	표현식
부정	`!b`
삼중 비교(C++20)	`x <=> y`
초과	`x > y`
이상	`x >= y`
미만	`x < y`
이하	`x <= y`
상등	`x == y`
부등	`x != y`
논리곱(AND)	`b && c`
논리합(OR)	`b || c`

모든 이항 관계 연산자와 이항 논리 연산자는 모든 산술 연산자보다 우선순위가 낮다. 즉, `4 >= 1 + 7`은 `4 >= (1 + 7)`처럼 평가된다. 반대로, 논리 부정을 위한 단항 연산자 `!`는 모든 이항 연산자보다 우선순위가 높다.

부울 연산자들에는 `not`, `and`, `or`, `xor` 같은 키워드도 지정할 수 있다. 심지어 `|=`에 대한 `or_eq` 같은 배정 연산자도 있다. 코드를 더 난해하게 만든다는 이유로 이 책에서는 이런 키워드들을 사용하지 않지만, `not`은 예외이다. `not`은 오히려 가독성에 도움이 될 수 있다. 특히 "i"나 "l"로 시작하는 변수를 부정하기 위해 느낌표를 앞에 붙이면 혼동하기 딱 좋다. 빈칸을 하나 넣으면 도움이 되지만, 그보다는 키워드 `not`을 사용하는 것이 낫다.

```
big= !little;       // 제일 앞의 !를 못 볼 가능성이 있다.
big= not little;    // not을 놓치기는 힘들다.
```

이 키워드들은 표준 C++의 초창기부터 있었지만, 아직도 Visual Studio는 `/permissive-`나 `/Za` 옵션을 지정해야 이 키워드들을 지원한다.

오래된(또는 구식으로 작성된) 코드에서는 `int` 값에 대해 논리 연산을 수행하는 표현식이 등장하기도 한다. 여러분은 그렇게 하지 말기 바란다. 그런 표현식은 가독성이 나쁠 뿐만 아니라 예상과는 다르게 행동할 수 있다.

조언

논리 표현식에는 항상 `bool`을 사용하라.

비교 연산자들을 다음처럼 연달아 사용하는 것은 컴파일 오류임을 주의하자.

```
bool in_bound= min <= x <= y <= max;     // 구문 오류
```

다음처럼 좀 더 장황한 논리 조건식을 작성해야 한다.

```
bool in_bound= min <= x && x <= y && y <= max;
```

다음 절에서는 이 부울 연산자들과 비슷한 모습의 비트 단위 연산자들을 살펴본다.

1.3.3 비트 단위 연산자

비트 단위 연산자(bitwise operator; 또는 비트별 연산자)는 정수 형식의 개별 비트를 검사하거나 조작하는 데 쓰인다. 비트 단위 연산자는 시스템 프로그래밍에 중요하지만, 현대적인 응용 프로그램 개발에는 덜 중요하다. 표 1-4는 이 연산자들을 우선순위별로 묶은 것이다.

연산 x ≪ y는 x의 비트들을 y자리만큼 왼쪽으로 이동한다. 반대로 x ≫ y는 x의 비트들을 y자리만큼 오른쪽으로 이동한다.[6] x가 부호 없는 형식인 경우 이동으로 생긴 빈자리에는 0들이 채워지고, 밖으로 밀려 나온 비트들은 폐기된다. x가 음수일 때는 좀 더 복잡한데, 자세한 사항은 cppreference.com 같은 온라인 레퍼런스를 참고하기 바란다.

표 1-4 비트 단위 연산자

연산	표현식
1들의 보수	~x
왼쪽 자리이동	x ≪ y
오른쪽 자리이동	x ≫ y
비트 단위 AND	x & y
비트 단위 XOR	x ^ y
비트 단위 OR	x | y

6 이 연산자들도 미려한 조판을 위해 미만·초과 연산자 두 개 대신 하나의 프랑스어 기메 문자로 표시한다.

비트 단위 AND는 특정 비트가 설정되어 있는지(즉, 값이 1인지) 점검하는 데 유용하며, 비트 단위 OR는 특정 비트를 설정하는 데 유용하다. 비트 단위 XOR(배타적 논리합)는 특정 비트를 뒤집는 데 유용하다. 과학 응용 프로그램에서는 이 연산들이 덜 중요하지만, §3.5.1에서는 알고리즘적인 즐거움을 위해 이 연산들을 사용한다.

1.3.4 배정 연산자

배정 연산자(assignment operator)는 객체(수정 가능한 **왼값**)의 값을 설정한다.†

```
object= expr;
```

등호 양변의 형식이 다르면 우변(지금 예에서 `expr`)이 좌변(지금 예에서 `object`)의 형식으로 변환된다. 배정 연산은 오른쪽 결합(right-associative)이다. 즉, 오른쪽에서 왼쪽으로 순서대로 결합된다. 따라서 다음처럼 하나의 문장으로 한 값을 여러 개의 변수에 배정할 수 있다.

```
o3= o2= o1= expr;
```

잠시 코드 포매팅 관례에 관한 사항 하나를 짚고 넘어가겠다. 앞의 예제들을 보면 등호가 왼쪽의 변수에 붙어 있다. 대부분의 이항 연산자는 양변 모두 값(value)라는 점에서 대칭적이라 할 수 있다. 그러나 배정 연산은 비대칭이다. 우변에는 그 어떤 표현식(적절한 값으로 평가되는)도 사용할 수 있지만, 좌변은 반드시 수정 가능한 변수이어야 한다. 이러한 비대칭성을 강조하기 위해 비대칭적인 기호를 배정 연산자로 사용하는 언어도 있지만(예를 들어 파스칼은 `:=`을 사용한다), C++은 그냥 `=`를 사용한다. 이 책에서는 등호 왼쪽을 붙이고 오른쪽만 띄어 써서 비대칭성을 드러낸다.

복합 배정(compound assignment) 연산자는 좌변과 우변으로 산술 연산 또는 비트 단위 연산을 수행한 결과를 좌변에 배정한다. 예를 들어 다음 두 연산은 동등하다.

```
a+= b;          // 아래와 같음
a=  a + b;
```

† [옮긴이] 이 문장은 언뜻 보면 §1.2에서 말한 변수 선언 및 초기화 구문과 비슷하지만, `object` 앞에 형식 이름이 없음을 주목하자. 배정문은 이미 선언된 변수의 값을 설정한다.

모든 배정 연산자는 모든 산술 연산자 및 비트 단위 연산자보다 우선순위가 낮다. 따라서 복합 배정이 일어나기 전에 항상 우변의 표현식이 먼저 평가된다.

```
a*= b + c;        // 아래와 같음
a=  a * (b + c);
```

표 1-5에 배정 연산자들이 나와 있다. 이들은 모두 오른쪽 결합이며, 우선순위는 모두 같다.

1.3.5 프로그램 흐름

프로그램의 흐름(flow)을 제어하는 연산자가 세 개 있다. 먼저, C++은 함수 호출(fuction call)을 연산자처럼 취급한다. 함수와 그 호출에 관서는 §1.5에서 좀 더 자세히 이야기한다.

표 1-5 배정 연산자

연산	표현식
단순 배정	x= y
곱하기 배정	x*= y
나누기 배정	x/= y
나머지 배정	x%= y
더하기 배정	x+= y
빼기 배정	x-= y
왼쪽 자리이동 배정	x<<= y
오른쪽 자리이동 배정	x>>= y
논리곱(AND) 배정	x&= y
논리합(OR) 배정	x|= y
XOR 배정	x^= y

조건부 연산자 `c ? x : y`는 조건 `c`를 평가해서 만일 그것이 참이면 `x`의 값을 돌려주고 참이 아니면 `y`의 값을 돌려준다. 이 조건부 연산자는 `if` 문 대신 사용할 수 있다. 특히 문장은 허용되지 않고 표현식만 허용되는 장소에서 유용한데, 이에 관해서는 §1.4.3.1에서 좀 더 이야기한다.

쉼표 연산자(comma operator)는 C++에서 아주 특별한 연산자이다. 이 연산자는 평가의 순서를 강제하는 효과를 낸다. 여러 부분 표현식(subexpression; 줄여서 부분식)이 쉼표로 나열되어 있는 하나의 표현식에서, 그 부분 표현식들은 반드시 왼쪽에서 오른쪽으로 하나씩 차례로 평가된다. 그리고 전체 표현식의 값은 가장 오른쪽 부분식의 값이다. 다음 예를 보자.

```
3 + 4, 7 * 9.3
```

이 표현식의 결과는 65.1이다. 이 예에서 첫 부분식의 계산은 결과와 완전히 무관하다. 부분식 자체에도 쉼표 연산자를 사용할 수 있으므로, 얼마든지 긴 표현식을 만들 수 있다. 쉼표 연산자 덕분에 프로그래머는 오직 하나의 표현식만 허용되는 장소에서 여러 개의 표현식을 평가할 수 있다. 전형적인 예는 `for` 루프(§1.4.4.2)에서 여러 개의 색인 변수를 증가하는 것이다.

```
++i, ++j
```

쉼표 연산자가 있는 표현식을 함수의 인수로 사용할 때는 표현식 전체를 괄호(소괄호)로 감싸야 한다. 그렇지 않으면 쉼표가 함수 인수들을 분리하는 기호로 해석된다.

1.3.6 메모리 관리

연산자 `new`와 `delete`는 각각 메모리를 할당(allocation)하고 해제(deallocation)한다. 포인터를 이야기하기 전에 메모리 관리를 논의하는 것은 무의미하므로, 이 연산자들은 §1.8.2에서 설명하겠다.

1.3.7 접근 연산자

C++은 객체의 멤버에 접근하거나, 변수의 메모리 주소를 취하거나(참조 연산자),† 주소가 가리키는 곳에 있는 값에 접근하는(역참조(dereferencing) 연산자) 여러 접근 연산자(access operator)를 제공한다. 표 1-6에 접근 연산자들이 정리되어 있다. 이 연산자들을 이해하려면 먼저 포인터와 클래스를 알아야 하므로, 이들의 사용법은 §2.2.3에서 설명하겠다.

† [옮긴이] 변수의 주소를 취하는 연산자를 '참조(referencing)' 연산자라고 부르기도 하지만, 이 용어는 포인터를 이용해서 참조 의미론을 흉내 내는 C의 유물로 봐야 할 것이다. C++의 진짜 참조와 혼동하지 않도록, 이 번역서에서는 변수의 주소를 취하는 연산자 &를 항상 '주소 연산자'라고 부른다. C++ 참조와 포인터의 차이점에 관해서는 블로그 글 "C++의 참조에 대해"(*https://occamsrazr.net/tt/166*)도 참고하기 바란다.

표 1-6 접근 연산자

연산	표현식	참고
멤버 선택	`x.m`	§2.2.3
역참조된 멤버 선택	`p->m`	§2.2.3
첨자	`x[i]`	§1.8.1
역참조	`*x`	§1.8.2
주소	`&x`	§1.8.2
멤버 역참조	`x.*q`	§2.2.3
역참조된 멤버 역참조	`p->*q`	§2.2.3

1.3.8 형식 처리

형식을 다루는 연산자들은 제5장에서 소개한다. 형식들을 연산의 대상으로 삼는 컴파일 시점 프로그램을 제5장에서 작성해 볼 것이다. 일단은 이런 형식 처리 연산자들이 있다는 점만 알고 넘어가기 바란다(표 1-7).

표 1-7 형식 처리 연산자

연산	표현식
실행 시점 형식 식별	`typeid(x)`
형식 식별	`typeid(T)`
객체의 크기	`sizeof(x)` 또는 `sizeof x`
형식의 크기	`sizeof(T)`
인수 개수	`sizeof...(p)`
형식 인수 개수	`sizeof...(P)`
객체의 바이트 정렬†(C++11)	`alignof(x)`
형식의 바이트 정렬(C++11)	`alignof(T)`

`sizeof` 연산자의 피연산자가 표현식인 경우에는 괄호를 생략할 수 있음을 주목하자(C++에서 이처럼 연산자의 괄호를 생략할 있는 것은 이 경우뿐이다). `alignof`은 C++11에서 도입되었다. 다른 연산자들은 모두 (적어도) C++98부터 있었다.

† [옮긴이] 여기서 '정렬'은 alignment를 옮긴 것이다. sorting도 정렬이라고 옮기지만, 문맥으로 충분히 구분할 수 있을 것이다.

1.3.9 오류 처리

throw 연산자는 실행에서 예외(exception)가 발생했음을 나타낸다(이를테면 메모리 부족 등). 오류 처리는 §1.6.2에서 좀 더 자세히 이야기한다.

1.3.10 중복적재

C++의 아주 강력한 특징 하나는 프로그래머가 새로운 사용자 정의 형식에 대한 연산자를 직접 정의할 수 있다는 것이다. 이를 연산자 중복적재(operator overloading)라고[†] 부르는데, §2.7에서 좀 더 자세히 이야기한다. 내장 형식에 대한 연산자들은 변경할 수 없다. 그렇지만 내장 형식들이 새 형식과 상호작용하는 방식은 프로그래머가 정의할 수 있다. 예를 들어 double 곱하기 matrix 같은 혼합 연산은 중복적재가 가능하다. 단, 다음 연산자들은 중복적재할 수 없다.

::	범위 해소
.	멤버 선택
.*	포인터를 통한 멤버 선택
?:	조건부
sizeof	형식 또는 객체의 크기
sizeof...	인수 개수
alignof	형식 또는 객체의 바이트 정렬
typeid	형식 식별

C++의 연산자 중복적재 덕분에 프로그래머는 다양한 연산을 좀 더 자유롭게 정의할 수 있다. 그렇지만 연산자 중복적재는 현명하게 사용해야 한다. 이 주제에 관해서는 제2장에서 연산자 중복적재를 실제로 설명할 때(§2.7)에서 좀 더 이야기하겠다.

† [옮긴이] 참고로 overloagding은 하나의 함수 이름에 여러 개의(중복) 정의를 "얹는다/싣는다"(적재)는 비유에서 비롯한 용어이다. 이 번역서에 쓰인 '중복적재'는 예전부터 '연산자 중복', '함수 중복' 등으로 쓰여 온 '중복'에 '-loading'을 살리기 위해 '적재'를 추가해서 만든 용어이다. '-loading'을 살리는 것은 원래의 비유를 제대로 전달하는 데 중요하다. 특히 C++11부터는 = delete 구문(§2.5)를 이용해서 특정 정의를 내리는(unload) 것이 가능해 졌다는 점에서 이 비유가 더 유효해졌다. 한편, 프로그래밍 언어에 따라서는 overloading을 '중복 정의'라고 옮기도 하는데, C++의 맥락에서는 multiple definition과 혼동할 여지가 있다.

1.3.11 연산자 우선순위

표 1-8은 연산자 우선순위를 간결하게 정리한 것이다. 간결함을 위해 typeid 등에서는 형식과 표현식을 함께 표시했다. 또한 new와 delete의 서로 다른 표기법들도 합쳤다. @= 기호는 +=, -= 같은 모든 복합 배정 연산자를 뜻한다. 이 연산자들을 의미론과 함께 좀 더 자세하게 정리한 표가 부록 C에 나온다(표 C-1).

표 1-8 연산자 우선순위†

class::*member*	*nspace*::*member*	::*name*	::*qualified-name*
object.*member*	*pointer*->*member*	*expr*[*expr*]	*expr*(*expr-list*)
type(*expr-list*)	*lvalue*++	*lvalue*--	typeid(*type*/*expr*)
*_cast<*type*>(*expr*)			
sizeof *expr*	sizeof(*type*)	sizeof...(*pack*)	alignof(*type*/*expr*)
++*lvalue*	--*lvalue*	~*expr*	!*expr*
-*expr*	+*expr*	&*lvalue*	**expr*
new ... *type* ...	delete []opt	(*type*)*expr*	co_await *expr*
object.**member_ptr*	*pointer*->**member_ptr*		
expr * *expr*	*expr* / *expr*	*expr* % *expr*	
expr + *expr*	*expr* - *expr*		
expr ≪ *expr*	*expr* ≫ *expr*		
expr <=> *expr*			
expr < *expr*	*expr* <= *expr*	*expr* > *expr*	*expr* >= *expr*
expr == *expr*	*expr* != *expr*		
expr & *expr*			
expr ^ *expr*			
expr | *expr*			
expr && *expr*			
expr || *expr*			

† [옮긴이] 간결한 표현을 위해 영문 문구들을 그대로 표시했다. 표에서 *expr*('익스퍼'라고 읽는다고 가정한다)는 expression(표현식), *_ptr*('프터'라고 읽는다고 가정한다)는 pointer(포인터), *nspace*는 namespace(이름공간)를 줄인 것이다. *qualified-name*은 범위 해소 연산자(::) 오른쪽에 올 수 있는 이름들을 통칭하는 용어인데, 클래스 멤버, 이름공간 멤버, 열거자 등이 여기에 속한다. *expr-list*는 하나 이상의 표현식들이 쉼표로 구분되어 나열된 목록이다. 아래 첨자 opt는 해당 표기를 생략할 수 있음을 뜻한다. 참고로 sizeof...의 ...는 실제로 연산자의 일부이지만, new 항목의 "..."들은 그냥 다양한 요소가 올 수 있음을 나타내는 줄임표이다.

expr ? *expr* : *expr*			
lvalue = *expr*	*lvalue* @= *expr*	throw *expr*	co_yield *expr*
expr , *expr*			

1.3.12 부수 효과의 위험

광기: 같은 일을 계속 되풀이하면서 다른 결과가 나오길 기대하는 것.
작자 미상[7]

부수 효과(side effect; 또는 부작용)[†]가 있는 응용 프로그램에서는 같은 입력에 대해 다른 결과가 나오는 것을 기대해도 비정상이 아니다. 그렇긴 하지만, 구성 요소들이 광범위하게 상호작용하고 간섭하는 프로그램의 행동을 예측하기란 대단히 어렵다. 더 나아가서, 매번 잘못된 결과를 결정론적으로 산출하는 프로그램이 가끔 정확한 결과를 산출하는 프로그램보다 나을 것이다. 후자가 고치기가 훨씬 더 힘들기 때문이다.

부수 효과를 의도적으로 활용하는 예는 C 표준 라이브러리에서 물려받은 문자열 복사 함수 strcpy이다. 이 함수는 원본 문자열과 대상 문자열의 첫 문자(char)를 가리키는 포인터들을 받고 원본 문자열의 문자들을 하나씩 차례로 대상 문자열에 복사하되, 원본 문자열의 0이 나오면 멈춘다. 이러한 복사 연산을 다음과 같은 하나의 루프로 구현할 수 있다. while 루프에 본문이 없음을 주목하자. 복사와 포인터 증가는 반복 여부를 판정하는 조건식 자체의 부수 효과로서 수행된다.

```
while (*tgt++= *src++);
```

좀 무섭게 생긴 코드인데, 사실 이 코드는 위험을 내포하고 있다. 그렇지만 이 코드는 완전히 적법한 C++ 코드이다(옵션에 따라서는 컴파일러가 불평을 할 수도 있지만). 이 코드를 세심히 분석하면 연산자 우선순위와 부분식의 형식, 평가 순서와 관련해서 배울 점이 있을 것이다.[‡]

좀 더 간단한 예를 보자. 다음 코드는 배열의 i번째 항목에 i의 값을 배정하

7 알베르트 아인슈타인이나 벤저민 프랭클린, 마크 트웨인이 한 말이라고 알려졌지만 근거는 없다. 리타 메이 브라운Rita Mae Brown의 *Sudden Death*에 이 문구가 인용되어 있으나 원래의 출처는 알려지지 않았다. 이 인용구 자체에 어떤 광기가 들어있는지도 모른다.

† [옮긴이] 부작용이 더 자연스러운 용어겠지만, 일상 언어에서 부작용은 다소 부정적인 의미를 담고 있는 반면 지금 이야기하는 side effect는 그 자체로는 가치 중립적이다.

‡ [옮긴이] 포인터에 익숙하지 않은 독자는 먼저 §1.8을 읽기 바란다.

고, 다음 반복을 위해 i의 값을 1 증가한다.

```
v[i]= i++;    // C++17 이전에는 미정의 행동
```

그런데 이 코드는 C++17 이전에는 문제가 있었다. C++17에서 이 표현식의 행동 방식은 정의되지 않는다. 즉, 이 코드는 소위 '미정의 행동(undefined behavior, UB)'에 해당한다. 이유는 이렇다. 우변은 i의 후위 증가이므로, 반드시 i의 기존 값이 좌변에 배정된 후에 i의 값이 증가된다. 그런데 C++17 이전에서는 배정 연산 좌변의 표현식과 우변의 표현식의 평가 순서가 정해져 있지 않았다. 그래서 i의 값이 v[i+1]에 배정될 수도 있고 v[i]에 배정될 수도 있다. 이 문제를 해결하기 위해 C++17은 반드시 배정 연산의 우변에 있는 표현식 전체가 평가된 후에야 좌변의 표현식이 평가된다는 규칙을 도입했다. 그렇다고 증가/감소와 관련한 미정의 행동이 모두 해결된 것은 아니다. 여전히 다음 코드의 행동은 정의되지 않는다.

```
i = ++i + i++;
```

이 예는 항상 부수 효과를 한눈에 알아볼 수 있는 것은 아님을 잘 보여준다. 상당히 교묘하게 꼬아 놓은 코드가 잘 작동하는 반면에 더 간단한 코드는 작동하지 않는 경우도 있다. 더 나쁜 일은, 코드가 어제까지 잘 작동하다가 컴파일러 버전이 달라지거나 옵션을 바꾸면 더 이상 작동하지 않는 일도 생긴다.

앞에 나온 문자열 복사의 예는 훌륭한 프로그래밍 기술의 예이자 C++의 연산자 우선순위가 잘 작동함을 보여주는 증거이다(괄호 없이도 증가와 복사가 의도대로 작동한다). 그렇긴 하지만 이런 프로그래밍 스타일은 현대적 C++에 맞지 않다. 코드를 최대한 줄이려고 노력하는 것은 타이핑이 지금보다 훨씬 힘들었던 C 초창기의 구습이다. 옛날에는 모니터도 없이 기계식(전자식이 아니라) 타자기로 코딩을 하거나 심지어 카드 천공기(card puncher)를 사용하기도 했다. 오늘날의 기술에서 글자 몇 개 더 타이핑하는 것은 큰 문제가 아니다.

간결한 문자열 복사 구현의 또 다른 바람직하지 않은 측면은 한 줄의 코드에 서로 다른 여러 관심사(concern)가 포함되어 있다는 것이다. 이 구현 코드는 판정, 수정, 순회(traveral; 운행)를 한꺼번에 수행한다. 소프트웨어 설계의 주요 원칙 중 하나는 **관심사의 분리**(separation of concerns)이다. 서로 다른 관심사들을 분리하며 유연성이 증가하고 복잡성이 감소한다. 지금 예에서는 관심사들을 분리함으로써 구현 코드를 이해하는 데 필요한 정신적 처리 절차의 복잡도를 줄일 수 있다. 다음은 이 원칙을 악명 높은 한 줄짜리 복사 구현에 적용한 예이다.

```
for (; *src; tgt++, src++)
    *tgt= *src;
*tgt= *src; // 마지막 0도 복사한다.
```

이제는 코드가 다음 세 가지 관심사를 다루고 있음이 명확해졌다.

1. 판정: `*src`
2. 수정: `*tgt= *src;`
3. 순회: `tgt++, src++`

또한, 증가가 포인터들에 대한 것이고 판정과 배정은 포인터들이 가리키는 내용에 대한 것이라는 점도 더 명확해졌다. 이전보다 코드가 장황해졌지만, 코드의 정확성을 점검하기가 훨씬 쉽다. 문자열의 끝을 검출하기 위한 0 부등 판정을 명시적으로 표현한다면(즉, `*src != 0`) 코드의 의미가 더 명확해질 것이다.

프로그래밍 언어의 범주 중에 **함수형 언어**(functional language)라는 것이 있다. 함수형 프로그래밍 언어에서는 값들이 '불변(immutable)'이다. 즉, 일단 값이 설정되면 변경할 수 없다. C++은 전혀 그렇지 않다. 그렇지만 C++에서도 최대한 함수형 스타일로 프로그램을 작성하면 여러 모로 유리하다. 예를 들어 배정문을 작성할 때는, 배정문에서 변경되는 것은 배정 연산자의 왼쪽에 있는 변수뿐이어야 한다는 원칙을 지키는 것이 바람직하다. 그렇게 하려면 연산자 우변에서 객체 자체를 수정하는 표현식(즉, 부수 효과가 있는 표현식)을 상수 표현식으로 바꾸어야 한다. 예를 들어 `++i` 대신 `i+1`을 사용해야 한다. 우변의 표현식에 부수 효과가 없으면 사람이 프로그램의 행동을 이해하기 쉬울 뿐만 아니라 컴파일러가 코드를 최적화하는 데에도 도움이 된다. 일반적인 원칙은, 사람이 이해하기 쉬운 프로그램일수록 컴파일러가 코드를 최적화하기도 쉽다는 것이다. 한 예로, `const` 선언은 우발적인 수정을 방지해 줄 뿐만 아니라 컴파일러가 코드를 좀 더 적극적으로 최적화할 여지를 제공한다.

1.4 표현식과 문장

C++은 표현식(expression)과 문장(statement)을 구분한다. 그냥 "표현식에 세미콜론(;)을 붙이면 문장이 된다"라고만 알고 넘어갈 수도 있겠지만, 이 책의 목적에서는 이 둘을 좀 더 자세히 살펴볼 필요가 있다.

1.4.1 표현식

그럼 표현식이라는 것을 상향식으로, 재귀적으로 구축해 보자. 모든 변수 이름 (x, y, z, ...), 상수, 리터럴은 하나의 표현식이다. 그리고 그런 표현식들을 연산자로 결합한 것도 표현식이다. 이를테면 x + y나 x * y + z는 표현식이다. 배정 연산자도 연산자이므로, C++에서는 x= y + z 같은 배정 연산도 하나의 표현식이다. 이는 배정이 항상 문장인 파스칼 같은 언어들과 C++이 다른 점이다. 배정 연산이 표현식이므로, 배정 연산을 다른 표현식 안에서 사용할 수 있다. 이를테면 x2= x= y + z가 가능하다(이런 표현식에서 배정 연산들은 오른쪽에서 왼쪽으로 평가된다). 또한, 다음 예와 같은 입출력 연산들도 표현식이다.

```
std::cout << "x is " << x << "\n"
```

abs(x)나 abs(x * y + z) 같은 함수 호출도 표현식이다. 이는 예를 들어 함수 호출 자체를 다른 함수 호출의 인수로 사용할 수 있다는 뜻이다. 즉, pow(abs(x), y) 처럼 함수 호출을 중첩하는 것도 가능하다. 만일 함수 호출이 문장이라면 이런 함수 중첩 호출이 불가능하다.

배정 연산 역시 함수의 인수로 사용할 수 있다. abs(x= y)가 그러한 예이다. 입출력 연산도 마찬가지이다.

```
print(std::cout << "x is " << x << "\n", "I am such a nerd!");
```

물론 이 코드는 가독성이 그리 좋지 않다. 코드를 읽는 사람을 헷갈리게 할 수 있다는 점에서 득보다 실이 크다. (x + y)처럼 표현식을 괄호로 감싼 것도 표현식이다. 괄호 묶기는 다른 모든 연산자보다 우선하므로, 필요에 따라 괄호를 이용해서 연산의 순서를 강제로 지정할 수 있다. 예를 들어 x * (y + z)는 덧셈이 제일 먼저 수행된다.

1.4.2 문장

표현식 다음에 세미콜론을 붙이면 문장이 된다.

```
x= y + z;
y= f(x + z) * 3.5;
```

다음처럼 사실상 아무런 효과도 없는(보통의 경우) 문장도 허용된다.

```
y + z;
```

프로그램 실행 도중 y와 z의 합이 계산되긴 하지만, 합은 그냥 폐기된다. 요즘 컴파일러는 최적화 과정에서 이런 쓸모 없는 계산을 아예 제거한다. 그렇지만 이 문장이 항상 제거되지는 않는다. y나 z가 사용자 정의 형식의 객체이고 덧셈 연산이 y나 z를 수정하거나 기타 어떤 부수 효과가 발생하도록 중복적재되어 있을 수도 있기 때문이다. 이처럼 숨겨진 부수 효과가 존재하는 것은 명백히 나쁜 프로그래밍 스타일이지만, C++의 규칙을 위반하는 것은 아니다.

세미콜론 하나만 있는 '빈 문장(empty statement)'도 허용된다. 따라서 원한다면 세미콜론을 얼마든지 많이 나열할 수 있다. 세미콜론으로 끝나지 않는 문장도 존재한다. 함수 정의가 그러한 예이다. 그런 문장에 세미콜론을 붙여도 컴파일 오류는 아니다. 단지 빈 문장이 하나 추가될 뿐이다. 옵션에 따라서는 무의미한 빈 문장을 지적해주는 컴파일러도 있다. 여러 문장을 중괄호로 감싼 것도 하나의 문장인데, 그런 문장을 **복합문**(compound statement; 또는 복합 문장)이라고 부른다.

이전에 본 변수 선언과 상수 선언도 문장이다. 변수나 상수의 초기 값으로는 임의의 표현식을 사용할 수 있다(단, 다른 배정이나 쉼표 연산자가 있는 표현식은 예외). 그 밖의 문장들(함수 정의와 클래스 정의, 제어문)은 따로 이야기한다.

조건부 연산자를 제외할 때, 프로그램의 흐름은 문장들로 제어된다. 흐름의 제어는 크게 분기와 루프로 나뉜다.

1.4.3 분기(조건문)

먼저 프로그램 실행을 여러 갈래로 분기(branching)하는 제어문들을 살펴보자.

1.4.3.1 if 문

`if` 문은 가장 간단한 형태의 제어문이다. 다음 예에서 보듯이 `if` 문은 아주 직관적이다. `if` 문은 조건식이 참일 때의 갈래(`if` 절)와 거짓일 때의 갈래(`else` 절)로 분기한다.

```
if (weight > 100.0)
    cout ≪ "This is quite heavy.\n"; // 조건식 weight > 100.0이 참일 때
else
    cout ≪ "I can carry this.\n";    // 조건식이 거짓일 때
```

조건식이 참이 아닐 때 딱히 할 일이 없다면 else 절(clause)†을 생략해도 된다. 다음은 변수 x의 절댓값을 구하는 예이다.

```
if (x < 0.0)
    x= -x;
// 이제는 반드시 x >= 0.0(사후조건)이다.
```

if 문의 각 갈래는 각자 하나의 범위를 형성한다. 따라서 다음 코드는 컴파일 오류를 일으킨다.

```
if (x < 0.0)
    double absx= -x;
else
    double absx= x;
cout ≪ "|x| is " ≪ absx ≪ "\n"; // 오류: absx는 범위 밖임
```

이 코드는 두 개의 새 변수를 도입한다. 둘 다 이름이 absx로 같지만, 각자 다른 범위에 있기 때문에 충돌하지 않는다. 두 변수 모두 if 문 바깥에는 존재하지 않으므로, 마지막 행은 존재하지 않는 absx에 접근하므로 컴파일 오류이다. 정리하자면, 각 갈래에서 선언된 변수들은 그 갈래 안에서만 사용할 수 있다.

if의 각 갈래는 하나의 문장으로 구성된다. 한 갈래에서 여러 연산을 수행하려면 다음처럼 중괄호를 이용해서 복합문을 만들면 된다. 다음은 삼차방정식을 푸는 카르다노Cardano 해법을 구현한 예이다.

```
double D= q*q/4.0 + p*p*p/27.0;
if (D > 0.0) {
    double z1= ...;
    complex<double> z2= ..., z3= ...;
    ...
} else if (D == 0.0) {
    double z1= ..., z2= ..., z3= ...;
    ...
} else {                    // D < 0.0
    complex<double> z1= ..., z2= ..., z3= ...;
    ...
}
```

처음부터 항상 중괄호를 사용하는 것이 바람직하다. 실제로, 문장이 하나뿐이라도 반드시 중괄호로 감쌀 것을 강제하는 스타일 지침(style guide)들이 많다. 관

† [옮긴이] if 문이나 for 문처럼 표현식이 아닌 문장은 흔히 키워드와 '절'들로 구성된다. 짐작했겠지만, '문장' 자체와 마찬가지로 '절'이라는 용어는 언어학에서 빌려온 것이다(이를테면 명사절, 부사절 등).

련해서, 가독성을 위해서는 중괄호 안의 문장들을 들여 쓰는 것이 좋다.

if 문들을 중첩할 수 있는데, 이때 각 else는 마지막으로 열린 if에 속한다. §A.2.2에 관련 예제가 나오니 살펴보기 바란다. 마지막으로, 다음 조언을 명심하자.

조언

추가적인 빈칸(space)이 C++ 코드의 컴파일에는 아무 영향도 주지 않지만, 프로그램의 구조에 맞게 코드를 들여쓰는 것이 중요하다. C++을 이해하고 들여쓰기를 자동으로 처리해 주는 편집기(Visual Studio의 IDE나 이맥스emacs C++ 모드 등)를 이용하면 그런 프로그램 구조화가 아주 편해진다. 언어를 이해하는 도구가 어떤 코드 한 줄을 여러분이 기대한 것과는 다르게 들여썼다면, 여러분의 기대가 틀렸을(즉, 중첩이 뭔가 잘못 되었을) 가능성이 크다.

⇒ c++17/if_init.cpp

C++17 C++17에서는 조건식에서 변수를 선언할 수 있도록 if 문이 확장되었다. 그런 변수는 if 문 안에서만 존재한다. 이 기능은 변수의 수명을 제어하는 데 도움이 된다. 예를 들어 map에 새 값을 삽입하는(§4.1.3.5 참고) 연산의 결과는 새로 만들어진 항목에 대한 참조(reference)이며, 조건식에서 그 참조는 삽입 성공 여부를 뜻하는 bool 값으로 변환된다. 다음은 이 점을 이용한 if 문의 예이다.

```
map<string, double> constants= {{"e", 2.7}, {"pi", 3.14}};
if (auto res= constants.insert({"h", 6.6e-34}); res.second)
    cout << "inserted " << res.first->first << " mapping to "
         << res.first->second << endl;
else
    cout << "entry for " << res.first->first << " already exists.\n";
```

만일 변수 res를 if 문 이전에 선언했다면, res는 이 코드를 감싸는 블록의 끝까지 존재했을 것이다. if 문 자체를 중괄호로 감싼다면 res의 범위를 최소한으로 줄일 수 있겠지만, 그냥 조건식에서 선언하는 것이 더 간결하다.

1.4.3.2 조건부 표현식

조건부 표현식(conditional expression)은 표현식의 일종이고 이번 절은 문장에 관한 것이지만, 조건부 표현식은 if 문과 아주 가까우므로 여기서 이야기하기로 한다. 조건부 표현식의 구조는 다음과 같다.

```
조건식 ? 참일_때의_결과 : 거짓일_때의_결과
```

이 표현식 전체의 결과는, 만일 주어진 조건식†이 true로 평가되면 둘째 부분식(참일_때의_결과)이고, 그렇지 않으면 마지막 부분식(거짓일_때의_결과)이다. 예를 들어 다음 조건부 표현식은

```
min= x <= y ? x : y;
```

다음과 같은 if 문에 해당한다.

```
if (x <= y)
    min= x;
else
    min= y;
```

초보 시절에는 그냥 if 문이 더 이해하기 쉽겠지만, 경험이 쌓이다 보면 간결한 조건부 표현식이 오히려 더 잘 이해될 것이다.

조건부 표현식(?:)은 말 그대로 표현식이므로 다음 예처럼 변수를 초기화하는 데 사용할 수 있다.

```
int x= f(a),
    y= x < 0 ? -x : 2 * x;
```

인수를 조건에 따라 선택해서 함수를 호출할 조건부 표현식을 이용하면 코드가 간결해진다.

```
f(a, (x < 0 ? b : c), (y < 0 ? d : e));
```

그러나 이를 if 문으로 표현한다면 코드가 아주 장황해진다. 믿지 못한다면 직접 시도해 보기 바란다.

대부분의 경우 if 문을 사용하느냐 조건부 표현식을 사용하느냐는 그리 중요한 문제가 아니다. 그냥 더 편한 것을 사용하면 된다.

일화: if이냐 ?:이냐의 선택이 중요한 때도 있는데, §4.1에서 소개하는 STL(Standard Template Library; 표준 템플릿 라이브러리)의 replace_copy가 좋은 예이다. 예전에는 이 연산을 조건부 연산자로 구현하곤 했지만, if를 사용하는

† [옮긴이] 조건식은 조건 판정이 요구되는 지점(if 문의 괄호 안 등)에 놓이는 표현식으로, 지금 말하는 조건부 표현식과는 다르다. bool로 변환 가능한 모든 표현식을 조건식으로 사용할 수 있다.

것이 더 일반적인(generic) 구현이 된다는 점이 밝혀졌다. 이 '버그'는 거의 10년 동안 숨어 있었는데, 제러미 시크가 박사학위 논문[57]에서 자동 분석으로 발견했다.

1.4.3.3 switch 문

switch 문은 if 문의 특수형이라 할 수 있다. switch 문을 이용하면 여러 가지 정수 값에 따라 서로 다른 계산을 수행하는 코드를 간결하게 표현할 수 있는데, 다음이 그러한 예이다.

```
switch(op_code) {
  case 0: z= x + y; break;
  case 1: z= x - y; cout << "compute diff\n"; break;
  case 2:
  case 3: z= x * y; break;
  default: z= x / y;
}
```

switch 문에서 한 가지 주의할 점은, break가 없으면 실행이 그냥 아래로 흘러가서 나머지 case 절들도 실행된다는 것이다. 앞의 코드에서 op_code가 2인 경우(case)와 3인 경우에는 같은 연산이 수행된다. 문장은 있는데 break가 없는 case 절에 대해 컴파일러가 경고를 하게 만들 수도 있다. g++나 clang++는 -Wimplicit-fallthrough 플래그를 지정해서 실행하면 그런 경고 메시지를 출력한다.

C++17 프로그래머가 의도적으로 실행이 아래로 흘러가게(fall-through) 만드는 경우도 있다. 그런 의도를 동료 개발자에게 명시적으로 알리기 위해, 그리고 경고 메시지가 나오지 않게 하기 위해, C++17은 [[fallthrough]]라는 특성(attribute)을 도입했다.

```
switch(op_code) {
  case 0: z= x + y; break;
  case 1: z= x - y; cout << "compute diff\n"; break;
  case 2: x= y; [[fallthrough]];
  case 3: z= x * y; break;
  default: z= x / y;
}
```

C++17 C++17에서는 또한 switch 문의 조건식에서 변수를 초기화하는 기능도 추가되었다. if 문의 해당 기능과 마찬가지 방식이다.

switch의 고급 용법이 §A.2.3에 나온다.

1.4.4 루프(반복문)

1.4.4.1 while 루프와 do-while 루프

영어의 while은 "~인 동안" 또는 "~하는 동안"이라는 뜻이다. 이와 비슷하게, while 루프는 주어진 조건이 "참인 동안" 반복된다. 그럼 콜라츠 추측(collatz conjecture)을 while 문으로 구현해 보자. 먼저, 콜라츠 추측의 정의는 다음과 같다.†

알고리즘 1-1: 콜라츠 추측

입력: 정수 x_0

1 while $x_i \neq 1$ do

2 $x_i = \begin{cases} 3x_{i-1} + 1 & \text{만일 } x_{i-1}\text{이 홀수이면} \\ x_{i-1}/2 & \text{만일 } x_{i-1}\text{이 짝수이면} \end{cases}$

정수 넘침을 고려하지 않는다면, 이 알고리즘을 다음과 같이 while 루프로 간단하게 구현할 수 있다.

```
int x= 19;
while (x != 1) {
    cout ≪ x ≪ '\n';
    if (x % 2 == 1)      // 홀수
        x= 3 * x + 1;
    else                 // 짝수
        x= x / 2;
}
```

if 문의 갈래들처럼 루프(반복문)의 본문(body)은 하나의 문장이므로, 실제로 문장(복합문이 아닌 보통 문장) 하나만 반복하는 경우에는 중괄호를 생략할 수 있다.

C++은 do-while 루프라는 것도 제공한다. while 루프와는 달리 이 루프는 조건식을 루프 본문의 끝에서 판정한다.

```
double eps= 0.001;
do {
    cout ≪ "eps= " ≪ eps ≪ '\n';
    eps/= 2.0;
} while (eps > 0.0001);
```

† [옮긴이] 좀 더 정확히 말하면 콜라츠가 추측한 것은 이 알고리즘이 반드시 종료된다는 것, 즉 x가 언젠가는 반드시 1이 된다는 것이다.

따라서 루프 본문은 조건식과 무관하게 적어도 한 번은 실행된다.

1.4.4.2 for 루프

C++에서 가장 자주 쓰이는 루프는 아마도 for 루프일 것이다. 간단한 예로, 다음 코드는 두 벡터를 더하고 그 결과를 출력한다.[8]

```
double v[3], w[]= {2., 4., 6.}, x[]= {6., 5., 4};
for (int i= 0; i < 3; ++i)
    v[i]= w[i] + x[i];

for (int i= 0; i < 3; ++i)
    cout << "v[" << i << "]= " << v[i] << '\n';
```

루프의 서두(head)는 다음 세 요소로 구성된다.

1. 초기화 절
2. 조건식
3. 단계 연산

이 예제 코드는 전형적인 for 루프의 예이다. 초기화 절에서는 흔히 루프 색인으로 사용할 변수를 새로 선언하고 0으로 초기화한다. 대부분의 색인화된 자료 구조(data structure)에서 첫 색인이 0이기 때문이다. 조건식은 루프 반복 여부를 결정하는데, 흔히 루프 색인이 특정 크기보다 작은지를 판정한다. 그런 경우 마지막의 단계 연산(step operation)에서는 루프 색인을 증가한다. 지금 예제 코드에서는 루프 색인 변수 i를 후위 증가한다. int 같은 내장 형식에서는 단계 연산에서 ++i를 사용하든 i++를 사용하든 별 차이가 없다. 그렇지만 사용자 정의 형식에서는 후위 증가 때문에 쓸데 없이 복사 연산이 발생할 수 있는데, 이에 관해서는 §3.3.2.5에서 이야기한다. 일관성을 위해 이 책에서는 루프 색인에 대해 항상 전위 증가를 사용한다.

초보자들은 조건식을 작성할 때 i <= size(..)처럼 미만(less)이 아니라 이하(less than or equal) 연산자를 사용하는 실수를 아주 흔히 저지른다. C++의 색인이 0에서 시작하므로, 색인 i == size(..)는 이미 범위를 벗어났다. 포트란[Fortran]이나 MATLAB에 익숙한 사람들은 이런 0 기반 색인화(zero-based indexing)에 적응하는 데 시간이 좀 걸릴 것이다. 일반 대중에게는 1 기반 색인

8 진짜 벡터 클래스는 나중에 소개하겠다. 지금은 그냥 보통의 배열을 사용하자.

화가 더 익숙하며, 수학 문헌에서도 1 기반 색인화가 쓰인다. 그렇지만 색인과 주소에 관한 계산에서는 거의 항상 0 기반 색인화가 더 간단하다.

또 다른 예로, 다음과 같은 지수 함수의 테일러 급수(Taylor series)를 계산한다고 하자.

$$e^x = \sum_{n=0}^{\infty} \frac{x^n}{n!}$$

다음은 이 급수를 열 번째 항까지 계산하는 코드이다.

```
double x= 2.0, xn= 1.0, exp_x= 1.0;
unsigned long fac= 1;
for (unsigned long n= 1; n <= 10; ++n) {
    xn*= x;
    fac*= n;
    exp_x+= xn / fac;
    cout ≪ "e^x is " ≪ exp_x ≪ '\n';
}
```

이 예제에서는 먼저 0번 항을 계산하고 1번 항부터 루프를 시작하는 것이 더 간단했다. 또한, 이 코드는 또한 $x^{10}/10!$까지 계산하기 위해 미만이 아니라 이하 연산자를 사용했다.

C++의 for 루프는 아주 유연하다. 초기화 절에는 모든 종류의 표현식과 변수 선언을 사용할 수 있으며, 아예 비워 둘 수도 있다. 같은 형식의 변수 여러 개를 선언하는 것도 가능하다. 이는 같은 연산을 조건 판정에서 매번 반복하는 일을 피하는 데 유용하다. 다음이 그러한 예이다.†

```
for (int i= begin(xyz), e= end(xyz); i < e; ++i) ...
```

초기화 절에서 선언된 변수는 오직 루프 내부에서만 보이며, 루프 바깥에서 선언된 같은 이름의 다른 변수를 가린다.

조건식으로는 bool로 변환되는 그 어떤 표현식도 사용할 수 있다. 조건식을 생략하면 항상 true로 간주되어서 루프가 무한히 반복된다. §1.4.4.4에서 이야기하겠지만 루프 본문 안에서 강제로 루프에서 벗어나는 것이 가능하다. 전형적인 for에서는 단계 연산에서 흔히 루프 색인을 증가한다고 말했다. 루프 색인을 루프의 본문에서 수정하는 것도 원칙적으로는 가능하다. 그러나 루프 색인을 항

† [옮긴이] 만일 다중 변수 선언이 불가능하다면 i < end(xyz)처럼 매번 end가 호출되는 형태의 조건식을 사용하거나, 아니면 e를 루프 바깥에서 선언해야 한다.

상 루프 서두에서만 수정하는 것이 더 깔끔하다. 한편, 단계 연산에서 루프 색인 하나만 증가해야 하는 것도 아니고, 색인을 반드시 1씩만 증가해야 하는 것도 아니다. 쉼표 연산자(§1.3.5)를 이용해서 여러 개의 색인 증가 연산을 나열할 수 있으며, 또한 색인을 다른 방식으로 수정할 수 있다. 다음이 그러한 예이다.

```
for (int i= 0, j= 0, p= 1; ...; ++i, j+= 4, p*= 2) ...
```

물론 루프 색인 하나만 사용하는 것보다는 훨씬 복잡하지만, 그래도 루프 이전에 색인 변수들을 선언하고 루프 본문 안에서 수정하는 것보다는 가독성이 좋다.

C++11 1.4.4.3 구간 기반 for 루프

C++11에서 **구간 기반 for 루프**(range-based for-loop)라는 아주 간결한 루프 표기법이 도입되었다. §4.1.2에서 반복자(iteraor)를 소개할 때 구간 기반 for 루프에 깔린 개념을 좀 더 이야기하겠다.

일단 지금은 이 구문이 배열이나 기타 컨테이너container의 모든 요소를 훑는(iterate; 반복하는) 코드를 아주 간결하게 표현하는 수단이라고만 알고 넘어가도 좋을 것이다.

```
int primes[]= {2, 3, 5, 7, 11, 13, 17, 19};
for (int i : primes)
    std::cout << i << " ";
```

C++20 이 코드는 배열에 있는 소수素數(prime number)들을 한 칸씩 띄어서 출력한다. C++20에서는 다음처럼 구간 기반 루프 서두 안에서 prime을 직접 초기화할 수 있다.

```
for (int primes[]= {2, 3, 5, 7, 11, 13, 17, 19}; int i : primes)
    std::cout << i << " ";
```

1.4.4.4 루프 제어

루프의 정상적인 실행 흐름을 인위적으로 제어하는 문장이 두 개 있다.

1. break 문
2. continue 문

break 문은 루프를 완전히 종료하고, continue 문은 현재 반복만 끝내고 다음 반복으로 즉시 넘어간다. 다음 예를 보자.

```
for (...; ...; ...) {
    ...
    if (dx == 0.0)
        continue;
    x+= dx;
    ...
    if (r < eps)
        break;
    ...
}
```

이 루프에는 만일 `dx == 0.0`이 참이면 현재 반복의 나머지 부분을 실행할 필요가 없다는 논리가 깔려 있다. 또한, 만일 `r < eps`이면 루프를 아예 끝낸다. 모든 작업을 마친 것이 확실하면 이처럼 루프 반복 도중에 루프를 끝내는 게 코드의 명확성에 도움이 될 수 있다.

1.4.5 goto

모든 분기와 루프는 내부적으로 점프jump 연산으로 구현된다. 또한, C++은 점프를 명시적으로 수행할 수 있는 `goto` 문도 제공한다. 하지만 다음 조언을 명심하기 바란다.

조언

`goto`는 절대로 사용하지 말 것!

C++의 `goto`는 C보다 용법이 제한적이다(예를 들어 초기화를 건너 뛰지는 못한다). 그래도 `goto`는 프로그램의 구조를 무너뜨릴 파괴력을 가지고 있다.

`goto`를 사용하지 않고 소프트웨어를 작성하는 것을 **구조적 프로그래밍**(structured programming)이라고 부른다. 그렇지만 요즘은 고품질 소프트웨어에서 구조적 프로그래밍이 당연시 되다 보니 구조적 프로그래밍이라는 말 자체를 별로 쓰지 않는다.

1.5 함수

함수(function)는 C++ 프로그램의 중요한 구축 요소이다. 이 책에 처음으로 등장한 함수의 예는 이번 장 도입부의 `main`이다. 특별한 함수인 `main` 자체에 관해서는 §1.5.5에서 약간 더 이야기할 것이다.

1.5.1 인수

C++에서, 함수 호출 시 지정한 인수(argument)가 함수의 해당 매개변수(parameter)†로 전달되는 방식은 크게 두 가지인데, 하나는 값 전달이고 다른 하나는 참조 전달이다.

1.5.1.1 값 전달

기본적으로, 인수를 함수(의 매개변수)에 전달하면 인수의 복사본이 만들어진다. 예를 들어 다음 함수는 자신의 매개변수 x를 증가하지만, 함수 밖에서는 그 증가의 결과가 보이지 않는다.

```
void increment(int x)
{
    x++;
}

int main()
{
    int i= 4;
    increment(i);      // i가 증가하지는 않음
    cout ≪ "i is " ≪ i ≪ '\n';
}
```

출력은 4이다. increment 함수 안의 x++ 연산은 i의 지역 복사본(함수 안에 만들어진)을 증가할 뿐, i 자체는 증가하지 않는다. 이런 종류의 인수 전달 방식을 **값 전달**(pass by value) 또는 **값 호출**(call by value)이라고 부른다.

1.5.1.2 참조 전달

매개변수를 수정했을 때 인수가 실제로 수정되게 하려면 다음처럼 **참조 전달**(pass by reference)을 사용해야 한다.

```
void increment(int& x)
{
    x++;
}
```

이제는 인수 자체가 증가하므로 main은 5를 출력한다. 참조에 관해서는 §1.8.4에서 좀 더 자세히 논의한다.

† [옮긴이] 함수 선언에서 함수 이름 다음의 괄호 안에 선언된 변수를 함수의 매개변수라고 부른다. 매개변수는 함수 본문에서 지역 변수처럼 쓰인다.

연산의 중간 결과 같은 임시 객체는 참조로 전달할 수 없다.

```
increment(i + 9); // 오류: 임시 객체는 참조 불가
```

표현식을 이 함수에 전달하려면 먼저 표현식을 변수에 배정하고 그 변수를 전달해야 한다. 애초에 함수가 임시 객체를 수정한다는 것은 아무 의미가 없다. 어차피 수정된 임시 객체는 어디에서도 보이지 않은 것이기 때문이다.

벡터나 행렬처럼 덩치 큰 자료 구조는 거의 항상 참조로 전달된다. 그러면 값비싼 복사 연산을 피할 수 있기 때문이다.

```
double two_norm(vector& v) { ... }
```

벡터 노름norm 계산 같은 연산은 인수를 수정하지 말아야 한다. 그러나 벡터를 참조로 전달하면 의도치 않게 벡터가 변경될 위험이 있다. 벡터의 변경을 방지하고 불필요한 복사 연산을 피하는 목적으로 흔히 다음처럼 상수 참조 또는 const 참조를 사용한다.

```
double two_norm(const vector& v) { ... }
```

이 함수 안에서 v를 변경하려 하면 컴파일러가 오류를 발생한다.

값 전달과 상수 참조 둘 다 인수의 변경을 방지하지만, 내부 작동 방식은 다르다.

- 값으로 전달된 인수는 함수 안에서 수정할 수 있다. 다만, 그것은 복사본이므로 원래의 인수에는 아무런 영향도 미치지 않는다.[9]
- const 참조에서는 함수가 전달된 인수를 실제로 사용한다. 다만, 인수에 변경을 가할 수 있는 모든 연산이 컴파일 시점에서 금지된다. 특히, const 참조 인수는 배정문의 좌변에 올 수 없으며, 비const(const가 아닌) 참조로서 다른 함수에 전달할 수 없다. 애초에 배정문의 좌변 인수는 비const 참조이다.

가변(mutable) 참조[10]와는 달리 상수 참조는 임시 객체의 전달을 허용한다.

```
alpha= two_norm(v + w);
```

9 인수가 제대로 복사된다고 가정할 때의 이야기이다. 복사 연산이 부실하게 구현된 사용자 정의 형식의 경우에는 전달된 데이터의 무결성(integrity)이 깨질 수 있다.

10 언어학적인 이유로, 이 책에서는 가변(mutable)을 비const의 동의어로 사용한다. C++에는 mutable라는 키워드도 있는데(§2.6.3), 이 책에서는 자주 사용하지 않는다.

사실 이 규칙이 전적으로 언어 설계 측면에서 의도적으로 만들어진 것은 아니지만, 프로그래머로서는 코딩이 훨씬 쉬워지므로 반길 만한 일이다.

1.5.1.3 기본 인수

인수에 어떤 특정한 값이 아주 흔히 쓰인다면, 그것을 기본값으로 선언함으로써 함수 호출 구문을 간결하게 만들 수 있다. 예를 들어 주어진 수의 n제곱근을 계산하는 함수가 있는데, 사람들이 이 함수로 가장 흔히 계산하는 것이 제곱근(2제곱근)이라고 하자. 그러면 다음처럼 제곱근 차수의 기본값을 2로 두는 것이 합리적이다.

```
double root(double x, int degree= 2) { ... }
```

이 함수는 다음처럼 인수 두 개로 호출할 수도 있고 인수 하나만으로 호출할 수도 있다.

```
x= root(3.5, 3);
y= root(7.0);     // root(7.0, 2)와 같다
```

기본값이 지정된 인수를 기본 인수(default argument)라고 부른다. 한 함수에 기본 인수를 여러 개 둘 수도 있다. 단, 기본 인수들은 반드시 매개변수 목록의 제일 끝에 있어야 한다. 따라서 기본 인수 다음에 기본값이 없는 인수가 올 수는 없다.

기본 인수는 기존 함수에 또 다른 매개변수를 추가할 때도 유용하다. 이런 시나리오를 생각해 보자. 원을 그리는 다음과 같은 함수가 있다.

```
void draw_circle(int x, int y, float radius);
```

이 함수는 원을 항상 검은색으로 그린다. 그런데 나중에 원의 색상을 사용자가 지정할 수 있어야 한다는 요구가 생겼다. 그러면 함수 선언을 다음과 같이 변경하면 된다.

```
void draw_circle(int x, int y, float radius, color c= black);
```

기본 인수 덕분에, 인수 세 개만으로 `draw_circle`을 호출하는 기존 코드도 잘 작동하므로 수정할 필요가 없다.

1.5.2 결과의 반환

앞에 나온 예제 함수들의 return 문은 모두 double나 int를 돌려준다. 이런 반환 형식들은 예상대로 잘 작동하며, 문법으로나 효율성으로나 특별히 더 이야기할 것이 없다. 이번 절에서는 좀 더 극단적인 사례로, 함수가 큰 객체를 돌려주는 경우와 아무것도 돌려주지 않는 경우를 살펴본다.

1.5.2.1 큰 자료 구조의 반환

함수가 큰 자료 구조를 새로 만들어서 돌려주는 것은 좀 더 어려운 문제이다. 세부사항은 나중으로 미루기로 하고, 여기서는 큰 자료 구조 반환의 비효율성을 피하는 옵션 몇 가지만 언급한다. 다행히 요즘 컴파일러들은 똑똑하기 때문에 많은 경우에서 반환값의 복사 연산을 아예 제거한다. 이에 관해서는 §2.3.5.3에서 더 이야기하겠다. 또한, 그런 복사 제거가 적용되지 않는 경우라도 이동 의미론(임시 객체가 한 곳에서 다른 곳으로 그대로 이동하는 것; §2.3.5 참고) 덕분에 복사 연산이 방지될 수 있다. 또한, 고급 라이브러리들은 큰 자료 구조가 반환되는 상황 자체를 표현식 템플릿이라고 하는 기법을 이용해서 피한다. 표현식 템플릿은 주어진 계산을 그 결과가 실제로 저장되는 시점까지 미룸으로써 불필요한 복사를 방지한다(§5.3.2). 어떤 경우이든, 함수가 자신의 지역 변수에 대한 참조를 돌려주어서는 안 된다(§1.8.6).

1.5.2.2 아무것도 돌려주지 않는 함수

문법적으로, 모든 함수에는 반환 형식(reteurn type)이 있다. 아무것도 돌려주지 않는 함수라도 함수를 선언할 때 반드시 반환 형식을 명시해야 한다. "이 함수는 아무것도 돌려주지 않음"을 명시하는 용도로 사용하는 형식이 void이다. 예를 들어 다음은 그냥 주어진 x를 출력하기만 하고 아무것도 돌려주지 않는 함수이다.

```
void print_x(int x)
{
    std::cout << "The value x is " << x << '\n';
}
```

void는 실질적인 형식이라기보다는, 반환 형식을 생략할 수 없어서 대신 사용하는 자리표(placeholder)라 할 수 있다. 예를 들어 void 형식의 객체를 선언하는

것은 허용되지 않는다.†

```
void nothing;      // 오류: void 객체라는 것은 없음
```

void 함수에서도 return 문을 사용할 수 있다. 다음은 함수에서 일찍 벗어나기 위해 return 문을 사용하는 예이다.

```
void heavy_compute(const vector& x, double eps, vector& y)
{
    for (...) {
        ...
        if (two_norm(y) < eps)
            return;
    }
}
```

void 함수는 아무것도 돌려주지 않으므로, 반환값 없이 return 키워드만 사용해야 한다. void 함수가 실제로 뭔가를 돌려주려 하면 컴파일 오류가 발생한다. return 키워드 다음에 올 수 있는 것은 다른 void 함수를 호출하는 표현식뿐이다(이는 호출문 다음에 빈 return 문을 두는 것을 한 문장으로 압축한 것이다).

1.5.3 인라인화

함수 호출은 비교적 비싼 연산이다. 함수를 호출하려면 레지스터들을 저장하고 인수들을 스택에 복사하는 등의 사전 작업이 필요하다. 이런 추가부담(overhead)을 피하기 위해 컴파일러는 함수 호출을 인라인화(inlining)한다. 인라인화는 함수 호출을 함수에 담긴 연산들로 대체하는 것이다.‡ 이러한 인라인화를 프로그래머가 컴파일러에게 명시적으로 요청할 수도 있다. 함수 정의 시 inline이라는 키워드를 함수 앞에 붙이면 된다.

```
inline double square(double x) { return x*x; }
```

그런데 이것은 요청일 뿐이다. 컴파일러가 inline 요청을 반드시 받아들이는 것은 아니다. 또한, 함수 정의에 inline이 없다고 해서 컴파일러가 인라인화를 적

† [옮긴이] 참고로 void 형식을 가리키는 포인터(void*)는 가능하다. 그러나 현대적 C++에는 void*와 비슷한 용도이되 더 안전한 std::any(§4.4.4)가 있다.

‡ [옮긴이] 아주 간단히 말하면 함수 본문을 복사해서 함수 호출 지점에 붙인다고 생각하면 될 것이다. 실제로 인라인화를 위험한 매크로 함수(사실상 복사&붙이기로 작용하는)의 대안으로 간주하기도 한다.

용하지 않는 것도 아니다. 그렇다면 inline이 무슨 의미냐는 의문이 들겠지만, inline 선언에는 또 다른 용도가 있다. 바로 하나의 함수를 여러 번역 단위에 포함시키는 것인데, 이에 관해서는 §7.2.3.2에서 논의한다.

1.5.4 함수 중복적재

C++에서는 같은 이름의 함수를 여러 개 정의할 수 있다. 단, 그런 함수들은 매개변수들이 충분히 달라야 한다. 이름이 같고 매개변수가 다른 함수를 여러 개 정의하는 것을 **함수 중복적재**(function overloading)라고 부른다. 다음 예를 보자.

```
#include <iostream>
#include <cmath>

int divide(int a, int b) {
    return a / b ;
}

float divide(float a, float b) {
    return std::floor( a / b ) ;
}

int main() {
    int   x= 5, y= 2;
    float n= 5.0, m= 2.0;
    std::cout ≪ divide(x, y) ≪ std::endl;
    std::cout ≪ divide(n, m) ≪ std::endl;
    std::cout ≪ divide(x, m) ≪ std::endl; // 오류: 중의적 호출
}
```

이 코드는 두 가지 버전의 divide 함수를 정의한다. 하나는 int 형식의 매개변수를 받고 다른 하나는 float 형식의 매개변수를 받는다. divide를 호출하면 컴파일러는 두 버전 중 하나를 선택하는데, 이를 **중복적재 해소**(overload resolution)라고 부른다. 다음은 중복적재 해소 규칙을 요약한 것이다.

1. 주어진 인수 형식(들)과 정확히 일치하는 중복적재 버전이 있는가? 있다면 그것을 선택한다.
2. 없다면, 변환을 거친 후에 일치하는 버전이 있는가? 몇 개나 있는가?
   - 0(없음): 오류. 주어진 인수와 부합하는(match) 함수가 없음.
   - 1: 그 버전을 선택한다.
   - >1: 오류. 중의적인(애매한) 호출.

이 규칙을 앞의 예제에 적용해 보자. 우선 `divide(x, y)`와 `divide(n, m)`은 둘 다 1번 규칙에 해당한다(정확한 일치). 그러나 `divide(x, m)`과 정확히 일치하는 버전은 없으며, 인수들의 **암묵적 변환**(implicit conversion) 결과는 두 버전 모두에 부합한다. 따라서 이것은 중의적인 호출 오류이다.

암묵적 변환(implicit conversion)을 조금 설명해야 할 것 같다. C++의 수치 형식들이 상호 변환된다는 점은 이전에 이야기했다.† 그러한 변환들이 이번 예제에서 작용한 암묵적 변환의 하나이다. 사용자 정의 형식도, 프로그래머가 다른 형식으로의 변환 방식을 정의해 두었다면 암묵적 변환이 일어난다. 이에 관해서는 §6.5.5에서 이야기하겠다.

⇒ `c++11/overload_testing.cpp`

좀 더 공식적으로 말하자면, 함수 중복적재 버전들은 반드시 **서명**(signature)이 달라야 한다. C++에서 함수의 서명은 다음 요소들로 구성된다.

- 함수 이름
- 매개변수 개수. 이를 **항수**(arity)라고 부른다.
- 매개변수 형식들(그리고 매개변수들의 순서)

서명에 반환 형식이 포함되지 않음을 주목하자. 즉, 반환 형식만 다른 함수를 다시 정의하는 것은 중복적재가 아니라 재정의(redefinition) 오류이다. 매개변수의 이름만 다른 경우도 마찬가지이다.

```
void f(int x) {}
void f(int y) {} // 재정의: 매개변수 이름만 다름
long f(int x) {} // 재정의: 반환 형식만 다름
```

매개변수 형식으로 넘어가서, 형식의 이름이 같아도 참조 기호(&)가 붙으면 다른 형식으로 간주된다. 다음 예는 유효한 세 가지 중복적재인데, `f(int)`와 `f(int &)`가 다르게 취급됨을 주목하기 바란다.

```
void f(int x) {}             // #1
void f(int& x) {}            // #2
void f(const int& x) {}      // #3
```

† [옮긴이] 여기서 '암묵적'은 특별한 키워드나 연산자를 "명시적으로" 지정하지 않아도 자동으로 변환이 일어남을 뜻한다.

이 함수 정의들 자체는 잘 컴파일된다. 그러나 f를 다음과 같이 호출하면 문제가 발생한다.

```
int       i= 3;
const int ci= 4;

f(i);
f(ci);
f(3);
```

세 호출 모두 중의적이다. 첫 호출은 #1과 #2에 동일하게 부합하고, 다른 두 호출은 #1과 #3에 동일하게 부합한다. 세 경우 모두 컴파일러는 단 하나의 버전을 선택하지 못한다. 매개변수 형식의 참조 여부만 다른 중복적재는 거의 항상 중복적재 해소에 실패한다. 따라서, 한 중복적재 버전의 매개변수가 참조 형식이라면, 다른 버전의 해당 매개변수도 참조 형식으로 두는 것이 안전하다. 지금 예에서는 값 전달 버전(#1)을 제거하면 문제가 해결된다. 그러면 f(3)과 f(ci)는 상수 참조 버전(#3)으로 해소되고 f(i)는 변경 가능한 버전(#2)으로 해소된다.

1.5.5 main 함수

main 함수는 특별한 취급을 받지만, 다른 보통의 함수보다 근본적으로 다르지는 않다. C++ 표준이 허용하는 main의 서명은 다음 두 가지이다.

```
int main()
int main(int argc, char* argv[])
```

후자는 다음과 동등하다.

```
int main(int argc, char** argv)
```

매개변수 argv에는 명령줄 인수(commandline argument)들이 들어 있고 argc에는 명령줄 인수들의 개수가 들어 있다. 대부분의 운영체제에서 첫 인수(argv[0])는 실행 파일 이름(소스 코드 이름과는 다를 수 있다)이다. 다음은 명령줄 인수들을 다루는 방법을 보여주는, argc_argv_test라는 이름의 짧은 프로그램이다.

```
int main (int argc, char* argv[])
{
    for (int i= 0; i < argc; ++i)
        cout << argv[i] << '\n';
    return 0;
}
```

이 프로그램을 컴파일한 후 명령줄에서 다음과 같이 실행하면

```
argc_argv_test first second third fourth
```

다음이 출력된다.

```
argc_argv_test
first
second
third
fourth
```

이 예에서 보듯이, 명령줄에서 빈칸으로 구분된 문자열들이 명령줄 인수들로서 프로그램에 입력된다. main 함수는 정수를 돌려주는데, 대부분의 운영체제에서 그 정수는 프로그램이 정상적으로 종료되었는지의 여부를 나타낸다. 0(또는 <cstdlib>의 매크로 상수 EXIT_SUCCESS)은 모든 것이 제대로 진행되었음을 뜻하고, 그 밖의 값은 오류나 실행 실패를 뜻한다. 표준은 main 함수에서 return 문을 생략하는 것도 허용하는데, 그런 경우 컴파일러는 자동으로 return 0;을 삽입한다. 이에 관한 몇 가지 세부사항이 §A.2.4에 나온다.

1.6 오류 처리

오류는 고치길 거부하기 전까지는 실수가 아니다.

—올란도 알로이시우스 바티스타Orlando Aloysius Battista

C++에서, 프로그램의 예기치 않은 행동을 처리하는 수단은 크게 두 가지이다. 하나는 단언(assertion)이고 다른 하나는 예외(exception)이다. 전자는 프로그래밍의 실수를 검출하기 위한 것이고, 후자는 프로그램이 더 이상 정상적으로 실행될 수 없을 정도의 어떤 예외적인 상황을 방지하기 위한 것이다. 사실 이 둘의 구분이 항상 명확하지는 않다.

1.6.1 단언

<cassert> 헤더의 assert 매크로는 C에서 물려받은 것이지만 여전히 유용하다. 이 매크로는 주어진 표현식을 평가해서, 만일 결과가 false이면 즉시 프로그램을 종료한다. 이 매크로는 프로그래밍 실수를 검출하는 데 사용해야 한다. 예를

들어 음이 아닌 실수의 제곱근을 계산하는 어떤 멋진 알고리즘을 구현한다고 하자. 수학에서 음수가 아닌 수의 제곱은 반드시 음수가 아니다. 만일 제곱근이 음수로 나온다면 계산에 뭔가 실수가 있는 것이다.

```
#include <cassert>

double square_root(double x)
{
    check_somehow(x >= 0);
    ...
    assert(result >= 0.0);
    return result;
}
```

첫 점검(인수가 음수가 아닌지 점검)의 구체적인 방법은 나중에 이야기하기로 한다. 계산 결과가 음수이면 프로그램은 다음과 비슷한 오류를 출력하고 실행을 종료한다.

```
assert_test: assert_test.cpp:10: double square_root(double):
Assertion 'result >= 0.0' failed.
```

이 예제의 assert는 result가 반드시 0보다 크거나 같아야 함을 "단언한다." 이런 assert 매크로 호출을 단언문이라고 부른다. 단언이 실패했다는 것은 구현에 버그가 있다는 뜻이므로, 이 함수를 실제 응용 프로그램에서 사용하기 전에 반드시 문제를 해결해야 한다.

버그를 잡은 후에는 단언문(들)을 제거하고 싶은 마음이 들 수 있다. 그렇게 하지는 말아야 한다. 나중에 구현을 수정하다 보면 또다시 버그가 생길 수 있기 때문이다. 사실, 지금 예제와 같은 사후조건에 대한 단언문은 소형 단위 테스트(unit test)라고 할 수 있다.

assert의 한 가지 멋진 장점은 단순한 매크로 선언 하나로 모든 단언문을 "꺼버릴" 수 있다는 것이다. <cassert>를 포함시키기 전에 NDEBUG 매크로를 정의하면 된다.

```
#define NDEBUG
#include <cassert>
```

그러면 모든 단언문이 비활성화된다. 즉, 모든 단언문은 실행 파일에서 아무런 연산도 수행하지 않는다. 디버그 모드와 릴리스 모드를 전환할 때마다 매번 프로그램 소스 코드를 고치는 것보다는 컴파일러 옵션(보통의 경우 리눅스에서는 -D, Windows에서는 /D)으로 NDEBUG를 정의하는 것이 훨씬 깔끔하다.

```
g++ my_app.cpp -o my_app -O3 -DNDEBUG
```

핵심적인 부분에 단언문들이 있는 소프트웨어는 릴리스 모드에서 단언문들을 비활성화한 버전보다 두 배 이상 느릴 수 있다. CMake 같은 좋은 빌드 시스템은 릴리스 모드의 컴파일러 옵션에 자동으로 -DNDEBUG를 추가한다.

단언문을 손쉽게 비활성화할 수 있으므로, 다음 조언을 따르는 것이 마땅하다.

방어적 프로그래밍

프로그램의 속성들을 최대한 많이 테스트하라.

여러분의 구현에서 어떤 속성(성질)이 반드시 성립함을 확신한다고 해도, 그 속성에 대한 단언문을 반드시 작성하기 바란다. 시스템이 우리가 가정한 것과 정확히 동일하게 행동하지 않을 때가 종종 있으며, 컴파일러에 버그가 있을 수도 있다(극히 드문 일이지만 불가능하지는 않다). 또는, 우리가 원래 의도한 것과는 조금 다르게 프로그램을 구현했을 수도 있다. 아무리 세심하게 검토하고 구현한다고 해도, 언젠가는 단언문이 실패하는 날이 온다. 만일 실제 기능에 대한 구현이 묻힐 정도로 속성 점검 단언문이 많아진다면, 테스트를 다른 함수로 빼는 것이 나을 수 있다.

책임 있는 프로그래머는 테스트를 수없이 많이 구현한다. 그렇게 해도 프로그램이 모든 상황에서 잘 작동하리라는 보장은 없다. 몇 년 동안 마법처럼 잘 작동하던 응용 프로그램도 언젠가는 충돌(crash; 폭주 또는 비정상적인 종료)할 수 있다. 그런 상황에서는 응용 프로그램을 모든 단언문이 활성화된 디버그 모드로 실행하는 것이 충돌의 원인을 찾는 데 큰 도움이 된다. 단, 이를 위해서는 충돌 상황을 정확하게 재현할 수 있어야 하며, 느린 디버그 모드에서 실행되는 프로그램이 적절한 시간 안에 핵심적인 실행 지점에 도달할 수 있어야 한다.

1.6.2 예외

앞에서 우리는 단언이 프로그램 오류를 검출하는 데 어떻게 도움이 되는지 살펴보았다. 그런데 아주 똑똑한 프로그래머라도 미리 방지할 수 없는 치명적인 상황들이 많이 있다. 예를 들어 프로그램이 읽어 들여야 할 파일을 사용자가 삭제해 버리는 것은 방지할 수 없는 일이다. 또한, 실제 컴퓨터의 주 메모리가 프로그램의 실행에 필요한 수준보다 용량이 작을 수도 있다. 그밖에, 이론적으로는 예방이 가능하지만 실제로는 방지하기가 사실상 불가능한 문제들도 있다. 예를 들어 주어진 행렬이 정칙행렬(regular matrix)인지 점검하는 것이 가능하다고 해도, 점검 비용이 정칙행렬로 실제 연산을 수행하는 데 드는 비용보다 훨씬 높을 수 있다. 그런 경우에는 일단 작업을 진행하다가 중간에 문제가 있으면 **예외**(exception)를 발생하는 것이 낫다.

1.6.2.1 동기

예외가 왜 필요한지를 알려면 구식 오류 처리 방식을 이야기해야 한다. 그 전에, 이 책의 반영웅(anti-hero)인 허버트Herbert를[11] 소개하겠다. 허버트는 독창적인 수학자로, 프로그래밍은 그냥 자신의 알고리즘이 얼마나 멋지게 작동하는지 보여주기 위한 필요악 정도로만 취급한다. 그는 현대적 프로그래밍의 "휘황찬란한 헛소리"를 무시해 왔다.

계산 문제를 다룰 때 허버트가 선호하는 접근 방식은 오류 코드를 돌려주는 것이다(main 함수가 그러듯이). 예를 들어 다음은 파일에서 행렬을 읽어 들이는 함수인데, 만일 주어진 이름의 파일이 존재하지 않으면 1이라는 오류 코드를 돌려준다.

```
int read_matrix_file(const char* fname, matrix& A)
{
    fstream f(fname);
    if (!f.is_open())
        return 1;
        ...
    return 0;
}
```

이 예처럼 허버트는 모든 것을 점검해서 뭔가 잘못된 것이 있으면 적절한 오류 코드를 돌려줌으로써 호출자에게 문제를 보고하는 접근 방식을 선호한다. 호출자가 오류 코드를 점검해서 적절히 반응하기만 한다면 이런 접근 방식도 나쁠 것이 없다. 그러나 호출자가 함수의 반환값을 무시하고 그대로 작업을 진행해도 컴파일러는 이를 경고해주지 않는다. 그러면 프로그램은 잘못된 데이터로 계

11 이름이 허버트인 모든 독자에게, 하필이면 이 이름을 선택한 것에 대해 심심한 사과의 말을 전한다.

속 작업을 진행할 것이므로 언젠가는 충돌할 수 있다. 그보다 더 나쁜 일은 프로그램이 충돌 없이 잘못된 결과를 최종 사용자에게 보고하는 것이다. 그런 잘못된 결과에 기초해서 최종 사용자가 자동차나 비행기를 설계한다고 상상해 보라. 물론 자동차나 비행기 설계자가 그렇게 부주의하지는 않겠지만, 좀 더 현실적인 소프트웨어에서 세심한 사용자라도 모든 세부사항을 일일이 점검하기는 힘들다.

이러한 논리를 허버트 같은 프로그래밍 공룡에게 납득시키는 것이 쉽지는 않다. 허버트는 "존재하지도 않는 파일로 내가 완벽하게 구현한 함수를 호출하고 반환 코드를 점검하지도 않는 당신이 멍청한 것이지. 내 탓이 아니니 내가 알 바 아니다"라고 반박한다.

C++17 이와 관련해서 C++17에서 약간의 안전 보장 수단이 추가되었다. 함수 선언에 [[nodiscard]]라는 특성을 붙이면, 컴파일러는 함수의 반환값을 무시하고 폐기하는 코드에 대해 경고를 발생한다.

```
[[nodiscard]] int read_matrix_file(const char* fname, matrix& A)
```

적절한 컴파일러 옵션을 이용하면 그런 코드에 대해 경고가 아니라 오류를 발생하게 만들 수도 있다. 반대로, 그런 코드에 대해 경고를 발생하지 않게 하는 옵션도 있다. 따라서 이 특성만으로는 호출자가 오류 코드를 점검하도록 강제하는 것이 불가능하다. 더 나아가서, 그냥 반환값을 변수에 배정하기만 하고 더 이상 사용하지 않아도 컴파일러는 오류 코드를 활용한다고 간주한다.

오류 코드의 또 다른 단점은 함수가 호출자에게 계산의 결과를 직접 돌려줄 수 없다는 것이다. 대신 참조 인수를 통해서 간접적으로 계산 결과를 전달해야 한다. 따라서 함수 호출로 표현식을 만드는 것이 불가능하다. 한 가지 우회책은 결과를 돌려주고 오류 코드는 참조 인수로 돌려주는 것이다. 그러면 함수의 결과를 사용하기가 쉬워지지만, 대신 오류 코드를 사용하기가 번거로워진다. 애초에 오류 코드 반환 방식은 단점이 많다. 그럼 예외는 어떤지 살펴보자.

1.6.2.2 예외 던지기

프로그램 실행의 문제 상황을 처리하는 좀 더 나은 접근 방식은 throw를 이용해서 예외를 "던지는" 것이다.

```
matrix read_matrix_file(const std::string& fname)
{
```

```
    fstream f(fname);
    if (!f.is_open())
        throw "Cannot open file.";
    ...
}
```

C++의 throw는 문자열, 수치, 사용자 정의 형식 객체 등 그 어떤 것이라도 예외로서 던질 수 있다. 그렇지만 예외를 제대로 처리하려면 적절한 예외 형식을 정의해서 사용하거나 표준 라이브러리에 있는 표준 예외 형식을 사용하는 것이 바람직하다.

```
struct cannot_open_file {};

matrix read_matrix_file(const std::string& fname)
{
    fstream f(fname);
    if (!f.is_open())
        throw cannot_open_file{};
    matrix A;
    // A에 데이터를 채워 넣는다(그 과정에서 예외가 던져질 수 있다).
    return A;
}
```

이 예제는 새로운 예외 형식을 정의해서 사용한다. 클래스(사용자 정의 형식)를 정의하는 방법은 제2장에서 설명하겠다. 이 예제에서는 빈 중괄호 쌍과 세미콜론으로 된 빈 클래스를 정의해서 예외 형식으로 사용한다. 좀 더 큰 프로젝트라면 예외 형식들로 하나의 위계구조(hierarchy)를 구축해서 사용하는데, 그런 경우 흔히 std::exception을 상속해서(제6장) 예외 형식들을 만든다.

1.6.2.3 예외 잡기

던져진 예외는 잡아서(catch) 처리해야 한다. 좀 더 구체적으로, try 블록 안에서 예외가 발생하면("던져지면") 실행의 흐름은 그 예외와 호환되는 형식의 catch 절로 점프한다.

```
try {
    A= read_matrix_file("does_not_exist.dat");
} catch (const cannot_open_file& e) {
    // 여기서 파일 열기 예외를 처리한다.
}
```

하나의 try 블록에 대해 여러 개의 catch 절을 두어서 각자 다른 형식의 예외를 처리하는 것도 가능하다. 이에 관해서는 클래스와 상속을 배운 이후에 이야기하는 것이 나으므로, 이 논의는 §6.1.5로 미루기로 한다.

1.6.2.4 예외 처리

예외를 처리하는 가장 간단한 방식은 호출자에게 처리를 맡기는 것이다. 이는 그냥 try-catch 블록을 사용하지 않는 것에 해당한다.

그렇게 하지 않고 예외를 직접 처리할 수도 있다. 다음은 예외가 발생했을 때 그에 관한 오류 메시지를 출력하고 프로그램을 종료하는 예이다.

```
try {
    A= read_matrix_file("does_not_exist.dat");
} catch (const cannot_open_file& e) {
    cerr ≪ "Hey guys, your file does not exist! I'm out.\n";
    exit(EXIT_FAILURE);
}
```

일단 예외가 잡히면 문제 상황이 해소된 것으로 간주되며, 실행의 흐름은 catch 절(들) 다음의 코드로 넘어간다. 지금 예제에서는 프로그램을 종료하기 위해 <cstdlib> 헤더의 exit 함수를 호출했다. exit 함수는 현재 지점이 main 함수가 아닌 경우에도 프로그램의 실행을 끝낸다. 이 함수는 더 이상의 실행이 너무 위험하며 현재 함수를 호출하는 함수(간단히 호출자 함수)들이 이 예외를 제대로 처리할 가능성이 없는 경우에만 사용해야 한다.

아니면 오류 메시지를 출력한 후 실행을 계속하거나, 문제 상황을 부분적으로만 처리한 후 예외를 다시 던져서 나머지 처리는 호출자 함수에 맡길 수도 있다. 다음은 예외를 다시 던지는 예이다.

```
try {
    A= read_matrix_file("does_not_exist.dat");
} catch (const cannot_open_file& e) {
    cerr ≪ "O my gosh, the file is not there! Please caller help me.\n";
    throw;
}
```

호출 스택(call stack)에 더 이상 다른 호출자 함수가 없는 main 함수에서 이처럼 예외를 다시 던지면 프로그램이 강제로 종료된다. 그런 상황에서 예외를 잡되 특별한 처리 없이 그냥 무시하고 싶다면, 다음처럼 빈 catch 절을 두면 된다.

```
} catch (cannot_open_file&) {} // 파일에 문제가 있지만 그냥 넘어가기로 한다.
```

지금까지의 예제에서 catch 절들이 파일 누락 문제를 실제로 해결하지는 않았다. 파일 이름이 사용자가 제공한 것이라면, 한 가지 해결책은 제대로 된 이름을 입력할 때까지 사용자에게 계속 파일 이름을 요구하는 것이다.

```
bool keep_trying= true;
do {
    std::string fname;
    cout << "Please enter the filename: ";
    cin >> fname;
    try {
        A= read_matrix_file(fname);
        ...
        keep_trying= false;
    } catch (const cannot_open_file& e) {
        cout << "Could not open the file. Try another one!\n";
    }
} while (keep_trying);
```

try 블록의 끝에 도달했다면 그 블록 안에서 아무런 예외도 도달하지 않은 것이다. 그러면 keep_trying이 false가 되어서 do-while 루프가 끝난다. 그렇지 않고 예외가 발생했다면 catch 절로 바로 넘어가므로 keep_trying은 여전히 true이다.

1.6.2.5 예외의 장점

문제를 검출한 지점에서 바로 그 문제를 해결할 수 없는 경우에는 어떤 형태이든 오류 처리가 필요하다(그 자리에서 해결이 가능하다면 그냥 해결하면 그만이다). 문제가 발생했다면 문제에 관한 정보를 호출자 함수에 전달할 수 있어야 한다. 그래야 그 호출자 함수가 문제를 해결하거나, 적어도 사용자가 허용할 수 있는 형태로 상황을 정리할 여지가 생긴다. 오류를 발생한 함수를 호출한 함수가 그 오류를 처리하지 못하는 경우에는 호출자 자신을 호출한 다른 함수에 처리를 넘겨야 한다. 오류 처리가 이런 식으로 호출 스택의 여러 호출자에게 연이어 전달되어 결국에는 main 함수에 도달할 수도 있다. 이런 점을 고려할 때, 다음과 같은 이유로 예외가 오류 코드 반환보다 더 나은 오류 처리 방법이다.

- 함수 인터페이스가 더 깔끔하다.
- 오류 코드 대신 함수의 실행 결과를 직접 돌려주므로 중첩된 함수 호출이 가능하다.

- 오류가 처리되지 않으면 즉시 프로그램의 실행이 종료되므로, 깨진 데이터로 소리 없이 실행을 계속하다 더 큰 문제가 발생할 위험이 없다.
- 예외는 호출 스택 위쪽으로 자동으로 전파된다.
- 오류 코드를 명시적으로 주고받으려면 프로그램의 구조가 복잡해진다.

필자가 행렬의 LU 분해와 관련해서 겪은 사례를 이야기해 보겠다. 특이행렬(singular matrix)은 LU 분해가 아예 불가능하다. 그렇지만 이 사례에서 LU 분해는 반복적인 계산의 일부였으며, 분해 없이 그냥 다음 반복으로 넘어가도 무방했다. 전통적인 오류 처리 접근 방식으로도 그런 구현이 가능하겠지만, 예외를 이용하면 코드가 훨씬 읽기 쉽고 깔끔해진다. 우리는 정상적인 상황을 가정해서 LU 분해를 구현하되, 특이성을 검출하면 예외를 던져서 호출자가 자신의 문맥에 맞게 처리하게 하는(처리가 가능하다면) 접근 방식을 사용했다.

C++11 1.6.2.6 누가 던지는가?

C++03에서는 함수가 던질 수 있는 예외 형식들을 함수를 정의할 때 명시하는 기능을 도입했다. 자세히 이야기하지는 않겠지만, 이 기능은 그리 유용하지 않은 것으로 판명되었으며, C++11에서 폐기 대상(deprecated)로 분류되고 C++17에서 실제로 폐기되었다.

C++11에서는 주어진 함수 바깥으로 예외가 던져서는 안 된다는 프로그래머의 의사를 명시하기 위한 noexcept라는 새로운 한정사(qualifier)가 도입되었다.

```
double square_root(double x) noexcept { ... }
```

이러한 한정사가 주는 장점은, square_root를 사용하는 프로그래머는 이 함수가 아무것도 던지지 않으리라는 가정하에서 코드를 작성할 수 있다는 것이다. noexcept로 선언된 함수가 약속을 어기고 예외를 던지면 프로그램이 종료된다.

템플릿 함수에서는 함수가 예외를 던지는지의 여부가 매개변수 형식들에 따라 다를 수 있다. 이를 제대로 처리하기 위해, 컴파일 시점 조건에 따라 noexcept를 켜거나 끄는 것도 가능하다. 이에 관해서는 §5.2.2에서 이야기한다.

단언이 더 나은가 예외가 더 나은가는 쉽지 않은 질문이다. 정답은 없다고 보아야 한다. 사실 지금 단계에서 여러분이 이 질문을 고민할 필요는 없을 것이므로, 이 논의는 §A.2.5로 미루기로 한다.

C++11 1.6.3 정적 단언

이를 위해 C+11에서 도입된 static_assert를 이용하면 프로그램 오류를 컴파일 시점에서 미리 검출할 수 있다. 이를 정적 단언(static assert)이라고 부른다. 정적 단언이 위반되면 컴파일러는 컴파일을 중지하고 오류 메시지를 출력한다.

```
static_assert(sizeof(int) >= 4,
              "int is too small on this platform for 70000");
const int capacity= 70000;
```

이 예제 코드는 정수 리터럴 70000을 int 변수에 담으려 한다. 그 전에 코드는 현재 플랫폼의 int가 실제로 그 정도의 값을 담을 수 있는 크기인지 점검한다. static_assert의 진정한 위력은 메타프로그래밍에서 발휘된다. 제5장에서 메타프로그래밍을 논의할 때 정적 단언의 예를 좀 더 보게 될 것이다.

1.7 입출력

C++은 화면이나 키보드 같은 순차적인 매체의 입출력(I/O) 연산을 수행할 때 **스트림**stream이라는 편리한 추상을 사용한다. 스트림은 프로그램이 문자를 삽입하거나 추출할 수 있는 객체이다. C++ 표준 라이브러리에는 <iostream>이라는 헤더가 있는데, 이 헤더에 다양한 표준 입출력 스트림 객체들이 선언되어 있다.

1.7.1 표준 출력

프로그램의 표준 출력은 기본적으로 콘솔(터미널) 화면과 연결되어 있다. C++에서 표준 출력에 접근하는 수단은 cout이라는 이름의 스트림 객체이다. 이 객체로 문자들을 보낼 때는 ≪로 표기하는 삽입 연산자를 사용한다(왼쪽 자리이동 연산자를 출력 스트림에 맞게 중복적재한 것이다). 이전의 여러 예제들에서 보았겠지만, 하나의 문장에서 이 연산자를 여러 번 사용할 수 있다. 이러한 능력은 문자열 리터럴, 변수, 상수 등 여러 요소를 조합한 메시지를 출력할 때 특히나 유용하다. 다음이 그러한 예이다.

```
cout ≪ "The square root of " ≪ x ≪ " is " ≪ sqrt(x) ≪ endl;
```

이 문장은 다음을 출력한다.

```
The square root of 5 is 2.23607
```

endl은 줄 바꿈 효과를 내는 새 줄(new line) 문자를 출력한다. endl 대신 문자 \n을 사용해도 줄이 바뀐다. 그러나 둘이 완전히 같은 것은 아니다. 효율성을 위해 표준 라이브러리는 출력을 버퍼링할 수 있는데, 이와 관련해서 endl와 \n의 차이가 드러난다. 전자는 버퍼를 완전히 방출(flush)하지만 후자는 아니다. 버퍼 방출은 디버거 없이 프로그램의 출력들에 의존해서 디버깅할 때 출력들 사이의 어떤 지점에서 프로그램이 충돌했는지 파악하는 데 유용하다. 반면, 대량의 텍스트를 파일에 기록하는 경우에는 한 줄 한 줄 버퍼를 방출하다보면 입출력 속도가 대단히 느려진다.

삽입 연산자는 산술 연산자들보다 우선순위가 낮으므로 다음과 같은 문장이 기대한 대로 잘 작동한다.

```
std::cout << "11 * 19 = " << 11 * 19 << std::endl;
```

그러나 삽입 연산자는 비교, 논리, 비트 단위 연산자들보다 우선순위가 높다. 따라서 그런 연산들을 사용하는 표현식을 다음처럼 적절히 괄호로 감쌀 필요가 있다.

```
std::cout << (age > 65 ? "I'm a wise guy\n" : "I am still half-baked.\n");
```

다행히, 이런 문맥에서 괄호를 까먹으면 컴파일러가 알려준다(다만 오류 메시지가 다소 난해할 수는 있다).

1.7.2 표준 입력

C++의 표준 입력은 입력 스트림 객체와 중복적재된 추출 연산자 >>로 처리한다. 일반적으로 표준 입력 장치는 키보드이며, 이에 대응되는 표준 스트림 객체는 cin이다.

```
int age;
std::cin >> age;
```

둘째 행은 입력 장치로부터 문자들을 읽어서 주어진 변수 age의 형식인 int에 맞는 값으로 해석한 후 age에 넣는다. 이러한 처리는 사용자가 키보드로 값을 입력하고 Enter/Return 키를 누르면 비로소 진행된다. cin을 이용해서 여러 개의 데이터 항목을 사용자에게 입력받을 수도 있다.

```
std::cin >> width >> length;
```

이 문장은 다음 두 문장과 같은 효과를 낸다.

```
std::cin >> width;
std::cin >> length;
```

두 경우 모두, 사용자는 두 가지 값(하나는 width, 하나는 length)을 줄 바꿈(Enter 키)이나 빈칸이나 탭 문자로 구분해서 입력해야 한다.

1.7.3 파일 입출력

다음은 파일에서 문자들을 읽어들이거나 문자들을 파일에 기록하는 작업을 위해 C++이 제공하는 파일 스트림 클래스들이다.

ofstream	파일에 쓴다
ifstream	파일을 읽는다
fstream	파일을 읽거나 쓴다

파일 스트림 객체들의 사용법은 기본적으로 cin이나 cout과 같다. 차이점은, 명시적으로 스트림 객체를 물리적 파일과 연관시켜야 한다는 것이다. 다음 예를 보자.

```
#include <fstream>

int main ()
{
    std::ofstream square_file;
    square_file.open("squares.txt");
    for (int i= 0; i < 10; ++i)
        square_file << i << "^2 = " << i*i << '\n';
    square_file.close();
}
```

이 코드는 squares.txt라는 이름의 파일을 생성하고(이미 그런 이름의 파일이 있다면 기존 내용을 덮어 쓰게 된다) 몇 줄의 텍스트를 기록한다. 파일에 텍스트를 기록하는 문장이 cout에 텍스트를 출력하는 문장과 동일한 형태임을 주목하자. 이는 파일 출력 스트림과 std::cout이 C++이 정의하는 공통의 일반적 스트림 개념을 충족하는 형태로 만들어졌기 때문이다. 다른 말로 하면, 파일에 기록할 수 있는 것은 std::cout에도 기록할 수 있고, 그 역도 마찬가지이다. 더 나아가서, 사용자 정의 형식의 operator<< 연산자를 ostream(§2.7.3)에 맞게 구현하

면 그 사용자 정의 형식의 데이터를 콘솔이나 파일, 기타 출력 스트림으로 내보낼 수 있다.

앞의 예제에서는 파일 스트림 객체를 생성한 다음에 그 객체를 물리적 파일과 연관시켰다. 그렇게 하지 않고 다음처럼 파일 스트림 객체를 생성할 때 파일 이름을 지정할 수도 있다. 이렇게 하면 코드가 짧아질 뿐만 아니라, 파일 스트림 객체가 범위에서 벗어날 때 파일이 자동으로 닫힌다는[12] 장점도 생긴다. 아래 예에서는 main 함수의 끝에서 square_file 객체가 소멸하면서 해당 파일도 함께 닫힌다.

```
#include <fstream>

int main ()
{
    std::ofstream square_file{"squares.txt"};
    for (int i= 0; i < 10; ++i)
        square_file << i << "^2 = " << i*i << '\n';
}
```

다른 경우도 마찬가지겠지만, 두 버전 중 짧은 버전이 낫다. 긴 버전은 어떤 이유로 파일 스트림 객체를 생성하고 나중에 파일을 열어야 할 때나 필요하다. 마찬가지로, 명시적인 close 호출은 파일 스트림 객체가 범위를 벗어나기 전에 파일을 닫아야 할 때나 필요하다.

1.7.4 일반적 스트림 개념

스트림이 화면이나 키보드, 파일에만 국한된 것은 아니다. istream이나 ostream, iostream을 상속하고 그 클래스들의 멤버 함수들을 적절히 구현한 클래스라면[13] 어떤 것이라도 스트림이 될 수 있다. 예를 들어 Boost.Asio는 TCP/IP를 위한 스트림을 제공하고 Boost.IOStream은 앞에서 살펴본 입출력 스트림들 대신 사용할 수 있는 스트림들을 제공한다. 표준 라이브러리에는 임의의 출력 가능 형식으로부터 문자열을 생성하는 데 사용할 수 있는 stringstream이 있다. stringstream의 메서드 str()는 스트림의 내부 string을 돌려준다.

ostream에 대한 가변 참조 형식의 매개변수를 이용하면, 모든 종류의 출력 스트림을 받아서 출력에 사용하는 함수를 만들 수 있다.

12 이는 RAII라는 이름의 강력한 기법 덕분이다. RAII는 §2.4.2.1에서 논의한다.
13 기존 클래스를 상속해서 파생 클래스를 만드는 방법은 제6장에 나온다. 일단 지금은, 출력 스트림 클래스는 std::ostream에서 파생된다는 점만 기억하자.

```
#include <iostream>
#include <fstream>
#include <sstream>

void write_something(std::ostream& os)
{
    os << "Hi stream, did you know that 3 * 3 = " << 3 * 3 << '\n';
}

int main (int argc, char* argv[])
{
    std::ofstream myfile{"example.txt"};
    std::stringstream mysstream;

    write_something(std::cout);
    write_something(myfile);
    write_something(mysstream);

    std::cout << "mysstream is: " << mysstream.str(); // 새 줄 포함
}
```

마찬가지로, istream을 이용하면 모든 종류의 입력 스트림에 대응하는 함수를 만들 수 있으며, iostream으로는 모든 종류의 입출력 스트림에 대응하는 함수를 만들 수 있다.

1.7.5 서식화

⇒ c++03/formatting.cpp

입출력 스트림의 서식화(formatting)에는 소위 입출력 조작자(I/O manipulator)라는 것이 쓰인다. 표준 입출력 조작자들은 <iomanip> 헤더에 정의되어 있다. 기본적으로 C++은 부동소수점 수의 숫자들을 일부만 출력한다. 다음은 정밀도(precision)을 높게 설정해서 더 많은 유효숫자가 출력되게 하는 예이다.

```
double pi= M_PI;
cout << "pi is " << pi << '\n';
cout << "pi is " << setprecision(16) << pi << '\n';
```

정밀도를 높이면 다음과 같이 좀 더 정확한 수치가 출력된다.

```
pi is 3.14159
pi is 3.141592653589793
```

C++20 주어진 형식이 표현할 수 있는 유효숫자 개수에 정밀도가 어떤 영향을 미치는지는 §4.3.1에서 좀 더 이야기할 것이다. C++20부터는 파이(원주율) 값을 위해 M_PI 매크로나 수치 리터럴 대신 <numbers> 헤더의 std::number::pi를 사용할 수 있다.

표(테이블)나 벡터, 행렬을 출력할 때는 값들의 위치를 잘 정렬(alignment)해야 가독성이 좋아진다. 다음은 이를 위해 출력의 너비(width)를 설정하는 예이다.

```
cout ≪ "pi is " ≪ setw(30) ≪ pi ≪ '\n';
```

결과는 다음과 같다.

```
pi is              3.141592653589793
```

setw는 바로 다음 출력의 너비만 바꾸지만, setprecision은 이후에 나오는 모든 (수치) 출력에 영향을 준다. 다른 입출력 조작자들도 이후의 모든 출력에 영향을 미친다. setw로 지정한 너비는 '최소' 너비("적어도 이만큼의 너비를 차지해야 한다"는 뜻에서)로 취급된다. 따라서, 만일 출력된 값이 그 너비보다 더 길면 표가 깨지게 된다.

값을 왼쪽으로 정렬하고, 남은 공간은 특정 문자로 채우는 것도 가능하다.

```
cout ≪ "pi is " ≪ setfill('-') ≪ left
     ≪ setw(30) ≪ pi ≪ '\n';
```

이 코드는 다음을 출력한다.

```
pi is 3.141592653589793-------------
```

특정 플래그를 개별적인 문장으로 설정할 수도 있다. 그리고 정규화된 유효숫자와 지수(거듭제곱)를 이용한 과학 표기법을 지정하는 입출력 조작자도 있다.

```
cout.setf(ios_base::showpos);
cout ≪ "pi is " ≪ scientific ≪ pi ≪ '\n';
```

이 코드의 결과는 다음과 같다.

```
pi is +3.1415926535897931e+00
```

진수를 바꾸는 조작자들도 있다. 다음은 정수를 8진수와 16진수로 출력하는 예이다.

```
cout << "63 octal is " << oct << 63 << ".\n";
cout << "63 hexadecimal is " << hex << 63 << ".\n";
cout << "63 decimal is " << dec << 63 << ".\n";
```

예상대로의 결과가 출력된다.

```
63 octal is 77.
63 hexadecimal is 3f.
63 decimal is 63.
```

부울 값은 기본적으로 정수 0과 1로 출력되지만, 원한다면 true와 false가 출력되게 할 수도 있다.

```
cout << "pi < 3 is " << (pi < 3) << '\n';
cout << "pi < 3 is " << boolalpha << (pi < 3) << '\n';
```

마지막으로, 변경된 모든 서식화 옵션을 기존 상태로 되돌리는 것도 가능하다.

```
int old_precision= cout.precision();
cout << setprecision(16)
...
cout.unsetf(ios_base::adjustfield | ios_base::basefield
        | ios_base::floatfield | ios_base::showpos | ios_base::boolalpha);
cout.precision(old_precision);
```

각 서식화 옵션은 내부 상태 변수의 각 비트로 표현된다. 앞의 예제 코드는 각 옵션의 비트 패턴을 비트별 OR로 결합해서 여러 개의 옵션을 동시에 활성화하는 방법도 보여준다.

C++20 1.7.6 새로운 서식화 기능

⇒ c++20/fmt_example.cpp

C의 printf 함수와 서식 문자열(format string)을 아는 독자라면 앞의 예제들에 나온 스트림 서식화 코드가 다소 길고 장황하다고 느낄 것이다. printf와 서식 문자열에서는 여러 입출력 조작자들을 몇 개의 기호로 간결하게 표현할 수 있다

그렇지만 C의 printf는 피하는 것이 좋다. 이유는 두 가지인데, 하나는 사용자 정의 형식을 사용할 수 없다는 것이고 다른 하나는 형식에 안전하지 않다

는 것이다. 서식 문자열은 실행 시점(run-time; 프로그램이 실행되는 도중)에서 파싱되며, 서식 문자열 다음의 인수들은 불가해한 매크로 메커니즘을 통해서 처리된다. 인수가 서식 문자열과 부합하지 않을 때의 행동은 정의되지 않으며, 프로그램이 충돌할 수도 있다. 예를 들어 문자열은 포인터로서 전달되며, `printf`는 그 포인터가 가리키는 주소에서부터 `0`이 나올 때까지 계속해서 값들을 읽어 들이고 그 값들을 문자로 변환해서 출력한다. 그런데 프로그래머가 실수로 `int` 값을 문자열로서 출력하려 했다면, `printf`는 그 `int` 값을 주소로 인식하고는 메모리의 엉뚱한 곳에서 값들을 읽어 들이려 한다. 그러면 말이 안 되는 문자열이 출력되거나, 접근할 수 없는 메모리에 접근하려 해서 오류가 발생한다(후자의 가능성이 더 크다). 최근 컴파일러들은 서식 문자열을 미리 파싱해서 인수 형식 불일치를 경고해 주지만, 이는 서식 문자열이 컴파일 시점에서 알려질 때만 가능한 일이다.

C++20의 `<format>` 헤더에 정의된 새로운 서식화 라이브러리는 서식 문자열의 표현력에 스트림 입출력의 형식 안전성과 사용자 확장성을 결합하고, 출력에서 인수들의 순서를 바꿀 수 있는 기능까지 추가한 것이다. 안타깝게도, 이 글을 쓰는 현재 최신의 컴파일러들(GCC 12.0, Clang 13, Visual Studio 16.9.6[14])도 이 `<format>` 라이브러리를 제대로 지원하지 않는다. 따라서 이번 절에서는 `<format>`의 바탕이 된 `<fmt>`라는 라이브러리[†]를 사용한다. 이번 절의 예제들은 최종 표준 인터페이스에 대한 추측에 기반한 것임을 주의하자. 여러분이 사용하는 컴파일러가 실제로 `<format>`을 지원하게 되면[‡] 이 예제들을 `<format>` 맞게 수정해 보길 권한다. 세부적인 문법은 좀 다르겠지만 원리는 동일하다.

새 서식화 라이브러리의 공식 명세를 일일이 설명하는 대신, 구체적인 예제를 통해서 주요 기능을 소개하기로 한다. 다음은 cppreference.com에 있는 C `printf` 관련 예제 몇 개를 새 서식화 기능에 맞게 이식한 코드이다.

```
print("Decimal:\t{} {} {:06} {} {:0} {:+} {:d}\n",
      1, 2, 3, 0, 0, 4, -1);
print("Hexadecimal:\t{:x} {:x} {:X} {:#x}\n", 5, 10, 10, 6);
print("Octal:\t\t{:o} {:#o} {:#o}\n", 10, 10, 4);
print("Binary:\t\t{:b} {:#b} {:#b}\n", 10, 10, 4);
```

14 VS 16.10에서는 이 라이브러리가 완성될 것이라는 Microsoft의 공지가 있었다.

† [옮긴이] *https://github.com/fmtlib/fmt*에서 구할 수 있다. 참고로 온라인 IDE Code Explorer(*https://godbolt.org/*)가 `fmt`를 지원하므로(오른쪽 상단 *Libraries*에서 선택 가능) 웹 브라우저에서 바로 시험해 볼 수 있다.

‡ [옮긴이] Visual Studio는 VS 2019 16.10부터 `<format>` 라이브러리를 사용할 수 있다.

이 코드는 다음을 출력한다.

```
Decimal:        1 2 000003 0 0 +4 -1
Hexadecimal:    5 a A 0x6
Octal:          12 012 04
Binary:         1010 0b1010 0b100
```

첫 행에서, 처음 두 인수는 서식 정보 없이 그대로 출력된다. 십진수의 경우 서식 지정자 "{:d}"를 적용해도 동일한 출력이 나온다. 셋째 인수에 적용된 서식 지정자 {:06}는 수치를 최소 여섯 문자만큼 출력하되 앞에 빈칸이 있으면 0으로 채우라는 뜻이다. 비슷하게, 서식 지정자 +는 수치 앞에 부호가 출력되게 만든다. printf 함수는 부호 없는 수치 출력을 지원한다. 그런데 이를 잘못 사용하면 음수가 아주 큰 양수로 출력된다. <format> 라이브러리는 인수의 형식을 인식하므로, 부호 없는 정수에 대해 부호 있는 서식을 요청하면 컴파일 오류가 발생한다. 어떠한 이유로 음수를 반드시 큰 양수로 출력해야 한다면 미리 명시적으로 변환해야 한다.

둘째 행은 16진수의 다양한 서식화를 보여준다. 출력에서 보듯이 큰 16진 숫자를 소문자로 표현할 수도 있고 대문자로 표현할 수도 있다. 서식 지정자 "#"는 16진 리터럴에 접두사 "0x"를 붙이는 효과를 낸다. 그다음 두 행은 주어진 수를 8진수와 이진수로 표현하는 방법을 보여준다. 16진수와 마찬가지로 리터럴 접두사를 적용할 수 있다.

부동소수점 수에 대해서는 더 다양한 서식과 기능이 제공된다.

```
print("Default:\t{} {:g} {:g}\n", 1.5, 1.5, 1e20);
print("Rounding:\t{:f} {:.0f} {:.22f}\n", 1.5, 1.5, 1.3);
print("Padding:\t{:05.2f} {:.2f} {:5.2f}\n", 1.5, 1.5, 1.5);
print("Scientific:\t{:E} {:e}\n", 1.5, 1.5);
print("Hexadecimal:\t{:a} {:A}\n\n", 1.5, 1.3);
```

이 코드의 출력은 다음과 같다.

```
Default:        1.5 1.5 1e+20
Rounding:       1.500000 2 1.3000000000000000444089
Padding:        01.50 1.50  1.50
Scientific:     1.500000E+00 1.500000e+00
Hexadecimal:    0x1.8p+0 0X1.4CCCCCCCCCCCDP+0
```

빈 중괄호 쌍이나 콜론 하나만 있는 중괄호 쌍은 기본 출력 방식을 뜻한다. 부동소수점 수의 경우 기본 출력은 서식 지정자 "{:g}"에 해당하는데, 이는 입출력 조작자 없이 스트림으로 출력할 때와 동일한 결과를 낸다. 소수부 길이(소수점 이하 유효숫자 개수)는 마침표와 서식 지정자 "f" 사이의 정수로 지정할 수 있다. 그러면 그 길이에 맞게 반올림된 결과가 출력된다. 요청된 길이가 해당 수치의 형식이 표현할 수 있는 길이보다 길면 별 의미 없이 0들이 채워진다. 마침표 앞의 정수는 출력 전체의 너비(최소 너비)이다. 정수에서처럼 선행 0들을 표시할 수 있다. 부동소수점 넷째 행은 부동소수점 수를 과학 표기법으로 출력하는 예인데, 지수 앞의 "e"를 소문자로 표현할 수도 있고 대문자로 표현할 수도 있다. 마지막 행은 부동소수점 수를 16진수로 출력하는 예이다. 이러한 16진수 출력은 다른 프로그램의 어떤 변수를 비트 하나까지 정확한 값으로 초기화하는 데 사용할 수 있다.

출력을 임의의 std::ostream 객체로 보내는 것도 가능하다.[15]

```
print(std::cerr, "System error code = {}\n", 7);

ofstream error_file("error_file.txt");
print(error_file, "System error code = {}\n", 7);
```

printf와는 달리 새 서식화 기능에서는 인수들의 순서를 바꿀 수 있다.

```
print("I'd rather be {1} than {0}.\n", "right", "happy");
```

더 나아가서, 인수들을 그 위치(번호)로 지칭하는 대신 이름을 붙여서 지칭하는 것도 가능하다.[†]

```
print("Hello, {name}! The answer is {number}. Goodbye, {name}.\n",
      arg("name", name), arg("number", number));
```

이를 더 간결하게 표현할 수도 있다.

```
print("Hello, {name}! The answer is {number}. Goodbye, {name}.\n",
      "name"_a=name, "number"_a=number);
```

이 예제들은 또한 하나의 인수를 여러 번 출력할 수도 있음을 보여준다.

15 이 기능을 위해서는 <fmt> 라이브러리의 ostream.h를 포함시켜야 한다.

† [옮긴이] 이 명명된 인수(named argument) 기능은 C++20의 <format>에 없다.

인수 순서 바꾸기는 다국어 소프트웨어에서 언어(자연어)마다 자연스러운 문구를 출력하고자 할 때 매우 중요하다. §1.3.1에 두 값의 평균을 출력하는 예제가 나왔는데, 다음은 그 예제를 다섯 가지 언어로 확장한 것이다.

```
void print_average(float v1, float v2, int language)
{
    using namespace fmt;
    string formats[]= {
        "The average of {v1} and {v2} is {result}.\n",
        "{result:.6f} ist der Durchschnitt von {v1} und {v2}.\n",
        "La moyenne de {v1} et {v2} est {result}.\n",
        "El promedio de {v1} y {v2} es {result}.\n",
        "{result} corrisponde alla media di {v1} e {v2}.\n"};
    print (formats[language], "v1"_a= v1, "v2"_a= v2,
           "result"_a= (v1+v2)/2.0f);
}
```

물론 이중 가장 현학적인 것은 소수점 이하 여섯 자리를 요구하는 독일어 버전이다.

```
The average of 3.5 and 7.3 is 5.4.
5.400000 ist der Durchschnitt von 3.5 und 7.3.
La moyenne de 3.5 et 7.3 est 5.4.
El promedio de 3.5 y 7.3 es 5.4.
5.4 corrisponde alla media di 3.5 e 7.3.
```

인수 순서 바꾸기 기능 없이 이 예제와 같은 출력을 얻기가 불가능하진 않겠지만, 그래도 이 예제는 텍스트와 서식화를 데이터로부터 분리하는 능력이 얼마나 중요한지를 잘 보여준다. 이 예제는 또한 stringstream을 사용할 필요 없이 format 함수를 직접 이용해서 텍스트를 서식화할 수 있음을 보여준다.

정리하자면, 새 서식화 기능의 장점은 다음과 같다.

- 앞의 예제들에서 보듯이 **간결하다**.
- 다양한 출력 순서에 맞게 **적응시킬 수 있다**.
- 인수 형식이 맞지 않으면 예외가 발생하므로 **형식에 안전하다**(type-safe).
- §3.5.6에서 보겠지만 **확장성이 있다**.

이처럼 새 서식화는 기존 기법들보다 여러모로 우월하다. 따라서 컴파일러가 지원하게 되면 바로 새 서식화 기능을 사용하길 추천한다.

1.7.7 입출력 오류 처리

C++의 입출력에는 오작동의 여지가 많다는 점을 미리 말해 두겠다. 오류가 보고되는 방식은 여러 가지이며, 오류 처리 코드는 그러한 다양한 오류 보고 방식에 대응해야 한다. 다음 예제를 보자.

```
int main ()
{
    std::ifstream infile("some_missing_file.xyz");

    int i;
    double d;
    infile >> i >> d;

    std::cout << "i is " << i << ", d is " << d << '\n';
    infile.close();
}
```

파일이 존재하지 않아도 스트림 객체는 오류 없이 생성된다. 심지어는, 존재하지 않는 파일로부터 값을 읽는 것도 가능하다. 프로그램은 여전히 계속 진행된다. 물론 i와 d에는 엉뚱한 값이 들어간다.

```
i is 1, d is 2.3452e-310
```

기본적으로 스트림 객체는 예외를 던지지 않는다. 그 이유는 역사적이다. C++ 역사에서 스트림이 예외보다 먼저 등장했으며, 예외가 없던 시절에 작성된 코드와의 하위 호환성을 위해 스트림이 예외를 던지지 않기로 했다. 또한, 입출력 실패는 흔하게 발생하므로 예외적인 상황으로 보기 어렵고, 그냥 각 입출력 연산 다음에 오류를 점검하는 게 더 자연스럽다는 주장도 일리가 있다.

모든 것이 잘 진행되게 하려면 원칙적으로 모든 입출력 연산마다 오류 플래그를 점검해야 한다. 다음 프로그램은 파일이 잘 열릴 때까지 사용자에게 파일 이름을 묻는다. 파일을 열어서 그 내용을 읽은 후에는 내용이 실제로 잘 읽혔는지 점검한다.

```
int main ()
{
    std::ifstream infile;
    std::string filename{"some_missing_file.xyz"};
    bool opened= false;
    while (!opened) {
```

```
        infile.open(filename);
        if (infile.good()) {
            opened= true;
        } else {
            std::cout << "The file '" << filename
                      << "' doesn't exist (or can't be opened),"
                      << "please give a new filename: ";
            std::cin >> filename;
        }
    }
    int i;
    double d;
    infile >> i >> d;

    if (infile.good())
        std::cout << "i is " << i << ", d is " << d << '\n';
    else
        std::cout << "Could not correctly read the content.\n";
    infile.close();
}
```

이 짧은 예제에서도, 파일 입출력을 안정적으로 수행하려면 상당히 많은 노력이 필요함을 알 수 있을 것이다. 예외를 사용하려 한다면, 실행 시점에서 각 스트림 객체에 대해 예외를 활성화해야 한다.

```
cin.exceptions(ios_base::badbit | ios_base::failbit);
cout.exceptions(ios_base::badbit | ios_base::failbit);

std::ifstream infile("f.txt");
infile.exceptions(ios_base::badbit | ios_base::failbit);
```

이제 스트림 객체들은 연산이 실패할 때마다, 또는 스트림이 '나쁜(bad)' 상태가 될 때마다 예외를 던진다. 스트림이 (예기치 않게) 파일의 끝에 도달했을 때도 예외가 발생할 수 있다. 그렇지만 파일 끝(end of file, EOF)은 예외보다는 조건 판정으로(이를테면 `while (!f.eof())` 등) 처리하는 것이 더 편하다.

앞의 예제에서 infile은 생성과 함께 파일을 열었다. 그래서 파일을 연(또는, 열려고 시도한) 후에야 예외를 활성화할 수 있었다. 파일 열기 연산에도 예외를 적용하려면, 스트림 객체를 먼저 생성하고 예외를 활성화한 후 명시적으로 파일을 열어야 한다. 스트림 객체 예외 활성화의 최소한의 장점은, 프로그램이 정상적으로 종료되었다면 그 스트림 객체에 대해 모든 입출력 연산이 잘 진행되었음을 확신할 수 있다는 것이다. 더 나아가서, 예상 가능한 예외들을 잡아서 처리하는 코드를 추가한다면 프로그램을 좀 더 견고하게 만들 수 있다.

파일 입출력의 예외는 실수의 여지를 부분적으로만 방지해 준다. 예를 들어 다음은 명백히 잘못된 프로그램의 예이다(수치들을 딱 붙여서 기록할 뿐만 아니라 잘못된 형식의 값을 읽어온다).

```
void with_io_exceptions(ios& io)
{    io.exceptions(ios_base::badbit | ios_base::failbit); }

int main ()
{
    std::ofstream outfile;
    with_io_exceptions(outfile);
    outfile.open("f.txt");

    double o1= 5.2, o2= 6.2;
    outfile << o1 << o2 << std::endl;  // 수치들이 분리되지 않음
    outfile.close();

    std::ifstream infile;
    with_io_exceptions(infile);
    infile.open("f.txt");

    int  i1, i2;
    char c;
    infile >> i1 >> c >> i2;             // 형식 불일치
    std::cout << "i1 = " << i1 << ", i2 = " << i2 << "\n";
}
```

명백한 실수가 존재하지만 프로그램은 아무런 예외를 던지지 않으며, 다음과 같이 그럴듯해 보이는 출력을 만들어낸다.

```
i1 = 5, i2 = 26
```

다들 알겠지만 테스트가 프로그램의 정확성을 증명해주지는 않는다. 이 점은 입출력이 관여할 때 더욱 명백하다. 입력 스트림 객체는 주어진 문자들을 읽고 그것들을 변수의 형식에 맞는 값으로 해석해서 변수에 배정한다. 입력 스트림 객체는 주어진 형식으로 해석(파싱)할 수 없는 문자가 들어오면 거기서 멈춘다. 입력 스트림 infile은 int 형식의 변수 i1을 위해 파일에서 5와 마침표를 읽어 들이는데, 마침표(소수점)는 int 형식의 값이 될 수 없으므로 거기서 끝난다. 그다음으로 infile은 역시 int 형식의 변수 i2를 위해 2, 6, 마침표를 읽고 26을 i2에 배정한다. 이 수치들은 원래 부동소수점 변수 o1과 o2의 값들을 빈칸 없이 파일에 기록한 것이었는데, 첫 부동소수점 수의 정수부가 i1에 배정되고 첫 부동소수점

수의 소수부와 그다음 부동소수점 정수부가 i2에 배정되어서 위와 같은 엉뚱한 출력이 나온 것이다.

안타깝게도 실제 응용에서 모든 문법 오류가 예외로 이어지지는 않는다. .3을 int로 해석하면 0이 되고(그다음 입력은 아마도 실패하겠지만), -5를 unsigned로 해석하면 4294967291이 된다(unsigned가 32비트라고 할 때). 좁히기 원리(§1.2.6)는 아직 입출력 스트림에 자리 잡지 못했음이 명백하다(하위 호환성 때문에 아마 이후에도 지원되지 않을 가능성이 크다).

확실한 것은, 응용 프로그램의 입출력 부분에 신경을 많이 써야 한다는 것이다. 수치들은 반드시 적절히 분리해야 하며(이를테면 빈칸으로), 기록했을 때와 같은 형식으로 읽어 들여야 한다. 부동소수점 수는 로캘[locale]에 따라 다른 형태로 표현될 수 있으므로, 다양한 시스템에서 실행될 프로그램이라면 부동소수점 수들을 국제화 없이(즉, 중립적인 C 로캘로) 읽고 쓰는 것이 바람직하다. 조건에 따라 파일 형식(format)을 다르게 해야 하는 경우라면 더욱 까다롭다. 입력 코드가 훨씬 복잡해지고, 심지어는 중의적이 될 수도 있다.

지금까지 이야기한 것 말고 또 다른 형태의 입출력이 두 가지 있는데, 바로 이진 입출력과 C 스타일 입출력이다. 관심 있는 독자를 위해 부록 A의 §A.2.6과 §A.2.7에서 이 두 입출력을 소개한다. 지금 당장 관심이 없더라도 나중에 필요하게 되면 §A.2.6과 §A.2.7을 읽어 보기 바란다.

C++17 1.7.8 파일 시스템

⇒ c++17/filesystem_example.cpp

C++ 표준 라이브러리에 파일 시스템을 다루는 기능이 필요하다는 이야기가 오래 전부터 있었지만, C++17에서야 비로소 파일 시스템 지원이 추가되었다. 해당 헤더는 <filesystem>이다. 이제는 예를 들어 한 디렉터리의 모든 파일을 나열하고 그 파일 형식을 조회할 수 있다.[16]

```
namespace fs = std::filesystems;
for (auto & p : fs::directory_iterator("."))
    if (is_regular_file(p))
        cout ≪ p ≪ " is a regular file.\n"; // Visual Studio에서는 오류
    else if(is_directory(p))
        cout ≪ p ≪ " is a directory.\n";
```

16 이 글을 쓰는 현재 Visual Studio에서는 이 예제가 컴파일되지 않는다. directory_entry에 대한 출력 연산자가 없기 때문이다(VS 2022에서 잘 컴파일되고 실행됨을 확인했다—옮긴이).

```
    else
        cout << p << " is neither regular file nor directory.\n";
```

다음은 실행 파일 하나와 하위 디렉터리 하나가 있는 디렉터리에서 이 프로그램을 실행한 결과이다.

```
.\\cpp17_vector_any.exe is a regular file.
.\\sub is a directory.
```

또한 파일 시스템 라이브러리를 이용하면 C++ 프로그램에서 파일 복사, 기호 링크와 하드 링크 생성, 파일 이름 바꾸기 같은 작업을 이식성 있는 방식으로 수행할 수 있다. 여러분의 컴파일러가 파일 시스템 기능을 아직 제대로 지원하지 않거나 예전 C++ 표준을 사용해야 하는 상황이라면 Boost.Filesystem이 합리적인 대안이다.

1.8 배열, 포인터, 참조

1.8.1 배열

C++의 내장 배열 지원에는 일정한 한계가 있으며, 몇 가지 이상한 점도 있다. 어쨌거나, 필자는 모든 C++ 프로그래머가 배열에 익숙해야 하고 배열의 문제점을 알아야 한다고 생각한다. 배열은 다음과 같이 선언한다.

```
int x[10];
```

변수 x는 `int` 형식의 요소 10개를 담을 수 있는 배열이다. 표준 C++에서 배열의 크기는 반드시 상수이어야 하며 컴파일 시점에서 알려져야 한다. 그러나 몇몇 컴파일러(이를테면 g++)는 배열의 크기을 실행 시점에서 결정하는 기능도 제공한다.

배열의 각 요소(원소)에 접근할 때는 대괄호([])를 사용한다. `x[i]`는 x의 i번째 요소를 나타낸다. 배열 색인(첨자)은 0 기반이다. 즉, `x[0]`가 첫 요소이고 `x[9]`가 마지막 요소이다. 배열을 선언과 함께 초기화할 수도 있다.

```
float v[]= {1.0, 2.0, 3.0}, w[]= {7.0, 8.0, 9.0};
```

이 경우는 배열의 크기를 컴파일러가 연역한다.

C++11 C++11부터는 위와 같은 목록 초기화(list initiaization)에 대해 좁아지는 변환이 허용되지 않는다. 다음 예를 보자.

```
int v[]= {1.0, 2.0, 3.0};    // C++11부터는 좁히기 오류
```

C++03에서는 적법한 코드이지만 C++11부터는 그렇지 않다. 부동소수점 리터럴을 int로 변환하면 정밀도가 소실될 수 있기 때문이다. 그러나 이 점이 실제 응용에서 문제가 되는 일은 거의 없다. 애초에 저런 추한 코드를 작성하지 않으면 된다.

배열에 대한 연산은 흔히 루프로 수행한다. 예를 들어 다음은 벡터 연산 $x = v - 3w$를 구현한 코드이다.

```
float x[3];
for (int i= 0; i < 3; ++i)
    x[i]= v[i] - 3.0 * w[i];
```

다차원 배열도 정의할 수 있다.

```
float A[7][9];      // a는 7×9 행렬
int   q[3][2][3];   // q는 3×2×3 배열
```

C++은 배열에 대한 선형대수 연산들을 제공하지 않는다. 배열에 기초한 구현은 우아하지 않으며 오류의 여지가 많다. 예를 들어 다음과 같은 배열 기반 벡터 덧셈 함수를 생각해 보자.

```
void vector_add(unsigned size, const double v1[], const double v2[],
                double s[])
{
    for (unsigned i= 0; i < size; ++i)
        s[i]= v1[i] + v2[i];
}
```

이 함수는 배열의 크기(요소 개수)를 첫 매개변수로 받는다. 배열 매개변수 자체에는 크기 정보가 없다.[17] 정확한 배열 크기를 제공하는 것은 함수를 호출하는 사람의 책임이다.

```
int main ()
{
    double x[]= {2, 3, 4}, y[]= {4, 2, 0}, sum[3];
    vector_add(3, x, y, sum);
```

17 다차원 배열을 전달할 때는 첫 차원의 크기만 비워 둘 수 있고 다른 차원들은 컴파일 도중에서 반드시 알려져야 한다. 그렇지만 그런 식으로 다차원 배열을 사용하는 프로그램은 지저분해지기 일쑤이며, 다행히 C++에는 이런 상황을 위해 더 나은 기법이 있다.

```
    ...
}
```

배열의 크기를 계산하는 것도 가능하다. 배열 전체의 바이트 크기를 배열 요소 하나의 크기로 나누면(둘 다 컴파일 시점에서 알려지는 값이다) 배열의 크기가 나온다.

```
vector_add(sizeof x / sizeof x[0], x, y, sum);
```

그러나 이런 방법을 사용한다고 해도, 세 배열의 크기가 일치하는지는 점검할 수 없다. 이처럼 배열 크기를 명시적으로 전달받는 구식 인터페이스를 가진 C 라이브러리나 포트란Fortran 라이브러리가 요즘도 만들어지고 있다는 것은 안타까운 일이다. 그런 라이브러리는 사용자가 조금만 실수해도 오작동해서 프로그램이 충돌하게 만들며, 충돌의 원인을 찾으려면 엄청난 노력이 필요하다. 그래서 이 책은 사용하기 쉽고 실수의 여지도 적은 수학 소프트웨어를 구현하는 방법을 제시한다. 향후 C++ 표준이 좀 더 고급의 수학 기능을 제공하게 되길 희망한다. 특히 선형대수 라이브러리가 표준 라이브러리에 도입되었으면 좋겠다.

배열의 단점은 다음 두 가지이다.

1. 배열 접근 시 색인(첨자)의 유효성이 점검되지 않는다. 실수로 배열 바깥의 메모리에 접근하게 되면 구획 위반(segmentation fault/violation) 오류와 함께 프로그램이 충돌한다. 이것이 최악이 아니라는 것이 더 무섭다. 프로그램이 충돌하면 적어도 뭔가 잘못되었음을 알 수 있지만, 소리 없이 데이터가 깨질 수도 있다. 프로그램이 충돌 없이 계속 실행되지만, 전혀 엉뚱한 결과를 뱉어낼 수도 있는 것이다. 그 후과는 독자의 상상에 맡기기로 한다. 심지어 잘못된 배열 색인 때문에 프로그램 코드가 덮어 쓰일 수도 있다. 즉, 데이터가 기계어 명령으로 해석되어서 프로그램이 비정상적으로 행동할 수 있다.
2. 배열의 크기를 반드시 컴파일 시점에서 알아야 한다.[18] 이는 예를 들어 파일에서 데이터를 읽어서 배열에 채울 때 심각한 제약이 된다.

```
ifstream ifs("some_array.dat");
ifs >> size;
```

18 몇몇 컴파일러는 실행 시점에서 배열의 크기를 결정하는 기능을 제공한다. 모든 컴파일러가 그렇지는 않으므로 이식성 있는 소프트웨어를 작성할 때는 이런 기능을 사용하지 말아야 한다. 이 기능을 C++14에 도입하려는 시도가 있었지만, 모든 플랫폼에서 모든 미묘한 문제를 해결할 수는 없었기 때문에 나중으로(어쩌면 영원히) 미루어졌다.

```
float v[size];    // 오류: size는 컴파일 시점 상수가 아님
```

이처럼, 파일에 담긴 데이터 항목의 개수가 다를 수 있는 경우에는 배열을 사용할 수 없다.

1번 단점은 현대적 C++에 새로 도입된 array` 형식으로 해결하고, 2번 단점은 동적 메모리 할당으로 해결한다. 동적 메모리 할당을 이해하려면 포인터를 알아야 한다.

1.8.2 포인터

포인터pointer는 메모리 주소(address)를 담은 변수이다. 이 주소 값은 다른 변수에 주소 연산자를 적용해서(이를테면 &x) 얻을 수도 있고, 동적으로 메모리를 할당해서 얻을 수도 있다. 그럼 동적 배열 크기에 대한 논의를 이어가는 취지에서 후자의 동적 메모리 할당부터 보자.

```
int* y= new int[10];
```

이 문장은 int 10개짜리 배열을 할당한다. 이러한 동적 할당에서는 배열의 크기를 결정할 수 있다. 다음은 방금 전에 본 파일에서 벡터 읽기 예제를 다시 구현한 것이다.

```
ifstream ifs("some_array.dat");
int size;
ifs >> size;
float* v= new float[size];
for (int i= 0; i < size; ++i)
    ifs >> v[i];
```

포인터도 배열처럼 위험하다. 포인터를 잘못 다루면 허용 범위 밖의 데이터에 접근해서 프로그램이 충돌하거나 데이터가 소리 없이 깨질 수 있다. 더 나쁜 점은, 동적으로 할당한 배열의 크기는 프로그래머가 직접 관리해야 한다는 것이다.

더 나아가서, 배열을 다 사용하고 난 후 메모리를 해제하는 것도 프로그래머의 책임이다. 배열에 할당한 메모리를 해제할 때는 다음처럼 delete[] 연산자를 사용한다.

```
delete[] v;
```

함수의 배열 매개변수는 포인터와 호환된다. 따라서 §1.8.1의 vector_add 함수를 다음처럼 포인터들로 호출해도 잘 작동한다.

```
int main (int argc, char* argv[])
{
    const int size= 3;
    double *x= new double[size], *y= new double[size],
           *sum= new double[3];
    for (unsigned i= 0; i < size; ++i)
        x[i]= i+2, y[i]= 4-2*i;
    vector_add(size, x, y, sum);
    ...
}
```

단, 포인터로는 sizeof를 이용한 배열 크기 계산이 불가능하다. 포인터에 대한 sizeof는 그냥 포인터 자체의 바이트 크기일 뿐, 배열에 담긴 요소들의 개수와는 무관하다. 이 점을 제외하면 대부분의 상황에서 포인터와 배열을 맞바꾸어 사용할 수 있다. 즉, 포인터를 배열 인수로서 전달할 수 있고(앞의 예제에서처럼) 배열을 포인터 인수로서 전달할 수 있다. 사실상 이 둘은 정의에서만 다를 뿐이다. 크기가 n인 배열을 정의하면 n개의 요소를 담을 메모리 공간('메모리 블록')이 확보되지만, 포인터를 정의하면 그냥 주소 하나를 담을 공간만 확보될 뿐이다.

지금까지는 포인터를 배열의 관점에서 소개했다. 그럼 배열과 무관한 포인터의 용법으로 넘어가자. 포인터의 가장 간단한 용법은 다음처럼 데이터 항목 하나를 할당하는 것이다.

```
int* ip= new int;
```

이렇게 할당한 메모리를 해제할 때는 다음처럼 대괄호 없이 delete만 사용해야 한다.

```
delete ip;
```

할당과 해제에서 대칭성을 발견했을 것이다. 단일 객체 할당은 단일 객체 해제와 짝을 이루어야 하고, 배열 할당은 배열 해제와 짝을 이루어야 한다. 그렇지 않으면 런타임 시스템†이 메모리 해제를 제대로 처리하지 못해서 프로그램이 충

† [옮긴이] 이 문맥에서 런타임[run-time] 시스템은 프로그램이 실행되는 데 필요한 필수 기능을 제공하는 코드를 뜻한다. C++ 런타임은 정적 라이브러리로 실행 파일에 링크될 수도 있고 동적 라이브러리(.so나 .dll)의 형태로 실행 파일 외부에 존재할 수도 있다. 이 번역서에서 이런 의미의 run-time은 '런타임', 프로그램을 실행하는 도중을 뜻하는 run-time은 '실행 시점'으로 표기해서 구분한다.

돌하거나 데이터가 깨질 수 있다.

포인터의 또 다른 용도는 다음처럼 기존의 객체가 차지한 메모리를 가리키게 하는 것이다.

```
int  i= 3;
int* ip2= &i;
```

연산자 &는 주어진 객체의 메모리 주소를 돌려준다. 이와 반대되는 연산자는 *이다. 이 연산자는 주어진 주소가 가리키는 객체를 돌려준다.

```
int  j= *ip2;
```

이런 연산을 **역참조**(dereferencing)라고 부른다. C++의 연산자 우선순위와 문법 규칙 덕분에, 역참조를 위한 *가 곱셈 연산자로 오인되지는 않는다(적어도 컴파일러는 두 경우를 혼동하지 않는다).

초기화되지 않은 포인터 변수는 무작위한 값(임의의 비트 패턴)을 가진다. 포인터를 초기화하지 않고 사용하는 실수를 범하면 프로그램이 다양한 방식으로 오작동하게 된다. 포인터가 아무것도 가리키지 않음을 명시적으로 표현하고 싶으면 다음과 같은 방식으로 초기화해야 한다.

C++11

```
int* ip3= nullptr;   // >= C++11
int* ip4{};          // 마찬가지
```

C++11 이전에는 다음과 같이 초기화해야 했다.

```
int* ip3= 0;         // C++11 이후에서는 이렇게 하지 말 것
int* ip4= NULL;      // 마찬가지
```

C++11

0이라는 주소는 특별하다. 응용 프로그램이 이 주소를 사용하는 경우는 없으므로, 이 주소는 포인터가 아무것도 가리키지 않음을 나타내는 용도로 적합하다. 그렇지만 수치 리터럴 0 자체에 그러한 용도가 내장되어 있는 것은 아니라서 함수 중복적재 해소 시 중의성을 발생할 수 있다. `NULL`을 사용해도 마찬가지이다. 이것은 그냥 컴파일 과정에서 `0`으로 치환되는 매크로일 뿐이기 때문이다. 이 문제를 해결하기 위해 C++11은 0에 해당하는 포인터 리터럴 `nullptr`를 도입했다. 이 리터럴은 배정에 사용할 수 있고 모든 포인터 형식과 비교할 수 있다. `nullptr`는 포인터가 아닌 형식과 혼동할 여지가 없고 "아무것도 가리키지 않는

포인터"라는 뜻을 좀 더 명확히 나타낸다는 점에서, 0이나 NULL 대신 이것을 사용하는 것이 바람직하다. 마지막으로, 초기화 시 빈 중괄호 쌍을 지정하는 것도 nullptr와 동일한 효과를 낸다.

포인터와 관련해서 흔히 발생하는 오류가 **메모리 누수**(memory leak)이다. 예를 들어 배열 y가 너무 작아서 더 큰 배열을 할당한다고 하자.

```
int* y= new int[10];
// 중간 생략
y= new int[15];
```

이 코드는 처음에 int 10개를 담을 메모리 블록을 할당하고, 나중에 또다시 int 15개짜리 블록을 할당한다. 처음에 할당한 블록은 어떻게 될까? 그 블록은 할당된 채로 남아 있지만, 주소가 없으므로 더 이상 접근할 수 없다. 주소가 없으면 접근할 수 없을 뿐만 아니라 해제할 수도 없다. 이 블록은 프로그램이 종료된 후 운영체제가 해제할 때까지 할당 상태로 남는다. 지금 예에서는 수 GB의 주 메모리 중 40바이트만 낭비되는 셈이지만, 이런 일이 반복되면 쓰이지 않은 메모리 공간이 점점 자라서 언젠가는 전체 (가상) 메모리가 소진될 수 있다.

주어진 응용 프로그램에서 메모리 낭비가 별문제가 되지 않는다고 해도, 고품질 과학 소프트웨어를 작성할 때는 메모리 누수를 허용하지 말아야 한다. 언젠가는 어떤 사용자가 메모리 누수 문제 때문에 소프트웨어를 비난할 것이며, 다른 사람들에게도 사용하지 말라고 권할 것이다. 다행히 메모리 누수의 검출을 돕는 도구들이 있다. §B.3에서 이들을 소개한다.

앞에서 포인터의 여러 문제점을 이야기했지만, 그렇다고 포인터가 아예 몹쓸 물건은 아니다. 이 책은 포인터의 사용에 반대하지 않는다. 포인터로만 가능한 일이 많이 있다. 목록(list), 대기열(queue), 트리tree, 그래프graph 같은 자료 구조는 포인터가 없으면 구현이 어렵거나 아예 불가능하다. 그렇지만 앞에서 말한 모든 심각한 문제점을 피하기 위해서는 포인터를 조심해서 사용해야 한다. 포인터 관련 오류를 최소화하는 전략은 크게 세 가지이다.

1. 표준 라이브러리의 표준 컨테이너나 기타 검증된 라이브러리의 컨테이너를 사용한다. 표준 라이브러리의 std::vector는 동적 배열의 모든 기능은 물론 간편한 크기 재조정과 범위 점검, 메모리 자동 해제라는 추가적인 장점도 제공한다.

2. 동적 메모리 관리를 클래스로 캡슐화(encapsulation)한다. 그러면 메모리 관리 코드를 클래스당 한 번씩만 작성하면 된다.[19] 제대로만 구현한다면, 객체가 할당한 모든 메모리는 객체가 파괴(소멸)될 때 함께 해제된다. 이러한 전략에서는 메모리를 얼마나 자주 할당하든 자동적인 메모리 해제가 보장된다. 예를 들어 동적 메모리에 객체가 738개 있다면 해제가 738번 일어나는 식이다. 이를 위해서는 객체를 생성할 때 메모리를 할당하고 객체가 파괴될 때 메모리를 해제해야 한다. 이러한 원리를 **RAII**(Resource Acquisition Is Initialization; "자원 획득은/이 초기화이다"†)라고 부른다. RAII 원칙을 사용하지 않는다면, 예를 들어 루프와 기타 여러 조건 분기에서 `new`를 738번 호출했다고 할 때 나중에 `delete`가 정확히 738번 호출되게 하는 것을 프로그래머가 책임져야 한다. 이를 위한 도구들이 있긴 하지만, 이런 문제는 발생한 다음에 고치는 것보다는 애초에 발생하지 않게 하는 것이 최선이다.[20] 물론 캡슐화가 만병통치약은 아니지만, 프로그램 여기 저기에 포인터(원시 포인터)가 흩어져 있는 것보다는 훨씬 일이 쉬워진다. RAII는 §2.4.2.1에서 좀 더 자세히 논의한다.
3. 다음 절(§1.8.3)에서 소개하는 스마트 포인터를 사용한다.

정리하자면, 포인터의 용도는 크게 두 가지이다.

1. 객체 참조
2. 동적 메모리 관리

소위 **원시 포인터**(raw pointer; 또는 생 포인터)의 문제점은, 포인터 자체만으로는 그 포인터가 기존의 객체를 가리키는지 아니면 동적으로 할당한(따라서 나중에 해제해야 할) 메모리 블록을 가리키는지 구분할 수 없다는 것이다. **스마트 포인터**(smart pointer; 똑똑한 포인터)를 사용하면 이를 형식 수준에서 명시적으로 구분할 수 있다.

---

19 클래스보다 객체가 훨씬 많다고 가정해도 안전하다. 그렇지 않다면 프로그램의 전체 설계 자체에 뭔가 문제가 있는 것이다.

† [옮긴이] 이 문구에 관해, 특히 "은/이"라고 조사를 이중으로 표기한 이유에 관해서는 역자의 블로그 글 "C++ RAII(Resource Acquisition Is Initialization)의 해석"(*https://occamsrazr.net/tt/297*)을 참고하기 바란다.

20 또한, 그런 도구들은 현재 실행에 오류가 없었음을 보여줄 뿐이다. 입력이 달라지면 실행이 달라질 수 있다.

C++11 1.8.3 스마트 포인터

C++11에서 세 가지 스마트 포인터가 표준 라이브러리에 추가되었다. unique_ptr와 shared_ptr, weak_ptr이다. C++03에 이미 auto_ptr라는 스마트 포인터가 있었지만, 대체로 이것은 스마트 포인터 구현에 대한 실패한 시도로 간주되어서 (당시에는 C++ 언어 자체가 아직 스마트 포인터를 제대로 구현할 준비가 되지 않았다) unique_ptr에 자리를 내주었다. auto_ptr는 C++17에서 아예 표준에서 제거되었다. 모든 스마트 포인터는 <memory> 헤더에 정의되어 있다. C++11의 기능들을 사용할 수 없는 상황이라면(이를테면 임베디드 프로그래밍 등) Boost의 스마트 포인터들이 좋은 대안이 될 것이다.

C++11 1.8.3.1 유일 포인터 unique_ptr

unique_ptr라는 이름은 대상 객체에 대한 **유일 소유권**(unique ownership)을 나타낸다. 이는, 서로 다른 두 unique_ptr가 같은 객체를 가리키는 일이 없다는 것이다. 참조와 역참조 등의 사용법 자체는 보통의 포인터(원시 포인터)와 다를 바 없다.

```
#include <memory>

int main ()
{
    unique_ptr<double> dp{new double};
    *dp= 7;
    ...
    cout ≪ "The value of *dp is " ≪ *dp ≪ endl;
}
```

원시 포인터와의 주된 차이점은, unique_ptr는 범위를 벗어날 때 해당 메모리가 자동으로 해제된다는 것이다. 이 때문에, 동적으로 할당하지 않은 주소로 unique_ptr를 초기화해서는 안 된다.

```
double d= 7.2;
unique_ptr<double> dd{&d}; // 버그: 메모리 블록이 잘못 해제됨
```

이 예에서 포인터 dd의 소멸자(destructor; §2.4)는 d를 해제하려 한다.

메모리의 유일 소유권을 보장하기 위해, unique_ptr는 복사를 허용하지 않는다.

```
unique_ptr<double> dp2{dp}; // 오류: 복사 불가
dp2= dp;                    // 마찬가지
```

그렇지만 메모리 주소를 다른 unique_ptr에 넘겨주는 것은 가능하다.

```
unique_ptr<double> dp2{move(dp)}, dp3;
dp3= move(dp2);
```

이때 쓰인 std::move 함수와 이동 의미론은 §2.3.5에서 좀 더 이야기하겠다. 이 예에서 원래 dp가 가리키던 메모리 블록에 대한 소유권은 dp에서 dp2로 넘어가고, 그다음에 다시 dp3으로 넘어간다. 소유권을 넘겨준 dp와 dp2는 nullptr가 되므로 해당 소멸자는 아무것도 해제하지 않는다. dp3의 소멸자는 dp3이 소유한 메모리 블록을 해제한다. 함수가 unique_ptr를 돌려줄 때도 마찬가지 방식으로 소유권이 전달된다. 다음 예에서 dp3은 f() 안에서 할당된 메모리 블록을 넘겨받는다.

```
std::unique_ptr<double> f()
{    return std::unique_ptr<double>{new double}; }

int main ()
{
    unique_ptr<double> dp3;
    dp3= f();
}
```

이 예에서는 move()가 필요하지 않다. 이 함수의 반환값은 임시 객체이며, 임시 객체에는 이동 의미론이 적용되기 때문이다(이 역시 §2.3.5에서 자세히 설명한다).

unique_ptr는 배열에 대해 특수화되어 있다.[21] 배열은 delete[]로 해제해야 하므로 특수화가 필요하다. 또한, 이 특수화는 보통의 배열과 같은 방식으로 요소들에 접근하는 수단도 제공한다.

```
unique_ptr<double[]> da{new double[3]};
for (unsigned i= 0; i < 3; ++i)
    da[i]= i+2;
```

대신 배열 unique_ptr에 대해서는 operator*를 사용할 수 없다.

21 특수화(specialization)는 템플릿을 특정 형식에 대해 특별하게 구현하는 것인데, §3.5.1과 §3.5.3에서 논의한다.

unique_ptr의 중요한 장점은 원시 포인터와 동일한 성능을 낸다는 것이다. 시간 면에서나 메모리 면에서나 추가부담이 전혀 없다.

더 읽을거리: 유일 포인터의 고급 용법으로, **삭제자**(deleter)라는 것을 사용자가 정의해서 적용할 수 있다. 이에 관해서는 [40, §5.2.5f]나 [62, §34.3.1], 또는 온라인 레퍼런스(cppreference.com 등)를 보기 바란다.

C++11

1.8.3.2 공유 포인터 shared_ptr

공유 포인터(shared pointer)라는 명칭에서 짐작하겠지만 shared_ptr는 프로그램의 여러 부분이 공유하는 메모리를 관리하는 데 쓰인다(각 부분이 같은 메모리 블록에 대한 포인터를 각자 가지는 형태로). 공유되는 메모리 블록은 그것을 가리키는 마지막 shared_ptr가 소멸할 때 해제된다. 이러한 메모리 공유 능력을 이용하면 프로그램이 대단히 단순해진다. 프로그램이 복잡한 자료 구조들을 사용한다면 더욱 그렇다. 특히, 공유 포인터는 동시성(cocurrency) 구현 시 극히 중요하다. 다수의 스레드가 같은 메모리 블록에 접근하며, 그 스레드들이 모두 종료되면 메모리 블록이 자동으로 해제되어야 하는 상황을 생각하면 이해가 될 것이다. unique_ptr와는 달리 shared_ptr는 복사를 허용한다. 공유를 위한 스마트 포인터이므로 당연한 일이다.

```
shared_ptr<double> f()
{
    shared_ptr<double> p1{new double};
    shared_ptr<double> p2{new double}, p3= p1;
    cout << "p3.use_count() = " << p3.use_count() << endl;
    return p3;
}

int main ()
{
    shared_ptr<double> p= f();
    cout << "p.use_count() = " << p.use_count() << endl;
}
```

이 예제는 두 double 값을 할당해서 공유 포인터 p1, p2와 연관시킨다. 포인터 p1은 p3에 복사되며, 그러면 둘은 동일한 메모리 블록을 가리키게 된다(그림 1-1).

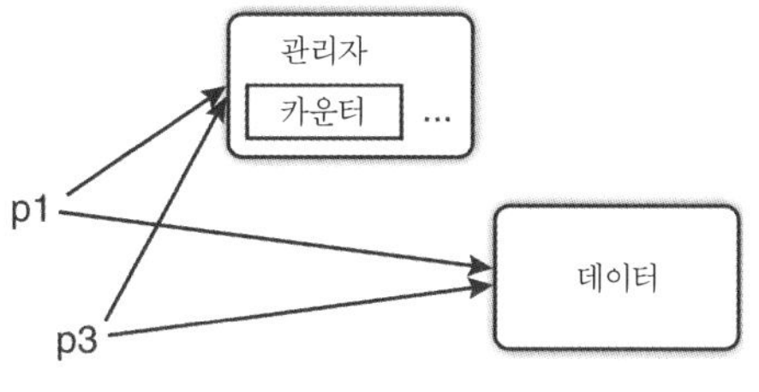

그림 1-1 공유 포인터와 메모리 구성

두 포인터가 같은 메모리를 가리킨다는 점은 use_count 출력으로 확인할 수 있다.

```
p3.use_count() = 2
p.use_count() = 1
```

f가 반환되면 포인터들이 파괴된다. p2가 가리키는 메모리 블록(한 번도 쓰인 적이 없다)은 해제되지만, 다른 두 포인터가 가리키는 메모리 블록은 해제되지 않는다. main의 p가 아직 그 메모리 블록을 가리키고 있기 때문이다.

가능하다면 new를 사용하지 말고 make_shared 함수로 shared_ptr를 생성하는 것이 바람직하다.

```
shared_ptr<double> p1= make_shared<double>();
```

그림 1-2는 앞의 예제에서 new 대신 make_shared 함수로 포인터들을 생성할 때의 공유 포인터와 메모리 구성인데, 이전과는 달리 포인터 자체의 내부 관리 데이터와 사용자 데이터가 하나의 메모리 블록에 함께 할당되었음을 알 수 있다. 이렇게 하면 메모리 캐시 효율성이 좋아진다. 또한, make_shared는 메모리 블록을 한 번만 할당하므로 예외 안전성(exception safety)도 좋다. 더 나아가서, make_shared가 공유 포인터를 돌려준다는 점을 컴파일러가 알기 때문에 자동 형식 검출(§3.4.1)이 적용된다. 덕분에 코드를 다음과 같이 좀 더 간결하게 작성할 수 있다.

```
auto p1= make_shared<double>();
```

shared_ptr는 원시 포인터에 비해 메모리와 시간 면에서 약간의 추가부담이 있다. 그렇지만 프로그램이 훨씬 간단해지므로, 대부분의 경우에는 이득이 더 크다.

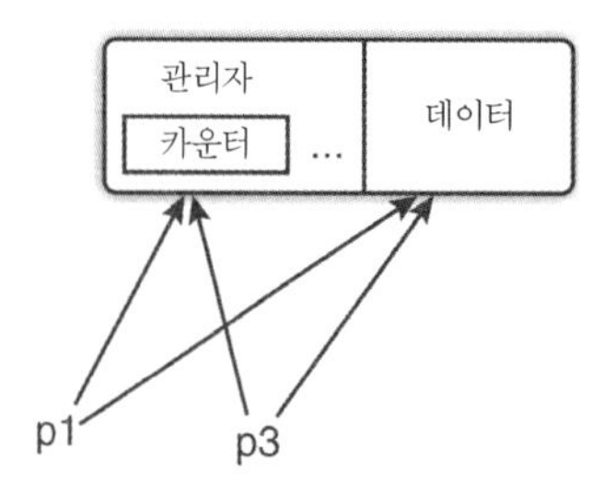

그림 1-2 make_shared에 의한 공유 포인터와 메모리 구성

더 읽을거리: shared_ptr의 삭제자와 기타 여러 세부사항은 [40, §5.2]나 [62, §34.3.2] 같은 참고서나 온라인 참고자료를 보기 바란다.

C++11 1.8.3.3 약한 포인터 weak_ptr

공유 포인터와 관련한 문제점으로, 공유 포인터들의 참조 관계가 꼬여서 **순환 참조**(cyclic reference)가 발생하면 메모리 블록이 해제되지 못한다. 이런 순환 고리를 깨는 수단이 weak_ptr이다. weak_ptr는 메모리 블록(공유된 것이든 아니든)에 대한 소유권을 주장하지 않는다. 약한 포인터는 이 책의 범위를 넘는 주제이므로, 그냥 이런 것이 있다는 점만 알고 넘어가자. 나중에 실제로 약한 포인터가 필요해지면 [40, §5.2.2]나 [62, §34.3.3], *cppreference.com*을 참고하기 바란다.

메모리를 동적으로 관리하려면 포인터를 사용할 수밖에 없다. 그냥 다른 객체를 가리키는 또는 "참조하는" 것이 목적이라면 포인터 대신 (놀라지 마시라) **참조**(reference)를 사용하면 된다. 다음 절의 주제가 바로 참조이다.

1.8.4 참조

다음은 다른 객체를 참조하는 참조 변수(또는 참조자)를 도입하는 예이다.

```
int  i= 5;
int& j= i;
j= 4;
std::cout << "i = " << i << '\n';
```

변수 j는 i를 참조한다. 이 코드를 실제로 실행해 보면 알겠지만 j의 값을 바꾸면 i의 값도 바뀐다. 그리고 코드에는 없지만 그 역도 마찬가지이다. 따라서 i와 j는 항상 같은 값을 가진다. 참조라는 것을 하나의 '별칭(alias)'이라고 생각하면 이해에 도움이 될 것이다. 즉, 참조는 기존 객체(또는 기존 객체의 부분객체)에 대한 새로운 이름을 도입한다. 참조를 정의할 때는 반드시 참조 대상을 명시해야 한다. 초기화 없이 선언만 할 수 있는 포인터와는 달리, 참조는 먼저 선언해 두고 나중에 대상을 지정하는 것이 불가능하다.

참조는 함수 인수로 사용하거나(§1.5) 다른 객체의 일부분(한 벡터의 일곱 번째 요소 등)을 지칭할 때, 그리고 뷰view를 구축할 때(이를테면 §5.2.3) 더욱더 유용하다.

C++11은 포인터와 참조의 절충에 해당하는 reference_wrapper라는 클래스를 제공한다. 이 클래스의 객체는 참조와 비슷하게 작동하되, 참조에 대한 몇 가지 제약이 제거되었다. 예를 들어 reference_wrapper 객체는 컨테이너 안에 담을 수 있는데, 이에 관해서는 §4.4.8에서 좀 더 이야기한다.

C++11

1.8.5 포인터와 참조의 비교

포인터는 동적 메모리 관리와 주소 계산이 가능하다는 점에서 참조보다 우월하다. 반면에 참조는 기존 객체를 반드시 지칭해야 한다는 제약이 있어서 좀 더 안전하다.[22] 이 덕분에 참조에서는 메모리 누수가 발생하지 않는다(일부러 아주 코드를 꼬아서 작성하지 않는 한). 또한, 참조는 참조 대상 객체를 사용할 때와 동일한 표기법으로 사용할 수 있다. 단점은, 참조들을 담는 컨테이너를 만드는 것이 거의 불가능하다는 점이다(대신 reference_wrapper를 사용하면 된다).

정리하자면, 참조가 절대적으로 안전한 것은 아니지만 포인터보다는 오작동의 여지가 훨씬 적다. 포인터는 동적 메모리를 다룰 때만, 예를 들어 목록이나 트리 같은 자료 구조를 동적으로 생성할 때만 사용해야 한다. 그런 경우라도 가능하면 잘 검증된 형식들을 통해서 포인터를 다루거나 포인터를 클래스 안에 캡슐화하는 것이 바람직하다. 스마트 포인터는 메모리 할당과 해제를 알아서 처리하므로, 원시 포인터보다는 스마트 포인터를 사용해야 한다(심지어 클래스 안에서도). 표 1-9는 포인터와 참조의 장단점을 비교한 것이다.

표 1-9 포인터와 참조의 비교

장점	포인터	참조
정의된 위치 참조		✓
초기화 필수		✓

22 참조가 임의의 주소를 지칭하는 것이 불가능하지는 않지만, 억지로 그렇게 만들어야 가능할 뿐이다. 여러분의 안전을 위해, 참조가 포인터처럼 나쁜 행동을 보이게 만드는 방법은 알려주지 않겠다.

메모리 누수 없음		✓
객체 같은 표기법		✓
메모리 관리	✓	
주소 계산	✓	
컨테이너 지원	✓	

1.8.6 상한 데이터는 참조하지 말라

함수의 지역 변수는 그 함수의 범위 안에서만 유효하다. 다음 예를 보자.

```
double& square_ref(double d) // 버그: 상한 참조를 돌려줌
{
    double s= d * d;
    return s;                // 버그: s는 범위를 벗어남
}
```

이 함수는 함수가 끝나면 더 이상 존재하지 않을 지역 변수 s의 참조를 돌려준다. 함수가 끝나도 그 변수의 메모리는 계속 남아 있으므로, 운 좋게 다른 어떤 코드가 아직 그것을 덮어쓰지 않는다면 마치 코드가 잘 작동하는 것처럼 보인다. 그렇지만 이는 전적으로 운이며, 프로그램의 실행이 운에 의존해서는 안 된다. 이런 "상황에 따라 다른 오류"는 항상 발생하는 오류보다 나쁘다. 디버깅하기 어려울 뿐만 아니라, 상세한 테스트 없이는 발견하는 것 자체가 어렵기 때문에 소프트웨어를 출시하고 한참 후에 실제 사용 환경에서 큰 문제를 일으킬 수 있다.

더 이상 존재하지 않는 변수에 대한 참조를 **상한 참조**(stale reference)라고 부른다. 안타깝게도, 웹의 몇몇 C++ 튜토리얼에서 이런 상한 참조가 있는 예제들을 본 적이 있다.

상한 데이터에 대한 참조 문제는 포인터에서도 발생한다.

```
double* square_ptr(double d) // 버그: 대상을 잃은 포인터를 돌려줌nter
{
    double s= d * d;
    return &s;               // 버그: s는 범위를 벗어남
}
```

이 함수는 지역 변수의 주소를 담은 포인터를 돌려주는데, 함수 반환 시점에서 그 변수는 이미 범위 바깥이다. 이런 포인터를 **대상을 잃은 포인터**(dangling pointer)라고 부른다.

클래스의 멤버 함수 안에서 멤버 데이터(§2.6)나 static 변수를 지칭하는 참조나 포인터를 돌려주는 것도 가능하다.

조언

함수가 포인터나 참조, 또는 참조 의미론(reference semantic)을 가진 객체를 돌려줄 때, 그 참조 대상은 반드시 동적으로 할당한 데이터나 함수 호출 이전에 이미 존재하던 객체, 또는 static 데이터이어야 한다.

앞의 조언에서 "참조 의미론을 가진 객체"는 객체 자신이 데이터를 담는 것이 아니라 외부의 데이터를 참조할 뿐이며, 객체가 복사될 때 그 데이터까지 복사되지는 않는다는 뜻이다. 간단히 말해서 참조 의미론을 가진 객체란 적어도 부분적으로는 포인터처럼 행동하는 객체이며, 따라서 더 이상 존재하지 않는 무언가를 참조할 위험이 있다. §4.1.2에서 소개하는 반복자(표준 라이브러리의 것이든 사용자 정의 반복자이든) 역시 포인터처럼 행동하므로, 이미 파괴된 객체를 지칭할 위험이 있다.

다행히 컴파일러들이 이런 버그를 찾아내는 능력이 점점 더 향상되고 있으며, 현재 모든 컴파일러는 앞의 예제에 나온 것들처럼 명백한 상한 참조나 대상을 잃은 포인터를 검출해서 경고 메시지를 출력한다. 하지만 항상 이렇게 버그가 명백하지는 않다. 특히 참조 의미론을 가진 사용자 정의 클래스에서는 상황이 훨씬 복잡할 수 있다.

1.8.7 배열 대신 사용할 수 있는 컨테이너들

전통적인 C 배열 대신 사용할 수 있는 컨테이너 형식 두 가지를 소개한다. 이들은 배열과 비슷한 방식으로 사용할 수 있으며, 배열보다 문제점이 적다.

1.8.7.1 표준 벡터

배열과 포인터는 C++ 핵심 언어의 일부이다. 반면에 하나의 클래스 템플릿으로 구현된 std::vector는 표준 라이브러리의 일부이다. 그렇긴 하지만 그 사용법은 배열과 매우 흡사하다. 예를 들어 다음은 §1.8.1에서 본 배열 v와 w를 설정하는 예제 코드를 표준 벡터로 작성한 것이다.

```
#include <vector>

int main ()
```

```
{
    std::vector<float> v(3), w(3);
    v[0]= 1; v[1]= 2; v[2]= 3;
    w[0]= 7; w[1]= 8; w[2]= 9;
}
```

배열과는 달리 벡터의 크기는 컴파일 시점 상수일 필요가 없다. §4.1.3.1에서 보겠지만, 이미 만들어진 벡터의 크기를 바꾸는 것도 가능하다.

C++11 그런데 앞의 예제 코드는 벡터의 개별 요소를 일일이 설정하다 보니 코드가 다소 장황하다. C++11부터는 다음과 같이 초기치 목록(initializer list)으로 벡터를 초기화할 수 있다.

```
std::vector<float> v= {1, 2, 3}, w= {7, 8, 9};
```

이 경우 벡터의 크기는 목록의 길이에 따라 자동으로 결정된다. 이전에 나온 배열 기반 벡터 덧셈 예제를 이제는 다음과 같이 좀 더 안정적으로 구현할 수 있다.

```
void vector_add(const vector<float>& v1, const vector<float>& v2,
                vector<float>& s)
{
    assert(v1.size() == v2.size());
    assert(v1.size() == s.size());
    for (unsigned i= 0; i < v1.size(); ++i)
        s[i]= v1[i] + v2[i];
}
```

C 배열이나 포인터와는 달리 함수의 vector 형식 인수는 그 크기를 알 수 있으므로, 이제는 주어진 벡터들이 실제로 같은 크기인지를 점검할 수 있다. 참고로 배열의 크기를 sizeof 대신 템플릿을 이용해서 연역할 수도 있는데, 이에 관해서는 §3.3.2.1에서 이야기한다.

벡터는 복사 연산을 지원하며, 함수의 반환값으로 사용할 수 있다. 이 덕분에 다음과 같이 좀 더 자연스러운 표기가 가능하다.

```
vector<float> add(const vector<float>& v1, const vector<float>& v2)
{
    assert(v1.size() == v2.size());
    vector<float> s(v1.size());
    for (unsigned i= 0; i < v1.size(); ++i)
        s[i]= v1[i] + v2[i];
    return s;
```

```
}

int main ()
{
    std::vector<float> v= {1, 2, 3}, w= {7, 8, 9}, s= add(v, w);
}
```

그러나 이 버전은 대상 벡터를 참조로 전달하는 이전 버전보다 비용이 더 클 수 있다. 이 버전을 컴파일러의 측면과 사용자의 측면에서 좀 더 최적화하는 문제를 나중에 살펴볼 것이다. 필자의 경험에 따르면, 먼저 인터페이스의 편리함을 위주로 코드를 짜고, 성능은 나중에 고려하는 것이 낫다. 올바른 프로그램을 더 빠르게 만드는 것이 빠른 프로그램을 올바르게 만드는 것보다 쉽다. 따라서 프로그램을 잘 설계하는 것을 일차적인 목표로 삼아야 한다. 거의 모든 경우에서, 바람직한 인터페이스를 충분히 빠른 성능으로 구현할 수 있다.

표준 컨테이너의 하나인 std::vector가 수학에서 말하는 벡터는 아니다. 예를 들어 std::vector 객체들에 산술 연산을 적용할 수는 없다. 그렇긴 하지만 이 컨테이너는 과학 응용 프로그램에서 비스칼라 중간 결과들을 다루는 데 대단히 유용함이 판명되었다.

1.8.7.2 valarray

valarray는 성분별 연산(element-wise operation)을 지원하는 1차원 배열이다. 심지어 곱셈도 성분별로 수행된다. 스칼라값과의 산술 연산은 valarray의 각 요소에 대해 개별적으로 수행된다. 따라서 부동소수점 수들의 valarray는 하나의 벡터 공간이라 할 수 있다.

다음은 valarray에 대한 몇 가지 연산을 보여주는 예제이다.

```
#include <iostream>
#include <valarray>

int main ()
{
    std::valarray<float> v= {1, 2, 3}, w= {7, 8, 9},
                         s= v + 2.0f * w;
    v= sin(s);
    for (float x : v)
        std::cout << x << ' ';
    std::cout << '\n';
}
```

valarray<float> 형식의 객체는 같은 형식의 객체 또는 float과의 산술 연산만 지원함을 주의하자. 예를 들어 2 * w는 허용되지 않는다. int와 valarray<float>의 곱셈은 정의되지 않았기 때문이다.

valarray의 한 가지 장점은 자신의 일부분(조각(slice)이라고 부른다)에 접근하는 능력이다. 이 능력을 활용하면 행렬과 고차 텐서 및 해당 산술 연산들을 **흉내낼** 수 있다. 그렇긴 하지만 다른 대부분의 선형대수 연산들을 지원하지 않기 때문에 수치 해석 응용 프로그램에서 valarray가 널리 쓰이지는 않는다. 잘 정립된 선형대수 라이브러리를 사용하는 것이 낫다. 향후 C++ 표준에 선형대수를 위한 라이브러리가 포함된다면 더욱 좋을 것이다.

동적 메모리 관리에 대한 논의는 §A.2.8로 이어진다. 거기서는 **쓰레기 수거**(garbage collection)도 간단하게나마 언급할 것이다. 간단하게만 말하자면, C++ 프로그래머는 쓰레기 수거 기능이 없어도 크게 아쉬울 것이 없으며, 어차피 쓰레기 수거 기능을 지원하는 컴파일러는 (아직?) 없다.

1.9 소프트웨어 프로젝트의 구조화

대형 프로젝트의 커다란 문제점 하나는 이번 절의 한 주제이기도 한 이름 충돌(name conflict)이다. 특히 이번 절에서는 매크로가 이름 충돌 문제를 어떻게 악화시키는지 논의한다. 참고로 이름 충돌 문제는 이름공간을 이용해서 완화할 수 있는데, 이에 관해서는 §3.2.1에서 논의하기로 한다.

C++ 소프트웨어 프로젝트를 구성하는 다양한 파일들의 용도와 역할을 이해하려면 프로그램 구축(빌드) 과정, 즉 소스 코드로부터 실행 파일이 만들어지는 과정을 알아야 한다. 이것이 이번 절의 또 다른 주제이다. 구축 과정을 논의하면서, 매크로 메커니즘과 관련 언어 기능들을 소개한다.

먼저 프로그램의 구조화에 기여하는 기능인 주석부터 살펴보자.

1.9.1 주석

다들 알겠지만, 주석(comment)의 주된 용도는 모든 사람에게 자명하지는 않은 코드를 일상 언어로 설명하는 것이다. 다음이 그러한 주석의 예이다.†

† [옮긴이] 주석 자체도 모든 사람에게 자명하지는 않다는 점에서 이 예는 일종의 농담으로 보아야 할 것이다. 그래서 원문을 그대로 두었다. 대략 번역하자면 "안티-바이녹스의 복잡도 $O(n \log n)$ 영구 변형" 정도이다.

```
// Transmogrification of the anti-binoxe in O(n log n)
while (cryptographic(trans_thingy) < end_of(whatever)) {
    ....
```

난해한 구현의 뜻을 명확히 하는 의사코드(pseudo code; 또는 유사코드) 형태의 주석을 추가하는 경우도 있다.

```
// A= B * C
for ( ... ) {
    int x78zy97= yo6954fq, y89haf= q6843, ...
    for ( ... ) {
        y89haf+= ab6899(fa69f) + omygosh(fdab); ...
        for ( ... ) {
            A(dyoa929, oa9978)+= ...
```

그러나 이런 경우라면 난해한 구현을 라이브러리의 깊숙한 구석에서 한 번만 정의해 두고, 구현이 필요한 곳에서는 다음과 같이 명확하고 간단한 실제 문장(의사코드가 아닌)으로 표현하는 것이 낫다.

```
A= B * C;
```

여러분이 이런 식으로 코드를 작성할 수 있게 하는 것, 즉 내부적으로는 최대의 성능이 나오도록 구현을 최적화하되(코드가 난해해지더라도) 그것을 사용하는 코드는 짧은 표현식이 되게 하는 것이 이 책의 주된 목표 중 하나이다.

주석은 다른 방식의 구현을 시험하기 위해 일부 코드를 임시로 비활성화하는, 다시 말해 컴파일에서 제외하는† 용도로도 흔히 쓰인다.

```
for ( ... ) {
    // int x= a + b + c
    int x = a + d + e;
    for ( ... ) {
        ...
```

C처럼 C++도 /*로 시작하고 */로 끝나는 블록 주석(block comment)을 지원한다. 블록 주석으로 코드 한 행의 일부를 컴파일에서 제외할 수도 있고 여러 줄의 코드를 제외할 수도 있다. 블록 주석들을 중첩할 수는 없음을 주의하기 바란다. 여러 개의 /*로 블록 주석들을 중첩해서 열어도, 그 블록 주석들은 모두 처음으로 등장하는 */에서 한꺼번에 닫힌다. 이런 함정에 빠지는 프로그래머가 많다.

† [옮긴이] 이를 간결하게 (코드를) "주석으로 제외시킨다(comment out)"라고 표현하기도 한다.

예를 들어 블록 주석을 포함하고 있는 코드 행들을 다른 블록 주석으로 감싸서 비활성화한다고 하자.

```
for ( ... ) {
    /* int x78zy97= yo6954fq;       // 새 블록 주석의 시작
    int x78zy98= yo6953fq;
    /* int x78zy99= yo6952fq;       // 기존 블록 주석의 시작
    int x78zy9a= yo6951fq;    */    // 기존 블록 주석의 끝
    int x78zy9b= yo6950fq;    */    // 새 블록 주석의 끝(아님)
    int x78zy9c= yo6949fq;
    for ( ... ) {
```

의도는 x78zy9b를 초기화하는 행까지 모두 비활성화하는 것이지만, 의도와는 달리 새 블록 주석은 첫 */(기존 블록 주석의 끝)에서 끝난다.

주석들을 제대로 중첩하려면 전처리 지시자 #if를 사용해야 하는데, 이에 관해서는 §1.9.2.4에서 이야기하겠다. 여러 행의 코드를 손쉽게 활성화, 비활성화하는 또 다른 방법은 C++용 IDE나 C++을 인식하는 편집기의 적절한 기능을 이용하는 것이다. 어떤 방법을 사용하든, 코드를 일시적으로 컴파일에서 제외하는 것은 개발 도중 여러 접근 방식을 실험할 때 임시 방편으로만 사용해야 마땅하다. 특정 접근 방식을 사용하기로 결정했다면, 쓰이지 않는 코드는 모두 제거하는 것이 바람직하다. 그리고 버전 관리 시스템을 이용하면, 제거한 코드를 언제라도 다시 볼 수 있다.

1.9.2 전처리기 지시자

이번 절에서는 소스 코드의 전처리(preprecessing)에 쓰이는 여러 명령을 살펴본다. 지시자(directive) 또는 지시문이라고 부르는 이 전처리기 명령들은 대부분 언어와 독립적이므로, 여기서는 C++ 프로그램에 꼭 필요한 명령만 언급하기로 한다. 그럼 가장 중요한 '매크로'로부터 보자.

1.9.2.1 매크로

> 거의 모든 매크로는 프로그래밍 언어나 프로그램, 또는 프로그래머의 결함을 입증한다.
>
> —비야네 스트롭스트룹 Bjarne Stroustrup

매크로 macro 는 매크로 이름을 매크로 정의(텍스트)로 확장함으로써 코드를 재사용하는 오래된 기법이다. 매크로를 이용하면 코딩 생산성이나 코드 표현력을 크

게 높일 수 있지만, 프로그램을 망가뜨릴 위험도 그만큼이나 크다. 매크로는 형식(type)과는 무관한, 단순한 텍스트 치환 기능이라서 이름공간이나 범위 같은 프로그래밍 언어의 기능들을 무력화한다. 안타깝게도 `major` 같은 일반적인 이름을 가진 매크로들을 정의하는 라이브러리들이 있다. 필자는 그런 이름의 매크로를 예외 없이 해제한다(`#undef major` 등). 그런 매크로를 사용하고자 하는 사람도 있겠지만, 예외는 없다. Visual Studio는 아직도 `min`과 `max`가 매크로이다.[23] 컴파일러 옵션 `/DNOMINMAX`로 이 매크로들을 항상 비활성화할 것을 강력히 추천한다. 거의 모든 매크로는 다른 기법(상수, 템플릿, 인라인 함수)으로 대체할 수 있다. 도저히 다른 대안이 없는 경우라면 다음 조언을 철저히 따르길 바란다.

매크로 이름

매크로에는 `LONG_AND_UGLY_NAMES_IN_CAPITALS` 같은 길고 추한 대문자 이름만 사용하라.

매크로는 생각할 수 있는 거의 모든 방식으로, 그리고 생각지도 못한 다양한 방식으로 괴상한 문제을 일으킨다. §A.2.9에 그런 문제를 다루는 데 도움이 되는 조언을 몇 가지 예와 함께 제공하니 읽어보기 바란다. 문제를 겪은 후 뒤늦게 §A.2.9를 읽으면서 후회하는 것도 말리지는 않겠다.

매크로 사용

매크로는 가능한 한 언어의 다른 기능으로 대체하고, 대안이 없을 때만 매크로를 사용하라.

이 책 전체에서 보겠지만 C++은 상수, `inline` 함수, `constexpr` 같은 더 나은 대안을 제공한다.[†]

1.9.2.2 파일 포함

언어를 단순하게 유지하기 위해, C 언어는 입출력 같은 여러 기능을 핵심 언어 자체에 집어넣는 대신 라이브러리로 구현하는 전략을 사용한다. C++도 그러한 전략에 따라 새로운 기능들을 가능하면 핵심 언어가 아니라 표준 라이브러리로 실현해 왔다. 그래도 C++을 단순한 언어라고 부르는 사람은 없다.

---

23 엄밀히 말해서 이 매크로들은 Visual Studio 자체가 아니라 `Windows.h` 헤더가 정의하지만, 어디에서 정의되었든 이 매크로들 때문에 곤란을 겪을 수 있다는 점은 달라지지 않는다. 이 헤더는 Windows 응용 프로그램에 자주 쓰이므로, 실제로 이 매크로들 때문에 곤란을 겪는 경우가 드물지 않다.

† [옮긴이] 짐작했겠지만, 이번 절에 매크로 상수나 매크로 함수를 정의하는 방법이 나오지 않은 것은 번역 누락이나 조판 실수가 아니다.

이러한 라이브러리 우선 전략의 결과로, 모든 프로그램은 하나 이상의 헤더를 포함시켜야 한다. 아마 가장 자주 포함되는 표준 헤더는 입출력을 위한 <iostream>일 것이다.

```
#include <iostream>
```

이러한 #include 지시문을 만난 전처리기는 표준 헤더 디렉터리들(유닉스류 시스템에서는 /usr/include와 /usr/local/include)에서 해당 헤더 파일을 찾는다. 컴파일 시 그 밖의 헤더 디렉터리를 추가로 지정할 수도 있다. 유닉스/리눅스/맥OS용 컴파일러에서는 흔히 -I, Windows용 컴파일러에서는 흔히 /I가 그런 용도의 컴파일러 옵션이다.†

#include 지시문에서 헤더 파일을 다음처럼 큰따옴표로 감쌀 수도 있다.

```
#include "herberts_math_functions.hpp"
```

그러면 일반적으로 컴파일러는 먼저 현재 디렉터리에서 해당 헤더 파일을 찾고, 없으면 표준 경로들에서 찾는다.[24] 이는 헤더 파일을 꺾쇠괄호(< >; 홑화살괄호)로 감싸되 현재 디렉터리를 검색 경로에 추가하는 것과 비슷하다. 꺾쇠괄호는 표준 라이브러리 헤더 같은 시스템 헤더들에만 사용하고, 사용자 헤더는 큰따옴표로 감싸야 한다고 주장하는 사람들도 있다(필자는 동의하지 않는다).

이름 충돌을 피하기 위해 헤더들을 디렉터리 트리 형태로 조직화하고, #include 지시문에서 개별 하위 디렉터리를 지정하는 방법도 흔히 쓰인다.

```
#include "herberts_includes/math_functions.hpp"
#include <another_project/math_functions.h>
```

디렉터리 구분자로 슬래시(/)를 사용했음을 주목하자. Windows에서도 슬래시가 잘 작동한다(원한다면 역슬래시도 사용할 수 있다).

포함 가드: 한 헤더가 다른 헤더를 포함할 수도 있다. 이 때문에, 자주 쓰이는 헤더는 하나의 소스 파일에 여러 번 포함될 수 있다. 그러면 같은 변수나 함수가 여러 번 정의되어서 컴파일 오류가 발생한다. 또한, 필요 이상으로 텍스트가 여러 번 중복되어서 컴파일이 늦어질 수도 있다. 이를 방지하기 위해, 한 번 포함

† [옮긴이] 이 책의 예제들에서 경로 또는 파일 이름이 herberts로 시작하는 파일은 예시를 위한 것일 뿐, 원서 깃허브 저장소에는 없다(우리의 친구 허버트에게는 미안한 일이지만).

24 그러나 큰따옴표로 감싼 헤더를 어느 디렉터리들에서 어떤 순서로 찾는지는 구현에 따라 다를 수 있다. 이 부분은 표준에 명시되어 있지 않다.

된 헤더는 다시 포함되지 않게 하는 기법이 흔히 쓰인다. 이런 기법을 **포함 가드**(include guard)라고 부른다. 포함 가드는 특정 파일의 포함 여부를 기억해서 선택적으로 파일을 포함시키는 것으로, 전처리기 명령들로 구현된다. 다음은 포함 가드를 적용한 헤더 파일의 예이다.

```
// 작성자: 나
// 사용권: 이 헤더를 읽을 때마다 100달러를 나에게 보내야 함

#ifndef HERBERTS_MATH_FUNCTIONS_INCLUDE
#define HERBERTS_MATH_FUNCTIONS_INCLUDE

#include <cmath>

double sine(double x);
...

#endif // HERBERTS_MATH_FUNCTIONS_INCLUDE
```

이 헤더 파일의 내용은 가드 매크로 상수 HERBERTS_MATH_FUNCTIONS_INCLUDE가 정의되어 있지 않을 때만 포함되며, 헤더의 내용에서 그 매크로 상수를 정의하므로 이후에는 다시 포함되지 않는다.

다른 모든 매크로처럼 이 기법을 사용할 때는 오직 헤더 파일의 가드 매크로의 이름이 유일한지에 신경을 써야 한다. 여러분의 프로젝트에 있는 헤더들뿐만 아니라 프로젝트가 직접 또는 간접적으로 포함하는 다른 프로젝트의 헤더들에서도 같은 이름의 가드 매크로 상수가 있으면 안 된다. 이를 위해서는 프로젝트 이름과 파일 이름을 매크로 이름에 포함하는 것이 바람직하다. 또한, 프로젝트의 상대 경로나 이름공간을 포함시켜도 좋을 것이다(§3.2.1). 끝에 _INCLUDE나 _HEADER를 붙이는 관례도 흔히 쓰인다.

가드 매크로 이름이 중복되면 다양한 오류가 발생한다. 필자가 겪은 바로는, 그런 문제가 발생하면 그 원인을 찾는 데 아주 많은 시간이 허비된다. 앞서가는 개발자들은 앞에서 언급한 정보로부터 자동으로 매크로 이름을 생성하거나 무작위로 이름을 생성하기도 한다.

이에 대한 편리한 대안으로 #pragma once가 있다. 이것을 이용하면 앞의 예제가 다음과 같이 간결해진다.

```
// 작성자: 나
// 사용권: 이 헤더를 읽을 때마다 100달러를 나에게 보내야 함
```

```
#pragma once

#include <cmath>

double sine(double x);
...
```

#pragma는 컴파일러 의존적 확장 기능이기 때문에, #pragma를 사용하는 코드는 이식성이 보장되지 않는다. 그렇지만 #pragma once는 모든 주요 컴파일러가 지원한다. 아마 모든 #pragma 확장 중 이식성이 제일 좋은 것이 #pragma once일 것이다. 표기가 짧을 뿐만 아니라, 중복 포함 문제를 컴파일러가 책임지므로 훨씬 편하다.

C++20에서는 코드 파일들을 좀 더 효과적으로 조직화하기 위한 '모듈' 기능이 도입되었다. 이에 관해서는 §7.3에서 이야기한다.

1.9.2.3 조건부 컴파일

전처리기 지시문의 중요하고도 필수적인 용도는 조건부 컴파일의 제어이다. 전처리기는 조건부 컴파일을 위해 #if, #else, #elif , #endif 같은 지시자를 제공한다. 조건부 컴파일 지시문에서는 두 값의 비교나 특정 매크로의 정의 여부를 조건으로 사용할 수 있으며, 그런 조건들을 논리 연산자로 조합할 수도 있다. 지시자 #ifdef와 #ifndef는 각각 다음의 긴 버전을 단축한 것이다.

```
#if defined(MACRO_NAME)

#if !defined(MACRO_NAME)
```

정의 여부 점검을 다른 조건과 결합할 때는 긴 버전을 사용해야 한다. 비슷하게, #elif는 #else와 #if를 단축한 것이다.

완벽한 세상에서는 우리가 이식성 있고 표준을 준수하는 C++ 프로그램만 작성하고 살 것이다. 그러나 현실의 우리는 종종 이식성 없는 라이브러리를 사용해야 한다. 예를 들어 Windows용 컴파일러, 좀 더 정확히 말하면 Visual Studio(_MSC_VER 매크로가 정의되어 있는)에만 사용할 수 있는 라이브러리와 그 밖의 컴파일러를 위한 또 다른 라이브러리가 있다고 하자. 플랫폼에 따라 다른 라이브러리가 쓰이도록 프로그램을 짜는 가장 간단한 방법은 다음처럼 전처리기의 조건부 컴파일 명령들을 사용하는 것이다.

```
#ifdef _MSC_VER
    ... Windows용 코드
#else
    ... 리눅스/유닉스용 코드
#endif
```

아직 모든 대상 플랫폼과 컴파일러가 지원하지는 않는 새로운 C++ 기능을 사용할 때에도 마찬가지의 접근 방식이 가능하다. 다음은 모듈(§7.3)을 그런 식으로 사용하는 예이다.

```
#ifdef MY_LIBRARY_WITH_MODULES
    ... 모듈 형태로 잘 조직화된 새 라이브러리
#else
    ... 구식의 이식성 있는 라이브러리
#endif
```

이렇게 하는 모듈을 지원하는 컴파일러에서는 모듈을 사용하고, 그렇지 않은 컴파일러에서는 이식성 있는 기존 코드를 사용하게 된다.

C++20 그런데 이 방법이 잘 작동하려면 원하는 기능의 지원 유무에 맞게 매크로를 적절히 정의할 수 있어야 한다. 이를 위해 컴파일러 고유의 기능 판정 수단을 사용할 수도 있겠지만, 이식성 있는 방법이 있으면 더욱 좋을 것이다. 다행히 C++20에서는 C++11에서부터 새로 도입된 기능들을 검출하는 매크로들이 표준화되었다. 예를 들어 모듈 지원 여부는 __cpp_modules라는 매크로로 판정할 수 있다. 다음은 앞의 예제를 이 매크로를 이용해서 다시 작성한 것이다.

```
#ifdef __cpp_modules
    ... 모듈 형태로 잘 조직화된 새 라이브러리
#else
    ... 구식의 이식성 있는 라이브러리
#endif
```

이 매크로의 값은 해당 기능이 표준(초안)에 추가된 연도와 월로 구성된 수치이다. C++의 핵심 언어와 표준 라이브러리의 기능이 계속 진화하는 만큼, 이처럼 날짜 수치를 사용하는 것이 구체적으로 어떤 버전이 지원되는지 파악하는 데 도움이 된다. 예를 들어 <chrono> 라이브러리(§4.5)는 시간이 흐르면서 계속 변화했다. 다음처럼 __cpp_lib_chrono의 값을 특정 날짜 수치와 비교함으로써 특정 기능의 지원 여부를 좀 더 세부적으로 파악할 수 있다.

```
#if __cpp_lib_chrono >= 201907L
```

조건부 컴파일은 상당히 강력하지만, 소스 코드의 관리와 테스트가 좀 더 복잡해지고 실수의 여지가 많아진다는 대가가 따른다. 이러한 단점은 서로 다른 구현들을 공통의 인터페이스를 기준으로 사용할 수 있도록 캡슐화를 잘 설계함으로써 완화할 수 있다.

1.9.2.4 중첩 가능한 주석

지시자 #if를, 다음과 같이 코드 블록들을 주석으로 제외시키는 용도로도 사용할 수 있다.

```
#if 0
    ... 어쩔 수 없이 작성한 사악한 코드! 언젠가는 고쳐야지. 꼭.
#endif
/* ... */과는 달리 이 기법은 중첩이 가능하다는 장점이 있다.
#if 0
    ... 여기서 말도 안 되는 코드가 시작합니다
#if 0
    ... 말 안 되는 코드 안에 더 말이 안 되는 코드가 있네요
#endif
    ... 이제 말도 안 되는 코드는 그만. (다행히 무시됨.)
#endif
```

블록 주석보다는 낫다고 해도, 이 기법 역시 자제할 필요가 있다. 프로그램의 4분의 3이 주석이라, 코드를 전체적으로 뜯어고칠 것을 심각하게 고려해야 한다.

추가 세부사항: §A.3에 이번 장의 여러 기능을 포괄하는 현실적인 예제가 나온다. 그 예제를 본문에서 제시하지 않은 것은, 조급한 독자를 위해 진도를 빨리 나가기 위해서이다. 느긋한 독자라면 시간을 내서 §A.3을 읽어 보길 권한다. 사소하지 않은 소프트웨어가 어떻게 진화하는지 알게 될 것이다.

1.10 연습문제

1.10.1 좁아지는 변환

균일 초기화(중괄호 초기화) 구문을 이용해서 여러 가지 정수 형식에 큰 값을 배정하라. 이를테면 다음과 같은 형태의 문장들을 작성하라.

```
const unsigned c1{4000000000};
```

이 문장이 여러분의 컴퓨터에서 잘 컴파일되는가? 이와는 다른 값들(음수도 포함해서)과 다른 형식들로 컴파일을 시도해 볼 것. 더 나아가서, 가능하다면 다른

종류의 컴퓨터에서도 시험해 보거나 대상 플랫폼에 관한 컴파일러 옵션들을 바꾸어 가면서 시험해 보라.

1.10.2 리터럴

연습문제 1.10.1의 예제를, 리터럴 접미사 `u`와 `l` 및 그 둘의 적법한 조합들을 이용해서 재작성하라. 원한다면 변수나 상수의 형식을 `auto`로 바꾸어도 좋다.

1.10.3 연산자

여러 정다면체의 부피와 표면적을 계산하는 표현식들을 작성하라. 괄호를 최소한으로만 사용해 볼 것(이는 연습을 위한 것일 뿐, 실무에서는 괄호를 얼마든지 많이 사용해도 된다). 그리고 반복해서 나타나는 부분 표현식들이 있다면 그 결과를 중간 변수에 담아서 재활용해 보라.

1.10.4 분기

`double` 형식의 수치 세 개를 입력받고 중앙값을 출력하는 프로그램을 작성하라. 보너스 문제: 중앙값을 조건부 연산자(`?:`)를 이용한 표현식으로 구해 볼 것.

1.10.5 루프

이 연습문제의 목적은 축소구간(nested interval)을 이용해서 $f = \sin(5x) + \cos(x)$의 근을 구하는 것이다. 주어진 한 구간을 그 중간에서 분할해서, 두 반구간 중 f의 부호가 바뀌는 반구간을 선택한다. 그 반구간을 마찬가지 방식으로 반으로 분할해서 부호를 본다. 이러한 과정을 구간의 크기가 10^{-12}보다 작아질 때까지 반복하고(따라서 `double`이 필요하다), 마지막 구간의 가운데 값을 근사해로 간주해서 유효숫자 11개까지 출력하는 프로그램을 작성하라. 힌트: 약 0.785의 값이 나오면 된다. C++11에 도입된 `signbit`라는 함수가 도움이 될 것이다. 다양한 종류의 루프를 시도하고, 이 문제의 맥락에서 어떤 것이 가장 자연스러운지 생각해 볼 것.

1.10.6 입출력

연습문제 1.10.3을, 계산에 쓰인 모든 수치와 계산 결과를 파일에 기록하도록 재작성하라. 다면체마다 줄을 바꾸어서 값들을 기록해야 하며, 수치들 사이에 빈칸을 추가하는 것도 잊어서는 안 된다. 또한, 그 파일에서 수치들과 결과들을 읽어서 계산을 재수행하고 그 결과를 검산하는 또 다른 프로그램을 작성하라.

1.10.7 배열과 포인터

고정 크기 배열 여러 개와 동적 배열 여러 개를 생성하는 작은 프로그램을 작성하되, 일부 동적 배열에 대해 의도적으로 `delete[]`를 생략하고 일부 동적 배열은 의도적으로 `delete`로(`delete[]`가 아니라) 해제하라. `valgrind`를(Windows에서는 Visual Studio의 해당 기능을) 이용해서, 동적 배열을 해제하지 않거나 잘못된 방식으로 해제하면 어떤 일이 생기는지 조사하라. 참고로 고정 크기 배열은 프로그램의 스택stack 메모리에 만들어지고, 동적 배열은 힙heap 메모리에 만들어진다.

1.10.8 함수

SI(국제단위계) 단위들을 구식 영미권 단위들로 변환하는 `meter2yard` 같은 함수들과 반대 방향으로 변환하는 `usgallon2liter` 같은 함수들을 작성하라. 구현을 `assert`로 테스트하되, 부동소수점 반올림 문제는 ε-환경을 이용해서 처리할 것. 즉, 계산된 값과 기대한 값의 차이의 절댓값이 미리 정의된 작은 양수 ε보다 작다면 두 값이 같다고 간주하면 된다.

2장

Discovering Modern C++

클래스

천문학이 망원경에 관한 것이 아닌 만큼이나 컴퓨터 과학(전산학)은 컴퓨터에 관한 것이 아니다.

—에츠허르 W. 데이크스트라Edsger W. Dijkstra

그리고 프로그래밍 언어의 세부사항을 따지고 드는 것이 컴퓨터 과학(computer science)의 전부인 것도 아니다. 그런 맥락에서, 이번 장에서는 클래스 선언과 정의의 언어적 세부사항을 설명할 뿐만 아니라 우리의 의도에 맞게 클래스를 최대한 활용하는 방법도 논의한다. 더 나아가서, 다양한 상황에서 클래스를 편리하고 효율적으로 사용하는 방법도 살펴본다. 클래스의 주된 용도가 단지 데이터 항목들을 묶는 것이 아니라 새로운 추상을 소프트웨어 안에 확립하는 것임을 알게 될 것이다.

2.1 기술적 세부사항보다는 보편적 의미를 체현하는 프로그래밍 접근 방식

최고 수준의 과학 또는 공학 소프트웨어를 세부적인 성능에만 초점을 두고 작성하는 것은 아주 고통스러운 일이며, 실패하기 쉽다. 과학/공학 프로그래밍에서 가장 중요한 과제는 다음과 같다.

- 주어진 문제 영역(domain)에 중요한 수학적 추상(abstraction)들을 식별하고,
- 그 추상들을 소프트웨어에서 이해하기 쉽고 효율적으로 표현한다.

짧게 줄이면:

조언

적절한 추상을 사용하라! 적절한 추상이 없다면 구현하라.

영역 특화 소프트웨어(domain-specific software)를 위한 적절한 표현을 찾는 데 초점을 두는 것은 매우 중요하다. 실제로 이 접근 방식은 **영역 주도적 설계**(domain-driven design, DDD)라는 프로그래밍 패러다임으로까지 진화했다. 이 패러다임의 핵심은, 소프트웨어 개발자들이 영역 전문가들과 대화하면서 그들의 도움을 받아서 소프트웨어의 구성요소들을 식별하고 그 행동 방식을 정의한다면 최대한 직관적인(코드를 작성한 자신에게는 물론이고 사용자들에게는 더욱 직관적인) 소프트웨어를 만들어 낼 수 있다는 것이다. 이 책에서 이 패러다임을 상세하게 논의하지는 않으므로, 관심 있는 독자는 [72] 같은 다른 문헌을 읽기 바란다.

거의 모든 과학 응용 프로그램에 등장하는 공통의 추상으로는 벡터 공간(vector space)과 선형 연산자(linear operator; 또는 선형 작용소)가 있다. 선형 연산자는 한 벡터 공간을 다른 벡터 공간으로 사영(projection; 또는 투영)한다. 이런 추상들을 소프트웨어에 도입할 때는 이 추상들을 가장 잘 표현하는 방법을 결정해야 한다. v가 벡터 공간의 한 요소이고 L이 선형 연산자라고 하자. C++에서 L를 v에 적용하는 연산을 다음과 같이 표현할 수도 있고,

```
L(v)
```

아니면 다음과 같이 표현할 수도 있다.

```
L * v
```

일반적으로 둘 중 어느 쪽이 더 나은지를 말하기는 어렵지만, 둘 다 다음 표기보다 훨씬 낫다는 것은 명백하다.

```
apply_symm_blk2x2_rowmajor_dnsvec_multhr_athlon(L.data_addr,
   L.nrows, L.ncols, L.ldim, L.blksch, v.data_addr, v.size);
```

이 표기는 기술적 세부사항을 너무 많이 드러내서 주의를 흩뜨리기 때문에 코드의 의도를 파악하기가 어렵다. 이런 스타일로 소프트웨어를 개발하는 것은 전혀 재미있는 일이 아니다. 이런 스타일은 프로그래머의 에너지를 너무나 많이 허비한다. 간단하고 명확한 인터페이스에 비해 이런 스타일에서는 그저 함수를 한 번 호출하는 데에도 많은 노력이 필요하다. 프로그램을 조금만 바꾸어도(이를테면 어떤 객체에 대해 다른 자료 구조를 사용하도록), 그 변화에 영향을 받는 코드의 여러 부분을 세심하게 수정해야 할 수 있다. 선형 사영을 구현하는 사람은 실제로 과학을 하려는 사람임을 기억하기 바란다.

과학 소프트웨어의 목적

과학자는 연구한다. 공학자(기술자)는 새 기술을 만든다.

훌륭한 과학/공학 소프트웨어는 오직 수학과 영역 특화 연산들로만 표현되어야 하며, 기술적 세부사항이 노출되어서는 안 된다.

이러한 추상 수준에서 과학자는 모형과 알고리즘에 집중할 수 있으며, 그러면 연구의 효율이 좋아져서 더 많은 과학적 연구 성과를 이룰 수 있다.

과학 소프트웨어 설계에서 대표적인 실수는 앞의 예처럼(사실 필자는 이보다 훨씬 나쁜 예도 본 적이 있다) 너무 많은 기술 세부사항을 노출하는 사용자 인터페이스를 제공하는 것이다. C나 포트란 77 같은 좀 단순한 프로그래밍 언어로 코드를 만들다 보니 이런 나쁜 인터페이스가 만들어지기도 한다. 또는, 그런 언어로 작성된 소프트웨어와의 연동 때문에 어쩔 수 없었을 수도 있다. C나 포트란으로 만든 라이브러리와 연동하는 소프트웨어를 작성해야 한다면, 먼저 여러분 자신이나 다른 C++ 프로그래머를 위한 간결하고 직관적인 인터페이스를 C++로 작성하고, C나 포트란 라이브러리에 대한 인터페이스는 적절히 캡슐화해서 그 라이브러리의 세부사항이 사용자에게 노출되지 않게 해야 한다.

C++ 응용 프로그램에서 C나 포트란 함수를 호출하는 것이 그 반대 방향의 호출보다 쉬운 것은 사실이다. 그렇지만 그런 언어들로 대규모 프로젝트를 개발하는 것은 너무나 비효율적이기 때문에, C나 포트란에서 C++을 호출하기가 까다롭긴 하지만 그래도 C++로 프로젝트를 개발하는 것이 낫다. 스테파누스 두 토이는 자신의 **Hourglass API**에서 얇은 C API를 통해서 C++과 다른 언어를 연동하는 예를 시연했다.[12]

과학 소프트웨어는 최고의 추상을 제공하는 방식으로 작성하는 것이 바람직하다. 좋은 구현은 사용자 인터페이스를 본질적인 행동으로 축약한다. 기술적 세부사항과 관련된 모든 군더더기는 사라진다. 간결하고 직관적인 인터페이스를 갖춘 응용 프로그램도, 세부사항에 사로잡힌 추한 응용 프로그램만큼이나 효율적일 수 있다.

지금 예에서 우리가 표현해야 할 추상은 선형 연산자와 벡터 공간이다. 그런데 사용자에게 중요한 것은 이 추상들의 사용법이다. 지금 예라면 선형 연산자가 벡터에 어떻게 적용되는지에 초점을 두어야 한다. 선형 연산자 적용을 `L * v`나 `A * x`처럼 `*` 기호로 표기한다고 하자. 이 연산이 벡터 형식의 객체를 산출해야 함은(따라서 `w= L * v;`라는 문장이 컴파일되어야 함은) 명백하다. 그리고 그러한 연산에서 선형성(linearity)의 수학적 성질들이 성립해야 한다. 사용자가 선형 연산자의 적용에 관해 알아야 할 것은 이것이 전부이다.

선형 연산자가 내부적으로 어떻게 저장되는지는 프로그램의 정확성과는 무관하다. 연산들이 수학의 요구조건들을 충족하는 한, 그리고 구현에 의도치 않은 부수 효과(다른 객체의 메모리를 덮어쓰는 등)가 없는 한, 사용자의 관점에서 선형 연산자의 내부 구현 방식은 중요하지 않다. 따라서, 어떤 두 선형 연산자의 내부 구현 방식이 다르다고 해도, 필요한 인터페이스와 의미론적 행동 방식을 제공하기만 한다면 둘을 바꾸어 쓸 수 있다. 즉, 어떤 것을 사용하든 프로그램은 여전히 잘 컴파일되고 같은 결과를 산출한다. 물론 구현이 다르면 성능이 크게 다를 수는 있다. 그러므로, 응용 프로그램 수준에서 프로그램을 거의(또는 전혀) 수정하지 않고도 대상 플랫폼 또는 특정 응용문제에 대해 가장 효율적인 구현을 선택할 수 있게 만드는 것이 중요하다.

이런 관점에서, C++ 클래스의 가장 중요한 기능은 상속 메커니즘(제6장)이 아니라 새 추상들을 확립하고 그 추상들에 대한 구현을 손쉽게 교체할 수 있는 능력이다. 이번 장은 이런 스타일의 프로그래밍을 위한 토대를 닦는다. 그리고 이후의 장들에서 이 프로그래밍 스타일들을 위한 고급 기법들을 소개한다.

2.2 멤버

지금까지 클래스를 여러 번 언급했는데, 그럼 실제로 클래스를 하나 정의해 보자. 클래스는 새로운 데이터 형식(data type; 자료형) 또는 '사용자 정의 형식(user defined type)'을 정의하는 수단이다. 새 데이터 형식이 담을 수 있는 요소('멤버')는 크게 세 종류이다.

- 데이터: **멤버 변수**(member variables)라고 부른다. C++ 표준 명세서는 **데이터 멤버**[Data Member]라는 용어도 사용한다. 또한, 전통적으로 **필드**[Field]라고 불리기도 한다.†
- 함수: **메서드**[Methods] 또는 **멤버 함수**(member function)라고 부른다.
- 형식 정의

† [옮긴이] 또한 '속성(property)'이라는 용어도 있는데, 특히 아래의 '메서드'와 짝을 이루어서 많이 쓰인다. 그러나 특별한 언급이 없는 한 이 번역서에서 '속성'은 주어진 대상의 어떠한 특징이나 성질, 법칙을 뜻하는 좀 더 일반적인 의미로 쓰인다. "멤버 변수는 클래스가 가진 어떠한 속성을 규정한다"라고 생각하면 두 용어를 잘 조화시킬 수 있을 것이다.

• 내부 클래스

이번 절에서는 데이터 멤버와 메서드만 이야기한다.

2.2.1 멤버 변수

간단한 예로, 복소수를 표현하는 사용자 정의 형식을 만들어 보자. 물론 C++의 표준 라이브러리에 이미 복소수를 위한 형식이 있지만, 클래스를 설명하기 위해 직접 만들어 보기로 한다.

```
class complex
{
  public:
    double r, i;
};
```

이 클래스에는 복소수의 실수부와 허수부를 담기 위한 멤버 변수들이 있다. 클래스 정의를 흔히 '청사진'에 비유한다. 클래스 정의 자체는 실질적인 복소수가 아니다. 이 클래스 정의는 단지 복소수 객체가 double 형식의 변수 r과 i로 구성된다는 점만 말해줄 뿐이다. 그럼 이 복소수 형식의 **객체**(object)를 실제로 만들어보자.

```
complex z, c;
z.r= 3.5; z.i= 2;
c.r= 2; c.i= -3.5;
std::cout << "z is (" << z.r << ", " << z.i << ")\n";
```

이 코드는 하나의 변수 선언문에서 객체 z와 c를 정의한다. 객체를 선언하는 문장도 내장 형식의 변수를 선언하는 문장과 다를 바가 없다. 그냥 형식 이름 다음에 변수 이름 하나 또는 쉼표로 구분된 여러 변수 이름이 오는 형태일 뿐이다. 객체의 멤버에 접근할 때는 예제 코드에서 보듯이 마침표 연산자 .를 사용한다. 이 예제 코드는 또한 멤버 변수를 보통의 변수와 마찬가지 방식으로 읽고 쓸 수 있음을 보여준다. 단, 이는 해당 멤버 변수에 접근이 가능할 때의 이야기이다.

2.2.2 접근성

클래스의 각 멤버에는 **접근성**(accessibility)이 지정된다. C++에서 클래스 멤버의 접근성은 다음 세 종류이다.

- 공개(public) 멤버는 어디에서든 접근할 수 있다.
- 비공개(private) 멤버는 오직 해당 클래스 안에서만 접근할 수 있다.
- 보호된(proteced) 멤버는 클래스 자신과 파생 클래스들에서 접근할 수 있다.

멤버들에 적절한 접근성을 지정함으로써 클래스 설계자는 클래스 사용자가 각 멤버를 사용하는 방식을 세밀하게 제어할 수 있다. 공개 멤버가 많은 클래스는 좀 더 자유롭게 사용할 수 있지만, 특정 방식으로 사용을 제한하기가 어렵다. 반대로, 비공개 멤버가 많은 클래스는 사용자 인터페이스를 좀 더 명확하게 제한한다.

클래스 멤버의 접근성은 **접근 수정자**(access modifiers)로 제어한다. 공개, 비공개, 보호에 해당하는 접근 수정자는 `public`, `private`, `protected`이다. 다음 예를 보자. 유리수를 표현하는 이 `rational` 클래스의 메서드들은 `public`이고 데이터는 `private`이다.

```
class rational
{
  public:
    ...
    rational operator+(...) {...}
    rational operator-(...) {...}
  private:
    int p;
    int q;
};
```

접근 수정자는 다른 접근 수정자가 나오기 전까지의 모든 멤버에 적용된다. 한 클래스 안에서 같은 접근 수정자를 여러 곳에서 여러 번 사용할 수 있다. 지정자(specifier)와 접근 수정자를 구분할 수 있어야 한다. `const` 같은 지정자는 한 항목의 특성 하나에 적용되지만 접근 수정자는 여러 개의 항목(다른 접근 수정자가 나오기 전까지의 모든 멤버)에 적용된다. 멤버의 기본 접근성은 '비공개'이다. 즉, 첫 번째 수정자 이전의 모든 멤버는 암묵적으로 `private`에 속한다.

2.2.2.1 세부사항 숨기기

순수한 객체 지향적 프로그래밍을 추구하는 사람들은 모든 데이터 멤버를 `private`으로 선언한다. 그러면 모든 객체에 대해 특정한 성질들을 보장하는 것이 가능하다. 예를 들어 앞의 `rational` 클래스에서, 분모가 반드시 양수이어야 한다는 불변식(invariant)이 반드시 지켜지게 한다고 하자.† 분자와 분모를 모두 private으로 선언하고(이미 그렇게 되어 있다), 모든 메서드를 그러한 불변식을 보장하는 방식으로 작성하면 된다. 만일 데이터 멤버들이 public이었다면 사용자가 얼마든지 데이터 멤버를 변경할 수 있으므로 이러한 불변식을 보장할 수 없다.

멤버들을 private으로 선언하면 코드의 수정이 쉬워진다는 장점도 생긴다. 비공개 메서드의 인터페이스나 비공개 멤버 변수의 형식을 바꾸어도, 그 클래스를 사용하는 응용 프로그램은 수정할 필요가 없다. 그냥 컴파일만 다시 하면 된다. 그러나 공개 메서드의 인터페이스를 바꾸면 사용자 코드가 깨질 수 있으며, 실제로 깨질 때가 많다. 다르게 말하면, public 멤버 변수와 public 메서드 인터페이스는 클래스의 인터페이스를 규정한다. 이 인터페이스를 바꾸지 않는 한, 모든 응용 프로그램은 여전히 잘 컴파일된다. 그리고 공개 메서드의 행동 방식을 바꾸지 않는 한 응용 프로그램의 작동 방식도 변하지 않는다. 비공개 멤버들을 어떻게 설계할 것인지는 전적으로 프로그래머의 몫이다. 공개 메서드들의 행동 방식에 영향을 미치지만 않는다면(그리고 모든 메모리와 컴퓨팅 능력을 낭비하지만 않는다면) 얼마든지 자유롭게 설계할 수 있다. 행동 방식을 오직 외부 인터페이스로만 정의하고 그 내부 구현은 고정하지 않는 방식으로 클래스들을 작성해 나가면 **추상 데이터 형식**(abstract data type, ADT)이 구축된다.

그러나 두 값의 쌍(pair; 또는 짝)을 표현하는 클래스 같은 작은 보조 클래스에서는 다음처럼 데이터 멤버에 접근할 때 설정 메서드(setter)와 조회 메서드(getter)를 거치는 것이 거추장스럽다.

```
p.set_first(p.get_first()*2);
```

그냥 데이터 멤버들을 public으로 선언해서 다음처럼 직접 접근하게 하는 것이 낫다.

```
p.first*= 2;
```

주어진 추상을 데이터 멤버들이 public인 단순한 클래스로 만들 것인지 데이터 멤버들이 private인 본격적인 클래스로 만들 것인지를 판정하는 명확한 기준은 없다. 이 부분은 다소 주관적인 영역이라서, 개발팀에서 열정적인 논쟁이 벌어

† [옮긴이] 유리수는 두 정수의 비로 표현할 수 있는 수이다. 다른 말로 하면 유리수는 분자와 분모가 모두 정수인 수이다. 멤버 이름에 명시적으로 드러나 있지는 않지만, rational 클래스의 두 멤버 변수는 분자와 분모에 해당한다.

질 여지도 있다. 그렇지만, 허브 서터Herb Sutter와 안드레이 알렉산드레스쿠Andrei Alexandrescu가 제시한 훌륭한 조언이 도움이 될 것이다. 바로, 새 추상을 확립할 때는 모든 내부 세부사항을 비공개로 해야 하고, 기존 추상들을 취합하는 것일 뿐일 때는 데이터 멤버들을 공개로 해도 된다는 것이다.[66, Item 11] 필자는 여기에 좀 더 도발적인 문구를 추가하고자 한다: 추상 데이터 형식의 모든 멤버 변수의 조회 메서드와 설정 메서드가 자명하다면(trivial), 애초에 그 형식은 추상이 아니므로 멤버 변수들을 public으로 바꾸어도 잃을 것이 없고, 오히려 인터페이스가 더 깔끔해진다.

protected로 선언된 멤버들은 파생 클래스와 관련해서만 의미가 있으므로, 나중으로 논의를 미루겠다. §6.3.2.2에 보호된 멤버의 바람직한 용법을 보여주는 예제가 나온다.

C++에는 C에서 물려받은 struct라는 키워드도 있다. struct 역시 클래스를 선언하는 용도로 쓰이며, 앞에서 이야기한 모든 것이 struct에도 적용된다. struct로 선언한 클래스가 class로 선언한 클래스와 다른 점은 멤버들이 기본적으로 public에 속한다는 것뿐이다.† 따라서 다음은

```
struct xyz
{
    ...
};
```

다음과 같다.

```
class xyz
{
  public:
    ...
};
```

특별한 이유가 없다면 다음 조언을 따르기 바란다.

조언

새로운 추상은 class로 정의하고, 기능이 제한적이고 불변식이 없는 데이터 중심적 형식이나 보조 형식은 struct로 정의하라.

† [옮긴이] 용어 차원의 차이로, struct로 선언한 사용자 정의 형식을 클래스와 구별해서 '구조체'라고 부르기도 한다. 이는 C의 어법을 물려받은 것이다. 이 번역서에서 구조체라는 용어는 항상 C의 struct를 지칭할 뿐, C++의 클래스를 구조체라고 부르는 일은 없다.

2.2.2.2 친구

자신의 속마음을 모든 사람에게 공개하지는 않더라도, 친한 '친구'에게는 알려 줄 수 있다. C++의 클래스에서도, friend라는 키워드를 이용해서 특정한 외부 함수나 클래스를 그 클래스의 '친구'로 선언하면 그 함수나 클래스는 클래스의 private 멤버들과 protected 멤버들에 접근할 수 있다. 다음 예를 보자.

```
class complex
{
    ...
    friend std::ostream& operator<<(std::ostream&, const complex&);
    friend class complex_algebra;
};
```

이 클래스는 스트림 연산자와 complex_algebra라는 클래스가 이 클래스의 내부 데이터와 기능성에 접근할 수 있게 한다. friend 선언은 접근 수정자와는 무관하다. 클래스의 public 섹션에서 선언하든, private 섹션이나 protected 섹션에서 선언하든 차이가 없다. 클래스의 친구는 클래스의 모든 것에 접근할 수 있으므로, 모든 친구가 클래스 내부 데이터의 무결성과 불변식을 유지하는지 확인해야 한다. 따라서 애초에 friend 선언을 최소한으로 유지하는 것이 바람직하다. 현실에 비유하자면, 함께 맥주를 마시는 친구들이 아니라 여러분의 아파트 열쇠를 맡길 수 있는 친구만 friend 선언의 대상으로 삼아야 한다.

2.2.3 접근 연산자

클래스의 멤버에 접근하는 표기는 네 종류이다. 첫째는 x.m처럼 마침표를 이용한 멤버 선택 표기인데, 이전 예제들에서 이미 보았다. 나머지 셋은 포인터와 관련되어 있다. 먼저, 다음 예제는 complex 객체를 가리키는 포인터를 통해서 complex의 멤버들에 접근하는 방법을 보여준다.

```
complex  c;
complex* p= &c;

*p.r= 3.5;          // 오류: *(p.r)로 해석됨
(*p).r= 3.5;        // OK
```

이 예에서 보듯이 포인터를 통한 멤버 접근 표기는 다소 번잡하다. 이는 멤버 선택 연산자 .가 역참조 연산자 *보다 우선순위가 높기 때문이다. 멤버 자체가 다른 객체를 가리키는 포인터이고, 그 포인터를 통해서 그 객체의 또 다른 멤버에

접근한다고 하면 표기는 더욱 장황해진다. 그런 경우 두 번째 선택보다 멤버 접근이 우선하게 하려면 또 다른 괄호 쌍을 추가해야 한다.

```
(*(*p).pm).m2= 11;  // 오 이런
```

다행히 C++은 포인터를 통한 멤버 접근을 간결하게 표현하는 표기법을 제공한다. 다음처럼 화살표(->)를 사용하면 된다.

```
p->r= 3.5;          // 훨씬 낫다.
```

앞에서 언급한 간접 접근도 이제는 문제가 되지 않는다.

```
p->pm->m2= 11;      // 더 간결하다.
```

C++은 멤버를 가리키는 포인터(pointer to member)를 지원한다. 그런데 이 책의 모든 독자가 이 멤버를 가리키는 포인터를 알아야 할 필요는 없을 것이다(사실 필자도 지금까지 이 책의 예제 이외에서는 사용해 본 적이 없다. 다만, 테스트 코드에서 유용할 수 있다는 이야기는 들었다). 혹시 이런 포인터가 필요하게 되면 §A.4.1을 참고하기 바란다.

2.2.4 정적 멤버 선언

static으로 선언된 정적 멤버 변수는 클래스당 하나만 존재한다. 흔히 이런 멤버 변수는 한 클래스의 여러 객체가 자원을 공유하는 용도로 쓰인다. 또한, 정적 멤버 변수는 **단일체** 또는 **싱글턴**Singleton을 구현하는 데에도 쓰인다. 단일체는 한 클래스의 인스턴스가 하나만 존재하게 만드는 설계 패턴(design pattern)이다.[16, pp. 127-136]

static과 함께 const로 선언된 데이터 멤버는 클래스당 하나만 존재하며 수정할 수 없다. 따라서 그런 정적 상수 멤버 변수는 컴파일 시점에서 사용할 수 있다. 메타프로그래밍을 다루는 제5장에서 정적 상수 멤버의 용법을 보게 될 것이다.

메서드도 static으로 선언할 수 있다. 그런 정적 메서드는 정적 데이터 멤버에만 접근할 수 있고 정적 메서드만 호출할 수 있다.† 객체의 데이터에 접근할 필요가 없다는 점 때문에 추가적인 최적화의 여지가 생긴다.

† [옮긴이] 같은 클래스의 멤버 중에서 그렇다는 이야기이고, 외부 변수나 함수에 대해서는 일반적인 접근성과 가시성 규칙이 적용된다.

이번 장의 예제들은 정적 상수 데이터 멤버만 사용하며 정적 메서드는 사용하지 않는다. 후자의 예는 표준 라이브러리를 다루는 제4장에 나온다.

2.2.5 멤버 함수

클래스 안에 선언된 함수를 **멤버 함수**(member function) 또는 **메서드**(method)라고 부른다. 다음 예제는 객체 지향적 소프트웨어에서 흔히 볼 수 있는 종류의 멤버 함수인 설정 메서드(setter)와 조회 메서드(getter)를 보여준다.

목록 2-1 설정 메서드와 조회 메서드를 갖춘 클래스

```
class complex
{
  public:
    double get_r() { return r; }            // 지저분한 코드를
    void set_r(double newr) { r = newr; }   // 유발한다.
    double get_i() { return i; }
    void set_i(double newi) { i = newi; }
  private:
    double r, i;
};
```

다른 종류의 멤버들처럼 메서드도 기본적으로 `private`이다. 즉, 기본적으로 메서드는 오직 클래스의 다른 메서드들에서만 호출할 수 있다. 그런데 멤버 변수를 설정하거나 조회하는 메서드는 외부에서 호출할 수 없다면 별 쓸모가 없다. 그래서 이 예제는 이 메서드들을 `public`으로 선언했다. 다음은 이 클래스를 사용하는 예이다. 클래스 외부에서 `c.get_r()`는 가능하지만 `c.r`은 불가능하다.

목록 2-2 설정, 조회 메서드 사용

```
int main()
{
  complex c1, c2;
  // c1을 설정
  c1.set_r(3.0);                            // 지저분한 초기화
  c1.set_i(2.0);

  // c1을 c2에 복사
  c2.set_r(c1.get_r());                     // 지저분한 복사
  c2.set_i(c1.get_i());
  return 0;
}
```

이 main 함수는 먼저 complex 형식의 객체 두 개를 생성한다. 그런 다음 한 객체를 설정하고 다른 객체에 복사한다. 의도대로 작동하긴 하지만, 코드가 좀 지저분한 것도 사실이다.

이 클래스의 멤버 변수들은 오직 메서드들을 통해서만 접근할 수 있다. 덕분에 클래스 설계자는 클래스의 행동 방식을 철저하게 통제할 수 있다. 접근 메서드들을 적절히 수정하면, 예를 들어 실수부나 허수부가 특정 범위의 값만 가지도록 제한하거나 실행 도중에 해당 객체를 읽거나 쓴 횟수를 셀 수 있다. 디버깅을 위해 추가적인 정보를 출력할 수도 있다(그런 출력문을 프로그램에 집어넣는 것보다는 디버거를 사용하는 것이 더 나은 방법이지만). 심지어는 하루 중 특정 시간대에만 복소수 값을 읽을 수 있게 하거나, 특정 IP를 가진 컴퓨터에서 프로그램을 실행할 때만 복소수 값을 바꿀 수 있게 하는 것도 가능하다. 만일 데이터 멤버를 public으로 선언했다면, 외부에서 직접 접근할 수 있으므로 그런 행동 제어가 불가능하다. 그렇긴 하지만 복소수의 실수부와 허수부를 이런 식으로 처리하는 것은 다소 번거롭다. 나중에 더 나은 대안을 제시하겠다.

대부분의 C++은 복소수 클래스를 이런 식으로 구현하지 않을 것이다. 클래스를 정의할 때 C++ 프로그래머가 가장 먼저 작성하는 것은 생성자이다.

2.3 값의 설정: 생성과 배정

생성(construction)과 배정(assignment)은 객체의 값을 설정(setting)하는 두 가지 메커니즘이다. 전자는 객체가 만들어질 때 값을 설정하고, 후자는 이미 생성된 객체의 값을 설정한다. 둘 다 값을 설정하는 메커니즘이라 공통점이 많으므로, 이번 절에서 이 둘을 함께 소개한다.

2.3.1 생성자

생성자(constructor)는 클래스의 객체를 생성하는 특별한 메서드이다. 좀 더 구체적으로, 생성자는 데이터 멤버들을 초기화하고 멤버 함수들의 작업 환경을 만든다. 그런 환경에는 파일이나 메모리, 자물쇠(lock)처럼 다 사용한 후에 반드시 정리 또는 해제해야 할 자원들이 포함되기도 한다. 이런 자원들의 관리 방법은 나중에 이야기하겠다.

생성자의 첫 번째 예제로, 다음은 실수부와 허수부를 설정하는 생성자를 complex 클래스에 추가한 것이다.

```
class complex
{
  public:
    complex(double rnew, double inew)
    {
        r= rnew; i= inew;
    }
  // ...
};
```

생성자는 클래스 자체와 같은 이름의 멤버 함수이다. 생성자에는 반환 형식이 없으며, 임의의 개수와 형식의 매개변수들을 받을 수 있다. 추가된 생성자 덕분에, 이제는 c1을 정의할 때 값을 초기화할 수 있다.

```
complex c1(2.0, 3.0); // 전통적인 객체 생성 구문
```

C++11 C++11부터는 다음과 같이 균일 초기화 구문을 사용할 수 있다.

```
complex c1{2.0, 3.0}; // 현대적인 스타일
```

멤버 변수들을 생성자의 본문이 아니라 매개변수 목록 다음에서 직접 초기화하는 것도 가능하다. 이를 **멤버 초기화 목록**(member initialization list), 줄여서 **초기화 목록**이라고 부른다.

```
class complex
{
  public:
    complex(double rnew, double inew)
      : r(rnew),    // 초기화 목록(구식 구문)
        i{inew}     // 초기화 목록(현대적 구문)
    {}
  // ...
};
```

멤버 초기화 목록은 생성자의 매개변수 목록 다음에 콜론을 하나 찍고 멤버 변수(그리고 기반 클래스)의 생성자 호출 구문을 쉼표로 나열한 것이다. double 같은 비非클래스 형식에도 생성자 호출 구문을 적용할 수 있다. 그리고 초기화 목록에서도 괄호를 사용하는 전통적인 초기화 구문과 중괄호를 사용하는 현대적 초기화 구문(C++11부터)을 선택할 수 있다. 중괄호 구문은 생성자 매개변수(또는 해당 표현식)로부터의 좁아지는 변환을 방지한다. 대부분의 경우 멤버 변수와 생성자 매개변수는 형식이 같으므로 기능상으로는 차이가 없지만, 이것이 멤

버의 초기화임을 나타내는 데에는 중괄호 구문이 더 낫다(반면 괄호 구문은 함수 호출을 연상시킨다).

초기화 목록에 멤버들이 나열된 순서는 클래스 선언 안에서 멤버들이 선언된 순서와 반드시 일치해야 한다. 이는 컴파일러가 멤버들 사이의 참조 관계를 제대로 처리하게 하기 위해서이다. 순서가 맞지 않으면 컴파일러가 경고한다. 초기화 목록에 없는 멤버들에 대해서는, 인수 없이 생성자를 호출하는 구문을 컴파일러가 적절한 자리에 삽입한다. 매개변수가 없는 생성자를 **기본 생성자**(default constructor)라고 부르는데, §2.3.1.1에서 좀 더 이야기하겠다. 따라서, 첫 생성자 예제는 내부적으로 다음과 같은 모습이 된다.

```
class complex
{
  public:
    complex(double rnew, double inew)
      : r{}, i{} // 컴파일러가 삽입함
    {
        r= rnew; i= inew;
    }
};
```

int나 double 같은 내장 산술 형식의 멤버 변수는 그 값을 초기화 목록으로 설정하든 생성자의 본문에서 설정하든 큰 차이가 없다. 초기화 목록에 없는 내장 형식 데이터 멤버는 초기화되지 않은 상태로 남는다. 초기화 목록에 없는 클래스 형식의 데이터 멤버는 암묵적으로 기본 생성자로 생성된다.

클래스 형식의 멤버에서는 초기화 방식이 중요해진다. 이런 시나리오를 생각해 보자. 주어진 행렬을 이용해서 연립방정식을 푸는 solver라는 클래스가 있다. 이 클래스는 주어진 행렬을 자신의 한 멤버 변수에 저장한다.

```
class solver
{
  public:
    solver(int nrows, int ncols)
    // : A{}   #1 오류: 존재하지 않는 기본 생성자를 호출함
    {
        A(nrows, ncols); // #2 오류: 생성자 호출이 아님
    }
  // ...
  private:
    matrix_type A;
};
```

행렬을 나타내는 matrix_type 클래스에는 두 인수(행 수와 열 수)를 받아서 해당 차원들을 설정하는 생성자만 있다고 하자. 그러면 위의 생성자는 두 가지 오류를 일으킨다. 먼저 생성자 본문의 #부터 보자. C++ 문법 규칙에 의해, #2는 생성자 호출이 아니라 함수 호출이다. 현재 범위에서 A는 함수가 아니라 객체이므로, 컴파일러는 이 호출 구문을 A.operator()(nrows, ncols)로 해석해서 호출을 시도한다(객체를 함수처럼 호출하는 것에 관해서는 §3.7에서 좀 더 이야기한다).

모든 멤버 변수는 생성자의 본문에 진입하기 전에 초기화되므로, 행렬 A는 #1에서 기본 생성자로 생성된다. 그런데 matrix_type에는 기본 생성자가 없다. 즉, 이것은 **기본 생성 가능**(default-constructible) 형식이 아니다. 그래서 컴파일러는 다음과 비슷한 오류 메시지를 발생한다.

```
Operator 'matrix_type::matrix_type()' not found.
```

제대로 하려면 생성자를 다음과 같이 구현해야 한다.

```
class solver
{
  public:
    solver(int nrows, int ncols) : A{nrows, ncols} {}
  // ...
};
```

이렇게 하면 matrix_type 클래스의 유일한 생성자가 호출되어서 A가 제대로 초기화된다.

이 예제에서 행렬은 solver의 일부이다. 그런데 이런 용도의 클래스에서는, 객체를 생성할 때 행렬을 새로 생성하기보다는 이미 존재하는 행렬을 사용하는 것이 더 자연스럽다. 이를 위해 굳이 행렬을 복사해서 메모리를 낭비하기보다는, 그냥 기존 행렬을 클래스 안에서 참조만 하는 것이 효율적이다. 다음은 멤버 변수 A를 참조 형식으로 선언한 예이다. 참조 변수는 선언 시 반드시 초기화해야 하므로(그리고 참조는 기본 생성 형식이 아니므로), 참조 매개변수를 초기화 목록에 반드시 포함해야 한다.

```
class solver
{
  public:
    solver(const matrix_type& A) : A{A} {}
  // ...
```

```
  private:
    const matrix_type& A;
};
```

이 코드는 또한 생성자 매개변수의 이름이 멤버 변수 이름과 같아도 컴파일 오류가 아님을 보여준다. 그렇다면 컴파일러는 이 둘을 어떻게 구분할까? C++에는, 초기화 목록에서 괄호 바깥의 이름은 항상 멤버를 지칭한다는 규칙이 있다. 그리고 괄호 안의 이름은 멤버 함수의 범위 적용 규칙을 따른다. 이는 클래스의 이름들이 멤버 함수의 지역 범위에 속한 이름들(멤버 함수의 매개변수들을 포함해서)에 의해 가려진다는 뜻이다. 이 규칙은 생성자에도 적용된다. 즉, 매개변수 이름과 생성자 본문의 지역 변수들은 클래스의 이름들을 가려버린다. 이러한 규칙이 처음에는 좀 헷갈리겠지만, 생각보다 빨리 익숙해질 것이다.

다시 complex 클래스로 돌아가자. 지금은 실수부와 허수부를 함께 설정하는 생성자밖에 없다. 그런데 복소수를 정의할 때는 실수부만 설정하고 허수부는 0으로 둘 때가 많다. 다음은 그런 용법을 위한 생성자를 추가한 결과이다.

```
class complex
{
  public:
    complex(double r, double i) : r{r}, i{i} {}
    complex(double r) : r{r}, i{0} {}
  // ...
};
```

더 나아가서, 생성 시 아무것도 지정하지 않으면 $0 + 0i$에 해당하는 객체가 만들어지게 할 수도 있다. 다음은 이를 위한 기본 생성자이다.

```
    complex() : r{0}, i{0} {}
```

기본 생성자는 다음 절에서 좀 더 자세히 살펴본다.

기본 인수(§1.5.1.3)를 이용하면 지금까지 살펴본 세 생성자를 하나로 합칠 수 있다.

```
class complex
{
  public:
    complex(double r= 0, double i= 0) : r{r}, i{i} {}
  // ...
};
```

이 생성자 하나가 다음과 같이 다양한 형태의 객체 초기화 구문을 지원한다.

```
complex z1,          // 기본 생성
        z2(),        // 기본 생성???????
        z3{4},       // z3{4.0, 0.0}의 단축 표기
        z4= 4,       // z4(4.0, 0.0)의 단축 표기
        z5{0, 1};
```

그런데 z2의 정의는 함정이다. 언뜻 보면 기본 생성자를 호출하는 것 같지만 실제로는 그렇지 않다. 컴파일러는 이 구문을, 아무 인수도 받지 않고 complex 객체를 돌려주는 z2라는 함수의 선언으로 해석한다. 이를 두고 스콧 마이어스는 C++에서 **가장 당황스러운 구문 해석**(most vexing parse)이라고 불렀다.[46] 인수 하나로 객체를 생성할 때는 z4처럼 배정 비슷한 표기법을 사용할 수 있다. 옛날 C++ 책들을 보면 이런 초기화는 먼저 임시 객체를 생성한 후 그것을 복사하기 때문에 성능에 부담을 준다는 이야기가 나오는데, 이는 사실이 아니다. C++의 아주 초창기에는 사실이었지만, 요즘 컴파일러는 그런 식으로 작동하지 않는다.

한 클래스에 생성자가 여러 개 있을 수 있음을 앞의 예제들에서 보았다. C++은 다음 세 가지 생성자를 특별하게 취급한다.

- 지금까지 이야기한 기본 생성자
- 복사 생성자
- 이동 생성자(C++11 이상에서; §2.3.5.1 참고)

그럼 이 세 생성자를 좀 더 자세히 살펴보자.

2.3.1.1 기본 생성자

기본 생성자(default constructor)는 매개변수가 없거나 모든 매개변수에 기본값이 선언된 생성자이다. 클래스에 반드시 기본 생성자가 있어야 하는 것은 아니다.

언뜻 생각하면 기본 생성자가 필요 없는 클래스가 많을 것 같다. 예를 들어 앞의 complex 클래스의 경우 그냥 실수부와 허수부를 명시적으로 지정해서 객체를 생성해도 충분하므로 굳이 기본 생성자를 둘 필요가 없을 것 같다. 그렇지만 일반적으로 클래스에 기본 생성자가 있으면 클래스를 사용하기가 훨씬 편해진다. 기본 생성자가 유용한 이유는 (적어도) 다음 두 가지이다.

- 내부 범위에서 초기화되는 변수가 알고리즘상의 이유로 외부 범위에서도 유효해야 하는 경우, 일단은 의미 없는 값으로 변수를 초기화해야 한다. 그런

변수의 초기화에는 기본 생성자가 가장 적합하다.

- 가장 중요한 이유는, 기본 생성자가 없는 형식에 대해서는 컨테이너(목록, 맵, 벡터, 행렬 등)를 구현하기가 가능하기는 해도 대단히 번거롭다는 것이다.

간단히 말하면, 기본 생성자가 없어도 그럭저럭 버틸 수는 있지만 필요 이상으로 고달파진다.

조언

가능하면 항상 기본 생성자를 정의하라.

그렇지만 기본 생성자를 정의하기가 아주 어려운 클래스도 있다. 예를 들어 클래스에 참조 형식의 멤버나 참조를 포함한 멤버가 있으면 기본 생성자를 정의하기가 쉽지 않다. 그런 경우에는 차라리 앞에서 언급한 기본 생성자가 없을 때 생기는 단점들을 감수하는 것이 기본 생성자를 허술하게 구현해서 사용하는 것보다 낫다.

2.3.1.2 복사 생성자

설정/조회 메서드에 관한 예제(목록 2-2)의 main은 객체 두 개를 정의하고 하나를 다른 하나에 복사한다. 기복적으로 객체 복사 연산은 원본 객체의 모든 멤버 변수가 대상 멤버의 모든 멤버 변수에 복사되는 식으로 진행된다. 객체가 복사되는 방식을 명시적으로 지정하려면 **복사 생성자**(copy constructor)를 정의하면 된다. 다음은 complex 클래스에 아주 기본적인 복사 생성자를 추가한 것이다.

```
class complex
{
  public:
    complex(const complex& c) : r{c.r}, i{c.i} {}
  // ...
};

int main()
{
    complex z1(3.0, 2.0),
            z2(z1),         // c복사
            z3{z1};         // C++11: 좁아지는 변환 금지
}
```

클래스에서 복사 생성자를 명시적으로 정의하지 않으면, 보통의 경우[1] 컴파일러가 표준적인 방식의 복사 생성자를 생성해 준다. 이때 표준적인 방식의 복사 생성자 또는 '기본 복사 생성자'는 앞의 예처럼 모든 멤버(그리고 모든 기반 클래스)의 복사 생성자를 멤버 정의 순서대로 호출한다.

지금 예처럼 복사 생성자가 그냥 모든 멤버를 일일이 복사하는 것일 뿐이라면, 굳이 명시적으로 복사 생성자를 정의하는 대신 컴파일러가 기본 복사 생성자를 생성하게 하는 것이 낫다. 그 이유는 다음과 같다.

- 코드가 더 간결하다.
- 실수의 여지가 적다.
- 다른 사람들이 복사 방식을 바로(코드를 읽지 않아도) 파악할 수 있다.
- 컴파일러가 코드를 더욱 최적화할 여지가 있다.

컴파일러가 기본 복사 생성자를 만들어 줄지가 확실치 않다면, 다음과 같이 default 키워드를 이용해서 명시적으로 요청하면 된다.

```
complex(const complex& c) = default; // C++11부터
```

거의 모든 경우에서 복사 생성자의 인수는 상수 참조로 전달된다. 원칙적으로는 const가 아닌 참조로도 전달될 수 있지만, 그런 비상수 참조 전달이 유용한 경우는 거의 없다. 그리고 값 전달은 복사 생성자에서 애초에 허용되지 않는다.

```
complex(complex c) // 오류!
```

왜 그런지 잠시 생각해보기 바란다. 이번 절 끝에서 이유를 이야기하겠다.

⇒ c++03/vector_test.cpp

기본 복사 생성자가 의도대로 작동하지 않을 때도 있다. 클래스에 포인터가 있을 때 특히 그렇다. 예를 들어 데이터를 포인터 멤버 변수로 저장하는 간단한 벡터 클래스를 생각해 보자.

```
class vector
{
  public:
    vector(int size) : my_size{size}, data{new double[size]} {}
    // .. 그 밖의 여러 메서드
```

1 컴파일러가 복사 생성자를 생성하지 않는 예외적인 경우들은 §A.5.3에 나온다.

```
  private:
    int     my_size;
    double* data;
};
```

프로그래머가 복사 생성자를 명시적으로 제공하지 않으면 컴파일러는 다음과 같은 복사 생성자를 자동으로 생성한다.

```
vector(const vector& that)
  : my_size{that.my_size}, data{that.data} {}
```

코드에서 보듯이 이 복사 생성자는 그냥 모든 멤버 변수를 그 선언 순서대로 복사할 뿐이다. my_size 멤버 변수는 이렇게 해도 상관이 없지만, 포인터 변수 data는 문제가 생긴다.

포인터 변수를 그대로 복사하는 방식으로 벡터 객체를 복사하면 복사된 모든 객체가 같은 메모리 블록을 가리킨다(그림 2-1). 따라서 한 객체를 수정하면 다른 모든 객체도 변한다. 이를 별칭 문제(aliasing problem)라고 부르기도 한다.

```
vector v1(4);
v1[0] = v1[1] = 1.0; v1[2] = 2.0; v1[3] = -3.0;

const vector v2{v1};
std::cout << "v2[3] is " << v2[3] << '\n';

v1[3]= 3.14;
std::cout << "v2[3] is " << v2[3] << '\n';
```

심지어 상수 벡터 v2의 요소들도 변했다. 비상수 벡터 v1과 데이터를 공유하기 때문이다.

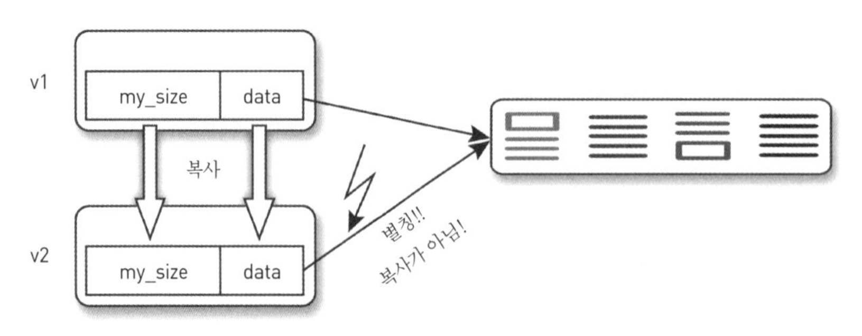

그림 2-1 생성된 벡터 복사본

또 다른 문제점은 C++ 런타임이 같은 메모리 블록을 두 번 해제하려 든다는 점이다.[2] 이 점을 보여주기 위해, 전체 예제 코드(c++03/vector_test.cpp)에는 § 2.4.2에서 이야기할 소멸자(destructor)가 미리 쓰였다. 이 소멸자는 data가 가리키는 메모리 블록을 삭제(해제)한다. 그런데 두 객체의 포인터들이 같은 메모리 주소를 가리키므로, 두 번째 소멸자 호출은 실패한다.

다음은 데이터를 실제로 복사하도록 생성자를 수정한 버전이다. 메모리가 이중으로 해제되지 않음을 확인하기 위해 소멸자도 추가했다.

```
class vector
{
  public:
    vector(const vector& v)
      : my_size{v.my_size}, data{new double[my_size]}
    {
        for (unsigned i= 0; i < my_size; ++i)
            data[i]= v.data[i];
    }
    // 소멸자(§2.4.2에서 다룬다)
    ~vector() { delete[] data; }
  // ...
  private:
    unsigned my_size;
    double   *data;
};
```

⇒ c++11/vector_unique_ptr.cpp

이 vector 클래스는 자신의 데이터를 유일하게 소유한다는 가정을 깔고 있으므로, data를 원시 포인터로 두는 것보다는 unique_ptr를 사용하는 것이 낫다.

C++11

```
class vector
{
    // ...
    std::unique_ptr<double[]>   data;
};
```

이렇게 하면 메모리가 자동으로 해제될 뿐만 아니라, 컴파일러가 자동으로 복사 생성자를 생성하지도 않는다. 이는 unique_ptr에서 복사 생성자가 삭제되어 있기 때문이다. 따라서 vector의 복사 생성자를 명시적으로 정의해야 한다(복사 생성자는 이전의 원시 포인터 버전과 동일하다). 참고로 이후에 나오는 vector

2 C++을 어느 정도 본격적으로 사용하는 프로그래머는 모두 이런 오류를 적어도 한 번 만나는 것 같다. 여러분은 그렇지 않길 바랄 뿐이다. 친구이자 이 책을 감수해 준 파비오 프라카시Fabio Fracassi는, 현대적 C++을 일관되게 사용하는 미래의 프로그래머들은 이런 문제를 겪지 않으리라고 낙관한다. 그가 맞길 희망한다.

메서드 구현들에서는 특별한 언급이 없는 한 data가 원시 포인터라고 가정한다(이는 단지 설명을 위한 것일 뿐이다).

이제 복사 생성자에서 값 전달이 허용되지 않는 이유를 이야기하겠다. 아마 여러분도 이미 파악했을 것이다. 인수를 값으로 전달하려면 복사 생성자가 필요하다. 그런데 지금 정의하려는 것이 바로 복사 생성자이다. 이는 순환 참조이다. 다행히 컴파일러가 이 때문에 무한 루프에 빠지지는 않으며, 심지어 의미 있는 오류 메시지까지 제시한다.

2.3.1.3 변환과 명시적 생성자

C++은 암묵적(implicit) 생성자와 명시적(explicit) 생성자를 구분한다. 암묵적 생성자는 암묵적 변환을 활성화하며, 배정 연산과 비슷한 표기법으로 객체를 생성하는 구문을 허용한다. 즉, 다음과 같은 구문 대신

```
complex c1{3.0};  // C++11 이상
complex c1(3.0);  // 모든 표준
```

다음 구문이나

```
complex c1= 3.0;
```

다음 구문을 사용할 수 있다.

```
complex c1= pi * pi / 6.0;
```

과학을 공부한 사람들에게는 이처럼 등호를 사용한 표기법이 더 자연스럽다. 요즘 컴파일러들은 두 경우 모두 동일한 코드를 생성한다.

암묵적 변환은 필요한 형식과는 다른 형식이 주어졌을 때, 이를테면 complex가 필요한 곳에 double이 주어졌을 때에도 발생한다. 다음과 같은 함수가 있다고 하자.[3]

```
double inline complex_abs(complex c)
{
    return std::sqrt(real(c) * real(c) + imag(c) * imag(c));
}
```

이 함수를 다음처럼 double 형식의 인수로 호출하면 어떻게 될까?

3 real과 imag의 정의는 잠시 후에 나온다.

```
cout ≪ "|7| = " ≪ complex_abs(7.0) ≪ '\n';
```

수치 리터럴 7.0은 double이다. 그런데 complex_abs에는 double을 받는 중복적재 버전이 없다. 그렇지만 complex를 받는 버전은 있으며, complex에는 double 하나를 받는 생성자가 있다. 이 덕분에 double 형식의 리터럴로부터 암묵적으로 complex 객체를 생성할 수 있다. 그런데 이러한 암묵적 변환이 항상 바람직한 것은 아니다. 암묵적 변환이 일어나지 않게 하려면, explicit 키워드를 이용해서 명시적 생성자를 선언하면 된다.

```
class complex {
  public:
    explicit complex(double nr= 0.0, double i= 0.0) : r{nr}, i{i} {}
};
```

이제 double 하나로는 complex_abs의 생성자를 호출할 수 없다. double 하나로 complex_abs 객체를 생성하려면 double 하나만 받는 생성자를 추가하거나, 다음처럼 명시적으로 complex 객체를 생성해서 인수로 지정해야 한다.

```
cout ≪ "|7| = " ≪ complex_abs(complex{7.0}) ≪ '\n';
```

explicit 지정자는 vector 같은 클래스에서 특히나 중요하다. 그런 클래스에는 흔히 벡터의 크기(요소 개수)를 받는 생성자가 있다.

```
class vector
{
  public:
    vector(int n) : my_size{n}, data{new double[n]} {}
};
```

두 벡터의 내적(점곱 또는 스칼라곱)을 계산하는 함수는 당연히 두 개의 벡터를 인수로 받을 것이다.

```
double dot(const vector& v, const vector& w) { ... }
```

그런데 이 함수를 다음처럼 정수 인수들로 호출할 수도 있다.

```
double d= dot(8, 8);
```

이 경우 암묵적 생성자에 의해 크기가 8인 임시 벡터 객체 두 개가 생성되어서 dot 함수에 전달된다. 호출자가 이것을 원하지는 않았을 것이다. 이러한 비합리적인 호출을 방지하는 방법은 간단하다. 생성자를 explicit으로 선언하면 된다. 어떤 생성자에 explicit을 적용할 것인지는 전적으로 클래스 설계자의 결정에 달렸다. 이 벡터 예제에서는 결정이 명백하다. 정신이 제대로 박힌 프로그래머라면 컴파일러가 정수를 자동으로 벡터로 변환해 주길 원하지 않을 것이다. 그리고 다음과 같은 배정 비슷한 표현이 어색하다는 것도 암묵적 생성자가 적합하지 않다는 증거이다.

```
vector v= 8;
```

complex 클래스는 어떨까? 이 클래스의 생성자를 명시적 생성자로 만들어야 하는지를 결정하려면 이 클래스를 사용자가 어떤 방식으로 사용할 것인지를 추측해 봐야 한다. 허수부가 0인 복소수는 수학적으로 실수와 다르지 않으므로, 암묵적 변환을 허용해도 의미론적인 일관성에 해가 되지 않는다. complex 객체가 요구되는 곳에서 double 형식의 변수나 리터럴을 사용할 수 있으면 오히려 편하므로, 이 경우는 암묵적 생성자가 더 유용하다. 성능이 아주 중요한 함수가 아니라면, complex에 대해 한 번만 구현하면 double로도 사용할 수 있다. 하지만 vector 생성자의 크기 인수는 특별한 vector 객체가 아니라 vector 객체를 규정하는 하나의 명세(specification)일 뿐이다. 따라서 vector의 경우에는 암묵적 변환이 전혀 말이 되지 않는다.

C++03에서는 explicit 지정자는 단일 인수 생성자에만 적용되었다. C++11부터는 균일 초기화(§2.3.4) 때문에 explicit이 다중 인수 생성자에도 적용된다.

C++11 2.3.1.4 위임 생성자

앞에서 생성자가 여러 개 있는 클래스의 예가 여러 번 나왔다. 그런데 대체로 그런 생성자들은 대부분 비슷비슷하고 공통의 코드를 담고 있다. 즉, 생성자들의 코드 중복도(redundancy)가 높은 경우가 많다. C++03에서는 공통의 코드 조각을 개별 메서드에 담아 두고 여러 생성자가 그 메서드를 호출하는 식으로 코드 중복도를 줄여야 했다.

이 문제를 좀 더 우아하게 해결하기 위해 C++11은 **위임 생성자**(delegating constructor)†를 도입했다. 위임 생성자는 다른 생성자를 호출하는 생성자이다.

† [옮긴이] 이 문구를 '생성자의 위임'으로 해석할 수도 있지만, C++에서 delegating constructor는 inheriting constructor(상속 생성자)와 더불어 생성자의 종류를 나타내는 용어이다. 다른 말로 하면, '위임 생성자'는 '위임하는 생성자'를 줄인 것이다.

예를 들어 complex의 생성자들을 기본 인수 대신 위임 생성자를 이용해서 구현하면 다음과 같은 모습이 된다.

```
class complex
{
  public:
    complex(double r, double i) : r{r}, i{i} {}
    complex(double r) : complex{r, 0.0} {}
    complex() : complex{0.0} {}
    ...
};
```

이처럼 작은 클래스에서는 이 기능의 장점이 그리 잘 드러나지 않는다. 위임 생성자는 초기화에 공을 더 많이 들인(complex보다 초기화가 훨씬 복잡한) 클래스에 좀 더 유용하다.

C++11 2.3.1.5 멤버 기본값

C++11의 또 다른 새 기능은 멤버 변수를 선언과 함께 기본값으로 초기화하는 것이다. 다음 예에서 보듯이, 이 기능을 이용하면 생성자들에서는 기본값과는 다른 값이 주어지는 경우만 처리하면 된다.

```
class complex
{
  public:
    complex(double r, double i) : r{r}, i{i} {}
    complex(double r) : r{r} {}
    complex() {}
    ...
  private:
    double r= 0.0, i= 0.0;
};
```

이 기능 역시 클래스가 커야 장점이 잘 드러난다.

2.3.2 배정

§2.3.1.2에서, 적어도 객체 생성 과정에서는 사용자 정의 형식의 객체를 조회/설정 메서드 없이 복사할 수 있음을 보았다. 이를 좀 더 확장해서, 한 객체를 이미 생성된 다른 객체에 다음과 같은 표기로 복사할 수 있게 한다고 하자.

```
x= y;
u= v= w= x;
```

이런 복사 연산이 가능하려면 클래스는 배정 연산자(assignment operator)를 제공해야 한다(또는, 컴파일러가 배정 연산자를 생성하지 못하게 하는 요인을 제거해 주어야 한다). 이번에도 complex 클래스를 먼저 예로 들겠다. complex 객체를 complex 객체에 배정하려면 다음과 같은 연산자가 필요하다.

```
complex& operator=(const complex& src)
{
    r= src.r; i= src.i;
    return *this;
}
```

코드에서 보듯이 이 배정 연산자는 멤버 변수 r과 i를 복사하고, 객체 자신에 대한 참조를 돌려준다. 이 덕분에 앞의 표기 예와 같은 다중 배정이 가능하다. this는 객체 자신을 가리키는 포인터인데, 이 연산자는 참조를 돌려주어야 하므로 *를 이용해서 this를 역참조한다. 이처럼 객체 자신과 같은 형식의 객체를 복사하는 배정 연산을 **복사 배정**(copy assignment)이라고 부른다. 그런데 이런 '자명한' 복사 배정 연산자는 컴파일러가 기본으로 만들어주기 때문에, 이 배정 연산자가 없어도complex를 complex에 복사할 수 있다. 이와는 달리 double을 complex에 복사하면 어떻게 될까?

```
c= 7.5;
```

이 코드 역시 double에 대한 배정 연산자를 정의하지 않아도 잘 컴파일된다. 이는 암묵적 변환 덕분이다. 즉, 암묵적 생성자가 double 형식의 값 7.5로부터 생성한 임시 complex 객체가 복사 배정에 쓰인다. 만일 임시 객체의 생성이 성능에 문제가 된다면, 다음처럼 double을 위한 배정 연산자를 명시적으로 정의하면 된다.

```
complex& operator=(double nr)
{
    r= nr; i= 0;
    return *this;
}
```

vector 클래스는 어떨까? 원시 포인터를 이용하는 vector 구현에는 컴파일러가 자동으로 생성한 복사 배정 연산자가 적합하지 않다. 그 복사 배정 연산자는 데이터의 주소만 복사할 뿐 데이터 자체는 복사하지 않기 때문이다. 한편 unique_ptr를 이용하는 구현에서는, unique_ptr에는 복사 배정 연산자가 없기 때문에 컴파일러가 복사 연산자들을 생성하지 않는다. 따라서 두 경우 모두 복사 배정 연산자를 명시적으로 정의해 주어야 한다.

```
1 vector& operator=(const vector& src)
2 {
3     if (this == &src)
4         return *this;
5     assert(my_size == src.my_size);
6     for (int i= 0; i < my_size; ++i)
7         data[i]= src.data[i];
8     return *this;
9 }
```

이 배정 연산자는 객체를 자기 자신에게 배정하는 경우(즉, 원본과 대상의 데이터 주소가 같은 경우) 복사를 생략하고 바로 자신에 대한 참조를 돌려준다(행 3과 4). 행 5에서는 원본과 대상의 크기가 같은지 점검한다. 이 배정 연산자는 크기가 같아야 복사 연산이 유효하다는 가정을 깔고 있는데, 이렇게 하는 대신 크기가 다른 경우 대상의 크기를 변경하는 것도 기술적으로 얼마든지 가능하다. 그러나 수학이나 물리학의 관점에서는, 만일 복사에 의해 대상의 크기가 바뀐다면 벡터 공간의 차원이 갑자기 바뀌는 것이므로 좀 이상하다.

사용자에게 혼란을 주지 않으려면 복사 배정 연산자와 생성자에 일관성이 있어야 한다는 지침을 기억하기 바란다.[66, Item 52]

C++11 2.3.3 초기치 목록

C++11은 **초기치 목록**(initializer list)이라는 새 기능을 도입했다. '멤버 초기화 목록(§2.3.1)'과는 다른 것임을 주의하자. 초기치 목록을 사용려면 `<initializer_list>` 헤더를 포함시켜야 한다. 사실 이 기능이 클래스에 국한된 것은 아니지만, `vector` 클래스의 생성자와 배정 연산자에 사용하기에 딱 좋은 기능이라서 여기서 소개한다. 초기치 목록을 이용하면 벡터의 모든 성분(요소)를 동시에 설정할 수 있다(적당한 개수까지는). 보통의 C 배열을 선언할 때 그 요소들도 함께 설정할 수 있음을 기억할 것이다.

```
float v[]= {1.0, 2.0, 3.0};
```

C++11은 이 기능을 클래스에도 확장해서, 여러 값들(형식이 같은)의 목록으로 객체를 초기화할 수 있게 했다. 초기지 목록을 받는 적절한 생성자를 정의한다면 다음과 같은 표기로 벡터 객체를 초기화할 수 있다.

```
vector v= {1.0, 2.0, 3.0};
```

물론 다음과 같은 표기도 가능하다.

```
vector v{1.0, 2.0, 3.0};
```

또한, 다음처럼 하나의 배정문에서 여러 개의 벡터 성분을 기존 객체에 배정하는 것도 가능하다.

```
v= {1.0, 2.0, 3.0};
```

초기치 목록을 이용하면 vector를 받는 함수를 호출할 때 다음과 같이 즉석에서 vector 객체를 설정해서 넘겨줄 수 있다.

```
vector x= lu_solve(A, vector{1.0, 2.0, 3.0});
```

이 문장은 A에 대한 LU 분해를 이용해서 벡터 $(1, 2, 3)^T$에 대한 연립방정식의 해를 구한다.

우리의 vector 클래스가 초기치 목록을 지원하게 하려면 initializer_list <double> 형식의 인수를 받는 생성자와 배정 연산자를 추가해야 한다. 게으른 개발자라면 생성자만 구현하고 그것을 복사 배정과 함께 사용해서 원하는 결과를 얻을 수도 있다. 그러나 여기서는 설명을 위해, 그리고 성능을 위해 둘 다 구현한다. 배정 연산자를 따로 구현하면, 배정 시 vector 객체들의 크기가 일치하는지 점검할 수 있다는 장점도 생긴다.

```
#include <initializer_list>
#include <algorithm>

class vector
{
    // ...
    vector(std::initializer_list<double> values)
      : my_size{values.size()}, data{new double[my_size]}
    {
        copy(begin(values), end(values), data);
    }

    vector& operator=(std::initializer_list<double> values)
    {
        assert(my_size == values.size());
        copy(begin(values), end(values), data);
```

```
        return *this;
    }
};
```

이 생성자와 배정 연산자는 표준 라이브러리의 std::copy 함수를 이용해서 초기치 목록에 있는 값들을 data에 복사한다. 이 함수는 세 개의 반복자(iterator)[4]를 받는다. 처음 둘은 입력의 시작과 끝을 가리키고 마지막 것은 출력의 시작을 가리킨다. begin과 end는 C++11에서 도입된 자유 함수(특정 클래스의 멤버가 아닌 함수)들이다. 예전에는 values.begin()처럼 해당 컨테이너의 멤버 함수를 사용해야 했다. data 멤버 변수에 unique_ptr를 사용하는 경우에는 약간의 수정이 필요하다. unique_ptr에는 반복자 인터페이스가 없기 때문이다. unique_ptr의 get 메서드로 내부 원시 포인터에 접근하면 copy 함수를 사용할 수 있지만, 그런 식으로 주소를 직접 다루다 보면 unique_ptr가 깨질 위험이 있다.

C++11 2.3.4 균일 초기화

C++11부터 중괄호({}) 구문은 모든 형태의 변수 초기화에 쓰이는 만능 표기법이 되었다. 초기화와 관련해서 중괄호 구문을 사용할 수 있는 곳은 다음과 같다.

- 초기치 목록 생성자
- 기타 모든 생성자
- 직접적인 멤버 설정

직접 멤버 설정은 배열과 특별한 조건을 만족하는 클래스만 지원한다. 특별한 조건이란, 클래스의 모든 (비정적) 멤버 변수가 public이고 사용자 정의 생성자가 없다는 것이다.[5] 그런 조건을 만족하는 형식을 **집합체**(aggregate)라고 부르고, 중괄호 구문을 이용해서 집합체의 값을 설정하는 것을 **집합체 초기화**(aggregate initialization)라고 부른다.

게으른 프로그래머가 complex 클래스를 생성자 없이 정의했다고 하자. 그래도 집합체 초기화 구문을 이용해서 이 클래스의 객체를 초기화할 수 있다.

```
struct sloppy_complex
{
    double r, i;
```

4 반복자는 포인터를 일반화한 것이다. §4.1.2에서 좀 더 설명한다.
5 또한, 클래스에 기반 클래스와 가상 함수(§6.1)가 없어야 한다.

```
};

sloppy_complex z1{3.66, 2.33},
               z2= {0, 1};
```

C++20 그런데 멤버 변수가 많다면 값들을 나열할 때 실수하기 쉽다. 이를 위해 C++20은 멤버 이름을 지정해서 값을 설정할 수 있는 **지명 초기화**(designated initialization) 기능을 도입했다.

```
sloppy_complex z1{.r= 3.66, .i= 2.33},
               z2= {.i= 1};           // r은 0.0이 된다.
sloppy_complex z3{.i= 4.4, .r= 0.9};  // 오류: 순서가 틀렸음
```

특정 멤버를 생략할 수는 있지만 순서를 바꿀 수는 없음을 주목하자. 필자는 집합체 초기화보다, 심지어 지명 초기화보다 명시적인 생성자가 더 낫다고 생각한다. 그렇지만 집합체 초기화는 구식 코드(legacy code)를 다루어야 할 때 유용하다.

§2.3.1절에 나온, 생성자들을 갖춘 complex도 집합체 초기화 구문을 이용해서 객체를 생성할 수 있다.

```
complex c{7.0, 8}, c2= {0, 1}, c3= {9.3}, c4= {c};
const complex cc= {c3};
```

=를 이용한 표기는 관련 생성자가 explicit으로 선언되어 있으면 허용되지 않는다.

다음으로, 초기치 목록을 받는 생성자가 있는 클래스에 대한 균일 초기화를 살펴보자. 원칙적으로 초기치 목록을 균일 초기화의 인수로 사용하려면 다음처럼 중괄호를 이중으로 사용해야 한다.

```
vector v1= {{1.0, 2.0, 3.0}},
       v2{{3, 4, 5}};
```

그러나 프로그래머의 편의를 위해 C++11은 균일 초기화 구문의 **중괄호 생략**(brace elision; 또는 중괄호 제거)을 지원한다. 즉, 초기치 목록을 지정할 때 바깥쪽 중괄호 쌍은 생략할 수 있다(생성자 인수들이나 데이터 멤버들의 순서만 잘 지키면 된다). 다음은 앞의 예에서 중괄호를 제거한 것이다.

```
vector v1= {1.0, 2.0, 3.0},
       v2{3, 4, 5};
```

중괄호를 이용한 균일 초기화 구문이 오해를 부르기도 함을 주의해야 한다. complex 클래스와 vector 클래스를 통합해서, 성분들이 복소수인 벡터를 나타내는 vector_complex라는 클래스를 만들었다고 하자. 다음은 세 개의 복소수로 복소수 벡터를 초기화하는 문장이다.

```
vector_complex v= {{1.5, -2}, {3.4}, {2.6, 5.13}};
```

이 문장은 프로그래머의 의도대로 작동한다. 그렇지만 다음 문장들은 어떨까?

```
vector_complex v1d= {{2}};
vector_complex v2d= {{2, 3}};
vector_complex v3d= {{2, 3, 4}};

std::cout << "v1d is " << v1d << std::endl;
std::cout << "v2d is " << v2d << std::endl;
std::cout << "v3d is " << v3d << std::endl;
```

한 문장은 의외의 결과를 출력한다.

```
v1d is [(2,0)]
v2d is [(2,3)]
v3d is [(2,0), (3,0), (4,0)]
```

예제 코드의 첫 문장은 우변에 인수가 하나뿐이다. 따라서 인수 하나짜리 생성자로 생성된 복소수(허수부는 0) 하나를 담은 복소수 벡터가 만들어진다. 둘째 문장에서는 인수 두 개짜리 생성자로 생성된 복소수 하나를 담은 복소수 벡터가 만들어진다. 그러나 셋째 문장에서는 이러한 패턴이 깨진다. complex에는 인수 세 개짜리 생성자가 없다. 이 경우 컴파일러는 우변의 세 수치 각각으로 복소수 세 개를 만들어서† 복소수 벡터를 생성한다. 이와 비슷한 실험이 §A.4.2에 더 나오니 관심 있는 독자는 참고하기 바란다.

중괄호 구문은 멤버 변수를 초기화할 때도 쓰인다.

```
class vector
{
  public:
    vector(int n)
      : my_size{n}, data{new double[my_size]} {}
    ...
```

† [옮긴이] 앞의 패턴을 확장하면 2와 3으로 복소수 하나, 4로 복소수 하나를 생성할 것 같지만 그렇지 않았다.

```
  private:
    unsigned my_size;
    double   *data;
};
```

이 구문은 프로그래머의 실수를 막아준다. 이 예제의 생성자는 unsigned 형식의 멤버를 int 형식의 인수로 초기화하려 하지만, 중괄호 초기화 구문에서는 그런 좁아지는 초기화가 허용되지 않는다. 컴파일 오류를 피하려면 다음처럼 인수의 형식을 변경해야 한다.

```
vector(unsigned n) : my_size{n}, data{new double[my_size]} {}
```

앞에서 언급했지만, 함수 호출 시 내장 형식이 아닌 형식의 인수를 즉석에서 생성하는 데 초기치 목록을 사용할 수 있다. 다음이 그러한 예이다.

```
double d= dot(vector{3, 4, 5}, vector{7, 8, 9});
```

인수의 형식이 명확하면(예를 들어 가능한 중복적재 버전이 단 하나이면), 다음처럼 형식 이름을 생략하고 초기치 목록만 지정해도 된다.

```
double d= dot({3, 4, 5}, {7, 8, 9});
```

이 점은 함수의 반환값에도 적용된다.

```
complex subtract(const complex& c1, const complex& c2)
{
    return {c1.r - c2.r, c1.i - c2.i};
}
```

이 함수의 반환 형식이 complex임은 명확하므로, 형식 이름 없이 요소 두 개짜리 중괄호 목록만 지정하면 된다.

지금까지 보았듯이 균일 초기화는 여러모로 편리하지만, 위험한 측면도 몇 가지 있다. 아주 유용한 기능임은 확실하지만, 몇몇 특수 경우에서는 다루기가 까다로우므로 조심해서 사용해야 한다.

C++11 2.3.5 이동 의미론

덩치 큰 데이터를 복사하는 것은 값비싼 연산이므로, 사람들은 불필요한 복사를 피하기 위해 다양한 기법을 활용한다. 몇몇 소프트웨어 패키지는 '얕은 복사'(shallow copy)를 사용한다. vector 클래스를 예로 들면, 데이터 자체는 복사하지 않고 데이터의 주소만 복사하는 것이 얕은 복사이다. 얕은 복사를 사용하는 경우 다음 배정문이 실행되고 나면

```
v= w;
```

두 객체의 data 멤버 변수는 같은 메모리 블록을 가리킨다. 만일 v[7]의 값을 바꾸면 w[7]의 값도 바뀌며, 그 역도 마찬가지이다. 이 때문에, 얕은 복사를 사용하는 소프트웨어 패키지는 흔히 명시적으로 '깊은 복사(deep copy)'를 수행하는 함수를 따로 제공한다.

```
copy(v, w);
```

얕은 복사가 기본이고 깊은 복사 함수를 따로 제공하는 패키지를 사용할 때는, 객체를 복사할 때마다 배정 대신 이 예의 copy 같은 깊은 복사 함수를 사용해야 한다. 단, 임시 객체(함수의 결과로 돌려준 벡터 등)에 대해서는 얕은 복사가 큰 문제가 되지 않는다. 어차피 임시 객체는 다른 곳에서 접근할 수 없으므로 별칭 문제를 일으키지 않는다. 어쨌든, 이러한 접근 방식은 불필요한 복사가 없는 대신 프로그래머가 별칭 문제나 메모리가 두 번 해제되는 문제에 신경을 써야 하므로(즉, 객체의 참조 횟수를 일일이 세어야 하므로), 어쩌면 득보다 실이 클 수 있다.

한편, 깊은 복사 접근 방식은 프로그래머가 신경쓸 것이 적지만, 복사 비용이 크기 때문에 큰 객체를 함수가 돌려주는 등의 상황에서 비효율적이다. 복사를 피하는 좀 더 효율적인 기법이 §5.3에 나온다. 이번 절에서는 불필요한 복사를 피하는 문제와 관련해서 C++11에 도입된 또 다른 기능인 **이동 의미론**(move semantic)을 소개한다. 이동 의미론의 핵심은, 변수(다른 말로 하면 명명된 항목 또는 '왼값')는 깊게 복사되지만 임시 객체(이름으로 지칭할 수 없는 객체)는 데이터가 한 곳에서 다른 곳으로 옮겨질 뿐이라는 것이다.

그렇다면 임시 객체와 영구적인 데이터를 어떻게 구분해야 하는가라는 의문이 제기된다. 다행히, 여러분이 그것을 구분할 필요는 없다. 컴파일러가 해주기 때문이다. C++ 표준의 어법에서 임시 객체는 **오른값**(rvalue)에 해당한다. '오른값'은 임시 객체가 배정 연산의 우변에만 올 수 있다는 점에서 붙은 이름이다. C++11은 오른값 참조(rvalue reference)라는 것을 도입했다. 오른값 참조는 앰퍼샌드 두 개(&&)로 지정한다. 왼값, 즉 명명된(이름이 붙은) 항목은 오른값 참조로서 전달할 수 없다.

C++11 2.3.5.1 이동 생성자

클래스에 이동 생성자와 이동 배정 연산자를 정의하면 오른값이 불필요하게 복사되는 일을 방지할 수 있다. 다음은 우리의 vector 클래스에 이동 생성자를 추가한 것이다.

```
class vector
{
    // ...
    vector(vector&& v) noexcept
      : my_size{v.my_size}, data{v.data}
    {
        v.data= nullptr;
        v.my_size= 0;
    }
};
```

이동 생성자는 원본 객체로부터 데이터를 "훔쳐온다". 원본 객체는 빈 상태(empty state)가 된다. 이 과정에서 새 메모리 블록이 할당되지 않으므로, 이 생성자는 bad_alloc 예외를 발생하지 않는다. 따라서 생성자를 noexcept로 선언할 수 있다. 대체로 C++ 전문가 중에는 모든 이동 연산이 noexcept이어야 한다고 주장하는 사람이 많다.

오른값으로서 함수에 전달된 객체는 함수가 반환되면 '만료 중(expiring)' 상태로 간주된다. 객체가 만료 중이라는 것은 객체의 데이터 무결성이 더 이상 보장되지 않는다는 뜻이다. 이동된 객체에 대한 유일한 요구조건은 그 객체의 파괴(소멸; §2.4)가 절대로 실패하지 않아야 한다는 것이다. 이 조건을 충족하려면 원시 포인터에 각별히 신경을 써야 한다(이 조건이 아니라도 신경을 써야 하긴 하지만). 이동된 객체의 원시 포인터가 엉뚱한 곳을 가리켜서 해제가 실패하거나 다른 어떤 데이터가 해제되는 일이 생겨서는 안 된다. 이를 위해 vector의 이동 생성자는 v.data를 nullptr로 설정한다. 이렇게 하지 않는다면 v가 범위를 벗어나서 소멸자가 호출될 때 해당 메모리가 다시 해제되어서 문제가 발생한다. 일반적으로, 이동 연산 이후에는 원시 포인터를 반드시 nullptr로 설정해야 한다.

vector&& v 같은 오른값 참조는 오른값이 아님을 주의하기 바란다. v라는 이름이 있으므로 이것은 왼값이다. 이동 생성자가 대상 객체의 데이터를 훔치는 과정에서 이 v를 다른 어떤 보조 메서드에 전달해야 하는 경우에는 표준 함수 std::move를 이용해서 v를 다시 오른값으로 만들 수 있다. 이에 관해서는 §2.3.5.4에서 좀 더 이야기한다.

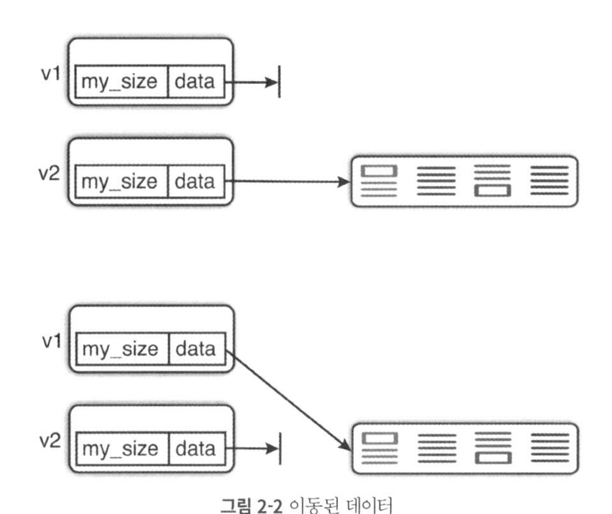

그림 2-2 이동된 데이터

C++11 2.3.5.2 이동 배정 연산자

이동 배정 연산자는 데이터를 가리키는 포인터들을 교환해서(swap) 간단하게 구현할 수 있다.

```
class vector
{
    // ...
    vector& operator=(vector&& src) noexcept
    {
        assert(my_size == 0 || my_size == src.my_size);
        std::swap(data, src.data);
        std::swap(my_size, src.my_size);
        return *this;
    }
};
```

객체 자신의 포인터를 이동된 객체의 포인터와 맞바꾸기 때문에, 원래 가지고 있던 데이터의 해제는 더 이상 신경 쓰지 않아도 된다(이동된 원본 객체의 소멸자에서 자동으로 해제된다).

v1은 빈(아무 데이터도 가리키지 않는) 벡터이고, f()라는 함수가 본문에서 임시로 생성한 벡터 v2를 돌려준다고 하자. 그림 2-2의 윗부분은 두 벡터의 메모리 구성을 나타낸 것이다. 다음과 같은 문장으로 f()의 결과를 v1에 배정하면 어떤 일이 발생할까?

```
v1= f();     // f가 v2를 돌려준다고 가정
```

그러면 v2를 인수로 해서 v1의 이동 배정 연산자가 호출되며, swap 호출에 의해 v1과 v2의 data 포인터들이 교환된다. 원래 v1은 아무것도 가리키지 않았으므로 v2는 빈 벡터가 되고, v1은 v2에 있던 벡터 성분들을 가리키게 된다. 그림 2-2의 아랫부분이 이를 나타낸 것이다.

C++17 2.3.5.3 복사 제거

앞의 이동 생성자와 이동 배정 연산자에 로그[log]를 기록하는 문장을 추가한다면, 이동 생성자가 생각만큼 자주 호출되지는 않음을 알게 될 것이다. 그 이유는 현대적인 컴파일러들이 데이터를 훔치는 것보다도 더 효율적으로 코드를 최적화하기 때문이다. 컴파일러는 데이터의 복사를 아예 생략하고, 복사 연산의 대상 주소에 직접 데이터를 저장하는 형태의 이진 코드를 생성한다. 이런 최적화를 **복사 제거**(copy elision)라고 부른다.

복사 제거의 가장 중요한 용도는 **반환값 최적화**(return value optimization, RVO)이다. 반환값 최적화는 함수의 반환값으로 새 변수를 초기화할 때 특히나 중요하다.

```
inline vector ones(int n)
{
    vector v(n);
    for (unsigned i= 0; i < n; ++i)
        v[i]= 1.0;
    return v;
}
...
vector w(ones(7));
```

이 경우 컴파일러는 **ones** 함수의 끝에서 v를 생성해서 w에 복사(또는 이동)하는 대신, 시작 부분에서 w를 즉시 생성해서 모든 연산을 w에 대해 직접 수행하는 코드를 생성한다. 그러면 복사(또는 이동) 생성자는 전혀 호출되지 않는다. 실제로 그런지는 로그 기록이나 디버거로 확인할 수 있다.

이동 의미론이 도입되기 전에도 여러 컴파일러가 복사 제거를 지원했다. C++17 C++17부터는, 컴파일러가 표준을 준수하려면 반드시 복사 제거를 지원해야 한다. Visual Studio는 릴리스 모드에서만 복사 제거를 적용한다. 그런데 복사 제거가 있다고 해서 이동 생성자가 쓸모가 없는 것은 아니다. 반환값 최적화를 적용할 수 없는 상황들도 있다.

C++11 2.3.5.4 이동 의미론이 필요한 경우

이동 생성자는 새 객체를 생성하는 과정에서 왼값을 오른값으로 변환할 때 꼭 필요하다. 이런 변환을 위해 std::move 함수가 표준에 도입되었다. 이 함수는 주어진 객체를 (임시) 오른값 참조로 변환한다. 따라서, 이름과는 달리 이 함수 자체가 데이터를 이동하지는 않는다. 단지 주어진 객체를 임시 객체로 선언해서, 객체를 다른 함수로 이동할 수 있게 만들 뿐이다. 따라서, 다음 코드에서는 오른값에 대해 이동 생성자와 이동 배정 연산자가 실제로 호출된다.

```
vector x(std::move(w));
v= std::move(u);
```

첫 행에서 x는 w의 데이터를 훔친다. w는 빈 벡터가 된다. 둘째 행은 v와 u를 교환한다.

앞에서 구현한 vector의 이동 생성자와 배정 연산자는 std::move와 함께 사용할 때 일관성이 조금 떨어진다. 진짜 임시 객체만 다룰 때는 차이가 없지만, 좀 더 강한 일관성을 위해서는 이동 연산이 원본을 빈 상태로 만들어야 한다.

```
class vector
{
    // ...
    vector& operator=(vector&& src) noexcept
    {
        assert(my_size == src.my_size);
        delete[] data;
        data= src.data;
        src.data= nullptr;
        src.my_size= 0;
        return *this;
    }
};
```

std::move가 적용된 객체는 '만료 중(expiring)' 상태로 간주된다는 점을 생각하면 이러한 처리가 이해가 될 것이다. 만료 중인 객체는 아직 파괴되지만 않았을 뿐 실용적인 의미는 사라진 상태라고 할 수 있다. 다른 말로 하면, 그런 객체는 값이 무엇인지는 중요하지 않다. 단지 C++의 규칙에 따라 적법한(legal) 상태인지, 구체적으로 말하면 소멸자가 실패 없이 완료되는지가 중요할 뿐이다.

이동 의미론이 멋지게 적용된 예로는 C++11 이상에서 std::swap의 기본 구현을 들 수 있다. 이에 관해서는 §3.2.3을 보라.

C++11 2.3.5.5 move 이후의 수명

비야네 스트롭스트룹은 C++에서는 C보다 자기 발에 총을 쏘기가 훨씬 힘들다고† 말한 적이 있다.[6] 그렇지만 std::move는 자기 발에 총을 쏘게 만드는 또 다른 요인이다. std::move 덕분에 자기 발에 총쏘기 경쟁에서 C를 앞지르게 되었다고 자신 있게 말할 수 있겠다.

이동 의미론의 원래 개념은, 어차피 연산이 수행된 직후에 사라질 임시 객체로부터 데이터를 훔친다는 것이었다. 니콜라이 요주티스Nicolai Josuttis는 이를 장기 이식에 비유했다.

그러나 C++11에서 도입된 move는 이동된 객체가 즉시, 완전히 죽어버린다는 원래의 개념을 깨버렸다. 현재 C++ 표준은 이제 그런 객체를 가리켜 "만료 중"이라고 표현한다. 이러한 변화 때문에, 그런 성가신 객체들에 대해 벌어지는 일을 컴파일러가 아니라 프로그래머가 신경 써야 한다.

따라서 모든 프로그래머는 move를 책임 있게 사용해야 한다. 특히, 이동된 객체(만료 중 객체)에는 더 이상 접근하지 않아야 한다. 그러나 우리가 이런 규칙을 항상 잘 지킬 수 있을까? 더욱 중요하게는, 이런 부담을 우리가 져야 하는 게 옳은 일일까? 다시 말해서, 이동된 객체에 대해 벌어지는 일을 클래스의 사용자가 신경 써야 하는 것이 정당한가?

요주티스의 비유로 돌아가자. move를 이용해서 왼값의 데이터를 이동하는 것은 마치 곧 죽을 것이라고 예상하지만 아직 살아 있는 환자의 장기를 이식했는데 그 환자가 언제 완전히 죽을지 모르는 것과 비슷하다. 실제로, 이동된 데이터는 어떤 전역 변수나 함수 또는 클래스의 static 변수일 수 있다. 그런 변수는 프로그램이 끝날 때까지 살아남는다("연명한다"가 더 나은 표현일 것이다). 그리고 C++ 언어에는 프로그래머가 그런 만료 중 객체를 함수에서 함수로 전달하지 못하게 금지하는 기능이 없다. 결국 프로그래머는 생성 시점에서부터 변수의 수명을 일일이 추적해서 변수가 쓰이는 실행 경로 중에 변수에 move가 명시적으로 적용되는 곳이 있는지 확인해야 한다.

현재의 이동 의미론을 비워진, 그리고 이후에 다시 편지들로 채워질 수 있

---

† [옮긴이] "자기 발에 총을 쏜다"라는 표현은 스스로 화를 불러온다는 뜻으로, 지금 문맥에서는 프로그래머가 짠 코드가 프로그래머의 의도와는 다르게 행동해서 프로그램의 실행이나 데이터에 해를 입히는 것을 말한다.

6 정확한 문구는 "C makes it easy to shoot yourself in the foot; C++ makes it harder, but when you do it blows your whole leg off(C에서는 자신의 발에 총을 쏘게 되기 쉽다. C++에서는 좀 더 어렵지만, 총을 쏘게 되면 다리 전체가 날아간다)."이다.

는 우편함에 비유하는 것이 더 나을 것이다. 제임스 본드 영화가 아닌 이상, 일반적으로 매체(media)는 메시지가 전달된 후에도 파괴되지 않는다. 이를 객체에 적용하면, 다시 쓰일 가능성이 조금이라도 있는 객체는 계속해서 살려 두어야 한다는 뜻이 된다.

결론적으로 말하자면, 이동된 객체의 관리 책임은 클래스 설계자가, 좀 더 정확히는 오른값 참조를 받는 함수를 구현하는 프로그래머가 맡는 것이 바람직하다. 그런 함수가 바로 우리가 신경을 써야 할 대상이다. 그러면 클래스 사용자는 프로그램 전체에서 move의 모든 가능한/불가능한 용법을 일일이 추적하는 지루하고도 실수하기 쉬운 임무에서 벗어날 수 있다.

재미있게도 표준 라이브러리의 클래스들은 대부분 이번 절에서 필자가 제안하고자 하는 다음과 같은 행동 방식을 이미 지원하고 있다.

오른값을 다루는 방식은 다음과 같이 여러 가지이다. 표준 라이브러리의 예도 제시하겠다.

완전 양도: 동적으로 관리되는 자원들만 가진 클래스는 자원들을 한 객체에서 다른 객체로 완전히 넘겨줄(handover; 양도) 수 있다. 표준 라이브러리의 예는 unique_ptr이다. unique_ptr는 참고된 메모리를 한 객체에서 다른 객체로 완전히 넘겨준다.

복사: 동적 자원이 없는 클래스는 자신의 내용을 복사하기만 한다. 이런 클래스는 이동 생성자와 이동 배정 연산자를 아예 제공하지 않을 때가 많다. 표준 라이브러리의 예는 벡터 반복자(사실상 포인터라 할 수 있는)이다.

내부 양도: 컨테이너에 따라서는 내용을 완전히 넘겨주는 것이 불가능하지만, 개별 요소는 넘겨줄 수 있다. 표준 라이브러리의 예는 unique_ptr들을 담는 std::array이다. 이 내부 양도 방식은 재귀적으로 반복될 수 있다. 즉, 컨테이너의 개별 요소 역시 자신의 내용을 완전히 넘겨주는 대신 개별 요소만 넘겨줄 수 있는 것이다. 이를테면 unique_ptr들의 array들의 array를 상상해 보라.

부분 양도: 클래스의 멤버마다 오른값 전달 방식이 다를 수 있다. 예를 들어 int와 unique_ptr로 이루어진 std::pair를 이동하면, int는 복사되고 unique_ptr는 대상 메모리 블록이 양도된다.

선택적 양도: 조건에 따라 선택적으로 자원을 양도하는 것도 가능하다. 양도 조건을 실행 시점에서 판정할 수 있고, 컴파일 시점에서 템플릿 인수들에 기

초해서 판정할 수도 있다. 표준 라이브러리의 예는 짧은 문자열 최적화를 적용한 string 클래스이다. string 클래스는 주어진 문자열이 특정 길이 이하이면 string 객체 자체에 저장하고, 더 길면 힙 메모리에서 동적으로 메모리 블록을 할당해서 저장한다. 따라서, 짧은 문자열은 복사하고 긴 문자열은 양도한다. vector처럼 크기를 변경할 수 있는 컨테이너도 이 범주에 속한다. 보통은 데이터 전체를 양도하지만, 할당자 형식과 내부 상태에 따라 양도가 불가능한 경우에는 컨테이너의 요소들을 개별적으로 이동(복사 또는 양도)한다.[7]

처음 두 방식은 양극단에 해당한다. 필자의 생각에 완전 양도는 가장 순수한 형태의 이동이고, 복사는 이동을 완전히 금지하는 것에 해당한다. 나머지 셋은 이 둘을 적당한 비율로 섞은 것이라고 할 수 있다. 순수하게 복사된 객체를 제외할 때, 이동 연산의 원본 객체를 이 책에서는 **비워진 객체**(emptied object)라고 부르기도 하겠다.

이동된 객체(만료 중 객체 또는 비워진 객체)에 대한 연산이 미치는 영향을 조사할 때, 이제는 상황을 다음 세 가지 경우로 분류할 수 있다.

1. 이동 연산들이 명시적으로 삭제된 경우
2. 이동 연산들이 존재하지 않거나 암묵적으로 삭제된 경우
3. 이동 연산들이 존재하는 경우

명시적으로 삭제된 이동 연산과 암묵적으로 삭제된 이동 연산의 차이는 §A.5.4.3에서 좀 더 자세히 이야기한다.[†]

경우 1: 명시적으로 삭제된 이동 연산은 호출이 허용되지 않는다. 그런 연산에 오른값을 넘겨주면 컴파일 시점 오류가 발생한다. 따라서 이 경우에는 만료 중 객체를 걱정할 필요가 없다.

경우 2: 이동 연산(이를테면 이동 생성자)이 존재하지 않거나 암묵적으로 삭제되었다면, 컴파일러는 오른값 인수를 암묵적으로 변환해서 적당한 중복적재 버전을 찾는다. 예를 들어 이동 생성자가 암묵적으로 삭제되었고 복사 생성자가 존재한다면, 오른값 인수는 소리 없이 복사된다. 이는 오른값 참

7 솔직히 필자도 이런 특별한 행동 방식을 모르고 있었다. 이 점을 지적해 준 하워드 히넌트Howard Hinnant(이동 의미론 제안서의 주요 저자이다)에 감사한다.

† [옮긴이] = delete 구문을 이용해서 클래스의 특정 연산을 명시적으로 삭제한다는 개념 자체는 §2.5에서 소개한다.

조에서 왼값 상수 참조로의 암묵적 변환이 허용되기 때문이다. 복사 생성자도 없다면 오른값에서 새 객체를 생성할 수 없으므로[8] 컴파일 오류가 된다. 이러한 방식은 오른값을 받는 다른 모든 함수에도 적용된다. 일반화하자면, 적합한 이동 연산이 없는 경우 오른값은 일단 상수 왼값으로 변환되며(따라서 적법한 방식으로는 변경할 수 없다), 변환이 불가능하면 컴파일 오류가 된다. 두 경우 모두, 우리는 이전에 유효했던 객체가 무효해지는 문제를 걱정할 필요가 없다.

경우 3: 이는 클래스에 명시적으로 이동 연산들이 정의되어 있는 경우인데, 다른 두 경우보다 흥미롭다. 표준에 따르면 이동 연산의 원본 객체는 이동 연산 후에 만료 중 상태가 된다. 그런 객체는 파괴와 배정이 제대로 일어나기만 하면 되며, 그 밖의 행동에 대해서는 아무것도 보장하지 않는다. 따라서 만료 중 객체를 실제로 사용해서는 안 된다. 표준에서는 이런 상태의 객체를 **x값**(xvlaue)이라고 부른다.[38] 그런데 이동 연산을 정의할 때 오른값을 무효한 상태로 남겨두는 대신, 뭔가 의미 있는 값으로 설정할 수도 있다. 필자는 다음을 강력히 추천한다.

오른값 비우기

오른값의 데이터를 양도할 때 오른값 객체를 유효한 상태로 남겨 두라. 클래스의 일관된 행동을 위해서는, 비워진 객체가 가능한 한 기본 생성된 객체와 같아야 한다. 다른 종류의 양도보다 완전 양도를 우선시하라.

동적 자원을 다룰 때는 항상 완전 양도가 가장 효율적인 이동 방식이다. 또한, 완전 양도가 그 행동 방식을 이해하기도 가장 쉽다. 물론 표준 라이브러리의 예들에서 보듯이 다른 종류의 양도에도 나름의 쓸모가 있다.

동적 자원을 완전히 넘겨줄 때는, 이동의 원본을 빈 상태로 남겨두는 것이 자연스럽다. 완전 양도가 아닌 양도에서도 빈 상태가 최선의 선택일 때가 많다. 우리의 `vector` 클래스(`dmc::vector`)는 부분 양도를 사용한다. `unique_ptr` 형식의 `data`는 순수한 이동이지만 `size`는 순수한 복사이다. 이처럼 이동 방식이 다르지만, 이 둘은 클래스 설계에 의해 연관되어 있다. 이 클래스는 `data`가 가리키는 메모리 블록에 `size`만큼의 벡터 요소들이 담겨 있다고 가정하기 때문이다. 따라서, `data`가 비워지면 `size`도 그에 맞게 조정해야 한다.

8 사실 복사 생성자가 없으면 왼값으로도 객체를 생성할 수 없다.

선택적 양도에서는 이동된 객체가 비워질 수도 있고 여전히 기존 값을 담고 있을 수도 있다. 문자열이 길어서 힙 메모리를 할당한 `string` 객체는 이동 후 비워지지만, 짧은 문자열을 담은 `string` 객체는 이동(복사) 후에도 내용이 남아 있다. 일관성을 위해서는 복사 후에 문자열 내용을 비울 수도 있을 것이다. 내용을 비우는 것은 그냥 문자열 길이 멤버 변수를 0으로 설정하기만 하면 된다. 그러나 표준 라이브러리 구현들은 굳이 내용을 비우지 않는데, 이동된 객체는 어차피 더 이상 쓰이지 않을 것이므로 굳이 추가적인 연산을 수행할 필요가 없다는 것이 이유이다. 하지만 여러분이 직접 만드는 프로젝트라면 사소한 성능상의 이점보다는 행동의 일관성을 우선시해도 좋을 것이다.

`vector`처럼 내용 전체를 양도할 수는 없고 모든 요소를 개별적으로 양도해야 하는 컨테이너에서도 비슷한 상황이 벌어진다. 이동된 컨테이너는 요소들의 개수를 유지하지만, 내부는 사실상 텅 비어 있다. 이런 상황이라면 컨테이너의 크기를 0으로 줄이는 것이 바람직하지 않을까? 이 경우에도 표준 라이브러리는 앞에서 언급한 이유로 굳이 크기를 조정하지 않지만, 여러분 자신의 프로젝트에서는 얼마든지 크기를 줄여도 된다.

이동된 객체의 내용이 깔끔하게 비워지지 않을 수도 있으므로, 그런 객체가 포함된 클래스를 구현할 때는 이동 연산 후에 해당 멤버(또는 기반 클래스 객체)를 비우는 것이 바람직할 것이다. 이 지점에서 성능 부담은 그리 걱정할 필요가 없다. 일단은 프로젝트가 잘 작동할 때까지 코드를 완성하고 상세한 벤치마킹과 프로파일링을 수행해서 성능을 구체적으로 측정해서 이동 연산의 내용 비우기가 심각한 성능상의 병목임이 확실한 경우에만 해당 코드를 제거하면 된다. 필자가 보기에 정말로 그것이 심각한 성능상의 병목일 가능성은 극도로 낮다.

앞에서 언급했듯이, 비상식적으로 큰 노력이 요구되는 것이 아닌 한, 이동된 객체를 기본 생성 객체에 해당하는 잘 정의된 빈 상태로 설정하는 것이 좋다. 이러한 지침에 반대하는 관점의 근거가 될 만한 사항 몇 가지를 예상하자면 다음과 같다.

- 클래스에 기본 생성자가 없으며, 딱히 의미 있는 빈 상태라고 할 만한 것이 존재하지 않을 수 있다. 그렇다면 애초에 그 클래스 자체가 이동 연산에 적합하지 않은 것일 수 있다. 반대로, 만일 의미 있는 빈 상태를 정의할 수 있다면 그 상태를 확립하는 기본 생성자를 추가하면 될 것이다. 필자는 지금까지 기본 생성자가 없지만 이동 연산이 제대로 정의된 클래스는 본 적이 없다. 그 반대

는 존재한다. 예를 들어 array는 이동 의미론을 제공하지 않지만 기본 생성자는 있다.

- 빈 객체를 설정할 때 이동 배정을 간단히 swap으로 구현할 수 없을 수도 있다. swap이 가능하면 이동 배정을 구현하기가 쉬운 것은 분명하지만, 이는 클래스 구현자의 관점일 뿐이다. 클래스 사용자에게는 배정과 생성이 일관되게 작동하는 것이 더 중요하며, 어차피 이동 생성자에서는 swap으로 교환할 다른 객체가 없다.
- 빈 상태를 설정하는 비용이 너무 클 수 있다. 일반적으로 이동 연산에서 비용이 큰 부분은 자원을 대상 객체에 넘겨주기 전에 대상 객체가 이미 가지고 있던 자원을 해제하는 것이다. 대부분의 경우 이 과정에는 메모리 해제(deallocation) 작업이 관여하며, 파일 핸들 같은 다른 자원의 해제가 관여할 수도 있다. 자원들을 교환해서 이동 연산을 구현한다고 해도 자원 해제 비용이 사라지는 것은 아니다. 단지 이동된 객체의 파괴 시점으로 자원 해제를 미루는 것일 뿐이다(자원이 누수되거나 다시 다른 곳으로 이동하지 않는다고 할 때). 정리하자면, 일반적으로 값비싼 자원 해제 연산은 어차피 언젠가는 수행되므로, 어떤 멤버 변수를 0이나 nullptr로 설정하는 것의 추가부담은 무시할 수 있다. 게다가, 객체가 즉시 파괴될 것이 확실한 상황에서는 멤버 변수를 0으로 설정하는 문장을 최적화 과정에서 컴파일러가 아예 제거할 수도 있다. 한편, 객체를 빈 상태로 설정하는 비용이 너무 크다면, 애초에 구현이 비효율적이기 때문일 수 있다(예를 들어 빈 컨테이너에 대해 nullptr를 사용하는 대신 쓸데없이 메모리를 할당하는 등).
- 근본적으로, 이동된 객체를 더 이상 사용하지 못하도록 C++ 언어를 바꾸는 것이 낫지 않을까? 그럴 수도 있겠다. 그렇지만 조만간 그런 일이 일어날 것 같지는 않다. 게다가, 그런 식으로 언어를 바꾸면 객체가 언제 이동되는지를 실행 시점에서 추적해야 하므로 성능에 새로운 부담이 생길 수 있다. 따라서 일단은 이것을 기정 사실로 받아들이고 해결책을 찾는 것이 낫다.

비용에 관해 덧붙이자면, 컴퓨팅에서 가장 비싼 자원은 CPU 주기(cycle)나 메모리가 아니라 개발자이다. 클래스가 좀 더 일관되고 이해하기 쉬운 방식으로 행동하게 해서 우리 개발자의 시간을 절약하는 것이 CPU 주기 몇 회를 절약하는 것보다 훨씬 가치 있다(특히, 하드웨어 비용은 우리가 아니라 사용자가 지급한다는 점을 생각하면 더욱 그렇다).

이동 의미론과 관련해서 중요한 또 다른 사항은 그냥 컴파일러가 이동 연산들을 생성하게 할 때와 이동 연산들을 우리가 직접 구현할 때를 잘 구분하는 것이다. 이동 연산을 직접 구현하는 것이 바람직한 경우는 크게 두 가지이다.

경우 1: 한 멤버나 기반 클래스의 이동 의미론이 클래스의 이동 의미론과 일치하지 않을 수 있다. 일반적으로, 클래스에 원시 포인터 멤버가 있다면 메모리 해제가 여러 번 일어나지 않도록 이동 연산을 직접 구현해야 한다. unique_ptr나 shared_ptr를 이용하면 메모리 해제가 여러 번 일어나지 않지만, 그래도 컴파일러가 생성한 이동 연산이 적합하지 않을 수 있다. 허브 서터는 [65]에서 이런 예를 제시했다. 어떤 클래스에 shared_ptr<int> 멤버가 하나 있는데, 그 멤버가 반드시 널 포인터가 아니라는 불변식을 지켜야 한다면 어떻게 할까? shared_ptr 자체는 그러한 불변식을 유지하지 않으므로, 클래스에 이동 연산을 아예 제거하거나, 아니면 불변식이 성립하도록 이동 연산을 구현해야 한다.

경우 2: 한 멤버의 이동 의미론이 클래스의 이동 의미론과 충돌하지 않더라도, 멤버들 사이의 관계에서 문제가 발생할 수도 있다. dmc::vector 클래스의 이동 연산들은 unique_ptr를 이동함과 함께 size 멤버도 복사한다. unique_ptr가 비었다는 것만으로는 클래스의 불변식이 깨지지 않으며, 마찬가지로 size에 여전히 기존 값이 들어 있다는 것만으로는 불변식이 깨지지 않는다. 그러나 두 멤버의 관계 때문에, 두 사실이 합쳐지면 클래스의 불변식이 깨진다. 따라서 데이터를 넘겨준 다음에는 반드시 크기를 0으로 설정해야 한다. 미묘한 구현 세부사항 때문에 이동 후의 비일관성이 발생하기도 한다(심지어 표준 라이브러리의 형식들에서도). 예를 들어 회사의 한 부서를 나타내는 department라는 클래스가 직원 객체(employee 형식)들을 표준 vector에 담으며, 표준 map을 이용해서 다중 색인 접근 기능을 구현한다고 하자. 이 클래스의 한 불변식은, 개별 직원 객체에 접근하기 위한 map들의 값들이 반드시 employees 벡터 컨테이너의 유효한 색인들이어야 한다는 것이다.

```
class department
{
    vector<employee>  employees;
    map<int, int>     phone_access;
    map<string, int>  name_access;
```

```
    ...
};
```

이 멤버들에 자연스러운 이동 방식은 완전 양도이다. 즉, 세 컨테이너 모두 자신의 데이터를 다른 컨테이너에 통채로 넘겨주는 것이 바람직하다. 그러면 이동된 department 객체는 빈 컨테이너들을 담게 되는데, 이는 전적으로 합당하다. 그렇지만 이러한 이동 방식을 표준이 보장해주지는 않는다. 표준은 단지 이동 후에 이 컨테이너들이 유효한(valid) 상태라고만 말할 뿐, 그것이 구체적으로 어떤 상태인지는 명시하지 않는다. 커스텀 할당자가 쓰일 때는 상황이 더욱 까다로워진다. 그런 경우, 조건에 따라서는 이동 후에도 컨테이너들이 비지 않을 수 있다. 모든 컨테이너가 변하지 않는다면 department 객체는 여전히 유효하다. 그러나, employees 컨테이너는 비었지만 접근용 맵들이 비지 않으면 상황이 심각해진다. 그런 경우 접근용 맵이 돌려주는 색인들은 존재하지 않는 직원 객체들을 가리킨다. name_access의 경우에는 상황이 더욱 복잡해진다. 이 map에 대한 이동 연산은 string 형식의 키들을 양도하지만 int 형식의 색인들은 복사하기 때문이다. 이는 오히려 잘 된 일일 수도 있는데, 어차피 맵에서 직원 이름을 찾지 못할 것이므로 존재하지 않은 직원 객체에 접근할 일도 없기 때문이다. 물론 이는 이름들이 충분히 길다고 할 때의 이야기이다. 이름이 짧으면 양도가 아니라 복사가 되어서 여전히 map에 남아 있게 된다. 다행히, 이런 골치아픈 문제를 피하는 방법이 있다. 이동 이후 모든 컨테이너에 대해 clear 메서드를 호출하면 된다. 이미 비워진 컨테이너에 clear를 호출하는 것이 "사용하지 않은 것에는 비용을 지불하지 않는다"라는 C++의 금언을 위반하는 일이라고 생각하는 사람도 있을 것이다. 그런 사람에게는, 필요할 때만 clear를 호출하는 형식 의존적이고 컴파일러 의존적인 코드를 직접 구현해 보라고 권하겠다(주의: 메타프로그래밍과 #ifdef가 결합한 사악한 코드가 만들어질 것이다).

⇒ c++17/move_sanity_test.cpp[9]

표준 클래스들은 실제로 어떻게 작동하는지 파악하기 위해, 필자는 25가지 표준 클래스가[10] 오른값을 이용한 객체 생성(T b(move(a));)을 처리하는 방식을

9 Visual Studio의 경우 컴파일러 옵션에 따라서는 std::movable과의 중의성이나 기타 문제점 때문에 코드가 제대로 컴파일되지 않을 수 있다.

10 vector, valarray, deque, array, list, forward_list, map, multimap, set, multiset, unordered_map, unordered_multimap, unordered_set, unordered_multiset, unique_ptr, shared_ptr, bitset, atomic, reference_wrapper, function, duration, time_point, complex, tuple, string. 클래스 템플릿들은 대부분 int로 인스턴스화했으며, 컨테이너들에는 기본 할당자를 사용했다.

분석했다. 이로부터 다음 세 가지 사실을 알게 되었다.

1. 이동 생성자가 삭제된 클래스는 없다.
2. 이동 생성자가 없는 클래스가 여덟 개 있다. 그중 하나인 atomic은 복사 생성자도 없어서 이동 생성 표현식이 아예 컴파일되지 않았다. 다른 일곱 클래스(array, bitset, tuple, duration, time_point, complex, reference_wrapper)는 객체를 그냥 복사했다. 이 클래스들은 자원을 동적으로 관리하지 않으므로, 완전 양도할 데이터 자체가 없다. 그렇지만 다른 값 형식들은 내부 양도 방식을 사용할 수도 있다.
3. 나머지 클래스 17개(vector, unique_ptr, function 등)는 자원을 완전히 양도한다(테스트에서는 템플릿 인수들도 함께). 비워진 객체는 기본 생성자로 생성한 객체와 동일하다. 짧은 문자열 최적화와 비전파 할당자(non-propagating allocator)는 고려하지 않았다.

정리하자면, 비록 표준 자체는 유효한 상태가 무엇인지 명시하지 않지만,[11] g++와 clang++에 구현된 표준 클래스들은 대부분 앞에서 필자가 추천한 방식대로 행동한다. 이 클래스들은 이동 배정에서도 같은 행동을 보였다. 표준보다 한 발 앞서서, 이 책은 다음과 같은 정의를 제안한다.

> **정의 2-1. (이동 안전성).** 이동된 오른값을 유효한 빈 상태로 남기는 연산을 **이동에 안전한**(move-safe) 연산이라고 부른다. 그리고 모든 연산이 이동에 안전한 클래스를 이동에 안전한 클래스라고 부른다.

이러한 정의가 실제로 적용된다면, 이동에 안전한 형식의 객체를 이동했을 때 그 객체의 유효성을 걱정할 필요가 없다. 주어진 객체가 x값인지 아닌지는 더 이상 중요하지 않으며, x값 때문에 소프트웨어를 일일이 분석하는 부담에서 벗어날 수 있다.

클래스 사용자가 이전의 이동 연산 때문에 객체가 깨지지는 않을까 하는 걱정에서 벗어나게 하려면, 클래스 작성자는 클래스의 이동 안전성을 잘 문서화해야 한다. 클래스 사용자는 객체가 유효한지를 아는 것으로 만족하지 않고, 객체

11 표준에는 이런 문구가 있다: "C++ 표준 라이브러리에 정의된 형식들의 객체는 이동의 원본 객체가 될 수 있다. 이동 연산들은 프로그래머가 명시적으로 지정할 수도 있고, 컴파일러가 암묵적으로 생성할 수도 있다. 특별한 언급이 없는 한, 이동된 객체들은 유효하지만 지정되지 않은 상태가 된다."[38, § 20.5.5.15]

의 값이 무엇인지도 알고 싶어 할 것이 명백하다. 앞으로는 이동에 안전한 클래스들을 갖춘 라이브러리가 그렇지 않은 라이브러리보다 선호되기를, 그래서 언젠가는 이동에 안전하다는 것이 획득한 자원은 해제해야 한다는 것만큼이나 당연한 원칙이 되길 희망한다.

이동 의미론을 바라보는 관점은 크게 세 가지이다.

- 이동 의미론은 원본이 변할 수도 있는, 복사의 더 빠른 버전이다.
- 이동 의미론은 깊은 복사와 얕은 복사의 현명한(후자를 적절히 지연하는) 절충이다.
- 이동 의미론은 만료 중인 객체에서 자원을 훔치는 것이다.

이 세 관점 중 이번 절에서 언급한 모든 구현을 포괄하는 것은 없다. 한 가지 확실한 점은, 객체 a를 객체 b로 이동하고 나면 b의 값은 반드시 a의 원래 값이어야 한다는 것이다. a의 값이 바뀔 수도 있지만, 이동 연산들 이후에 대부분의 객체가 파괴되고 더 이상 접근되지 않아도, a의 값은 유효한 상태(그것이 어떤 상태이든)이어야 한다. a의 값이 바뀔 수도 있다는 것이 a가 아무 값이나 가질 수 있다는 뜻은 아니다. a가 빈 상태가 되는 것이 가장 바람직하겠지만, 그것이 불가능할 때도 있다. 앞의 논의를 반복하는 대신, 유효한 C++ 코드와 흡사한 의사코드로 a의 값에 관한 필자의 개념을 표현해 보겠다.

```
T a= something, b{a}, c{move(a)}, d;
if (a != T{} && a != b)
   cout ≪ "T가 마음에 들지 않음.\n";
// 내부 양도(한 수준)
if (a == T(size(b), value_type<T>{}))
   cout ≪ "꼭 그렇게 해야 한다면 뭐 나쁘지 않음.\n";
d= move(b);
if (a != b)
   cout ≪ "연산들을 일관성 있게 만들어야 함.\n";
```

요약

우리에게는 이동 의미론에 관한 새로운 관점이 필요하다. 이동 의미론을 단지 "더 빠른 복사"로 간주해서는 안 된다. '더 빠른 복사' 관점은 원본 객체가 이동 후에 즉시 완전히 사라진다고 가정하지만, 실제로는 그렇지 않다. 가능한 한, 이동 의미론은 동적으로 관리되는 모든 자원을 한 객체에서 다른 객체로 넘겨주는 또 다른 종류의 연산으로 생각해야 마땅하다. 수많은 클래스가 이미 그런 식으로 작동한다. 표준 라이브러리에 있는 클래스들의 경우 이동 연산의 원본은 유효한 상태로 남는다. 필자는 이러한 요구조건을 여러분이 만드는 사용자 정의 클래스에도 적용할 것을 강력히 추천한다. 더 나아가서, 필자는 여러분이 클래스를 정의할 때 이동된 객체가 어떤 상태로 남는지를 구체적으로 문서화할 것을, 그리고 그 상태가 문맥 의존적인 상태가 아니게 할 것을 권한다. 너무 큰 노력이 필요하지 않은 한, 이동된 객체는 잘 정의된 빈 상태이어야 한다. 기본 생성된 객체에 해당하는 상태인 것이 가장 좋다. 이런 관점에서는 x값, p오른값(prvalue), g왼값(glvalue)이 필요하지 않으므로 C++의 값 범주(§C.1)가 훨씬 간단해진다. 더 중요한 점은, 유효하지 않은 객체가 클래스 설계에 의해 완전히 제거된다면 클래스의 사용이 훨씬 안전해진다는 것이다. 또한, 이동된 객체가 어떤 상태로 남는지를 알 수 있으면 소프트웨어를 이해하고 개발하기가 훨씬 쉽다.

C++11 2.3.6 리터럴로 객체 생성

⇒ c++11/udl_examples.cpp

리터럴의 형식을 명시적으로 지정하기 위한 표준 접미사들을 §1.2.5에서 보았다. 예를 들어 `123`은 `int` 형식이지만 `123ul`은 `unsigned long int` 형식이다. 더 나아가서, C++11은 리터럴로부터 사용자 정의 형식의 객체를 생성하기 위한 접미사를 직접 정의할 수 있는 **사용자 정의 리터럴**(user-defined literal, UDL) 기능을 도입했다.

한 예로, 어떤 과학 소프트웨어에서 길이를 킬로미터, 미터, 센티미터 같은 단위들은 물론 법정 마일(statute mile)과 해리(nautical mile; 해상 마일)로도 다루어야 한다고 하자.[12] 단위가 다른 값들로 계산을 수행할 생기는 혼돈을 피하기 위해, 내부적으로는 모든 길이 수치를 미터 단위로 표현하기로 한다. 다음은 미터 단위 길이를 위한 기본적인 클래스의 틀이다.

```
class length
{
  public:
    explicit length(double l) : l{l} {}

    friend length operator+(length len1, length len2)
```

12 이 책이 준수하는 표준이 C++만은 아니다. 이 책에서 법정 마일과 해리는 SI(국제단위계)의 정의를 기준으로 한다. 전통적인 마일 단위들은 SI 마일 단위들보다 각각 3mm와 216mm만큼 길다(사실 SI에는 마일 단위가 없다. 변환 비율들로 볼 때 법정 마일은 국제 마일(international mile), 해리는 국제수로국이 정의하는 해상 마일을 기준으로 한 것으로 보인다—옮긴이).

```
    {
        return length{len1.l + len2.l};
    }
    // ...
  private:
    double l;
};
```

다른 모든 단위는 먼저 미터로 변환해야 한다. C++로 프로그래밍을 할 정도로 똑똑한 사람이라면 당연히 다른 단위를 암산으로 미터 단위로 변환할 수 있을 것이다. 그렇지만 사소한 계산 실수 때문에 창피를 당하는 일을[13] 피하기 위해서는 컴퓨터에게 단위 변환을 맡기는 게 안전하다. 특히, C++ 언어가 제공하는 기능을 활용해서 단위 변환 코드를 작성하는 데 집중하자.

이 클래스는 이 길이들에 대한 산술 연산들도 정의한다. 간결함을 위해, 이 산술 연산들은 인라인 friend 함수로 구현한다. 그편이 클래스 바깥의 자유 함수를 만들고 클래스 안에서 그 함수를 friend로 선언하는 것보다 코드가 짧아진다. 비록 그 정의가 클래스 안에 있다고 해도, 인라인 friend 함수는 클래스 바깥에서 정의된 것으로 간주된다. 즉, 인라인 friend 함수에서 클래스의 멤버에 직접 접근할 수 없으며, 클래스 형식의 객체를 반드시 함수 매개변수로서 전달받아야 한다. 다시 단위 변환으로 돌아가서, 다음은 여러 단위에 대한 사용자 정의 리터럴 연산자들이다.[†] 함수 이름이 operator"" 다음에 사용자 정의 접미사가 오는 형태임을 주목하자.

```
length operator"" _m(long double l)
{
    return length(l);
}

length operator"" _km(long double l)
{
    return length(1000.0 * l);
}

length operator"" _nm(long double l)
{
    return length(1852.0 * l);
}
```

13 우리의 친구 허버트는 결코 계산을 틀리지 않는다. 따라서 허버트에게는 UDL이 필요 없다.

† [옮긴이] 해당 소스 코드 전체를 보면 알겠지만, 이들은 클래스의 멤버 함수들이다(친구 함수가 아니라).

이제 다음과 같은 통상적인 표기와 함께

```
length len1{13.5};
```

다음과 같은 사용자 리터럴 표기가 가능하다.

```
length len2{14.2_km},
       len3= 14.2_km;
```

의미가 명확한 접미사 덕분에, 형식 이름을 명시하지 않고 auto를 사용해도 코드의 가독성이 나빠지지 않는다.

```
auto l1= 13.5_m,
     l2= 14.2_km,
     l3= 3 * l2,
     l4= 7.2_nm;
```

다음처럼 사용자 정의 리터럴을 표현식 안에서 직접 사용하는 것도 가능하다.

```
cout << "2km + 30m = " << 2._km + 30.0_m << endl;
cout << "2.5miles + 3.2nm = " << 2.5_miles + 3.2_nm << endl;
```

이 두 행은 다음을 출력한다.

```
2km + 30m = 2.03km
2.5miles + 3.2nm = 9.94976km
```

표준의 이름들과 충돌하지 않으려면 다음 규칙을 지켜야 한다.

규칙

접미사는 반드시 밑줄 하나로 시작한다.

그리고 표준이 아닌 소프트웨어 패키지와의 충돌을 줄이려면, 다른 이름공간들에서 선택적으로 접미사 연산자를 도입하면 된다. 다음이 그러한 예이다.

```
using tst::operator"" _nm;
```

이 문장은 tst 이름공간에서 해리(nautical mile)를 위한 접미사만 도입한다.

사용자 정의 리터럴의 값(리터럴 연산자의 입력)은 반드시 long double(앞의 예제에 쓰였다), long long, unsigned 형식의 수치이거나 일부 문자 및 문자열 리터럴(char, char16_t, const char*, const char16_t* 등)이어야 한다.

2.4 소멸자

소멸자(destructor)는 객체가 파괴될 때 호출되는 함수이다. 다음은 소멸자의 예이다.

```
~complex()
{
    std::cout ≪ "So long and thanks for all the fish.\n";
}
```

소멸자가 하는 일은 생성자가 하는 일의 반대이다. 즉, 소멸자는 생성자의 상보적(complement) 연산이며, 그래서 소멸자에는 상보 또는 부정(negation)을 뜻하는 기호 ~가 붙는다. 생성자와는 달리 한 클래스의 소멸자는 단 하나뿐이어야 하며, 아무 인수도 받지 않아야 한다.

2.4.1 소멸자 구현 규칙

소멸자를 구현할 때 반드시 지켜야 하는 두 가지 중요한 규칙이 있다.

1. 소멸자 바깥으로 예외를 던져서는 **절대로** 안 된다. 소멸자 또는 소멸자가 호출한 함수에서 발생한 예외는 반드시 소멸자 안에서 잡아서 처리해야 한다. 그렇지 않으면 필시 프로그램이 충돌하게 된다. C++11부터는 소멸자에서 벗어난 예외가 실행 시점 오류로 간주되어서 프로그램의 실행이 중단(abort; 비정상적 종료)된다. (이는 C++11부터 소멸자가 암묵적으로 noexcept(§1.6.2.6)로 선언되기 때문이다.) C++03에서는 소멸자가 예외를 던졌을 때 프로그램의 행동이 정의되지 않지만, 대부분의 경우 프로그램이 중단된다.
2. 클래스에 virtual 함수가 있으면 소멸자도 반드시 virtual이어야 한다. 가상 멤버 함수는 §6.1.3에 이야기한다.

2.4.2 적절한 자원 관리 방법

소멸자에서 무슨 일을 할지는 클래스 설계자의 마음이다. 앞에서 말한 두 규칙을 빼고는 아무런 제약도 없다. 그렇지만 실무에서 소멸자의 주된 임무는 객체가 가진 자원들(메모리, 파일 핸들, 소켓, 자물쇠 등등)을 해제하고, 객체와 관련된, 그러나 프로그램이 더 이상 사용하지 않을 모든 것을 정리하는 것이다. 소멸자는 예외를 던지지 말아야 하므로, 예외가 발생할 가능성이 있는 연산은 피해야 한다. 그래서 소멸자는 자원 해제만 담당해야 한다는 것을 원칙으로 삼는 프로그래머가 많다.

⇒ c++03/vector_test.cpp

우리의 complex 클래스에는 소멸자가 필요하지 않다. 복소수가 파괴될 때 따로 할 일이 없기 때문이다. 소멸자는 우리의 vector 클래스처럼 객체가 메모리 같은 자원을 획득하는 클래스에나 필요하다. 그런 경우 메모리나 기타 자원을 소멸자에서 반드시 해제해야 한다.

```
class vector
{
  public:
  // ...
    ~vector()
    {
        delete[] data;
    }
  // ...
  private:
    unsigned my_size;
    double   *data;
};
```

delete와 delete[]는 주어진 포인터가 nullptr(C++03에서는 0)인지 점검한 후 메모리를 삭제하므로, 소멸자에서 따로 점검할 필요가 없다.† 메모리뿐만 아니라 구식 C 파일 핸들로 연 파일들도 명시적으로 닫아주어야 한다(이 점은 구식 C 파일 연산들을 사용하지 말아야 할 여러 이유 중 하나이다). unique_ptr 기반 vector 클래스는 이런 소멸자를 직접 정의할 필요가 없다. 메모리를 적절히 해제하는 소멸자를 컴파일러가 만들어 준다.

2.4.2.1 RAII(자원 획득은/이 초기화이다)

RAII(resource acquisition is initialization; 자원 획득은/이 초기화이다)는 비야네 스트롭스트루룹과 앤드류 쾨니히[Andrew Koenig]가 주도적으로 개발한 하나의 패러다임이다. 아주 간단히 말하면 RAII는 자원들을 객체와 연관시키되 생성자와 소멸

† [옮긴이] 예전에는 "delete 전에 널 포인터 점검"이 당연한 규칙이었고 SAFE_DELETE 같은 매크로나 템플릿 함수가 흔히 쓰였지만, 이제는(사실은 이미 약 20년 전인 C++03에서도) 그럴 필요가 없다.

자 메커니즘을 이용해서 객체의 자원이 자동으로 관리되게 하는 것이다. 어떠한 자원을 획득하고 싶으면 그 자원을 소유하는 객체를 생성하면 된다. 그 객체가 범위에서 벗어나면 자동으로 자원이 해제된다. 앞의 vector 소멸자가 이 점을 잘 보여준다.

어떤 프로그램이 프로그램 안의 986가지 장소에서 총 37,186개의 메모리 블록을 할당한다고 하자. 그 모든 메모리 블록이 제대로 해제되는지를 프로그래머가 일일이 점검하려면 많은 시간이 필요하며, 아무리 꼼꼼하게 점검해도 확신을 가지기 어렵다. valgrind(§B.3) 같은 도구를 사용한다고 해도, 개별 실행에서 메모리 누수가 없었음을 확인할 수 있을 뿐 일반적으로 메모리가 전혀 새지 않는다는 보장은 없다. 반면, 모든 메모리 블록이 생성자에서 할당되고 소멸자에서 해제되게 하면, 메모리 누수가 없음을 확신할 수 있다.

2.4.2.2 예외

자원을 제대로 해제하는 문제는 예외가 끼어들면 더욱더 어려워진다. 예외가 던져져서 프로그램이 정상적인 실행 경로를 벗어나면, 그때까지 획득한 자원들을 모두 해제해야 한다. 그런데 예외가 잡힌 지점에 따라서는, 현재 범위의 자원들뿐만 아니라 그 범위를 감싼 바깥 범위에서 획득한 자원들까지 추적해서 해제해야 할 수 있다. 그러다 보면 예외 처리 코드를 짜는 것이 자원들을 직접 관리하는 코드를 짜는 것만큼이나 지루하고 까다로운 일이 된다. 다행히 이는 자원을 RAII 없이 직접 관리할 때의 이야기이다. RAII를 적용해서 클래스를 구현하면, 정상적인 실행에서 객체가 범위를 벗어날 때뿐만 아니라 예외 때문에 객체가 범위를 벗어날 때도 소멸자가 호출되어서 자원들이 자동으로 해제된다.

2.4.2.3 자원 관리자 클래스

애초에 자원 관리 전용 클래스를 만들어서 자원을 사용하면 앞에서 말한 모든 문제가 해결된다. C++ 표준 라이브러리에도 이런 자원 관리자 클래스들이 있다. 파일 스트림 클래스들은 C 파일 핸들을 자동으로 관리해 준다. unique_ptr와 shared_ptr 같은 스마트 포인터들은 메모리를 누수 없고 예외에 안전한 방식으로 다룬다.[14] 우리의 vector 예제에서 보듯이, unique_ptr를 이용하면 소멸자를 직접 구현할 필요가 없다.

14 사용자는 순환 참조(cyclic reference)만 잘 처리해 주면 된다.

2.4.2.4 커스텀 자원 관리자 클래스

다양한 스마트 포인터가 존재한다는 것은 같은 종류의 자원이라도 그것을 다루는 방식이 여러 가지임을 말해준다. 그런데 기존의 자원 관리자 클래스 중에 자원을 우리의 요구에 딱 맞게 관리하는 것이 없을 수도 있다. 그런 경우에는 우리의 요구에 맞는 자원 관리자를 직접 만들어 보아도 좋을 것이다.

자원 관리자를 직접 구현할 때는 한 클래스로 하나의 자원만 관리해야 한다는 지침을 따라야 한다. 이 지침의 근거는 생성자에서 여러 개의 자원을 획득하는 도중에 예외가 발생할 수 있다는 점이다. 생성자의 실행이 중간에 중단되었을 때 그때까지 획득한 모든 자원을 확실히 해제하도록 만드는 코드를 짜는 것은 지루한 일이다.

따라서, 두 자원(같은 종류일 수도 있다)을 다루는 클래스를 작성할 때는 각 자원에 대한 클래스를 마련하고 그 클래스 형식의 멤버 함수를 두는 접근 방식이 바람직하다. 더 나아가서, 두 자원을 함께 관리하는 또 다른 클래스를 만들어서 자원 관리를 아예 원래의 클래스와 완전히 분리하는 것도 생각해 볼 수 있다. 이렇게 하면 생성자 도중에 예외가 던져져도 해당 관리자 클래스의 소멸자가 호출되어서 자원들이 적절히 해제되므로, 자원 누수의 위험이 없다.

"RAII"라는 용어 자체는 초기화를 좀 더 강조한다. 그렇지만 기술적으로는 해제가 더 중요하다. RAII 문구와는 달리 자원을 반드시 생성자에서 획득해야 하는 것은 아니다. 일단 빈 객체를 생성한 후 나중에 자원을 획득할 수도 있다. 지켜야 할 원칙은 하나의 객체가 하나의 자원을 책임지며 객체의 수명이 끝날 때 자원을 해제해야 한다는 것이다. 이런 관점에서, 존 칼브Jon Kalb는 RAII를 **단일 책임 원리**(single responsibility principle, SRP)의 한 응용이라고 불렀다.

C++11 2.4.2.5 자원 구출

이번 절에서는 자원을 수동으로 관리하는 소프트웨어 패키지를 사용하는 프로그램에서도 자원이 자동으로 해제되게 하는 기법 하나를 소개한다. 이 기법을 설명하기 위한 예제 코드는 OCCI(Oracle C++ Call Interface; 오라클 C++ 호출 인터페이스)[51]를 사용하는데, 이것은 C++ 프로그램에서 오라클 데이터베이스에 접근하는 데 쓰이는 API이다. 이번 절의 예제는 지금까지의 예제들보다 훨씬 현실적이다. 이 예제는 과학자와 공학자도 종종 데이터베이스를 다루어야 한다는 가정을 깔고 있다. 오라클 데이터베이스는 상용 제품이지만, 이 예제는 무료

익스프레스 에디션으로도 시험해 볼 수 있다. 물론 이번 절의 기법은 다른 여러 구식 소프트웨어 라이브러리에도 적용된다.

OCCI는 OCI라는 기존 C 라이브러리의 C++ 확장판으로, 전체적인 구조는 C 스타일이고 거기에 C++의 몇 가지 기능을 이용해서 아주 얇은 층을 하나 얹은 것일 뿐이다. 안타깝게도 다른 여러 C 라이브러리의 언어 간 인터페이스도 이런 방식으로 만들어졌다. C는 소멸자를 지원하지 않으므로 RAII를 적용할 수 없다. 따라서 자원들을 일일이 수동으로 해제해야 한다.

OCCI를 사용하려면 먼저 `Environment` 객체를 생성하고 그것으로 데이터베이스와의 연결을 나타내는 `Connection` 객체를 생성해야 한다. 일단 연결이 되면 데이터베이스 질의문(query statement)을 나타내는 `Statement` 객체로 질의를 수행한다. 질의 결과는 `ResultSet` 객체에 담겨서 반환된다.

한 예로, 표 2-1은 우리의 친구 허버트가 아직 풀리지 않은 수학 난제들에 대한 자신의 해답(?)을 관리하는 데 사용하는 표이다. 둘째 열은 자신의 해답이 상을 받을 만한지를 나타낸다. 허버트는 수많은 수학 문제를 풀었지만, 지면의 제한으로 여기서는 몇 개만 표시했다.

표 2-1 허버트의 해법

문제	수상 가능성
가우스 원	✓
합동수	?
친화수	✓
⋮	

⇒ `c++03/occi_old_style.cpp`

종종 허버트는 상을 받을 만한 자신의 발견을 다음과 같은 C++ 프로그램을 이용해서 조회한다.

```
#include <iostream>
#include <string>
#include <occi.h>

using namespace std;            // 이름들을 도입한다(§3.2.1).
using namespace oracle::occi;

int main()
{
```

```
    string dbConn= "172.17.42.1", user= "herbert",
           password= "NSA_go_away";
    Environment *env = Environment::createEnvironment();
    Connection *conn = env->createConnection(user, password,
                                             dbConn);
    string query= "select problem from my_solutions"
                  "  where award_worthy != 0";
    Statement *stmt = conn->createStatement(query);
    ResultSet *rs = stmt->executeQuery();

    while (rs->next())
        cout << rs->getString(1) << endl;

    stmt->closeResultSet(rs);
    conn->terminateStatement(stmt);
    env->terminateConnection(conn);
    Environment::terminateEnvironment(env);
}
```

이번에는 허버트가 구식 스타일로 프로그래밍한다고 비난할 수 없다. OCCI 라이브러리 자체가 구식이라서 어쩔 수 없다. 코드를 살펴보자. OCCI가 생소한 독자라도 이 코드가 무슨 일을 하는지 이해하기가 어렵지 않을 것이다. 이 코드는 자원들을 획득하고, 허버트의 독창적인 성과들을 나열하고, 마지막으로 자원들을 획득의 역순으로 해제한다. 주목해야 할 자원 해제 부분을 굵게 강조해 두었다.

이런 수동 자원 해제 기법은 우리의(또는 허버트의) 프로그램이 앞의 예제처럼 단선적이고 모든 코드가 한곳에 모여 있을 때는 비교적 잘 통한다. 그러나 일부 연산을 개별 함수로 빼서 코드를 좀 더 구조화하면 상황이 달라진다. 다음은 데이터베이스 질의 연산들을 개별 함수로 독립시켰다고 가정한 예이다.

```
ResultSet *rs = makes_me_famous();
while (rs->next())
    cout << rs->getString(1) << endl;

ResultSet *rs2 = needs_more_work();
while (rs2->next())
    cout << rs2->getString(1) << endl;
```

이제는 질의문 객체와 질의 결과 객체가 다른 범위에 존재한다. 질의문 객체는 외부 함수들에서 생성된다. 따라서, 현재 범위의 모든 객체에 대해 그 객체를 생성하는 데 쓰인 다른 객체도 관리해야 한다. 객체가 많아지면 의존관계를 관리하는 데 엄청난 노력이 필요해지며, 실수의 여지도 엄청나게 커진다.

⇒ c++11/occi_resource_rescue.cpp

여기서 핵심 질문은 "다른 자원에 의존하는 자원을 어떻게 관리해야 하는가?"이다. 한 가지 해법은 shared_ptr로 기본 자원을 관리하고 삭제자(deleter)를 이용해서 의존 자원을 추가로 해제한다는 것이다. 삭제자는 관리되는 메모리 블록이 해제될 때마다 호출된다. 삭제자의 한 가지 흥미로운 특징은, 삭제자에서 반드시 메모리를 실제로 해제해야 하는 것은 아니라는 점이다. 이 점을 의존 자원의 관리에 활용할 수 있다. 우선, Environment부터 보자. 이 객체는 다른 자원에 의존하지 않으므로 처리하기가 가장 쉽다.

```
struct environment_deleter {
    void operator()( Environment* env )
    { Environment::terminateEnvironment(env); }
};

shared_ptr<Environment> environment(
    Environment::createEnvironment(), environment_deleter{});
```

이제는 Environment 객체를 얼마든지 여러 개 생성할 수 있다. 마지막 객체가 범위를 벗어날 때 삭제자가 terminateEnvironment(env)를 호출해 주므로, 마지막으로 데이터베이스 환경을 정리하는 문제는 잊어도 된다.

Connection 객체의 생성과 종료에는 Environment 객체가 필요하다. 이를 위해, 삭제자 connection_deleter는 Environment 객체의 복사본을 유지한다.

```
struct connection_deleter
{
    connection_deleter(shared_ptr<Environment> env)
      : env{env} {}
    void operator()(Connection* conn)
    { env->terminateConnection(conn); }
    shared_ptr<Environment> env;
};

shared_ptr<Connection> connection(environment->createConnection(...),
                                  connection_deleter{environment});
```

이제 Connection 객체가 더 이상 쓰이지 않으면 자동으로 종료된다. connection_deleter의 Environment 복사본 덕분에, Connection 객체가 하나라도 남아 있는 한 연결이 종료되지 않는다.

이러한 삭제자들을 이용하는 데이터베이스 관리자 클래스를 만든다면 데이터베이스를 좀 더 편하게 사용할 수 있을 것이다.

```
class db_manager
{
  public:
    using ResultSetSharedPtr= std::shared_ptr<ResultSet>;

    db_manager(string const& dbConnection, string const& dbUser,
               string const& dbPw)
      : environment{Environment::createEnvironment(),
                    environment_deleter{}},
        connection{environment->createConnection(dbUser, dbPw,
                                                 dbConnection),
                   connection_deleter{environment} }
    {}
    // ... 여러 조회 메서드들 ...
  private:
    shared_ptr<Environment> environment;
    shared_ptr<Connection>  connection;
};
```

이 클래스 자체에는 소멸자가 없음을 주목하자. 멤버들이 자원 관리자 형식들이므로 알아서 해제된다.

다음으로, 관리되는 ResultSet 객체를 돌려주는 query 메서드를 이 클래스에 추가해 보자.

```
struct result_set_deleter
{
    result_set_deleter(shared_ptr<Connection> conn,
                       Statement* stmt)
      : conn{conn}, stmt{stmt} {}
    void operator()( ResultSet *rs )       // 호출 연산자(§3.7 참고)
    {
        stmt->closeResultSet(rs);
        conn->terminateStatement(stmt);
    }
    shared_ptr<Connection> conn;
    Statement*             stmt;
};

class db_manager
{
  public:
    // ...
    ResultSetSharedPtr query(const std::string& q) const
    {
        Statement *stmt= connection->createStatement(q);
        ResultSet *rs = stmt->executeQuery();
        auto deleter= result_set_deleter{connection, stmt};
```

```
        return ResultSetSharedPtr{rs, deleter};
    }
};
```

이제 새 메서드와 삭제자들을 이용해서 main 함수를 다음과 같이 아주 간결하게 표현할 수 있다.

```
int main()
{
    db_manager db("172.17.42.1", "herbert", "NSA_go_away");
    auto rs= db.query("select problem from my_solutions "
                      "   where award_worthy != 0");
    while (rs->next())
        cout << rs->getString(1) << endl;
}
```

질의 함수가 더 많이 있다면 이런 자원 관리자 클래스가 주는 혜택이 더욱 커질 것이다. 같은 말을 자꾸 반복하지만, 모든 자원이 자동으로 해제된다!

그런데 세심한 독자라면 이 예제가 단일 책임 원리를 위반했음을 눈치챘을 것이다. 그런 독자를 더욱 격려하는 취지로, 연습문제 2.8.5는 이 예제의 설계를 개선하는 과제를 제시한다.

2.5 메서드 생성 요약

C++ 표준을 준수하는 컴파일러는 필요하다면 여섯 가지 메서드를 암묵적으로 생성한다(C++03에서는 네 개였다). 자동으로 생성되는 '6대 메서드'는 다음과 같다.

- 기본 생성자
- 복사 생성자
- 이동 생성자(C++11 이상)
- 복사 배정 연산자
- 이동 배정 연산자(C++11 이상)
- 소멸자

이 덕분에 프로그래머는 지루한 반복 코딩을 피할 수 있을 뿐만 아니라 중요한 메서드를 빼먹어서 생기는 문제도 피할 수 있다.

C++11 C++11부터는 default 키워드와 delete 키워드를 이용해서 자동 메서드 생성을 명시적으로 제어할(그리고 문서화할) 수 있다.

```
class complex
{
  public:
    complex(const complex&) = delete;
    complex& operator=(const complex&) = default;
};
```

이 코드는 복사 생성자를 삭제하고 복사 배정 연산자는 기본적인 형태(모든 기반 클래스와 멤버에 복사 배정을 적용하는)로 생성하라고 컴파일러에게 명시적으로 요청한다. §A.5에 나오는 규칙에 따라, 여섯 메서드 중 일부가 아무 경고 없이 자동 생성에서 제외될 수 있다. 하지만 이렇게 특정 메서드의 기본 생성을 명시적으로 요청하면, 그 메서드의 생성이 불가능한 경우 컴파일 오류가 발생하므로 문제를 미리 알 수 있다는 장점이 있다.[15] `= delete` 구문은 암묵적으로 생성되는 6대 메서드뿐만 아니라 그 어떤 함수에도(멤버 함수이든 자유 함수이든) 적용할 수 있다(§2.6.4에 6대 메서드 이외의 메서드를 삭제하는 예가 나온다). C++03까지는 함수를 삭제하는 수단이 없었지만, 특정 메서드를 `private` 섹션에 두어서 비활성화하는 것은 가능했다. 그보다는 `= delete` 구문이 낫다. 우리의 의도를 좀 더 명확히 표현할 수 있고 컴파일러의 오류 메시지가 더 명확하기 때문이다. 게다가, `private` 요령과는 달리 `= delete`로는 자유 함수도 삭제할 수 있다.

여섯 메서드 각각의 암묵적 생성 여부를 결정하는 규칙은 꽤나 복잡하다. 자세한 사항이 §A.5에 나오니 참고하기 바란다. 여기서는 C++11 이상에 적용되는 일반적인 법칙만 제시하겠다.

6대 연산 법칙(rule of six)

여섯 가지 메서드를 가능한 한 적게 구현하고 가능한 한 많이 선언하라. 가능한 한, 직접 구현하지 않는 메서드는 `default`나 `delete`로 선언해야 한다. 의도적으로 구현도, 선언도 하지 않은 연산들은 그 행동 방식을 적어도 주석으로라도 문서화해야 한다.

흔히 선언과 구현을 의도적으로 생략하는 메서드로는 사용자 정의 복사 생성자가 존재할 때의 이동 생성자가 있다. 그런 경우 컴파일러가 이동 생성자를 자동으로 생성하지 않으므로, 오른값으로 객체를 생성하면 복사 생성자가 호출된다

15 드물지만 템플릿과 관련해서 컴파일 오류가 발생하지 않을 때도 있다. 그러나 대부분의 경우에는 오류가 발생한다.

(이때 오른값이 암묵적으로 상수 왼값 참조로 변환된 후 인수로 전달된다). 이때 이동 생성자를 명시적으로 default나 delete로 선언하는 것은 도움이 되지 않는다. 전자에서는 컴파일러가 기본적인, 그러나 클래스 설계자의 의도와는 맞지 않는 이동 생성자를 생성하고, 후자에서는 오른값으로 객체를 생성하는 연산이 아예 금지된다. 자세한 사항은 §A.5를 보기 바란다.

2.6 멤버 변수 접근

C++에서 클래스의 멤버 변수에 접근하는 방법은 여러 가지이다. 이번 절에서는 다양한 방법을 소개하고 그 장단점을 논의한다. 이 논의가 여러분이 풀고자 하는 문제 영역에 가장 잘 맞는 방식으로 클래스를 설계하는 방법을 터득하는 데 도움이 될 것이다.

2.6.1 접근 메서드

§2.2.5에서 complex 클래스의 멤버 변수들에 접근하는 조회 메서드(getter)와 설정 메서드(setter)를 소개했다. 이런 접근 메서드들에는 멤버 변수에 설정되는 값을 임의로 통제할 수 있다는 장점이 있지만, complex 클래스의 경우에는 굳이 이런 접근 메서드들을 둘 필요가 없었다. 오히려 멤버 접근 코드가 상당히 번잡해질 뿐이다. 예를 들어 복소수의 실수부를 증가하려면 다음과 같은 코드를 작성해야 한다.

```
c.set_r(c.get_r() + 5.);
```

이는 산술 연산과는 거리가 먼 모습이라서 가독성이 그리 좋지 않다. 좀 더 나은 방법은 멤버 변수의 참조를 돌려주는 멤버 함수를 도입하는 것이다.

```
class complex {
  public:
    double& real() { return r; }
};
```

이제는 다음과 같은 코드로 실수부를 증가할 수 있다.

```
c.real()+= 5.;
```

앞보다는 훨씬 좋아졌지만, 그래도 조금 어색하다. 이런 방식은 어떨까?

```
real(c)+= 5.;
```

이런 표기가 가능하려면 다음과 같은 자유 함수를 추가해야 할 것이다.

```
inline double& real(complex& c) { return c.r; }
```

그런데 안타깝게도 이 함수는 비공개 멤버 r에 접근한다. 해결책은 다음과 같이 공개 멤버 함수를 통해서 실수부에 접근하는 것이다.

```
inline double& real(complex& c) { return c.real(); }
```

아니면, 이 함수를 complex의 친구로 선언해서 private 멤버 접근을 허용하는 방법도 있다.

```
class complex {
    friend double& real(complex& c);
};
```

그런데 complex 객체가 상수 객체일 때도 real 멤버 변수에 접근할 수 있어야 한다. 따라서 상수 참조를 받는 중복적재 버전도 필요하다.

```
inline const double& real(const complex& c) { return c.r; }
```

이 함수 역시 friend로 선언해야 한다.

마지막 두 함수는 참조를 돌려주는데, 그 참조들이 상한(stale) 참조가 되는 일은 없다. 이 함수들(자유 함수와 멤버 함수 모두)은 참조되는 객체가 이미 생성된 후에만 호출될 수 있음이 명백하다. 다음을 보자.

```
real(c)+= 5.;
```

이 문장에서 참조되는 복소수의 실수부는 이 문장의 끝까지만 존재한다. 그러나 참조된 변수 c는 더 오래(c가 정의된 범위의 끝까지) 지속되므로, 참조의 대상을 잃을 걱정이 없다. 한편, 현재 범위의 끝까지 유지되는 참조 변수를 생성할 수도 있다.

```
double &rr= real(c);
```

c가 현재 범위에서 생성되었다고 해도, C++에서 객체들은 생성의 역순으로 파괴되므로 c가 rr보다 더 오래 유지된다는 점은 변하지 않는다.

임시 객체의 멤버에 대한 참조는 임시 객체가 있는 표현식 안에서 안전하게 사용할 수 있다.

```
double r2= real(complex(3, 7)) * 2.0;        // OK
```

임시 complex 객체는 이 문장의 끝까지만 존재하지만, 그래도 그 객체의 실수부에 대한 참조보다는 오래 지속되므로 이 문장은 유효하다.

임시 객체를 산출하는 표현식에 대한 참조는 가능하면 사용하지 말 것을 강력히 권한다. C++에서, 객체가 상수 참조에 묶이면 그 수명이 연장된다. 그렇지만 여러 함수 호출에 걸쳐서 간접적으로까지 연장되는 것은 아니며, 오직 지역 변수에만 적용되고 클래스의 멤버에는 적용되지 않는다. 이런 세부적인 사항 때문에, 임시 객체 참조를 사용하는 프로그램은 정확성을 증명하기가 어렵다. 따라서 다음 규칙을 추천한다.

규칙

임시 객체 표현식에 대한 참조는 유지하지 말 것!

2.6.2 첨자 연산자

vector의 요소(성분)들을 차례로 훑으려면 특정 요소에 접근할 수 있어야 한다. 이를 위해 at이라는 메서드를 추가하자.

```
class vector
{
  public:
    double at(int i)
    {
        assert(i >= 0 && i < my_size);
        return data[i];
    }
};
```

이제 벡터 v의 성분들을 다음과 같이 합산할 수 있다.

```
double sum= 0.0;
for (int i= 0; i < v.size(); ++i)
    sum+= v.at(i);
```

C++과 C에서 배열(고정 크기 배열)의 요소에 접근할 때는 대괄호([])를 사용한다. 이를 **첨자 연산자**(subscript operator)라고 부른다. 벡터(동적 가변 크기)도 같

은 모습의 연산자로 요소들에 접근하는 것이 자연스럽다. 그러면 성분 합산 코드를 다음과 같이 표현할 수 있을 것이다.

```
double sum= 0.0;
for (int i= 0; i < v.size(); ++i)
    sum+= v[i];
```

이 버전이 더 간결하고 의미가 더 명확하다. 첨자 연산자의 중복적재 구문은 배정 연산자의 것과 비슷하다. 구현은 at의 본문을 그대로 사용하면 된다.

```
class vector
{
  public:
    double& operator[](int i)
    {
        assert(i >= 0 && i < my_size);
        return data[i];
    }
};
```

이제는 대괄호를 이용해서 벡터의 요소에 접근할 수 있다. 그렇지만 이 첨자 연산자는 상수 객체가 아닌 벡터 객체에만 사용할 수 있다.

2.6.3 상수 멤버 함수

이 문제는 "상수 객체를 받는 멤버 함수를 작성하려면 어떻게 해야 하는가?"라는 문제로 일반화할 수 있다. 사실 연산자는 특별한 형태의 멤버 함수이며, 실제로 멤버 함수처럼 호출할 수 있다.

```
v[i];              // 이것은 다음을 간편하게 표기한 것이다
v.operator[](i);
```

실무에서 긴 버전이 쓰이는 경우는 거의 없지만, 어쨌든 이 예는 연산자가 보통의 멤버 함수이고 단지 좀 더 간결한 편의 구문(syntactic sugar; '문법적 설탕')을 제공할 뿐이라는 점을 잘 보여준다.

자유 함수에서는 각 매개변수에 const를 붙여서 상수 여부를 지정할 수 있다. 그러나 멤버 함수의 서명에는 현재 객체(그 멤버 함수가 호출된 객체)에 대한 매개변수가 아예 없다. 현재 객체가 반드시 const이어야 한다는 점을 어떻게 명시해야 할까? 다행히 C++은 이를 위한 특별한 표기법을 제공한다. 다음처럼 멤버 함수 서명 다음에 const 한정사를 붙이면 된다.

```
class vector
{
  public:
    const double& operator[](int i) const
    {
        assert(i >= 0 && i < my_size);
        return data[i];
    }
};
```

const 한정사가 단지 상수 객체에 대해 이 멤버 변수를 호출해도 괜찮다는 프로그래머의 의사를 표현하는 수단인 것만은 아니다. C++ 컴파일러는 상수성을 아주 심각하게 받아들여서, 멤버 함수가 객체를 수정하지는(즉, 어떤 멤버 변수의 값을 변경하지는) 않는지, 그리고 객체를 const 인수로서 다른 함수에 전달하거나 복사하지는 않는지를 깐깐하게 점검한다. 즉, const 메서드가 다른 메서드들을 호출한다면 그 메서드들 역시 반드시 const 메서드여야 한다.

이러한 상수성 보장은 메서드의 반환값에도 적용된다. const 함수가 const가 아닌 참조를 돌려주어도 컴파일 오류는 아니다. 이는 그러한 참조가 객체 바깥의 데이터를 가리킬 수도 있기 때문이다. 안타깝게도, const 메서드가 멤버 데이터에 대한 가변 참조를 돌려주어도, 그래서 메서드 바깥에서 해당 멤버 데이터가 바뀔 수 있어도, 대부분의 컴파일러는 경고하지 않는다.[16] 그래서 클래스의 사용자는 반환된 참조(그리고 포인터)도 책임져야 한다. 메서드의 반환값이 현재 객체의 복사본이거나, 한 멤버 변수(또는 상수)의 복사본이거나, 임시 객체의 복사본일 때는 반환값이 상수가 아니어도 된다. 그런 복사본들은 현재 객체를 수정하지 못한다.

상수 멤버 함수는 비상수 객체로도 호출할 수 있다(C++은 필요하다면 암묵적으로 비상수 참조를 상수 참조로 변환하기 때문이다). 그래서 그냥 상수 멤버 함수만 제공해도 충분할 때가 많다. 예를 들어 다음은 벡터의 크기를 돌려주는 멤버 함수이다.

```
class vector
{
  public:
    int size() const { return my_size; }
    // int size() { return my_size; } // 필요 없음
};
```

16 필자는 Visual Studio에서 이런 경고를 본 적이 있지만, 안타깝게도 현재 버전은 경고를 발생하지 않는다.

비상수 size 함수도 이 상수 버전과 동일한 일을 하므로 생략해도 된다.

그러나 vector의 첨자 연산자는 상수 버전과 가변(비상수) 버전 둘 다 필요하다. 상수 버전만 있으면 상수 벡터와 비상수 벡터의 요소를 읽을 수만 있을 뿐, 비상수 벡터의 요소를 수정하지는 못한다.

멤버 변수를 mutable로 선언하면 const 메서드에서도 수정할 수 있다. 이 기능은 바깥에서 보이는 행동에 영향을 미치지 않는, 내부 상태(이를테면 캐시[cache] 등)에 대해서만 사용하는 것이 바람직하다. C++ 언어의 데이터 보호 기능에 심각한 해가 될 수 있으므로, 이 책에서는 이 기능을 거의 사용하지 않는다. 여러분도 꼭 필요할 때만 사용하길 권한다.

C++11 2.6.4 참조 한정 멤버

⇒ c++11/vector_features.cpp

const로 현재 객체의(구체적으로는 *this의) 상수성을 지정하는 것과 함께, C++11부터는 현재 객체가 왼값 참조인지 오른값 참조인지도 지정할 수 있다. 우리의 vector 클래스에 덧셈 연산을 추가했다고 가정하자(§2.7.3 참고). 두 벡터를 더한 결과는 임시 객체이며, 그 임시 객체는 상수 객체가 아니다. 따라서 다음처럼 임시 객체 자체나 특정 성분에 값을 배정하는 괴상한 코드가 가능하다.

```
(v + w)= x;       // 말이 안 됨
(v + w)[i]= 7.3; // 말이 더 안 됨
```

사실 상당히 작위적인 예지만, 그래도 vector에 개선의 여지가 있다는 점은 잘 보여준다. 구체적으로, 배정 연산의 좌변에는 오직 가변 왼값만 와야 한다. 내장 형식들에는 이러한 규칙이 예외 없이 자동으로 적용된다. 그렇지만 사용자 정의 형식에서는 다음과 같이 참조 한정사를 이용해서 명시해 주어야 한다.

```
vector& operator=(const vector& src) & { ... }
```

이제는 벡터 배정 연산의 좌변에 가변 왼값만 올 수 있다.

요소 접근 방식도 마찬가지로 구체적으로 지정할 수 있다. 현재 vector의 대괄호 연산자는 중복적재 버전이 두 개인데, 하나는 가변 객체를 받고 다른 하나는 상수 객체를 받는다. v + w는 상수가 아니므로 가변 벡터를 받는 버전이 선택된다. 이는 가변 객체에 대한 가변 참조를 통해서 벡터 요소에 접근하는 것이므로 적법한 연산이다. 문제는, (v + w)[i]는 왼값이지만 v+w는 그렇지 않다는 것이다. 이 문제를 해결하려면, 대괄호 연산자가 오직 왼값에만 적용되어야 함을 다음과 같이 명시해야 한다.

```
class vector
{
  public:
    double&       operator[](int i) &      { ... }  // #1
    const double& operator[](int i) const& { ... }  // #2
};
```

메서드의 한 중복적재 버전을 참조로 한정하면† 다른 버전도 참조로 한정해야 한다. 지금 예에서 중복적재 버전 #1은 임시 벡터 객체에는 적용되지 않으며, 버전 #2는 상수 요소를 돌려주므로 그 값을 변경할 수 없다. 결과적으로 컴파일러는 앞에서 본 말이 안 되는 배정 연산에 대해 컴파일 오류를 발생한다.

```
vector_features.cpp:167:15: error: read-only variable is not assignable
    (v + w)[i]= 3;
    ----------^
```

이러한 참조 한정으로 쓰기 접근을 금지할 수는 있어도 읽기 접근은 막을 수 없다. 상수 왼값 참조 매개변수가 오른값 인수도 받아들이기 때문이다. 오른값에서 상수 왼값 참조로의 암묵적 변환을 금지하려면 오른값에 대한 중복적재 버전을 추가해야 한다.

```
class vector
{
  public:
    double        operator[](int i) &&     { ... }   // #3
};
```

이 버전은 참조가 아니라 값을 돌려줌을 주목하자. 보통의 경우 오른값은 조만간 파괴될 임시 객체를 나타내기 때문에 이렇게 한 것이다.

임시 객체의 요소 접근을 아예 금지하려면 오른값에 대한 연산자를 다음처럼 삭제하면 된다.

† [옮긴이] const 한정사나 참조 한정사 등을 붙여서 변수 또는 매개변수의 특징을 좀 더 구체적으로 명시하는 것을 가리켜 "한정하다(qualify)"라고 표현한다. "인원을 한정한다"나 "3년 이상 경력자로 한정한다" 같은 일상적인 어법과는 조금 다르지만, 대상의 범위를 더 좁힌다는 원래의 뜻은 여전히 같다. std::vector처럼 식별자 앞에 이름공간 이름을 붙이는 것도 "(이름공간으로) 한정한다"라고 표현하며, 그런 이름을 한정된 이름(qualified name)이라고 부른다.

```
class vector
{
    double operator[](int i) && = delete;
};
```

행렬 같은 다차원 자료 구조의 개별 요소에 접근하는 방법은 여러 가지이다. 한 가지는 적용 연산자(application operator)라고도 부르는 함수 호출 연산자(§3.7)를 적절히 구현하는 것이다. 그러면 괄호 쌍 안에 쉼표로 구분된 다수의 차원 색인들을 지정해서 특정 요소에 접근할 수 있다. 그리고 대괄호 연산자를 이용할 수도 있다. 대괄호 연산자는 인수를 하나만 받지만, 대괄호 표기들을 연결해서(a[2][3] 등) 여러 개의 색인을 지정하는 것은 가능하다. §A.4.3에 몇 가지 방법이 나온다(안타깝게도 그 방법들 모두 아주 만족스럽지는 않다). §6.6.1.2에서는 연결된 대괄호 표기들로부터 함수 호출 연산자를 호출하는 고급 기법을 설명한다.

2.7 연산자 중복적재의 설계

C++의 대부분의 연산자는 중복적재할 수 있다(중복적재가 불가능한 연산자가 §1.3.10의 표에 나온다). 그런 연산자들 중에는 오직 특정한 용도로만 중복적재하는 것이 말이 되는 것들도 있다. 예를 들어 p->m 형태의 역참조 멤버 선택에 쓰이는 -> 연산자는 새로운 스마트 포인터를 구현할 때나 유용하다. 과학이나 공학 응용 프로그램에서 이 연산자의 직관적이고 자연스러운 새 용도를 떠올리기 어렵다. 같은 맥락에서, 주소 연산자 &(int *p = &a; 형태로 쓰이는)를 주소 연산 이외의 의미로 중복적재하려면 아주 좋은 이유가 필요할 것이다.

2.7.1 일관성이 중요하다

이전에도 언급했지만, C++ 언어는 사용자 정의 클래스를 위한 연산자의 설계와 구현에 그다지 제약을 가하지 않는다. 중복적재할 수 있는 모든 연산자의 의미론(작동 방식)을 우리가 자유롭게 결정할 수 있다. 그렇지만 커스텀화된 연산자의 행동 방식이 표준 형식의 행동 방식과 가까울수록 다른 사람들(동료 개발자, 오픈소스 사용자 등등)이 우리의 클래스를 더 쉽게 이해할 수 있으며, 더 나아가서 우리의 소프트웨어를 좀 더 신뢰하게 된다.

특정 응용 영역의 연산들을 간결하게 표현하는 목적으로 연산자 중복적재를 활용할 수 있음은 물론이다. 연산자들을 잘 중복적재하면 하나의 **영역 특화 내**

장 언어(domain-specific embedded language, DSEL)를 만들어 낼 수 있다. 그렇긴 하지만 DSEL은 그자체로 일관성이 있어야 한다. 예를 들어 연산자 =, +, +=를 중복적재한다면, 표현식 `a= a + b`와 `a+= b`가 같은 결과를 내도록 중복적재해야 한다.

일관된 중복적재

연산자들이 일관된 방식으로 작동하도록 정의하라. 그리고 가능하다면 표준 형식들의 연산자와 비슷한 의미론을 제공하도록 정의하라.

연산자의 반환 형식도 우리가 임의로 선택할 수 있다. 예를 들어 `x == y`가 문자열이나 파일 핸들을 돌려주게 할 수도 있는 것이다. 반복하지만, 중복적재된 연산자의 반환 형식이 C++의 전형적인 반환 형식들과 가까울수록 모두가(우리 자신도 포함해서) 중복적재된 연산자를 사용하기가 쉽다.

연산자 중복적재 시 바꿀 수 없는 유일한 사항은 **항수**(arity; 인수 개수)와 연산자 우선순위이다. 대부분의 경우 항수는 해당 연산 자체의 특성을 따른다. 예를 들어 곱셈은 당연히 인수가 두 개이다. 그러나 항수를 임의로 지정할 수 있으면 좋은 연산자도 있다. 한 예로 첨자 연산자가 현재 객체 외에 두 개의 인수를 받을 수 있다면, `A[i, j]` 같은 표기로 행렬의 성분에 접근할 수 있을 것이다. 임의의 항수(§3.11에서 말하는 가변 인수 템플릿 구현도 포함)를 지정할 수 있는 유일한 연산자는 적용 연산자(application operator)라고도 부르는 함수 호출 연산자 `operator()`이다.

연산자가 받는 인수의 형식 역시 특별한 제약이 없다. 예를 들어 첨자 연산자를 중복적재할 때 `unsigned`를 받고 개별 요소 하나를 돌려주게 할 수도 있고 하나의 구간(range)를 받고 부분 벡터를 돌려주거나 색인들의 집합(set)을 받고 해당 벡터 요소들의 집합을 돌려주게 할 수도 있다. MTL4가 실제로 그런 첨자 연산자들을 제공한다. C++은 MATLAB보다 적은 수의 연산자를 제공하지만, 중복적재 능력 덕분에 우리가 원하는 각종 기능을 구현한 연산자들을 얼마든지 정의할 수 있다.

2.7.2 우선순위 확인

연산자를 직접 정의할 때는 C++의 연산자 우선순위가 응용 영역의 연산자 우선순위와 일치하는지 점검할 피요가 있다. 예를 들어 ^ 연산자를, LaTex에서처럼 행렬의 거듭제곱을 의미하도록 중복적재한다고 하자.

```
A= B^2;
```

A는 B를 제곱(2제곱)한 것이다. 여기까지는 좋다. 원래 비트 단위 XOR 연산을 의미하는 ^와는 상당히 다른 용법이지만, 어차피 행렬에 대해 비트 단위 연산을 사용하지 않기로 한다면 그런 차이가 중요하지 않다. 그런데 B^2에 C를 더하려 하면 문제가 발생한다.

```
A= B^2 + C;
```

멀쩡해 보이는 문장이지만 우리의 의도와는 다르게 작동한다. C++에서 +가 ^보다 우선순위가 높기 때문에, 컴파일러는 좌변의 표현식을 다음으로 해석한다.

```
A= B ^ (2 + C);
```

이 예에서 보듯이, 비록 연산자 중복적재를 이용하면 간결하고 직관적인 인터페이스를 만들 수 있지만, 일부 표현식은 기대와는 다르게 작동할 수도 있음을 주의해야 한다. 다음 조언을 기억하기 바란다.

우선순위를 확인하라

특정 응용에 맞게 연산자를 중복적재할 때 가정한/의도한 우선순위가 C++의 실제 연산자 우선순위와 부합하는지를 세심하게 점검해야 한다.

2.7.3 멤버 함수 대 자유 함수

대부분의 연산자는 멤버 함수로 정의할 수도 있고 자유 함수로 정의할 수도 있다. `operator=`(단순 배정)와 `operator[]`, `operator->`, `operator()`는 객체와 밀접하게 묶인 연산자라서 멤버 함수로만 정의할 수 있다. `operator[]`와 `operator()`를 중복적재하는 예는 §2.6에서 보았다. 반대로, 첫 인수가 내장 형식 또는 다른 소프트웨어 패키지(우리가 코드를 수정할 수 없는)의 형식인 이항 연산자는 자유 함수로만 정의할 수 있다.

그럼 우리의 `complex` 클래스를 예로 들어서 두 가지 방식의 차이를 살펴보자. 다음은 덧셈 연산자를 멤버 함수로 구현한 것이다.

```
class complex
{
```

```
  public:
    explicit complex(double rn = 0.0, double in = 0.0)
      : r{rn}, i{in} {}
    complex operator+(const complex& c2) const
    {
        return complex(r + c2.r, i + c2.i);
    }
    ...
  private:
    double r, i;
};

int main()
{
    complex cc{7.0, 8.0}, c4{cc};
    std::cout << "cc + c4 is " << cc + c4 << std::endl;
}
```

그런데 다음처럼 complex와 double를 더한다면 어떨까?

```
std::cout << "cc + 4.2 is " << cc + 4.2 << std::endl;
```

앞의 구현으로는 이 표현식이 불가능하다. 이런 표현식을 지원하는 한 가지 방법은 둘째 인수로 double을 받는 또 다른 중복적재 버전을 추가하는 것이다.

```
class complex
{
    ...
    complex operator+(double r2) const
    {
        return complex(r + r2, i);
    }
    ...
};
```

아니면 생성자에서 explicit을 제거해서 문제를 해결할 수도 있다. 그러면 double이 암묵적으로 complex로 변환된 후 두 complex 객체를 더하는 연산자가 호출된다.

두 접근 방식은 각자 장단점이 있다. 일반적으로 암묵적 변환이 더 유연하며, 덧셈 연산자를 한 번만 중복적재하면 된다. 그렇지만 성능면에서는 개별 형식에 대해 중복적재 버전을 따로 구현하는 것이 낫다. 암묵적 변환과 개별 구현을 함께 사용해서 유연성과 효율성을 모두 잡을 수도 있다. 그러나 다음처럼 인수들의 순서가 바뀐 표현식은 기존 멤버 함수 구현들로는 처리할 수 없다.

```
std::cout << "4.2 + c4 is " << 4.2 + c4 << std::endl;
```

이 문장은 컴파일 오류를 발생한다. 4.2 + c4라는 표현식은 다음을 줄인것이다.

```
4.2.operator+(c4)
```

따라서 컴파일러는 클래스도 아닌 double에서 complex 객체를 받는 사용자 정의 연산자를 찾지만, 그런 연산자는 없으므로 컴파일에 실패하고 만다. 첫 인수가 내장 형식 또는 우리가 수정할 수 없는 어떤 형식인 연산자를 중복적재하려면 다음과 같이 자유 함수의 형태로 연산자를 정의해야 한다.

```
inline complex operator+(double d, const complex& c2)
{
    return complex(d + real(c2), imag(c2));
}
```

두 complex 객체를 더하는 연산도 다음처럼 자유 함수로 구현할 수 있다. 덧셈이 이항 연산이라는 점을 잘 나타낸다는 점에서, 이것이 멤버 함수 버전보다 더 자연스럽다.

```
inline complex operator+(const complex& c1, const complex& c2)
{
    return complex(real(c1) + real(c2), imag(c1) + imag(c2));
}
```

이런 함수를 작성했다면, 중의성을 피하기 위해 complex 클래스에서 덧셈 연산자 정의를 삭제해야 한다.

일관성을 위해서는 세 가지 중복적재 버전(암묵적 변환을 사용한다면 두 가지 버전)을 모두 자유 함수로 구현하는 것이 낫다. 대부분의 응용 프로그램에서는 이항 연산을 자유 함수로 구현하든 메서드로 구현하든 별 차이가 없다. 그렇지만 미묘한 차이점이 존재한다. 자유 함수는 중복적재 해소 과정에 두 인수의 암묵적 변환의 영향을 받고, 메서드는 클래스 상속과 관련해서 재정의(overriding)와 이름 가리기에 영향을 받는다.

이항 연산자

이항 연산자는 자유 함수로 구현하는 것이 낫다.

마찬가지로, 대부분의 단항 연산자는 단항 자유 함수로 구현할 수도 있고

```
complex operator-(const complex& c1)
{ return complex(-real(c1), -imag(c1)); }
```

무항(매개변수가 없는) 메서드로 구현할 수도 있다.

```
class complex
{
  public:
    complex operator-() const { return complex(-r, -i); }
};
```

단항 연산은 다른 형식과 결합되지 않으므로 중복적재 버전이 하나만 가능하다.† 따라서 이항 연산에서의 메서드와 자유 함수의 차이점은 적용되지 않는다.

마지막으로, 스트림 출력 연산자도 중요한 중복적재 대상이다. 이 연산자는 std::ostream에 대한 가변 참조와 사용자 정의 형식에 대한 참조를 받는데, 후자는 상수 참조로 둘 때가 많다. 간결한 논의를 위해 여기서는 우리의 complex 클래스에 대한 예만 제시한다.

```
std::ostream& operator<<(std::ostream& os, const complex& c)
{
    return os '(' << real(c) << ',' << imag(c) << ")";
}
```

첫 인수가 ostream&이므로 이 연산자를 complex의 멤버 변수로 구현할 수는 없다. std::ostream 형식의 멤버 변수를 complex에 추가하는 것도 바람직한 방법은 아니다. 그냥 위와 같은 자유 함수 하나만 정의하면, 모든 표준화된 출력 스트림(std::ostream을 상속한 모든 스트림 클래스)으로 complex 객체를 출력할 수 있다.

C++20 2.7.4 상등 비교의 중복적재

⇒ c++20/equality_rational.cpp

상등 비교 연산자(equality operator) ==는 원래부터(첫 C++ 표준에서부터) 중복적재할 수 있었다. C++20에서 새로워진 점은 이 연산자를 default로 선언할 수 있게 된 것이다. 그럼 §2.2.2의 rational 클래스를 조금 확장한 버전으로 새 기능을 시험해 보자.

† [옮긴이] 반환 형식만 다른 중복적재는 허용되지 않는다.

```
struct zero_denominator {};

class rational
{
  public:
    rational(int p, unsigned q) : p{p}, q{q} {
        if (q == 0)
            throw zero_denominator{};
    }

    bool operator==(const rational& r2) const = default;
  private:
    int      p;
    unsigned q;
};
```

C++20부터, 클래스에 상등 연산자가 존재하면(컴파일러가 생성하든 프로그래머가 직접 구현하든) 컴파일러는 부등 연산자(inequality operator) **!=**도 생성한다. 이제 두 유리수의 상등과 부등을 판정할 수 있다.

```
rational half{1, 2},
         third{1, 3};

cout << "half == third: " << boolalpha << (half == third) << endl;
cout << "half != third: " << boolalpha << (half != third) << endl;
```

컴파일러가 생성한 상등 연산자는 모든 비 정적 멤버들과 기반 클래스들(있는 경우)을 그 선언순으로 비교한다. 적어도 의미론적으로는, 상등 판정에서 멤버들의 비교 순서가 중요하지 않아야 한다.

컴파일러가 생성한 상등 연산자가 두 객체를 정확하게 비교할 것인지는 클래스를 어떻게 구현하느냐에 달렸다. `rational` 클래스가 유리수를 기약분수 형태로 저장한다면, 다시 말해 분모와 분자가 항상 서로소(relatively prime)인 값들이라면, 컴파일러가 생성한 상등 연산자는 정확한 결과를 낸다. 분모나 분자를 설정할 때 둘의 최대공약수로 나눈 값을 설정하면 그러한 기약분수 불변식이 지켜진다.

그러나 예를 들어 성능 문제 때문에 기약분수 불변식을 강제하지 않기로 한다면, 같은 유리수라도 여러 가지 표현이 가능하다. 예를 들어 `rational{1, 2}`와 `rational{2, 4}`는 둘 다 1/2이지만, 표현이 다르므로 컴파일러는 둘이 같다고 생각하지 않는다. 다음 코드의 출력을 예상해 보기 바란다.

```
rational half2{2, 4};
cout << "half == half2: " << boolalpha << (half == half2) << endl;
```

이 문제를 해결하려면 다음과 같이 상등 연산자를 직접 구현해야 한다.

```
class rational
{
  public:
    bool operator==(const rational& r2) const {
        return p * ll(r2.q) == r2.p * ll(q);
    }
  private:
    static_assert(sizeof(long long) > sizeof(unsigned),
                  "Correct comparison not guaranteed.");
    static long long ll(unsigned x) {
      return static_cast<long long>(x); }
};
```

위넘침(overflow) 때문에 계산 결과가 부정확해지지 않도록 분모를 `long long`으로 변환했다. 그러면 나눗셈 연산에서 분자도 암묵적으로 `long long`으로 변환된다. `long`은 이식성에 문제가 있다. Visual Studio에서 `long`은 `int`와 비트수가 같다. 혹시 `long long`이 `int`와 비트수가 같은 플랫폼도 있을 수 있으므로, 그런 경우 컴파일이 실패하게 하는 `static_assert` 문을 추가했다.

C++20 2.7.5 우주선 연산자의 중복적재

C++20에서 **3중 비교 연산자**(three-way comparison operator) `<=>`가 새로 도입되었다. 그 모양 때문에 **우주선**(spaceship)[17] 연산자라고 부르는 이 연산자는 주어진 첫째 값과 둘째 값을 비교한 결과를 나타내는 값을 돌려준다. 주된 결과는 다음 세 가지이다.

- 미만: 첫째 값이 둘째 값보다 작음
- 초과: 첫째 값이 둘째 값보다 큼
- 상등(또는 동치): 두 값이 같음

이 밖에도 다른 두 가지 결과가 가능한데, 이에 관해서는 잠시 후에 이야기하겠다.

⇒ `c++20/spaceship_example.cpp`

17 이 이름의 영향으로 다른 여러 표준 제안서 작성자들도 제안서에 SF 느낌의 제목을 달아서, 제목만으로는 무엇을 제안하는지 알기 어려운 제안서들이 만들어졌다.

이 연산자의 구현을 그냥 컴파일러에 맡겨도 될 때가 많다.

```
class value
{
  public:
    explicit value(double x) : x{x} {}
    auto operator<=>(const value& v2) const = default;
  private:
    double x;
};
```

생성된 우주선 연산자는 두 double을 비교할 때와 같은 방식으로 작동한다. 그러나 여러 개의 멤버나 기반 클래스를 가진 형식의 경우에는 그 멤버들을 선언 순서에 따라 어휘순(lexicographical) 비교 방식으로 비교한다. static 멤버들은 비교에서 제외된다.

그렇지만 자동으로 생성된 우주선 연산자가 우리의 요구에 딱 맞는 방식으로 객체들을 비교하지는 않을 때도 있다. 그러면 직접 구현해야 하는데, 그럴 때는 대상 객체들의 순서를 정하는 데 적합한 순서 관계가 무엇인지 파악해야 한다. C++에서 우주선 연산자에 적용할 수 있는 순서 관계(ordering)는 다음 세 가지이다.

강 순서(strong ordering): 아마도 가장 직관적인 순서일 것이다. 모든 가능한 두 값 쌍 (a, b)에 대해 a는 b보다 작거나, 크거나, 같거나 셋 중 하나이며 각 값에 임의의 함수를 적용한 결과들의 순서 관계 역시 마찬가지이다. 예를 들어 $a < b \to f(a) < f(b)\ \forall f$이다. 강 순서에 따른 비교 결과를 나타내는 표준 형식은 std::strong_ordering이다.

약 순서(weak ordering): 강 순서와 비슷하되 함수 적용 결과들에도 원래의 순서가 유지된다는 보장이 없다. 표준 형식은 std::weak_ordering이다.

부분 순서(partial ordering): 순서가 결정되지 않는 쌍이 존재한다. 즉, 어떤 a와 b에 대해서는 a가 b보다 작지도, 크지도, 같지도 않다. 표준 형식은 std::partial_ordering이다.

컴파일러가 한 멤버 변수로부터 우주선 연산자를 생성할 때는 그 멤버 변수의 형식이 가진 순서 관계를 따른다. 다수의 멤버를 비교할 때는 제약이 가장 적은 순서 관계를 택한다. 예를 들어 모든 멤버의 순서 관계가 강 순서이거나 약 순서이고 부분 순서는 없으면, 우주선 연산자의 순서 관계는 약 순서이다.

⇒ c++20/spaceship_partial.cpp

다음은 partial_ordering 우주선 연산자의 예이다. 이 연산자는 좌변 객체의 멤버 x와 y 둘 다 우변의 x와 y보다 작으면 '미만'을 뜻하는 값을 돌려주고, 둘 다 더 크면 '초과'를 뜻하는 값을 돌려주고, 둘 다 같으면 '동치'를 뜻하는 값을 돌려준다. 그 외의 경우들(하나만 작거나 큰)에는 '순서 없음'을 뜻하는 값 unordered를 돌려준다(이 값은 partial_ordering에만 정의되어 있다).

```
class partial
{
  public:
    partial(int x, int y) : x{x}, y{y} {}

    bool operator==(const partial&) const = default;

    std::partial_ordering operator<=>(const partial& p2) const {
        using po= std::partial_ordering;
        if (x < p2.x && y < p2.y)
            return po::less;
        if (x > p2.x && y > p2.y)
            return po::greater;
        if (x == p2.x && y == p2.y)
            return po::equivalent;
        return po::unordered;
    }
  private:
    int      x, y;
};
```

우리가 우주선 연산자를 직접 구현하면 컴파일러는 상등 연산자와 부등 연산자를 생성하지 않는다. 그래서 이 코드는 default를 이용해서 상등 연산자의 기본 생성을 명시적으로 요청한다.

좀 더 흔한 부분 순서의 예는 소위 **NaN**(Not a Number; 수가 아님) 값이 발생할 수 있는 부동소수점 수들의 비교이다. NaN은 0/0이나 $\infty - \infty$ 같은 정의되지 않는 산술의 결과로 발생한다. NaN은 그 어떤 수와도 같지 않다. 심지어 NaN과 NaN도 같지 않다. 두 NaN의 상등 비교는 항상 false로 평가된다.

우리의 rational 객체들의 순서 관계는 유리수를 저장하는 방식에 따라 달라진다. 만일 분자와 분모를 약분해서 저장한다면 강 순서이고, 그렇지 않으면 약 순서이다. 기약분수가 아니면 함수 적용 시 동일한 순서가 보장되지 않기 때문에 약 순서가 된다. 다음 코드가 이 점을 잘 보여준다. 1/2의 서로 다른 두 표현은 그 자체로는 상등(동치)이지만, 분모만 돌려주는 함수의 결과들은 그렇지 않다.

```
rational half1{1, 2}, half2{2, 4};
cout << "half1  == half2: " << boolalpha << (half1 == half2) << endl;
cout << "half1.denominator()  == half2.denominator(): "
     << (half1.denominator() == half2.denominator()) << endl;
```

더 나아가서, 기약분수가 아닌 표현들은 위넘침이 발생하기가 더 쉽다. 그렇지만 실제 응용에서는 비교 코드를 제대로 구현한다면 강 순서와 약 순서의 차이가 그리 크지 않다. 표준의 strong_ordering 클래스는 equal이라는 값도 정의하는데, 현재 표준에서 이 값은 equivalent와 상등이다.

다음 장의 §5.2.4에서는 템플릿을 이용해서 클래스를 두 경우 모두에 대해 구현하는 방법을 설명한다. 특히, 선택된 경우에 적합한 순서 관계가 적용되게 하는 기법을 이야기할 것이다. 일단 지금은 유리수를 기약분수로 저장하지 않는 버전에 국한된 약 순서 우주선 연산자를 구현해 보자.

```
class rational
{
  public:
    std::weak_ordering operator<=>(const rational& r2) const {
        using wo= std::weak_ordering;
        int cmp= p * ll(r2.q) - r2.p * ll(q);
        if (cmp == 0)
            return wo::equivalent;
        else if (cmp < 0)
            return wo::less;
        else
            return wo::greater;
    }
}
```

이전의 상등 연산자처럼 이 연산자는 먼저 분모를 long long으로 변환한다. 이러한 변환은 이 연산자에서 더욱 중요하다. p와 r2.q를 곱하는 표현식에 대해 컴파일러는 먼저 두 값을 공통의 형식으로 변환하는데, 안타깝게도 컴파일러가 그리 적합하지 않은 형식을 공통의 형식으로 선택할 때가 많다. 같은 크기의 signed 정수 형식과 unsigned 정수 형식의 공통 형식은 그 크기의 unsigned 정수 형식이다. 부호 있는 int 형식의 음수는 상당히 큰 양수(unsigned 값)로 변환되므로, 우리의 예상과는 동떨어진 비교 결과가 나오게 된다.

사실 이 모든 경우에 대한 앞의 구현이 그리 우아하지는 않다. 두 값의 비교를 다음과 같이 간결하게 표현할 수 있으면 좋을 것이다.

```
std::weak_ordering operator<=>(const rational& r2) const {
    return p * ll(r2.q) - r2.p * ll(q); // 오류: 가능한 변환이 없음
}
```

그러나 weak_ordering에는 정수를 받는 생성자가 없기 때문에 코드는 컴파일되지 않는다. 물론 정수를 받고 그 값에 따라 weak_ordering의 적절한 멤버를 돌려주는 보조 함수를 만들어서 사용할 수도 있겠지만(c++20/spaceship_partial.cpp에 실제로 그런 함수가 있다), 더 나은 방법이 있다. 젠스 마우어[Jens Maurer](우주선 연산자의 최종 제안서를 작성한 사람 중 하나이다)는 다음과 같이 계산 결과와 상수 0을 우주선 연산자로 비교한 결과를 돌려주라고 제안했다.

```
std::weak_ordering operator<=>(const rational& r2) const {
    return p * ll(r2.q) - r2.p * ll(q) <=> 0ll;
}
```

더 우아한 방법은 다음처럼 두 곱을 우주선 연산자로 비교하는 것이다.[18]

```
std::weak_ordering operator<=>(const rational& r2) const {
    return p * ll(r2.q) <=> r2.p * ll(q);
}
```

정리하자면, 객체들을 어떻게 비교하든, 최종적으로는 바탕 형식에 대해 우주선 연산자를 적용할 필요가 있다.

2.7.6 연산자 중복적재를 이용한 형식 시스템 확장

C++의 연산자는 MATLAB 같은 수학 프로그래밍 환경보다는 종류가 적다. 그렇지만 C++에서는 원하는 대로 수치 형식을 정의하고 연산자들을 중복적재할 수 있으므로 표현력이 훨씬 좋다. 다시 선형대수를 예로 들어서 이 점을 좀 더 살펴보자. MTL4 라이브러리는 행렬의 성분에 접근하는 첨자 연산자와 부분행렬을 생성하는 함수를 제공한다.

```
auto x= A[1][3];                          // 1행 3열 성분의 값
auto B= sub_matrix(A, 11, 22, 33, 44); // 부분행렬
```

18 이 방법도 젠스가 제안했다.

그런데 sub_matrix 함수는 직관적이지 않다. 문서를 보지 않는다면 인수로 주어진 수치들의 의미를 알 수 없다. 예를 들어 행렬 다음의 두 수치가 시작 행과 끝 행 색인일까, 아니면 시작 행 색인과 행 수일까? 그다음 수치들은 끝 행의 색인과 시작 열의 색인일까, 아니면 그 반대일까?

C++에서 일련의 값들이나 객체들을 표현할 때 표준적으로 쓰이는 추상은 '구간(range)'이다(표준 라이브러리는 구간을 표현하기 위한 형식들을 제공하는데, §4.1에서 자세히 이야기한다). 구간은 두 개의 개체로 정의된다. 하나는 그 구간의 첫 요소를 가리키는 begin 함수이고 다른 하나는 그 구간을 벗어난 첫 요소를 가리키는 end이다.

그럼 int 값들의 한 구간을 나타내는 irange라는 형식이 있다고 하자.[19] 예를 들어 irange{11, 22}는 11, 12, ..., 21에 해당한다. 22는 구간에 속하지 않는다. 더 나아가서, 대괄호 연산자가 색인들의 구간을 받도록 중복적재한다면, 부분행렬을 생성하는 연산을 다음과 같이 표현할 수 있다.

```
auto B= A[irange{11, 22}][irange{33, 44}]; // 부분행렬
```

이제는 이 표현식이 행렬 A의 어떤 행들과 열들로 부분행렬을 만드는지를 문서화 없이도 잘 짐작할 수 있다. 이러한 표기법은 §A.3에서 좀 더 살펴볼 것이다. 이번 절의 핵심을 요약하면 다음과 같다.

연산자 기능성의 확장

C++에서 새로운 종류의 연산자를 추가할 수는 없지만, 새 형식을 정의하고 그 형식에 대한 연산자를 중복적재해서 기존 연산자가 새 형식에 대해 우리가 원하는 방식으로 작동하게 만드는 것은 가능하다. 이 기법을 이용하면 기존 연산자들의 기능성을 무한히 확장할 수 있다.

2.8 연습문제

2.8.1 다항식

다항식을 표현하는 클래스를 작성하라. 클래스에는 적어도 다음과 같은 멤버가 있어야 한다.

19 C++20에 이와 비슷한 클래스가 있다. §4.1.5.3에서 소개하는 views::iota이다.

- 다항식의 차수를 받는 생성자
- `double` 형식의 계수들을 담는 컨테이너(배열, 벡터, 목록 등).
- 소멸자
- `ostream`을 위한 출력 연산자

산술 연산자 등의 다른 요소들은 생략해도 된다.

2.8.2 유리수

유리수를 표현하는 `rational` 클래스를 다음 요구조건들에 맞게 구현하라.

- 분모와 분자는 `int` 형식이다(이 부분은 다음 장에서 개선한다).
- `int` 두 개로 `rational` 객체를 생성할 수 있어야 한다.
- `int` 하나가 `rational`로 암묵적으로 변환된다.
- 값들은 항상 다음과 같이 정규화된 방식으로 저장된다.
  - 분모는 항상 양수이다.
  - 분모와 분자는 서로소이다(기약분수).
- 다음과 같은 기본 산술 연산을 지원한다.
  - 덧셈
  - 뺄셈
  - 곱셈
  - 나눗셈

  연산 결과도 앞에서처럼 정규화되어야 한다.
- 각 산술 연산에 대한 복합 배정 연산자(+= 등)를 제공한다.
- `ostream` 출력 연산자를 제공한다.

그밖의 기능들은 생략해도 된다.

2.8.3 이동 배정

연습문제 2.8.1의 다항식 객체에 대한 이동 배정 연산자를 작성하라. 복사 생성자는 `default`로 선언한다. 계수 세 개를 받고 다항식을 돌려주는 함수 `polynomial f(double c2, double c1, double c0)`을 작성해서 이동 배정 연산자가 실제로 호출되는지 확인하라. 이동 배정 연산자에서 메시지를 출력하게 해서 확인해도 되고, 디버거로 확인해도 된다.

2.8.4 초기치 목록

연습문제 2.8.1의 클래스에 초기치 목록을 받는 생성자와 배정 연산자를 추가하라. 초기치 목록은 다항식 계수들로만 이루어져야 한다. 다항식의 차수는 초기치 목록의 길이에서 유도할 것(목록 길이 빼기 1이 차수이다).

2.8.5 차원 구출

§2.4.2.5의 구현을 리팩터링하라. `Statement`에 대한 삭제자를 구현하고, 그것을 이용해서 `ResultSet`를 관리할 것.

3장

D i s c o v e r i n g M o d e r n **C + +**

일반적 프로그래밍

항상 상황의 진실을 보려고 노력해야 한다. 그러면 모든 것이 보편적이 된다.

—V.S. 나이폴Naipaul

C++의 **템플릿**(templates)은 매개변수적 형식(parametric type)이라고도 부르는 일반적 형식(generic type)들에 대해 작동하는 함수와 클래스를 만드는 데 쓰이는 기능이다. 함수나 클래스가 일반적 형식에 대해 작동한다는 것은, 개별 형식에 대해 일일이 함수나 클래스를 작성할 필요 없이 하나의 함수나 클래스로 서로 다른 여러 데이터 형식을 다룰 수 있다는 뜻이다.

템플릿 함수나 템플릿 클래스를 작성하고 활용하는 템플릿 프로그래밍을 **일반적 프로그래밍**(generic programming)과† 동의어로 간주하기도 한다. 그렇지만 그 둘이 같은 것은 아니다. 일반적 프로그래밍은 정확성을 유지하면서 최대한의 적용성(applicability)을 추구하는 프로그래밍 패러다임이다. 템플릿은 일반적 프로그래밍의 주된 도구일 뿐이다. 수학적으로 일반적 프로그래밍은 **형식 개념 분석**(formal concept analysis)에 기초한다.[17] 일반적 프로그래밍에서 템플릿 프로그램은 올바른 용법을 위한 모든 충분조건(sufficient condition)의 집합을 담는다. 예전의 C++에서는 그런 충분조건들을 주석이나 문서로만 명시했지만, 현대적 C++의 새 기능인 컨셉츠를 이용하면 충분조건들을 코드로 직접 표현할 수 있다. 정리하자면, 일반적 프로그래밍은 템플릿 프로그래밍 방식이라고 할 수 있다.

† [옮긴이] 'generic'의 번역에 관해서는 옮긴이의 블로그 글 "generic과 general, 그리고 일반적 프로그래밍"(*https://occamsrazr.net/tt/298*)을 참고하기 바란다.

3.1 함수 템플릿

일반적 함수(generic function)라고도 부르는 **함수 템플릿**(function template)은 잠재적으로 무한히 많은 함수 중복적재 버전을 생성할 수 있는 하나의 청사진 같은 것이다. 일상 대화에서는 함수 템플릿보다 **템플릿 함수**라는 용어가 더 많이 쓰이는 것 같다. 실제로 C++ 표준 명세서에서도 템플릿 함수라는 용어를 사용한다. 이 책에서는 두 용어를 함께 사용한다.

주어진 두 값 중 더 큰 것을 돌려주는 `max(x, y)`라는 함수를 작성한다고 하자. 여기서 x와 y는 어떤 한 형식의 변수 또는 표현식이다. 정수 두 개나 배정도 부동소수점 두 개로 이 함수를 호출하려면 다음과 같이 두 가지 중복적재 버전을 정의하면 된다.

```
int max (int a, int b)
{
    if (a > b)
        return a;
    else
        return b;
}
```

```
double max (double a, double b)
{
    if (a > b)
        return a;
    else
        return b;
}
```

여기서 주목할 점은, `int` 버전과 `double` 버전의 함수 본문이 똑같다는 것이다. 템플릿 기능을 이용하면 이 둘을 다음과 같은 하나의 일반적 구현으로 통합할 수 있다.

```
template <typename T>
T max (T a, T b)
{
    if (a > b)
        return a;
    else
        return b;
}
```

이 함수 템플릿 하나로 충분하므로, 앞의 두 중복적재 버전은 삭제하기로 하자. 함수 템플릿을 호출하는 구문은 보통의 함수 호출 구문과 다를 바 없다. 다음은 여러 형식의 인수로 템플릿 함수 `max`를 호출하는 예이다.

```
std::cout << "The maximum of 3 and 5 is " << max(3, 5) << '\n';
std::cout << "The maximum of 3l and 5l is " << max(3l, 5l) << '\n';
std::cout << "The maximum of 3.0 and 5.0 is " << max(3.0, 5.0) << '\n';
```

첫 행에서 3과 5는 int 형식의 리터럴이므로, max 함수 템플릿으로부터 다음과 같은 구체적인 버전('인스턴스')이 생성된다. 템플릿으로부터 구체적인 인스턴스가 만들어지는 것을 템플릿 **인스턴스화**(instanciation)라고 부른다.

```
int max<int>(int, int);
```

마찬가지로, 둘째 행과 셋째 행은 인수들이 각각 long과 double이므로 max의 다음과 같은 인스턴스들이 생성된다.

```
long max<long>(long, long);
double max<double>(double, double);
```

이 예는 리터럴들을 사용했지만, 다음처럼 변수나 표현식으로 템플릿 함수를 호출해도 마찬가지 방식으로 템플릿이 인스턴스화된다.

```
unsigned u1= 2, u2= 8;
std::cout ≪ "The maximum of u1 and u2 is " ≪ max(u1, u2) ≪ '\n';
std::cout ≪ "The maximum of u1*u2 and u1+u2 is "
          ≪ max(u1*u2, u1+u2) ≪ '\n';
```

이 경우는 unsigned 버전의 인스턴스가 만들어진다.

템플릿 정의에서 형식 매개변수(예제의 T)† 앞에 키워드 typename 대신 키워드 class를 사용해도 되지만, typename이 일반적 함수의 의도를 좀 더 잘 표현하므로 class는 추천하지 않겠다.

3.1.1 템플릿 인스턴스화

템플릿이 **인스턴스화**된다는 것이 어떤 의미일까? 비일반적 함수(보통의 함수)의 경우 컴파일러는 소스 코드의 함수 정의를 그대로 읽어서 오류를 점검한 후 실행 가능한 코드를 생성한다. 그러나 일반적 함수의 정의를 처리할 때는 컴파일러는 형식 매개변수와는 무관한 오류(파싱 오류 등)만 잡아낼 수 있다. 다음은 파싱 오류의 예이다.

```
template <typename T>
inline T max (T a, T b)
```

† [옮긴이] 이 번역서에서 '형식 매개변수'는 함수의 매개변수를 뜻하는 formal parameter가 아니라 특정한 형식으로 치환되는 템플릿 매개변수를 뜻하는 type parameter를 옮긴 것이다. 참고로 형식이 아니라 값으로 치환되는 템플릿 매개변수도 있는다. §3.3.2.1에 그러한 비형식 매개변수의 예가 나오고, §3.6에서 좀 더 자세히 이야기한다.

```
{
    if a > b          // 오류!
        return a;
    else
        return b;
}
```

이 코드는 컴파일 오류를 발생한다. if 문 다음에는 반드시 괄호로 감싼 조건식이 와야 하므로, C++ 문법에서 이것은 유효한 구문이 아니다.

그런데 대부분의 템플릿 오류는 형식 매개변수(아래의 예에서 T)에 대입된 실제 형식과 관련된다. 예를 들어 다음 템플릿 함수는 그 자체로는 오류가 없지만, 구체적인 형식으로 인스턴스화하는 시점에서는 오류가 발생할 수 있다.

```
template <typename T>
inline T max(T x, T y)
{
    return x > y ? x.value : y.value;
}
```

int나 double 같은 내장 형식들로는 이 함수를 호출할 수 없다. 그런 형식들에는 value라는 멤버 변수가 없기 때문이다. 즉, 이 템플릿 함수는 내장 형식들을 위한 것이 아니라 value라는 멤버가 있는 형식들만을 위한 함수이다.

컴파일러는 함수 템플릿 자체에 대해서는 이진 코드를 생성하지 않는다. 이진 코드는 함수 템플릿을 호출하는 코드에 대해서만 생성된다. 즉, 템플릿은 구체적인 형식으로 인스턴스화된 후에야 실제로 컴파일된다. 그때는 해당 매개변수 형식에 대해 템플릿 함수의 본문이 문법에 맞는지를 컴파일러가 구체적으로 점검할 수 있다. 앞에 나온 max(value 멤버를 사용하지 않는)의 경우 int와 double은 > 연산자를 지원하므로 컴파일러는 두 형식에 대해 오류 없이 인스턴스를 생성한다.

앞의 예제에서는 템플릿 함수를 보통의 함수와 동일한 구문으로 호출했다. 그러면 컴파일러가 암묵적으로 호출문의 인수로부터 형식 매개변수를 연역한다. 필요하다면 다음처럼 형식 인수(형식 매개변수의 '값')를 명시적으로 지정할 수도 있다.

```
std::cout << max<float>(8.1, 9.3) << '\n';
```

이 경우 max는 명시적으로 float에 대해 인스턴화된다. 함수 호출 없이 템플릿을 명시적으로 인스턴스화하는 것도 가능하다. 다음이 그러한 예이다.

```
template short max<short>(short, short);
```

이런 명시적 인스턴스화 구문은 객체 파일(§7.2.1.3)을 생성할 때, 그리고 실제 컴파일 과정에서 함수 호출과 무관하게 특정 인스턴스가 반드시 생성되게 할 때 유용하다.

정의 3-1. 간결한 논의를 위해, 암묵적인 형식 연역을 통한 인스턴스화를 **암묵적 인스턴스화**라고 부르고 명시적인 형식 선언을 통한 인스턴스화를 **명시적 인스턴스화**(explicit instantiation)라고 부르기로 한다.

필자의 경험으로 볼 때 암묵적 인스턴스화는 대부분의 경우에서 예상한 대로 잘 작동한다. 그러나 중의성(한 인수가 둘 이상의 형식으로 연역될 가능성)을 피하기 위해 명시적 인스턴스화가 필요할 때가 있다. 또한 std::forward(§3.1.2.4)처럼 명시적 인스턴스화를 특별한 용도로 사용하는 경우도 있다. 템플릿을 제대로 이해하는 데에는 컴파일러가 형식 매개변수를 연역하는 방법을 아는 것이 큰 도움이 된다.

3.1.2 형식 매개변수의 연역

⇒ c++11/template_type_deduction.cpp

이번 절에서는 컴파일러가, 템플릿 함수 호출 구문에 주어진 인수가 보통의 값인지, 아니면 왼쪽 참조나 오른쪽 참조인지에 따라 형식 매개변수를 연역하는 방법을 자세히 이야기한다. 이에 관한 규칙은 컴파일러가 auto(§3.4.1)로 선언된 변수의 형식을 연역할 때 적용하는 규칙과 사실상 같다. 그렇지만 auto 변수보다는 함수 매개변수와 관련해서 설명하는 것이 더 직관적이므로 여기서 이야기하기로 한다.

3.1.2.1 값 매개변수

앞의 예제에서는 형식 매개변수 T를 max의 함수 매개변수 형식에 직접 사용했다.

```
template <typename T>
T max (T a, T b);
```

보통의 함수 매개변수처럼 함수 템플릿의 매개변수도 const와 참조로 한정할 수 있다.

```
template <typename T>
T max (const T& a, const T& b);
```

다음과 같은 단항 void 함수 f를 생각해 보자.

```
template <typename TPara>
void f(FPara p);
```

여기서 FPara는 실제 형식이 아니라 TPara에 const나 &가 붙거나 붙지 않은 모든 가능한 조합을 대표하는 패턴을 나타낸다. f(arg)라는 호출에 대해 컴파일러는, 매개변수 p를 arg로 초기화할 수 있다는 조건을 충족하는 형식 TPara를 **연역**(deduction)해야 한다. 이것이 형식 매개변수 연역의 핵심이다. 이해를 돕기 위해 몇 가지 사례를 보자. 문법상으로 가장 간단한 경우는 다음처럼 FPara가 그냥 TPara일 때이다.

```
template <typename TPara>
void f1(TPara p);
```

이 경우 함수 매개변수는 호출 인수의 지역 복사본이다. 이 f1은 int 리터럴이나 int 변수, 가변 및 상수 int 참조로 호출할 수 있다.

```
template <typename TPara>
void f1(TPara p) {}

int main ()
{
    int        i= 0;
    int&       j= i;
    const int& k= i;

    f1(3);
    f1(i);
    f1(j);
    f1(k);
    ...
}
```

네 호출 모두에서 TPara는 int로 치환된다. 따라서 함수 매개변수 p의 형식은 int이다. 함수 매개변수의 형식이 한정사 없는 형식 매개변수일 때 TPara는 인수의 형식에서 모든 한정사를 제거한 형식으로 연역된다. 예를 들어 인수의 형식이 const int&이면 함수 매개변수의 형식은 int이다. 템플릿 함수 f1은 복사 또는 이동(오른값일 때)할 수 있는 형식이면 그 어떤 인수도 받아들인다. 예를 들어 복사 생성자가 삭제된 unique_ptr는 오직 임시 객체로서만 전달할 수 있다.

```
unique_ptr<int> up;
// f1(up);           // 오류: 복사 생성자가 없음
f1(move(up));        // OK: 이동 생성자를 사용함
```

3.1.2.2 왼값 참조 매개변수

매개변수를 상수 참조로 선언하면 모든 인수를(심지어 복사가 안 되는 인수도) 받을 수 있다.

```
template <typename TPara>
void f2(const TPara& p) {}
```

이 경우에도 TPara는 인수의 형식에서 모든 한정사를 제거한 것이다. 그러면 p는 한정되지 않은 인수 형식의 상수 참조이며, 따라서 함수 본문에서 p를 변경할 수 없다.

좀 더 흥미로운 경우는 다음처럼 매개변수를 가변 참조로 선언하는 것이다.

```
template <typename TPara>
void f3(TPara& p) {}
```

이 함수는 모든 리터럴과 임시 객체를 거부한다. 그런 인수는 가변 참조로 참조할 수 없기 때문이다.[1] 치환(대입) 관점에서 말한다면, 이 함수가 리터럴과 임시 객체를 거부하는 이유는 TPara&가 int&&로 치환되는 형식 TPara는 존재하지 않기 때문이다(이 부분은 §3.1.2.3에서 참조 축약(reference collapsing)을 이야기할 때 좀 더 논의한다).

§3.1.2.1에 나온 예제의 i 같은 보통의 int 변수로 f3을 호출하면 TPara는 int로 치환되며, 따라서 p는 i를 참조하는 int& 형식의 변수가 된다. j 같은 가변 참조 변수로 호출했을 때도 마찬가지로 치환된다. const int나 const int&(k 같은)는 어떨까? 이것이 TPara&와 부합할까? const int의 경우에는 가능하다. 이 경우 p의 형식은 const int&이다. 즉, 이 형식 패턴 TPara&는 가변 참조뿐만 아니라 상수 참조도 받는다. 그러나 함수 본문에 p를 수정하는 코드가 있으면 인스턴스화 자체가 실패한다.

1 사실 원칙적으로 이는 상수 참조도 마찬가지지만, 프로그래머의 편의를 위해 C++ 표준 위원회는 리터럴이나 임시 객체를 상수 참조 매개변수에 바인딩할 수 있도록 허용했다.

C++11 3.1.2.3 전달 참조

§2.3.5.1에서 오직 오른값 인수만 받는 오른값 참조를 소개했다. T&& 형태의 매개변수는 오른값뿐만 아니라 왼값도 받는다. 이 점에 착안해서 스콧 마이어스는 그런 참조를 **보편 참조**(universal reference; 또는 만능 참조)라고 불렀다. 하지만 이 책에서는 표준 명세서에 쓰이는 용어인 **전달 참조**(forwarding reference)를 사용하기로 하겠다. 전달 참조가 어떻게 오른값과 왼값을 모두 받는지 이해하기 위해, 다음과 같은 단항 함수의 형식 치환을 살펴보자.

```
template <typename TPara>
void f4(TPara&& p) {}
```

다음은 이 함수를 오른값으로 호출하는 예이다.

```
f4(3);
f4(move(i));
f4(move(up));
```

이 호출들에서 TPara는 한정되지 않은 인수 형식(int와 unique_ptr<int>)으로 치환되며, p의 형식은 그 형식에 &&가 붙은 오른값 참조이다.

표 3-1 참조 축약†

	·&	·&&
T&	T&	T&
T&&	T&	T&&

i나 j 같은 왼값으로 f4를 호출하면 컴파일러는 그러한 인수를 템플릿 오른값 참조 매개변수로 받아들인다. 이 경우 TPara는 int&로 치환되며, p의 형식도 int&가 된다. 이러한 참조 축약에 적용되는 규칙이 표 3-1에 정리되어 있다.

표 3-1의 규칙을 요약한다면, 인수 형식과 템플릿 매개변수 중 적어도 하나가 왼값 참조이면 축약 결과는 왼값 참조이다(더욱 간단하게 요약하면, 앰퍼샌드 개수의 최솟값을 취한다고 말해도 될 것이다). 이를 왼값으로 f4를 호출한 경우에 적용하면, TPara는 오른값 참조이지만 인수는 왼값 참조이므로 p는 int&가 된다.

비템플릿(non-template) 함수에서는 형식 치환이 일어나지 않으므로 오른값 참조가 왼값을 허용하지 않는다. 함수 매개변수가 왼값이 될 수 있는 유일한

† [옮긴이] 열(·&와 ·&&)은 인수의 형식 패턴, 행은 템플릿 매개변수의 형식 패턴이다.

상황은 치환에 의해 왼값 참조가 도입될 때뿐이다. 치환이 없으면 왼값 참조가 관여하지 않으므로 참조가 축약되지 않는다.

형식 영역에 관한 더 자세하고 극적인 이야기가 [46]의 제1장과 제5장에 나온다.

C++11 3.1.2.4 완벽 전달

move를 이용해서 왼값을 오른값으로 바꿀 수 있음은 §2.3.5.4에서 이야기했다. 여기서는 그러한 형식 변환을 상황에 따라 선택적으로 수행하는 방법을 설명한다. 전달 참조 매개변수는 오른값 인수와 왼값 인수(각각 오른값 참조와 왼값 참조에 담긴)를 모두 받는다. 그런 참조 매개변수를 다른 함수에 전달할 때 왼값 참조는 왼값으로, 오른값 참조는 오른값으로 전달되는 것이 바람직하다. 그러나 두 경우 모두 참조 자체는 그냥 왼값이다(이름이 있고 주소를 지정할 수 있으므로). move를 이용해서 참조를 오른값 참조로 변환할 수도 있지만, 그러면 왼값 참조까지 오른값이 된다.

우리가 원하는 것은 상황에 따라 왼값 또는 오른값이 되는 조건부 형식 변환이다. 그런 수단이 바로 std::forward이다. forward는 오른값 참조를 오른값으로 바꾸되[2], 왼값 참조는 그대로 둔다. forward는 반드시 한정되지 않은 형식 매개변수로 인스턴스화해야 한다. 다음 예를 보자.

```
template <typename TPara>
void f5(TPara&& p)
{
    f4(forward<TPara>(p));
}
```

f5의 인수는 f4와 동일한 값 범주로서 전달된다. f5에 값으로 전달된 인수는 f4에도 값으로 전달된다. 모든 오른값도 마찬가지이다. move처럼 forward는 순수한 형식 변환이라서 기계어 명령은 하나도 생성되지 않는다. 혹자는 이를 두고 move는 옮기지 않고 forward는 전달하지 않는다고 말하기도 한다. 이름이 주는 인상과는 달리 이 함수들은 이동할 또는 전달할 인수들을 적절한 형식으로 변환하기만 한다.

2 좀 더 정확히 말하면, 왼값을 지칭하는 명명된 오른값 참조를 오른값을 지칭하는 익명 오른값 참조로 바꾼다.

C++11 3.1.2.5 일반적 오른값 함수

§2.3.5에서 앰퍼샌드 두 개(&&)가 오른값 참조를 나타낸다고 말했는데, 이는 통째로 치환되는 함수 매개변수가 없을 때 참이다. 이로부터 "오른값을 위한 일반적 함수는 어떻게 정의해야 할까?"라는 질문이 제기된다. 한 가지 접근 방식은 해당 왼값 참조로 함수를 중복적재하되 = delete를 이용해서 그 중복적재 버전을 삭제하는 것이다.

```
template <typename T>
void rvalue_only1(T&& arg)
{
    // ...
}

template <typename T>
void rvalue_only1(T&) = delete;
```

이 함수를 오른값으로 호출하면 첫 중복적재 버전이 선택되어서 함수가 예상대로 잘 실행된다. 그러나 왼값으로(const로 한정된 경우도 포함) 호출하면 삭제된 둘째 버전이 선택되어서 컴파일러 오류가 발생한다.

또 다른 방법은 매개변수가 실제로 오른값 참조인지 점검하는 정적 단언문(static_assert)을 추가하는 것이다.

```
template <typename T>
void rvalue_only2(T&& arg)
{
    static_assert(is_rvalue_reference<decltype(arg)>::value,
                  "This function is only allowed for rvalues!");
    // ...
}
```

여기서 is_rvalue_reference는 C++ 표준의 한 '형식 특질(type trait)' 템플릿 함수인데, 형식 특질에 관해서는§5.2.1에서 좀 더 자세히 이야기한다. 앞의 중복적재 삭제 접근 방식에 비해 이 접근 방식은 오류 메시지를 우리가 임의로 정할 수 있다는 장점이 있다. 또한, 오른값 매개변수가 여러 개인 경우 이 접근 방식에서는 그냥 정적 단언문을 더 추가하면 되지만, 중복적재 삭제 접근 방식에서는 오른값 매개변수마다(또한, 중의성에 관한 헷갈리는 오류 메시지를 피하려면 오른값 매개변수들의 모든 조합에 대해서도) 중복적재를 추가해야 한다

3.1.3 템플릿 오류 다루기

앞의 max 예제로 돌아가자. 이 함수는 모든 내장 수치 형식을 지원한다. 그러나 std::complex<T>처럼 operator> 연산자를 제공하지 않는 형식으로 이 함수를 호출하면 인스턴스화가 실패한다. 다음 코드를 보자.[3]

```
std::complex<float>   z(3, 2), c(4, 8);
std::cout << "The maximum of c and z is " << ::max(c, z) << '\n';
```

이 코드에 대해 컴파일러는 다음과 비슷한 오류 메시지를 출력한다.

```
Error: no match for 'operator>' in 'a > b'
```

이 정도의 오류 메시지는 이해하기가 별로 어렵지 않다. 그러나 템플릿 함수가 다른 어떤 템플릿 함수를 호출하고, 그 함수가 또 다른 템플릿 함수를 호출하는 식으로 호출이 깊어지면 상황이 복잡해진다. 컴파일러는 그런 호출을 일단 파싱만 하고, 구체적인 점검은 인스턴스화 시점으로 미룬다. 다음 프로그램을 생각해 보자.

```
int main ()
{
    vector<complex<float> >   v;
    sort(v.begin(), v.end());
}
```

우리의 max처럼 std::sort도 대소 비교가 가능한 형식들만 지원하므로, complex로는 호출할 수 없다. 그러나 대소 비교는 std::sort가 내부적으로 호출하는 다른 어떤 함수에서 일어나기 때문에, 컴파일러의 오류 메시지에는 해당 호출 스택 전체에 대한 정보가 포함된다. 오류의 원인을 추적하려면 꼭 필요한 정보이지만, 이 때문에 오류 메시지가 엄청나게 복잡해지고 어려워진다. 이 예제를 여러 종류의 컴파일러로 컴파일해서 오류 메시지를 살펴보기 바란다. 아마 대부분 해석하기가 아주 어려울 것이다.

그런 길고 복잡한 오류 메시지[4]를 만나도 **당황하지 말라!**(don't panic!).

---

3 max 앞의 콜론 두 개(::)는 표준 라이브러리 함수 std::max와 충돌을 피하기 위한 것이다. g++ 등 일부 컴파일러는 표준의 max를 자동으로 도입한다.

4 필자가 전해 들은 바로 가장 긴 오류 메시지는 약 18MB짜리였다. 이는 텍스트 9,000여 페이지 분량이다!

일단은 오류 메시지 자체에서 뭔가 유용한 것을 찾아보기 바란다. 예를 들어 operator>가 없다거나(missing), 배정이 불가능하다거나(not assignable), 뭔가가 const이면 안 된다거나 하는 문구가 있을 수도 있다. 그런 다음, 호출 스택에서 가장 안쪽의 코드를 찾아본다. 그것이 여러분의 프로그램의 일부, 즉 표준 라이브러리나 서드파티 라이브러리의 템플릿 함수를 호출한 문장이다. 코드 편집기에서 그 코드 행과 그 이전 몇 행을 자세히 보라. 필자의 경험으로 볼 때, 거의 항상 그 행들이 오류의 근원이다. 오류 메시지와 대조해서 함수의 인수 형식에 빠진 연산자나 멤버 함수가 있는지 확인하다 보면 구체적인 문제점을 특정할 수 있을 것이다.

이런 오류 메시지들 때문에 템플릿을 아예 사용하지 않기로 결심하는 것은 바람직하지 않다. 대부분의 경우 문제는 길고 긴 오류 메시지가 주는 인상보다 훨씬 단순하다. 필자의 경험에서, 어느 정도 익숙해지면 템플릿 함수에 대한 대부분의 오류가 실행 시점 오류보다 해결하기 쉽다.

C++20에서는 콘셉츠(§3.10에서 소개한다)를 이용해서 함수의 요구조건을 좀 더 명시적으로 표현할 수 있다. 요구조건 위반에 대해 컴파일러는 좀 더 짧고 이해하기 쉬운 오류 메시지를 출력한다.

3.1.4 형식 섞기

아직 답하지 않은 질문이 하나 있다. 다음처럼 형식이 다른 두 인수로 max를 호출하면 어떻게 될까?

```
unsigned u1= 2;
int      i= 3;
std::cout << "The maximum of u1 and i is " << max(u1, i) << '\n';
```

이 경우는 컴파일러는 다소 놀라운 오류 메시지를 출력한다.

```
Error: no match for function call 'max(unsigned int&, int)'
```

max는 두 인수가 같은 형식이라고 가정하므로, 해당 호출이 max와 정확히 부합하지 않는 것은 사실이다. 하지만 C++에서 정확한 부합이 존재하지 않으면 암묵적인 형식 변환이 일어나야 하지 않을까? 보통의 상황에서는 암묵적 변환이 일어나지만, 지금처럼 템플릿 매개변수의 형식을 연역하는 맥락에서는 그렇지 않다. 템플릿 메커니즘은 형식 수준에서 충분한 유연성을 제공하도록 설계되었다.

그러나 템플릿 인스턴스화와 암묵적 변환이 결합하면 중의성이 발생할 가능성이 아주 커진다.

암묵적 변환에 의존할 수 없는 것이 현실이므로, 서로 다른 형식으로 max를 호출할 수 있으려면 다른 방법이 필요하다. 한 가지 방법은 템플릿 매개변수를 하나가 아니라 두 개 두는 것이다. 그러나 그러면 함수의 반환 형식은 무엇으로 할 것인가라는 또 다른 문제가 발생한다. 그렇게 하지 않고, 비템플릿 버전을 도입해서 암묵적 변환을 가능하게 하는 방법도 있다. 예를 들어 unsigned와 int로 max를 호출하게 하려면 다음과 같은 int 버전을 도입하면 된다.

```
inline int max (int a, int b) { return a > b ? a : b; }
```

그러면 컴파일러는 unsigned 인수를 int로 변환해서 이 중복적재 버전을 선택한다. 그런데 unsigned 버전도 추가하면 문제가 발생한다.

```
inline int max(unsigned a, unsigned b) { return a > b ? a : b; }
```

이제 int와 unsigned가 혼합된 호출에 대해 컴파일러는 int 인수를 unsigned로 변환할지 아니면 unsigned 인수를 int로 변환할지 결정하지 못한다(중의성 오류).

어쨌거나, 템플릿 메커니즘의 목적을 생각한다면, 비템플릿 중복적재를 추가하는 것은 우아하지도 않고 생산적이지도 않다. 그러므로 앞의 비템플릿 중복적재 버전들은 모두 삭제해 버리고, 이번에는 템플릿 함수의 정의가 아니라 템플릿 함수를 호출하는 구문으로 관심을 돌리자. 다음처럼 인수의 형식을 명시적으로 변환하면 컴파일러는 불평 없이 코드를 컴파일한다.

```
unsigned u1= 2;
int      i= 3;
std::cout << "max of u1 and i is " << max(int(u1), i) << '\n';
```

이제 max는 두 int로 호출된다. 또는, 꺾쇠괄호 표기로 템플릿 매개변수 자체를 명시적으로 지정해서 문제 있는 형식 연역을 아예 생략해도 된다.

```
std::cout << "max of u1 and i is " << max<int>(u1, i) << '\n';
```

이제 함수의 두 매개변수는 명시적으로 int가 되므로, 두 인수가 모두 int일 때뿐만 아니라 암묵적으로 int로 변환할 수 있는 형식이기만 하면 호출이 가능하다.

이상의 예는 템플릿의 다소 까다로운 세부사항에 해당한다. 템플릿 함수에 관해 나쁜 인상을 준 것 같으니, 장점을 하나 말하겠다. 바로, 템플릿 함수는 같은 일을 하는 비템플릿 함수만큼이나 효율적이라는 것이다. 이는 템플릿 함수가 인스턴스화된 모든 형식 또는 형식 조합에 대해 개별적인 이진 코드를 C++ 컴파일러가 생성하기 때문이다. 반면에 자바는 템플릿 함수를 한 번만 컴파일해 두고, 실행 시점에서 해당 형식으로 형변환(casting)함으로서 다양한 형식에 대응하는 전략을 사용한다. 그래서 컴파일이 빨리 끝나고 실행 파일의 크기가 작지만, 대신 실행 시점에서 속도가 느리다.

빠른 템플릿을 위해 C++ 프로그래머가 치르는 또 다른 대가는 실행 파일이 커진다는 것이다. 인스턴스화된 형식 조합마다 이진 코드를 생성해야 하기 때문이다. 드물지만 극단적인 경우, 빠른 메모리[5]를 기계어 명령들이 모두 차지하다 보니 데이터를 느린 메모리에 저장하고 조회해서 실행 속도가 오히려 더 느려질 수도 있다.

하지만 실제 응용에서 함수 인스턴스가 그렇게까지 많지는 않다. 실행 파일이 커지는 문제는 인라인화되지 않는 큰 함수에서만 중요하다. 인라인화되는 함수에서는 어차피 실행 파일에서 이진 코드가 함수 호출 지점에 직접 삽입되므로, 실행 파일 크기에 미치는 영향은 템플릿 함수와 비템플릿 함수가 동일하다.

C++11 3.1.5 균일 초기화

균일 초기화(uniform intialization; §2.3.4)는 템플릿에도 적용된다. 그러나 극히 드문 경우에서 중괄호 생략 때문에 코드가 의도대로 작동하지 않을 수도 있다. 궁금한, 또는 이미 그런 일을 겪고 어리둥절한 적이 있는 독자는 §A.6.1을 읽기 바란다.

C++14 3.1.6 반환 형식 연역

C++14부터는 auto 키워드를 이용해서 함수의 반환 형식을 컴파일러가 연역하게 할 수 있다.

```
template <typename T, typename U>
auto max (T a, U b)
{
```

5 일반적으로 L2 캐시와 L3 캐시는 명령들과 데이터를 함께 저장한다.

```
    return a > b ? a : b;
}
```

컴파일러는 return 문의 표현식으로부터 반환 형식을 연역하는데, 이때 연역 규칙은 템플릿 함수에서 인수로부터 함수 매개변수의 형식을 연역할 때와 같다. 함수에 return 문이 여러 개인 경우, 연역된 형식이 모두 같지 않으면 컴파일 오류이다. 기존 템플릿 라이브러리들을 보면 함수 자체는 아주 간단하지만 그 반환 형식의 선언은 대단히 긴(심지어는 함수 본문보다 긴) 경우가 종종 있다. 반환 형식의 자동 연역 기능 덕분에 이제는 프로그래머가 길고 긴 반환 형식 선언을 일일이 타이핑하지 않아도 된다.

C++20 3.1.7 간결한 템플릿 매개변수

⇒ c++20/auto_parameters.cpp

C++20에는 템플릿 함수를 더욱 더 간결하게 표기할 수 있는 기능이 추가되었다. 함수 매개변수를 auto로 선언하면 그 함수는 자동으로 템플릿 함수가 된다. 다음은 이전 절의 max 함수를 이 기능을 이용해서 정의한 것인데, 함수 선언 앞에 template<...>이 아예 없음을 주목하기 바란다.

```
auto max(auto a, auto b)
{
    return a > b ? a : b;
}
```

이런 함수 정의에서 컴파일러는 함수의 각각의 auto 매개변수에 대해 암묵적으로 새로운 형식 매개변수를 도입한다.†

3.2 이름공간과 함수 조회

이름공간(namespace)이 일반적 프로그래밍과 템플릿에만 국한된 주제는 아니다(사실 이름공간은 일반적 프로그래밍과는 완전히 독립적인 주제이다). 그렇지만 이름공간은 함수 템플릿이 관여하는 맥락에서 더욱 중요해지므로, 이번 장에서 함께 이야기하는 것이 바람직하다.

† [옮긴이] 즉, 이 예에서 세 auto는 모두 다른 형식일 수 있다. 따라서 이 예는 §3.1.4에서 언급한 "템플릿 매개변수를 하나가 아니라 두 개 두는" 방법에 해당한다. §3.1.4에서는 반환 형식을 어떻게 결정할 것인가라는 문제를 언급했지만, 그 문제는 자동 반환 형식 연역(§3.1.6)으로 해결된다.

3.2.1 이름공간

이름공간은 min이나 max, abs 같은 이름들을 여러 문맥에서 정의할 수 있게 하는 수단이다. 이름공간이 없으면 서로 다른 문맥의 같은 이름들이 충돌해서 중의성 문제를 일으키기 쉽다. 함수나 클래스를 정의할 때는 고유했던 이름도, 나중에 프로젝트에 새로운 라이브러리들을 도입하거나 기존 라이브러리가 더 확장됨에 따라 충돌할 수 있다. 예를 들어 GUI 라이브러리에는 흔히 window라는 이름의 클래스가 있다. 그런데 통계 라이브러리에도 그런 이름의 클래스가 있을 수 있다. 두 이름이 충돌하지 않게 하려면 다음과 같이 그 둘을 각자 다른 이름공간에 넣으면 된다.

```
namespace GUI {
   class window;
}

namespace statistics {
   class window;
}
```

이렇게 하지 않고 abs, my_abs library_name_abs처럼 이름 자체를 다르게 하는 방법도 있다. 이 방법은 실제로 C 프로그래밍에 흔히 쓰인다. 널리 쓰이는 공통의 라이브러리는 대체로 짧은 함수 이름을 사용하고, 사용자의 라이브러리는 그보다 더 긴 이름을 사용하며, OS 관련 내부 함수들은 흔히 _로 시작한다. 이 방법을 사용하면 이름 충돌 확률이 줄긴 하지만, 이름 충돌이 확실히 방지되지는 않는다. 이름공간은 여러분이 새로운 클래스를 작성할 때 대단히 중요하며, 함수 템플릿 안에서 그런 클래스를 사용한다면 더욱더 중요하다. 이름공간은 소프트웨어의 이름들을 위계적(hierarchical; 계통구조적)으로 조직화함으로써 이름 충돌을 피하고 함수 이름과 클래스 이름에 정밀하게 접근하는 데 꼭 필요한 기능이다.

함수의 블록을 중첩하는 것처럼 이름공간도 재귀적으로 중첩할 수 있다.

```
struct global {};
namespace c1 {
    struct c1c {};
    namespace c2 {
        struct c2c {};
        struct cc {
            global x;
            c1c    y;
```

```
            c2c    z;
        };
    } // namespace c2
} // namespace c1
```

이처럼 중첩된 이름공간의 이름들에 대해 변수 범위 규칙(§1.2.7)과 비슷한 규칙이 적용된다. 특히, 안쪽 이름공간에 바깥쪽 이름공간과 같은 이름이 있으면 바깥쪽 이름이 가려진다(hidden). 그러나 블록 중첩과는 달리 바깥쪽 이름이 아예 사라지는 것은 아니다. **이름공간 한정**(namespace qualification)으로 여전히 접근할 수 있다.

```
struct same {};
namespace c1 {
    struct same {};
    namespace c2 {
        struct same {};
        struct csame {
            ::same     x;
            c1::same   y;
            same       z;
        };
    } // namespace c2
} // namespace c1
```

짐작했겠지만 ::same은 전역 이름공간의 same을 뜻하고 c1::same은 이름공간 c1의 same을 뜻한다. 이름 가리기(숨기기)에 의해, 멤버 변수 z의 형식은 ::same이나 c1::same이 아니라 c1::c2::same이다. 만일 이름공간 c2 안에서 또다시 이름공간 c1을 정의하면 바깥쪽 c1 전체가 가려져서 y의 형식이 부정확해진다.

```
struct same {};
namespace c1 {
    struct same {};
    namespace c2 {
        struct same {};
        namespace c1 {}   // ::c1을 가린다.
        struct csame {
            ::same     x;
            c1::same   y; // 오류: c1::c2::c1::same은 없음
            same       z;
        };
    } // namespace c2
} // namespace c1
```

이 예에서 c1::same은 전역 이름공간에 존재하지만, c1을 c1::c2::c1이 가려버렸기 때문에 접근할 수 없다. 이름공간 c2에서 c1이라는 이름의 클래스를 정의해도 마찬가지 효과가 발생한다. 해결책은 y의 형식의 이름공간 표기 앞에 이중 콜론을 두어서 전역 이름공간에서부터 이름을 찾게 하는 것이다.

```
struct csame {
    ::c1::same   y; // 이것은 고유한 이름이므로 문제가 해결된다.
};
```

이제는 c1이 전역 이름공간에 있는 한 이름공간이지 다른 어떤 c1이 아님을 컴파일러가 명확히 알 수 있어서 오류가 발생하지 않는다.

이름공간 위계구조의 특정 이름을 using 선언을 이용해서 현재 범위에 도입하면 이름공간 한정 없이 해당 이름만 간결하게 표기할 수 있다.

```
void fun( ... )
{
    using c1::c2::cc;
    cc x;
    ...
    cc y;
}
```

그런데 이런 선언은 함수와 이름공간에서만 가능하고 클래스에서는 불가능하다(다른 **using** 선언들과 충돌하기 때문이다). 다음은 '이름 가리기'라는 용어의 뜻을 글자 그대로 보여주는 예이다.

```
void f(string s) { ... }  // # 1
namespace inner {
    void f(int i) { ... } // # 2
    void g() {
        f("from global"s);    // 오류: #2가 #1을 가렸음
    }
}
```

안쪽 범위에서 함수를 선언하거나 정의하면 그 함수와 서명이 같은 바깥쪽 함수 중복적재 버전만 가려지는 게 아니라 모든 함수 중복적재 버전이 가려진다. 즉, 이름 가리기는 특정 중복적재 버전이 아니라 '이름' 자체를 가려버린다. 심지어, 안쪽 범위에서 함수가 아니라 클래스나 변수의 이름을 f로 선언해도 전역 함수 f가 가려진다. f를 호출하려면 다음과 같이 using 선언으로 전역 f를 현재 범위에 도입해야 한다.

```
void f(string s) { ... }  // # 1
namespace inner {
    void f(int i) { ... } // # 2
        void g() {
        using ::f;
        f("from global"s);    // 이제는 #1을 호출한다.
    }
}
```

그런데 헤더 파일 안에서 이런 식으로 이름공간에 이름을 도입하면 이름 충돌 가능성이 상당히 커진다. 도입된 이름은 한 컴파일 단위(번역 단위)의 이후 모든 파일에서 유효하기 때문이다. 반면, 함수 안에서 using 선언으로 도입된 그 함수의 끝까지만 유효하므로 덜 위험하다(함수가 헤더 파일에 있다고 해도).

다음처럼 이름 하나가 아니라 이름공간 전체를 using 지시자로 도입할 수도 있다.

```
void fun( ... )
{
    using namespace c1::c2;
    cc x;
    ...
    cc y;
}
```

이름 하나를 도입할 때처럼 이러한 이름공간 도입도 함수나 이름공간 안에서만 가능하고 클래스 안에서는 불가능하다. 이름공간 도입의 가장 흔한 예는 다음과 같은 문장으로 표준 이름공간을 도입하는 것이다.

```
using namespace std;
```

이런 문장을 흔히 main 함수의 첫 행에 두는 경우가 많고, 심지어는 소스 파일에서 #inlcude 지시문들 다음에 두기도 한다. 그러나 전역 이름공간에 std 이름공간을 도입하면 이름 충돌이 발생할 가능성이 크다. 예를 들어 전역 이름공간에서 vector라는 이름의 클래스를 정의하려 하면 std::vector와 충돌한다.

조언

헤더파일 안에서는 (함수 정의 바깥에서) 이름이나 이름공간을 도입하지 말라.

이름공간의 이름이 너무 길면(특히 이름공간들이 중첩된 경우) **이름공간 별칭**(namespace alias) 기능을 이용해서 짧은 이름을 붙일 수 있다.

```
namespace lname=   long_namespace_name;
namespace dvector= algebra::vector::dense;
```

이 기능 역시 적절한 범위 안에서 사용해야 한다.

⇒ c++17/nested_namespaces.cpp

C++17 C++17에서는 중첩된 이름공간을 일일이 개별 이름공간과 중괄호 쌍을 중첩하는 대신 다음과 같은 콜론 표기를 이용해서 직접 열 수 있다.†

```
namespace algebra::vector::dense {
    class vector3 { /* */ };
}
```

3.2.2 인수 의존적 조회(ADL)

흔히 ADL로 줄여서 표기하는 **인수 의존적 조회**(argument-dependent lookup)는 함수 이름을 현재 이름공간뿐만 아니라 인수들의 이름공간에서도 찾는 것을 말한다. 단, 인수 이름공간들의 부모(바깥쪽) 이름공간들까지 검색을 확장하지는 않는다. 이처럼 검색 범위를 확장하는 것은 함수 호출 시 길고 긴 이름공간 한정을 생략해도 되게 하기 위한 것이다. 예를 들어 궁극의 과학 라이브러리를 rocketscience라는 겸손한(?)‡ 이름의 이름공간 안에 정의한다고 하자.

```
namespace rocketscience {
    struct matrix {};

    template <typename LinOp>
    void initialize(LinOp& A) { /* ... */ }

    matrix operator+(const matrix& A, const matrix& B)
    {
        matrix C;
        initialize(C); // 같은 이름공간의 함수이므로 한정할 필요 없음
        add(A, B, C);
        return C;
    }
}
```

initialize는 rocketscience 안에 정의된 함수이므로 호출하려면 rocketscience

† [옮긴이] 관련해서, 클래스와는 달리 이름공간은 점진적으로 정의할 수 있음을 알아두자. 즉, 한 곳에서 namespace c1 { ...이름들...}로 이름공간을 정의한 후 다른 곳에서(심지어는 다른 파일에서) 다시 namespace c1 {... 다른 이름들...}로 기존 c1에 이름들을 추가할 수 있다.

‡ [옮긴이] 참고로 '로켓 과학'은 일반인은 알 수 없는 난해한 첨단 기술이나 과학을 표현하는 용어이다.

를 한정해 주어야 한다. 그러나 ADL 덕분에, rocketscience 이름공간에 정의된 클래스의 객체로 initialize를 호출할 때는 이름공간 한정을 생략할 수 있다.

```
int main ()
{
    rocketscience::matrix A, B, C, D;
    rocketscience::initialize(B); // 명시적 한정
    initialize(C);                // 한정 생략 - ADL이 찾아줌

    chez_herbert::matrix E, F, G;
    rocketscience::initialize(E); // 한정이 필요함
    initialize(F);                // 오류: 현재 범위에 initialize가 없음
}
```

연산자에도 ADL이 적용된다.

```
A= B + C + D;
```

ADL이 없었다면 이 문장을 다음과 같이 표기해야 했을 것이다.

```
A= rocketscience::operator+(rocketscience::operator+(B, C), D);
```

스트림 출력의 경우에도 ADL이 없다면 이처럼 이름공간을 한정해야 해서 장황한 코드가 필요하다. 사용자 정의 함수나 클래스를 std 이름공간 안에서 정의해서는 안 되므로, 사용자 정의 클래스를 위한 operator≪는 그 클래스의 이름공간 안에서 정의하는 것이 바람직하다. 그런 경우 ADL은 각 형식에 대한 적절한 중복적재 버전을 찾아준다. 다음 예를 보자.

```
std::cout ≪ A ≪ E ≪ B ≪ F ≪ std::endl;
```

ADL이 없다면 각 연산자 앞에 이름공간 이름(들)을 붙여서 한정된 이름(qualified name)을 만들어 주어야 한다. 그러면 코드가 다음과 같이 엄청하게 장황해진다.

```
std::operator≪(chez_herbert::operator≪(
    rocketscience::operator≪(chez_herbert::operator≪(
        rocketscience::operator≪(std::cout, A), E), B),
    F), std::endl);
```

ADL 메커니즘을, 클래스들이 여러 이름공간에 흩어져 있을 상황에서 적절한 함수 템플릿 중복적재를 선택하는 용도로도 사용할 수 있다. 선형대수에는

L_1 노름[norm]이라고 하는 거리 측도가 있다. 맨해튼 노름이라고도 부르는 L_1 노름[norm]은 행렬과 벡터 모두에 대해 정의된다. 우리의 궁극의 과학 라이브러리가 두 경우에 대한 템플릿 구현을 제공한다고 하자.

```
template <typename Matrix>
double one_norm(const Matrix& A) { ... }

template <typename Vector>
double one_norm(const Vector& x) { ... }
```

명시적인 이름공간 한정 없이 one_norm을 호출한다고 할 때, 행렬로 호출했을 때는 첫 버전이, 벡터로 호출했을 때는 둘째 버전이 제대로 선택되게 하려면 어떻게 해야 할까? 한 가지 방법은 행렬을 위한 이름공간과 벡터를 위한 이름공간을 따로 두고 두 버전을 각각의 이름공간에 넣는 것이다. 그러면 ADL에 의해 적절한 버전이 호출된다.

```
namespace rocketscience {
    namespace mat {
        struct sparse_matrix {};
        struct dense_matrix {};
        struct über_matrix⁶ {};

        template <typename Matrix>
        double one_norm(const Matrix& A) { ... }
    }
    namespace vec {
        struct sparse_vector {};
        struct dense_vector {};
        struct über_vector {};

        template <typename Vector>
        double one_norm(const Vector& x) { ... }
    }
}
```

ADL 메커니즘은 인수 형식이 선언된 이름공간에서만 함수를 찾는다. 그 이름공간의 부모 이름공간들은 고려하지 않는다.

```
namespace rocketscience {
    ...
```

6 *uber*[우버]의 원 독일어 단어를 사용했음을 주목하자. 요즘은 미국 신문에서도 이 독일어 단어가 종종 보인다. 단, 일부 컴파일러(이를테면 g++-9)는 비 ASCII 문자가 있는 식별자를 제대로 처리하지 못한다는 점도 주의하기 바란다.

```
    namespace vec {
        struct sparse_vector {};
        struct dense_vector {};
        struct über_vector {};
    }
    template <typename Vector>
    double one_norm(const Vector& x) { ... }
}

int main ()
{
    rocketscience::vec::über_vector x;
    double norm_x= one_norm(x);      // 오류: ADL로 검색되지 않음
}
```

또한, 인수의 형식이 다른 어떤 이름공간에 도입된 경우, ADL이 그 이름공간에서까지 함수를 찾지는 않는다.

```
namespace rocketscience {
    ...
    using vec::über_vector;

    template <typename Vector>
    double one_norm(const Vector& x) { ... }
}

int main ()
{
    rocketscience::über_vector x;
    double norm_x= one_norm(x);      // 오류: ADL로 검색되지 않음
}
```

ADL에만 의존해서 적절한 중복적재 버전을 찾는 전략에는 한계가 있다. 예를 들어 한 이름공간에서 여러분이 정의한 함수나 연산자가 프로젝트에 꼭 필요한 서드파티 라이브러리에도 이미 정의되어 있을 수 있다. 그런 경우 `using` 이름공간 전체를 도입하는 대신 개별 함수들만 도입하면 중의성 오류를 줄일 수 있지만, 완전히 피할 수는 없다.

함수의 매개변수가 여러 개이면 이러한 중의성이 발생할 확률이 더 높다. 특히 매개변수 형식들이 서로 다른 이름공간들에 있을 때 더욱더 그렇다. 다음 예를 보자.

```
namespace rocketscience {
    namespace mat {
```

```
        ...
        template <typename Scalar, typename Matrix>
        Matrix operator*(const Scalar& a, const Matrix& A) { ... }
    }
    namespace vec {
        ...
        template <typename Scalar, typename Vector>
        Vector operator*(const Scalar& a, const Vector& x) { ... }

        template <typename Matrix, typename Vector>
        Vector operator*(const Matrix& A, const Vector& x) { ... }
    }
}
int main (int argc, char* argv[])
{
    rocketscience::mat::über_matrix A;
    rocketscience::vec::über_vector x, y;
    y= A * x;                      // 어떤 중복적재 버전이 선택될까?
}
```

이 코드의 의도는 명확하다. 적어도 인간 독자에게는 그렇다. 하지만 컴파일러에게는 덜 명확하다. A의 형식은 rocketscience::mat에 정의되어 있고 x의 형식은 rocketscience::vec에 정의되어 있으므로, 컴파일러는 그 두 이름공간 모두에서 operator*를 찾는다. 그러면 총 세 개의 중복적재 버전을 발견하는데, 셋 다 다른 둘보다 더 나은 부합이 아니다(비록 그중 하나만 실제로 컴파일될 수 있다고 해도).

안타깝게도 템플릿 매개변수가 명시적으로 지정되었을 때는 ADL이 비활성화된다.[7] 따라서 그런 경우에는 함수에 이름공간들을 명시적으로 한정하거나 using으로 함수를 도입해서 현재 범위에서 그 함수가 보이게 만들어야 한다.

정리하자면, 함수의 중복적재 버전 중 어떤 것이 선택되는지는 지금까지 논의한 다음과 같은 요인들에 의존한다.

- 이름공간 중첩 및 한정
- 이름 가리기
- ADL
- 중복적재 해소

7 이는 컴파일 과정에서 ADL이 너무 늦게 작용하기 때문이다. 그 시점에서는 왼쪽 꺾쇠괄호가 미만 연산자로 해석된다.

함수의 중복적재 버전이 많은 경우, 중의성이 발생하지 않고 정확한 버전이 선택되게 하려면 이러한 요인들의 복잡한 상호작용을 확실히 파악해야 한다. 그래서 §A.6.2에 몇 가지 예를 제시해 두었다. §A.6.2를 반드시 지금 당장 읽을 필요는 없겠고, 나중에 큰 프로젝트에서 중복적재가 예상과 다르게 해소되거나 중의성이 발생하는 상황에 마주쳤을 때 읽어 보아도 좋다.

3.2.3 이름공간 한정 대 ADL

중의성 문제를 겪고 싶은 프로그래머는 별로 없을 것이다. 그렇지만 컴파일러의 복잡한 중복적재 해소 규칙을 세세하게 공부하고 싶은 프로그래머도 그리 많지 않을 것이다. 이런 문제에서 벗어나기 위해, 함수를 호출할 때 이름공간을 명시적으로 한정해서 특정 버전을 명확하게 지정하는 프로그래머도 있다(해당 이름공간 안의 중복적재 버전들에서 중의성이 발생하지만 않는다면 이 방법이 통한다). 이름 조회 규칙이 워낙 복잡하다 보니 그런 번거로운 접근 방식을 취하는 것도 비난할 일은 아니지만, 그것이 최선의 방법인 것도 아니다.

다양한 형식으로 인스턴스화할 수 있는 함수 템플릿과 클래스 템플릿을 담은 좋은 일반적 소프트웨어를 작성하려면 반드시 ADL을 고려해야 한다. 이 점을 수많은 프로그래머가 겪은 대단히 유명한 성능 버그(특히 C++03에서) 하나로 설명해 보겠다. 표준 라이브러리에는 swap이라는 함수 템플릿이 있다. 이 함수는 형식이 같은 두 객체의 내용을 교환한다. 예전에는 이 함수를 다음과 같이 임시 변수와 복사 연산으로 구현했다.

```
template <typename T>
inline void swap(T& x, T& y)
{
    T tmp(x); x= y; y= tmp;
}
```

이 구현은 복사 생성자와 배정 연산자가 있는 모든 형식을 지원한다. 여기까지는 좋다. 그러나 각각 1GB의 데이터를 담은 두 벡터를 교환한다고 하자. 그러면 이 구현으로는 임시 변수를 위해 1GB의 메모리를 더 할당해야 하며, 총 3GB의 데이터를 복사해야 한다. 좀 더 똑똑한 해법은 다음과 같이 데이터를 가리키는 포인터와 크기 정보만 교환하는 것이다.

```
class vector
{
```

```
    ...
    friend inline void swap(vector& x, vector& y)
    { std::swap(x.my_size, y.my_size); std::swap(x.data, y.data); }
  private:
    unsigned my_size;
    double   *data;
};
```

어떤 일반적 함수에서 매개변수 형식의 데이터를 교환해야 한다고 하자.

```
template <typename T, typename U>
inline void some_function(T& x, T& y, const U& z, int i)
{
    ...
    std::swap(x, y); // 비용이 클 수 있음
    ...
}
```

이 함수는 표준의 swap 함수를 사용하기 때문에 복사 가능한(copyable) 모든 형식에 대해 작동하지만, 대신 3GB의 데이터를 복사하게 될 위험이 있다. 표준의 swap보다는 앞에서 만든 포인터와 크기 정보만 교환하는 우리의 swap 함수가 훨씬 빠르다. 코드를 조금만 고치면 두 버전 중 적합한 것이 선택되게 할 수 있다.

```
template <typename T, typename U>
inline void some_function(T& x, T& y, const U& z, int i)
{
    using std::swap;
    ...
    swap(x, y); // ADL이 관여함
    ...
}
```

이제 선택할 수 있는 swap이 두 가지이다. 컴파일러는 x와 y의 형식에 기초해서 표준의 swap과 우리의 swap 중 하나를 선택하는데, 그 형식이 표준 구현의 것보다 더 구체적이면 우리의 버전을 선택한다. 더 일반적으로 말하면, 사용자 정의 형식에 대한 구현이 std::swap의 것보다 더 구체적이다. 실제로 현재의 std::swap은 바로 그런 이유로 이미 표준 컨테이너들에 대해 중복적재되어 있다.

using을 사용하라

사용자 정의 형식 중복적재가 존재할 수 있는 함수 템플릿을 호출할 때 함수를 이름공간으로 한정하지 말라. 대신 해당 이름을 보이게 만들고, 호출 자체에서는 이름공간을 한정하지 않도록 하라

C++11 표준 swap 구현에 관해 한 마디 덧붙이자면, C++11부터는 가능하면 임시 변수와 두 인수의 값을 복사가 아니라 이동으로 교환한다.

```
template <typename T>
inline void swap(T& x, T& y)
{
    T tmp(move(x));
    x= move(y);
    y= move(tmp);
}
```

따라서 사용자 정의 swap이 없는 형식의 객체들도 해당 이동 생성자와 이동 배정 연산자가 빠르기만 하다면 효율적으로 교환할 수 있다. 사용자 정의 swap이 없고 이동을 지원하지 않는 형식만 복사된다.

3.3 클래스 템플릿

이름공간을 소개하기 전에, 템플릿을 이용해서 일반적 함수를 만드는 방법을 이야기했다(§3.1). 템플릿은 일반적 클래스를 만드는 데에도 쓰인다. 함수 템플릿와 비슷하게 표준에서는 그런 클래스를 클래스 템플릿class template이라고 부르지만, 현업 개발자들은 템플릿 클래스나 템플릿화된(templated) 클래스라는 용어를 더 많이 쓰는 것 같다. 무엇이라고 부르든, 그런 일반적 클래스에서는 데이터 멤버의 형식을 템플릿으로 매개변수화할 수 있다.†

클래스 템플릿은 벡터나 행렬, 목록 같은 범용 컨테이너 클래스를 만들 때 특히나 유용하다. 복소수 클래스를 매개변수적 값 형식으로 확장할 수도 있다. 그렇지만 복소수는 이미 많이 다루었으므로, 기분 전환 삼아 이번 절에서는 다른 예를 사용하기로 한다.

3.3.1 컨테이너 예제

⇒ c++11/vector_template.cpp

그럼 벡터 클래스를 일반적 클래스로 만들어 보자. 여기서 벡터는 STL의 vector 같은 벡터가 아니라 선형대수에서 말하는 벡터이다. 다음이 그러한 클래스인데, 가장 기본적인 연산들만 구현했다.

† [옮긴이] 또한 멤버 함수의 반환 형식과 매개변수 형식도 매개변수화할 수 있다.

목록 3-1 템플릿화된 벡터 클래스

```
template <typename T>
class vector
{
  public:
    explicit vector(int size)
      : my_size{size}, data{new T[my_size]}
    {}

    vector(const vector& that)
      : my_size{that.my_size}, data{new T[my_size]}
    {
        std::copy(&that.data[0], &that.data[that.my_size], &data[0]);
    }

    int size() const { return my_size; }

    const T& operator[](int i) const
    {
        check_index(i);
        return data[i];
    }
    // ...

  private:
    int                    my_size;
    std::unique_ptr<T[]>  data;
};
```

템플릿 클래스가 보통의 비템플릿 클래스와 근본적으로 다르지는 않다. 단지 멤버들의 형식을 지정하는 데 쓰이는 여분의 형식 매개변수 T가 있을 뿐이다. 멤버 변수 my_size나 멤버 변수 size()에서 보듯이, 모든 멤버의 형식을 매개변수화해야 하는 것은 아니다. 대괄호 연산자와 복사 생성자 등은 형식이 매개변수화되었지만, 그래도 비템플릿 버전과 비슷한 모습이다. 예전의 비템플릿 버전과 비교하자면, 멤버 함수들에서 매개변수나 반환 형식, 메모리 할당 등에 있던 double이 모두 형식 매개변수 T로 바뀌었다. 또한, 멤버 변수 data의 선언에도 형식 매개변수 T가 들어갔다.

템플릿 매개변수에 기본값(형식 매개변수의 경우 하나의 형식)을 지정할 수도 있다. 벡터 클래스의 데이터 형식뿐만 아니라 방향과 위치의 형식도 매개변수화한다고 하자.

```
struct row_major {}; // 분류만을 위한 빈 형식
struct col_major {}; // 마찬가지
```

```
struct heap {};
struct stack {};

template <typename T= double, typename Orientation= col_major,
          typename Where= heap>
class vector;
```

이제 이 벡터 형식의 객체를 다음과 같이 모든 템플릿 인수를 명시적으로 지정해서 생성할 수도 있고,

```
vector<float, row_major, heap>  v;
```

원하는 형식이 기본값과 같다면 생략할 수도 있다.

```
vector<float, row_major>  v;
```

함수와 마찬가지로 클래스 템플릿에서도 마지막 템플릿 인수만 생략할 수 있다. 예를 들어 둘째 인수가 기본값이지만 마지막 인수는 아니라면 둘째 인수만 생략할 수는 없다. 다음과 같이 인수들을 모두 지정해야 한다.

```
vector<float, col_major, stack>  w;
```

모든 템플릿 매개변수에 기본값을 지정해 두었다면, 세 인수 모두 생략할 수 있다. 그렇지만 문법상의 이유(여기서 자세히 이야기하지는 않겠다)로 꺾쇠괄호는 표기해 주어야 한다.

```
vector    x; // C++17 이전에는 오류이고 C++17부터는 다른 의미임(§3.4 참고)
vector<>  y; // 좀 이상해 보이지만 이게 맞음
```

템플릿 매개변수의 기본값에 그 이전 템플릿 매개변수를 사용할 수도 있다.

```
template <typename T, typename U= T>
class pair;
```

이런 기법은 두 값이 다른 형식일 수도 있는 클래스에 유용하다. 두 값이 같은 형식이면 그냥 한 형식만 지정하면 된다.

```
pair<int, float>  p1;  // int 값과 float 값의 쌍
pair<int>         p2;  // 두 int 값의 쌍
```

기본값을 이전 템플릿 매개변수들의 표현식으로 두는 것도 가능한데, 이에 관해서는 제5장에서 보게 될 것이다.

3.3.2 통합된 클래스 및 함수 인터페이스 설계

⇒ c++03/accumulate_example.cpp

일반적 클래스와 함수를 작성할 때 클래스 템플릿을 먼저 작성하는 것이 좋을까, 아니면 함수 템플릿을 먼저 작성하는 것이 좋을까? 닭이 먼저냐 달걀이 먼저냐와 비슷한 질문이지만, 이 경우에는 정답이 없다. 먼저 함수 템플릿들을 작성하고 그 함수 템플릿들에 대응되는 메서드들로 클래스를 구현해서 클래스를 일반화할 수도 있고, 클래스의 인터페이스를 먼저 작성하고 그 인터페이스에 맞게 일반적 함수들을 구현할 수도 있다.

일반적 함수들이 내장 형식들이나 표준 라이브러리의 클래스들을 처리할 수 있어야 한다면 상황이 조금 달라진다. 표준의 클래스들은 우리가 마음대로 바꿀 수 없으므로, 우리의 함수들을 표준 클래스들의 인터페이스에 맞출 수밖에 없다. 그밖에 템플릿 특수화나 메타프로그래밍(형식 의존적 행동을 가능하게 하는) 같은 옵션들이 있는데, 이들은 나중에 다시 이야기하겠다.

이번 절에서는 STL(표준 템플릿 라이브러리)의 `accumulate` 함수(§4.1)와 비슷한 일을 하는 '합산(summation)' 함수를 예로 들어서 클래스 및 함수 인터페이스 설계를 설명한다. 원래 이 함수는 프로그래머들이 포인터와 보통의 배열을 지금보다 훨씬 자주 사용하던 시절에 개발되었다. 그래서 STL의 창시자인 알렉스 스테파노프와 데이비드 머서David Musser는 STL의 모든 컨테이너뿐만 아니라 기존의 포인터와 배열에도 잘 작동하는 극도로 융통성 있는 인터페이스를 구축했다.

3.3.2.1 C 배열의 합산

평범한 C 배열의 요소들을 합산하는 일반적 함수를 작성한다고 할 때 아마도 가장 먼저 떠오르는 접근 방식은 함수가 배열의 주소와 함께 크기(요소 개수)도 받게 하는 것이다.

```
template <typename T>
T sum(const T* array, int n)
{
    T sum(0);
    for (int i= 0; i < n; ++i)
        sum+= array[i];
    return sum;
}
```

이 함수는 다음과 같이 사용할 수 있다.

```
int    ai[]= {2, 4, 7};
double ad[]= {2., 4.5, 7.};

cout ≪ "sum ai is " ≪ sum(ai, 3) ≪ '\n';
cout ≪ "sum ad is " ≪ sum(ad, 3) ≪ '\n';
```

자연스러운 용법으로 보이지만, 조금 더 생각한다면 배열 크기를 꼭 전달해야 하느냐는 의문이 떠오른다. 어차피 배열의 크기는 컴파일 시점에서 알려지므로, 컴파일러가 연역하게 하면 안 될까? 컴파일러가 배열의 크기를 연역하게 만들기 위해, 크기를 위한 템플릿 비형식 매개변수를 도입하고 배열을 포인터가 아니라 참조로 받게 하자.

```
template <typename T, unsigned N>
T sum(const T (&array)[N])
{
    T sum(0);
    for (int i= 0; i < N; ++i)
        sum+= array[i];
    return sum;
}
```

함수 서명의 구문이 다소 생소할 텐데, array가 “참조들의 배열”이 아니라 “배열의 참조”임을 나타내기 위해서는 이처럼 괄호로 감싸야 한다. 템플릿 매개변수 목록에서 unsigned N은 비형식 매개변수이다. 비형식 매개변수는 §3.6에서 좀 더 자세히 이야기한다. 이제 이 함수를 다음과 같이 인수 하나로 호출할 수 있다.

```
cout ≪ "sum ai is " ≪ sum(ai) ≪ '\n';
cout ≪ "sum ad is " ≪ sum(ad) ≪ '\n';
```

컴파일러는 주어진 인수로부터 배열의 크기와 요소 형식을 연역한다. 함수 템플릿에 크기에 대한 템플릿 매개변수가 있으므로, 형식이 같되 크기가 다른 두 배열로 이 함수를 호출하면 함수 템플릿은 두 번 인스턴스화된다. 그렇지만 함수 템플릿이 워낙 작으므로, 그리고 어차피 이런 함수들은 인라인화될 가능성이 크므로 인스턴스화 횟수가 많다고 해서 실행 파일이 아주 커지지는 않는다.

3.3.2.2 목록 항목들의 합산

목록(list) 또는 연결 목록(linked list)은 각 요소가 하나의 값과 그다음 요소의 참조로 구성된 간단한 자료 구조이다. 각 요소가 이전 요소의 참조를 포함하기도 하는데, 그런 경우는 '이중 연결(doubly-linked)' 목록이라고 부른다. C++ 표준 라이브러리의 `std::list`(§4.1.3.3)가 이중 연결 목록이고, C++11에 도입된 `std::forward_list`는 이전 요소로의 참조가 없는 단일 연결 목록이다. 여기서는 앞으로만(즉, 마지막 요소를 향해서만) 나아갈 수 있는 단일 연결 목록만 고려한다.

```
template <typename T>
struct list_entry
{
    list_entry(const T& value) : value{value}, next{nullptr} {}

    T              value;
    list_entry<T>* next;
};

template <typename T>
struct list
{
    list() : first{nullptr}, last{nullptr} {}
    ~list()
    {
        while (first) {
            list_entry<T> *tmp= first->next;
            delete first;
            first= tmp;
        }
    }
    void append(const T& x)
    {
        last= (first? last->next : first)= new list_entry<T>(x);
    }
    list_entry<T> *first, *last;
};
```

코드가 아주 간결한데, 실제로 이 `list` 클래스는 단일 연결 목록의 구현에 필요한 최소한의 코드로만 이루어졌다. 다음은 이 인터페이스를 이용해서 `float` 값들의 목록을 구축하는 예이다.

```
list<float>  l;
l.append(2.0f); l.append(4.0f); l.append(7.0f);
```

이 클래스에 유용한 메서드를 더 추가해 보기 바란다. 예를 들어 initializer_list를 받는 생성자가 있으면 좋을 것이다. 다음은 이 list의 값들을 합산하는 함수인데, 보다시피 코드가 아주 간단하다.

목록 3-2 목록 항목들의 합산

```
template <typename T>
T sum(const list<T>& l)
{
    T sum= 0;
    for (auto entry= l.first; entry != nullptr; entry= entry->next)
        sum+= entry->value;
    return sum;
}
```

배열 구현과 다른 부분을 강조해 두었다. 호출 방법은 자명하므로 따로 예제 코드를 제시하지는 않겠다.

3.3.2.3 차이점과 공통점

공통의 인터페이스를 만들 때 이런 질문을 던져야 한다. sum의 두 구현이 얼마나 비슷한가? 언뜻 보면 비슷한 점이 별로 없는 것 같다. 차이점은 명확하다.

- 개별 값에 접근하는 방식이 다르다.
- 항목들을 훑는(순회) 방식이 다르다.
- 종료 조건이 다르다.

그렇지만 좀 더 추상적인 수준에서 보면 두 함수는 다음과 같은 과제들을 공통으로 수행한다.

- 한 항목에 접근한다.
- 다음 항목으로 넘어간다.
- 컨테이너의 끝에 도달했는지 점검한다.

두 구현은 이 세 과제를 주어진 형식의 인터페이스로 실현하는 방식이 다를 뿐이다. 따라서, 두 형식 모두에 대한 하나의 일반적 함수를 만들려면 이 세 과제를 위한 공통의 인터페이스를 만들어야 한다.

3.3.2.4 배열 합산 v2

§3.3.2.1의 구현에서는 색인(첨자)을 이용해서 배열의 요소에 접근했다. 이는 소위 임의 접근(random access)에 해당하는데, 목록 자료 구조에서는 임의 접근이 불가능하지는 않아도 대단히 비효율적이다. 따라서 배열 합산을 좀 더 순차적인 스타일로, 그러니까 목록에서처럼 한 요소에서 그다음 요소로 넘어가는 방식으로 구현할 필요가 있다. 배열은 포인터처럼 사용할 수 있으므로, 배열의 끝에 도달할 때까지 포인터 변수를 증가시키면 된다. 배열의 끝을 지나친 첫 주소는 `&a[n]`인데, 포인터 산술 형태로 좀 더 간결하게 표현하면 `a + n`이다. 그림 3-1은 배열 `a`의 주소(첫 요소에 해당)에서 시작해서 한 요소씩 나아가다가 `a+n`에 도달하면 멈추는 과정을 나타낸 것이다. 배열의 '끝 포인터(end pointer)는 배열의 끝(마지막 요소)이 아니라 끝을 지나친 지점을 가리킨다는 점에 주목하자. 수학의 어법으로 말하면, 이 주소 범위는 오른쪽 반개구간(right-open interval)에 해당한다.

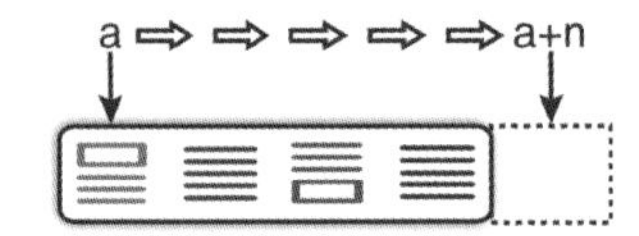

그림 3-1 크기가 n인 배열의 시작 포인터와 끝 포인터

최대의 적용성(applicability)을 위해 소프트웨어를 작성할 때는 폐구간(닫힌구간)보다 반개구간이 더 유연하다. 특히 위치들을 <로 (효율적으로) 비교할 수 없는 목록 같은 자료 구조에서는 더욱더 그렇다. 목록 3-3은 오른쪽 반개구간에 대한 합산을 구현한 함수이다.

목록 3-3 배열 요소 합산

```
template <typename T>
inline T accumulate_array(T* a, T* a_end)
{
    T sum(0);
    for (; a != a_end; ++a)
        sum+= *a;
    return sum;
}
```

용법은 다음과 같다.

```
int    ai[]= {2, 4, 7};
```

```
double ad[]= {2., 4.5, 7.};

cout << "sum ai is " << accumulate_array(ai, &ai[3]) << '\n';
cout << "sum ad is " << accumulate_array(ad, ad+3) << '\n';
```

이제는 오른쪽 반개구간을 나타내는 한 쌍의 포인터(시작 포인터와 끝 포인터)로 함수를 호출한다. 이러한 두 포인터는 하나의 **구간**(range)을† 정의한다. 구간은 C++에서 대단히 중요한 개념이다. 표준 라이브러리의 알고리즘 중에는 이 accumulate_array처럼 포인터들의, 좀 더 정확히는 포인터처럼 행동하는 '반복자'들의 구간에 대해 구현된 것들이 많다. 새로운 컨테이너 클래스를 정의할 때 반복자를 위한 인터페이스를 추가하기만 하면 새 컨테이너로 그런 함수들을 호출할 수 있게 된다. 실제로 우리의 list를 이 반복자 인터페이스에 맞게 적응시키는 예가 잠시 후에 나온다.

3.3.2.5 일반적 합산 함수

목록 3-2와 목록 3-3의 두 합산 함수는 서로 다른 인터페이스에 대해 작성되었기 때문에 그 모습이 상당히 다르다. 그러나 하는 일 자체는 별로 다르지 않다. § 3.3.2.3에 언급한 두 구현의 공통점을 좀 더 구체적으로 말하면 다음과 같다.

- 두 구현 모두 한 요소에서 다음 요소로 차례대로 나아간다.
- 두 구현 모두 현재 요소의 값을 현재까지의 합산 결과(sum)에 더한다.
- 두 구현 모두 컨테이너의 끝에 도달했는지 점검한다.

§3.3.2.4에서 개선한 배열 합산 구현도 마찬가지이다. 그러나 §3.3.2.4의 구현은 순차열(sequence)의‡ 요소들을 점진적으로 순회한다는 좀 더 추상적인 개념에 기초한 인터페이스를 사용하기 때문에, list 같은 다른 순차 컨테이너에도 적용할 수 있다(그런 컨테이너가 해당 순차 인터페이스를 제공한다고 할 때).

STL에 반영된 알렉스 스테파노프와 데이비드 머서의 혁신적인 발상 하나는 STL의 모든 컨테이너 형식뿐만 아니라 전통적인 배열에도 공통인 인터페이스를 도입한다는 것이었다. 그러한 공통 인터페이스는 **반복자**(iterator)라고 부르는 일반화된 포인터들로 구성되며, STL의 모든 알고리즘은 그 반복자들로 구현된다.

---

† [옮긴이] range를 '범위'로 옮기기도 하지만, scope와 구별하기 위해, 그리고 지금 논의에서 보듯이 C++의 range는 수학의 구간(interval)과 밀접하게 관련이 있으므로, 이 번역서에서는 '구간'을 사용한다.

‡ [옮긴이] 순차열은 요소들에 차례로 접근할 수 있는 자료 구조를 통칭하는 용어이다. 수학의 수열(역시 'sequence')과는 달리 수치가 아닌 요소들도 담을 수 있다.

이러한 접근 방식은 §4.1.2에서 좀 더 자세히 이야기한다. 여기서는 조금 맛만 보고 넘어갈 것이다.

⇒ c++03/accumulate_example.cpp

이제 할 일은, 필요한 기능성을 포인터 비슷한 구문으로 제공하는 반복자를 list에 추가하는 것이다. 구체적으로, list 반복자는 다음과 같은 연산을 지원해야 한다.

- ++it를 이용해서 순차열을 훑는다.
- *it를 이용해서 한 요소의 값에 접근한다.
- 두 반복자를 ==나 !=로 비교한다.

이런 요구조건을 충족하는 반복자 클래스를 구현하기란 그리 어렵지 않다.

```
template <typename T>
struct list_iterator
{
    using value_type= T;

    list_iterator(list_entry<T>* entry) : entry{entry} {}

    T& operator*() { return entry->value; }

    const T& operator*() const
    { return entry->value; }

    list_iterator<T>& operator++()
    { entry= entry->next; return *this; }

    bool operator!=(const list_iterator<T>& other) const
    { return entry != other.entry; }

    list_entry<T>* entry;
};
```

그리고 편의를 위해 list 클래스에 메서드 begin과 end도 추가하자.

```
template <typename T>
struct list
{
  // ... 이전 내용 ...
    list_iterator<T> begin() { return list_iterator<T>(first); }
    list_iterator<T> end() { return list_iterator<T>(0); }
}
```

이제 list_iterator를 이용해서 목록 3-2와 목록 3-3을 하나의 구현으로 합칠 수 있다. 목록 3-4의 accumulate가 그러한 구현이다.

목록 3-4 일반적 합산

```
template <typename Iter, typename T>
inline T accumulate(Iter it, Iter end, T init)
{
    for (; it != end; ++it)
        init+= *it;
    return init;
}
```

이 일반적 합산 함수는 다음에서 보듯이 배열로도, 목록으로도 호출할 수 있다.

```
cout ≪ "array sum = " ≪ accumulate(a, a+10, 0.0) ≪ '\n';
cout ≪ "list sum = " ≪ accumulate(l.begin(), l.end(), 0) ≪ '\n';
```

항상 그렇듯이 성공의 열쇠는 적절한 추상을 찾는 것이다. 지금 예에서는 반복자가 적절한 추상이다.

list_iterator 구현은 반복자를 후위 증가가 아니라 전위 증가로 증가해야 하는 이유를 잘 보여준다. 전위 증가는 먼저 내부 상태(지금 예에서 entry)를 변경한 후 객체 자신의 참조를 돌려주면 된다. 그러나 후위 증가는 내부 상태(지금 예에서 entry)를 변경하되 내부 상태가 변경되기 전의 객체를 돌려주어야 하므로, 전위 증가에서처럼 참조를 돌려줄 수 없고 반드시 객체의 복사본을 값으로 돌려주어야 한다.

```
template <typename T>
struct list_iterator
{
    list_iterator<T> operator++(int)
    {
        list_iterator<T> tmp(*this);
        p= p->next;
        return tmp;
    }
};
```

반복자를 증가할 때는 연산 결과(반복자)는 필요 없고 그냥 내부 상태만 갱신하면(반복자가 다음 요소를 가리키도록) 되는 경우가 많다. 따라서, 사용하지도 않을 반복자 복사본을 만드는 것은 자원 낭비일 뿐이다. 좋은 컴파일러는 그런 여분의 연산을 최적화해서 제외할 수도 있지만, 이는 필연이 아니라 우연일 뿐이다. 성능 문제를 우연에 맡겨서는 안 된다. 참고로 후위 증가 연산자 서명에서 int는 실제 매개변수 형식이 아니라 단지 이것이 전위 증가가 아니라 후위 증가임을 나타내기 위한 가짜 형식임을 주의하기 바란다.

3.4 형식 연역과 형식 정의

형식 연역이 현대적 C++의 기능은 아니다. 사실 C++03에서도 컴파일러는 이미 함수 템플릿의 인수 형식을 자동으로 연역했다. 예를 들어 다음과 같은 호출 표현식에 대해 컴파일러는 주어진 인수로부터 f의 매개변수 형식을 자동으로 연역한다.

```
f(g(x, y, z) + 3 * x)
```

C++11 3.4.1 자동 변수 형식

앞의 예와 비슷한 어떤 표현식의 결과를 변수에 배정할 때, C++03에서는 프로그래머가 그 표현식의 형식을 파악해서 변수의 형식을 정해 주어야 한다. 만일 표현식의 형식과는 호환되지 않는 형식으로 변수를 선언하면 컴파일러는 형식이 일치하지 않는다는 뜻의 컴파일 오류 메시지를 발생한다. 그런 오류 메시지를 발생할 수 있다는 것은, C++03에서도 컴파일러가 이미 표현식의 형식을 알고 있다는 증거이다. 다행히 C++11부터는 컴파일러의 그러한 형식 정보를 프로그래머도 사용할 수 있게 되었다.

형식 정보를 활용하는 가장 간단한 방법은 변수의 형식을 auto로 지정하는 것이다.

```
auto a= f(g(x, y, z) + 3 * x);
```

이런 auto 형식 또는 '자동 형식(automatic type)'이 가능해졌다고 해서 C++이 강형식(strong type) 언어라는 사실이 변하지는 않는다. auto 형식은 파이썬[Python] 같은 언어의 동적 형식과는 다르다. 파이썬에서는 a에 다른 형식의 값을 배정하면 a의 형식이 바뀐다. 그러나 C++11에서 변수 a의 형식은 초기화에 쓰인 표현식의 형식으로 결정되며, 일단 결정되고 나면 이후에는 바뀌지 않는다. auto 변수는 그 형식을 표현식에서 연역하므로, 다음처럼 초기화 없이 auto 변수를 선언할 수는 없다.

```
auto a;                      // 오류: a의 형식을 알 수 없음
a= f(g(x, y, z) + 3 * x); // 이미 늦었음
```

즉, auto 형식은 변수에 배정되는 값에 따라 자동으로 변하는 형식이 아니라 초기화 시점에서 딱 한 번만 연역되는 형식이다. 여러 개의 auto 변수가 같은 형식의 표현식으로 초기화될 때는 다음처럼 하나의 문장에서 함께 선언할 수 있다.

```
auto i= 2 * 7.5, j= std::sqrt(3.7); // OK: 둘 다 double
auto i= 2 * 4, j= std::sqrt(3.7);   // 오류: i는 int, j는 double
auto i= 2 * 4, j;                   // 오류: j가 초기화되지 않았음
auto v= g(x, y, z);                 // g의 결과
```

auto를 const나 참조 한정사와 조합할 수도 있다.

```
auto&       ri= i;             // i에 대한 참조
const auto& cri= i;            // i에 대한 상수 참조
auto&&      fr= g(x, y, z);    // g의 결과에 대한 전달 참조
```

auto 변수의 형식 연역 규칙은 §3.1.2에서 설명한 형식 매개변수의 연역 규칙과 정확히 같다. 따라서, 앞의 예에서 변수 v의 형식은 g가 참조를 돌려주더라도 참조가 아니다. 그리고 전달 참조(보편 참조) fr은 만일 g가 값이나 오른값 참조를 돌려주면 오른값이고 g가 왼값 참조를 돌려주면 왼값이다.

C++11 3.4.2 표현식의 형식

형식 연역과 관련해서 C++11에 추가된 또 다른 기능은 decltype이다. decltype 구문은 함수 호출과 비슷하다. decltype은 인수로 주어진 표현식의 형식을 돌려준다. 앞의 첫 auto 예제 문장에서 함수 f가 값을 돌려준다고 할 때, 그 예문을 auto 대신 decltype을 사용해서 다음과 같이 표현할 수 있다.

```
decltype(f(g(x, y, z) + 3 * x)) a= f(g(x, y, z) + 3 * x);
```

물론 이 경우는 그냥 auto를 사용하는 것이 훨씬 간결하다. 그럼 decltype이 언제 유용할까?

decltype은 명시적인 형식이 필요하지만 auto를 사용할 수 없는 장소에서 대단히 중요하다. 그런 장소의 좋은 예가 템플릿 함수의 반환 형식이다. 예를 들어 덧셈 연산자가 두 벡터의 첫 요소들의 합을 돌려준다고 하자. 그 연산자의 반환 형식은 두 벡터의 요소들의 합을 온전히 담을 수 있는 형식, 이를테면 v1[0] +

v2[0]의 형식이어야 한다. 다음은 decltype을 이용해서 그러한 반환 형식을 지정하는 예이다.

```
template <typename Vector1, typename Vector2>
auto operator+(const Vector1& v1, const Vector2& v2)
  -> vector< decltype(v1[0] + v2[0]) >;
```

이 예는 C++11에 도입된 또 다른 새 기능인 **후행 반환 형식**(trailing return type)도 보여준다. 모든 함수에는 반환 형식이 필요하다. 보통은 함수 이름 앞에 반환 형식을 지정하지만, 지금처럼 함수 이름 앞에서 반환 형식을 지정할 수 없을 때는† 후행 반환 형식을 이용해서 매개변수 목록 다음에서 반환 형식을 지정할 수 있다.

애초에 decltype으로 반환 형식을 지정하는 이유는 두 벡터가 서로 다른 형식일 수 있기 때문이다. 임의로 한 형식을 반환 형식으로 지정할 수는 없으므로, 표현식의 형식을 돌려주는 decltype이 필요하다.

decltype의 한 가지 흥미로운 측면은 이것이 오직 형식 수준에서만 작동할 뿐이라는 점이다. 즉, decltype이 인수로 주어진 표현식을 실제로 평가하지는 않는다. 앞의 예에서 decltype에 주어진 v1[0] + v2[0]은 형식 연역에만 쓰일 뿐, 평가되지는 않는다. 예를 들어 v1[0]이 실제로 조회되지는 않으므로, v1이 빈 벡터라고 해도 인스턴스화 시점에서 컴파일 오류가 발생하지는 않는다.

auto와 decltype은 그 용도뿐만 아니라 형식 연역 규칙도 다르다. auto는 함수 템플릿 매개변수의 연역 규칙을 따르며 참조 한정사와 const 한정사를 제거하지만, decltype은 주어진 표현식의 형식을 그대로 유지한다. 예를 들어 함수 f가 참조를 돌려준다고 할 때, 이전 auto 예제의 변수 a는 값 형식이 되지만 지금의 decltype 예제에서는 참조 형식이 된다.

주로 내장 형식들을 다룰 때는 자동 형식 연역이 없어도 그럭저럭 버틸 수 있다. 그러나 고급 일반적 프로그래밍과 메타프로그래밍의 세계에서는 이 극도로 강력한 두 기능이 엄청나게 도움이 된다. 또한, decltype과 관련해서 declval이라는 도구도 아주 유용하다.‡ 이 도구는 임의의 형식의 객체를 생성해서 그 객체가 관여하는 표현식의 형식을 연역하는 데 쓰인다. 구체적인 예를 §3.5.5와 그 후의 몇몇 소단원에서 보게 될 것이다.

---

† [옮긴이] C++ 컴파일러는 기본적으로 소스 코드의 문자들을 위에서 아래로, 왼쪽에서 오른쪽으로 차례로 분석한다. 함수 이름 앞에서는 아직 매개변수 v1과 v2가 선언되지 않았으므로, v1[0] + v2[0]이라는 표현식이 유효하지 않다.

‡ [옮긴이] 이것은 핵심 언어의 키워드가 아니라 표준 라이브러리의 한 함수이다.

C++14 3.4.3 decltype(auto)

C++14에 도입된 이 새 기능은 auto와 decltype의 틈을 메운다. decltype(auto)를 이용하면 decltype에서와 같은 형식을 가지는 auto 변수를 선언할 수 있다. 다음 두 선언은 동일하다.

```
decltype(expr) v= expr;     // expr가 길다면 코드가 장황해진다.
decltype(auto) v= expr;     // 아! 훨씬 낫다.
```

만일 expr가 긴 표현식이면 첫 문장은 상당히 길고 복잡해진다. 긴 표현식을 두 군데에서 똑같이 타이핑하는 것은 낭비일 뿐이다. 또한, 표현식을 바꾸게 되면 두 표현식을 정확히 같이 바꾸는 데 신경을 써야 한다.

⇒ c++14/value_range_vector.cpp

반환 형식을 자동으로 연역할 때는 한정사들을 유지하는 것도 중요하다. 한 예로, 요청된 벡터 요소가 특정 범위에 속하는지 판정하는 벡터 뷰[view]를 만든다고 하자. 그런 뷰의 operator[]는 지정된 요소가 범위에 속한다면 그 요소를 돌려주어야 하는데, 이때 반환 형식은 원래의 벡터 요소에 적용된 모든 한정사를 고스란히 유지해야 한다. 이때 필요한 것이 decltype(auto)이다. 다음은 그러한 뷰의 예인데, 꼭 필요한 생성자와 접근 연산자만 구현했다.

```
template <typename Vector>
class value_range_vector
{
    using value_type= typename Vector::value_type;
    using size_type=  typename Vector::size_type;
  public:
    value_range_vector(Vector& vref, value_type minv, value_type maxv)
      : vref{vref}, minv{minv}, maxv{maxv}
    {}

    decltype(auto) operator[](size_type i)
    {
        decltype(auto) value= vref[i];
        if (value < minv) throw too_small{};
        if (value > maxv) throw too_large{};
        return value;
    }
  private:
    Vector&    vref;
    value_type minv, maxv;
};
```

이 클래스의 접근 연산자는 vref의 해당 요소를 캐시(지역 변수 value)에 보존하고 범위를 점검한 후 예외를 던지거나 요소를 돌려준다. 이때 캐시의 형식과 반환 형식은 decltype(auto)로 연역한다. 벡터 요소가 제대로 된 형식으로 반환되었는지 알려면, 다음과 같이 그 요소를 decltype(auto) 변수에 담고 디버거 등으로 형식을 조사하면 된다.

```
int main ()
{
    using Vec= vector<double>;
    Vec v= {2.3, 8.1, 9.2};

    value_range_vector<Vec> w{v, 1.0, 10.0};
    decltype(auto) val= w[1];
}
```

실제로 조사해 보면 val의 형식이 예상대로 double&임을 알 수 있을 것이다. 이 예제는 decltype(auto)를 세 번 사용한다. 두 번은 뷰 구현에서, 한 번은 시험용 프로그램에서이다. 셋 중 하나만 auto로 바꾸어도 val의 형식은 double이 된다.

3.4.4 클래스 템플릿 매개변수의 연역

함수 템플릿의 형식 매개변수들은 C++ 초창기부터 연역할 수 있었지만, C++14까지는 클래스 템플릿의 형식 매개변수가 연역되려면 클래스 템플릿이 완전히 인스턴스화되어야 했다. 다음 예를 보자.

C++17

```
tuple<int, float, string> t1(3, 3.2f, "text"s);
```

이 문장은 int, float, string을 명시적으로 지정해서 tuple 객체를 생성한다. 이에 의해 형식 매개변수들이 int, float, string인 tuple 인스턴스가 만들어진다. 다음은 형식들을 생략하고 int, float, string 리터럴들만 지정한 예이다(마지막 인수의 접미사 s에 주목하자. 이것이 없으면 이 인수는 const char* 문자열이 된다). 이 경우 컴파일러가 형식들을 연역해야 하며, 그 과정에서 tuple이 완전히 인스턴스화된다.

```
tuple t2(3, 3.2f, "text"s);
```

t2의 형식 역시 tuple<int, float, string>이다.

항상 그런 것은 아니지만, 생성자의 매개변수가 클래스 템플릿일 때도 그로부터 클래스 템플릿의 매개변수를 연역할 수 있다.

```
template <typename Value>
struct vec
{
    vec(std::initializer_list<Value> values)
      : s(values.size()), d(new Value[s])
    {
        std::copy(begin(values), end(values), d);
    }
    // ...
};

vec v= {2.3, 3.4, 4.5, 5.6};
```

이 경우에는 생성자 매개변수는 `initializer_list<double>`로 인스턴스화되며, 컴파일러는 클래스 템플릿 매개변수 `Value` 역시 `double`임을 어려움 없이 파악한다. 그러나 클래스 템플릿 매개변수와 생성자 매개변수의 관계가 이처럼 자명하지는 않을 때도 있다.

```
template <typename Value>
struct vec
{
    template <typename Iter>
    vec(Iter beg,  Iter end)
      : s(distance(beg, end)), d(new Value[s])
    {
        copy(beg, end, d);
    }
};

int array[] = {3, 4, 5, 6};
vec w(begin(array), end(array));
```

이 클래스는 `int` 배열을 다루지만, 생성자의 매개변수는 `int`가 아니라 반복자이다. 이런 경우에는 후행 반환 형식 구문을 이용해서 '연역 지침(deduction guide)'을 컴파일러에 제공해야 한다.

```
template<class Iter>
vec(Iter beg, Iter end)
  -> vec<typename std::iterator_traits<Iter>::value_type>;
```

연역 지침은 생성자 서명을 바람직한 인스턴스화 형식으로 대응시키는 구문이다. 지금 예에서는 형식 표현식(type expression)을 바람직한 인스턴스화 형식으로 지정했다. 클래스 템플릿 iterator_traits는 표준의 한 형식 특질(type trait)[8] 이다. 이 특질은 공통의 반복자 형식들(보통의 포인터 형식 포함)에 관한 정보를 제공한다. 지금 예의 value_type 멤버는 반복자가 가리키는 요소의 값 형식을 뜻한다. 즉, 이 예의 연역 지침은 반복자를 받는 생성자가 호출된 경우 클래스 템플릿 vec를 그 반복자의 값 형식(value_type)으로 인스턴스화하라는 뜻이다.

그런데 쓸 만한 형식 정보가 아예 없는 경우도 있다. 다음 예를 보자.

```
template <typename Value>
struct vec
{
    vec(unsigned s) : s(s), d(new Value[s]) {}
};

vec x(3);
```

이런 경우 한 가지 해결책을 기본 형식을 명시적으로 지정하는 것이다. 클래스 템플릿 매개변수에 기본값을 지정할 수도 있고,

```
template <typename Value= double>
struct vec;
```

다음처럼 연역 지침에서 지정할 수도 있다.

```
vec(unsigned s) -> vec<double>;
```

C++17 3.4.5 다중 형식 연역

⇒ c++17/structured_bindings.cpp

종종 하나의 함수가 여러 개의 결과를 계산할 때가 있다. C++의 함수는 하나의 값만 돌려줄 수 있으므로, pair나 tuple, 또는 사용자 정의 클래스를 이용해서 여러 개의 값을 하나의 객체로 묶어서 돌려주는 방법이 흔히 쓰인다. §4.4.2에서는 tuple의 개별 구성요소에 접근하거나 복사하는 여러 접근 방식을 소개한다. 독자가 미리 §4.4.2를 훔쳐보고 왔다고 가정하고, 여기서는 함수가 돌려준 그런 묶음 객체의 구성요소들을 직접 새 변수들에 연결하는 **구조적 바인딩**(structured binding) 기능을 소개하겠다. C++17에서 도입된 구조적 바인딩을 이용하면 표준의 유틸리티 클래스나 그와 비슷한 사용자 정의 클래스의 멤버들을 직접 새 변수들에 바인딩할 수 있는데, 이때 각 변수의 형식이 자동으로 연역된다. 예를

8 형식 특질은 §5.2.1에서 좀 더 자세히 논의한다.

들어 LU 분해를 수행하고 행렬 하나와 벡터 하나로 된 튜플을 돌려주는 함수가 있다고 하자.

```
auto lu(const matrix& A)
{
    // ... 어떤 계산을 수행한다 ...
    return tuple<matrix, vector>(LU, p);
}
```

구조적 바인딩을 이용하면 다음과 같이 이 함수가 돌려준 객체의 멤버들(LU 분해된 행렬과 순열치환 벡터)을 각각 개별 변수에 배정할 수 있다.

```
auto [LU, p]= lu(A);
```

이때 LU와 p의 형식은 자동으로 연역된다.

구조적 바인딩은 value_type이 키와 값으로 이루어진 pair인 map을 훑을 때 유용하다. 루프에서 pair의 두 멤버 first와 second로 키와 값에 접근하는 대신, 적절한 이름의 변수들(key와 value 등)를 지정해서 키와 값에 직접 접근할 수 있다.

```
map<string, int> numbers= {{"Zero", 0}, {"One", 1}, {"Two", 2}};

for (const auto& [key, value] : numbers)
    cout << key << "->" << value << endl;
```

여기서 key와 value는 상수 참조이다. 다음처럼 const를 생략할 수도 있지만, 그래도 키는 변경할 수 없음을 주의하기 바란다.

```
for (auto& [key, value] : numbers)
    cout << key << "->" << value << endl;
```

이유는, 애초에 pair 자체가 pair<const string, int>이기 때문이다. 키에 해당하는 첫 형식 매개변수에 const가 붙었기 때문에, §3.1.2.2의 상수 인수에서처럼 해당 요소에 접근하는 형식은 const string&가 된다.

⇒ c++17/structured_bindings_user.cpp

이 멋진 새 기능은 표준 형식들뿐만 아니라 사용자 정의 형식에도 적용된다. 공용 멤버(public 멤버)들만 있는 집합체 형식은 구조적 바인딩을 자동으로 지원한다. 예를 들어 lu의 결과를 담기 위해, 그냥 행렬과 벡터를 함께 저장하기만 하는 사용자 정의 클래스를 만든다고 하자.

```
struct lu_result
{
    matrix LU;
    vector p;
};

auto lu(const matrix& A)
{
    // ...
    return lu_result{LU, p};
}

matrix A; // ... 이후 A를 적절히 설정한다 ...
auto [LU, p]= lu(A);
```

집합체 초기화(§2.3.4)를 위해 lu_result에 아무런 생성자도 정의하지 않았음을 주목하자. 결과 형식들이 연역되는 규칙은 이전에 앞에서 배운 것과 동일하다.

비공개 멤버(private 멤버)가 있는 클래스가 구조적 바인딩을 지원하려면 pair나 tuple의 get에 상응하는 get 메서드를 정의해 주어야 한다. 이를 위해서는 템플릿 특수화가 필요하기 때문에, 구체적인 방법은 §3.5.5로 미루기로 하겠다. 어떤 경우이든, 다음 조언을 기억하기 바란다.

조언

가능하면 표준 유틸리티 클래스들과 구조적 바인딩을 활용하라. 사용자 정의 클래스를 만들고 get 인터페이스를 구현하는 것은 최대한 피하라.

C++11 3.4.6 형식 정의

C++에서 형식을 정의하는 수단은 두 가지이다.† 하나는 typedef이고 다른 하나는 using이다. 전자는 C에서 물려 받은 것으로, C++이 처음 만들어졌을 때부터 쓰이고 있다. 사실 오래 전부터 쓰였다는 것이 typedef의 유일한 장점이다. 즉, typedef는 하위 호환성을 위해서만 의미가 있다. 이 책에서도 typedef가 종종 등장하지만, 순수한 C++03 예제에만 쓰인다. C++11 이전의 컴파일러를 고려하지 않고 새 소프트웨어를 작성할 때는 다음 조언을 따를 것을 강력히 권한다.

† [옮긴이] 물론 클래스(class 또는 struct)를 정의하는 것도 새로운 형식을 정의하는 것이지만, 지금 문맥에서 형식 정의는 기존 형식에 새로운 이름을 붙이는 형태의 형식 정의를 말한다. 정말로 새로운 형식이 만들어지는 것은 아니라는 점에서 이를 형식 '정의'라고 부르지 말아야 한다는 주장이 있으며, 잠시 후에 설명할 부분 템플릿 정의를 표준이 template typedef가 template alias(템플릿 별칭)이라고 부른다는 점은 그러한 주장에 힘을 싣는다.

조언

typedef 대신 using을 사용하라.

---

using이 더 강력하고 가독성도 좋다.

```
typedef double value_type;
using value_type= double;
```

typedef에서는 새 이름이 오른쪽이지만 using 선언에서는 왼쪽임을 주목하자. 이처럼 간단한 정의에서는 둘의 차이가 크지 않다. 그냥 기존 형식 이름과 새 형식 이름의 순서가 다를 뿐이다. 그러나 배열 형식을 정의할 때는 typedef의 단점이 잘 드러난다. 이 경우 새 형식 이름은 typedef 정의문의 제일 오른쪽이 아니며, 기존 형식이 두 부분으로 분할된다.

```
typedef double da1[10];
```

반면에 using 선언에서는 기존 형식이 원래의 모습을 유지한다.

```
using da2= double[10];
```

함수 포인터에서는 둘의 차이가 더욱 극명하게 드러난다. typedef로 함수 포인터 형식을 정의할 일이 생기지 않길 바랄 뿐이다. 사실 함수 포인터 자체를 피하는 것이 좋다. §4.4.7에서 소개하는 std::function이 좀 더 유연한 대안이다. 한 예로, 다음은 float과 int를 받고 float를 돌려주는 함수를 가리키는 포인터 형식을 정의하는 typedef 선언이다.

```
typedef float (*float_fun1)(float, int);
```

다음은 같은 함수 포인터 형식을 정의하는 using 선언이다.

```
using float_fun2= float(*)(float, int);
```

이상의 모든 사례에서 using 선언은 새 형식 이름과 그 정의를 명확히 분리함을 주목하기 바란다.

더 나아가서, using 선언으로는 **템플릿 별칭**(template alias)도 정의할 수 있다. 템플릿 별칭은 템플릿 형식 매개변수를 포함한 형식 정의이다. 예를 들어 임의의 차수(order)와 값 형식으로 인스턴스화할 수 있는 텐서 템플릿 클래스가 있다고 하자.

```
template <unsigned Order, typename Value>
class tensor { ... };
```

벡터는 차수가 1인 텐서이고 행렬은 차수가 2인 텐서이므로, 벡터와 행렬을 위해 vector와 matrix라는 클래스를 따로 만드는 대신 각각 차수가 1과 2인 tensor에 vector와 matrix라는 새 이름을 붙이면 될 것이다. 단, 차수만 특정하고 값 형식은 사용자가 지정할 수 있도록 여전히 형식 매개변수로 남겨 두어야 한다. 이런 부분적인 템플릿 정의는 typedef로는 불가능하다. 대신 다음과 같이 using 선언을 사용해야 한다.

```
template <typename Value>
using vector= tensor<1, Value>;

template <typename Value>
using matrix= tensor<2, Value>;
```

다음은 각 두 형식의 값 형식을 출력하는 예이다.

```
cout ≪ "The type of vector<float> is "
     ≪ typeid(vector<float>).name() ≪ ".\n";
cout ≪ "The type of matrix<float> is "
     ≪ typeid(matrix<float>).name() ≪ ".\n";
```

이 코드는 맹글링mangling된 형식 이름을 출력하는데, 적절한 이름 디맹글러demangler를 거치면 다음과 같은 정보를 얻을 수 있다.†

```
The type of vector<float> is tensor<1u, float>.
The type of matrix<float> is tensor<2u, float>.
```

typedef를 다루어 본 경험이 있는 독자라면 C++11의 새 기능이 아주 고마울 것이다. 형식 정의 자체가 생소한 독자라면 typedef는 잊고 using만 사용하기 바란다.

† [옮긴이] C++ 코드는 궁극적으로 데이터 형식이라는 개념이 없는 이진 코드로 변환된다. 컴파일과 링크 도중에 코드의 형식 정보를 최대한 유지하기 위해 컴파일러는 함수나 클래스 이름에 형식 정보를 추가해서 새로운 이름을 만드는데, 그런 작업을 맹글링이라고 부른다. 디맹글링은 그 반대의 작업이다.

3.5 템플릿 특수화

하나의 코드를 수많은 인수 형식에 사용할 수 있다는 것은 템플릿의 커다란 장점이다. 그러나 인수 형식에 따라서는 일반적인 코드보다 더 효율적인 구현 방식이 존재할 수 있다. 특정 형식에 대해 템플릿을 특별한 방식으로 인스턴스화할 수 있도록 C++은 **템플릿 특수화**(template specialization)라는 기능을 제공한다. 템플릿 특수화를 이용하면 특정 형식에 대해 템플릿을 더 효율적으로 구현하는 것을 넘어서 다른 형식들과는 아예 다른 방식으로 작동하도록 구현하는 것도 원칙적으로 가능하다. 그러나 그런 특수화는 혼란을 부를 뿐이다. 따라서 특수화는 "행동 방식은 같되 더 효율적인" 구현을 위해서만 사용하는 것이 바람직하다. C++은 프로그래머에게 엄청난 유연성을 제공한다. 그 유연성을 책임 있게 활용하고 일관성을 유지하는 것은 우리 프로그래머의 몫이다.

3.5.1 형식 하나에 대한 클래스 템플릿 특수화

⇒ c++11/vector_template.cpp

클래스 템플릿을 특수화하는 예로, §3.3.1에 나온 목록 3-1의 vector 클래스를 bool 형식을 위해 특수화해보자. 목표는 bool 값 여덟 개를 1바이트로 묶어서 메모리를 절약하는 것이다. 우선, 특수화된 vector 클래스의 틀은 다음과 같다.

```
template <>
class vector<bool>
{
    // ..
};
```

특수화된 부울 벡터 클래스는 더 이상 형식 매개변수를 사용하지 않지만, 그래도 template 키워드와 꺾쇠괄호 쌍은 필요하다. 형식 매개변수가 없으므로 빈 괄호 쌍을 지정했다. 기존 템플릿 클래스를 특수화하는 것이므로 클래스 이름 vector는 그대로 써 주어야 한다. 특수화할 기존 템플릿을 **기본 템플릿**(primary template)이라고 부른다. 기본 템플릿보다 템플릿 특수화를 먼저 정의하거나 선언하는 것은 컴파일 오류이다. 특수화에서는 템플릿 매개변수들의 값을 기본 템플릿 이름 다음에 꺾쇠괄호로 지정해야 한다. 일부 템플릿 매개변수의 값만 지정해도 된다. 다음은 세 템플릿 매개변수 중 하나만 특수화하고 다른 둘은 여전히 템플릿 매개변수로 남겨두는 예이다.

```
template <template T1, template T3>
class some_container<T1, int, T3>
{
    // ..
};
```

다시 부울 벡터 클래스로 돌아와서, 기본 템플릿에는 빈 벡터를 생성하는 기본 생성자와 벡터 크기를 받아서 그만큼의 메모리를 할당하는 생성자가 있다. 일관성을 위해 특수화된 클래스에서도 두 생성자를 제공하기로 하자. 크기를 받는 생성자는 그 크기를 8로 나눈 몫만큼의 바이트들을 data에 할당한다(정수 나누기이므로 소수부는 버려진다).

```
template <>
class vector<bool>
{
  public:
    explicit vector(int size)
      : my_size{size}, data{new unsigned char[(my_size+7) / 8]}
    {}
    vector() : my_size(0) {}
  private:
    int                                my_size;
    std::unique_ptr<unsigned char[]> data;
};
```

기본 생성자는 기본 템플릿의 것과 동일하다. 그래도 굳이 다시 정의한 것은, 특수화에서는 메서드들이 '상속'되지 않기 때문이다. 특수화된 클래스를 작성할 때는 모든 것을 다시 정의하거나 공통의 기반 클래스를 도입해야 한다.[9]

클래스 템플릿을 특수화할 때 기본 템플릿의 멤버 변수나 멤버 함수를 생략해도 컴파일 오류는 아니지만, 일관성을 위해서는 생략하지 않는 것이 좋다. 그럴 만한 아주 좋은 이유가 있을 때만 생략해야 한다. 예를 들어 bool 형식은 덧셈 연산이 정의되지 않으므로 operator+는 생략할 수 있다. 그러나 접근 연산자는 꼭 필요하므로 생략하면 안 된다. 상수 접근 생성자는 다음과 같이 비트 자리이동과 마스킹으로 구현하면 된다.

```
template <> class vector<bool>
{
    bool operator[](int i) const
    { return (data[i/8] >> i%8) & 1; }
};
```

9 이러한 장황함을 극복하기 위한 필자의 시도를 [20]에서 볼 수 있다.

가변 접근 연산자는 좀 더 까다롭다. C++에서 바이트의 개별 비트를 참조하는 수단은 없기 때문이다. 한 가지 해결책은 수정 가능한 접근을 제공하는 **프록시** proxy 객체를 돌려주는 것이다. 프록시는 다른 뭔가에 대한 인터페이스를 제공하는 일종의 디자인 패턴이다. 다음은 vector<bool>의 한 비트에 대한 bool 인터페이스를 제공하는 vector_bool_proxy라는 클래스가 있다고 가정하고 구현한 가변 접근 연산자이다.

```
template <> class vector<bool>
{
    vector_bool_proxy operator[](int i)
    { return {data[i/8], i%8};   }
};
```

return 문은 중괄호 목록을 이용해서 인수 두 개짜리 생성자를 호출한다. 그럼 vector<bool>의 특정 비트에 대한 프록시 클래스 vector_bool_proxy를 구현해 보자. 당연하겠지만 이 클래스에는 해당 바이트에 대한 참조가 필요하다. 또한, 접근하고자 하는 비트의 위치에 관한 정보도 필요하다. 이후 연산들을 단순하게 만들기 위해, 생성자는 주어진 위치의 비트만 1이고 다른 비트들은 모두 0인 비트 마스크를 만들어서 멤버 변수 mask에 저장해 둔다.

```
class vector_bool_proxy
{
  public:
    vector_bool_proxy(unsigned char& byte, int p)
      : byte{byte}, mask{static_cast<unsigned char>(1 << p)} {}

  private:
    unsigned char& byte;
    unsigned char  mask;
};
```

1 << p의 형식은 int이므로, 명시적 형식 변환(static_cast) 없이 멤버 변수 mask에 저장하면 좁아지는 변환이 발생한다. 읽기(조회) 접근 연산자는 그냥 참조하는 바이트에 마스크를 적용한 결과를 돌려주기만 하면 된다. 그 결과는 암묵적으로 bool로 변환되어서 반환된다.

```
class vector_bool_proxy
{
    operator bool() const { return byte & mask; }
};
```

byte의 해당 비트가 1이면, byte와 마스크의 비트 단위 AND 결과는 0이 아닌 값이다. C++에서 0이 아닌 값은 unsigned char에서 bool로의 암묵적 변환해 의해 true로 평가된다. 지칭된 비트의 값을 바꾸는 연산은 bool을 받는 배정 연산자로 구현한다.

```
class vector_bool_proxy
{
    vector_bool_proxy& operator=(bool b)
    {
        if (b)
            byte|= mask;
        else
            byte&= ~mask;
        return *this;
    }
};
```

이 연산자는 주어진 부울 값에 따라 두 갈래로 갈라진다. 인수가 true이면 참조된 바이트와 마스크를 비트 단위 OR로 결합한다. 그러면 해당 비트는 무조건 1이 되고, 다른 비트들은 원래의 값을 유지한다(0과 비트 OR은 아무런 영향도 미치지 않기 때문이다. 즉, 0은 비트 단위 OR 연산의 항등원이다). 반대로, 인수가 false이면 바이트와 마스크의 역을 AND로 결합한다. 마스크의 역(뒤집힌 마스크)은 지칭된 비트에 해당하는 위치만 0이고 나머지는 모두 1이므로, 해당 비트의 값만 0으로 바뀌고 다른 비트들은 원래의 값을 유지한다.

이런 식으로 bool에 특수화한 vector로 부울 값들을 담으면 그렇지 않을 때보다 메모리를 8분의 1 정도만 소비한다. 그 점을 제외할 때 이 vector 특수화의 행동 방식은 기본 템플릿과 (거의) 일치한다. 기본 템플릿과 마찬가지 방식으로 벡터를 생성하고 요소들을 읽거나 쓸 수 있다. 그러나 행동 방식이 기본 템플릿과 완전히 동일하지는 않다. 예를 들어 개별 요소를 참조하는 변수를 만들 때나 형식 연역이 관여하는 문맥에서는 차이점이 드러난다. 그렇긴 하지만 이 vector 특수화를 일반적 버전에 최대한 가깝게 만들어진 것이며, 더 가깝게 만들기는 어렵다. 대부분의 상황에서는 이 특수화와 일반적 버전의 차이점이 드러나지 않으므로, 이 특수화를 일반적 버전과 같은 방식으로 사용할 수 있다.

3.5.2 함수 템플릿의 특수화와 중복적재

이번 절에서는 함수 템플릿 특수화의 장단점을 논의한다.

3.5.2.1 특정 형식을 위한 함수 템플릿 특수화

함수 템플릿도 클래스 템플릿과 마찬가지 방식으로 특수화할 수 있다. 그러나 특수화된 함수 템플릿은 중복적재 해소 과정에서 제외되기 때문에, 더 구체적인 함수 템플릿 특수화 대신 덜 구체적인 중복적재 버전이 선택되는 현상이 발생한다. 좀 더 자세한 내용은 [64]를 보기 바란다. 이 문제 때문에 서터와 알렉산드레스쿠는 [66, Item 66]에서 다음과 같은 조언을 제시한다.

조언

함수 템플릿 특수화는 사용하지 말라!

구체적인 형식(들)에 특화된 구현을 제공하고 싶으면 다음 예처럼 그냥 해당 형식들로 함수를 중복적재하면 그만이다. 보통의 중복적재가 더 잘 작동하고 코드도 더 간단하다. 다음이 그러한 예이다.

```
#include <cmath>

template <typename Base, typename Exponent>
Base inline power(const Base& x, const Exponent& y) { ... }

double inline power(double x, double y)
{
    return std::pow(x, y);
}
```

어떤 함수 템플릿을 많은 수의 형식으로 특수화해야 한다면, 클래스 템플릿 특수화를 이용하는 것이 낫다. 클래스 템플릿을 이용하면 그러면 복잡한 중복적재 규칙과 ADL 규칙을 고민할 필요가 없고 완전 특수화뿐만 아니라 부분 특수화도 가능하다. 부분 특수화는 §3.5.3에서, 클래스를 이용한 함수 템플릿의 부분 특수화는 §3.5.4에서 좀 더 이야기한다.

혹시라도 특정 하드웨어에 특화된 어셈블리 코드(§7.2.1.2)로 함수 템플릿을 특수화하고 싶은 마음이 든다면, 그러한 유혹에는 저항해야 한다. 만일 유혹에 넘어갔다면, 먼저 §A.6.3부터 읽어보길 권한다.

3.5.2.2 중의성

이전 예제들에서는 함수 템플릿의 모든 템플릿 매개변수를 특수화했다. 몇몇 템플릿 매개변수만 특수화하고 나머지는 여전히 템플릿 매개변수로 남겨 두는 것도 가능하다.

```
template <typename Base, typename Exponent>
Base inline power(const Base& x, const Exponent& y);

template <typename Base>
Base inline power(const Base& x, int y);

template <typename Exponent>
double inline power(double x, const Exponent& y);
```

컴파일러는 인수 조합에 부합하는 중복적재 버전들을 찾고 그중 가장 구체적인 버전을 선택한다(여기에는 가장 구체적인 버전이 가장 효율적으로 특화된 구현이라는 가정이 깔려 있다). 예를 들어 power(3.0, 2u)는 앞의 세 중복적재 버전 중 첫째 것과 셋째 것에 부합하는데, 후자가 더 구체적이다. 이를 고급 수학의 어법으로[10] 말하면, 형식 특정성(type specificity)은 격자(lattice)를 형성하는 하나의 부분 순서(partial order)이며, 컴파일러는 가능한 중복적재 버전 중 형식 특정성이 가장 큰 것을 고른다. 물론, 어떤 형식 조합이 더 구체적인지를 굳이 선형대수의 관점에서 파악하려 들 필요는 없다.

또 다른 예로, power(3.0, 2)는 앞의 세 중복적재 버전 모두에 부합한다. 그런데 이번에는 가장 구체적인 하나를 선택할 수 없다. 그래서 컴파일러는 이 호출이 중의적이라서 컴파일할 수 없으며, 후보는 중복적재 버전 2와 3이라는 뜻의 오류 메시지를 출력한다. 이 중복적재 버전들에 일관성이 있으며 둘 다 최적의 성능을 내도록 구현되었다면, 우리의 관점에서는 그냥 컴파일러가 아무거나 선택해서 컴파일을 진행해도 상관이 없다. 그러나 컴파일러는 중의성을 무시하지 못한다. 중의성을 없애려면 다음과 같이 또 다른 중복적재 버전을 추가해 주어야 한다.

```
double inline power(double x, int y);
```

격자 전문가라면 앞의 중의성 문제에 대해 "특정성 격자에 결합(join; 이음)이 빠져 있으니 당연하지!"라고 말하겠지만, 격자 전문가가 아니라도 대부분의 독자는 중복적재 버전이 세 개일 때 그 호출이 중의적인 이유와 네 번째 중복적재 버전을 추가하면 중의성이 해소되는 이유를 이해할 수 있을 것이다. 실제로, 대다수의 C++ 프로그래머는 격자 이론을 공부한 적이 없어도 잘 살고 있다.

---

10 고급 수학을 좋아하는 독자를 위해서이며, 단지 참고 사항일 뿐이다.

3.5.3 클래스 템플릿의 부분 특수화

템플릿 클래스를 구현하다 보면 다른 어떤 템플릿 클래스를 위해 템플릿 클래스를 특수화하는 것이 바람직한 상황에 마주치곤 한다. complex와 vector라는 클래스 템플릿이 있는데 후자를 complex의 모든 인스턴스에 대해 특수화한다고 하자. 모든 인스턴스에 대해 일일이 특수화를 만들어야 한다면 상당히 짜증스러울 것이다.

```
template <>
class vector<complex<float> >;

template <>
class vector<complex<double> >;      // 하나 더 ???

template <>
class vector<complex<long double> >; // 얼마나 많은 거야???
```

이런 해법은 우아하지 않을 뿐만 아니라, 보편적 적용성(universal applicability)이라는 템플릿의 취지 자체를 무색하게 만든다. 이상적으로 complex는 Real이라는 템플릿 매개변수로 대표되는 모든 실수(real number) 형식을 지원해야 하지만, 앞의 특수화들은 그중 세 가지만 지원할 뿐이다. 게다가, 나중에 사용자가 자신만의 실수 형식을 만들어서 complex를 인스턴스화한다고 해도, 우리는 미래를 보지 못하므로 지금 그런 인스턴스를 위한 특수화를 미리 만들 수는 없다.

구현의 중복을 피하고 새로운 사용자 정의 형식도 지원할 수 있는 해법은 바로 **부분 특수화**이다.† 다음은 complex의 모든 인스턴스에 대해 vector 클래스를 특수화하는 틀이다.

```
template <typename Real>
class vector<complex<Real> >
{  ...  };
```

참고로, 아직 C++11을 지원하지 않은 컴파일러에서는 >들 사이에 빈칸을 넣어야 한다. 그렇지 않으면 컴파일러는 ≫를 자리 이동 연산자로 간주해서 코드를 해석하려 들기 때문에 상당히 헷갈리는 컴파일 오류 메시지를 출력하게 된다.

† [옮긴이] 앞에서 본 부분 특수화와는 형태가 다름을 주의하자. 이 예는 템플릿 매개변수 중 일부만 특수화하는 것이 아니라, 템플릿 매개변수를 구체적인 형식이나 값이 아니라 또 다른 템플릿으로 특수화한다. complex<Real> 같은 템플릿 인수를 '템플릿 템플릿 인수'라고 부르고, 이런 형태의 부분 특수화를 '템플릿 템플릿 매개변수 부분 특수화'라고 부르기도 한다.

이 책은 C++11과 그 이후 표준들을 기준으로 하지만, 그래도 가독성을 위해 >들 사이에 빈칸을 추가했다.

템플릿 인수를 이용한 부분 특수화는 템플릿 매개변수가 여러 개일 때도 가능하다. 다음이 그러한 예이다.

```
template <typename Value, typename Parameters>
class vector<sparse_matrix<Value, Parameters> >
{   ...   };
```

또한, 모든 포인터 형식에 대해 특수화할 수도 있다.

```
template <typename T>
class vector<T*>
{   ...   };
```

일단의 형식들을 하나의 **형식 패턴**(type pattern)으로 표현하는 것이 가능하기만 하다면 그런 패턴에 대해 부분 특수화를 적용할 수 있다. 이런 방식의 부분 특수화와 함께 §3.5.1에 나온 보통의 템플릿 특수화를 적용할 수도 있다. 구분을 위해 후자를 **완전 특수화**(full specialization)라고 부른다. 부분 특수화와 완전 특수화가 함께 있는 경우, 템플릿 인스턴스화 과정에서 완전 특수화가 우선시된다. 부분 특수화들만 있을 때는 그중 가장 구체적인 것이 선택된다. 다음 예를 보자.

```
template <typename Value, typename Parameters>
class vector<sparse_matrix<Value, Parameters> >
{   ...   };

template <typename Parameters>
class vector<sparse_matrix<float, Parameters> > {   ...   };
```

둘째 특수화가 첫째 특수화보다 더 구체적이기 때문에, 템플릿 인스턴스가 두 버전 모두에 부합하는 경우 둘째 것이 선택된다. 함수 중복적재 해소에서와 동일한 특정성 개념에 따라, 완전 특수화는 항상 부분 특수화들보다 더 구체적이다.

3.5.4 함수 템플릿의 부분 특수화

원칙적으로 함수 템플릿은 부분적으로 특수화할 수 없다. 그러나 완전 특수화(§3.5.2.1)의 경우에는 중복적재를 이용해서 특정 형식에 특화된 구현을 제공할 수 있다. 그런 목적에서 좀 더 구체적인 함수 템플릿을 만들어서 다른 버전보다 우선하게 만들면 된다. 한 예로, 다음은 일반적 함수 abs를 모든 complex 인스턴스를 위해 특수화한 것이다.

```
template <typename T>
inline T abs(const T& x)
{
    return x < T(0) ? -x : x;
}

template <typename T>
inline T abs(const std::complex<T>& x)
{
    return sqrt(real(x)*real(x) + imag(x)*imag(x));
}
```

함수 템플릿의 중복적재는 구현하기 쉽고 상당히 잘 작동한다. 그렇지만 중복적재 버전이 아주 많거나 여러 파일에 흩어져 있는 대형 프로젝트에서는, 어떠한 호출에 대해 우리의 의도와는 다른 중복적재 버전이 선택되기도 한다. 안 그래도 복잡한 이름공간 해소가 템플릿 함수와 비템플릿 함수가 뒤섞인 중복적재 해소와 상호작용하다 보면 그런 현상이 발생할 수 있다.

⇒ c++14/abs_functor.cpp

함수 템플릿 특수화가 우리의 예상대로 작동하게 만들려면, 함수 템플릿 특수화를 클래스 템플릿 특수화를 이용해서 내부적으로 구현하고, 사용자 인터페이스로는 하나의 함수 템플릿만 제공하는 것이 가장 안전한 전략이다. 이때 어려운 부분은, 단일 함수 템플릿의 반환 형식이 특수화에 따라 달라지는 경우 그 반환 형식을 제대로 표현하는 것이다. 앞의 abs의 예에서, 일반적 버전의 반환 형식은 인수의 형식이지만 좀 더 구체적인 complex 버전의 반환 형식은 인수로 주어진 복소수 형식이 아니라 복소수의 값(실수부와 허수부) 형식이다. 특수화에 따라 달라지는 반환 형식을 C++03에서도 이식성 있는 방식으로 처리할 수 있었지만, 이후 표준들에서는 형식 연역 수단이 개선된 덕분에 이런 특수화를 훨씬 더 간단하게 표현할 수 있다.

C++14 C++14에서 가장 간단한 형태의 구현은 다음과 같다.

```
template <typename T> struct abs_functor;

template <typename T>
decltype(auto) abs(const T& x)
```

```
{
    return abs_functor<T>{}(x);
}
```

일반적 abs 함수는 익명 객체 abs_functor<T>{}를 생성하고 인수 x로 그 객체의 operator()를 호출한다. 이 구현이 작동하려면 abs_functor의 해당 특수화에 기본 생성자(보통은 암묵적으로 생성된)와 T 형식의 인수를 받는 단항 함수로서의 operator()가 있어야 한다. 그 operator()의 반환 형식은 자동으로 연역된다. 그런데 이 abs의 경우에는 반환 형식을 그냥 auto로 연역해도 무방할 것이다. 어차피 특수화들이 결과를 값 전달 방식으로 돌려줄 것이기 때문이다. 그러나, 가능성은 별로 없지만 혹시라도 const나 참조로 한정된 특수화가 있을 수 있으므로, 한정사들을 그대로 유지하는 decltype(auto)을 사용했다.

C++11 C++11에서는 반환 형식을 다음과 같이 좀 더 장황하게 지정해야 했다.

```
template <typename T>
auto abs(const T& x) -> decltype(abs_functor<T>{}(x))
{
    return abs_functor<T>{}(x);
}
```

표현식으로부터 반환 형식이 자동으로 연역되므로 C++03보다는 낫겠지만, abs_functor<T>{}(x)를 두 번 반복해야 하는 것은 아쉽다. 코드 중복은 비일관성을 부를 수 있음을 기억하자. 어쨌거나, C++11에서는 이것이 가장 나은 방법이다.

C++03 C++03에서는 반환 형식의 연역 자체가 불가능했다. 그래서 typedef로 result_type 같은 형식을 명시적으로 정의해서 지정해야 했다.

```
template <typename T>
typename abs_functor<T>::result_type
abs(const T& x)
{
    return abs_functor<T>{}(x);
}
```

이 구현은 abs_functor에 result_type이라는 멤버 형식이 있으며 그 형식이 operator()의 반환 형식과 호환될 때만 작동한다. 다음은 그런 조건을 충족하는 abs_functor의 기본 템플릿과 complex<T>에 대한 부분 특수화이다.

```
template <typename T>
struct abs_functor
```

```
{
    typedef T result_type;

    T operator()(const T& x)
    {
        return x < T(0) ? -x : x;
    }
};

template <typename T>
struct abs_functor<std::complex<T> >
{
    typedef T result_type;

    T operator()(const std::complex<T>& x)
    {
        return sqrt(real(x)*real(x) + imag(x)*imag(x));
    }
};
```

이것이 abs의 세 구현(C++14, C++11, C++03)을 모두 지원하는 이식성 있는 구현이다. C++03을 지원하지 않아도 된다면, 두 템플릿에서 typedef를 제거하고 형식 연역에 맡기면 된다. 이 abs_functor는 다른 여러 적절한 형식 패턴들의 특수화에 사용할 수 있으며, 따라서 함수 템플릿을 과도하게 중복적재할 때 생기는 문제를 피할 수 있다.

계산을 operator()에서 하는 대신, 계산을 위한 static 멤버 함수를 추가할 수도 있다(연산자는 정적 멤버일 수 없다). 그러면 우리는 매번 객체를 생성하지 않아도 되고 컴파일러는 this 포인터를 다루지 않아도 된다. 연습문제 3.12.11에서 이 접근 방식을 실제로 구현해 본다.

C++17 3.5.5 사용자 정의 형식의 구조적 바인딩

⇒ c++17/structured_bindings_user.cpp

클래스 템플릿을 특수화하는 목적 중 하나는 tuple의 get 인터페이스를 제공하는 것이다. 적절한 get 인터페이스가 있으면, 비공개 멤버를 가진 클래스의 객체도 구조적 바인딩(§3.4.5)을 지원하게 된다. 그러나 §3.4.5에서 제시한 "사용자 정의 클래스를 만들고 get 인터페이스를 구현하는 것은 최대한 피하라."라는 조언도 생각해야 한다. 이 인터페이스를 구현하려다 형식 연역으로 절약되는 것보다 더 많은 작업이 필요해질 수도 있기 때문이다. 그렇지만 얼마나 많은 작업이 필요한지를 알려면 어차피 적어도 한 번은 구현해 보아야 한다.

get 인터페이스는 멤버 함수로 구현할 수도 있고 자유 함수로 구현할 수도 있다. 여기서는 멤버 함수로 구현한다. 먼저, 특수화할 complex 클래스부터 보자. 보편적 적용성을 위해 실수부와 허수부의 형식이 다를 수도 있게 했다.

```
template <typename T, typename U= T>
class complex
{
  public:
    explicit complex(T rn = 0.0, U in = 0.0) : r{rn}, i{in} {}

    T const& real() const { return r; }
    U const& imag() const { return i; }
  private:
    T r;
    U i;
};
```

여기에 다음과 같이 get 메서드를 추가한다.

```
template <typename T, typename U= T>
class complex
{
    template <std::size_t N>
    decltype(auto) get() const
    {
        if constexpr (N == 0)
            return r;
        else
            return i;
    }
};
```

r과 i가 형식이 다르므로 get의 반환 형식을 명시적으로 선언할 수는 없다.[11] 형식 연역을 사용해야 하는데, 지금까지 배운 수단들로는 부족하다. 이 문제를 풀려면 컴파일 시점 if라는 새로운 기능을 사용해야 한다. constexpr-if라고도 부르는 컴파일 시점 if는 이름 그대로 컴파일 시점에서 조건을 평가해서 그 결과에 해당하는 갈래의 코드만 컴파일(인스턴스화)되게 한다. 지금 예에서는 N의 값에 따라 두 return 문 중 하나만 컴파일되며, 반환 형식도 이에 따라 고유하게 결정된다. 보통의 if를 사용했다면 컴파일러는 두 return 문을 모두 고려해서 반환 형식을 결정해야 하는데, 지금 예에서는 중의성 때문에 컴파일러가 반환 형

11 제5장에서 소개하는 메타프로그래밍을 이용하면 가능하긴 하다.

식을 고유하게 결정하지 못해서 컴파일 오류가 발생한다. 함수 내부에서의 이러한 컴파일 시점 조건 분기는, 클래스 안에서는 0과 1에 대해 get을 특수화하지 못한다는 점 때문에도 필요하다. 템플릿 특수화는 오직 이름공간 범위에서만 허용된다.

tuple 비슷한 인터페이스를 완성하려면 std::tuple_size와 std::tuple_element도 complex에 맞게 특수화해야 한다.

```
namespace std {

    template<typename T, typename U>
    struct tuple_size<dmc::complex<T, U> >
      : public std::integral_constant<std::size_t, 2> {};

    template<std::size_t N, typename T, typename U>
    struct tuple_element<N, dmc::complex<T, U> >
    {
        using type = decltype(std::declval<dmc::complex<T, U> >().
                                  template get<N>() );
    };
}
```

이름에서 짐작했겠지만 tuple_size는 튜플의 크기, 즉 get이 돌려줄 값들의 개수를 정의한다. 우리의 complex 클래스에서 튜플의 크기는 2(실수부와 허수부)이다. tuple_element는 인수 0과 1에 대해 get이 돌려주는 요소의 형식이다. 이 구현 대신, N이 0일 때는 명시적으로 using type= T;를, 1일 때는 using type= U;를 사용하도록 특수화할 수도 있겠다.

C++11 지금 버전은 C++11의 declval을 사용한다. declval은 임의의 형식의 객체를 생성하는 수단인데, 그리 대단해 보이지 않겠지만 고도로 일반적인 소프트웨어를 작성할 때 상당히 유용하다. 미리 정해진 형식들만 다룰 때는 객체를 생성하는 방법을 미리 알 수 있지만, 템플릿 매개변수로 주어지는 임의의 형식을 다룰 때는 그 형식이 어떤 생성자들을 제공하는지 미리 알 수 없다. 기본 생성자는 대부분의 형식이 제공하지만, '모든' 형식이 생성자를 제공한다는 보장은 없다. 그런 경우 declval<X>()은 임의의 형식 X의 객체를 제공한다. 좀 더 정확히 말하면, declval은 존재하지 않는 객체에 대한 오른값 참조를 돌려준다. 그 객체를 실제로 사용하는 코드는 컴파일 오류를 일으킨다는 점을 주의하자. 다행히 지금 예제는 declval이 돌려준 객체를 실제로 사용하지 않는다. 단지 주어진 N으로 그 객체의 get 메서드를 호출한 결과의 형식을 연역하는 용도로만 사용한다. 이는

declval의 주된 용법에 해당한다. 즉, declval로 생성한 객체를 포함한 표현식을 만들고, decltype을 이용해서 그 표현식의 형식을 연역하는 것이 declval의 기본적인 용법이다. 이제 complex 클래스에 대해 구조적 바인딩이 가능해졌다.

```
complex<int, short> z{3, 7};
auto [re, im]= z;
```

사실 complex 같은 클래스에서는 구조적 바인딩이 주는 편리함이 그것을 구현하는 데 드는 노력보다 아주 크다고는 말하기 힘들다. 그렇지만 지금까지 들인 시간이 아까우니, get을 자유 함수로 구현하는 경우도 살펴보자. 가장 간단한 방법은 다음처럼 constexpr-if를 사용하는 것이다.

```
template <std::size_t N, typename T>
decltype(auto) get(const complex<T>& z)
{
    if constexpr (N == 0)
        return z.real();
    else
        return z.imag();
}
```

아니면 부분 특수화를 사용할 수도 있다. 지금은 클래스 내부가 아니라 이름공간 범위이므로 이런 부분 특수화가 허용되지 않을까?

```
template <std::size_t N, typename T>
decltype(auto) get(const complex<T>& z);

template <typename T>
decltype(auto) get<0, T>(const complex<T>& z)
{ return z.real(); }

template <typename T>
decltype(auto) get<1, T>(const complex<T>& z)
{ return z.imag(); }
```

N만 특수화하고 T는 남겨 두므로 이것은 부분 특수화이다. 그런데 함수 템플릿에는 부분 특수화가 허용되지 않는다. 클래스 템플릿은 부분 특수화가 가능하므로, 특수화되지 않은 자유 함수 get에서 부분 특수화된 클래스의 메서드를 호출하는 식의 우회책도 가능하다. 아니면 함수 템플릿에도 가능한 완전 특수화를 사용할 수도 있다.

```
template <>
decltype(auto) get<0, int>(const complex<int>& z)
{ return z.real(); }

template <>
decltype(auto) get<1, int>(const complex<int>& z)
{ return z.imag(); }
```

그러나 이 코드는 그리 일반적이지 않으므로 적절한 해법이라고 말하기 힘들다. 여러 방법을 이야기했는데, 어떤 경우이든 형식 특질 tuple_element를 자유 함수에 맞게 적응시키는 것은 공통이다.

정리하자면, 이 예제는 템플릿 특수화의 한계를 보여주며, 이런 문맥에서 constexpr-if가 코드를 얼마나 단순하게 만드는지도 보여준다. 또한 사용자 정의 형식이 구조적 바인딩을 지원하게 만들려면 상당한 노력이 필요하다는 점도 잘 보여준다. 따라서 구현을 시도하기 전에 잘 생각해 볼 필요가 있다.

구조적 바인딩을 지원할 것인지 고민하기 전에, 클래스의 특정 비공개 멤버에 대한 직접적인 접근을 제공하는 것이 그 클래스에 대해 현명한 설계인지부터 생각해 봐야 한다. 비공개 멤버의 접근을 허용하면 그렇지 않을 때보다 기술적인 세부사항이 더 많이 노출되므로, 객체의 유효성이 깨질 위험이 커진다. 하지만 디버깅이나 테스트를 위해서는 그런 접근이 편리할 것이다.

디버깅이나 테스트를 위해, uncover_members 같은 이름의 private 메서드나 protected 메서드를 도입하고 디버깅이나 테스트를 수행하는 함수를 클래스의 친구로 선언할 수도 있다. 그냥 uncover_members가 tuple 객체를 돌려주게 하면 앞에서처럼 구조적 바인딩을 위해 대량의 코드를 작성할 필요가 없다.

```
template <typename T, typename U= T>
class complex
{
  private:
    auto uncover_members() const { return std::tuple{r, i}; }
    friend complex_fixture;
};
```

이제 friend로 선언된 complex_fixture 함수(디버깅이나 테스트를 위한)에서는 구조적 바인딩을 다음과 같이 활용할 수 있다.

```
auto [re, im]= z.uncover_members();
```

다른 곳에서는 여전히 complex의 비공개 멤버들에 접근할 수 없다.

C++20 3.5.6 사용자 정의 서식화

⇒ c++20/vector_fmt_output.cpp

템플릿 특수화의 마지막 예제는 §1.7.6에서 소개한 새 <format> 라이브러리를 사용자 정의 형식에 커스텀화하는 것이다. §1.7.6에서처럼 이번 절의 예제 코드도 표준 라이브러리의 <format>이 아니라 그것의 원형인 라이브러리 <fmt>를 기준으로 한다. 이 책을 읽는 시점에서 여러분의 플랫폼과 컴파일러가 <format>을 지원한다면 <format>에 맞게 예제 코드를 수정해 보기 바란다. 이번 절에서는 다시 vector 클래스를 예로 들어서, 개별 요소들의 서식화 방식을 커스텀화한다. 그리고 서식 문자열(format string)에 영문자 'c'가 포함되어 있으면 대괄호(bracket) 대신 중괄호(curly brace)로 요소들을 감싸게 한다.

서식화 방식을 커스텀화하려면 std::formatter 클래스(예제에서는 fmt::formatter 클래스)를 특수화해서 parse 메서드와 format 메서드를 구현해야 한다. 먼저 parse 메서드부터 보자.

```
template <typename Value>
struct formatter<dmc::vector<Value> >
{
    constexpr auto parse(format_parse_context& ctx)
    {
        value_format= "{:";
        for (auto it= begin(ctx); it != end(ctx); ++it) {
            char c= *it;
            if (c == 'c')
                curly= true;
            else
                value_format+= c;
            if (c == '}')
                return it;
        }
        return end(ctx);
    }
    // ...
    bool        curly{false};
    std::string value_format;
};
```

parse 메서드에는 현재 파싱 문맥을 뜻하는 객체가 주어진다. 그 객체의 begin 반복자(begin 함수가 돌려주는 시작 반복자)는 서식 문자열 중 서식 명세(format specification)의 첫 문자, 즉 콜론 다음의 첫 문자 또는 (콜론이 없는 경우) 왼쪽 중괄호 다음의 첫 문자를 가리킨다. 이 parse 메서드는 서식 명세를 거의 그대로 멤버 변수 value_format에 복사하되, 이 구현의 유일한 특수 문자인 'c'는 복사하지 않고 넘어간다. 단순함을 위해 서식 명세 자체에는 왼쪽 중괄호와 오른쪽 중괄호가 전혀 없다고 가정한다. 따라서 다음번 오른쪽 중괄호는 서식 문자열의 끝을 뜻한다. 오른쪽 중괄호를 만났다면 그것을 가리키는 반복자를 돌려주고, 그렇지 않고 루프가 끝나면 문맥 전체의 end 반복자를 돌려준다.

서식 명세에서 'c'를 발견했을 때 parse 메서드가 멤버 변수 curly를 true로 설정해 둔다는 점을 주목하자. format 메서드는 이 정보를 vector의 출력에 활용한다.

```
template <typename Value>
struct formatter<dmc::vector<Value> >
{
    template <typename FormatContext>
    auto format(const dmc::vector<Value>& v, FormatContext& ctx)
    {
        auto&& out= ctx.out();
        format_to(out, curly ? "{{" : "[");
        if (v.size() > 0)
            format_to(out, value_format, v[0]);
        for (int i= 1; i < v.size(); ++i)
            format_to(out, ", " + value_format, v[i]);
        return format_to(out, curly ? "}}" : "]");
    }
    // ...
};
```

이 메서드는 출력 버퍼와 서식화 문맥 객체에 대한 참조들을 받는다. 메서드는 먼저 curly의 값에 따라 왼쪽 중괄호 또는 왼쪽 대괄호를 출력한다. <format> 라이브러리에서 중괄호는 특수 문자이므로, 중괄호 두 개로 된 탈출열(escape sequence)을 지정해야 함을 주의하기 바란다. 나머지 부분은 ostream 출력과 동일하다. 마지막으로는 출력 버퍼를 돌려준다. 이제 이 특수화를 시험해 보자.

```
dmc::vector<double> v{1.394, 1e9, 1.0/3.0, 1e-20};

print("v with empty format = {}.\n", v);
print("v with f = {:f}.\n", v);
print("v curly with f = {:fc}.\n", v);
print("v width 9, 4 digits = {:9.4f}.\n", v);
print("v scient. = {:ec}.\n", v);
```

이 코드의 출력은 다음과 같다.

```
v with empty format = [1.394, 1000000000.0, 0.3333333333333333, 1e-20].
v with f = [1.394000, 1000000000.000000, 0.333333, 0.000000].
v curly with f = {1.394000, 1000000000.000000, 0.333333, 0.000000}.
v width 9, 4 digits = [   1.3940, 1000000000.0000,    0.3333,    0.0000].
v scient. = {1.394000e+00, 1.000000e+09, 3.333333e-01, 1.000000e-20}.
```

3.6 비형식 템플릿 매개변수

지금까지의 예제들에서 템플릿 매개변수는 대부분 형식 매개변수였다. 그런데 형식이 아니라 값도 템플릿 인수가 될 수 있다. C++20 이전에는 정수 형식들과 bool, 포인터만 비형식 템플릿 매개변수로 사용할 수 있었다. C++20부터는 부동소수점 수들과 특정 조건을 충족하는 클래스도 비형식 매개변수로 사용할 수 있다. 하지만 이번 절에서는 정수에 초점을 둔다.

3.6.1 고정 크기 컨테이너

⇒ c++11/fsize_vector.cpp

비형식 템플릿 매개변수의 가장 흔한 용도는 짧은 벡터나 작은 행렬의 크기를 매개변수화하는 것이다.

```
template <typename T, int Size>
class fsize_vector
{
    using self= fsize_vector;
  public:
    using value_type= T;
    static constexpr int     my_size= Size;

    fsize_vector(int s= Size) { assert(s == Size); }

    self& operator=(const self& that)
    {
        std::copy(that.data, that.data + Size, data);
        return *this;
    }

    self operator+(const self& that) const
    {
        self sum;
        for (int i= 0; i < my_size; ++i)
            sum[i]= data[i] + that[i];
        return sum;
```

```
    }
    // ...

  private:
    T     data[my_size];
};
```

벡터의 크기가 템플릿 인수로 주어지므로, 생성자가 크기를 받을 필요는 없다. 그렇지만 일관된 벡터 인터페이스를 위해 생성자가 크기 인수를 받게 했다. 생성자는 그 크기가 템플릿 매개변수와 일치하는지 점검한다.

이 구현을 §3.3.1의 동적 가변 크기 벡터와 비교해 보면 차이점이 많지 않다. 이 버전의 본질적인 차이는 벡터 크기가 형식의 일부라는 것이다. 이는 컴파일 시점에서 벡터의 크기에 접근할 수 있다는 뜻이며, 그러면 컴파일러에 추가적인 최적화의 기회가 생긴다. 예를 들어 크기가 3인 두 벡터를 더할 때 컴파일러는 for 루프를 다음과 같이 세 덧셈 문장들로 바꿀 수 있다.

```
self operator+(const self& that) const
{
    self sum;
    sum[0]= data[0] + that[0];
    sum[1]= data[1] + that[1];
    sum[2]= data[2] + that[2];
    return sum;
}
```

이렇게 하면 카운터 변수 증가와 루프 종료 판정이 필요 없어서 성능이 향상된다. 더 나아가서, 세 문장을 SSE/AVX에서 병렬로 수행할 수도 있다. §5.4에서 이런 '루프 펼치기(loop unrolling)' 최적화를 좀 더 살펴볼 것이다.

추가적인 컴파일 시점 정보로 가능한 최적화의 종류는 물론 컴파일러에 따라 다르다. 컴파일러가 코드를 어떻게 바꾸는지는 컴파일러가 생성한 어셈블리 코드를 보고 파악할 수도 있고 다른 구현과의 성능 차이로 추측할 수도 있다. 어셈블리 코드를 읽는 것은 쉽지 않은 일이다. 최적화 수준이 높을 때는 더욱 그렇다. 반대로, 최적화 수준을 낮게 설정해서 컴파일하면 컴파일 시점 크기의 혜택이 별로 없을 수도 있다. 어셈블리 코드를 확인할 때는 Compiler Explorer(*https://godbolt.org*)가 유용하다. 이 서비스는 사용자가 입력한 소스 코드에서 생성한 어셈블리 코드를 읽기 쉽게 여러 색상으로 서식화해서 표시한다.

지금 예제처럼 루프 반복 횟수가 3회 정도이면 컴파일러가 루프를 펼치지만, 100회 이상으로 반복 횟수가 많으면 루프를 그대로 유지할 가능성이 크다. 따라서 컴파일 시점 크기 정보는 3차원 좌표나 회전 행렬 같은 작은 벡터나 행렬에 더 유용하다.

컴파일 시점에서 벡터의 크기를 아는 것의 또 다른 장점은, fsize_vector에서 보듯이 요소들을 정적 배열에 담을 수 있다는 것이다. 단일한 메모리 블록을 차지하는 정적 배열을 사용하면 벡터를 생성하고 파괴하기가 훨씬 쉽다. 동적으로 메모리 블록을 할당하는 방식은 객체의 생성과 파괴를 다루기가 까다롭고 관리 비용이 크다. 앞에서 언급했듯이 이 fsize_vector 클래스는 크기가 형식의 일부이다. 따라서 두 벡터의 크기가 같은지를 따로 점검할 필요가 없다. 다음 코드를 보자.

```
fsize_vector<float, 3> v;
fsize_vector<float, 4> w;
vector<float>          x(3), y(4);

v= w;      // 컴파일 시점 오류
x= y;      // 실행 시점 오류
```

마지막 두 줄은 호환되지 않는 벡터 배정문들이다. 둘의 차이는 오류 검출 시점이다. 둘째 배정 x= y;의 비호환 오류는 컴파일 후 프로그램을 실행했을 때 단언문이 검출한다. 그러나 첫 배정 v= w;은 애초에 컴파일이 되지 않는다. 크기가 3인 고정 크기 벡터에는 오직 같은 크기의 벡터만 배정할 수 있기 때문이다.

필요하다면 비형식 템플릿 인수의 기본값을 지정할 수도 있다. 우리는 3차원 세계에서 살고 있으므로 대다수의 벡터가 3차원 벡터라고 가정하는 것이 합당하다.

```
template <typename T, int Size= 3>
class fsize_vector
{ /* ... */ };

fsize_vector<float>      v, w, x, y;

fsize_vector<float, 4>   space_time;
fsize_vector<float, 11>  string;
```

그러나 예를 들어 상대성 이론이나 끈 이론을 다룰 때는 차원(벡터 크기)을 명시적으로 지정해야 한다.

C++17 3.6.2 비형식 매개변수의 연역

⇒ c++17/auto_template_argument.cpp

C++11은 컴파일 시점 정수 상수를 표현하기 위해 std::integral_constant라는 형식 특질 템플릿을 도입했다.

```
template<typename T, T Value>
struct integral_constant;
```

다음은 이 템플릿을 이용해서 컴파일 시점에서 false 값을 표현하기 위한 형식을 정의하는 예이다.

```
using false_type= integral_constant<bool, false>;
```

이 예에서 보듯이, integral_constant를 사용하려면 상수의 형식과 그 값을 템플릿 인수들로 지정해야 한다. 그런데 상수의 형식은 값으로부터 연역할 수 있다는 점에서 이는 코드의 중복이다. 이런 중복을 피하기 위해 C++17은 템플릿 매개변수에 auto를 적용할 수 있게 했다. 예를 들어 다음과 같은 템플릿을 만들어 두면 상수의 형식을 명시적으로 지정하지 않고 값만 지정해서 컴파일 시점 정수 상수를 정의할 수 있다.

```
template <auto Value>
struct integral_constant_c
  : std::integral_constant<decltype(Value), Value>
{};

using f_type= integral_constant_c<false>;
```

마지막 행처럼 값만 지정하면 자동으로 그 형식이 연역된다. false_type이 쓰이는 대부분의 장소에서 false_type 대신 이 f_type을 사용할 수 있다. '대부분의 장소'라고 한 것은, 예를 들어 false_type에 대해 명시적으로 특수화된 템플릿에서는 f_type을 사용할 수 없기 때문이다. 그런 예외를 생각하면, integral_constant를 상속하는 대신 다음과 같이 템플릿 별칭을 사용하는 것이 낫다.

```
template <auto Value>
using integral_constant_t=
    std::integral_constant<decltype(Value), Value>;

using t_type= integral_constant_t<true>;
```

이 버전은 우리의 의도를 좀 더 잘 나타낼 뿐만 아니라, 이제는 t_type이 true_type과 완전히 동일하므로 모든 곳에서 true_type 대신 사용할 수 있다.

3.7 함수자

이번 절에서는 극도로 강력한 기능인 **함수자**(functor)를 소개한다. 언뜻 보면 함수자는 그냥 함수처럼 호출할 수 있는 연산자를 가진 클래스일 뿐이다. 그러나 함수자가 단지 호출 가능한 객체를 만드는 클래스인 것만은 아니다. 보통의 함수에 비한 함수자 객체의 결정적인 특징은, 함수자 객체들은 서로에게 또는 자기 자신에게 좀 더 유연하게 적용('호출')할 수 있으며, 그럼으로써 새로운 함수 비슷한 객체를 즉석에서 생성할 수 있다는 것이다. 함수자의 이런 용법에 익숙해지려면 시간이 좀 걸린다. 이번 절은 완전히 새로운 프로그래밍 방식을 소개하는 것이므로 이전 절들보다 따라가기가 좀 더 어려울 수 있다. 그러나 시간을 들여서 읽어 나간다면 많은 것을 얻게 될 것이다. 이번 장은 또한 람다(§3.8)로 나아가는 길을 닦고 메타프로그래밍(제5장)으로의 문을 여는 역할도 한다.

한 예로, 주어진 미분 가능 함수 f의 유한 차분(finite difference)을 계산하는 수학 알고리즘을 개발한다고 하자. 유한 차분은 1차 미분(일계도함수)†의 근사(approximation)로, 다음과 같이 정의된다.

$$f'(x) \approx \frac{f(x+h) - f(x)}{h}.$$

여기서 h는 작은 상수인데, 간격(spacing)이라고도 부른다.

유한 차분을 계산하는 fin_diff가 목록 3-5에 나와 있다. fin_diff는 double을 받고 double을 돌려주는 임의의 함수를 지원한다.

목록 3-5 함수 포인터를 이용한 유한 차분 계산

```
double fin_diff(double f(double), double x, double h)
{
    return ( f(x+h) - f(x) ) / h;
}

double sin_plus_cos(double x)
{
    return sin(x) + cos(x);
```

† [옮긴이] 이하의 논의에서 '미분'은 도함수를 뜻할 때도 있고 미분계수(도함수의 값)를 뜻할 때도 있다. 문맥으로 충분히 구분할 수 있을 것이다.

```
}

int main() {
    cout ≪ fin_diff(sin_plus_cos, 1., 0.001) ≪ '\n';
    cout ≪ fin_diff(sin_plus_cos, 0., 0.001) ≪ '\n';
}
```

이 프로그램은 $h = 0.001$로 두고 $x = 1$과 $x = 0$에서의 sin_plus_cos의 미분들을 근사한다. sin_plus_cos는 함수 포인터로서 전달된다(함수는 필요에 따라 암묵적으로 함수 포인터로 변환된다).

2차 미분(이계도함수)을 계산하려면 어떻게 해야 할까? 2차 미분의 정의에 맞는 자연스러운 접근 방식은 fin_diff 자신을 인수로 해서 fin_diff를 호출하는 것이다. 그러나 fin_diff는 인수가 세 개라서 fin_diff 자신이 요구하는 단항 함수 포인터와는 호환되지 않는다. 다행히 함수자를 이용하면 이 문제를 해결할 수 있다. 함수자는 다음과 같이 정의된다.

> **정의 3-2. 함수자**(functor)는 그 객체를 마치 함수처럼 호출할 수 있게 하는 적용 연산자(application operator) operator()를 제공하는 클래스이다.

함수자 대신 '함수 객체(function object)'라는 용어를 사용하는 저자들도 있고, 함수자라는 용어를 사용하되 그것이 클래스인지 객체인지를 명확히 밝히지 않는 저자들도 있다. 둘의 구분이 중요하지 않은 문맥도 있겠지만, 지금 논의에서는 클래스와 객체를 명확히 구분할 필요가 있다. 그런 만큼, 비록 functor가 범주론에서 다른 의미로 쓰인다는 문제가 있긴 하지만,† 클래스와 객체를 구분하기 위해 이 책에서는 **함수자**를 사용한다. 이 책에서 함수자는 항상 클래스를 뜻하고, 함수자의 객체는 함수자 객체라고 부른다. 이 책에서 **함수 객체**(function object)라는 용어는 함수자 객체를 비롯해 보통의 함수와 람다(다음 절), 함수 포인터 등 함수처럼 호출할 수 있는 모든 것을 뜻한다.

다시 2차 미분으로 돌아가서, 목록 3-6은 sin_plus_cos를 함수자로 구현한 코드이다.

목록 3-6 함수자

```
struct sc_f
{
```

† [옮긴이] 범주론에서 말하는 functor는 대한수학회 용어집을 기준으로 '함자'이므로, 이 번역서에서 둘을 혼동할 일이 없을 것이다.

```
    double operator() (double x) const
    {
        return sin(x) + cos(x);
    }
};
```

함수자의 중요한 장점은 매개변수들을 내부 상태(멤버 변수)들에 저장해 둘 수 있다는 것이다. 목록 3-7은 sin 함수의 x를 계수 α로 비례(scaling)시킨 $\sin \alpha x + \cos x$를 돌려주는 버전인데, α 값을 멤버 변수에 담아 둔다.

목록 3-7 상태가 있는 함수자

```
class psc_f
{
  public:
    psc_f(double alpha) : alpha{alpha} {}

    double operator() (double x) const
    {
        return sin(alpha * x) + cos(x);
    }
  private:
    double alpha;
};
```

표기법: 이번 절은 꽤 많은 형식과 객체를 소개한다. 클래스와 객체의 명확한 구분을 위해 다음과 같은 명명 관례를 사용하겠다. 함수자(클래스)에는 psc_f처럼 접미사 _f를 붙이고, 객체에는 접미사 _o를 붙인다. 근사된 1차 미분에는 접두사 d_를 붙이고 2차 미분에는 dd_를 붙인다. 고차 미분에는 접미사의 d 다음에 차수를 표시한다. 예를 들어 d7_는 7차 미분을 뜻한다. 이 미분들은 실제 미분이 아니라 유한차분으로 근사한 것이지만, 간결함을 위해 이것이 단지 근삿값이라는 언급은 생략하기로 한다(사실 20차 정도의 미분은 유한차분으로 근사하면 '근사'라는 이름이 무색할 정도로 부정확한 값이 나온다).

3.7.1 함수 같은 매개변수

⇒ c++11/derivative.cpp

함수자 형식을 정의했다면, 다음으로 할 일은 함수자 객체를 원하는 함수에 전달하는 방법을 파악하는 것이다. 목록 3-5의 fin_diff는 함수 포인터를 받으므로 함수자 객체로는 호출할 수 없다. 또한, 적용 대상 함수가 서로 다른 함수자(sc_f와 psc_f 등)를 지원해야 한다면 매개변수 형식을 어떤 구체적인 함수자 형식으로 고정할 수 없다. C++에서 함수가 서로 다른 형식의 인수를 받게 하는 기법은 크게 두 가지로, 하나는 상속이고 하나는 템플릿이다. 상속은 아직 이야기하지 않았으므로, 상속을 이용하는 버전은 §6.1.4에서 소개하겠다. 여기서는 일반적 버전만 살펴본다. 사실 상속보다는 템플릿을 이용한 일반적 버전이 적용성과 효율성이 더 좋다. 다음은 함수자와 함수 매개변수의 형식을 형식 매개변수로 지정할 수 있게 하는 예이다.

```
template <typename F, typename T>
T inline fin_diff(F f, const T& x, const T& h)
{
    return (f(x+h) - f(x)) / h;
}

int main()
{
    psc_f psc_o{1.0};
    cout << fin_diff(psc_o, 1., 0.001) << endl;
    cout << fin_diff(psc_f{2.0}, 1., 0.001) << endl;
    cout << fin_diff(sin_plus_cos, 0., 0.001) << endl;
}
```

main 함수의 첫 cout 출력문에서는 함수자 객체 psc_o를 생성해서 fin_diff를 호출한다. 그다음 출력문에서는 psc_f{2.0}으로 즉석에서 함수자 객체를 생성해서 fin_diff에 넘겨준다. sin_plus_cos를 인수로 사용하는 마지막 출력문은 fin_diff가 보통의 함수도 받을 정도로 일반적임을 보여준다.

이 세 예에서 보듯이 fin_diff의 매개변수 f는 상당히 범용적이다. 구체적으로 어느 정도나 범용적일까? 용례들로 볼 때 f는 반드시 인수 하나를 받는 함수(또는 함수 비슷한 무엇)이어야 할 것이다. STL(§4.1)은 인수 하나를 받는 함수의 다음과 같은 요구조건들을 UnaryFunction이라는 콘셉트로 정의한다.

- f의 형식이 F라고 하자.
- x의 형식이 T라고 하자. 여기서 T는 F의 인수 형식이다.
- f(x)는 f를 인수 하나로 호출하고 결과 형식의 객체를 돌려준다.

지금 예에서 모든 계산은 T 형식의 값들로 이루어지므로, f의 반환 형식이 T이어야 한다는† 요구조건도 추가해야 할 것이다.

† [옮긴이] 이것이 반드시 참은 아니다. 예를 들어 위넘침을 피하기 위해서는 반환 형식이 인수 형식보다 더 커야 할 수 있다.

3.7.2 함수자 합성

지금까지 함수를 다른 함수의 매개변수로 넘겨주는 몇 가지 방법을 살펴보았다. 그런데 fin_diff로 fin_diff 자체를 호출함으로써 고차 미분을 우아하게 계산한다는 애초의 목표에는 아직 그리 가까이 다가가지 못했다. 문제는, fin_diff는 단항 함수를 받지만 fin_diff 자신은 삼항 함수라는 것이다. 이러한 차이는 미분할 함수와 단계 크기를 내부 상태로 저장하는 단항 함수자(unary functor)[12]를 정의해서 극복할 수 있다.

```
template <typename F, typename T>
class derivative
{
  public:
    derivative(const F& f, const T& h) : f{f}, h{h} {}

    T operator()(const T& x) const
    {
        return ( f(x+h) - f(x) ) / h;
    }
  private:
    const F& f;
    T        h;
};
```

이제는 x만 보통의 함수 인수로 전달해서 미분을 근사할 수 있다. 다음은 $f(x)$를 나타내는 함수자로 이 함수자 템플릿을 인스턴스화해서 $f'(x)$에 해당하는 함수자를 얻는 예이다.[13]

```
using d_psc_f= derivative<psc_f, double>;
```

이 함수자 d_psc_f는 $f(x) = \sin(\alpha \cdot x) + \cos x$의 도함수를 나타낸다. 이제 단계 크기가 $h = 0.001$인 도함수 함수자 객체를 생성한다.

```
psc_f        psc_o{1.0};
d_psc_f      d_psc_o{psc_o, 0.001};
```

이 함수자 객체를 이용해서 $x = 0$에서의 미분계수를 구한다.

12 간결함을 위해, 해당 객체가 단항 함수처럼 행동하는 함수자를 간단히 단항 함수자라고 부르기로 한다.

13 역시 간결함을 위해, 해당 객체가 $f(x)$를 계산하는 함수자를 간단히 $f(x)$를 나타내는 함수자라고 부르기로 한다(종종 더 줄여서 '$f(x)$의 함수자' 같은 표현도 사용한다—옮긴이).

```
cout << "der. of sin(x) + cos(x) at 0 is " << d_psc_o(0.0) << '\n';
```

계산 결과 자체는 이전의 해법과 같지만, 이 해법은 원래의 함수와 그 도함수를 좀 더 직접적으로 표현한다. 이는 근본적인 차이이다. 이제는 함수와 도함수 둘 다 함수자로부터 생성된 단항 함수 객체이다.

이렇게 해서 원래의 목표를 달성했다. 이제 우리는 $f'(x)$를 $f(x)$와 같은 방식으로 취급할 수 있으며, $f'(x)$로부터 $f''(x)$를 구축할 수 있다. 코드의 관점에서 말하면, 이제는 미분된 함수의 함수자 d_psc_f를 이용해서 2차 미분 함수자 derivative를 인스턴스화할 수 있다.

```
using dd_psc_f= derivative<d_psc_f, double>;
```

이계도함수를 나타내는 함수자를 얻었으니, 해당 함수자 객체를 생성해서 $f''(0)$을 근사해보자.

```
dd_psc_f            dd_psc_o{d_psc_o, 0.001};
cout << "2nd der. of sin(x) + cos(x) at 0 is " << dd_psc_o(0.0) << '\n';
```

dd_psc_f 역시 단항 함수이므로, 원한다면 3차와 그 이상의 도함수들도 얼마든지 만들어 낼 수 있다.

만일 2차 미분을 구할 함수가 많다면, 따로 1차 미분의 함수자를 만들지 않고 바로 2차 미분의 함수자를 구할 수 있는 수단을 작성하는 데 시간을 투자해도 좋을 것이다. 다음은 $f''(x)$를 근사하는 함수자인데, 생성자에서 일계도함수에 대한 함수 객체를 생성해서 저장해 둔다.

```
template <typename F, typename T>
class second_derivative
{
  public:
    second_derivative(const F& f, const T& h)
      : h{h}, fp{f, h} {}

    T operator()(const T& x) const
    {
        return ( fp(x+h) - fp(x) ) / h;
    }
  private:
    T               h;
    derivative<F, T> fp;
};
```

이제 f로부터 f''을 위한 함수 객체를 직접 생성할 수 있다.

```
second_derivative<psc_f, double> dd_psc_2_o{psc_f(1.0), 0.001};
```

3차 이상의 도함수를 생성하는 수단 역시 이런 과정을 반복해서 구현할 수 있을 것이다. 그러나 임의의 차수의 미분을 근사하는 함수자를 좀 더 직접적으로 얻을 수 있다면 더 좋을 것이다.

3.7.3 재귀

3차나 4차, 일반적으로는 n차 미분을 구현한다고 할 때 주목할 것은 미분들 사이에 재귀적인 관계가 성립한다는 점이다. 즉, n차 미분은 x+h와 x에 대한 $(n-1)$차 미분이다. 다음은 이러한 재귀적 관계를 반영한 구현이다.

```
template <unsigned N, typename F, typename T>
class nth_derivative
{
    using prev_derivative= nth_derivative<N-1, F, T>;
  public:
    nth_derivative(const F& f, const T& h)
      : h{h}, fp{f, h} {}

    T operator()(const T& x) const
    {
        return ( fp(x+h) - fp(x) ) / h;
    }
  private:
    T               h;
    prev_derivative fp;
};
```

그런데 이 구현만으로는 컴파일러가 무한 재귀 루프에 빠진다. 컴파일러가 무한 재귀에서 벗어나려면 종료 조건을 지정해야 하는데, 지금 예에서 종료 조건은 "1차 미분에 도달했는가?"이다. 그런데 if나 ?:로 종료 조건을 점검할 수는 없다. 두 조건 분기 수단 모두 조건이 참일 때의 갈래와 거짓일 때의 갈래를 적극적으로(eagerly) 평가하기 때문이다. 그러면 여전히 무한 재귀가 발생한다. C++17부터는 constexpr-if를 사용하면 된다. 그 이전의 컴파일러에서는 추가적인 인스턴스화가 없도록 특수화한 템플릿을 종료 조건으로 사용해서 재귀적 템플릿 인스턴스화를 종료했다.

```
template <typename F, typename T>
```

```
class nth_derivative<1, F, T>
{
  public:
    nth_derivative(const F& f, const T& h) : f{f}, h{h} {}

    T operator()(const T& x) const
    {
        return ( f(x+h) - f(x) ) / h;
    }
  private:
    const F& f;
    T        h;
};
```

이 특수화는 derivative 클래스와 동일하다. 따라서 이제 derivative는 삭제해도 된다. 또는, nth_derivative 특수화의 기반 클래스로 활용해도 것이다(클래스 상속은 제6장에서 본격적으로 설명한다).

```
template <typename F, typename T>
class nth_derivative<1, F, T>
  : public derivative<F, T>
{
    using derivative<F, T>::derivative;
};
```

이제 22차 미분도 한 줄의 코드로 계산할 수 있다.

```
nth_derivative<22, psc_f, double> d22_psc_o{psc_f(1.0), 0.00001};
```

새 객체 d22_psc_o 역시 단항 함수 객체이다. 그렇지만 유한 차분으로 고차 미분을 근사하면, 독자에게 제시하기가 창피할 정도로 부정확한 결과가 나온다. 전진차분(forward difference; 또는 전향차분)에 후진차분(backward difference)을 적용하면 f'' 근사의 오차(테일러 급수로 구한 좀 더 정확한 값을 기준으로 한)가 $\mathcal{O}(h)$에서 $\mathcal{O}(h^2)$으로 줄어든다. 전진차분과 후진차분을 번갈아 적용해서 근사의 정확도를 더 개선할 수도 있지 않을까?

```
template <unsigned N, typename F, typename T>
class nth_derivative
{
    using prev_derivative= nth_derivative<N-1, F, T>;
  public:
    nth_derivative(const F& f, const T& h) : h{h}, fp{f, h} {}

    T operator()(const T& x) const
```

```
    {
        return N & 1 ? ( fp(x+h) - fp(x) ) / h
                     : ( fp(x) - fp(x-h) ) / h;
    }
  private:
    T          h;
    prev_derivative fp;
};
```

안타깝게도 이렇게 해도 22차 미분은 더 나아지지 않는다. 오히려 이전보다 조금 더 나쁜 결과가 나온다. 특히 절망스러운 점은 필자가 f를 4백만 회 이상 평가했다는 점이다.[14] h를 줄여도 도움이 되지 않는다. 유한 차분보다 접선 근사(tangent approximation)가 더 낫겠지만, 어차피 $f(x)$의 값과 $f(x\pm h)$의 값이 점점 가까워지므로 근사가 몇 비트 정도만 개선될 뿐이다. 2차 미분의 경우에는 전진과 후진을 교대하는 접근 방식이 효과를 낸다(역시 테일러 급수의 결과를 기준으로 했을 때). 이 교대 접근 방식은 성능 부담이 추가되지 않는다는 점도 마음에 든다. 조건식 N&1의 결과는 컴파일 시점에서 알려지며, 최근 컴파일러는 해당 부분식만 평가할 것이다. 지금까지 이 책에서 C++에 관해 배운 것이 아무것도 없어도 다음의 진리만큼은 기억하기 바란다.

진리

가장 멋진 프로그래밍 기술도 견고한 수학을 대신할 수는 없다.

C++ 언어를 대상으로 하긴 하지만 이 책은 기본적으로 프로그래밍에 관한 책이며, 함수자가 새 함수 객체를 생성하는 데 극도로 표현력이 좋음이 판명된 바 있다. 어쨌거나, 혹시 고차 미분을 계산하는 더 나은 방법을 생각해 낸 독자가 있다면 필자에게 꼭 연락하길 바란다. 상황이 허락한다면 근사한 저녁 식사를 대접할 수도 있을 것이다.

그런데 아직 신경 쓰이는 세부사항이 하나 남아 있다. 함수자 인수들과 해당 생성자 인수들에 중복이 존재한다는 점이다. 예를 들어 psc_o의 7차 미분을 계산한다고 하자.

```
nth_derivative<7, psc_f, double> d7_psc_o{psc_o, 0.00001};
```

---

14 f를 각 위치에서 한 번만 계산하고 적절한 이항계수로 비례시키면 계산 비용을 지수(거듭제곱) 규모에서 선형 규모로 줄일 수 있다. 여러분의 교수님이 이 각주를 읽고 이것을 숙제로 내지는 않길 바랄 뿐이다.

nth_derivative의 마지막 두 인수는 다름 아닌 생성자의 매개변수 형식들이다. 이런 중복을 형식 연역으로 제거할 수 있으면 좋겠다. 이 경우에는 auto와 decltype이 별로 도움이 되지 않는다.

```
auto d7_psc_o= nth_derivative<7, psc_f, double>{psc_o, 0.00001};
nth_derivative<decltype(psc_o),
               decltype(0.00001), 7>   d7_psc_o{psc_o, 0.00001};
```

이보다는 다음처럼 생성자의 인수들을 받아서 해당 형식들을 연역하는 함수 템플릿이 더 유망해 보인다.

```
template <unsigned N, typename F, typename T>
nth_derivative<N, F, T>
derive(const F& f, const T& h)
{
    return nth_derivative<N, F, T>{f, h};
}
```

이 함수가 F와 T를 연역해주므로, N만 명시적으로 지정하면 된다. N이 마지막 매개변수였다면 이런 방법이 통하지 않았을 것이다. 특정 템플릿 매개변수를 지정하려면 그 전의 모든 템플릿 매개변수도 지정해야 한다.

```
auto d7_psc_o= derive<psc_f, double, 7>(psc_o, 0.00001);
```

다행히도 처음부터 N이 첫 매개변수라서, N만 명시적으로 지정하고 F와 T는 연역되게 할 수 있다. N의 위치를 강조해서 다시 이 함수 템플릿의 정의를 제시하겠다.

```
template <unsigned N, typename F, typename T>
nth_derivative<N, F, T>
derive(const F& f, const T& h)
{
    return nth_derivative<N, F, T>{f, h};
}
```

이제 7차 미분의 함수자 형식과 값 형식을 인수들로부터 컴파일러가 연역한다.

```
auto d7_psc_o= derive<7>(psc_o, 0.00001);
```

이상의 예제는 템플릿 매개변수들의 순서가 중요한 상황의 좋은 예이다. 함수의 모든 매개변수 형식을 컴파일러가 유도한다면 템플릿 매개변수들의 순서가 중요하지 않다. 그러나 일부 매개변수를 명시적으로 지정하고 나머지는 연역하는 순서에 신경을 쓸 필요가 있다. 연역되지 않을 매개변수들은 반드시 매개변수 목록의 앞쪽에 배치해야 한다. 부분적으로 연역되는 함수 템플릿의 호출 구문을 생각하면 이 규칙을 기억하기 쉬울 것이다. 명시적으로 지정하는 매개변수들은 호출 구문의 왼쪽 괄호 (보다 앞에 있고, 인수들로부터 연역된 매개변수들은 그 (의 뒤에 있다.

3.7.4 일반적 축약

⇒ c++11/accumulate_functor_example.cpp

일반적 프로그래밍을 설명할 때 사용한 §3.3.2.5의 accumulate 함수를 기억할 것이다. 이번 절에서는 이 함수를 일반화해서 일반적 축약(reduction)† 함수를 만들어 본다. 인수 두 개를 받아서 어떠한 연산을 수행하는 함수 또는 호출 가능한 함수 객체의 형식을 BinaryFunction이라고 지칭하기로 한다. 일반적 축약 함수는 주어진 순차열의 모든 요소에 BinaryFunction을 적용한다.

```
template <typename Iter, typename T, typename BinaryFunction>
T accumulate(Iter it, Iter end, T init, BinaryFunction op)
{
    for (; it != end; ++it)
        init= op(init, *it);
    return init;
}
```

값들을 합산하려면 두 값을 더하는 함수자를 사용하면 된다.

```
template <typename T>
struct add
{
    T operator()(const T& x, const T& y) const { return x + y; }
};
```

이 함수자는 값들의 형식을 클래스 자체의 형식 매개변수로 두었다. 그렇게 하는 대신 다음처럼 operator()의 형식 매개변수로 둘 수도 있다.

```
struct times
{
```

† [옮긴이] 축약은 다수의 값을 하나의 값으로 줄이는 연산을 통칭하는 용어로, 축소라고도 한다. 다수의 값을 모두 합해서 하나의 값을 돌려주는 합산(summation)이 축약 연산의 예이다.

```
    template <typename T>
    T operator()(const T& x, const T& y) const { return x * y; }
};
```

후자는 컴파일러가 값 형식을 연역할 수 있다는 장점이 있다.

```
vector v= {7.0, 8.0, 11.0};
double s= accumulate(v.begin(), v.end(), 0.0, add<double>{});
double p= accumulate(v.begin(), v.end(), 1.0, times{});
```

이 코드는 벡터 요소들의 합과 곱을 계산한다. add 함수자를 인스턴스화할 때는 벡터의 값 형식을 우리가 명시적으로 지정해야 하지만, times 함수자는 템플릿 클래스가 아니므로 인수로부터 값 형식이 연역된다.

C++11 3.8 람다

⇒ c++11/lambda.cpp

λ-표현식 또는 람다 표현식(lambda expression; 줄여서 람다식)은 C++11에서 도입되었다. 람다 표현식을 사용하면 프로그램이 좀 더 간결해진다. 그리고 프로그램이 더 이해하기 쉬워질 때도 많다. 특히, 간단한 계산은 그것이 필요한 장소에 람다식으로 직접 표현하는 것이 다른 어딘가에 함수로 정의해 두고 함수를 호출하는 것보다 이해하기 쉽다.

함수자와 비교하면 람다 표현식을 좀 더 쉽게 이해할 수 있다. 목록 3-6에서는 $\sin x + \cos x$를 함수자로 표현했었다. 목록 3-8은 그 함수를 람다식으로 표현한 것이다.

목록 3-8 간단한 람다 표현식

```
[](double x){ return sin(x) + cos(x); }
```

람다 표현식은 함수자(클래스)를 정의하는 것이 아니라 해당 함수 객체 자체를 즉석에서 생성한다.† 따라서 람다 표현식을 함수 호출의 인수 위치에 직접 사용할 수 있다.

```
fin_diff([](double x){ return sin(x) + cos(x); }, 1., 0.001 )
```

† [옮긴이] 람다 표현식에서 생성된 객체를 람다 객체 또는 더 줄여서 람다라고 부른다. 람다 표현식을 람다라고 줄여서 부르기도 하는데, 문맥으로 구분할 수 있을 것이다.

리터럴로서의 매개변수들을 람다 표현식에 직접 포함할 수 있다. 함수자 psc_f(목록 3-7)에서처럼 sin 인수를 비례시키려면, 다음처럼 그냥 해당 곱셈 연산을 람다 표현식에 직접 포함하면 된다. 그래도 이 람다 표현식의 평가 결과는 여전히 단항 함수 객체이다.

```
fin_diff([](double x){ return sin(2.5*x) + cos(x); }, 1., 0.001)
```

람다를 변수에 저장해서 나중에 사용할 수도 있다.

```
auto sc_l= [](double x){ return sin(x) + cos(x); };
```

람다의 형식은 컴파일러가 결정하므로, 이런 변수의 형식은 반드시 auto로 선언해야 한다. 이 예의 람다 표현식은 반환 형식을 명시하지 않았다. 그러면 컴파일러가 return 문의 표현식에서 반환 형식을 연역한다. 반환 형식을 컴파일러가 연역할 수 없거나 컴파일러에 맡기지 않고 명시적으로 지정하고 싶은 경우에는 다음처럼 후행 반환 형식 구문을 사용하면 된다.

```
[](double x)->double { return sin(x) + cos(x); };
```

⇒ c++11/derivative.cpp

이처럼 즉석에서 함수 객체를 생성하며 반환 형식도 적절하게 연역되는 람다 표현식을 이용하면 형식을 연역하는 도함수 생성 함수자를 만들 수 있다. 그런 함수자가 있으면, 예를 들어 $\sin 2.5x + \cos x$의 7차 미분을 근사하는 함수를 다음과 같이 하나의 표현식으로 생성할 수 있다.

```
auto d7_psc_l= derive<7>(
  [](double x){ return sin(2.5*x) + cos(x); }, 0.0001);
```

종이책의 지면에 표시하기에는 긴 문장이라 줄을 바꾸었지만, 실제 프로그램에서 이 정도는 그리 길지 않다.

C++에 람다가 추가되자 신이 난 나머지 모든 함수 인수를 람다로 구현하는 프로그래머들이 꽤 있었는데, 람다 표현식 하나가 여러 줄을 차지하고 람다 표현식 안에 또 다른 람다 표현식들이 들어 있는 경우도 많았다. 경험 있는 프로그래머라면 그런 길고 복잡한 람다 표현식을 흥미로운 도전 과제로 여기겠지만, 복잡하게 중첩된 표현식을 읽기 쉬운 형태로 분해하는 것은 소프트웨어를 사용하고 관리하는 모든 사람(우리 자신도 포함해서)에게 도움이 된다는 것이 필자의 믿음이다.

C++11 3.8.1 인수 갈무리

앞에서는 리터럴로서의 매개변수를 그냥 람다 표현식 자체에 직접 삽입했다. 그런데 리터럴이 여러 가지일 때는 이런 방식이 그리 생산적이지 않다.

```
a= fin_diff([](double x){ return sin(2.5 * x); }, 1., 0.001);
b= fin_diff([](double x){ return sin(3.0 * x); }, 1., 0.001);
c= fin_diff([](double x){ return sin(3.5 * x); }, 1., 0.001);
```

리터럴을 외부 변수로 정의하면 어떨까? 그러나 안타깝게도 람다 표현식의 범위에서는 바깥의 변수나 상수에 직접 접근할 수 없다.

```
double phi= 2.5;
auto sin_phi= [](double x){ return sin(phi * x); }; // 오류
```

람다 표현식 안에서는 람다 표현식 자체의 매개변수들과 이전에 **갈무리한**(captured) 변수들만 사용할 수 있다.

C++11 3.8.1.1 값 갈무리

phi의 값을 사용하려면 먼저 대괄호 구문을 이용해서 갈무리해야 한다.

```
double phi= 2.5;
auto sin_phi= [phi](double x){ return sin(phi * x); };
```

뭔가를 갈무리하는 람다를 흔히 **클로저**closure(닫힘)라고 부른다. 여러 개의 값을 갈무리할 수도 있다. 다음처럼 대괄호 쌍 안에 쉼표로 나열하면 된다.

```
double phi= 2.5, xi= 0.2;
auto sin2= [phi,xi](double x){ return sin(phi*x) + cos(x)*xi; };
```

이렇게 지정한 매개변수들은 값으로 전달된다(즉, 값이 복사된다). 이것이 어떤 의미인지 살펴보자. 앞의 람다를 함수자 클래스로 표현하면 다음과 같다.

```
struct lambda_f
{
    lambda_f(double phi, double xi) : phi{phi}, xi{xi} {}
    double operator()(double x) const
    {
        return sin(phi * x) + cos(x) * xi;
    }
    double phi, xi;
};
```

operator()는 생성 당시에 복사된 값들을 사용하므로, 이후 갈무리된 변수를 수정해도 그 전에 생성된 람다 표현식에는 아무런 영향이 없다.

```
double phi= 2.5, xi= 0.2;
auto px= [phi,xi](double x){ return sin(phi * x) + cos(x) * xi; };
phi= 3.5; xi= 1.2;
a= fin_diff(px, 1., 0.001); // 여전히 phi= 2.5와 xi= 0.2가 적용됨
```

변수들은 람다 표현식이 정의될 때 갈무리되므로, 람다가 호출되면 갈무리 당시의 값(현재 값이 아니라)이 쓰인다.

더 나아가서, 앞의 lambda_f에서 보듯이 값 전달 방식에서는 operator()에 const가 붙기 때문에 람다 표현식 안에서 해당 매개변수를 수정할 수 없다. 이는 함수의 값 전달 방식 매개변수와 다른 점이다.† 예를 들어 갈무리된 phi를 증가하는 것은 컴파일 오류이다.

```
auto l_inc= [phi](double x) {phi+= 0.6; return phi; }; // 오류
```

값으로 갈무리된 변수를 수정하려면 람다 표현식에 mutable을 지정해야 한다.

```
auto l_mut= [phi](double x) mutable {phi+= 0.6; return phi; };
```

그러면 변수의 값이 mutable 멤버 변수에 복사되는 것과 같은 효과가 생겨서 const로 한정된 멤버 함수에서도 수정할 수 있다. 그렇지만 가능하면 mutable은 피해야 한다. 지금 예에서는 그냥 phi+0.6을 돌려주면 된다. 람다가 한 번만 호출된다면(대부분의 람다가 그렇다), 변수를 증가한 후 반환하든 return 문에서 변수를 증가한 값을 돌려주든 차이가 없다.

C++11 3.8.1.2 참조 갈무리

변수를 참조로 갈무리할 수도 있다.

```
double phi= 2.5, xi= 0.2;
auto pxr= [&phi,&xi](double x){ return sin(phi * x) + cos(x) * xi; };
phi= 3.5; xi= 1.2;
a= fin_diff(pxr, 1., 0.001); // 이제는 phi= 3.5와 xi= 1.2가 쓰임
```

이제는 람다 호출 시 phi와 xi의 현재 값이 쓰인다(람다가 생성될 때의 값이 아니라). 해당 함수자 클래스는 다음과 같은 모습이다.

† [옮긴이] 함수의 값 전달 방식 매개변수는 수정할 수는 있다. 단지 원래의 변수에 반영이 되지 않을 뿐이다.

```
struct lambda_ref_type
{
    lambda_ref_type(double& phi, double& xi) : phi{phi}, xi{xi} {}
    double operator()(double x) const
    {
        return sin(phi * x) + cos(x) * xi;
    }
    double& phi;
    double& xi;
};
```

참조 의미론의 또 다른 결과는, 참조된 변수를 람다 안에서 수정할 수 있다는 것이다. 그러한 수정은 부수 효과(side effect)의 원인이 되기도 하지만, 코딩 생산성을 높이는 요인이 될 수도 있다. 밀집(dense) 행렬과 희소(sparse) 행렬이 각자 다른 클래스로 구현되어 있고, 두 클래스를 모두 지원하는 일반적 순회 함수 on_each_nonzero가 있다고 하자. 이 함수는 첫 인수로 행렬을 받고 둘째 인수로 함수 객체를 받는다(둘째 인수는 값 전달 방식). 그러면, 적당한 함수 객체만 있으면 다음과 같은 프로베니우스 노름[Frobenius norm]을 일반적인 방식으로 계산할 수 있다.

$$||A||_F = \sqrt{\sum_{i,j} |Aa_{ij}|^2}$$

공식에서 보듯이, 이 노름을 구하려면 행렬의 0 성분들은 모두 무시하고, 0이 아닌 성분들만 그 위치(색인)와 무관하게 모두 합하면 된다.

```
template <typename Matrix>
frobenius_norm(const Matrix& A)
{
    using std::abs; using std::sqrt;
    using value_type= typename Matrix::value_type;
    value_type ss= 0;
    on_each_nonzero(A, [&ss](value_type x) { ss+= abs(x) * abs(x); });
    return sqrt(ss);
}
```

예제를 간단하게 만들기 위해, 여기서는 A(0,0)과 abs(A(0,0))이 같은 형식이라고 가정한다. 이 예의 람다가 아무것도 돌려주지 않음을 주목하자. 이 람다는 단지 제곱된 행렬 성분들을 참조된 변수 ss로 합산하기만 하므로 값을 돌려줄 필요가 없다. 이처럼 람다 표현식에 return 문이 없으면 반환 형식은 void가 된다.

값 갈무리와 참조 갈무리를 섞을 수도 있다. 다음은 모든 변수 갈무리 표기법이다.

- [=]: 현재 범위의 모든 변수를 값으로 갈무리
- [&]: 현재 범위의 모든 변수를 참조로 갈무리
- [=,&a,&b,&c]: a, b c만 참조로 갈무리하고 나머는 모두 값으로 갈무리
- [&,a,b,c]: a, b, c만 값으로 갈무리하고 나머지는 모두 참조로 갈무리

스콧 마이어스는 상태 참조의 위험과 정적 또는 멤버 변수를 간과할 위험이 증가한다는 이유로 모든 변수의 갈무리를 사용하지 말라고 조언한다. [46]의 항목 31을 보라.

메서드 안의 람다 표현식에서 클래스 멤버에 접근하려면 반드시 this 포인터를 갈무리해야 한다.

```
struct s
{
    int f(int x) const { return 2 * x; }
    int g(int y) const
    {
        auto l= [this](int z){ return f(z + i); };
        return l(y);
    }
    int i= 3;
};
```

만일 this를 갈무리하지 않으면 컴파일러는 람다 표현식 안의 f와 i가 정의되지 않았다고 간주해서 컴파일 오류를 발생한다.

C++14 3.8.1.3 일반화된 갈무리

C++14에는 **초기화 갈무리**(init capture)라는 일반화된 갈무리 기능이 추가되었다. 이 기능을 이용하면 다음 예에서 보듯이 기존 변수에 새 이름을 붙일 수 있으며, 심지어는 기존 변수가 포함된 표현식으로 새 변수를 초기화할 수 있다.

```
int x= 4;
auto l= [&r= x, i= x + 1](){ r+= 2; return i + 1; };
```

참고로 매개변수가 하나도 없으면 매개변수 목록을 아예 생략할 수 있다(C++11에서부터).

```
auto l= [&r= x, i= x + 1]{ r+= 2; return i + 1; };
```

이러한 일반화의 가장 중요한 혜택은 변수들을 클로저 안으로 이동해서 클로저 안에 가두어 둘 수 있다는 점이다. 예를 들어 힐베르트 행렬을 가리키는 unique_ ptr를 돌려주는 어떤 함수에 다음과 같은 문장이 있다고 하자.

```
auto F= make_unique<Mat>(Mat{{1., 0.5},{0.5,1./3.}});
```

어떤 클로저가 이 F를 참조로 갈무리하는 경우, 만일 unique_ptr 포인터보다 해당 클로저가 오래 살아남는다면 그 클로저는 유효하지 않은 포인터를 참조하게 된다. 그렇다고 값으로 갈무리할 수는 없다(unique_ptr는 복사를 지원하지 않으므로). 행렬과 클로저의 수명을 일치시키려면 다음과 같이 데이터를 클로저가 소유한 unique_ptr 안으로 이동해야 한다.

```
auto apply_f= [F= move(F)](const Vec& x){ return Vec(*F * x); };
```

이러한 이동 능력은 예를 들어 함수가 복사 불가 형식의 지역 변수를 갈무리하는 람다를 돌려주는 경우에 꼭 필요하다.

C++14 3.8.2 일반적 람다

C++11에서는 컴파일러가 람다의 반환 형식은 연역하지만 매개변수 형식은 연역하지 않았기 때문에 우리가 매개변수 형식들을 명시해야 했다. C++14에서 이러한 제약이 사라졌다. 번거로운 template-typename 표기를 사용해야 하는 함수 템플릿과는 달리, 일반적 람다에서는 그냥 auto를 사용하면 된다. 예를 들어 (임의 접근) 컨테이너의 요소들을 내림차순으로 정렬하는 함수를 다음과 같이 아주 간단하게 구현할 수 있다.

```
template <typename C>
void reverse_sort(C& c)
{
    sort(begin(c), end(c), [](auto x, auto y){ return x > y; });
}
```

§3.8.1.2의 frobenius_norm도 이 auto 기능을 이용해서 단순화할 수 있다. 다음은 인수로부터 매개변수의 형식을 직접 연역하도록 구현한 행렬 성분 제곱 합산 함수이다.

```
template <typename Matrix>
inline auto frobenius_norm(const Matrix& A)
{
    using std::abs; using std::sqrt;
    decltype(abs(A[0][0])) ss= 0;
    on_each_nonzero(A, [&ss](auto x) { ss+= abs(x) * abs(x); });
```

```
    return sqrt(ss);
}
```

형식 연역 메커니즘을 활용한 덕에 value_type을 따로 정의할 필요가 완전히 사라졌다. 또한, 이제는 abs가 value_type과 같은 형식을 돌려주지 않아도 된다. 즉, A(0,0)과 abs(A(0,0))이 같은 형식이라는 인위적인 가정은 이제 필요 없다.

C++17 C++17에는 컴파일 시점에서 평가되는 람다를 정의하는 기능이 추가되었다. 이 기능의 설명은 컴파일 시점 계산을 소개한 후인 §5.1.5로 미루기로 한다.

C++20 C++20에서는 보통의 함수 템플릿에서처럼 이름 붙은 템플릿 매개변수를 람다 표현식에서 사용할 수 있게 되었다. 그러면 예를 들어 여러 개의 매개변수가 반드시 같은 형식으로 인스턴스화되게 만들 수 있다. 그리고 형식 연역을 사용하는 일부 람다 표현식을 좀 더 간결하게 작성할 여지도 생긴다. 그러나 이처럼 람다의 표현력이 커지면서 주의할 점도 생긴다.

조언

람다는 절제해서 사용하라! 람다로 할 수 있다고 해서 꼭 람다로 해야 하는 것은 아니다. 프로그램의 표현력을 높이는 목적으로 사용해야지, 프로그램이 난해해질 정도로 남용하면 안 된다.

특히, 길고 복잡한 람다 표현식은 피하는 것이 좋다. 현대적 C++에서도, 전체적인 가독성 면에서는 전통적인 함수와 클래스가 더 낫다. 다음은 필자의 개인적인 지침이다.

- 함수 호출문을 여전히 코드 한 줄로 표기할 수 있고 람다가 그곳에서 한 번만 쓰인다면, 람다 표현식을 작성한다.
- 중첩된 람다 표현식들을 분할해서, 적어도 안쪽 람다 표현식들은 개별 람다 변수로 저장한다.
- 두 줄 이상 다섯 줄 이하의 람다는 변수에 저장한다.
- 그 이상의 람다는 다른 방식으로 구현한다.

언젠가 멤버 함수 안에서 람다로 구현할 만한 기능이 필요한 적이 있었다. 처음에는 그것을 세 줄짜리 람다 표현식으로 구현했지만, 이후 해당 기능이 확장되어서 람다 표현식이 다섯 줄로 늘었다. 나중에 기능이 더욱 확장되어서, 이제는 람다가 적절한 해법이 아닐 정도가 되었다. 결국 필자는 해당 람다를 전통적인 멤버 함수로 바꾸어야 했다.

C++14 3.9 변수 템플릿

과학이나 공학 소프트웨어는 일반적으로 수학 상수들을 가능한 가장 큰 형식(흔히 long double)으로 정의해 둔다. 상수가 표현식에 쓰일 때는 필요한 형식으로 적절히 변환된다. 그러나 표현식에 따라서는 상수의 형식이 다른 인수들에 맞게 변환되는 것이 아니라 다른 인수들이 상수의 형식(필요 인상으로 큰)으로 변환될 수도 있으며, 그러면 해당 표현식의 평가가 낮은 성능으로 수행될 위험이 있다.

이런 문제를 해결하기 위해 C++14는 **변수 템플릿**(variable template)을 도입했다. 변수 템플릿은 변수의 형식을 매개변수화한 것이다. 예를 들어 상수 pi를 형식 매개변수와 함께 정의한다면 다음과 같은 모습이 된다.

```
template <typename Value>
constexpr Value pi{3.141'592'653'589'793'238'462'643'383'279l};
```

일반적 표현식 안의 pi는 해당 주어진 형식으로 적절히 인스턴스화된다.

```
template<class T>
T circular_area(const T& r)
{
    return pi<T> * r * r;
}
```

변수 템플릿의 좀 더 흥미로운 용법을 알렉스 샤발린Alex Shabalin이 제시했다.[15] 이전의 람다 기반 미분 근사 예제를 비롯해 여러 예제에서 보았듯이, 람다는 형식이 연역되는 변수에 저장할 수 있는 객체이다. 람다를 담을 변수의 형식을 매개변수화하면 어떨까? 그러면 예를 들어 도함수의 차수를 컴파일 시점 매개변수로 둘 수 있다.[16]

```
template <size_t N>
auto derive= [] (auto f, auto x, auto h) {
    auto prev = [&] (auto x2) {
        return derive<N-1>(f, x2, h);
    };
```

15 알렉스는 필자의 세미나에 참석했다. 필자가 함수자를 전통적인 템플릿으로 설명하는 도중에 그가 이를 C++의 현대적 C++의 기능으로 좀 더 간결하게 표현하는 방법을 떠올렸다. 이 일은 최고의 강의 경험이었다.

16 이 글을 쓰는 현재, 안타깝게도 이 예제 코드의 람다 표현식은 VS에서 컴파일되지 않는다. 이 책(원서)의 검수 과정에서 버그 보고서를 제출한 마르크 그레구아Marc Grégoire에 감사한다.

```
    return (prev(x+h) - prev(x)) / h;
};

template <>
auto derive<0>= [] (auto f, auto x, auto h) {
    return f(x);
};
```

다음은 함수 f의 n차 미분을 즉석에서(내부적으로 $(n-1)$차 미분을 계산하는 또 다른 람다를 정의함으로써) 근사하는 람다를 변수 템플릿에 담고 두 가지 n으로 그 람다를 호출하는 예이다.

```
auto f= [] (double x) { return 2.0 * std::cos(x) + x*x; };

cout << "f''(1) = " << derive<2>(f, 1.0, 1e-3) << endl;
cout << "f(5)(1) = " << derive<5>(f, 1.0, 1e-3) << endl;
```

이와는 달리 이전의 함수자를 이용한 버전은 먼저 단항 함수로부터 n차 미분을 근사하는 또 다른 단항 함수를 생성했다. 이 함수를 원래 버전과 같은 방식으로 사용할 수도 있다. 람다와 변수 템플릿으로 그렇게 하려면 즉석에서 계산 결과를 돌려주는 대신, 계산을 나중에 수행할 수 있는 함수를 돌려주는 일종의 팩토리factory를 만들어야 한다.

```
template <size_t N>
auto derive = [] (auto f, auto h) {
    auto prev = derive<N-1>(f, h);
    return [prev,h](auto x){ return (prev(x+h) - prev(x)) / h; };
};

template <>
auto derive<0> =  [] (auto f, auto h) {
    return [f] (auto x) { return f(x); };
};
```

'람다를 돌려주는 람다'가 생소하겠지만, 현대적 C++의 표현력을 최대한 활용하려 하는 소프트웨어에서는 그리 드물지 않다.

C++17 C++17의 컴파일 시점 if를 이용하면 템플릿 특수화 없이도 재귀 종료 조건을 지정할 수 있다. 그러면 다음처럼 람다 표현식을 하나만 정의하면 된다. 다음은 §3.8.2에서 이야기한 필자의 지침보다 약간 길지만, 미분 근사를 극도의 표현력으로 정의한 예이다.

```
template <size_t N>
auto derive = [] (auto f, auto h) {
    if constexpr (N == 0) {
        return [f] (auto x) { return f(x); };
    } else {
        auto prev = derive<N-1>(f, h);
        return [=](auto x){ return (prev(x+h) - prev(x)) / h; };
    }
};
```

정의가 달라졌지만, 미분 근사 함수 객체를 생성하는 방법은 이전과 동일하다.

```
auto f = [] (double x) { return 2.0 * std::cos(x) + x*x; };
auto d2f = derive<2>(f, 1e-3);
auto d5f = derive<5>(f, 1e-3);

cout << "f''(1) = " << d2f(1.0) << endl;
cout << "f(5)(1) = " << d5f(1.0) << endl;
```

변수 템플릿은 메타프로그래밍에도 중요하게 쓰인다. §5.2.3.4에서 몇 가지 예를 보게 될 것이다.

C++20 3.10 콘셉트를 이용한 프로그래밍

"Gray, dear friend, is all theory and green the life's golden tree
(벗이여, 모든 이론은 회색이고 생명의 황금 나무는 초록이라네)."[17]

—요한 볼프강 폰 괴테

이전 절들을 읽으면서 아마 템플릿 매개변수에 아무 형식이나 대입할 수 있다는 인상을 받았을 것이다. 꼭 그렇지는 않다. 템플릿 클래스와 템플릿 함수를 작성할 때 우리는 템플릿 인수들에 수행할 수 있는 연산들에 관해 몇 가지 가정을 두며, 템플릿 매개변수가 그런 가정에 맞지 않는 형식으로 치환되면 문제가 발생한다.

따라서 템플릿을 사용할 때는 어떤 인수 형식들이 허용되는지를 잘 파악해야 한다. 예를 들어 목록 3-4의 accumulate는 int나 double의 벡터 또는 목록에 사용할 수 있다. 그렇지만 파일 스트림처럼 값 형식이 덧셈을 지원하지 않는 형식으로는 accumulate를 사용할 수 없다. 일단의 파일들을 합산한다는 것의 의미를 보편적으로 정의하기란 어려운 일이므로, 사용할 수 없는 것이 맞다.

17 독일어 원문 "Grau, teurer Freund, ist alle Theorie und grün des Lebens goldner Baum."을 필자가 영어로 옮겼다(참고로 흔히 통용되는 영문 번역은 원문의 도치법을 반영하지 않은 "All theory, dear friend, is ..."의 형태이고, 원문에는 없는 "ever"가 추가되기도 한다—옮긴이).

사용할 수 있는 형식들을 정의하고 식별하는 수단이 있으면 좋을 것이다. 사용 가능한 인수 형식들에 대한 요구조건(requirement)들의 집합을 **콘셉트**(concept; 개념)라고 부른다. 그리고, 어떠한 콘셉트 C의 모든 요구조건을 포함하며 그 밖의 요구조건을 가질 수도 있는 또 다른 콘셉트 CR을 가리켜 C의 **정련**(refinement)이라고 부른다. 표준에서는 이를 **포섭**(subsumption)으로 표현한다. CR은 C를 포섭(포함)한다. 그런데 포섭의 정의는 좀 더 일반적이다. 콘셉트 C2가 C1을 포섭한다고 해서 반드시 C2의 정의가 C1을 포함하며 더 많은 요구조건을 가질 수 있다는 뜻은 아니다. 그보다는, 포섭은 C2의 요구조건 집합이 (이름만 다른 경우나 기타 동치관계들을 모두 고려했을 때) C1의 요구조건 집합의 포함집합(superset; 부분집합의 반대)이라는 뜻이다. 콘셉트 포섭의 공식적인 정의는 C++ 표준[39, §13.5.4]과 기타 온라인 레퍼런스에서 찾아볼 수 있다. 콘셉트 C의 모든 요구조건을 충족하는 형식 t를 가리켜 C의 한 **모형**(model)이라고 부른다. 포섭 관계로 말하면, 만일 C2가 C1을 포섭한다면 C2의 모형들은 C1의 모형들의 한 부분집합이다.†

콘셉트는 특정 형식 매개변수에 반드시 복사 생성자나 operator+가 있어야 한다는 등의 순수하게 구문적인 요구조건들로만 구성된다. 덧셈의 교환법칙($x + y = y + x \; \forall x,y$) 같은 필수 성질을 명시하는 의미론적 요구조건은 콘셉트에 속하지 않는다.

C++20 이전에는 콘셉트가 문서로만 존재했으며(문서화되었다고 할 때), 템플릿 매개변수에 대한 모든 요구조건을 충족하는 것은 일반적 함수와 클래스의 사용자가 책임져야 했다. 구문적 요구조건 하나가 위반되면, 사용자는 예를 들어 적합한 함수를 찾을 수 없다는 등의 컴파일 오류 메시지를 해석해야 했다. 안타깝게도 그런 요구조건 위반이 커다란 함수 호출 스택의 깊숙한 곳에서, 그러니까 프로그래머가 당면한 문제와는 별 상관이 없는 기술적 세부사항의 내부 구현을 인스턴스화하는 지점에서 발생할 때가 많았다. 그런 경우에 컴파일러가 알려주는 오류 메시지는 인스턴스화할 수 없는 내부 코드를 작성한 사람 말고는 이해하기가 어려울 수밖에 없다. 호출 스택과 #include 스택을 포함한 길고 긴 오류 메시지는 프로그래머에게 뭔가 깨달음을 주기보다는 겁을 주기 마련이다. 하지만 구문적 오류는 반드시 컴파일러가 잡아낸다(비록 그 오류 메시지가 프로그래머에게 도움이 되지는 않더라도). 반면에 의미론적 오류는 컴파일러가 검출하지 못한다.

† [옮긴이] 포함집합이 아님을 주의하자. 요구조건이 많을수록 그것들을 충족하는 모형들이 적어진다.

C++20부터는 콘셉트를 프로그램의 일부로 표현할 수 있는 콘셉츠 기능이 추가되었다.† 콘셉츠를 이용한 프로그래밍의 장점은 다음과 같다.

- 충족되지 않은 요구조건들이 호출된 함수 자체에서 검출된다.
  - 구현의 깊숙한 내부에서 비로소 오류가 발생하는 것이 아니다.
  - 이 덕분에 오류 메시지가 크게 짧아진다.
- 오류 메시지를 이해하기가 쉬워질 때가 많다.
- 의미론적 오류도 잡아낼 수 있다.
- 형식 속성에 기초해서 함수의 호출을 디스패치할 수 있다.

현재 표준에서는 구문적 요구조건만 직접 표현할 수 있지만, 의미론적 콘셉트들도 흉내 낼 수 있다(§5.5에서 좀 더 이야기한다). 형식 속성에 기초한 디스패치dispactch는‡ 콘셉츠가 추가되기 전에도 메타프로그래밍 기법으로 구현할 수 있었지만, 콘셉츠를 이용하면 구현이 훨씬 간단해지고 코드 가독성도 좋아진다.

3.10.1 콘셉트 정의

⇒ c++20/concept_accumulate_syntactic.cpp

목록 3-4의 일반적 함수는 덧셈이 가능한 요소들의 배열과 목록을 합산한다. 더 나아가서, 이 일반적 함수는 초기 값에 더할 수 있는 형식의 값들을 읽을 수 있고 순회할 수 있는 임의의 반복자 쌍을 지원한다. "값들을 더할 수 있어야 한다"라는 요구조건을 나타내는 Summable이라는 콘셉트가 있다고 할 때, 템플릿 함수에서는 requires 절을 이용해서 형식 매개변수들이 그 콘셉트를 충족해야 함을 명시한다.

```
template <typename Iter, typename Value>
Value accumulate(Iter first, Iter last, Value init)
    requires Summable<Iter, Value>
{
    for (; first != last; ++first)
        init+= *first;
    return init;
}
```

† [옮긴이] 이 번역서에서 복수형 '콘셉츠Concepts'는 C++20에 추가된, 형식에 대한 요구조건들을 프로그램 안에서 표현하고 점검하는 기능 전체를 뜻하고, 단수형 '콘셉트'는 개별 요구조건 집합(개념적이든 코드 안에 표현된 것이든)을 뜻한다.

‡ [옮긴이] 디스패치는 주어진 호출 구문에 적합한 함수를 찾아서 호출하는 것을 말한다. C++에서는 중복적재 해소와 가상 메서드 호출이 핵심 언어가 지원하는 중요한 디스패치 메커니즘들이며, 커스텀 디스패치 메커니즘을 구현하는 것도 가능하다(이를테면 DLL 플러그인을 지원하기 위해).

requires 절을 이 예처럼 함수 서명 다음에 넣을 수도 있고, 다음처럼 템플릿 매개변수 목록 다음에 넣을 수도 있다.

```
template <typename Iter, typename Value>
    requires Summable<Iter, Value>
Value accumulate(Iter first, Iter last, Value init);
```

이제 이 accumulate 함수는 Summable 콘셉트의 모형들로 **제약된다**(constrained). 그럼 Summable 자체를 보자. 이 콘셉트에 필요한 요구조건들은 다음과 같다.

- 형식 Iter는 다음 조건을 충족한다.
  - 비교가 가능하다.
  - 증가가 가능하다.
  - 간접 조회가 가능하다. 즉, operator*의 결과를 읽을 수 있어야 한다.
- 형식 Value는 반드시 복사 가능이어야 한다(그래야 함수가 합산 결과를 돌려줄 수 있다).
- Iter에 대한 operator*의 결과는 반드시 Value에 더할 수 있어야 한다.

다음은 이상의 요구조건들을 하나의 콘셉트로 명시한 것이다.

```
template <typename Iter, typename Value>
concept Summable=
    requires (Iter it, Value init)
{
    requires std::input_iterator<Iter>;
    requires std::is_copy_constructible_v<Value>;
    Value{init};               // 복사를 시도한다.
    init+= *it;
};
```

하나의 콘셉트는 템플릿 매개변수 목록과 concept 키워드로 시작한다. 콘셉트 이름과 등호 다음의 requires 절은 생략 가능하다. 여기서는 콘셉트 정의에 쓰이는 변수 이름들을 도입하는 목적으로 requires 절이 쓰였다. 이렇게 하지 않고 declval을 이용해서 즉석에서 변수들을 만들 수도 있지만, 그러면 코드가 훨씬 장황해져서 가독성이 나빠진다.

콘셉트 정의의 본문으로 들어가자. Iter에 대한 요구조건들은 이미 input_iterator라는 표준 콘셉트에 정의되어 있으므로, 본문의 첫 행은 requires 키워드를 이용해서 그 콘셉트를 도입한다. 둘째 행은 Value가 복사 가능한 형식인지 점검한다. 형식 특질 is_copy_constructible을 사용할 수도 있지만, 미리 정의된 is_copy_constructible_v 변수를 사용하는 것이 더 간결하다. 컴파일 시점에서 값이 결정되는(즉, constexpr 표현식에 있는) bool 형식의 템플릿 변수들은 콘셉트처럼 requires 절에서 직접 사용할 수 있다. 반대로, 콘셉트를 형식 의존적 bool 상수처럼 사용하는 것도 가능하다.

마지막 두 요구조건은 콘셉트 정의를 위해 도입한 '자리표(placeholder)' 객체 init과 it를 포함한 표현식들이다. 이런 성격의 요구조건들은 표현식의 형태로 지정하는 것이 자연스럽다. 표현식이 컴파일된다면 해당 요구조건이 충족되는 것이다. 끝에서 두 번째 행은 그 위 행의 is_copy_constructible_v 점검과 동일한 복사 가능 점검을 표현식의 형태로 명시한 것이다. 마지막 행은 init에 operator+=를 적용할 수 있는지, it를 역참조할 수 있는지 점검하기 위한 표현식이다.

복사는 불가능하고 이동만 가능한 형식을 Value 형식으로 사용해서 accumulate를 함수를 호출할 수 있을까? 다음이 그런 이동 전용 형식의 예이다.

```
struct uncopyable
{
    uncopyable(int v) : v{v} {}
    uncopyable(const uncopyable&) = delete;
    uncopyable(uncopyable&&) = default;

    uncopyable& operator+=(const uncopyable& rhs) &
    {
        v+= rhs.v;
        return *this;
    }
    operator int() const { return v; }
    int v;
};
```

Summble 콘셉트 덕분에 이 uncopyable로는 accumulate를 호출할 수 없다. 호출이 가능하려면, 복사 생성자 대신 이동 생성자를 요구하도록 콘셉트를 고쳐야 한다.

```
template <typename Iter, typename Value>
concept Summable=
    requires (Iter it, Value init)
{
    requires std::input_iterator<Iter>;
    requires std::is_move_constructible_v<Value>;
```

```
    Value{std::move(init)};
    init+= *it;
};
```

이번에도 둘째 행과 셋째 행은 동일한 점검을 다른 형태로 표현한 것이다. 이제는 accumulate를 uncopyable 객체들의 구간을 나타내는 반복자들로 호출할 수 있다. 복사는 가능하되 이동은 불가능한 형식은 어떨까?

```
struct unmovable
{
    unmovable(const unmovable&) = default;
    unmovable(unmovable&&) = delete;
    // ... 나머지는 uncopyable과 같음 ...
};
```

이 형식은 Summable 콘셉트의 첫 버전은 충족하지만 둘째 버전은 충족하지 않는다. 둘을 합쳐서, 복사 가능 '또는(OR)' 이동 가능인 형식을 위한 콘셉트를 만들면 좋을 것이다. 그런 콘셉트를 간결하게 Returnable이라고 부르기로 하자.

```
template <typename T>
concept Returnable=
    std::is_move_constructible_v<T>
    || std::is_copy_constructible_v<T>;

template <typename Iter, typename Value>
concept Summable=
    requires (Iter it, Value init)
{
    requires std::input_iterator<Iter>;
    requires Returnable<Value>;
    init+= *it;
};
```

Summable의 마지막 버전을 accumulate에 적용하면, accumulate는 제약되지 않은(콘셉트를 적용하지 않은) 기존의 accumulate만큼이나 일반적으로 작동한다. 그렇지만 제약되지 않은 버전에 비해 다음과 같은 장점이 생겼다.

- 형식 요구조건들을 함수 본문의 구현에서 암묵적으로 표현하는 대신 함수 서두에 명시적으로 선언했기 때문에, 사용자가 함수의 요구조건을 좀 더 명확히 알 수 있다.
- 사용자가 함수를 잘못 호출해도 좀 더 이해하기 쉬운 오류 메시지가 나온다. 이 점은 구현이 아주 복잡할 때 더욱 중요하다.

사실 accumulate는 간단한 함수라서, 제약되지 않은 버전도 dummy 형식(덧셈을 지원하지 않는)으로 호출했을 때 오류 메시지가 그리 길지 않다. 그렇지만 좀 더 큰 프로젝트에서는 제약되지 않은 템플릿 함수와 관련된 문제가 발생했을 때 길고 이해하기 어려운 오류 메시지가 나오기 마련이다. 반면에 제약된 함수의 오류 메시지는 구현의 복잡도와는 독립적이며, 어떤 알 수 없는 내부 세부사항이 아니라 호출 인수에 관한 문제점을 직접적으로 명시한다.

덧셈에 국한하지 말고 임의의 이항 연산을 지원하도록 accumulate 함수를 더 일반화하면 좋을 것이다(표준의 accumulate가 그런 방식이다). 다음이 그러한 버전인데, 추가적인 요구조건들을 명시하기 위해 Accumulatable이라는 콘셉트를 도입했다.

```
template <typename Iter, typename Value, typename Op>
concept Accumulatable=
    requires (Iter it, Value init, Op op)
{
    requires std::input_iterator<Iter>;
    requires Returnable<Value>;
    init= op(init, *it);
};

template <typename Iter, typename Value, typename Op>
Value accumulate(Iter first, Iter last, Value init, Op op)
    requires Accumulatable<Iter, Value, Op>
{
    for (; first != last; ++first)
        init= op(init, *first);
    return init;
}
```

그런데 이렇게 콘셉트를 따로 정의해서 적용하는 대신, 콘셉트 정의의 본문(이름과 = 다음 부분)을 함수의 require 절 자체에 직접 삽입할 수도 있다. 다음이 그러한 예인데, 다소 어색한 모습의 이중 requires 절이 쓰였다.

```
template <typename Iter, typename Value, typename Op>
Value accumulate(Iter first, Iter last, Value init, Op op)
    requires requires (Iter it, Value init, Op op)
    {
        requires std::input_iterator<Iter>;
        requires Returnable<Value>;
        init= op(init, *it);
    }
{
```

```
    for (; first != last; ++first)
        init= op(init, *first);
    return init;
}
```

그리 깔끔한 코드는 아니라는 인상을 받았을 것이다. 이 예제는 대부분의 경우 이전 예제에서처럼 콘셉트의 정의와 적용을 분리하는 것이 더 나은 선택임을 보여준다.

3.10.2 콘셉트 기반 호출 디스패치

이전에 보았듯이, 중복적재된 함수를 호출할 때 컴파일러는 인수 형식들에 가장 잘 부합하는 버전을 선택한다. 그와 비슷하게, 중복적재 해소에 제약된 함수들이 관여하는 경우 C++20 컴파일러는 주어진 함수 호출을 기준으로 제약이 가장 강한 버전을 선택한다(물론 인수들이 해당 요구조건들을 충족하는 버전들에 한해서).

이러한 콘셉트 제약 기준 중복적재 해소가 유용하게 쓰이는 예로 표준 라이브러리의 함수 advance를 들 수 있다. 이 함수의 가장 일반적인(즉, 가장 제약이 없는) 버전은 임의의 반복자 it와 양수 n을 받고 it를 n번 증가한다.

```
template <typename Iter>
void advance(Iter& it, unsigned n)
    requires input_or_output_iterator<Iter>
{
    while (n-- > 0)
        ++it;
}
```

반복자가 bidirectional_iterator 콘셉트를 충족하는 양방향 반복자이면 n이 음수일 수 있으며, 그런 경우 it은 감소된다.

```
template <typename Iter>
void advance(Iter& it, int n)
    requires bidirectional_iterator<Iter>
{
    if (n >= 0) {
        while (n-- > 0)
            ++it;
    } else {
        while (n++ < 0)
            --it;
    }
}
```

random_access_iterator 콘셉트를 충족하는 임의 접근 반복자의 경우에는 루프를 돌리는 대신 n을 it에 직접 더하면 된다.

```
template <typename Iter>
void advance(Iter& it, int n)
    requires random_access_iterator<Iter>
{
    it+= n;
}
```

이러면 함수의 시간 복잡도가 $\mathcal{O}(n)$에서 $\mathcal{O}(1)$로 줄어든다. 표준 advance 함수를 호출하면 인수들에 따라 이 세 구현 중 하나로 디스패치되는데, 콘셉츠가 추가되기 전에는 인위적인 형식들을 도입해 콘셉츠 제약 순서를 흉내 냈기 때문에 구현이 더 복잡했다. §4.1.2.3에 그런 구현의 예가 나온다.

앞의 예제 콘셉트들은 먼저 형식 매개변수 Iter를 도입하고 나중에 그 형식에 제약을 가한다. 그렇게 하는 대신 다음처럼 형식 매개변수를 선언할 때 제약을 가할 수도 있다.

```
template <random_access_iterator Iter>
void advance(Iter& it, int n)
{ ... }
```

또는 §3.1.7의 간결한 auto 표기법을 이용해서 auto 매개변수에 제약을 가할 수도 있다.

```
void advance(random_access_iterator auto& it, int n)
{ ... }
```

앞에서 컴파일 시점 bool 상수를 requires 절에 사용할 수 있다고 말했었다. 그런데 이 짧은 표기법에서는 그런 상수를 사용할 수 없다. 즉, 만일 random_access_iterator가 bool 상수였다면 requires 절이 있는 첫 버전은 컴파일되지만 조금 전의 두 단축 표기 버전들은 컴파일되지 않는다. 더 나아가서, 이 디스패치 예제는 콘셉츠가 제대로 작동한다는 가정을 깔고 있다. 이러한 점들을 고려할 때, 가능하면 bool 상수보다는 콘셉트를 사용하는 것이 좋다.

조언

bool 상수보다는 콘셉트를 선호하라.

3.10.3 클래스 안의 콘셉트

⇒ c++20/vector_constraint_initialization.cpp

콘셉츠 기능은 클래스에서도 함수와 마찬가지 방식으로 작동한다. 사실 이 한 문장으로 이번 장을 마무리해도 되겠지만, 필자는 콘셉츠의 장점을 이용해서 우리의 vector 클래스(dmc::vector)의 생성자를 아주 일반적인 형태로 만들 수 있다는 점을 독자에게 알려 주고 싶었다. 다음은 vector 클래스에 새로 추가한 생성자를 보여준다. 이 생성자는 기존 컨테이너의 구간을 가리키는 반복자 두 개를 받고, 구간의 요소들을 충분한 공간이 있는 새 vector 객체에 복사한다.

```
template <typename Value>
class vector
{
    // ...
    explicit vector(int size) // ...


    template <std::forward_iterator Iter>
    vector(Iter first, Iter last) : vector(distance(first, last))
    {
        using std::copy;
        copy(first, last, &data[0]);
    }
};
```

이 생성자에서 Iter 형식은 반드시 std::forward_iterator 콘셉트의 한 모형이어야 한다. std::forward_iterator는 순방향 반복자(forward iterator; 또는 전진 반복자)를 위한 콘셉트이다. 순방향 반복자는 복사할 수 있어야 하고, 증가 후에도 복사본들이 같은 요소를 가리켜야 한다. 모든 반복자가 순방향 반복자는 아니다. 예를 들어 입력 스트림 반복자의 복사본은 증가 후 다른 데이터를 가리키게 되므로 순방향 반복자의 요구조건을 충족하지 못한다. 앞의 구현에서는 새 객체에 충분한 공간을 마련하기 위해 distance 함수를 사용했다. 이 함수는 first의 복사본이 last와 같아지는 데 필요한 증가 횟수를 돌려준다. 이 함수의 실행이 copy 이후의 데이터에 영향을 미쳐서는 안 된다. 이 점을 보장하기 위해 forward_iterator라는 콘셉트를 요구한 것이다. 이제 다른 종류의 컨테이너에 있는 데이터, 예를 들어 list의 데이터로 새 벡터를 생성할 수 있다.

```
std::list l= {17, 4, 3, 9, 2};
dmc::vector<int> v{begin(l), end(l)};
```

값 형식(벡터 요소의 형식)을 명시했음을 주목하자. <int>를 생략하면 반복자들의 벡터가 만들어진다. 그렇게 하지 않고 반복자로부터 값 형식을 연역하고 싶다면, 다음과 같이 적절한 연역 지침(§3.4.4)을 추가하면 된다.

```
template <std::forward_iterator Iter>
vector(Iter first, Iter last) -> vector<std::iter_value_t<Iter> >;
```

다음처럼 반복자들을 거치지 않고 아예 list 객체 자체로부터 vector 객체를 직접 초기화할 수 있게 하는 것도 좋을 것이다.

```
dmc::vector x= l;
```

다음은 이를 위한 새 생성자이다. 이 생성자는 forward_range 콘셉트를 요구하고, 실질적인 복사 작업은 앞의 생성자에 위임한다.

```
template <typename Value>
class vector
{
    // ...
    template <std::ranges::forward_range Range>
    vector(Range&& r)
      : vector(begin(forward<Range>(r)),
               end(forward<Range>(r))) {}
};
```

forward_range는 begin 함수가 forward_iterator를 돌려준다는 조건을 충족하는 구간(range) 형식을 위한 콘셉트이다. 구간에 관해서는 §4.1.5에서 좀 더 이야기한다. 일단 지금은 구간이라는 것이 모든 표준 컨테이너에 적용되는(표준 컨테이너에**만** 적용되는 것은 아니다) 적절한 begin과 end를 가진 형식이라고만 알아 두자.

구간을 지원하는 생성자라고 하니 뭔가 복잡할 것 같지만, 앞에서 보듯이 구현은 상당히 간단하다. 전달 참조(§3.1.2.3)로 받은 구간의 시작 반복자와 끝 반복자로 이전의 반복자 기반 생성자를 호출하는 것일 뿐이다. vector의 값 형식을 컴파일러가 연역하게 하려면 다음과 같이 적절한 연역 지침을 추가하면 된다.

```
template <std::ranges::forward_range Range>
vector(Range&& r)
  -> vector<std::iter_value_t<decltype(begin(r))> >;
```

구간이 컨테이너에만 한정되는 것은 아니다. 다음은 iota 뷰를 이용해서 1에서 100까지의 값들로 새 vector 객체를 초기화는 예이다.

```
dmc::vector w= ranges::views::iota{1, 101};
```

iota 뷰가 해당 값들을 모두 담는 큰 컨테이너를 실제로 생성하지는 않는다. 그냥 점차 증가하는 값들을 하나씩 돌려줄 뿐이다. 파이썬을 아는 독자라면, 파이썬 2의 xrange와 파이썬 3의 range를 생각하면 될 것이다(파이썬 2의 range는 실제로 모든 값을 담은 컨테이너를 내부에서 생성했었다).

3.10.4 콘셉트의 설계

앞의 예제들을 보면, 콘셉트의 요구조건들이 템플릿 함수의 본문에 나오는 표현식을 그대로 복사해 붙인 형태인 경우를 볼 수 있다. 이는 상당한 코드 중복으로 보이며, 실제로 코드 중복일 때도 있다. C++의 다른 여러 기능처럼 콘셉츠의 장점은 프로젝트가 커질수록, 특히 어떤 일반적 구현이 선택되는지 추적하고 관리하기가 어려워질수록 빛을 발한다.

복잡한 함수는 요구조건도 많을 것이다. 그런데 한 함수의 모든 요구조건을 하나의 콘셉트에 담아서는 안 된다. 요구조건들을 여러 콘셉트로 나누어 정의해야 하며, 더 나아가서 간단한 콘셉트들로 더 복잡한 콘셉트를 만들어 나가는 전략이 바람직하다. 표준 라이브러리가 좋은 예이다. 반복자 콘셉트들은 제약이 약한 것에서 강한 것으로 점차 정련되며, 구간 콘셉트들은 반복자 콘셉트들을 사용한다. 사용자 정의 라이브러리는 가능하면 표준 콘셉트들을 사용해야 하며, 표준 콘셉트들의 위계구조(hierarchy)에 점차 자신만의 콘셉트를 추가하는 식으로 자신만의 콘셉트 위계구조를 만드는 것이 좋다. 과학 및 공학 소프트웨어의 경우 그러한 위계구조는 몇몇 기본적인 기술적 콘셉트들로 출발해서 Node나 Cell 같은 중간 수준 콘셉트로 진화하고 결국에는 Solver나 Mesh 같은 고수준 콘셉트로 완성될 것이다.

C++11 3.11 가변 인수 템플릿

항수(arity)가 가변적인 템플릿(함수 템플릿, 클래스 템플릿, 변수 템플릿, 템플릿 별칭), 즉 임의의 개수의 인수를 지원하는 템플릿을 가리켜 **가변 인수 템플릿**(variadic template)이라고 부른다. 좀 더 엄밀하게 정의하자면, 가변 인수 템플릿은 인수 개수의 최솟값은 있지만 최댓값은 없는 템플릿이다. 그리고 템플릿 인수 형식들이 각각 다를 수 있다.

C++11 3.11.1 재귀 함수

가변 인수 템플릿의 기능을 설명하기 위해, 여러 가지 형식들에 대한 sum 함수를 예로 들겠다.

```
template <typename T>
inline T sum(T t) { return t; }

template <typename T, typename ...P>
inline T sum(T t, P ...p)
{
    return t + sum(p...);
}
```

가변 인수 템플릿은 흔히 재귀(recursion)를 이용해서 처리한다. 이 sum은 소위 **매개변수 묶음**(parameter pack)을 풀어서(unpack) 그 부분집합을 재귀적으로 처리한다. 이 예에서처럼 매개변수 묶음에서 요소 하나를 뽑고 그것을 나머지 요소들을 이용한 재귀 호출의 결과와 결합하는 방식이 흔히 쓰인다.

가변 템플릿을 위해 마침표 세 개(...)로 표기하는 새로운 줄임표(말줄임표) 연산자가 도입되었다. 처음에는 이 표기법이 좀 헷갈릴 것이다. 실제로, 마침표들을 어디에 찍어야 하는지 기억하는 데 어려움을 겪은 프로그래머가 많다. 필자도 그랬는데, 시행착오 끝에 한 가지 유용한 관례를 발견했다. 바로, 주어진 요소들을 묶어 넣을 매개변수 묶음은 줄임표 연산자 오른쪽에 배치하고, 풀어 헤칠(그래서 개별 요소들을 적용할) 매개변수 묶음은 줄임표 연산자 왼쪽에 배치한다는 것이다. 다음은 sum 함수의 형식들과 객체들에 대해 이 관례가 적용된 사례들이다.

- typename ...P: 여러 형식 인수들을 형식 매개변수 묶음 P에 넣는다.
- <P...>: 클래스 템플릿 또는 함수 템플릿을 인스턴스화할 때 묶음 P를 푼다(잠시 후에 좀 더 설명한다).
- P ...p: 여러 함수 인수들을 변수 묶음 p에 넣는다.
- sum(p...): 변수 묶음 p를 풀어서 나온 인수들로 sum을 호출한다.

이 관례 중 가독성 좋게 작성하기가 가장 까다로운 것은 셋째 행이다. 줄임표 앞에 빈칸이 없어도 컴파일 오류는 아니며, 기술적인 관점에서는 형식 바로 다음에 줄임표가 있는 것도 말이 된다. 그렇지만 위에서처럼 빈칸을 하나 두면 표현식을 해석하기가 쉽다는 것이 필자의 의견이다.

다시 sum 함수로 돌아가서, 이 함수는 첫 항목에 나머지 항목들의 합을 더한 값을 돌려준다. 나머지 항목들의 합 역시 sum 함수로 구하므로, 계산이 재귀적으로 진행된다. 이 재귀 과정은 인수 하나짜리 중복적재 버전에서 끝난다. 대신 무항 함수(인수가 없는 함수)에 대해 int 0을 돌려주는 중복적재 버전으로 재귀를 종료할 수도 있었을 것이다.

그런데 이 구현에는 심각한 단점이 있다. 바로, 함수의 반환 형식이 첫 인수의 형식이라는 것이다. 다음 예를 보자.

```
auto s= sum(-7, 3.7f, 9u, -2.6);
std::cout << "s is " << s
          << " and its type is " << typeid(s).name() << ".\n";
```

이 코드는 다음을 출력한다

```
s is 2 and its type is int.
```

정답은 3.1이지만, 반환 형식이 int라서 부정확한 결과가 나왔다.[18] 이 정도도 문제지만, 다음처럼 문제가 이보다 훨씬 더 심각해질 수 있다.

```
auto s2= sum(-7, 3.7f, 9u, -42.6);
```

이 예 역시 int 값을 돌려준다.

```
s2 is -2147483648 and its type is int.
```

첫 중간 결과는 $9 - 42.6 = -33.6$인데, 이것을 unsigned로 변환하면 아주 큰 양의 정수가 되며, 이후 계산 과정에서 아주 작은 int 값으로 바뀐다. 반면에 다음과 같은 직접적인 합산 표현식은 double로 평가되므로 정확한 결과를 산출한다.

```
auto s= -7 + 3.7f + 9u + -42.6;
```

이 문제를 가변 인수 템플릿의 탓으로 돌리고 싶지만, 사실은 중간 계산 결과들과 최종 결과의 형식을 제대로 지정하지 못한 것이 문제의 원인이다. §5.2.7에서

18 리눅스에서는 이름 맹글링 때문에 c++filt 같은 도구를 이용해서 출력을 디맹글링해야 한다. Visual Studio는 친절하게도 실제 형식 이름을 출력해 준다.

좀 더 적절한 반환 형식으로 이 문제를 바로잡을 것이다. 또는, auto로 반환 형식을 연역하게 해서 해결할 수도 있다.

매개변수 묶음의 인수 개수를 컴파일 시점에서 알고 싶으면 다음과 같이 함수 호출과 비슷한 모습의 sizeof... 표현식을 사용하면 된다.

```
template <typename ...P>
void count(P ...p)
{
    cout ≪ "You have " ≪ sizeof...(P) ≪ " parameters.\n";
    ...
}
```

§A.6.4에서는 §A.2.6의 이진 데이터 입출력 예제를, 가변 인수 템플릿을 이용해서 임의의 개수의 인수들을 읽거나 쓸 수 있도록 개선한다.

sum 예제가 보여 주듯이, 가변 인수 템플릿은 메타프로그래밍(제5장)과 조합해서 사용할 때 그 진정한 위력이 발휘된다. 한편, 반환 형식과 관련한 문제점은 흔히 형식 연역으로 해결할 수 있다(C++14부터).

C++11 3.11.2 직접 전개

앞의 예제에서는 객체 묶음만 풀었다. 묶음을 풀어서 그 요소들을 그 자리에 삽입하는 것을 '전개(expansion; 또는 확장)'라고 부르기도 한다. 그런데 C++은 객체 묶음뿐만 아니라 표현식 자체의 전개도 지원한다. 다음은 직접적인 표현식 전개를 이용해서 주어진 모든 인수와 쉼표를 출력하는 함수인데, 이 자체로는 컴파일되지 않는다.

```
template <typename ...Args>
void print1(ostream& os, const Args& ...args)
{
    (os ≪ args ≪ ", ")...; // 오류: 여기서는 전개할 수 없음
    os ≪ '\n';
}
```

안타깝게도 매개변수 묶음은 함수 호출 괄호 쌍과 초기치 목록 중괄호 쌍 안에서만 전개할 수 있다. 따라서 다음과 같이 매개변수 묶음을 dummy 함수로 넘겨주면 문제가 해결될 것이다.

```
template <typename ...Args>
void dummy(Args ...) {}
```

```
template <typename ...Args>
void print2(ostream& os, const Args& ...args)
{
    dummy((os << args << ", ")...);
    os << '\n';
}
```

그런데 이 버전 역시 컴파일되지 않는다. 표현식의 결과는 하나의 ostream 객체인데, ostream은 복사 연산을 지원하지 않기 때문에 값 전달 인수로 받을 수 없다. 이 문제는 dummy의 인수들을 참조로 바꾸어서 해결할 수도 있지만, 다른 방법도 있다. 지금 예제에서 dummy는 단지 전개의 효과를 출력하는 중간 수단일 뿐, dummy 자체가 인수들로 어떤 일을 하지는 않는다. 따라서 스트림 객체가 아예 dummy에 전달되지 않게 하면 복사 문제가 해결된다. 모든 종류의 표현식을 지원할 뿐만 아니라 편리하게도 우선순위가 가장 낮은 연산자가 하나 있는데, 바로 쉼표 연산자이다.

```
template <typename ...Args>
void print3(ostream& os, const Args& ...args)
{
    dummy((os << args << ", ", 0)...);
    os << '\n';
}
```

쉼표 앞에 어떤 표현식이 있든, 함수 dummy에는 0 하나만 전달된다.[19] 그렇지만 아직도 문제가 하나 남아 있다. 함수 인수들이 평가되는 순서에 관해서는 표준이 아무것도 보장하지 않으며, 그 순서는 전적으로 컴파일러가 결정한다. 예를 들어 다음 코드의 결과는 컴파일러마다 다를 수 있다.

```
print3(cout, 3, 17.2, "Thingy");
```

clang++로 컴파일하면 인수들이 우리가 의도한 순서대로 출력된다.

```
3, 17.2, Thingy,
```

그러나 g++로 컴파일하면 다음이 출력된다.

19 단, 드문 경우지만 표현식의 형식이 쉼표 연산자를 다른 방식으로 중복적재했다면 이것이 보장되지 않는다. 그런 가능성까지 완전히 차단하려면, 첫 표현식을 void로 강제 변환하면 된다.

```
Thingy, 17.2, 3,
```

연산들의 순서가 중요하지 않을 때는 상관이 없지만, 지금처럼 인수들을 출력하는 것이 목적일 때는 모든 컴파일러에서 인수들이 같은 순서로(그리고 가능하면 함수 호출에 나열한 순서로) 출력되는 것이 바람직하다. 순서를 보장하는 한 가지 방법은 다음처럼 초기치 목록에서 묶음을 전개하는 것이다.

```
template <typename ...Args>
void print4(ostream& os, const Args& ...args)
{
    auto dummy= {(os << args << ", ",  0)...};
    os << '\n';
}
```

C++17 dummy 객체가 생성만 되고 한 번도 쓰이지 않았다는 컴파일러의 경고 메시지가 거슬린다면, C++17부터는 변수 이름 다음에 [[maybe_unused]] 특성을 지정해 주면 된다.

C++14 3.11.3 색인 순차열

C++14에는 index_sequence라는 가변 인수 형식이 생겼다.[20] 이 형식의 템플릿 매개변수들은 색인들이다.

```
using seq1= index_sequence<3, 9, 4, 11>;
using seq2= index_sequence<0, 1, 2, 3>;
```

seq2처럼 0에서 $n-1$까지의 색인들을 담은 색인 순차열 형식이 아주 자주 쓰이기 때문에, 표준은 그런 색인 순차열 형식을 손쉽게 생성할 수 있는 make_index_sequence라는 함수를 제공한다.

```
using seq2= make_index_sequence<4>;
```

이런 색인 순차열 형식이 있으면, 예를 들어 0에서 $n-1$까지의 색인들로 tuple이나 array의 모든 요소에 동시에 접근하는 표현식을 작성할 수 있다. 한 예로, 다음은 나중에 가변 인수 함수를 호출할 때 인수들로 사용할 임의의 객체들을 담기 위한 caller라는 클래스이다.

20 사실 이것은 형식이 아니라 integer_sequence의 템플릿 별칭이지만, 형식처럼 사용할 수 있다.

```
template <typename ...Args>
struct caller
{
    caller(Args&& ...args) : t(forward<Args>(args)...) {}

    template <typename F> auto call(F f) const
    {  f( /* 여기서 t를 전개 */ ); }

    std::tuple<Args...> t;
};
```

이 예는 가변 인수 목록을 tuple의 가변 인수 생성자를 이용해서 tuple 객체에 저장할 수 있음을 보여준다. 저장된 인수들로 함수를 호출하려면 그 반대의 연산도 필요하다. 즉, tuple 객체를 그 요소들의 (가변 인수) 목록으로 변환할 수 있어야 한다. 이전 절의 예제에서 보았듯이 가변 인수 표현식은 오직 함수 호출 구문이나 초기치 목록 안에서만 전개할 수 있다. 지금 예제에서 t를 전개하는 지점이 f 호출 구문이므로 그 문제는 없지만, 대신 f를 호출하는 call 메서드 자체는 가변 인수 템플릿 함수가 아니라는 문제가 있다. 이 문제의 해결에 요긴한 것이 바로 index_sequence이다. 임의의 개수의 색인들을 받는 가변 인수 템플릿 멤버 함수를 추가하고, call에서는 index_sequence 객체로 그 멤버 함수를 호출하면 된다.

```
template <typename F> auto call(F f) const
{  call_help(f, make_index_sequence<sizeof...(Args)>{}); }

template <typename F, size_t ...I>
auto call_help(F f, index_sequence<I...>) const
{  return f(get<I>(t)...); }
```

예를 들어 인수가 세 개이면 call은 호출할 함수 객체와 index_sequence<0, 1, 2> 형식의 객체로 call_help를 호출한다(후자의 객체는 쓰이지 않는다). 그러면 색인 0, 1, 2를 담은 매개변수 묶음 I가 인스턴스화되며, 호출 구문에서 그 묶음이 전개되어서 결과적으로 f(get<0>(t), get<1>(t), get<2>(t))가 호출된다. 재귀 방식에 비한 이러한 접근 방식의 장점은 인스턴스화되는 함수의 개수가 고정적이라는 것이다.

C++17 C++17에서는 앞의 클래스를 더 단순하게 만들 수 있다. call_help와 같은 용도의 가변 인수 함수 템플릿 apply가 도입되었기 때문에, call 메서드에서는 그냥 그 함수를 호출하면 된다.

```
template <typename F>
auto call(F f) const
{  std::apply(f, t); }
```

§4.6.7에서는 이 기법을 이용해서 임의의 개수의 뮤텍스를 동시에 잠그는 방법을 보여준다.

C++17 3.11.4 접기

C++17은 대부분의 이항 연산에 대한 '접기 표현식(fold expression)'을 지원한다. 접기 표현식을 이용하면 §3.11.1처럼 재귀 호출을 이용해서 가변 인수들을 처리하는 코드를 훨씬 더 단순하게 만들 수 있다. §3.11.1의 예제는 합산을 오른쪽 결합 방식으로 평가하며, 빈 피연산자(합산 대상) 목록은 지원하지 않았다. 다음은 그러한 합산을 접기 표현식으로 간결하게 구현한 것이다.

```
template <typename ...P>
auto sum(const P& ...p)
{
    return (p + ...);
}
```

접기 표현식 전체를 반드시 괄호로 감싸야 함을 주의하기 바란다. 단순함을 위해 이 예제는 반환 형식을 컴파일러가 연역하게 했다. 그런데 일반적인 수치 형식들에서 덧셈 연산은 왼쪽으로 결합된다. 또한, 빈 목록을 합산하면 `int` 값 0이 나오는 것이 자연스럽다. 다음은 이러한 점을 고려해서 앞의 구현을 개선한 버전이다.

```
template <typename ...P>
auto sum(const P& ...p)
{
    return (0 + ... + p);
}
```

정리하자면, 합산을 위한 접기 표현식은 왼쪽 결합과 오른쪽 결합으로 나눌 수 있고, 각 경우에 대해 항등원이 있는 경우와 없는 경우로 나눌 수 있다.

- 왼쪽 결합:
  - "`... + x`"는 $(((x_1 + x_2) + x_3) + \cdots$에 해당한다.
  - "`0 + ... + x`"는 $(((0 + x_1) + x_2) + \cdots$에 해당한다.

- 오른쪽 결합:
  - "x + …"은 $x_1 + (x_2 + (\cdots + x_n))$에 해당한다.
  - "x + … + 0"은 $x_1 + (\cdots + (x_n + 0))$에 해당한다.

접기 표현식을 지원하는 이항 연산들은 다음과 같다.

```
+    =-   =*   =/   =%   =^   = &  =|   =≪   =≫   ==   +-*/%^ &|≪≫
+=   -=   *=   /=   %=   ^=   &=   |=   ≪=   ≫=   =
==   !=   <    >    <=   >=   &&   ||   ,    .*   ->*
```

3.11.5 형식 생성기

실제 응용에 쓰이는 템플릿 클래스들은 대단히 많은 수의 형식 매개변수들로 매개변수화될 때가 많다. 그 매개변수들에 기본값을 지정해 두면 모든 매개변수를 일일이 입력하지 않아도 되므로 타이핑이 줄어든다. 그러나 수많은 매개변수 중 하필이면 제일 끝에 있는 것만 기본값이 아니라면, 그 앞의 매개변수들도 모두 일일이 입력해야 한다. 앞의 매개변수들이 모두 기본값이라고 해도, 마지막 것을 기본값이 아닌 값으로 지정하려면 그렇게 해야 한다.

기본값이 아닌 값들로만 클래스 템플릿의 형식 매개변수들을 지정할 수 있다면 좋을 것이다. 그런 용도로 사용할 수 있는 것이 형식 생성기(type generator)이다. 단지 타이핑을 줄이는 목적을 넘어서, 서로 다른 클래스 템플릿 중 하나를 조건에 따라 형식 생성기가 선택하게 할 수도 있다. 그러면 이전보다 더 높은 수준의 추상에 도달한다. 즉, 프로그래머가 관련이 있는 속성들을 선언하기만 하면, 그 속성들에 맞는 적절한 형식을 형식 생성기가 선택해 주는 것이다. MTL5를 이용해서 이 점을 시연해 보겠다.[21]

```
using A = matrix<double>;
using B = matrix<double, sparse>;
using B2 = matrix<double, compressed>;
using B3 = matrix<double, sparse, compressed>;
using C = matrix<float, column_major>;
using E = matrix<int, as_size_type<int> >;
using F = matrix<long double, dim<3, 5> >;
using H = matrix<double, referring>;
```

---

21 현재 MTL의 최신 버전은 4이다. 이 책이 출간된 시점에서는 MTL5가 나왔길 바랄 뿐이다. §4.7.3도 참고하기 바란다.

여기서 A는 double 요소들로 이루어진 기본 포맷 행렬(즉, 행 우선의 밀집행렬)을 나타내는 형식이다. 반면에 sparse가 지정된 B는 희소 행렬 형식이다. 이 정의에서 대단히 흥미로운 점 하나는, 행렬의 실제 포맷(요소들이 저장되는 방식)을 플랫폼에 독립적으로 선택할 수 있다는 것이다. 공통적인 CPU에서는 CRS 포맷이 바람직하지만, GPU의 경우 B는 GPU에 좀 더 적합한 희소 행렬 포맷이 될 수 있다. B2의 경우에는 압축 포맷을 명시적으로 지정했다(따라서 CRS나 CSS 중 하나가 된다). B3은 B2와 같은 형식인데, 이는 compressed가 sparse를 함의하기 때문이다. C는 열 우선 행렬 형식이다. E는 색인(첨자)가 int이고, F는 행렬의 차원(행 수와 열 수)을 컴파일 시점에서 명시적으로 지정한 것이다. H는 행렬 자신이 수치 데이터를 소유하는 대신 기존의 데이터를 참조하는 형식이다. 가변 인수 템플릿 없이도 이런 형식 생성기를 작성하는 것이 가능하긴 하지만, 가변 인수 템플릿을 사용할 때와는 비교할 수 없을 정도로 어렵다(특히 오류가 발생하면 고치기가 매우 어렵다).

C++11 3.11.6 테스트 키우기

⇒ c++11/growing_test.cpp

가변 인수 템플릿은 의외로 코드 검사에도 크게 도움이 된다. 다소 전통적인 C++03 프로그래밍 시절에 필자는 새 자료 구조(이를테면 행렬)를 만들고 그 행동을 테스트했다. 이후 새로운 일반적 함수를 추가하고 그 함수가 지원하는 모든 형식으로 함수를 테스트했다. 이후에도 필자는 계속해서 형식들과 함수들을 구현하고, 테스트를 작성하는 시점에서 사용할 수 있는 요소들로 그것들을 테스트해 왔다.

그러나 테스트들을 일반적 함수로 만들어서, 테스트보다 나중에 개발된 형식들도 테스트할 수 있게 한다는 생각은 하지 못했다. 그러다 보니, 새 클래스(템플릿)을 만들 때마다 일반적 함수에 대한 기존 테스트들을 모두 고쳐야 했다. 테스트 코드가 꼭 필요하다는 점은 알고 있었지만, 새 형식에 맞게 기존 테스트를 다시 작성하기보다는 더 중요하거나 재미있는 과제를 우선시할 때가 많았다.

가변 인수 함수와 tuple을 이용하면 라이브러리와 함께 진화하는 테스트를 작성할 수 있다. 먼저 테스트 집합(test set)을 정의하는 것으로 출발하자.

```
using small_set = tuple<int, float>;

using compact_set = tuple_cat_type<small_set,
                                    tuple<short, double> >;
```

튜플들을 연결(concatenation)하는 것은 C++11부터 가능했다. 그런데 지금은 tuple 객체들이 아니라 그 형식들만 연결한다.

```
template <typename ...Tuples>
using tuple_cat_type = decltype(tuple_cat(declval<Tuples>()...));
```

이것은 임의의 개수의 형식들을 인수로 하는 가변 인수 템플릿 별칭임을 주의하기 바란다.

이제 tuple의 각 형식에 대해 테스트(또는 다른 임의의 함수자)를 재귀적으로 호출하는 유틸리티 함수를 작성한다.

```
template <typename Fun>
void foreach_type(tuple<>, Fun) {}

template <typename First, typename ...Others, typename Fun>
void foreach_type(tuple<First, Others...>, Fun f)
{
    Fun::template eval<First>();
    foreach_type(tuple<Others...>{}, f);
}
```

둘째 중복적재 버전 본문의 첫 문장은 Fun의 정적 템플릿 메서드 eval을 tuple의 First 형식으로 명시적으로 인스턴스화해서 호출한다. 호출 구문이 다소 어색한데, 컴파일러가 < 기호를 미만 연산자로 오해하지 않게 하려면 이처럼 Fun::과 eval 사이에 template 키워드를 끼워 넣어야 한다. 이 예제의 구현은 테스트 집합의(그리고 그 부분집합의) 객체들을 실제로 생성한다. 따라서 모든 형식이 반드시 기본 생성자를 제공해야 한다는 제약이 따른다. 이러한 문제를 해결하려면 구현이 훨씬 복잡해진다.

그럼 이상의 테스트 수단들을 이용해서 실제로 형식들을 테스트해보자. 다음은 테스트 집합의 각 형식에 대해, 0과 1이 실제로 덧셈의 항등원과 곱셈의 항등원인지 검사하는 테스트이다.

```
struct identity_test
{
    template <typename T>
    static void eval()
    {
        T zero{0}, one{1}, nine{9};
        if (zero + nine != nine)
            throw logic_error{"Addition wrong"};
        if (one * nine != nine)
```

```
            throw logic_error{"Multiplication wrong"};
        cout << "Test passed for " << typeid(T).name() << endl;
    }
};
```

이제 하나의 함수 호출로 앞에서 정의한 compact_set에 대해 이 테스트를 실행할 수 있다.

```
foreach_type(compact_set{}, identity_test{});
```

다행히 모든 형식이 테스트를 통과했다.[22]

```
Test passed for int
Test passed for float
Test passed for short
Test passed for double
```

간단한 형식들에 대해 간단한 연산들을 검사할 뿐이라서 그리 대단하다는 인상은 받지 못했을 수도 있다. 그러지만 테스트가 훨씬 더 많은 커다란 일반적 라이브러리를 상상해 보기 바란다. 테스트들을 이 예제처럼 일반적인 형태로 구현하면, 새로운 형식을 만들었을 때 그냥 그 형식을 테스트 집합에 추가하기만 하면 된다. 테스트들은 고칠 필요가 없다.

3.12 연습문제

3.12.1 문자열 표현

임의의 형식의 상수 참조(const&) 인수 하나를 받고 그것을 std::stringstream에 넣어서 얻은 문자열을 돌려주는 일반적 함수 to_string을 작성하라.

3.12.2 튜플의 문자열 표현

임의의 개수의 인수들을 받아서 튜플 형태의 문자열을 돌려주는 가변 템플릿 함수 to_tuple_string을 작성하라. to_tuple_string(x, y, z)로 호출했을 때 (*x의 값*, *y의 값*, *z의 값*) 형태의 문자열을 돌려주어야 한다.

힌트: 이 문제를 푸는 방법은 여러 가지이다. 아마 대부분의 프로그래머는 괄호 쌍을 출력하는 외부 함수 하나와 인수들을 재귀적으로 출력하는 보조 함수

22 필요하다면 형식 이름을 디맹글링해야 이와 동일한 결과를 볼 수 있을 것이다.

(이를테면 to_tuple_string_aux)를 만들 것이다. 재귀를 사용하지 않고 가짜 초기치 목록을 이용하는, 좀 더 어려운 해법도 있다. 구분용 쉼표들을 무시한다면 접기 표현식을 이용하는 해법도 비교적 간단하다. 쉼표까지 포함한다면 좀 더 흥미로운 도전이 될 것이다.

3.12.3 일반적 스택 자료 구조

임의의 값 형식을 지원하는 일반적 스택을 구현하라. 스택의 최대 크기는 클래스 자체에 하드코딩hardcoding해도† 된다. 스택은 다음과 같은 함수들을 제공해야 한다.

- 생성자
- 소멸자(필요하다면)
- top: 마지막 요소(가장 나중에 삽입된 요소)를 돌려준다.
- pop: 마지막 요소를 제거한다(돌려주지는 않는다).
- push: 새 요소를 삽입한다.
- clear: 모든 요소를 삭제한다.
- size: 요소 개수를 돌려준다.
- full: 스택이 꽉 찼는지의 여부(true 또는 false)를 돌려준다.
- empty: 스택이 비었는지의 여부(true 또는 false)를 돌려준다.

스택이 위로 또는 아래로 넘치는 경우(즉, 꽉 찬 스택에 새 요소를 삽입하거나 빈 스택에서 마지막 요소를 제거하려는 상황)에는 예외를 던져야 한다.

3.12.4 형식 매개변수가 있는 유리수 클래스

연습문제 2.8.2의 유리수 클래스에 형식 매개변수를 도입해서 일반적 유리수 클래스를 구현하라.

3.12.5 벡터 반복자

우리의 vector 클래스에 시작 반복자와 끝 반복자를 돌려주는 begin() 메서드와 end() 메서드를 추가하고, 멤버 형식 iterator와 const_iterator도 적절히 정의

† [옮긴이] 하드코딩은 뭔가를(이 예에서는 스택 최대 크기) 이후 변경의 여지 없이 코드에 명시적으로 표현하는 것을 말한다.

하라. 기억하겠지만 원시 포인터도 반복자처럼 행동할 수 있으므로, 다음 두 가지 구현 전략이 가능하다.

- 원시 포인터를 이용해서 빠르고 간단하게 구현한다.
- 반복자를 위한 잘 정의된 클래스를 따로 만든다. 그러면 예를 들어 반복자가 구간을 벗어났는지 점검하거나 두 반복자가 같은 벡터를 가리키는지를 점검하는 등의 기능도 추가할 수 있다.

반복자들이 잘 작동하는지 확인하기 위해, STL 함수 `sort`를 이용해서 벡터 요소들을 정렬해 볼 것.

3.12.6 홀수 반복자

홀수를 위한 반복자 클래스 `odd_iterator`를 작성하라. 이 클래스는 반드시 `ForwardIterator` 콘셉트의 모형이어야 한다. 이는 `odd_iterator`가 다음과 같은 멤버들을 제공해야 한다는 뜻이다.

- 기본 생성자와 복사 생성자
- 반복자가 다음번 홀수 요소를 가리키게 하는 `operator++`(전위 증가와 후위 증가 모두 제공해야 함)
- 반복자가 가리키는 요소(`int` 형식의 홀수)를 돌려주는 `operator*`
- `operator==`와 `operator!=`
- `operator=`

`operator++`와 `operator*` 외에 특별한 설명이 없는 멤버들은 통상적인 방식으로 작동해야 한다. 또한, 이 클래스는 `int` 값을 받는 생성자도 제공해야 한다. 이 값은 한 번도 증가하지 않은 반복자를 역참조했을 때 돌려줄 첫 홀수이다. 만일 짝수가 제공되면 생성자는 예외를 던져야 한다. 같은 맥락에서, 기본 생성자는 1을 첫 홀수 값으로 저장해야 한다.

3.12.7 홀수 구간

홀수들의 구간을 나타내는 클래스 `odd_range`를 작성하라. 멤버 함수 또는 자유 함수 `begin`과 `end`는 연습문제 3.12.6의 `odd_iterator` 반복자들을 돌려주어야 한다. 다음 코드가 7 이상 27 미만의 홀수들(7, 9, …, 25)을 출력하면 성공이다,

```
for (int i : odd_range(7, 27))
    std::cout << i << "\n";
```

3.12.8 bool 스택

연습문제 3.12.3의 스택을 bool에 대해 특수화하라. §3.5.1에서처럼 bool 값 여덟 개를 하나의 바이트(unsigned char)에 담아야 한다.

3.12.9 스택 크기 지정

연습문제 3.12.3의 스택 구현을(원한다면 연습문제 3.12.8의 bool 특수화도), 스택 크기를 사용자가 지정할 수 있도록 개선하라. 스택 크기는 두 번째 템플릿 인수로 지정하게 하고, 기본값은 4096으로 할 것.

3.12.10 사다리꼴 공식

사다리꼴 공식(trapezoidal rule)은 함수의 정적분을 근사하는 간단한 방법이다. 함수 f를 구간 $[a,b]$에 대해 적분한다고 하자. 그 구간을 n개의 더 작은 구간 $[x_i, x_{i+1}]$들로 분할한다. 이 부분 구간들의 길이는 모두 $h = (b-a)/n$으로 같다. 그런 다음 각 부분 구간에서 f를 조각별 선형 함수(piecewise linear function)로 근사한다. 모든 부분 구간의 근삿값을 합한 것이 원래 구간에 대한 f의 정적분 근삿값이다. 수식으로 표현하면 다음과 같다.

$$I = \frac{h}{2}f(a) + \frac{h}{2}f(b) + h\sum_{j=1}^{n-1} f(a + jh) \tag{3.1}$$

이 연습문제의 목표는 사다리꼴 공식을 위한 함수를 작성하는 것이다. 이 함수는 적분 대상 함수를 나타내는 함수자와 적분 구간의 상계 및 하계를 받는다. 프로그래밍 스타일을 비교하기 위해, 상속을 이용한 버전과 일반적 프로그래밍을 이용한 버전 두 가지로 구현하라. 다음과 같은 테스트 사례들로 구현들을 시험해 볼 것.

- $x \in [0, 4]$에 대해 $f = \exp(3x)$를 적분한다. trapezoid의 첫 인수로는 다음 함수자를 사용하라.

  ```
  double exp3f(double x) {
    return std::exp(3.0 * x);
  }
  ```

```
struct exp3t {
  double operator() (double x) const {
    return std::exp(3.0 * x);
  }
};
```

- $x \in [0,4]$에 대해, 만일 $x < 1$이면 $f = \sin(x)$를, $x \geq 1$이면 $f = \cos(x)$를 적분한다.
- trapezoid(std::sin, 0.0, 2.0)를 호출할 수 있는가?

추가 문제로, 임의의 함수의 유한 차분을 계산하는 함수자를 만들고 유한 차분을 적분했을 때 원래의 함숫값이 나오는지 확인하라.

3.12.11 정적 멤버 함수를 이용한 부분 특수화

§3.5.4의 abs 특수화는 내부적으로 임시 객체를 생성한다. eval이라는 이름의 정적 멤버 함수를 만들고, abs 특수화가 그 함수를 호출함으로써 객체를 생성하지 않고도 주어진 기능을 수행하도록 개선하라.

3.12.12 함수자

$2\cos x + x^2$을 위한 함수자를 작성하고 §3.7.1의 함수자를 이용해서 1차 미분과 2차 미분을 계산하라.

3.12.13 람다

연습문제 3.12.12와 같은 미분들을 이번에는 람다 표현식을 이용해서 계산하라.

3.12.14 make_unique 구현

표준의 make_unique 함수와 동일하게 작동하는 함수를 직접 구현하라. 힌트: std::forward를 이용해서 매개변수 묶음을 new 연산자에 전달할 것.

4장

D i s c o v e r i n g M o d e r n **C + +**

표준 라이브러리

주여, 바꿀 수 없는 것을 받아들이는 평온함을,
바꿀 수 있는 것을 바꿀 용기를,
그리고 차이를 구별하는 지혜를 주소서.

—라인홀드 니버Reinhold Niebuhr

우리 프로그래머들은 뭔가 대단하고 멋진 일을 하는 소프트웨어를 만들고 싶어 한다. 하지만 하루는 24시간이고, 여러분이 아무리 하드코어 괴짜라도 먹고 자야 한다. 우리가 꿈꾸는 모든 것을 프로그래밍하기에는 시간이 모자라고, 돈은 더욱더 부족하다. 그래서 기존 소프트웨어를 사용할 수밖에 없다. 그 소프트웨어가 우리의 높은 이상에 미치지 못하더라도 말이다. 우리가 할 수 있는 일은, 프로젝트 중에 우리가 직접 구현하는 부분과 기존 소프트웨어에 의존하는 부분을 현명하게 선택하는 것뿐이다.

수년 정도 사용해 본 경험이 없는 소프트웨어에 의존하려면 '예언자'의 능력이 어느 정도 필요하다. 어떤 소프트웨어 패키지가 처음에는 잘 작동하지만, 그 패키지를 이용해서 큰 프로젝트를 구축하고 나면 수월하게 고치기 어려운 문제점이 드러나기도 한다. 애초에 다른 소프트웨어를 선택하거나 처음부터 우리가 직접 만드는 게 나았다는 점을 고통스럽게 깨닫게 될 수도 있다.

C++ 표준 라이브러리가 완벽하지는 않을 수 있지만, 그래도 C++ 프그래머들이 앞에서 언급한 불운한 사태에 빠지지 않도록 매우 세심하게 설계되고 구현된 것은 사실이다. 표준 라이브러리의 구성요소들은 핵심 언어의 기능들과 동일한 평가 과정을 통과했기 때문에 대체로 높은 품질을 보장한다. 라이브러리 표준화 과정은 클래스들과 함수들을 C++ 표준을 준수하는 모든 컴파일러에서 사용할 수 있음을 보장한다. §2.3.3의 초기화 목록이나 §1.7의 입출력 스트림 등등, 이전 장들에서도 이미 표준 라이브러리의 구성요소들을 몇 개 만나 보았다. 이번 장에서는 과학 및 공학 소프트웨어를 프로그래밍할 때 아주 유용한 표준 라이브러리 구성요소들을 좀 더 소개한다.

C++11의 표준 라이브러리에 대한 상세한 튜토리얼이자 레퍼런스로는 니콜라이 요주티스의 *The C++ Standard Library: A Tutorial and Reference*[40]가 있다. 비야네 스트롭스트룹의 *The C++ Programming Language* 제4판[62]도 표준 라이브러리의 모든 구성요소를 다루지만, 전자의 책보다는 덜 상세하다.

표준 라이브러리 외에, 선형대수나 그래프 같은 여러 표준 영역에 관한 과학 라이브러리들이 많이 있다. 그런 라이브러리들도 이번 장의 후반부에서 간단하게나마 소개한다.

4.1 표준 템플릿 라이브러리(STL)

흔히 STL로 줄여 표기하는 **표준 템플릿 라이브러리**(standard template library)는 컨테이너와 알고리즘†을 위한 근본적인 일반적 라이브러리이다. 모든 프로그래머는 STL을 알아야 하며, 가능한 곳에서는 "바퀴를 다시 발명하지 말고" STL을 사용해야 마땅하다. 그런데 STL이라는 이름은 다소 오해의 소지가 있다. 원래 STL은 알렉스 스테파노프와 데이비드 머서가 개발한 라이브러리이다. 그 라이브러리의 대부분이 C++ 표준 라이브러리에 포함되었다. 그런데 표준 라이브러리의 다른 구성요소들도 대부분 템플릿으로 구현되기 때문에, C++의 표준 라이브러리 전체를 STL이라고 오해하는 사람들이 생겼다. 게다가 C++ 표준 명세서의 라이브러리 관련 장(chapter)들에는 라이브러리 이름이 붙어 있어서 더욱 혼란이 가중된다. 예를 들어 2011년 표준과 2014년 표준 명세서에서 라이브러리 관련 장 제목은 "Chapter 23 Containers library"와 "Chapter 24 Iterators library", "Chapter 25 Algorithms library"이다(마지막 장은 C 라이브러리의 일부도 포함한다).

STL은 유용한 기능을 제공할 뿐만 아니라, 재사용성과 성능의 조합 덕분에 비교할 수 없이 큰 위력을 발휘하는 프로그래밍 철학의 토대로도 작용한다. STL은 일반적 컨테이너 클래스들과 일반적 알고리즘들, 그리고 반복자들을 정의한다. cppreference.com 같은 온라인 C++ 레퍼런스에 STL의 구성요소들이 잘 문서화되어 있고 STL 사용법을 가르치는 책들도 많이 나와 있다. 예를 들어 STL의 핵심 구현자 중 한 명인 맷 오스턴의 *Generic Programming and the STL*[4]이 그런

† [옮긴이] STL의 맥락에서 '알고리즘'은 추상적인 계산 과정으로서의 알고리즘이 아니라 그러한 알고리즘을 구현한 함수, 좀 더 구체적으로는 반복자들을 받아서 컨테이너의 요소들에 대해 어떠한 계산을 수행하는 함수를 말한다.

책이며, 앞에서 언급한 요주티스의 튜토리얼 책은 STL만을 무려 500여 페이지로 설명한다. 그런 참고자료들이 있는만큼, 이번 장에서 STL의 모든 것을 세세하게 이야기하지는 않겠다.

4.1.1 간단한 예제 하나

컨테이너container는 다른 객체들을 담는 것을 목적으로 하는 클래스이다. 보통의 객체들뿐만 아니라 컨테이너 객체들, 그리고 컨테이너 객체들을 담은 컨테이너 객체들, 등도 담을 수 있다. 표준 vector 클래스와 list 클래스가 STL 컨테이너의 예이다. 컨테이너 클래스들은 요소 형식으로 매개변수화되는 클래스 템플릿이다. 예를 들어 다음은 double 값들을 담는 벡터와 int 값들을 담는 벡터를 생성한다.

```
std::vector<double> vec_d;
std::vector<int>    vec_i;
```

STL의 벡터는 산술 연산들을 제공하지 않는다는 점에서 수학에서 말하는 벡터와는 다른 것임을 주의하기 바란다. 이 책에서 우리만의 vector 클래스를 구현하고 계속 진화시켜 나가는 것은 이 때문이다.

STL은 컨테이너의 데이터를 평가하거나 수정하는 다양한 알고리즘algorithm도 제공한다. 제3장에서 본 accumulate가 표준 알고리즘의 하나이다. accumulate는 합, 곱, 최솟값을 비롯해 그 어떤 축약 연산도 지원한다. 다음은 벡터와 목록에 accumulate를 적용하는 예이다.

```
std::vector<double> vec ;
std::list<double>   lst ;

// ... vec에 요소들을 추가한다 ...
// ... lst에 요소들을 추가한다 ...

double vec_sum = std::accumulate(begin(vec), end(vec), 0.0);
double lst_sum = std::accumulate(begin(lst), end(lst), 0.0);
```

제3장에서 언급했듯이, 함수 begin()과 end()는 오른쪽 반개구간을 정의하는 반복자들을 돌려준다. C++11에서부터 이 두 함수가 자유 함수로도 제공된다. C++03에서는 반드시 컨테이너 클래스의 멤버 변수로 두어야 했다.

4.1.2 반복자

STL의 중심적인 추상은 **반복자**(iterator)이다. 간단히 말하면 반복자는 포인터를 일반화한 것이다. 포인터처럼 반복자도 역참조할 수 있고, 두 반복자를 비교할 수 있고, 가리키는 대상의 값을 변경할 수 있다. 이점은 §3.3.2.5에서 `list_iterator`를 만들면서 이미 배웠다. 그런데 반복자를 그냥 포인터 같은 것이라고만 알고 넘어가면 반복자의 중요성을 제대로 파악하지 못한다. 반복자는 **자료 구조의 구현과 알고리즘을 분리하기 위한**(decouple) **근본적인 방법론**이다. STL의 모든 자료 구조는 그 요소들의 순회(운행)를 위한 반복자를 제공하며, 모든 알고리즘은 그 반복자들을 통해서 자료 구조의 요소들에 접근하는 방식으로 구현된다. 그림 4-1은 이러한 관계를 나타낸 것이다.

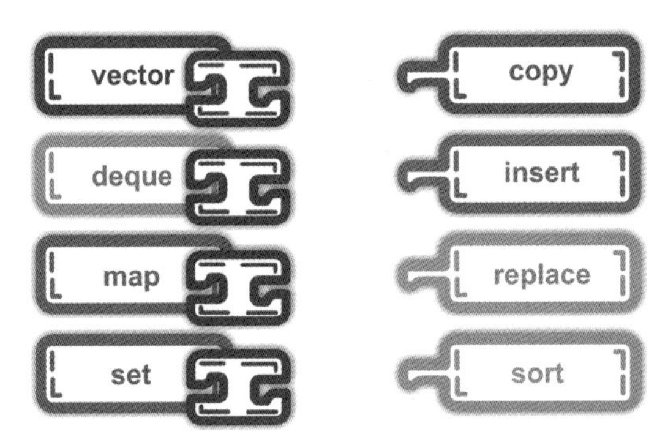

그림 4-1 STL 컨테이너와 알고리즘의 연동 방식

n개의 자료 구조에 m개의 알고리즘을 적용한다고 할 때, 전통적인 C나 포트란 프로그래밍에서는

$$m \cdot n \text{ 가지 구현}$$

이 필요하다. 그러나 STL에 깔린 프로그래밍 철학에서는 모든 컨테이너에 대한 공통의 인터페이스를 정의한 후 각 알고리즘을 한 번씩만 구현한다. 그러면 필요한 프로그래밍 노력이 다음으로 줄어든다.

$$m + n \text{ 가지 구현}$$

4.1.2.1 범주

그런데 모든 알고리즘을 모든 자료 구조에 사용할 수 있는 것은 아니다. 주어진 컨테이너에 어떤 알고리즘을 적용할 수 있는지는 그 컨테이너가 제공하는 반복자의 종류에 따라 달라진다. 반복자들은 그 접근 방식에 따라 다음 두 범주로 나뉜다.

입력 반복자: 가리키는 요소를 (한 번만) 읽을 수 있는 반복자이다. InputIterator 콘셉트를 따른다.

출력 반복자: 가리키는 요소를 (한 번만) 쓸(수정) 수 있는 반복자이다. OutputIterator 콘셉트를 따른다.

요소를 쓸 수 있다고 해서 반드시 읽을 수도는 있는 것은 아니다. 파일이나 cout 같은 출력 스트림에 값을 기록하는 데 쓰이는 STL의 인터페이스인 ostream_iterator가 좋은 예이다.

반복자들을 순회 방식으로 나눌 수도 있다. 다음은 순회 방식에 따른 범주들이다.

순방향 반복자: operator++를 통해서 현재 요소에서 다음 요소로 갈 수 있는 반복자로, ForwardIterator 콘셉트를 다른다. ForwardIterator는 InputIterator와 OutputIterator의 정련이다.[1] 그 두 반복자와는 달리 ForwardIterator는 값을 두 번 읽을 수 있고 요소들을 여러 번 순회할 수 있다.

양방향 반복자: operator++와 operator--를 통해서 다음 요소 뿐만 아니라 이전 요소로도 갈 수 있는 반복자로, ForwardIterator의 정련인 BidirectionalIterator 콘셉트를 따른다.

임의 접근 반복자: 양의 오프셋 또는 음의 오프셋을 더해서 임의의 요소로 즉시 갈 수 있는 반복자로, RandomAccessIterator 콘셉트를 따른다. operator[] 연산자도 제공한다. RandomAccessIterator는 BidirectionalIterator의 정련이다.

간단한 반복자 인터페이스(InputIterator의 인터페이스 같은)만 사용하는 알고리즘은 더 많은 자료 구조에 적용할 수 있다. 자료 구조의 관점에서 말한다면, 더 풍부한 반복자 인터페이스(이를테면 RandomAccessIterator를 따르는)를 제공하는 자료 구조는 더 많은 알고리즘을 지원한다.

STL의 반복자 인터페이스는 원시 포인터도 반복자의 연산들을 지원하도록 교묘하게 설계되어 있다. 모든 포인터는 RandomAccessIterator 콘셉트를 따르므로, STL의 모든 알고리즘은 포인터를 통해서 구식 배열에도 적용할 수 있다.

1 이런 문맥에서의 '정련'의 의미는 §3.10에서 이야기했다.

C++11 4.1.2.2 반복자 다루기

모든 표준 컨테이너 템플릿은 다양하고 일관된 반복자 형식들을 제공한다. 다음은 반복자들의 전형적인 용법을 보여주는 아주 간단한 예제이다.

```
using namespace std;
std::list<int> l= {3, 5, 9, 7};            // C++11
for (list<int>::iterator it= l.begin(); it != l.end(); ++it) {
    int i= *it;
    cout << i << endl;
}
```

반복자를 다루는 방법이 C++11에서 달라지지 않았음을 보여주기 위해, 이 첫 예제는 C++03의 기능만 사용한다(중괄호 목록 초기화 구문은 예외). 이번 절의 나머지 부분에서는 C++11의 기능들을 좀 더 사용하지만, 원리는 C++03 시절과 동일하다.

이 예제처럼 반복자는 흔히 두 개를 쌍으로 사용한다. 첫 반복자는 실제 반복(iteration)을 처리하는 데 쓰이고, 둘째 반복자는 컨테이너의 끝을 점검하는 용도로 쓰인다. 일반적으로 이 두 반복자는 해당 컨테이너 클래스의 표준 메서드 begin()과 end()로 얻는다. begin()이 돌려주는 반복자(간단히 시작 반복자 또는 begin 반복자)는 컨테이너의 첫 요소를 가리키지만, end()가 돌려주는 반복자(간단히 끝 반복자 또는 end 반복자)는 컨테이너의 마지막 요소가 아니라 마지막 요소를 하나 지나친 위치를 가리킨다. end 반복자는 비교에만 사용하는 것이 안전하다. end 반복자가 가리키는 요소에 실제로 접근하려 하면 대부분의 경우 문제가 발생한다. STL의 모든 알고리즘은 오른쪽 반개구간 $[b, e)$에 대해 작동한다. 알고리즘은 $b = e$가 되기 **전까지** b를 증가해 가면서 그 구간의 요소들을 훑는다. 따라서 $[x, x)$는 빈 구간이다. 멤버 변수 begin()과 end()는 컨테이너의 상수성을 보존한다.

- 가변(mutable) 컨테이너 객체의 경우 이 메서드들은 가변 요소를 가리키는 iterator 형식의 반복자를 돌려준다.
- 상수 컨테이너 객체의 경우 이메서드들은 상수 참조로 컨테이너 요소에 접근하는 const_iterator 형식의 반복자를 돌려준다.

iterator를 암묵저으로 const_iterator로 변환되는 경우가 많긴 하지만, 그런 가능성에 의존해서는 안 된다.

이제 현대적 C++로 돌아가자. 이제는 형식 연역 덕분에 반복자 관련 코드가 훨씬 간결하다.

```
std::list<int> l= {3, 5, 9, 7};
for (auto it= begin(l), e= end(l); it != e; ++it) {
    int i= *it;
    std::cout ≪ i ≪ std::endl;
}
```

형식 연역 외에, C++11에서 도입된 자유 함수 begin과 end를 이용한 좀 더 관용구적인 표현을 사용했다는 점도 주목하기 바란다. 자유 함수 begin과 end는 inline 함수들이므로, 이렇게 바꾸어도 성능에는 영향이 없다. 성능 이야기가 나왔으니 말인데, 앞의 예제는 end 반복자를 임시 객체에 담아 두고 비교에 사용한다. 루프 반복마다 end를 호출하는 비효율적인 코드를 컴파일러가 반드시 최적화해준다는 보장이 없어서 이렇게 명시적으로 임시 객체를 도입했다.

이 예제에서 컴파일러는 it의 형식을 요소의 수정이 가능한 iterator로 연역한다. 사실 이 예제는 데이터를 읽기만 하므로 const_iterator를 사용해도 된다. 목록 요소들의 수정을 명시적으로 금지하기 위해 const_iterator 형식의 반복자를 얻으려면 어떻게 해야 할까? 가장 먼저 떠오르는 것은 const auto이지만, 뜻대로 되지 않는다.

```
for (const auto it= begin(l), e= end(l); ...)  // 오류
```

이 경우 it의 형식은 const_iterator가 아니라 const iterator가 된다. 둘이 비슷해 보이지만 중요한 차이점이 있다. const_iterator는 상수 데이터를 가리키는 (가변) 반복자이지만, const iterator는 반복자 자체가 상수이므로 증가 연산이 불가능하다. 따라서 루프 반복에 사용할 수 없다. 앞에서 언급했듯이 상수 컨테이너에 대해 begin()과 end()는 const_iterator 형식의 반복자를 돌려준다. 따라서 기본적으로는 list 객체를 const로 선언하면 된다. 그렇지만 상수 목록은 오직 생성자에서만 요소들을 설정할 수 있다는 단점이 있다. 그런 단점이 없는 또 다른 방법은 기존 목록에 대한 const 참조 변수를 도입하는 것이다.

```
const std::list<int>& lr= l;
for (auto it= begin(lr), e= end(lr); it != e; ++it) ...
```

아니면 다음처럼 목록을 즉석에서 명시적으로 const 참조로 변환해도 된다.

```
for (auto it= begin(const_cast<const std::list<int>&>(l)),
          e= end(const_cast<const std::list<int>&>(l));
     it != e; ++it) ...
```

C++17 C++17에서는 as_const 함수를 이용해서 상수 참조를 좀 더 간결하게 얻을 수 있다.

```
for (auto it= begin(as_const(l)), e= end(as_const(l));
     it != e; ++it) ...
```

C++14 더 나아가서, C++11에서는 상수 컨테이너든 가변 컨테이너이든 구별 없이 항상 const_iterator를 돌려주는 멤버 변수 cbegin과 cend가 도입되었으며, C++14에서는 이들의 자유 함수 버전이 추가되었다.

```
for (auto it= cbegin(l); it != cend(l); ++it) ...
```

이상의 예제에서 본 begin-end 기반 순회 패턴이 대단히 흔하게 쓰이기 때문에, 이런 패턴을 좀 더 직접적으로 지원하는 구간 기반 for(§1.4.4.3)가 C++11에 도입되었다. §1.4.4.3에서는 시대에 뒤떨어진 C 배열에 구간 기반 for를 적용했는데, 이제 '진짜' 컨테이너에 사용해 보자.

```
std::list<int> l= {3, 5, 9, 7};
for (auto i : l)
    std::cout << i << std::endl;
```

루프 변수 i는 컨테이너 전체를 순회하기 위해 내부적으로 쓰이는 반복자를 역참조한 값을 담는다. 따라서 루프가 반복됨에 따라 i에는 컨테이너의 요소들이 차례로 배정된다. 모든 STL 컨테이너는 begin 메서드와 end 메서드를 제공하므로, 모든 STL 컨테이너를 이 간결한 for 루프로 순회할 수 있다.

C++17 내부 반복자가 반드시 const_iterator가 되게 하려면 다음처럼 컨테이너에 as_const를 적용하면 된다.

```
for (auto i : as_const(l))
    std::cout << i << std::endl;
```

세심한 독자라면, 이 예제는 단지 각 요소를 출력 스트림에 복사하기만 할 뿐이므로 이렇게 바꾸어도 달라질 것이 없음을 알아챌 것이다. 그러나 const_iterator를 강제함으로써 요소들의 수정을 명시적으로 방지하는 것이 중요한 상황들도 있다

좀 더 일반화해서 말하면, 구간 기반 for 루프는 STL 컨테이너들뿐만 아니라 적절한 시작 반복자와 끝 반복자를 돌려주는 begin 함수와 end 함수(메서드이든 자유 함수이든)를 갖춘 모든 형식에 사용할 수 있다. 예를 들어 컨테이너의 한 부분을 나타내는 클래스나 역방향 순회를 위한 반복자를 돌려주는 보조 클래스 등을 생각해 볼 수 있을 것이다. 이런 성격의 모든 컨테이너를 포괄하는 좀 더 넓은 개념이 **구간**(range)이다. 구간 기반 for라는 이름 자체가 이 '구간'에서 비롯한 것이다. 이 책에서는 구간 개념을 주로 컨테이너에 사용하지만, 구간이 C++의 진화에서 점점 더 중요시되고 있다는 점도 알아두기 바란다. 실제로 C++20에서는 구간이 언어의 일부가 되었다.

다시 예제로 돌아가서, 컨테이너의 요소를 i에 복사하는 부담을 피하려면 다음처럼 i를 형식이 연역되는 참조 변수로 두면 된다.

```
for (auto& i : l)
    std::cout << i << std::endl;
```

참조 변수 i는 l과 동일한 상수성을 따른다. 즉, l이 가변 컨테이너(구간)이면 i는 가변 참조이고, l이 상수 컨테이너이면 i는 상수 참조이다. 요소들의 수정을 명시적으로 금지하고 싶으면 i를 const로 선언하면 된다.

```
for (const auto& i : l)
    std::cout << i << std::endl;
```

STL에는 간단한 알고리즘들도 있고 복잡한 알고리즘들도 있다. 이 알고리즘들은 모두 앞에서 본 것과 본질적으로 동일한 형태의 루프를 포함한다(종종 깊고 깊은 내부 어딘가에).

4.1.2.3 연산

<iterator> 라이브러리는 두 개의 기본적인 연산을 제공한다. 바로 advance와 distance이다. advance(it, n) 연산은 반복자 it를 n번 증가한다. 그냥 it+n이라고 하면 되지 않느냐고 생각할 수도 있지만, 두 연산은 근본적으로 다르다. it+n은 반복자 it를 변경하지 않으며(이것이 그 자체로 단점은 아니다), 임의 접근 반복자(RandomAccessIterator)만 지원한다. 반면에 advance 함수는 모든 종류의 반복자를 지원한다. 그런 면에서 advance는 오직 1씩만 증가할 수 있는 반복자로도 잘 작동하도록 구현한 +=와 비슷하다.

효율성을 위해, 이 함수는 내부적으로 반복자 범주에 따라 여러 구현 중 하나로 디스패치된다. 형식 속성에 기반한 디스패치라는 개념과 콘셉트를 이용한 실현 방법을 §3.10.2에서 이미 이야기했다. 그럼 advance에서 디스패치가 어떤 식으로 일어나는지 살펴보자.

목록 4-1 advance의 함수 디스패치

```
template <typename Iter, typename Distance>
inline void advance_aux(Iter& i, Distance n, input_iterator_tag)
{
    assert(n >= 0);
    for (; n > 0; --n)
        ++i;
}

template <typename Iter, typename Distance>
inline void advance_aux(Iter& i, Distance n,
                        bidirectional_iterator_tag)
{
    if (n >= 0)
        for (; n > 0; --n) ++i;
    else
        for (; n < 0; ++n) --i;
}

template <typename Iter, typename Distance>
inline void advance_aux(Iter& i, Distance n,
                        random_access_iterator_tag)
{
    i+= n;
}

template <typename Iter, typename Distance>
inline void advance(Iter& i, Distance n)
{
    using cat= typename iterator_traits<Iter>::iterator_category;
    advance_aux(i, n, cat{});
}
```

특정한 반복자 형식으로 advance 템플릿이 인스턴스화되면, advance는 형식 특질(§5.2.1)을 이용해서 그 반복자의 범주를 파악하고 그 범주에 해당하는 **태그 형식**(tag type)의 객체를 인수로 해서 보조 함수 advance_aux를 호출한다. 그러면 advance_aux의 중복적재 버전 중 그 범주에 가장 적합한 것이 선택된다. 이 덕분에, 예를 들어 Iterator가 임의 접근 반복자이면 advance의 실행 복잡도는 상수 시간이 되고 그 외의 경우에는 선형 시간이 된다. 이러한 태그 기반 함수 선택을 **태그 디스패치**라고 부르기도 한다.

C++17 advance_aux 중복적재 버전들을 보면 마지막 매개변수의 형식만 지정했을 뿐 매개변수 이름은 지정하지 않았다. 만일 매개변수 이름까지 지정했다면, 컴파일러 옵션에 따라서는(-pedantic 등) 해당 매개변수가 쓰이지 않았다는 경고 메시지가 나올 수 있다. C++17부터는, 의도적으로 사용하지 않을 매개변수에 다음처럼 [[maybe_unused]] 라는 특성을 붙이면 그런 경고 메시지가 나오지 않는다.

```
template <typename Iter, typename Distance>
inline void advance_aux(Iter& i, Distance n,
                        input_iterator_tag tag [[maybe_unused]]);
```

요즘 컴파일러들은 충분히 똑똑하기 때문에 advance_aux 중복적재 버전들의 셋째 매개변수가 쓰이지 않는다는 점과 태그 형식들이 빈 클래스라는 점을 알아채고는 인수 전달과 태그 형식 객체의 생성을 최적화해서 제거한다. 따라서 추가적인 함수 호출과 태그 디스패치가 실행 시점에서 추가부담이 되지는 않는다. 예를 들어 벡터 반복자에 대한 advance 호출은 사실상 i+= n에만 해당하는 이진 코드를 생성할 뿐이다.

distance는 advance와 짝을 이루는 함수이다.

```
int i= distance(it1, it2);
```

이 함수는 두 반복자의 거리를 계산한다. 여기서 거리는 첫 반복자가 둘째 반복자와 같아질 때까지 첫 반복자를 증가하는 횟수이다. 짐작했겠지만, 이 함수 역시 임의 접근 반복자에 대해서는 상수 시간으로 실행되고 그 밖의 반복자들에 대해서는 선형 시간으로 실행되도록 태그(또는 콘셉트)로 디스패치된다.

4.1.3 컨테이너

표준 라이브러리에는 다양한 주요 자료 구조들에 해당하는 컨테이너 클래스들이 있다. 이들은 사용하기 쉬울 뿐만 아니라 상당히 효율적이다. 어떤 자료 구조가 필요할 때 여러분이 직접 컨테이너를 작성하려 들기 전에 표준 컨테이너들부터 시험해 보는 것이 바람직하다.

4.1.3.1 vector

std::vector는 표준 컨테이너 중 가장 간단한 컨테이너이자 데이터를 연속적으로 저장하는 데 가장 효율적인 컨테이너이다. std::vector의 성능은 C 배열에 필적한다. 일정 크기까지의 C 배열은 스택 메모리에 할당되지만, vector는 항상 힙 메모리에 할당된다. 벡터는 대괄호 연산자와 배열 스타일의 알고리즘들을 제공한다. 다음은 벡터를 배열처럼 사용하는 예이다.

```
std::vector<int> v= {3, 4, 7, 9};
for (int i= 0; i < v.size(); ++i)
    v[i]*= 2;
```

또는 반복자를 사용할 수도 있다. 반복자를 직접 사용할 수도 있고, 구간 기반 for 안에 숨겨진 형태로 사용할 수도 있다.

```
for (auto& x : v)
    x*= 2;
```

어떤 순회 방법을 사용하든, 제대로 된 컴파일러라면 비슷한 성능의 코드를 생성할 것이다.

C 배열과는 달리 벡터는 동적으로 크기를 키울 수 있다. push_back 메서드는 벡터의 끝에 새 요소를 추가한다.

```
std::vector<int> v;
for (int i= 0; i < 100; ++i)
    v.push_back(my_random());
```

여기서 my_random()은 §4.2.2의 생성기(generator)처럼 난수들을 생성해서 돌려준다. STL vector는 push_back의 속도를 높이기 위해 미리 여분의 공간을 마련해 두는 경우가 많다(그림 4-2).

그림 4-2 vector의 메모리 배치

따라서 요소를 추가할 때의 성능은 크게 두 가지 경우로 나뉜다.

- 가용 공간이 남아 있다면 그냥 요소를 거기에 넣으면 되므로 상당히 빠르다.
- 가용 공간이 없으면 더 큰 메모리 블록을 할당해서 모든 데이터를 복사해야 (또는, 적어도 요소별로 이동해야) 하므로 훨씬 느리다.

벡터의 가용 공간('용량')은 멤버 함수 capacity로 지정할 수 있다. 가용 공간을 다 소비해서 vector의 공간을 더 키울 때는 현재 크기의 두 배가 되는 공간을 할당하는 전략이 흔히 쓰인다. 그런 경우 push_back의 실행 복잡도는 점근적 로그 시간(asymptotically logarithmic time)이다. 전형적인 구현은 벡터를 두 배로(즉, 전체적으로 s에서 $2s$로, 또는 재할당별로 $\sqrt{2}s$로) 키울 때 메모리 할당을 1회 또는 2회 수행한다. 그림 4-3이 점을 보여준다. 그림의 첫 도식은 가용 공간이 완전히 채워진 벡터를 나타낸다. 이 경우 새 요소를 추가하려면 새 메모리 블록을 할당해야 한다. 둘째 도식이 새 메모리 블록을 할당한 상태이다. 이 경우에는 새 요소를 빠르게 추가할 수 있다. 이런 식으로 요소를 더 추가하다 보면 다시 가용 공간이 모두 소비된다. 셋째 도식이 그러한 상황이다. 그러면 다시 새 메모리 블록을 할당하고 모든 요소를 복사(또는 요소별 이동)한 후에야 새 요소를 추가할 수 있다(넷째 도식). 요소들을 새 메모리 블록에 복사하면 이 벡터의 모든 반복자가 무효화된다. 따라서, 요소를 삽입하거나 삭제하기 전에 만든 vector 반복자들은 사용하지 않는 것이 안전하다.

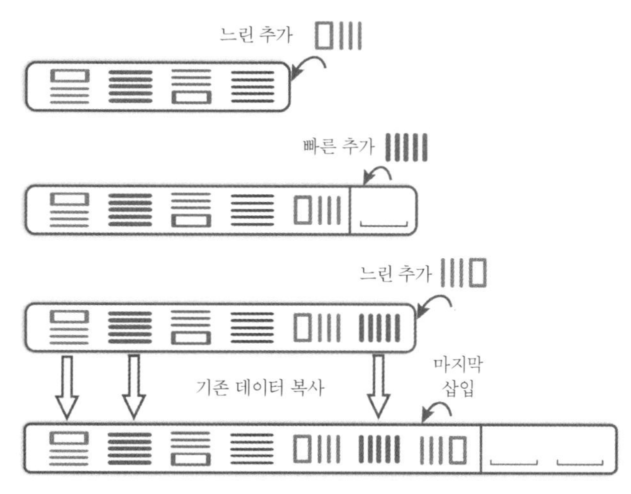

그림 4-3 vector의 확장

resize(n) 메서드는 크기가 n이 되도록 벡터를 확장하거나 축소한다. 확장 시에는 기본 생성자로 생성된 새 요소들이 추가된다(내장 형식들의 경우는 0으로 설정된다). resize로 벡터를 축소해도 메모리가 해제되지는 않는다. 메모리까지 실제로 해제하고 싶다면, 즉 벡터의 용량을 벡터의 실제 크기로 줄이고 싶다면, C++11부터는 shrink_to_fit 메서드를 사용하면 된다.

⇒ c++11/vector_usage.cpp

C++11 다음은 C++11의 기능들을 이용해서 vector 객체를 만들고 수정하는 방법을 보여주는 간단한 예제 프로그램이다.

```
#include <iostream>
#include <vector>
#include <algorithm>

int main ()
{
    using namespace std;
    vector<int> v= {3, 4, 7, 9};
    auto it= find(v.begin(), v.end(), 4);
    cout << "After " << *it << " comes " << *(it+1) << '\n';
    auto it2= v.insert(it+1, 5); // 2번 위치에 값 5를 삽입한다.
    v.erase(v.begin());          // 1번 위치의 요소를 제거한다.
    cout << "Size = " << v.size() << ", capacity = "
         << v.capacity() << '\n';
    v.shrink_to_fit();           // 여분의 요소들이 실제로 삭제된다.
    v.push_back(7);
    for (auto i : v)
        cout << i << ",";
    cout << '\n';
}
```

구식 C++03에서 벡터의 용량을 실제로 줄이는 방법은 §A.7.1에 나온다.

임의의 위치에 요소를 추가하거나 제거하는 것도 가능하지만, 그러면 그 위치 다음의 모든 요소를 이동해야 하기 때문에 비용이 아주 크다. 하지만 생각 만큼 크지는 않다.

C++11 C++11에서는 emplace와 emplace_back이라는 메서드들도 vector에 추가되었다.

```
vector<matrix> v;
v.push_back(matrix(3, 7)); // 3x7 행렬을 밖에서 생성해서 벡터에 추가
v.emplace_back(7, 9);      // 7x9 행렬을 벡터 안에서 직접 생성
```

push_back은 이미 생성된 객체(지금 예에서는 3×7 matrix 객체)를 복사 또는 이동을 통해서 벡터에 추가한다. 반면에 emplace_back은 벡터의 메모리 안에서 직접 새 객체(지금 예에서는 7×9 matrix 객체)를 생성한다. 이 덕분에 복사 또는 이동 연산이 생략되며, 상황에 따라서는 메모리 할당 · 재할당이 생략된다. 다른 컨테이너들에도 이와 비슷한 메서드들이 추가되었다.

C++11 벡터의 크기를 컴파일 시점에서 알 수 있으며 생성 후에 변하지 않는다면 벡터 대신 C++11에 새로 추가된 array를 사용할 수도 있다. array 객체는 스택

메모리에 놓이므로 더 효율적이다(move와 swap 같은 얕은 복사 연산들은 예외이다).

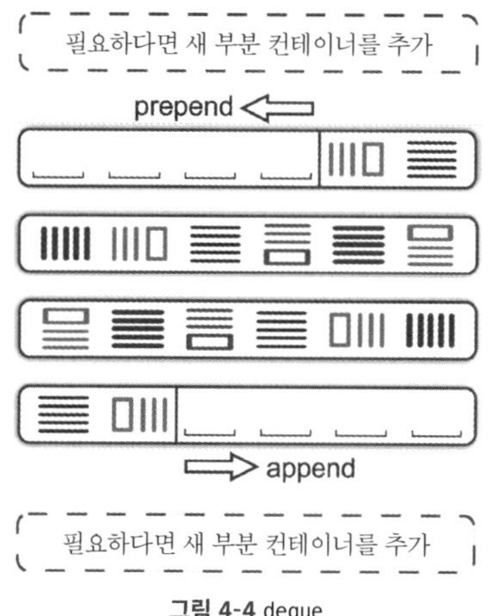

그림 4-4 deque

4.1.3.2 deque

데크[deque]는 양쪽에 끝이 있는 대기열(double-ended queue)이다. 데크를 다양한 각도에서 바라볼 수 있다. 데크는

- FIFO(first-in first-out; 선입선출) 방식의 대기열이기도 하고,
- LIFO(last-in first-out; 후입선출) 방식의 스택이기도 하고,
- 앞쪽에 요소를 빠르게 삽입할 수 있는 vector의 일반화이기도 하다.

데크 자료 구조를 구현한 표준 라이브러리의 클래스는 deque이다. deque는 메모리 배치 방식 덕분에 아주 흥미로운 특성을 가진다. 그림 4-4에서 보듯이, 내부적으로 데크는 한 개 이상의 부분 컨네이너로 구성된다. 데크에 새 요소를 뒤에 추가하면(append) 그 요소는 마지막 부분 컨테이너의 끝에 추가된다. 마지막 부분 컨테이너가 꽉 차 있다면 새 부분 컨테이너를 할당한다. 반대로, 새 요소를 앞에 추가하면 첫 부분 컨테이너의 앞에 추가된다. 필요에 따라 새 부분 컨테이너가 할당되는 것은 마찬가지이다.

이러한 설계의 장점은 대부분의 데이터가 메모리 안에 순차적으로 배치된다는 점과 데이터 접근이 vector만큼이나 빠르다는 것이다.[60] 게다가 deque의 요소들은 뭔가가 중간에 삽입되거나 삭제될 때만 재할당된다. 이 덕분에 복사나 이동의 비용이 절감될 뿐만 아니라, 이동이나 복사가 불가능한 형식의 객체들도 deque에 담을 수 있다. 그럼 이에 관한 예제를 살펴보자.

⇒ c++11/deque_emplace.cpp

C++11 **고급 기법:** emplace 메서드들을 이용하면 복사 불가/이동 불가 클래스의 객체들도 컨테이너에 담을 수 있다. 복사 생성자와 이동 생성자가 없는 solver라는 클래스가 있다고 하자(예를 들어 클래스에 atomic 형식의 멤버가 있으면 이 예처럼 복사 생성자와 이동 생성자를 삭제할 필요가 있다. atomic은 §4.6에서 설명한다).

```
struct parameters {};
struct solver
{
    solver(const mat& ref, const parameters& para)
      : ref(ref), para(para) {}
    solver(const solver&) = delete;
    solver(solver&&) = delete;

    const mat&        ref;
    const parameters& para;
};
```

다음은 이 클래스의 객체들을 deque에 담고 순회하는 예이다.

```
void solve_x(const solver& s) { ... }

int main ()
{
    parameters    p1, p2, p3;
    mat           A, B, C;
    deque<solver> solvers;

    // solvers.push_back(solver(A, p1)); // 컴파일되지 않음
    solvers.emplace_back(B, p1);
    solvers.emplace_back(C, p2);
    solvers.emplace_front(A, p1);

    for (auto& s : solvers)
        solve_x(s);
}
```

solver 클래스는 복사와 이동 연산을 지원하지 않으므로, 요소를 이동하거나 복사하지 않는 컨테이너 메서드들에만 사용할 수 있다. 예를 들어 insert와 erase는 필요에 따라 요소들을 재할당하므로 solver 객체에 대해서는 컴파일되지 않는다. vector의 emplace_back은 사용할 수 있을 것 같지만, 그렇지 않다. 새 메모리 블록을 할당할 때 요소의 이동이 발생하기 때문이다. for 루프에서 루프 변수 s를 참조 변수로 둔 것도 같은 이유이다. 참조 변수가 아니면 복사 연산이 발생한다.

4.1.3.3 list

표준 라이브러리의 `list` 컨테이너(`<list>` 헤더에 있다)는 그림 4-5에 나온 이중 연결 목록(doubly-linked list)을 구현한다. 이중 연결 목록이므로 순방향(forward)은 물론 역방향(backward)으로도 목록을 순회할 수 있다. 다른 말로 하면, `list`의 반복자들은 `BidirectionalIterator`의 모형이다. 앞에서 본 다른 컨테이너들과는 달리 `list`에서는 n번째 요소에 직접 접근할 수 없다. `vector`와 `deque`보다 `list`가 나은 점은, 목록의 중간에 요소를 삽입하거나 삭제하는 연산의 비용이 비교적 낮다는 것이다.

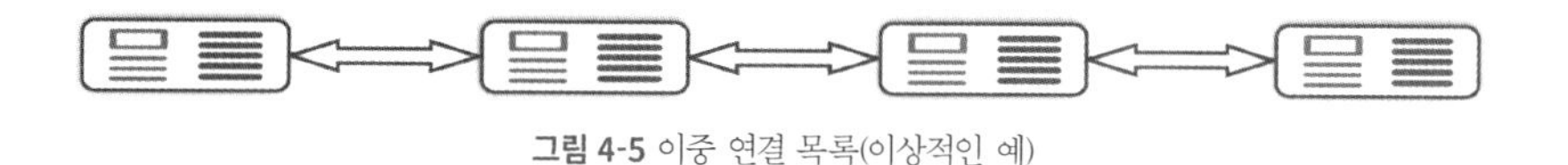

그림 4-5 이중 연결 목록(이상적인 예)

목록에 요소를 삽입하거나 삭제해도 기존 요소들은 이동하지 않는다. 따라서, 요소를 삭제해도 삭제된 요소에 대한 참조와 반복자만 무효화되고 다른 요소들에 대한 참조와 반복자는 여전히 유효하다. 다음은 이 점을 보여주는 예제 코드이다.

```
int main ()
{
    list<int> l= {3, 4, 7, 9};
    auto it=  find(begin(l), end(l), 4),
         it2= find(begin(l), end(l), 7);
    l.erase(it);
    cout << "it2 still points to " << *it2 << '\n';
}
```

목록 컨테이너는 메모리를 동적으로 관리하므로, 개별 요소들이 메모리 여기저기에 분산되기 마련이다. 그림 4-6이 이 점을 보여준다. 이 때문에 캐시 적중률이 낮아서 `vector`나 `deque`보다 성능이 나쁘다. 목록이 더 효율적인 연산들이 몇 개 있지만, 더 느린 연산이 더 많다. 그래서 전체적인 성능으로 볼 때 `list`가 다른 컨테이너보다 효율적인 경우는 드물다. [30]이나 [74] 같은 성능 측정 자료를 참고하기 바란다. 다행히 일반적 프로그래밍에서는 필요에 따라 컨테이너 형식을 손쉽게 바꿀 수 있으므로, 목록이 응용 프로그램 성능의 병목임이 발견된다면 그리 어렵지 않게 다른 종류의 컨테이너로 갈아탈 수 있다.

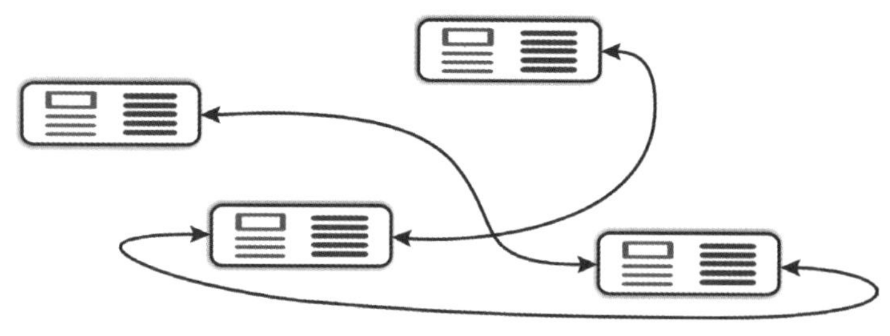

그림 4-6 이중 연결 목록의 현실

C++11 앞의 예제에서 list<int> 객체는 전형적인 64비트 플랫폼에서 20바이트를 차지한다. 이는 8바이트짜리 64비트 포인터 두 개와 4바이트 int 값 네 개에 해당하는 분량이다. 역방향 반복이 필요하지 않다면 forward_list(헤더는 <forward_list>)를 이용하면 된다. 그러면 포인터 하나가 빠지므로 앞의 예제의 경우 총 12바이트가 된다.

4.1.3.4 set과 multiset

표준 라이브러리의 set 컨테이너는 어떠한 값이 집합(set)에 속해 있는지의 정보를 제공한다. set은 내부적으로 요소들을 정렬해서 저장하기 때문에, 개별 요소에 접근하는 연산의 시간 복잡도는 로그 시간이다. 정렬 기준을 사용자가 지정할 수 있으며, 지정하지 않은 경우 operator<가 쓰인다. 어떠한 값이 set 안에 있는지는 멤버 변수 find나 count로 알아낼 수 있다. 값이 있으면 find는 그 값을 가리키는 반복자를 돌려주고, 없으면 end 반복자를 돌려준다. 반복자가 필요하지 않다면, 그냥 빈도만 알려주는 count가 더 편리할 것이다.

```
set<int> s= {1, 3, 4, 7, 9};
s.insert(5);
for (int i= 0; i < 6; ++i)
    cout << i << " appears " << s.count(i) << " time(s).\n";
```

이 코드는 예상대로의 결과를 출력한다.

```
0 appears 0 time(s).
1 appears 1 time(s).
2 appears 0 time(s).
3 appears 1 time(s).
4 appears 1 time(s).
5 appears 1 time(s).
```

C++20 C++20에는 값의 존재 여부만 알려주는 contains 메서드가 추가되었다.

```
for (int i= 0; i < 6; ++i)
    cout ≪ i ≪ "is" ≪ (s.contains(i) ? "" : "n't")
         ≪ " contained in s.\n";
```

set에 같은 값을 여러 번 삽입해도 여러 개가 삽입되지는 않는다. 즉, count는 항상 0 아니면 1을 돌려준다. 같은 요소가 여러 개 있을 수 있는 중복집합(multi set)을 원한다면 multiset을 사용하면 된다.

```
multiset<int> s= {1, 3, 4, 7, 9, 1, 1, 4};
s.insert(4);
for (int i= 0; i < 6; ++i)
    cout ≪ i ≪ " appears " ≪ s.count(i) ≪ " time(s).\n";
```

이 경우에는 삽입한 횟수만큼의 빈도가 출력된다.

```
0 appears 0 time(s).
1 appears 3 time(s).
2 appears 0 time(s).
3 appears 1 time(s).
4 appears 3 time(s).
5 appears 0 time(s).
```

multiset에서 특정 값의 존재 여부만 알고 싶을 때는 중복된 값들을 모두 찾으려 들지 않는 find가 더 효율적이다. C++20에서는 find보다 contains가 더 효율적일 뿐만 아니라 사용하기도 더 편하다. multiset을 위한 헤더가 따로 있지는 않음을 주의하자. multiset 클래스도 <set>에 정의되어 있다.

4.1.3.5 map과 multimap

⇒ c++11/map_test.cpp

map은 키를 값에 '사상하는(map)' 컨테이너이다. 이런 컨테이너를 흔히 연관 컨테이너(associative container)라고 부른다. 순서 관계가 있는 형식이면 어떤 것도 키로 사용할 수 있다. 구체적으로, 키로 사용할 형식은 반드시 operator<(less 함수자를 통해 호출되는)나 순약 순서(strict weak ordering)를 구현한 함수자를 통해서 적절한 순서 관계를 제공해야 한다. map은 간결한 접근 표기법을 위해 대괄호 연산자를 제공한다. 다음은 map의 용법을 보여주는 예제 코드이다.

```
map<string, double> constants=
  {{"e", 2.7}, {"pi", 3.14}, {"h", 6.6e-34}};
cout << "The Planck constant is " << constants["h"] << ".\n";
constants["c"]= 299792458;
cout << "The Coulomb constant is "
     << constants["k"] << ".\n";     // 존재하지 않는 요소에 접근!
cout << "The circle's circumference pi is "
     << constants.find("pi")->second << ".\n";
auto it_phi= constants.find("phi");
if (it_phi != constants.end())
    cout << "Golden ratio is " << it_phi->second << ".\n";
cout << "The Euler constant is "
     << constants.at("e") << ".\n\n";
for (auto [name, value] : constants)
    cout << "The value of " << name << " is " << value << ".\n;
```

출력은 다음과 같다.

```
The Planck constant is 6.6e-34.
The Coulomb constant is 0.
The circle's circumference pi is 3.14.
The Euler constant is 2.7.

The value of c is 2.99792e+08.
The value of e is 2.7.
The value of h is 6.6e-34.
The value of k is 0.
The value of pi is 3.14.
```

예제의 첫 행은 키-값 쌍들을 담은 중괄호 목록으로 map 객체를 초기화한다. 이 map의 value_type이 double이 아니라 pair<const string, double>임을 주목하기 바란다. 그다음 두 행에서는 대괄호 연산자를 이용해서 키가 h인 요소의 값을 조회하고 키가 c인 요소의 값을 변경한다. 대괄호 연산자는 주어진 키에 해당하는 값에 대한 참조를 돌려준다. 주어진 키가 없으면 기본 생성된 값으로 새 요소를 만들고 그 값에 대한 참조를 돌려준다. c의 경우에는 그 참조에 새로운 값을 배정함으로써 키-값 쌍을 수정한다. 그다음 문장은 존재하지 않는 요소에 접근한다. 그래서 쿨롱 상수(Coulomb constant)가 0이라는 이상한 결과가 출력된다.

[]의 가변 중복적재 버전과 상수 중복적재 버전의 비일관성을 피하기 위해, STL 설계자들은 상수 중복적재 버전을 아예 생략했다(필자의 의견으로 이는 그리 반갑지 않은 설계상의 결정이다). 상수 map에서 특정 키를 찾으려면, C++03에서는 find 메서드를 사용하면 되고 C++11에서는 at으로도 가능하다. find는 []

보다 덜 우아하지만, 의도치 않게 새 요소를 삽입하는 실수가 방지된다는 장점이 있다. find는 키-값 쌍을 가리키는 const_iterator를 돌려주되 키가 없으면 end 반복자를 돌려주므로, 키가 존재하는지 확실하지 않다면 find의 반환값을 end 반복자와 비교해 보아야 한다.

원하는 키가 map에 존재하는 것이 확실한 경우에는 at을 사용해도 된다. 이 메서드는 []처럼 해당 값의 참조를 돌려준다. []과의 주된 차이점은, 키가 존재하지 않는 경우 at은 out_of_range 예외를 던진다는 것이다. 상수 map뿐만 아니라 가변 map에서도 그렇다. 따라서 at을 새 요소를 삽입하는 용도로 사용해서는 안 되고, 그냥 기존 요소의 값에 간결하게 접근하는 용도로만 사용해야 한다.

map의 반복자는 키-값 쌍을 돌려준다(값만으로는 별로 쓸모가 없다는 판단에서 키-값 쌍 전체를 돌려주도록 설계되었다).

⇒ c++17/multimap_test.cpp

map은 하나의 키를 하나의 값에 사상한다(map). 하나의 키를 여러 개의 값에 사상하고 싶다면 multimap을 사용해야 한다. multimap은 키가 같은 값들을 연속해서 저장하므로, 반복자들을 이용해서 같은 키의 값들에 접근할 수 있다. lower_bound 메서드와 upper_bound 메서드는 해당 반복자 구간을 정의하는 반복자들을 돌려준다. 다음은 키가 3인 모든 요소를 훑으면서 그 값들을 출력하는 예이다.

```
multimap<int, double> mm=
    {{3, 1.3}, {2, 4.1}, {3, 1.8}, {4, 9.2}, {3, 1.5}};
for (auto it= mm.lower_bound(3),
         end= mm.upper_bound(3); it != end; ++it)
    cout ≪ "The value is " ≪ it->second ≪ '\n';
```

출력은 다음과 같다.

```
The value is 1.3.
The value is 1.8.
The value is 1.5.
```

equal_range 메서드를 이용하면 이런 루프를 좀 더 간결하게 표현할 수 있다. 성능도 더 좋다.

```
for (auto [it, end]= mm.equal_range(3); it != end; ++it)
    cout ≪ "The value is " ≪ it->second ≪ ".\n";
```

이 메서드가 반복자 쌍이 아니라 구간 객체를 돌려준다면 더욱더 유용했을 것이다. 그러면 지금처럼 명시적으로 반복자들을 이용해서 루프를 돌리는 대신 구간 기반 for 루프를 직접 사용할 수 있다.

지금까지 말한 '순서 있는(ordered)' 네 가지 컨테이너(set, multiset, map, multimap)는 모두 내부적으로 요소 접근의 시간 복잡도가 로그 시간이 되는 종류의 트리 자료 구조로 요소들을 조직화한다. 그럼 다음 절에서는 평균 접근 시간이 이보다 빠른 컨테이너들을 소개한다.

C++11 4.1.3.6 해시 테이블

⇒ c++11/unordered_map_test.cpp

해시 테이블hash table은 검색이 대단히 효율적인 컨테이너이다. 앞에서 본 컨테이너들과는 달리 해시 테이블은 요소 접근의 시간 복잡도가 상수 시간이다(사용하는 해시 함수가 상당히 좋다고 할 때). 그런데 기본 라이브러리와의 이름 충돌 때문에, C++ 표준 위원회는 해시 테이블을 구현하는 표준 라이브러리 컨테이너들의 이름에 hash 같은 직관적인 접두사 대신 unordered_라는 접두사를 붙여야 했다. 표준 라이브러리에는 앞에서 말한 순서 있는 네 컨테이너들의 이름에 unordered_라는 접두사가 붙은 순서 없는 컨테이너들이 존재한다. 다음 예를 보자.

```
unordered_map<string, double> constants=
    {{"e", 2.7}, {"pi", 3.14}, {"h", 6.6e-34}};
cout << "The Planck constant is " << constants["h"] << '\n';
constants["c"]= 299792458;
cout << "The Euler constant is " << constants.at("e") << "\n\n";
```

이 코드는 앞의 map 예제와 같은 결과를 출력한다. 필요하다면 사용자 정의 해시 함수를 지정할 수도 있다.

더 읽을거리: 모든 표준 컨테이너는 사용자 정의 할당자(allocator)를 지원한다. 예를 들어 우리만의 방식으로 메모리를 관리한다거나 플랫폼 고유의 메모리를 활용하는 할당자를 만들어서 컨테이너에 사용할 수 있다. 할당자 인터페이스에 관해서는 이를테면 [40]이나 [62] 같은 참고자료를 보기 바란다.

4.1.4 알고리즘

STL의 범용 알고리즘들은 <algorithm> 헤더에 정의되어 있고, 수치 계산 관련 알고리즘들은 <numeric> 헤더에 정의되어 있다. 그럼 주요 알고리즘들을 살펴보자.

4.1.4.1 컨테이너를 수정하지 않는 순차열 알고리즘들

find: 이 함수는 세 개의 인수를 받는다. 처음 둘(first와 last)은 검색 대상 구간(오른쪽 반개구간)을 정의하는 반복자들이고 마지막(value)은 그 구간에서 찾을 값이다. find는 first가 가리키는 요소를 value와 비교해서 같으면 first를 돌려주고, 같지 않으면 first를 증가해서 다음 요소로 넘어가는 과정을 first가 last와 상등이 될 때까지 반복한다. 원하는 값이 없으면 last(와 상등인 반복자)를 반환한다. 따라서, 이 함수의 반환값이 last와 같으면 검색에 실패한 것이다. 이상의 설명에서 보듯이 find가 하는 일은 그리 복잡하지 않다. 다음은 find를 직접 구현해 본 것이다.

```
template <typename InputIterator, typename T>
InputIterator find(InputIterator first, InputIterator last,
                   const T& value)
{
    while (first != last && *first != value)
        ++first;
    return first;
}
```

표준 라이브러리의 find도 사실상 이런 식으로 구현된다. 단, 특정 반복자들에 특화된 중복적재 버전들이 있을 수 있다.

⇒ c++11/find_test.cpp

그럼 7이 두 개 있는 정수 순차열에 대해 find를 시험해 보자. 이 예제의 목표는 첫 번째 7에서 시작하고 두 번째 7로 끝나는 부분 순차열을 출력하는 것이다. 이를 위해 find를 이용해서 두 7을 가리키는 반복자들을 얻고 그 두 반복자로 정의되는 구간의 요소들을 출력한다. 그런데 그 두 반복자가 정의하는 것은 닫힌 구간(폐구간)이므로, 이전에 보았던 오른쪽 반개구간 반복자들과는 조금 다르게 취급할 필요가 있다.

```
vector<int> seq= {3, 4, 7, 9, 2, 5, 7, 8};
auto it= find(begin(seq), end(seq), 7);    // 첫 번째 7
auto last= find(it+1, end(seq), 7);        // 두 번째 7
for (auto past= last+1; it != past; ++it)
    cout ≪ *it ≪ ' ';
cout ≪ '\n';
```

이 코드는 첫 번째 7을 찾은 후 그다음 위치에서부터 두 번째 7을 찾는다(이렇게 해야 첫 번째 7을 두 번 찾는 실수를 피할 수 있다). 그런 다음에는 for 루프로 last

반복자를 증가해 가면서 첫 번째 7에서 두 번째 7까지의 요소들을 출력한다. 두 반복자가 나타내는 것은 닫힌 구간이라서 종료 조건에 last가 아니라 last+1을 사용했음을 주목하기 바란다.

이 예제 코드는 순차열에 7이 두 개 있다고 가정한 것인데, 그 가정이 거짓일 수도 있다면 다음과 같이 검색 성공 여부를 확인하는 것이 안전하다.

```
struct no_seven {};
if (it == end(seq))
    throw no_seven{};
    ...
if (last == end(seq))
    throw one_seven{};
```

⇒ c++11/find_test2.cpp

앞의 예제 코드는 list에는 작동하지 않는다. list의 반복자는 it+1과 last+1 같은 표현식을 지원하지 않기 때문이다. 이런 표현식은 임의 접근 반복자만 가능하다. 이런 표현식 대신 표준 함수 next를 이용해서 반복자를 증가하면 그러한 요구조건을 제거할 수 있다.

```
std::list<int> seq= {3, 4, 7, 9, 2, 5, 7, 8};
auto it= find(begin(seq), end(seq), 7), it2= it; // 첫 번째 7
auto last= find(next(it2), end(seq), 7);         // 두 번째 7
for (auto past= next(last); it != past; ++it)
    std::cout << *it << ' ';
```

앞의 구현과 크게 다르지는 않지만, 이런 식의 구현이 임의 접근 연산을 요구하지 않는다는 점에서 좀 더 일반적이다. 예를 들어 이제는 list도 사용할 수 있다. 좀 더 공식적으로 말하면, 이 구현에서는 it과 past가 ForwardIterator만 충족하면 되지만, 앞의 구현은 it가 RandomAccessIterator를 충족해야 한다.

⇒ c++11/find_test3.cpp

구간의 모든 요소를 출력하는 일반적 함수도 이런 식으로 구현해서 STL의 모든 컨테이너를 지원하게 만들 수 있다. 한 걸음 더 나아가서, 구식 C 배열까지 지원한다면 더욱 좋을 것이다. 안타깝게도 배열에는 begin 멤버 함수와 end 멤버 함수가 없다(사실 배열에는 멤버라는 것이 없다). 그래서 C++11은 모든 STL 컨테이너는 물론 배열에 대해서도 시작 반복자와 끝 반복자를 돌려주는 자유 함수 begin과 end를 도입했다. 이 함수들을 이용하면 알고리즘을 더욱 일반적으로 만들 수 있다.

목록 4-2 닫힌 구간을 출력하는 일반적 함수

```
struct value_not_found {};
struct value_not_found_twice {};

template <typename Range, typename Value>
void print_interval(const Range& r, const Value& v,
                    std::ostream& os= std::cout)
{
    using std::begin; using std::end; using std::next;
    auto it= std::find(begin(r), end(r), v);
    if (it == end(r))
        throw value_not_found();
    auto last= std::find(next(it), end(r), v);
    if (last == end(r))
        throw value_not_found_twice();
    for (auto past= next(last); it != past; ++it)
        os << *it << ' ';
    os << '\n';
}

int main ()
{
    std::list<int> seq= {3, 4, 7, 9, 2, 5, 7, 8};
    print_interval(seq, 7);

    int array[]= {3, 4, 7, 9, 2, 5, 7, 8};
    std::stringstream ss;
    print_interval(array, 7, ss);
    std::cout << ss.str();
}
```

출력 스트림도 매개변수로 두었기 때문에 `std::cout` 이외의 스트림에도 구간을 출력할 수 있다. 함수 인수들에 정적 다형성(static polymorphism)과 동적 다형성(dymaic polymorphism)이 조화롭게 공존함을 주목하자. 구간 `r`과 값 `v`의 형식들은 컴파일 시점에서 정적으로 인스턴스화되는 반면 출력 스트림 `os`의 출력 연산자 `<<`는 실행 시점에서 `os`가 실제로 지칭하는 형식에 따라 동적으로 선택된다.

여기서 잠깐 숨을 돌리고 이름공간을 다루는 방식을 언급하는 게 좋겠다. 다수의 표준 컨테이너와 알고리즘을 사용하는 경우, 헤더 파일들을 도입한 후에 다음과 같은 이름공간 선언문을 두면 일일이 `std::`을 표기할 필요가 없어서 편하다.

```
using namespace std;
```

그러나 이런 방법은 이 책의 예제들 같은 작은 프로그램에서는 문제가 없지만, 대형 프로젝트에서는 조간만 이름 충돌로 이어진다. 이름 충돌 문제를 고치는 것은 번거롭고 짜증스러운 일일 수 있으므로, 미연에 방지하는 것이 최선이다. 그래서 using으로 이름공간을 통째로 도입하는 것은 가능하면 피하는 것이 좋다. 특히 헤더 파일 안에서는 더욱 그렇다. 이 예제의 print_interval 구현은 이름공간 도입에 의존하지 않으므로 헤더 파일 안에 넣어도 안전하다. 함수 본문에서도, std 이름공간 전체를 도입하는 대신 함수가 실제로 사용할 함수 이름들만 도입한다.

몇몇 함수 호출에서는 이름공간을 한정하지 않았다는 점도 주목하자. 예를 들어 std::begin(r) 대신 begin(r)만 사용했다. 이 예제에서는 이것이 통하지만, 클래스 이름공간에서 begin을 정의한 사용자 정의 형식의 경우에는 통하지 않을 수 있다. 이 예제의 using std::begin과 begin(r)의 조합에 대해 컴파일러는 std::begin을 선택한다. 한편, 사용자 정의 형식의 begin 함수에 대해서는 ADL(§3.2.2)이 작용해서, 컴파일러는 std::begin보다 사용자 정의 begin이 더 나은 부합이라고 판단한다. end도 마찬가지이다. 이와는 달리 find 호출의 경우에는 사용자의 중복적재 버전이 선택되는 것이 바람직하지 않으므로, 이름공간 std를 명시적으로 한정했다.

find_if: 이 알고리즘은 find를 일반화한 것으로, 검색 조건을 사용자가 지정할 수 있다. find_if는 주어진 값과의 상등 비교 대신, 지정된 **술어**(predicate)를 평가해서 검색을 수행한다. 술어는 bool을 돌려주는 함수를 말한다. 다음은 list에서 4보다 크고 7보다 작은 첫 요소를 찾는 예이다.

```
bool check(int i) { return i > 4 && i < 7; }

int main ()
{
    list<int> seq= {3, 4, 7, 9, 2, 5, 7, 8};
    auto it= find_if(begin(seq), end(seq), check);
    cout << "The first value in range is " << *it << '\n';
}
```

C++11 C++11부터는 람다 표현식을 이용해서 술어를 직접 지정할 수 있다.

```
auto it= find_if(begin(seq), end(seq),
                 [](int i){ return i > 4 && i < 7; } );
```

find와 find_if 외에도, count와 count_if 등 이들과 비슷한 방식으로 작동하는 비수정 순차열 알고리즘들이 있다. 이들에 관해서는 적절한 참고자료(이번 장 도입부에서 언급한 것 같은)를 보기 바란다.

4.1.4.2 컨테이너를 수정하는 순차열 알고리즘들

copy: 컨테이너를 수정하는 알고리즘들은 대부분 출력 순차열을 시작 반복자 하나로만 지정하기 때문에 조심해서 사용해야 한다. 대상 순차열에 충분한 공간을 확보하는 것은 프로그래머의 책임이다. 예를 들어 다음은 copy를 이용해서 한 컨테이너의 내용을 다른 컨테이너에 복사하는 코드인데, 복사를 수행하기 전에 resize를 이용해서 대상 컨테이너를 원본 컨테이너와 같은 크기로 만든다.

```
vector<int> seq= {3, 4, 7, 9, 2, 5, 7, 8}, v;
v.resize(seq.size());
copy(begin(seq), end(seq), begin(v));
```

다음은 copy를 이용해서 순차열의 내용을 출력 스트림에 출력하는 코드인데, 반복자의 유연성을 잘 보여주는 예라고 할 수 있다.

```
copy(begin(seq), end(seq), ostream_iterator<int>{cout, ", "});
```

ostream_iterator는 출력 스트림을 위한 최소한의 반복자 인터페이스를 정의한다. ++ 연산자와 * 연산자는 사실상 아무 일도 하지 않으며, 비교 연산자들은 아예 제공하지 않는다(필요 없으므로). 그리고 배정 연산자는 주어진 값을 구분 문자(delimiter)와 함께 해당 출력 스트림으로 보낸다.

unique: 이 알고리즘은 수치 소프트웨어에서 아주 유용하다. unique는 주어진 구간에서 중복된 요소들을 제거한다. 단, 순차열을 미리 정렬해 두어야 한다. unique가 중복된 요소들을 아예 삭제하지는 않는다. unique는 중복된 요소들을 순차열의 뒤쪽으로 옮기고 고유한 값들만 앞쪽에 남긴 후 첫 번째의 중복된 요소를 가리키는 반복자를 돌려준다. 그 반복자와 resize를 이용해서 중복된 요소들을 실제로 삭제할 수 있다.

```
std::vector<int> seq= {3, 4, 7, 9, 2, 5, 7, 8, 3, 4, 3, 9};
sort(begin(seq), end(seq));
auto it= unique(begin(seq), end(seq));
resize(distance(begin(seq), it));
```

순차열에서 중복된 요소들을 뒤로 보낸 후 실제로 삭제하는 작업이 자주 필요하다면, 다음처럼 순차열을 받아서 그런 일을 수행하는 일반적 함수를 만들어 두면 편할 것이다.

```
template <typename Seq>
void make_unique_sequence(Seq& seq)
```

```
{
    using std::begin; using std::end; using std::distance;
    std::sort(begin(seq), end(seq));
    auto it= std::unique(begin(seq), end(seq));
    seq.resize(distance(begin(seq), it));
}
```

그 밖에도 copy와 unique와 비슷한 방식으로 작동하는 여러 컨테이너 수정 순차열 알고리즘이 있다. 역시 적절한 참고자료를 보기 바란다.

4.1.4.3 정렬 연산

표준 라이브러리의 정렬(sorting) 함수들은 상당히 강력하고 유연하다. 거의 모든 상황에서 이들을 사용할 수 있다. 예전 구현들은 퀵 정렬(quick sort; 빠른 정렬)에 기초했기 때문에 평균 시간 복잡도는 $\mathcal{O}(n \log n)$이지만 최악의 경우의 시간 복잡도는 $\mathcal{O}(n^2)$이었다.[2] 최근 버전들은 최악의 경우 시간 복잡도도 $\mathcal{O}(n \log n)$인 인트로 정렬(intro-sort)을 사용한다. 간단히 말하면, 표준 라이브러리의 정렬 함수들은 충분히 효율적이므로 여러분이 정렬 함수를 직접 구현해야 할 이유는 사실상 없다. 기본적으로 이 정렬 함수들은 operator<를 사용하지만, 필요하다면(예를 들어 순차열을 내림차순으로 정렬하기 위해) 비교 함수를 직접 지정할 수 있다.

```
vector<int> seq= {3, 4, 7, 9, 2, 5, 7, 8, 3, 4, 3, 9};
sort(begin(seq), end(seq), [](int x, int y){return x > y;});
```

비교 함수를 지정하는 데는 역시 람다 표현식이 유용하다. complex 객체들의 순차열을 정렬하려면 사용자 정의 비교 함수가 필수적이다. 다음은 크기(절댓값)를 기준으로 복소수들을 정렬하는 예이다.

```
using cf= complex<float>;
vector<cf> v= {{3, 4}, {7, 9}, {2, 5}, {7, 8}};
sort(begin(v), end(v), [](cf x, cf y){return abs(x)<abs(y);});
```

복소수들의 어휘순(lexicographic order) 정렬을 위한 비교 함수도 람다 표현식으로 간단하게 표현할 수 있다(그런 어휘순 정렬이 특별히 의미가 있는 것은 아니지만).

2 당시에도 stable_sort와 partial_sort는 더 낮은 최악의 경우 복잡도를 제공했다.

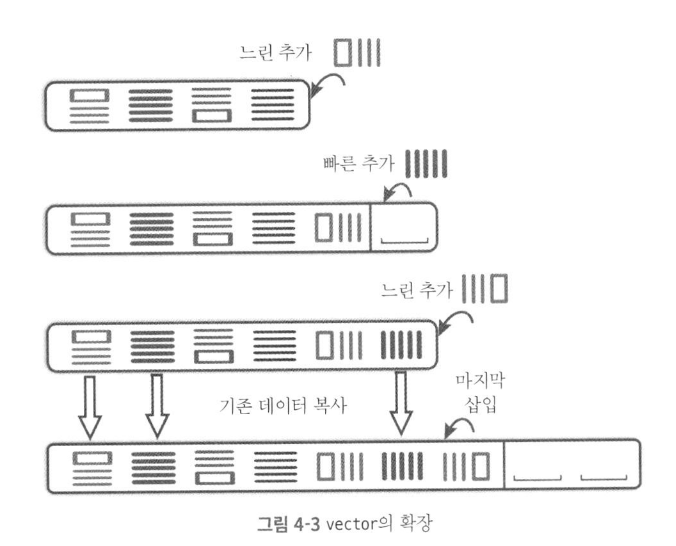

함수 twice 역시 앞에서 말한 이유로 컴파일되지 않는다. 반환값을 2.0 * z로 바꾸는 것은 해결책이 아니다. 그러면 complex<double>에 대해서는 컴파일되지만 complex<float>나 complex<long double>에 대해서는 컴파일되지 않는다. 다음처럼 바꾸면 어떨까?

```
template <typename T>
complex<T> twice(const complex<T>& z)
{    return T{2} * z; }
```

이렇게 하면 모든 complex 형식에 작동하지만, complex가 아닌 형식에는 작동하지 않는다. 한편, 다음과 같이 바꾸면

```
template <typename T>
inline T twice(const T& z)
{    return T{2} * z; }
```

complex 형식들과 비 complex 형식들에 모두 작동하지만, T가 complex 형식인 경우 암묵적으로 2가 complex 객체로 변환되므로 총 네 번의 곱셈과 두 번의 덧셈이 필요하다. 이는 꼭 필요한 것보다 두 배나 많은 연산이다. 그밖에, 구현을 적절히 중복적재해서 문제를 해결할 수도 있고, 형식 특질이나 콘셉트를 이용해서 complex의 인스턴스와 그 밖의 형식들을 구분할 수도 있다.

함수에 형식이 서로 다른 여러 개의 인수가 관여하면 프로그래밍이 좀 더 어려워진다. 그 인수들 중에는 복소수 형식도 있을 수 있다. MTL4(Matrix Template Library 버전 4; §4.7.3)는 복소수(complex 객체)를 위한 혼합 산술 연산 기능을 제공한다. 필자는 이 기능이 향후 C++ 표준에 포함되도록 노력하고 있다.

C++11 4.2.2 난수 발생기

난수는 컴퓨터 시뮬레이션이나 게임 프로그래밍, 암호화 등 수많은 응용 영역에 쓰인다. 그런 만큼, 번듯한 프로그래밍 언어라면 거의 예외 없이 난수 생성 수단을 제공한다. 난수 발생기(random number generator)는 무작위해 보이는 수열을 생성한다. 양자 현상 같은 어떤 물리적 과정에 의존하는 난수 발생기도 있지만, 대부분의 난수 발생기는 의사난수 계산(pseudo-random calculation)에 의존한다. 의사난수 발생기(pseudo-random number generator, PRNG)에는 흔히 **종잣값**(seed)이라고 부르는 내부 상태가 있다. 의사난수 발생기는 난수가 요청될 때마다 종잣값을 결정론적인 계산 절차를 이용해서 의사난수로 변환한다. 따라서 의사난수 발생기는 같은 종잣값으로 출발하면 항상 같은 난수열을 산출한다.

C++11 이전에는 난수 생성 수단이 C 표준 라이브러리의 rand 함수와 srand 함수 밖에 없었다. 이들은 기능성이 아주 제한적이다. 게다가 이 함수들은 생성된 난수들의 품질을 보장하지 않으며, 실제로 몇몇 플랫폼에서는 품질이 아주 낮다. 그래서 C++11에 고품질 <random> 라이브러리가 추가되었다. C++에서 rand와 srand는 폐기 예정으로 간주하는 것이 마땅하다. 이 두 함수가 여전히 표준에 남아 있긴 하지만, 난수의 품질이 중요한 경우에는 사용하지 말아야 한다.

4.2.2.1 간단한 용법

⇒ c++11/simple_random.hpp

C++11의 난수 발생기들은 유연성이 대단히 높기 때문에 전문가들에게는 아주 유용하지만, 초보자에게는 너무 복잡하게 느껴질 수 있다. 그래서 월터 브라운 Walter Brown이 일단의 초보자 친화적 함수들을 제안했다[8]. 다음은 월터의 함수들을 조금 변형한 것이다.[6]

```
#include <random>

std::default_random_engine& global_urng()
{
    static std::default_random_engine u{};
    return u;
}

void randomize()
{
    static std::random_device rd{};
    global_urng().seed(rd());
}

int pick(int from, int thru)
{
    static std::uniform_int_distribution<> d{};
    using parm_t= decltype(d)::param_type;
    return d(global_urng(), parm_t{from, thru});
}

double pick(double from, double upto)
{
    static std::uniform_real_distribution<> d{};
    using parm_t= decltype(d)::param_type;
```

6 월터의 함수들은 C++14부터 가능한 비람다 함수의 반환 형식 연역을 사용한다. 또한, pick 함수는 원래 pick_a_number였는데 이름을 간결하게 줄였다.

```
    return d(global_urng(), parm_t{from, upto});
}
```

난수에 익숙하지 않은 독자라면 이 세 가지 함수를 여러분의 프로젝트에 복사해서 사용하고, 좀 더 세밀한 제어가 필요하면 그때 표준의 함수들로 넘어가면 될 것이다. 월터의 인터페이스는 상당히 간결하며, 코드 테스팅 같은 여러 실용적인 용도로도 충분하다. 다음 세 함수만 기억하면 된다.

- randomize: 무작위한 난수 발생을 위해 난수 발생기의 종잣값을 난수로 초기화한다.
- pick(int a, int b): 정수(int) 구간 $[a, b]$에서 하나의 정수를 무작위로 뽑는다.
- pick(double a, double b): 배정도 부동소수점(double) 구간 $[a, b)$에서 하나의 부동소수점 수를 무작위로 뽑는다.

randomize를 호출하지 않으면 항상 동일한 난수열이 생성되는데, 응용에 따라서는 그것이 더 바람직할 수 있다. 예를 들어 디버깅의 경우 문제 상황을 정확히 재현할 수 있으면 버그를 찾기 쉬워진다. pick의 double 버전은 값을 선택하는 구간이 오른쪽 반개구간이지만 int 버전은 닫힌 구간임을 주의하자. 즉, double 버전에서는 구간의 상계가 선택되지 않지만 int 버전에서는 선택될 수 있다. 이는 표준의 함수들의 방식을 따른 것이다. global_urng은 구현 세부사항에 해당하는 것으로, 일단 지금은 관심을 둘 필요가 없다. 다음은 이 함수들을 이용해서 주사위를 여러 번 굴리는 예이다.

```
randomize();
cout << "Now, we roll dice:\n";
for (int i= 0; i < 15; ++i)
    cout << pick(1, 6) << endl;

cout << "\nLet's roll continuous dice now: ;-)\n";
for (int i= 0; i < 15; ++i)
    cout << pick(1.0, 6.0) << endl;
```

이 코드는 구식 C 인터페이스를 사용하는 코드보다도 더 간단하다. 그렇지만 월터의 함수들이 표준에 포함되지는 못했다. 본격적인 C++ 프로그래머에게는 너무 간단했기 때문이 아닌가 싶다. 그래도 다음 절의 무작위 테스팅에서는 이 함수들을 사용한다.

4.2.2.2 무작위 테스팅

⇒ c++11/random_testing.cpp

우리의 dmc::complex 구현(제2장)이 다음과 같은 분배법칙을 만족하는지 확인한다고 하자.

$$a(b+c) = ab + ac \quad \forall a, b, c. \tag{4.1}$$

곱셈은 흔히 다음과 같이 구현한다.

```
inline complex operator*(const complex& c1, const complex& c2)
{
    return complex(real(c1) * real(c2) - imag(c1) * imag(c2),
                   real(c1) * imag(c2) + imag(c1) * real(c2));
}
```

계산 결과의 상등을 비교할 때 반올림 오차를 고려하기 위해, 두 값이 충분히 비슷하면 같다고 판정하는 similar라는 함수를 도입하자.

```
#include <limits>

inline bool similar(complex x, complex y)
{
    const double eps= 10 * numeric_limits<double>::epsilon();
    double sum= abs(x) + abs(y);
    if (sum < 1000 * numeric_limits<double>::min())
        return true;
    return abs(x - y) / sum <= eps;
}
```

이 함수는 두 복소수의 차이를 크기 합으로 나눈 비(ratio)를 이용해서 두 복소수의 상등을 판정한다. 0으로 나누기를 피하기 위해, 이 함수는 먼저 주어진 복소수들의 크기가 0에 아주 가까우면(좀 더 구체적으로는, 두 복소수의 크기를 합한 것이 double로 표현할 수 있는 최솟값보다 1,000배 더 작다면) 두 복소수가 같다고 판정한다. 그렇지 않을 때는 실제로 비를 이용해서 두 복소수의 상등을 판정한다. 구체적으로 말하면, 두 복소수의 차이의 크기를 복소수 크기들의 합으로 나눈 비가 eps(엡실론)의 10배보다 크지 않으면 두 복소수가 같다고 판정하는데, 여기서 eps는 1과 double 형식으로 표현할 수 있는 1 바로 다음 값의 차이이다. 이런 정보는 §4.3.1에서 소개할 표준 <limits> 라이브러리가 제공한다.

다음으로, 식 4.1의 세 변수에 해당하는 세 개의 complex 객체를 받고 식 4.1

의 양변이 충분히 비슷한지 검사하는 테스트 함수를 만든다.†

```
struct distributivity_violated {};

inline void test(complex a, complex b, complex c)
{
    if (!similar(a * (b + c), a * b + a * c)) {
        cerr ≪ "Test detected that " ≪ a ≪  ...
        throw distributivity_violated();
    }
}
```

만일 분배법칙 위반이 검출되면 세 복소수를 표준 오류 스트림으로 출력하고 사용자 정의 예외를 던진다. 다음은 무작위로 복소수들을 생성해서 이 함수로 분배법칙을 시험하는 과정을 반복하는 코드이다.

```
const double from= -10.0, upto= 10.0;

inline complex mypick()
{    return complex{pick(from, upto), pick(from, upto)}; }

int main ()
{
    const int max_test= 20;
    randomize();
    for (int i= 0; i < max_test; ++i) {
        complex a= mypick();
        for (int j= 0; j < max_test; ++j) {
            complex b= mypick();
            for (int k= 0; k < max_test; ++k) {
                complex c= mypick();
                test(a, b, c);
            }
        }
    }
}
```

이 코드는 실수부와 허수부 모두 $[-10, 10)$ 구간인 복소수들로만 분배법칙을 테스트한다. 이런 테스트를 통과한다고 해서 우리의 complex가 분배법칙을 충족함을 충분히 확신해도 되는지는 논쟁의 여지가 있는 문제이다. 어쨌거나, 대형 프로젝트에서는 재사용 가능한 테스트 프레임워크를 구축해 두면 구축 노력보다 큰 이득을 얻을 수 있다. 중첩된 루프로 난수들을 발생하고 제일 안쪽 루프에

† [옮긴이] 이 예제 코드에서 ...는 매개변수 묶음과 관련한 줄임표 연산자가 아니라, 그냥 이후 코드가 생략되었음을 뜻하는 표시이다. 전체 코드는 깃허브의 예제 코드 저장소에 있다.

서 테스트 함수를 호출하는 패턴은 다른 여러 상황에도 적용할 수 있다. 따라서 이것을 하나의 클래스로 캡슐화해두면 편할 것이다. 다양한 개수의 변수들이 관여하는 여러 가지 수학 법칙을 포괄하려면 가변 인수 템플릿 클래스로 구현해야 할 것이다. 더 나아가서 난수 발생기를 특별한 생성자를 통해서 지정하게 할 수도 있고(예를 들면 태그 형식으로 지정하는 등), 또는 미리 만들어진 난수열을 받게 할 수도 있을 것이다. 그 밖에도 여러 가지 접근 방식을 생각해 볼 수 있다. 이번 절의 루프 패턴은 범용성보다는 단순함을 위주로 선택한 것이다.

eps를 아주 작은 값으로 줄이거나 아예 0으로 설정하면 배분법칙이 위반되는 상황을 흉내 낼 수 있다. 그런 경우 다음과 같은 오류 메시지가 출력된다.

```
Test detected that (-6.21,7.09) * ((2.52,-3.58) + (-4.51,3.91))
    != (-6.21,7.09) * (2.52,-3.58) + (-6.21,7.09) * (-4.51,3.91)
terminate called after throwing 'distributivity_violated'
```

그럼 난수 발생의 세부사항으로 넘어가자.

4.2.2.3 엔진

표준 <random> 라이브러리에는 여러 가지 클래스들이 정의되어 있는데, 이들은 크게 난수 생성을 위한 '엔진' 클래스와 난수들의 분포를 조정하는 분포(distribution) 클래스로 나뉜다. 엔진 클래스들은 부호 없는 정수 난수들을 대략 같은 확률로 생성한다(정수의 구체적인 형식은 클래스의 형식 별칭으로 지정된다). 분포 클래스들은 그 난수들을 매개변수화된 분포에 해당하는 발생 확률을 따르는 값들에 대응시킨다.

여러 가지 엔진 클래스가 있지만, 특별한 이유가 없는 한 그냥 default_random_engine을 사용해도 충분하다. 이 클래스의 구체적인 정의는 구현에 따라 다르지만, 표준 라이브러리 개발자들이 적절한 엔진을 선택했으리라고 믿고 사용하면 된다. 기억할 것은, 난수 발생기는 종잣값에 따라 결정론적인 방식으로 난수들을 발생하며, 기본 생성자로 생성한 엔진 객체들은 모두 같은 종잣값을 가진다는 것이다. 따라서 그 엔진 객체들은 항상 같은 난수들을 발생한다. 다음 예를 보자.

```
void random_numbers()
{
    default_random_engine re;
    cout << "Random numbers: ";
```

```
    for (int i= 0; i < 4; i++)
        cout ≪ re() ≪ (i < 3 ? ", " : "");
    cout ≪ '\n';
}

int main ()
{
    random_numbers();
    random_numbers();
}
```

random_numbers를 호출할 때마다 re가 새로 기본 생성되므로, 항상 같은 난수들이 나올 것이다. 실제로 필자의 컴퓨터에서 이 코드는 다음을 출력했다.

```
Random numbers: 16807, 282475249, 1622650073, 984943658
Random numbers: 16807, 282475249, 1622650073, 984943658
```

다음처럼 엔진 객체를 static으로 선언하면 매번 새로 생성되지 않으므로 random_numbers를 호출할 때마다 다른 값들이 나오게 된다.

```
void random_numbers()
{
    static default_random_engine re;
    ...
}
```

이렇게 하면 함수 차원에서는 해결이 되지만, 프로그램을 실행할 때마다 같은 난수열이 나온다는 문제는 여전히 남아 있다. 이를 해결하려면 엔진 객체를 생성할 때 종잣값을 실제 난수에 가까운 값으로 초기화해야 한다. random_device가 그런 값을 제공한다.

```
void random_numbers()
{
    static random_device rd;
    static default_random_engine re{rd()};
    ...
}
```

random_device 객체는 하드웨어와 운영체제의 이벤트들을 측정해서 생성한 값을 돌려주는데, 그 값은 진짜 난수에 아주 가깝다(즉, 정보의 **엔트로피**entropy가 대단히 높다). 사실 random_device의 인터페이스는 종잣값을 설정할 수 없다는 점만 빼고는 엔진의 인터페이스와 같다. 따라서 그냥 random_device 자체를 난수 발생기로 사용해도 된다. 단, 성능상의 문제가 있다. 필자가 시험해 본 바로는, default_random_engine으로 난수 100만 개를 생성하는 데에는 4~13ms 정도 걸렸지만 random_device로는 810~820ms 정도 걸렸다. 암복호화처럼 고품질 난수가 아주 중요한 응용 영역이라면 이런 성능 부담도 받아들일 수 있을 것이다. 그렇지만 대부분의 경우에는 random_device를 처음에 다른 엔진의 종잣값을 설정할 때 한 번만 사용하거나 그 후 가끔씩만 사용하면 충분할 것이다.

<random> 에는 다양한 기본 엔진들뿐만 아니라 그 엔진들을 매개변수화할 수 있는 어댑터들, 그리고 그 어댑터들로부터 미리 정의한 엔진 형식들도 갖추어져 있다.

- 실제로 난수를 생성하는 **기본 엔진**
  - linear_congruential_engine
  - mersenne_twister_engine
  - subtract_with_carry_engine
- 기본 엔진으로부터 새로운 엔진을 만들기 위한 **엔진 어댑터**
  - discard_block_engine은 기본 엔진에서 매번 n개의 항목을 제외한 값들을 돌려준다
  - independent_bits_engine은 기본 엔진의 난수들을 w비트로 사상한다.
  - shuffle_order_engine은 마지막 값들을 내부 버퍼에 담아 둠으로써 난수들의 순서를 수정한다.
- 기본 엔진을 인스턴스화하거나 어댑터로부터 생성된, **미리 정의된 엔진**
  - knuth_b
  - minstd_rand
  - minstd_rand0
  - mt19937
  - mt19937_64
  - ranlux24
  - ranlux24_base
  - ranlux48
  - ranlux48_base

미리 정의된 엔진들은 다음 예처럼 그냥 형식 별칭이다.

```
using knuth_b= shuffle_order_engine<minstd_rand0, 256>;
```

4.2.2.4 분포 개요

앞에서 언급했듯이 분포 클래스들은 부호 없는 정수들을 매개변수화된 분포로 사상한다. 표 4-3은 C++11에 정의된 분포 클래스들이다. 지면의 한계로 클래스들을 범주별로 분류하고 클래스 이름과 값 형식만 표시했다. 좀 더 자세한 사항은 온라인 레퍼런스를 참고하기 바란다.

표 4-3 C++11에 정의된 분포 클래스들

분포	산출하는 값
고른 분포	
uniform_int_distribution	정수
uniform_real_distribution	실수
베르누이 분포	
bernoulli_distribution	부울
binomial_distribution	정수
negative_binomial_distribution	정수
geometric_distribution	정수
푸아송 분포	
poisson_distribution	정수
exponential_distribution	실수
gamma_distribution	실수
weibull_distribution	실수
extreme_value_distribution	실수
정규분포	
normal_distribution	실수
lognormal_distribution	실수
chi_squared_distribution	실수
cauchy_distribution	실수
fisher_f_distribution	실수
student_t_distribution	실수
표집 분포	
discrete_distribution	정수
piecewise_constant_distribution	실수
piecewise_linear_distribution	실수

4.2.2.5 분포 클래스 사용법

분포 클래스는 함수자처럼 작동한다. 분포 클래스 객체를 함수처럼 호출할 수 있는데, 이때 인수로는 난수 발생기 엔진 객체를 사용한다. 다음 예를 보자.

```
default_random_engine re(random_device{}());
normal_distribution<> normal;

for (int i= 0; i < 6; ++i)
    cout << normal(re) << endl;
```

이 코드는 먼저 무작위로 종잣값을 초기화해서 엔진 객체를 생성한다. 그런 다음에는 형식 인수 없이 normal_distribution 클래스를 인스턴스화해서 기본 생성자로 분포 객체를 생성한다. 이처럼 형식 인수 없이 normal_distribution을 인스턴스화하면 값 형식은 double이 된다. 그리고 기본 생성자를 사용하면 $\mu = 0.0$이고 $\sigma = 1.0$인 정규분포에 해당하는 분포 객체가 만들어진다. 루프에서 엔진 객체를 인수로 해서 분포 객체를 호출하면 정규분포를 따르는 난수들이 생성된다. 다음은 이 코드의 출력 예이다.

```
-0.339502
0.766392
-0.891504
0.218919
2.12442
-1.56393
```

물론 이 코드를 실제로 실행하면 매번 이와는 다른 값들이 출력될 것이다.

다음 예처럼 <functional> 헤더(§4.4.7)의 bind 함수를 이용해서 분포 객체와 엔진 객체를 엮을(바인딩) 수도 있다.

```
auto normal= bind(normal_distribution<>{},
                  default_random_engine(random_device{}()));

for (int i= 0; i < 6; ++i)
    cout << normal() << endl;
```

C++14 이렇게 하면 함수 객체 normal을 인수 없이 호출할 수 있다. 람다 표현식을 사용할 수도 있지만, 이 예에서만큼은 람다보다 bind가 더 간결하다. 다음처럼 초기화 갈무리(§3.8.1.3)를 사용한다고 해도 그렇다.

```
auto normal= [re= default_random_engine(random_device{}()),
              n= normal_distribution<>{}]() mutable
             { return n(re); };
```

다른 대부분의 시나리오에서는 람다를 사용한 코드가 bind보다 가독성이 좋다. 그렇지만 난수 엔진을 분포와 엮을 때는 bind가 더 나은 것 같다.

4.2.2.6 주가 변동의 확률적 시뮬레이션

정규분포를 이용하면 피셔 블랙Fischer Black과 마이런 숄즈Myron Scholes의 블랙-숄즈 모형으로 주식 가격의 변동 과정을 시뮬레이션할 수 있다. 이 모형의 수학적 배경은 이를테면 얀 루들의 강의[54, pp. 94–95](안타깝게도 독일어이다)를 참고하거나 [76] 같은 수리금융학 서적을 보기 바란다. 이 모형은 초기 가격 $s_0 \equiv S_0^1$에서 출발해서, 시간 $t = i \cdot \Delta$에서의 주가를 다음과 같이 그 이전 시간 단계에서의 주가에 기초해 추정한다. 여기서 μ는 기대 수익(expected yield), σ는 변동(varitaion), Z_i는 정규분포 난수, Δ는 시간 간격(time step)이다.

$$S_{i \cdot \Delta}^1 \sim S_{(i-1) \cdot \Delta}^1 \cdot e^{\sigma \cdot \sqrt{\Delta} \cdot Z_i + \Delta \cdot (\mu - \sigma^2/2)}$$

$a = \sigma \cdot \sqrt{\Delta}, b = \Delta \cdot (\mu - \sigma^2/2)$로 두어서 식을 정리하면 다음과 같다.

$$S_{i \cdot \Delta}^1 \sim S_{(i-1) \cdot \Delta}^1 \cdot e^{a \cdot Z_i + b} \tag{4.2}$$

⇒ c++11/black_scholes.cpp

주가 S^1의 변동을 식 4.2에 따라 계산하는 데에는 다음과 같이 단 몇 줄의 코드로 충분하다. 매개변수 $\mu = 0.05, \sigma = 0.3, \Delta = 1.0, t = 20$은 고정이다.

```
default_random_engine re(random_device{}());
normal_distribution<> normal;

const double mu= 0.05, sigma= 0.3, delta= 0.5, years= 20.01,
             a= sigma * sqrt(delta),
             b= delta * (mu - 0.5 * sigma * sigma);
vector<double>  s= {345.2};     // 초기 가격으로 시작한다.

for (double t= 0.0; t < years; t+= delta)
    s.push_back( s.back() * exp(a * normal(re) + b) );
```

그림 4-8은 이 코드로 얻은 다섯 가지 주가 변동 시뮬레이션 결과이다.

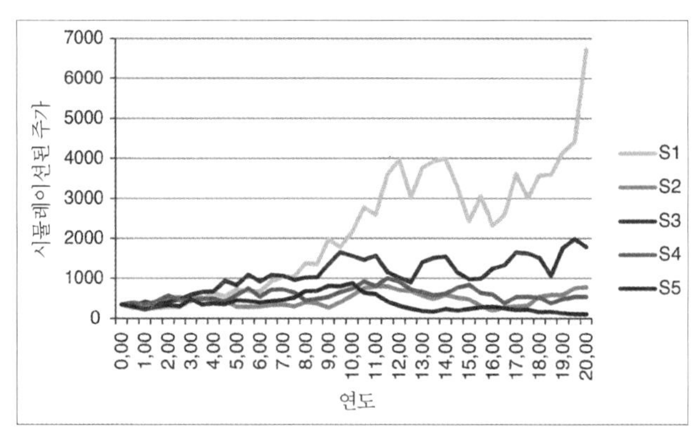

그림 4-8 20년간의 주가 변동 시뮬레이션

이상으로 현대적 C++의 난수 발생 기능에 대한 소개를 마무리한다. 여러분이 강력한 <random> 라이브러리에 수월하게 익숙해지는 데 이번 절이 도움이 되었으면 좋겠다.

C++17 4.2.3 수학 특수 함수

C++17은 여러 가지 특별한 수학 함수들을 도입했다. 표 4-4에 이 함수들이 정리되어 있다. 표에 나온 것은 `double` 값을 위한 함수들이고, 이외에 `float`을 위한 버전(함수 이름에 접미사 `f`가 붙음)과 `long double`을 위한 버전(접미사는 `l`)도 있다.

표 4-4 수학 특수 함수

이름	전제조건	결과
`assoc_laguerre(n, m, x)`	$x \geq 0$	$\mathsf{L}_n^m(x) = (-1)^m \frac{\mathrm{d}^m}{\mathrm{d}x^m} \mathsf{L}_{n+m}(x)$
`assoc_legendre(l, m, x)`	$\lvert x \rvert \geq 0$	$\mathsf{P}_l^m(x) = (1-x^2)^{m/2} \frac{\mathrm{d}^m}{\mathrm{d}x^m} \mathsf{P}_l(x)$
`beta(x, y)`	$x, y > 0$	$\mathsf{B}(x, y) = \frac{\Gamma(x)\Gamma(y)}{\Gamma(x+y)}$
`comp_ellint_1(k)`	$\lvert k \rvert \leq 1$	$\mathsf{K}(k) = \mathsf{F}(k, \pi/2)$
`comp_ellint_2(k)`	$\lvert k \rvert \leq 1$	$\mathsf{E}(k) = \mathsf{E}(k, \pi/2)$
`comp_ellint_3(k, nu)`	$\lvert k \rvert \leq 1$	$\Pi(v, k) = \Pi(v, k, \pi/2)$
`cyl_bessel_i(nu, x)`	$x \geq 0$	$\mathsf{I}_\nu(x) = \mathrm{i}^{-\nu} \mathsf{J}_\nu(\mathrm{i}x)$
`cyl_bessel_j(nu, x)`	$x \geq 0$	$\mathsf{J}_\nu(x) = \sum_{k=0}^{\infty} \frac{(-1)^k (x/2)^{\nu+2k}}{k!\Gamma(\nu+x+1)}$
`cyl_bessel_k(nu, x)`	$x \geq 0$	$\mathsf{K}_\nu(x) = (\pi/2)\,\mathrm{i}^{\nu+1}(\mathsf{J}_\nu(\mathrm{i}x) + \mathrm{i}\mathsf{N}_\nu(\mathrm{i}x))$

cyl_neumann(nu, x)	$x \ge 0, \nu \in \mathbb{R}$	$\mathsf{N}_\nu(x) = \frac{\mathsf{J}_\nu(x)\cos\nu x - \mathsf{J}_{-\nu}(x)}{\sin\nu\pi}$
cyl_neumann(nu, x)	$x \ge 0, \nu \in \mathbb{Z}$	$\mathsf{N}_\nu(x) = \lim_{\mu\to\nu} \frac{\mathsf{J}_\mu(x)\cos\mu x - \mathsf{J}_{-\mu}(x)}{\sin\mu\pi}$
ellint_1(k, phi)	$\lvert k\rvert \le 1$	$\mathsf{F}(k,\phi) = \int_0^\phi \frac{\mathrm{d}\theta}{\sqrt{1-k^2\sin^2\theta}}$
ellint_2(k, phi)	$\lvert k\rvert \le 1$	$\mathsf{E}(k,\phi) = \int_0^\phi \sqrt{1-k^2\sin^2\theta}\,\mathrm{d}\theta$
ellint_3(k, nu, phi)	$\lvert k\rvert \le 1$	$\mathsf{E}(k,\nu,\phi) = \int_0^\phi \frac{\mathrm{d}\theta}{(1-\nu\sin^2\theta)\sqrt{1-k^2\sin^2\theta}}$
expint(x)		$\mathsf{Ei}(x) = \int_{-x}^\infty \frac{e^{-t}}{t}\mathrm{d}t$
hermite(n, x)		$\mathsf{H}_n(x) = (-1)^n e^{x^2}\frac{\mathrm{d}^n}{\mathrm{d}x^n}e^{-x^2}$
laguerre(n, x)		$\mathsf{L}_n(x) = \frac{e^x}{n!}\frac{\mathrm{d}^n}{\mathrm{d}x^n}(x^n e^{-x})$
legendre(l, x)		$\mathsf{P}_l(x) = \frac{1}{2^l l!}\frac{\mathrm{d}^l}{\mathrm{d}x^l}(x^2-1)^l$
	$x > 1$	$\zeta(x) = \sum_{k=1}^\infty k^{-x}$
riemann_zeta(x)	$0 \le x \le 1$	$\zeta(x) = \frac{1}{1-2^{1-x}}\sum_{k=1}^\infty (-1)^{k-1}k^{-x}$
	$x < 0$	$\zeta(x) = 2^x\pi^{x-1}\sin(\frac{\pi x}{2})\Gamma(1-x)\zeta(-x)$
sph_bessel(n, x)	$x \ge 0$	$\mathsf{j}_n(x) = (\pi/2)^{(1/2)}\mathsf{J}_{n+1/2}(x)$
sph_legendre(l, m, theta)	$\lvert m\rvert \ge l$	$\mathsf{y}_l^m(\theta) = (-1)^m\left[\frac{(2l+1)}{4\pi}\frac{(l-m)!}{(l+m)!}\right]^{1/2}\mathsf{P}_l^m(\cos\theta)$
sph_neumann(n, x)	$x \ge 0$	$\mathsf{n}_n(x) = (\pi/2)^{(1/2)}\mathsf{N}_{n+1/2}(x)$

참고: 표준은 sph_legendre를 $\phi = 0$인 $\mathsf{y}_l^m(\theta, \phi)$로 정의하지만, 이 표에서는 $\mathsf{y}_l^m(\theta) = \mathsf{y}_l^m(\theta, 0)$으로 두고 ϕ에 0을 대입해서 계수 $e^{im\phi}$를 제거했다. 그리고 지면 관계상 riemann_zeta의 세 가지 경우를 그냥 전제조건 열에 표시했다.

C++20 4.2.4 수학 상수

구식 C 매크로와 이식성 없는 컴파일러 고유의 확장들에서 벗어나기 위해, C++20부터는 흔히 쓰이는 여러 상수를 표준 라이브러리가 직접 정의한다. 이 상수들은 <numbers> 헤더의 std::numbers 이름공간에 속한다. 상수마다 변수 템플릿과 그것의 double 인스턴스가 정의되어 있다. 좀 더 정확히 말하면, 일반적 템플릿이 정의되어 있는 것이 아니라 floating_point라는 새 콘셉트로 대표되는 모든 표준 부동소수점 형식에 대한 특수화만 정의되어 있다. 예를 들어 원주율 π에 해당하는 상수는 다음과 같은 형태로 정의된다.

```
namespace std::numbers {
    template <typename T> inline constexpr T pi_v;
    template <floating_point T> inline constexpr T pi_v<T>
        = 3.141592653589793238462643383279502884197l;
    inline constexpr double pi = pi_v<double>;
}
```

표 4-5에 모든 상수가 정리되어 있다. 지면 관계상 double 인스턴스 이름만 표시했다. 해당 변수 템플릿의 이름은 거기에 _v를 붙인 것이다.

표 4-5 수학 상수

이름	수식	설명
e	e	오일러 상수
log2e	$\log_2 e$	e의 이진 로그
log10e	$\log_{10} e$	e의 십진 로그
pi	π	파이(원주율)
inv_pi	$1/\pi$	π의 역수
inv_sqrtpi	$1/\sqrt{\pi}$	π 제곱근의 역수
ln2	$\ln 2$	2의 자연로그
ln10	$\ln 10$	10의 자연로그
sqrt2	$\sqrt{2}$	2의 제곱근
sqrt3	$\sqrt{3}$	3의 제곱근
inv_sqrt3	$1/\sqrt{3}$	3의 제곱근의 역수
egamma	γ	오일러-마스케로니 상수
phi	$\phi=(1+\sqrt{3})/2$	황금비

⇒ c++20/math_constant_examples.cpp

이 상수들을 이용하면 변환 없는 일반적 함수를 작성할 수 있다. 다음은 원의 면적을 계산하는 예이다.

```
template <typename T>
T circular_area(T r)
{
    return std::numbers::pi_v<T> * r * r;
}
```

4.3 메타프로그래밍

이번 절에서는 메타프로그래밍을 표준 라이브러리의 활용과 관련해서 맛보기 수준으로만 소개한다. 메타프로그래밍에 관해서는 제5장에서 좀 더 자세히 논의한다.

4.3.1 수치 한계

표준 라이브러리의 <limits>는 일반적 프로그래밍에 아주 유용하다. 이 헤더는 여러 내장 형식에 관한 중요한 정보를 제공한다. 이러한 정보는 예를 들어 소스 코드를 다른 플랫폼에서 컴파일했을 때 일부 형식이 예상과는 다르게 구현되어서 낭패를 보는 일을 방지하는 데 도움이 된다. <limits> 헤더에는 내장 형식들에 관한 형식 관련 정보를 제공하는 numeric_limits라는 클래스 템플릿이 있다. 그런 정보는 수치 형식 매개변수를 다룰 때 특히나 중요하다.

§1.7.5에서 부동소수점 수의 일부 유효숫자들만 출력하는 방법을 보았다. 수치들을 파일에 기록할 때는, 나중에 그 수치들을 읽어 들일 때 원래의 값이 충실하게 복원되게 만드는 것이 중요하다. numeric_limits에는 여러 내장 형식의 유효자릿수(정밀도)가 컴파일 시점 상수로 정의되어 있다. 다음 프로그램은 1/3을 여러 부동소수점 형식으로 출력하되, 유효자릿수를 따로 지정하지 않은 버전과 고유한 유효자릿수보다 한 자리 더 많은 자릿수를 지정한 버전을 함께 출력한다.

```
#include <iostream>
#include <limits>

using namespace std;

template <typename T>
inline void test(const T& x)
{
    cout << "x = " << x << " (";
    auto oldp= cout.precision(numeric_limits<T>::digits10 + 1);
    cout << x << ")" << endl;
    cout.precision(oldp);
}

int main ()
{
    test(1.f/3.f);
    test(1./3.0);
```

```
    test(1./3.0l);
}
```

필자의 시스템에서 출력은 다음과 같다.

```
x = 0.333333 (0.3333333)
x = 0.333333 (0.3333333333333333)
x = 0.333333 (0.3333333333333333333)
```

<limits> 헤더는 각 수치 형식에 담을 수 있는 최솟값과 최댓값에 관한 정보도 제공한다. 다음은 주어진 컨테이너에 담긴 요소 중 가장 작은 값을 구하는 함수이다. 이 함수는 컨테이너의 현재 최솟값을 일단 컨테이너 값 형식(요소의 형식)의 최댓값으로 설정한 후 요소들을 검사하면서 차츰 갱신한다(따라서 빈 컨테이너가 주어지면 값 형식의 최댓값이 반환된다).

```
template <typename Container>
typename Container::value_type
inline minimum(const Container& c)
{
    using vt= typename Container::value_type;
    vt min_value= numeric_limits<vt>::max();
    for (const vt& x : c)
        if (x < min_value)
            min_value= x;
    return min_value;
}
```

C++11 numeric_limits의 max 메서드는 정적(static) 메서드이다(numeric_limits의 모든 메서드가 정적 메서드이다). 따라서 객체를 생성하지 않고 클래스 자체에 대해 호출할 수 있다. min 역시 정적 메서드로, 해당 형식의 최솟값을 돌려준다. 좀 더 정확히는, 정수 형식들에 대해서는 그 형식으로 표현할 수 있는 최솟값을 돌려주고, 부동소수점 형식들에 대해서는 형식으로 표현할 수 있는 0보다 큰 최솟값을 돌려준다. 부호 있는 부동소수점 형식의 "진짜" 최솟값이 필요한 경우에는 C++11에서 도입된 lowest 메서드를 사용하면 된다(이 메서드는 부동소수점 형식 이외의 내장 수치 형식들에도 제공된다).

고정소수점 계산을 구현할 때는 계산의 반복을 끝낼 종료 조건이 필요한데, 그러한 종료 조건은 형식에 의존적이어야 한다. 종료 조건의 기준값이 너무 크면 결과가 필요 이상으로 정밀해지고, 너무 작으면 알고리즘이 종료되지 않을 수 있다(고정소수점 계산은 인접한 두 값이 동일해야 끝난다). 부동소수점 형식에서는 정적 메서드 epsilon을 사용하면 된다. 이 메서드는 1을 더했을 때 그 결과가 1보다 크게 되는 가장 작은 값을 돌려준다. 즉, 이 메서드는 (1에 대한) 가능한 최소 증분(smallest possible increment)을 돌려준다. 이 값을 **최소 정밀도 단위**(unit of least precision, ULP)라고 부르기도 한다. §4.2.2.2에서 두 값이 충분히 비슷한지 판정할 때 이 epsilon 메서드를 사용했다.

다음의 일반적 함수는 반복법을 이용해서 제곱근을 계산한다. 종료 조건은 $\sqrt{x}$의 근삿값의 제곱이 x의 ε 범위 안에 있는가이다. 이 범위를 충분히 크게 잡기 위해, ε에 2와 x를 곱한다.

```
template <typename T>
T square_root(const T& x)
{
    const T my_eps= T{2} * x * numeric_limits<T>::epsilon();
    T r= x;

    while (std::abs((r * r) - x) > my_eps)
        r= (r + x/r) / T{2};
    return r;
}
```

numeric_limits의 나머지 여러 멤버에 관해서는 *cppreference.com*이나 *cplusplus.com* 같은 온라인 레퍼런스를 참고하기 바란다.

C++11 4.3.2 형식 특질

⇒ c++11/type_traits_example.cpp

형식 특질(type trait)은 C++11에서 표준에 도입되었지만, 그 전에도 많은 프로그래머가 여러 해 동안 Boost 라이브러리의 형식 특질을 사용해 왔다. 표준의 형식 특질들은 <type_traits> 헤더가 제공한다. 여기서 모든 형식 특질을 나열하지는 않겠다. 자세한 사항은 앞에서 언급한 온라인 레퍼런스를 참고하기 바란다. is_const(§5.2.3.3) 같은 몇몇 형식 특질은 부분 템플릿 특수화로 아주 간단하게 구현할 수 있다. 더 나아가서, 특정 문제 영역에 특화된 형식 특질들도 그런 식으로 그리 어렵지 않게 구현할 수 있다. 그런 영역 특화 형식 특질들(이를테면 is_matrix)은 대단히 유용할 수 있다. 함수나 함수의 특정 성질의 존재 여부를 반영하는 형식 특질들(is_nothrow_assignable 등)은 구현하기가 상당히 까다롭다. 이런 종류의 형식 특질을 여러분이 직접 만들려면 상당한 전문 지식과 기술이 (그리고 약간의 흑마술이) 필요하다.

C++11에서 새로운 기능이 많이 추가되긴 했지만, C++이 자신의 뿌리를 잊지는 않았다. 형식 특질 중에는 C와의 호환성을 점검하는 데 사용할 수 있는 것들도 있다. C의 구조체처럼 작동하는 C++ 클래스를 **POD**(plain old data type; 평범한 구식 자료형)라고 부른다. 주어진 형식이 POD인지 점검하는 is_pod라는 형식 특질이 실제로 C++11에서 도입되었지만, C++20에서 폐기 예정(deprecated)로 분류되었다. 주어진 클래스가 C 프로그램에서도 잘 작동하는지 알고 싶다면 이제는 is_standard_layout이라는 형식 특질을 사용해야 한다. is_pod와는 달리 is_standard_layout은 주어진 클래스의 메모리 배치 구조(memory layout)가 C 구조체의 것과 같은지만 알려준다. 이는 해당 형식을 C 코드에서 사용할 수 있는(C++ 프로그램에서의 행동 방식과는 무관하게) 충분조건이다. 한 예로, 다음은 C 프로그램과 C++ 프로그램 모두에서 사용할 수 있는 클래스이다.

```
struct simple_point
{
# ifdef __cplusplus
    simple_point(double x, double y) : x(x), y(y) {}
    simple_point() = default;
    simple_point(initializer_list<double> il)
    {
        auto it= begin(il);
        x= *it;
        y= *next(it);
    }
# endif

    double x, y;
};
```

모든 C++ 컴파일러는 매크로 __cplusplus를 정의한다. 이 매크로가 정의되어 있다면 이 코드가 현재 C++ 컴파일러로 컴파일된다는 뜻이므로, 조건부 컴파일 지시자를 이용해서 C++ 프로그램에서만 의미 있는 생성자와 기타 멤버 변수를 정의한다. 따라서 C++ 프로그램에서는 simple_point의 객체를 다음과 같이 초기치 목록으로 생성할 수 있다.

```
simple_point p1= {3.0, 7.0};
```

또한, C 프로그램에서는 이 클래스가 그냥 멤버(필드)가 두 개인 구조체가 되므로 그대로 사용할 수 있다. CUDA 라이브러리에도 이와 비슷한 예를 볼 수 있다.

CUDA 라이브러리의 몇몇 형식은 C와 C++ 모두에 대해 한번만 정의된다. 그렇지만 이런 혼합 언어 구성은 추가적인 유지보수 비용과 비일관성에 따른 위험을 피하는 것이 아주 중요한 경우에만 사용해야 한다. 다음은 simple_point를 C에서 사용할 수 있는지 확인하는 코드이다.

```
cout ≪ "simple_point can be used in C: " ≪ boolalpha
     ≪ is_standard_layout<simple_point>::value ≪ endl;
```

simple_point의 C++ 전용 부분에 더 많은 멤버 함수를 추가해도 여전히 C와 호환된다. 단, 가상 멤버 함수를 추가하면 객체에 소위 v테이블이 추가되므로 C와의 호환성이 깨진다. 또한, 표준 배치 구조를 따르지 않는 멤버 변수나 기반 클래스가 있어도 C와의 호환성이 깨진다. 예외는 정적 멤버 변수이다. 이들은 객체에 저장되지 않는다. 이 주제에 관심이 있는 독자는 예제 코드 깃허브 저장소의 c++11/type_traits_example.cpp를 참고하기 바란다. 그리고 안드레아스 페르티히Andreas Fertig의 책[15](2021년 출간)과 그의 블로그[14]에 좀 더 자세한 논의가 있다.

⇒ c++11/memcpy_test.cpp

simple_point처럼 충분히 간단한 형식의 객체는 복사 생성자를 호출하지 않고 해당 메모리 자체를 복사해도 잘 작동한다. 실제로 예전에는 (주로 속도를 위해) memcpy나 memmove를 이용해서 객체를 복사하는 코드가 많았다. 그렇지만 책임감 있는 프로그래머라면 컴파일러가 그런 최적화에 동의하는지를 먼저 is_trivially_copyable 형식 특질을 이용해서 점검해야 마땅하다.

```
simple_point p1{3.0, 7.1}, p2;

static_assert(std::is_trivially_copyable<simple_point>::value,
              "simple_point is not as simple as you think "
              "and cannot be memcpyd!");
std::memcpy(&p2, &p1, sizeof(p1));
```

이 형식 특질은 주어진 형식이 '자명하게 복사 가능(trivially copyable)'인지 점검한다. 어떤 형식이 자명하게 복사 가능한 형식이려면 복사 연산이나 이동 연산을 따로 정의하지 말아야 한다. 객체를 좀 더 간단하고 일반적으로 복사하는 수단은 STL의 copy 함수이다.

```
copy(&x, &x + 1, &y);
```

이 함수는 클래스의 구현과 무관하게 항상 잘 작동한다. 자명한 복사나 이동을 지원하는 형식의 경우 copy는 내부적으로 memmove나 memcpy를 사용한다.

C++14 C++14에는 형식 특질을 좀 더 편하게 사용할 수 있는 형식 별칭들이 추가되었다. 예를 들어

```
typename conditional<B, T, F>::type
```

을 C++14부터는 다음과 같이 간결하게 표현할 수 있다.

```
conditional_t<B, T, F>
```

비슷하게, enable_if<B,T>::type 대신 enable_if_t<B,T>를 사용할 수 있다.

C++17 C++17부터는 값 기반 형식 특질을 템플릿 상수를 이용해서 좀 더 간결하게 표기할 수 있다. 예를 들어

```
is_trivially_copyable<T>::value
```

대신 다음을 사용해도 된다.

```
is_trivially_copyable_v<T>
```

C++11 4.4 유틸리티

C++11에는 현대적 C++ 프로그래밍 스타일을 더 쉽고 우아하게 만드는 새로운 라이브러리들이 추가되었다. 이들을 이용하면 예를 들어 함수가 여러 개의 값을 좀 더 쉽게 돌려줄 수 있고, 함수와 함수자를 좀 더 유연하게 참조할 수 있고, 참조들의 컨테이너를 생성할 수 있다. C++17에는 더 많은 유틸리티들이 추가되어서, 정의되지 않았을 수도 있는 값을 다루거나 서로 다른 형식의 값들을 형식에 안전한 방식으로 다루는 것이 가능해졌다.

C++17 4.4.1 optional

⇒ c++17/optional_example.cpp

실수 제곱근 계산 함수를 작성한다고 하자. 만일 계산 결과가 실수 치역(ℝ)을 벗어나면 어떻게 처리해야 할까? 한 가지 방법은 계산 성공 여부를 뜻하는 또 다른 bool 값을 돌려주는 것이다. 수치 계산 결과를 담은 멤버 변수와 bool 멤버 변수가 있는 클래스의 객체를 돌려주면 될 것이다. 그런데 매번 그런 클래스를 작성

할 필요가 없다. 바로 그런 용도의 optional이라는 클래스가 C++17에서 추가되었다. 다음은 이 클래스를 이용해서 아주 깔끔하게 구현한 제곱근 함수이다.

```
optional<double> square_root(double x)
{
    if (x < 0.0)
        return nullopt;
    else
        return sqrt(x);
}
```

nullopt는 미리 만들어진 nullopt_t 형식의 객체로, 값이 없는 optional 객체를 생성하는 데 쓰인다.† optional의 기본 생성자도 그런 객체를 생성하지만, nullopt가 코드의 의도를 좀 더 명확하게 표현한다.

편의를 위해 optional은 bool로의 암묵적 변환을 지원한다. 변환된 bool 값은 optional 객체에 값이 정의되어 있는지의 여부를 뜻한다. 이러한 암묵적 변환 덕분에 if 문에서 optional 객체를 직접 사용할 수 있다. optional 객체에 정의된 값에 접근하는 일관된 수단은 operator*이다. 다음은 앞의 제곱근 함수의 결과를 조건에 따라 출력하는 코드인데, optional 덕분에 상당히 간결하다.

```
vector<double> v= {4.0, -4.0, -0.09, 0.25};
for (double d : v)
    if (auto s= square_root(d); s)
        cout ≪ "Square root of " ≪ d ≪ " is " ≪ *s ≪ '\n';
    else
        cout ≪ d ≪ " has no square root.\n";
```

if의 변수 선언 기능(§1.4.3.1) 덕분에 중괄호 블록이 필요하지 않았다는 점도 주목하자.

C++11

4.4.2 tuple

하나의 함수가 여러 개의 결과를 계산하는 경우, 예전에는 그 결과들을 가변 참조 인수로 돌려주는 방법이 흔히 쓰였다. 예를 들어 다음은 주어진 행렬 A의 추축(pivoting) LU 인수분해를 계산하고 분해된 행렬 LU와 치환행렬 p를 참조 인수들로 돌려는 함수이다.

† [옮긴이] optional에는 nullopt_t 형식의 인수 하나를 받는 생성자가 있다. 이 생성자는 기본 생성자처럼 값이 없는 optional 객체를 생성한다.

```
void lu(const matrix& A, matrix& LU, vector& p) { ... }
```

또는, LU나 p 중 하나는 함수의 반환값으로 돌려주고 나머지 하나만 참조로 돌려줄 수도 있다. 그러나 이런 혼합 접근 방식이 더 헷갈린다.

⇒ c++11/tuple_move_test.cpp

더 나은 방법은 여러 개의 결과를 흔히 '튜플'이라고 부르는 하나의 객체에 담아서 돌려주는 것이다. 함수마다 그런 용도의 클래스를 작성하는 대신, 표준 라이브러리의 <tuple>에 있는 tuple 클래스를 사용하면 편하다. 다른 표준 컨테이너들과는 달리 tuple은 서로 다른 형식의 요소들을 담을 수 있다. 그리고 대부분의 표준 컨테이너와는 달리 tuple은 요소들의 개수가 반드시 컴파일 시점에서 결정되어야 한다. 다음은 함수가 LU 분해의 결과를 tuple 객체에 담아서 돌려주는 예이다.

```
tuple<matrix, vector> lu(const matrix& A)
{
    matrix LU(A);
    vector p(n);

    // ... some computations
    return tuple<matrix, vector>(LU, p);
}
```

표준 라이브러리의 편의용 함수 make_tuple을 이용하면 형식 매개변수들이 연역되므로 **return** 문이 좀 더 간결해진다.

```
tuple<matrix, vector> lu(const matrix& A)
{
    ...
    return make_tuple(LU, p);
}
```

C++17 C++17부터는 클래스 및 반환 형식 연역을 이용해서 코드를 더욱 간결하게 만들 수 있다.

```
auto lu(const matrix& A)
{
        ...
    return tuple{LU, p}
}
```

C++11과 C++14에서는 다음처럼 make_tuple와 auto 변수의 조합이 편리하다.

```
// 9.0i is complex<double>{0.0, 9.0} in C++14
auto t= make_tuple(LU, p, 7.3, 9, LU*p, 2.0+9.0i);
```

C++17 C++17에서는 tuple 생성자에서 템플릿 인수들을 연역할 수 있다

```
tuple t{LU, p, 7.3, 9, LU*p, 2.0+9.0i};
```

함수 lu의 호출자는 반환된 튜플에서 행렬과 벡터를 추출하고 싶을 것이다. 튜플의 개별 요소에 접근할 때는 다음처럼 get 함수를 사용한다.

```
tuple<matrix, vector> t= lu(A);
matrix LU= get<0>(t);
vector p= get<1>(t);
```

다음처럼 모든 형식을 컴파일러의 연역에 맡길 수도 있다.

```
auto t= lu(A);
auto LU= get<0>(t);
auto p= get<1>(t);
```

get 함수는 두 개의 인수를 받는다. 하나는 튜플이고 다른 하나는 요소의 색인이다. 후자는 컴파일 시점에서 결정되는 비형식 템플릿 인수이다. 색인이 너무 크면 컴파일 시점에서 오류가 검출된다.

```
auto t= lu(A);
auto am_i_stupid= get<2>(t); // 컴파일 도중에 오류가 발생
```

C++14 C++14부터는 형식으로도 튜플 요소에 접근할 수 있다(중의성이 없다고 할 때).

```
auto t= lu(A);
auto LU= get<matrix>(t);
auto p= get<vector>(t);
```

이 방식에서는 튜플에 담긴 요소들의 순서를 기억할 필요가 없다. 또 다른 방법으로, tie 함수를 이용해서 요소들을 개별 변수에 배정할 수도 있다. 이 방법이 종종 더 우아한 코드로 이어진다. 이 방법에서는 요소들과 호환되는 형식의 변수들을 미리 선언해 두어야 한다.

```
matrix LU;
vector p;
tie(LU, p)= lu(A);
```

tie가 상당히 신기해 보이겠지만, 그 구현은 놀랄 만큼 간단하다. 이 함수는 그냥 주어진 인수들에 대한 참조들로 하나의 객체를 생성할 뿐이다. 그 객체에 튜플이 배정되면, 그 객체의 배정 연산자가 튜플의 요소들을 해당 참조들에 배정한다.

tie를 이용한 코드가 get을 이용한 코드보다 성능이 좋다. 함수 lu의 결과를 tie에 직접 전달하는 경우, 그 결과는 여전히 오른값(이름이 없는 객체)이므로 요소들을 복사 연산 없이 그대로 이동할 수 있다. 그러나 get 방법에서는 get의 결과를 이름이 있는 변수(즉, 왼값)에 배정하므로 복사가 일어난다. 복사를 피하려면 다음과 같이 명시적으로 move를 적용해야 한다.

```
auto t=  lu(A);
auto LU= get<0>(move(t));
auto p=  get<1>(move(t));
```

그러나 이 코드는 잠재적으로 위험하다. 원칙적으로, move가 적용된 객체는 이동 이후 만료 중(expiring) 상태가 된다. 이때 '만료된 상태'는 소멸자가 충돌하지만 않으면 그 어떤 상태라도 가능하다. 이 예제는 만료 중인 t에 요소들이 여전히 살아 있다고 가정한다. 실제로, LU 배정문에서는 튜플의 0번 요소만 추출하고 1번 요소는 건드리지 않으며, p 배정문에서는 튜플의 1번 요소만 추출하고 0번 요소(파괴되었을 수도 있는)는 건드리지 않는다. 즉, 두 배정문은 완전히 개별적인 데이터를 이동하므로, 이 코드는 잘 작동한다. 그렇지만 일반적으로 같은 객체에 대해 move를 여러 번 적용하는 것은 매우 위험한 일이며, 지금 했던 것처럼 세심한 분석이 필요하다. 골치 아픈 문제를 피하려면 다음과 같이 개별 요소를 이동하는 것이 낫다.

```
auto LU= move(get<0>(t));
auto p= move(get<1>(t));
```

C++17 C++17부터는 tie를 거치지 않고 튜플의 요소들을 직접 변수에 배정할 수 있다. 형식 연역 덕분에 미리 적당한 형식으로 변수를 선언해 둘 필요도 없다.

```
auto [LU, p]= lu(A);
```

코드가 더 간단하고 깔끔할 뿐만 아니라 성능도 더 효율적이다. 필자가 확인한 바로는, 이런 코드의 경우 현대적인 컴파일러들은 튜플의 요소들에 복사 제거를 적용한다. 따라서 튜플 요소들이 LU와 p에 복사되지도, 이동하지도 않는다.

형식이 다른 요소들을 담는 표준 클래스가 하나 더 있는데, 바로 pair이다. 이 클래스는 C++03부터 표준에 존재했다. tuple과는 달리 pair는 요소를 두 개만 담을 수 있다. 즉, pair는 인수 두 개짜리 tuple이라고 할 수 있다. 표준 라이브러리는 pair 객체와 인수 두 개째리 tuple 객체의 변환을 위한 수단들을 제공한다. 앞의 예제들은 모두 pair로도 구현할 수 있다. pair의 요소들에 접근할 때는 get<0>(t)과 get<1>(t) 대신 t.first와 t.second를 사용해도 된다.

C++17 4.4.3 variant

⇒ c++17/variant_example.cpp

variant는 고전적 C++의 union을 현대화한 버전이다. 이 책에서는 union을 설명하지 않는데, 그럴 만한 이유가 있다. union은 크게 두 종류로 나뉜다. 하나는 아주 위험한 union이고, 다른 하나는 그보다 훨씬 더 위험한 union이다.

variant는 하나의 객체에 서로 다른 형식의 값을 담는 수단이다. 예를 들어 어떤 하나의 변수에 상황에 따라 int 값을 담을 수도 있고 double 값이나 string 객체를 담을 수도 있어야 한다면, variant를 사용하면 된다. 다음은 variant를 사용하는 간단한 예제 코드이다.

```
using my_variant= variant<int, double, string>;
my_variant var;

var= 3;
var= 4.2;
var= "Text";
```

variant 객체에 담긴 값을 추출할 때는 현재 값의 형식과 호환되는 형식의 색인을 지정해서 get 함수를 호출해야 한다. 다음은 현재 var 변수에 담긴 string 객체를 추출하는 예이다. 2는 my_variant를 인스턴스화 할 때 지정한 string의 색인이다.

```
string s= get<2>(var);
```

형식의 색인 대신 형식 자체를 지정할 수도 있다.

```
s= get<string>(var);
```

현재 저장된 값과 호환되지 않는 형식의 이름이나 색인을 지정하면 실행 시점 오류가 발생한다.

```
int i= get<int>(var); // 실행 시점 오류
```

이 경우 bad_variant_access 형식의 예외가 던져진다.

variant의 특별한 매력을 보여주는 예제 하나를 살펴보자. variant와 중복적재 메커니즘을 이용하면 값 형식에 따라 함수 호출을 디스패치하는 코드를 좀 더 깔끔하게 작성할 수 있다. 이번 예제의 시나리오는 이렇다. variant 객체들을 담은 컨테이너가 있는데, 값 형식별로 요소 개수를 세려고 한다(값이 int인 요소가 몇 개, double인 요소가 몇 개 등등). 그리고 다소 작위적인 설정이지만(지금 예제보다 더 간단한 해법이 존재한다), 컨테이너 전체를 출력한다면 스트림에 기호가 몇 개나 출력될 것인지를 미리 파악하고자 한다. 이를 위해 먼저 간단한 record 클래스를 정의하자.

```
struct record
{
    int counted_ints= 0,
        counted_doubles= 0,
        counted_strings= 0,
        total_symbols= 0;
};
```

다음으로, 이 record 형식을 참조하며 값 형식들에 대해 적용 연산자(함수 호출 연산자)를 중복적재하는 함수자 symbol_counter를 만든다.

```
struct symbol_counter
{
    symbol_counter(record& r) : r{r} {}

    void operator()(int i) const
    {
        r.counted_ints++;
        r.total_symbols+= floor(log10(i)) + 1;
    }

    void operator()(double d) const
    {
        r.counted_doubles++;
        r.total_symbols+= 15;
    }

    void operator()(const string& s) const
    {
        r.counted_strings++;
        r.total_symbols+= s.size();
    }
  private:
```

```
    record& r;
};
```

각 operator()는 해당 카운터를 증가하고 자신의 기호 개수 추정치를 전체 추정치에 더한다. 다음과 같은 컨테이너가 있다고 할 때,

```
vector<my_variant> v= {33, 2.3, "Huhu"s, "Dings"s, 11111, 3.809};
```

객체들과 기호들의 개수를 다음과 같은 간단한 루프로 셀 수 있다.

```
record r;
symbol_counter sc{r};
for (const auto& mv : v)
    visit(sc, mv);
```

이 루프는 벡터의 각 요소(variant 객체)로 함수자 symbol_counter를 호출한다. 그러면 해당 variant 객체에 담긴 값의 형식에 따라 operator()의 적절한 중복적재 버전이 호출된다. 이 접근 방식에서는 variant의 모든 값 형식에 대한 중복적재 버전이 갖추어져야 한다. 예를 들어 string에 대한 중복적재 버전이 없으면 코드가 컴파일되지 않는다.†

이상의 예제들을 통해서 여러분이 variant의 형식 안전성을 확신하게 되었으면 좋겠다. union과는 달리 variant에서는 잘못된 형식으로 값에 접근할 수 없다. 또한, 모든 가능한 값 형식을 처리할 수 있는 함수자를 구현할 때 실수로 특정 형식의 처리를 누락하는 실수도 미리 방지할 수 있다(해당 형식이 실행 시점에서는 전혀 쓰이지 않는다고 해도). §A.7.2에 이보다 더 짧지만 더 전문적이고 이해하기 어려운 예제가 나온다.

C++17 4.4.4 any

any는 아무('any') 객체나 담을 수 있는 클래스이다. 좀 더 정확하게는, any는 복사 생성자를 제공하는 임의의 클래스의 객체를 담을 수 있는, 형식 삭제(type erasure) 메커니즘에 의존하는 유틸리티 클래스이다(헤더는 <any>).

```
any a;
a= 3;
a= 4.2;
```

† [옮긴이] 이것은 컴파일 시점의 요구조건이다. 즉, 실행 시점에서 string을 담은 variant 객체가 하나도 없다고 해도 vlist에는 여전히 string에 대한 중복적재가 필요하다.

any를 개선된 void*라고 부르는 사람도 있지만, 아주 정확한 표현은 아니다. void*와는 달리 any는 객체를 참조만 하는 것이 아니라 객체의 복사본을 실제로 저장한다. 따라서 컨테이너의 유효성을 걱정하지 않고도 any 객체들로 컨테이너를 채울 수 있다.

```
vector<any> v= {33, 2.3, "Huhu"s, "Dings"s, 11111, 3809, "Soso"s};
v.push_back(42.0);
```

any 객체는 복사가 가능한 그 어떤 객체도 담을 수 있지만, 그래도 여전히 형식에 안전하다. 이는 any가 현재 저장된 객체의 형식 ID를 보관하고 있기 때문이다. 저장된 객체를 꺼낼 때는 반드시 해당 형식을 지정해서 any_cast를 호출해야 한다.

```
cout ≪ "a is " ≪ any_cast<double>(a) ≪ ".\n";
```

형식이 틀리면 bad_any_cast 예외가 던져진다. 현재 형식 ID는 type 멤버 변수로 조회할 수 있다. 다음은 이를 이용해서 vector<any>에서 모든 int 값을 추출하는 예이다.

```
auto find_ints(const vector<any>& v)
{
    vector<int> vi;
    for (const any& a : v)
        if (a.type() == typeid(int))
            vi.push_back( any_cast<int>(a) );
    return vi;
}
```

any는 고성능 응용 프로그램의 제일 안쪽 핵심부에서 사용할 만한 클래스는 아니다. 그러나 충분히 다양한 형식의 객체들을 수집해야 하는 경우(예를 들어 데이터 웨어하우스를 구축할 때) any를 이용하면 작업이 훨씬 간단해진다.

C++17 4.4.5 string_view

⇒ c++17/string_view2.cpp

string_view는 string이나 char 배열을 읽기 전용으로 참조하기 위한 가벼운 핸들이다. string과 char 배열 모두 암묵적으로 string_view로 변환된다.

```
void print_some_string(string_view sv)
{
```

```
    cout << sv << '\n';
}

print_some_string("const char*");
print_some_string("string"s);
```

보통의 경우 string_view는 그냥 포인터 하나와 크기 변수로 구현되므로, string_view 객체를 값으로 전달해도 성능에 부담이 되지 않는다. string_view가 기존 데이터를 참조하기만 할 뿐 스스로 메모리를 소유하지 않는다는 것은 축복이자 저주이다. 주의를 기울이지 않으면 이미 파괴된 데이터를 여전히 참조할 수 있다는 점에서는 저주이다. 예를 들어 두 string_view 객체를 연결한다고 하자. string_view 객체는 불변 객체이므로, 다음처럼 먼저 string 객체들로 변환한 다음에 연결해야 한다.

```
namespace std {
    string operator+(string_view v1, string_view v2)
    {
        return string{v1} + string{v2};
    }
}
```

그리고, 주어진 객체를 그 객체와 더한 결과를 돌려주는 일반적 함수 twice가 있다고 하자.

```
template <typename T>
T twice(T x)
{
    return x + x;
}
```

이 간단하고 아무 문제도 없어 보이는 함수는 지금까지 살펴본 모든† 형식에 대해 잘 작동한다. 그렇지만 string_view에 대해서는 작동하지 않는다. 앞에서 정의한 operator+는 string 객체를 돌려주는데, twice의 반환 형식은 string_view이므로 return 문에서 그 객체는 string_view 객체로 변환된다. 문제는, 그 string_view 객체가 참조하는 임시 string 객체는 이 함수 안에서만 존재하며, 함수가 반환되면 파괴된다는 것이다. 그 결과로, 함수가 돌려준 string_view는 '썩은(stale)' 참조를 담게 된다. 이 문제는 반환 형식을 auto로 바꾸면 간단하게

† [옮긴이] 물론 덧셈이 가능한 형식이어야 한다.

해결된다. 이 경우 반환값을 담을 변수의 형식을 string_view로 지정하면 안 된다. string_view로 하면 임시 string에 대한 상한(stale) 참조를 담게 되기 때문이다. 이번에도 auto가 유용하다. 이런 상황에서는 무엇이 잘못 되었는지를 찾아내기가 까다롭다. 대형 프로젝트에서는 훨씬 더 어렵다.

string_view가 메모리를 소유하지 않아서 생기는 장점은 부분 문자열을 대단히 효율적으로 표현하는 용도로 string_view를 사용할 수 있다는 것이다. string_view는 문자열의 끝에 0을 추가해야 할 필요가 없으므로 구식 C 문자열에도 적용할 수 있다. 그렇지만 이 책은 고대의 C가 아니라 현대적 C++에 관한 책이므로 string만 고려한다. 다음은 글자 10만 개짜리 string 객체의 처음 절반에 해당하는 부분 문자열을 string_view로 참조하는 예이다.

```
unsigned size= 100000;
string       many_a(size, 'a');    // {}를 사용할 수는 없음7
string_view  many_a_view{many_a};

string       still_many_a= many_a.substr(0, size/2);
string_view  still_many_a_view= many_a_view.substr(0, size/2);
```

many_a로부터 부분 문자열을 실제로 생성하려면 5만 개의 문자를 복사해야 한다. 반면 string_view는 아무것도 복사하지 않고 데이터를 참조하기만 한다. 즉, n이 부분 문자열의 길이라고 할 때 string을 이용한 부분 문자열 연산의 복잡도는 $\mathcal{O}(n)$이지만 string_view의 복잡도는 $\mathcal{O}(1)$이다. 원본 데이터로부터 경량 부분 문자열을 직접 만드는 것도 가능하다.

```
string_view  first_half{&many_a[0], size/2};
```

이 코드는 첫 문자의 색인 대신 주소를 크기와 함께 생성자에 지정해서 string_view 객체를 만든다. C++20 이전에서† string에 비한 string_view의 또 다른 장점은 컴파일 시점에서도 사용할 수 있다는 것이다(§5.1.1도 참고하기 바란다).

C++20 4.4.6 span

어떠한 범위나 구간을 시작 주소와 길이로 표현하는 기법은 부분 문자열 외에도 흔히 쓰인다. C++20에 도입된 클래스 템플릿 span<T, Extent>는 그러한 패턴을

7 여기서 {}를 사용하면 컴파일러는 프로그래머의 의도가 초기치 목록으로 many_a 객체를 초기화하는 것이라고 가정한다.

† [옮긴이] C++20부터는 std::string에도 constexpr(§5.1.1)를 적용할 수 있게 되었다.

일반화한 것인데, T는 개별 요소의 형식이고 Extent는 길이(요소들의 개수)이다. Extent의 기본 형식은 dynamic_extent이다. 이 형식은 해당 길이가 실행 시점에서 주어짐을 뜻한다.

C++11 4.4.7 function

⇒ c++11/function_example.cpp

<functional> 헤더에 있는 function 클래스 템플릿은 함수 포인터를 일반화한 것으로, 다른 함수 또는 호출 가능 객체를 담은 '함수 래퍼(function wrapper)'를 만드는 데 쓰인다. 이 클래스 템플릿은 함수 형식의 명세로 인스턴스화한다.

```
double add(double x, double y)
{    return x + y;  }

int main ()
{
    using bin_fun= function<double(double, double)>;

    bin_fun f= &add;
    cout ≪ "f(6, 3) = " ≪ f(6, 3) ≪ endl;
}
```

이러한 함수 래퍼에는 인스턴스화에 지정한 함수 명세를 따르는 임의의 함수 또는 호출 가능 객체를 담을 수 있다. 여기서 '명세'는 반환 형식과 매개변수 형식들로 구성된다.[8] 심지어는 호환되는 호출 가능 객체들의 컨테이너를 만드는 것도 가능하다.

```
vector<bin_fun> functions;
functions.push_back(&add);
```

함수를 인수로 지정할 때는 자동으로 함수의 주소가 취해진다. 배열이 암묵적으로 포인터로 변환되는 것과 비슷하게, 함수는 암묵적으로 함수 포인터로 변환된다. 따라서 주소 연산자 &를 생략해도 된다.

```
functions.push_back(add);
```

8 함수 이름을 포함하지 않는다는 점에서 이 함수 명세는 함수의 서명(signature)이 아니다. 즉, function 객체는 이름이 서로 다른 함수들을 담을 수 있다. 한편, 함수의 서명에는 반환 형식이 포함되지 않으므로, 두 함수의 반환 형식이 달라도 서명은 같을 수 있다.

inline으로 선언된 함수는[†] 함수의 본문이 호출 지점에 삽입된다. 모든 호출이 그렇게 인라인화된다면 함수를 나타내는 기호(symbol) 자체가 이진 코드에서 생략될 수 있다. 그렇지만 지금 예제처럼 프로그램의 어딘가에서 함수의 주소를 취하면 컴파일러는 함수의 기호를 생략하지 않는다.

```
inline double sub(double x, double y)
{    return x - y;  }

functions.push_back(sub);
```

이 예에서도 함수의 주소가 암묵적으로 취해진다. 보통의 함수 외에 함수자 객체도 컨테이너에 저장할 수 있다.

```
struct mult {
    double operator()(double x, double y) const { return x * y; }
};

functions.push_back(mult{});
```

이 예에서는 기본 생성자로 생성한 익명 객체를 컨테이너에 넣었다.

함수자가 클래스 템플릿일 수도 있는데, 클래스 템플릿 자체는 형식이 아니므로 객체를 생성할 수 없다.

```
template <typename Value>
struct power {
    Value operator()(Value x, Value y) const { return pow(x, y); }
};

functions.push_back(power{}); // 오류
```

객체를 생성하려면 템플릿 인수를 지정해서 인스턴스화해야 한다.

```
functions.push_back(power<double>{});
```

하지만 함수 템플릿을 포함한 클래스로는 직접 객체를 생성할 수 있다.

```
struct greater_t {
    template <typename Value>
    Value operator()(Value x, Value y) const { return x > y; }
```

† [옮긴이] 좀 더 정확하게는 "컴파일러가 인라인화하기로 결정한 함수는"이다. inline 선언은 인라인화에 대한 힌트일 뿐이다.

```
} greater_than;

functions.push_back(greater_than);
```

이런 문맥에서 템플릿 호출 연산자는 반드시 function 형식으로 인스턴스화할 수 있는 것이어야 한다. 하나의 반례로, 다음 코드는 컴파일되지 않는다. 원래 선언된 것과 다른 인수 형식들로는 function을 인스턴스화할 수 없기 때문이다.

```
function<double(float, double)> ff= greater_than; // 오류
```

멤버 함수는 static 멤버 함수일 때만 저장할 수 있다. 다음 예를 보자.

```
struct helper
{
    double maxm(double x, double y) const { return x >= y ? x : y; }
    static double max(double x, double y) { return x >= y ? x : y; }
};
```

이 클래스에는 비정적 메서드 maxm과 정적 메서드 max가 있다. 전자는 객체가 있어야만 호출할 수 있다. 비정적 메서드의 그 주소는 하나의 멤버 함수 포인터인데, 이는 해당 클래스의 객체들에 대한 오프셋 같은 것이라서 객체 없이는 지칭할 수 없다. 반면에 정적 메서드 max는 자유 함수처럼 고정된 주소를 가지므로, function으로 감싸서 컨테이너에 넣을 수 있다.

```
functions.push_back(helper::max);
```

마지막으로, 반환 형식과 인수 형식들이 부합하는 람다도 function 객체에 넣을 수 있다.

```
functions.push_back([](double x, double y){ return x / y; });
```

function 객체는 마치 함수처럼 호출할 수 있다. 다음은 컨테이너에 담긴 function들을 차례로 호출하는 예이다.

```
for (auto& f : functions)
    cout << "f(6, 3) = " << f(6, 3) << endl;
```

이 코드는 예상 대로의 결과를 출력한다.

```
f(6, 3) = 9
f(6, 3) = 3
f(6, 3) = 18
f(6, 3) = 216
f(6, 3) = 1
f(6, 3) = 6
f(6, 3) = 2
```

유연성과 명확성 면에서 이러한 함수 래퍼가 함수 포인터보다 훨씬 낫다는 점을 두말할 필요가 없을 것이다(대신 약간의 추가부담이 있긴 하지만).

C++11 4.4.8 참조 래퍼

⇒ c++11/ref_example.cpp

벡터들이나 행렬들의 컨테이너를 만든다고 하자. 그 벡터나 행렬들이 아주 클 수도 있다. 더 나아가서, 같은 항목이 컨테이너에 여러 개 있을 수 있다고도 가정하자. 그렇다면 벡터나 행렬을 목록에 실제로 저장하는 것은 비효율적이다. 포인터들의 컨테이너를 만들 수도 있겠지만, §1.8.2에서 이야기했듯이 포인터를 직접 다루는 것은 위험한 일이다. 대신 참조를 사용하면 좋겠지만, 안타깝게도 참조를 컨테이너에 직접 담을 수는 없다.

```
vector<vector<int>&> vv; // 오류
```

이를 위해 C++11은 reference_wrapper라는 참조 비슷한 형식(<functional> 헤더에 있다)을 제공한다. 다음은 reference_wrapper를 이용해서 참조 컨테이너를 만드는 예이다.

```
vector<reference_wrapper<vector<int> > > vv;
```

이 컨테이너에는 다음처럼 vector에 대한 참조들을 담을 수 있다.

```
vector<int> v1= {2, 3, 4}, v2= {5, 6}, v3= {7, 8};

vv.push_back(v1);
vv.push_back(v2);
vv.push_back(v3);
vv.push_back(v2);
vv.push_back(v1);
```

인수로 지정된 vector 객체들은 암묵적으로 참조 래퍼로 변환된다(reference_wrapper<T>에는 적절한 형식의 전달 참조를 받는 비 explicit 생성자가 있다).

reference_wrapper에는 실제 객체에 대한 참조를 돌려주는 get이라는 메서드가 있다. 다음은 이를 이용해서 앞의 컨테이너에 담긴 벡터들을 출력하는 예이다.

```
for (const auto& vr : vv) {
    copy(begin(vr.get()), end(vr.get()),
         ostream_iterator<int>(cout, ", "));
    cout << endl;
}
```

여기서 vr의 형식은 const reference_wrapper<vector<int> >&이다. 참조 래퍼는 또한 바탕 참조 형식 T&으로의 암묵적 변환도 제공한다. 이 덕분에 다음처럼 get을 생략할 수 있다.

```
for (const vector<int>& vr : vv) {
    copy(begin(vr), end(vr), ostream_iterator<int>(cout, ", "));
    cout << endl;
}
```

<functional>에는 참조 래퍼를 보완하는 두 보조 함수 ref와 cref도 정의되어 있다. T 형식의 왼값이 인수로 주어지면 ref는 그 왼값을 참조하는 reference_wrapper<T> 형식의 객체를 돌려준다. ref의 인수가 이미 reference_wrapper<T> 형식이면 그냥 그 인수의 복사본을 돌려준다. 이와 비슷하게, cref는 reference_wrapper<const T> 형식의 객체를 돌려준다. 이 함수들은 표준 라이브러리의 여러 곳에 쓰인다. 다음과 같은 참조들의 std::map을 생각해 보자.

```
map<int, reference_wrapper<vector<int> > > mv;
```

이 코드에서 한 가지 아쉬운 점은 참조 래퍼 이름이 너무 길다는 것이다. 다행히 ref와 형식 연역을 이용하면 코드를 짧게 줄일 수 있다.

```
map<int, decltype(ref(v1))> mv;
```

그런데 통상적인 대괄호 표기법으로 이 맵의 요소를 설정할 수는 없다.

```
mv[4]= ref(v1); // 오류
```

mv[4] 표현식은 배정 이전에 기본 생성자를 호출하지만, 참조 래퍼에는 기본 생성자가 없기 때문에 컴파일 오류가 발생한다. 대괄호 표기법 대신 다음처럼 insert나 emplace를 사용해야 한다.

```
mv.emplace(4, ref(v1));
mv.emplace(7, ref(v2));
mv.insert(make_pair(8, ref(v3)));
mv.insert(make_pair(9, ref(v2)));
```

맵을 생성할 때처럼, 맵의 요소들을 훑을 때도 형식 연역을 적용하면 편하다.

```
for (const auto& vr : mv) {
    cout << vr.first << ": ";
    for (int i : vr.second.get())
        cout << i << ", ";
    cout << endl;
}
```

이 참조 래퍼 맵에는 대괄호 연산자를 사용할 수 없으므로, 특정 요소에 접근할 때는 find를 사용해야 한다.

```
auto& e7= mv.find(7)->second;
```

우변은 키 7과 연관된 값에 대한 참조를 돌려준다.

C++11 4.5 시간

⇒ c++11/chrono_example.cpp

<chrono> 라이브러리는 클록†과 타이머를 위한 형식에 안전한 수단들을 제공한다. 이 라이브러리의 주된 구성요소는 다음 두 형식이다.

- time_point: 클록을 기준으로 한 하나의 시점(time point)을 나타낸다.
- duration: 지속시간(또는 시간 간격)을 나타낸다.

두 형식의 객체들을 더하거나, 빼거나, 특정한 비율로 비례시킬 수 있다(그런 연산이 의미가 있는 경우에). 예를 들어 다음 예제 코드는 지금부터 두 시간 후에 집에 도착한다는 메시지를 만들기 위해 duration 객체를 time_point 객체에 더한다.

† [옮긴이] 클록은 시간을 측정하기 위한 소프트웨어 및 하드웨어 장치를 통칭하는 개념이다. 잠시 후에 보겠지만, 표준은 다양한 클록 장치에 해당하는 클래스들을 제공한다.

```
time_point<system_clock> now= system_clock::now(),
                         then= now + hours(2);
time_t then_time= system_clock::to_time_t(then);
cout << "Darling, I'll be with you at " << ctime(&then_time);
```

여기서 now는 이 코드가 실행된 현재 시간을 뜻하는 시점(time_point 객체)이고 hours(2)는 두 시간에 해당하는 지속시간(duration 객체)이다. 시점을 문자열로 변환하는 데 사용한 ctime 함수는 C 표준 라이브러리에서 물려받은 것으로, <ctime> 헤더에 정의되어 있다. ctime 함수에 주어진 time_point 객체는 to_time_t 함수에 의해 time_t 객체로 변환된다. ctime은 지역 시간대를 기준으로 주어진 시점을 표현하는 문자열(좀 더 정확히는 char[])을 돌려준다.

```
Darling, I'll be with you at Fri Feb 11 22:31:31 2022
```

실무에서는 구현을 잘 조율한 후에 계산에 소비되는 시간을 정확하게 측정해야 할 때가 많다. 한 예로, 다음은 바빌로니아 법(babylonian method)을 이용해서 제곱근을 계산하는 함수이다.

```
inline double my_root(double x, double eps= 1e-12)
{
    double sq= 1.0, sqo;
    do {
        sqo= sq;
        sq= 0.5 * (sqo + x / sqo);
    } while (abs(sq - sqo) > eps);
    return sq;
}
```

이 함수의 루프는 비용이 큰 나누기 연산을 사용한다(나눗셈은 부동소수점 파이프라인을 방출할 가능성이 크다). 그리고 알고리즘 자체의 속도는 이차수렴(quadratic convergence)이다. 따라서 제곱근을 구하는 데 시간이 꽤 걸릴 것이다. 그럼 실제로 시간을 측정해 보자.

```
time_point<steady_clock> start= steady_clock::now();
for (int i= 0; i < rep; ++i)
    r3= my_root(3.0);
auto end= steady_clock::now();
```

클록의 추가부담이 벤치마크에 영향을 주지 않도록 같은 계산을 여러 번 수행해서 시간을 측정한다. 다음은 전체 시간을 반복 횟수로 나눈 결과를 출력하는 코드이다.

```
cout << "my_root(3.0) = " << r3 << ", the calculation took "
     << (end - start).count() / rep << " ticks.\n";
```

필자의 시스템에서 얻은 결과는 다음과 같다.

```
my_root(3.0) = 1.73205, the calculation took 54 ticks.
```

그런데 결과(지속시간)가 실제 시간('벽시계 시간')이 아니라 틱tick 수이다. 그럼 이 문제를 해결해보자. 먼저, 이 틱 수를 좀 더 다루기 쉬운 마이크로초로 변환하자.

```
duration_cast<microseconds>(end - start).count() / rep
```

이제 다음과 같은 결과가 출력된다.

```
my_root(3.0) = 1.73205, the calculation took 0 mmicros.
```

count는 틱 수에 해당하는 마이크로초 단위의 시간을 돌려주는데, 안타깝게도(?) 지금의 틱 수는 1 마이크로초보다 짧은 시간이라서 그냥 0이 출력되었다. 마이크로초 시간을 소수점 이하 세 자리까지 출력하면 의미 있는 수치가 나올 것이다. 이를 위해, 틱 수를 나노초 단위로 변환한 값을 double 값 1000.0으로 나눈다.

```
duration_cast<nanoseconds>(end - start).count() / 1000. / rep
```

1000 다음의 마침표(소수점)에 주목하자. 이것이 없으면 정수 나눗셈이 되어서 소수부가 잘려 나간다.

```
my_root(3.0) = 1.73205, the calculation took 0.054 mmicros.
```

클록의 해상도는 1초에 대한 비(ratio)로 주어진다.† 각 클록 클래스에는 비를 나타내는 표준 템플릿 클래스 ratio를 인스턴스화한 period이라는 멤버 형식이 있다. 다음은 이 멤버 형식을 이용해서 클록의 해상도를 계산하는 예이다.

† [옮긴이] 예를 들어 어떤 클록의 1초에 대한 비가 1,000이라는 것은 클록이 1초를 1000개로 쪼개어서 셀 수 있다는 뜻이다.

```
using P= steady_clock::period;       // 시간 단위의 형식
cout << "Resolution is " << double{P::num} / P::den << "s.\n";
```

필자의 시험용 컴퓨터에서 이 코드는 다음을 출력한다.

```
Resolution is 1e-09s.
```

즉, 이 클록의 해상도는 1나노초이다.

현재의 표준 라이브러리에는 다음과 같이 꽤 많은 클록 클래스가 있다.

- system_clock은 시스템 고유의 벽시계 클록을 대표한다. 이번 절의 첫 예제에서 보듯이 이 클록은 <ctime>의 C 시간 함수들과 호환된다.
- high_resolution_clock은 바탕 시스템에서 해상도가 가장 높은 클록에 해당한다.
- steady_clock은 시점이 계속 증가함을 보장하는 클록이다. 앞의 두 클록의 경우 일부 플랫폼에서는 나중 시점이 이전 시점보다 더 작은 값이 되도록 클록이 조정될 수 있다(예를 들면 자정을 넘어갈 때). 그러면 지속시간이 음수가 되는 등의 기이한 현상이 발생한다. 따라서 타이머 용도로는 steady_clock이 제일 편하다(해상도가 충분하다고 할 때).
- utc_clock은 협정세계시(Coordinated Universal Time, UTC)를 위한 클록이다. C++20부터 사용할 수 있다.
- tai_clock은 국제원자시(International Atomic Time, TAI)를 위한 클록이다(C++20부터).
- gps_clock은 GPS 시간을 위한 클록이다(C++20부터).
- file_clock은 파일의 시간 속성을 위한 클록이다(C++20부터).
- local_t는 지역 시간을 나타내는 유사 클록(pseudo-clock)이다(C++20부터).

<ctime>에 익숙한 독자라면 처음에는 C++의 <chrono>가 다소 복잡하게 느껴지겠지만, 점차 초·밀리초·마이크로초·나노초를 통일된 인터페이스로 다룰 수 있다는 장점과 여러 오류가 형식 수준에서(즉, 컴파일 시점에서) 검출되어서 프로그램이 좀 더 안전해진다는 장점이 초기의 복잡함을 뛰어 넘을 것이다.

C++14 C++14에서는 지속시간 형식의 사용자 정의 리터럴들이 추가되었다. 다음은 지속시간 관련 리터럴들을 사용하는 예이다.

```
auto dur1= 3h;       // 세 시간
auto dur2= 5.5min;   // 5.5분
auto dur3= 9s;       // 9초
auto dur4= 12.3ms;   // 12.3밀리초
auto dur5= 4us;      // 4마이크로초
auto dur6= 2.3ns;    // 2.3나노초
```

지속시간 값들은 정수이면 `long`, 정수가 아니면 `long double` 형식으로 저장된다. 내부적으로 이 값들은 초 단위로 변환되는 것이 아니라 컴파일 시점 `ratio`로 표현된다. 예를 들어 `dur2`의 형식은 `chrono::duration<long double, std::ratio<60l, 1l> >`이다. 어떤 산술 연산 표현식에 단위가 다른 지속시간들이 있는 경우, 계산 결과는 가장 작은 단위로 저장된다. 예를 들어 다음 계산의 결과는 분 단위이다.

```
auto dur7= 2h + 12min;
```

C++20 C++20에는 하루 중 시간을 위한 지속시간 형식인 `chrono::hh_mm_ss`가 추가되었다. 이 형식은 자정부터 흐른 시간을 나타낸다. 또한, C++20에는 시간대(time zone)와 관련된 다양한 형식과 함수들, 그리고 달력 기능과 관련한 여러 형식도 추가되었다.

C++11 4.6 동시성

요즘 나오는 모든 범용 프로세서에는 다수의 코어가 들어 있다. 그렇지만 다중 코어 플랫폼의 계산 능력을 제대로 활용하는 것은 많은 프로그래머에게 여전히 어려운 문제이다. C++11에서 다중 코어를 최대한 활용하기 위한 구성요소들이 표준에 새로 추가되었다. 이번 절에서는 이 구성요소들을 소개한다.

4.6.1 용어

컴퓨터로 여러 가지 연산을 동시에 실행하는 것을 병렬성이라고 말하기도 하고 동시성이라고 말하기도 한다. 안타깝게도 이 두 용어의 정의는 어느 정도 중의성 또는 애매모호함이 존재하며, 그런 만큼 두 용어가 명확히 구분되지 않는 경우가 많다. 이 책에서는 이들을 다음과 같이 정의한다.

> **정의 4-1. (병렬성과 동시성). 병렬성**(parallelism)은 모든 형태의 동시적 처리(simultaneous processing)이고, **동시성**(concurrency)은 **스레드**thread라고 부

르는 경량 프로세스(lightweight process) 여러 개를 같은 주소 공간에서 동시에 실행하는 것이다.

즉, 동시성은 병렬성의 한 특수 사례이다. 고성능 컴퓨팅(high-performance computing, HPC) 분야에서 다수의 프로세서를 활용할 수 있는 방식으로 소프트웨어를 개발하는 것을 병렬성이라고 부른다는 점을 생각하면 이러한 정의에 수긍할 수 있을 것이다. 이번 절에서는 전적으로 동시성만 다루지만, 문맥에 따라서는 좀 더 일반적인 용어인 병렬성도 사용한다. 말 공부는 이 정도로 마치고, 동시성을 실제로 실현하는 방법으로 들어가자.

4.6.2 개요

C++11에서부터 표준이 공식적으로 지원하기 시작한 동시성은 다중 스레드의 형태로 실현된다. 다중 스레드는 코어가 여러 개인 시스템뿐만 아니라 코어가 하나뿐인 시스템에서도 코어를 좀 더 효율적으로 사용하는 데 도움이 된다. 예를 들어 웹에서 데이터를 내려받는 동안 이전에 받은 데이터를 처리하는 방식으로 다중 스레드를 활용할 수 있다. 한편으로는 코드를 최대한 명확하고 효과적으로 표현하고 다른 한편으로는 최적의 성능을 얻을 수 있는 최적의 추상을 찾는 것은 C++ 개발에서 가장 큰 난제 중 하나이다. C++11에서부터 도입되기 시작한 동시성 기능 중에서, 현재 동시성 프로그래밍의 주된 구성요소는 다음과 같다.

- `thread`: 새 실행 경로를 만들기 위한 클래스
- `future`: `thread`로부터 결과를 받기 위한 클래스 템플릿
- `promise`: `future`의 값들을 저장하기 위한 클래스 템플릿
- `async`: 함수를 비동기적으로 호출하기 위한 함수 템플릿
- `atomic`: 교대되지 않는 값 접근을 위한 클래스 템플릿
- `mutex`: 상호 배제적 실행을 조정하기 위한 설비(facility) 클래스

4.6.3 thread

⇒ c++11/thread_is_prime_example.cpp

`thread`는 가장 기본적인 동시성 구성요소이므로 병렬 계산을 공부할 때 출발점으로 삼을 만하다. 그렇지만 병렬적 프로그래밍을 처음 시작할 때는 이 책에서 나중에 소개하는 고수준 기능부터 사용할 것을 권한다, 그 기능들이 더 사용하기 쉽기 때문이다.

thread의 용법을 설명하기 위해, 상당히 큰 정수들이 소수인지를 동시에 점검하는 프로그램을 예로 들겠다. 이 예제가 사용하는 소수 판정 논리는 이렇다. 1은 소수가 아니고, 2를 제외한 짝수는 소수가 아니다. 그 외의 수들의 경우, 1보다 크고 자신보다 작은 모든 홀수로 나누었을 때 그 어떤 홀수로도 나누어지지 않으면 소수이다. 다음은 이러한 판정 논리를 구현한 함수이다.

```
bool is_prime(long i)
{
    if (i == 1)
        return false;
    if (i % 2 == 0)
        return i == 2;
    long max_check= i; // sqrt(i) + 1로 설정해도 충분함
    for (long j= 3; j < max_check; j+= 2)
        if (i % j == 0)
            return false;
    return true;
}
```

max_check의 설정은 그리 지능적이지 않다. max_check= sqrt(i) + 1로 한다면 연산 횟수를 크게 줄일 수 있다. 그렇지만 그렇게 설정하면 스레드 개수와 무관하게 계산이 너무 빨리(인간의 지각 능력을 기준으로) 끝나서 이 예제의 취지가 무색해진다. 이 함수로 계산을 시작하기 전에, 현재 시스템의 하드웨어가 지원하는 스레드 개수부터 확인해 보자.

```
cout ≪ thread::hardware_concurrency() ≪ " threads available.\n";
```

필자가 사용한 시험용 컴퓨터는 하드웨어 스레드가 8개이다(4코어지만 하이퍼스레딩을 활성화했음). 몇 초 동안(영원히는 아니고) 이 컴퓨터를 바쁘게 만들기 위해, 10억 부근의 알려진 소수와 그다음의 홀수들을 판정하기로 하자. 다음은 판정할 수들을 스레드 개수만큼만 설정하는 코드이다.

```
vector<long>  vi;
long first_prime= 982451653;
for (long i= 0, v= first_prime; i < num_threads; ++i, v+= 2)
    vi.push_back(v);
```

입출력 연산이 수치 계산을 방해하지 않도록, 판정 결과들을 담을 벡터를 따로 만든다.

```
vector<char> results(num_threads);
```

판정 결과를 vector<bool>이 아니라 vector<char>에 저장하는 이유는, 전자는 하나의 바이트에 여러 개의 부울 값을 담기 때문이다. 두 스레드가 같은 바이트를 동시에 수정하려 하면 이상한 결과가 발생할 수 있다. 이 예제 프로그램은 빨리 끝나기 때문에 그런 일이 발생할 가능성은 아주 낮지만, 드물게 발생할수록 디버깅하기가 어렵다는 점도 생각해야 한다. 또한, 하필이면 우리의 프로그램을 다른 누군가가(박사학위 지도교수나 유료 고객, 숙적 등등) 사용할 때 문제가 발생할 수도 있으므로 문제가 생길 여지를 아예 없애는 것이 좋다.

이제 스레드를 여러 개 만들어서 각자 is_prime을 호출하기만 하면 될 것 같지만, 아직 해결해야 할 문제가 있다. thread로는 반환값이 있는 함수를 실행하지 못한다. 한 가지 우회책은 원하는 함수(지금 예에서는 is_prime)의 결과(들)에 대한 참조를 가지며 void operator()에서 그 함수를 호출하는 함수자를 사용하는 것이다. 람다 표현식을 이용하면 그런 함수자 객체를 즉석에서 만들 수 있다.

```
vector<thread>    threads;
for (int i= 0; i < num_threads; ++i)
    threads.push_back(std::thread( [&vi, &results, i]()
                            { results[i]= is_prime(vi[i]); } ));
```

이 코드는 임시 thread 객체를 만들어서 벡터에 복사(실제로는 이동)한다. 이렇게 하는 대신 thread 객체를 벡터 안에서 직접 생성할 수도 있다.

```
for (int i= 0; i < num_threads; ++i)
    threads.emplace_back(
        [&vi, &results, i](){ results[i]= is_prime(vi[i]); } );
```

is_prime의 결과는 해당 thread의 실행이 끝난 후에 조회해야 한다. 이를 위해 각 스레드에 대해 join 메서드를 호출한다. 이 메서드의 호출은 해당 스레드가 종료될 때까지 반환되지 않고 차단되므로(blocking), join 호출 이후의 코드는 반드시 해당 스레드가 종료된 후에 실행된다.

```
for (int i= 0; i < num_threads; ++i) {
    threads[i].join();
    cout << vi[i] << " is " << (results[i] ? "" : "not ")
         << "a prime number.\n";
}
```

이상의 코드는 충분히 병렬적이므로, 이것으로 예제 프로그램을 마무리해도 될 것이다. 그렇지만 thread의 이러한 용법에는 다음과 같은 몇 가지 단점이 있다.

- 반환값을 조회하기 위해 람다가 추가로 필요하다.
- 스레드들을 담는 컨테이너와 결과를 담는 컨테이너가 따로 필요하다.
- 호출자의 차단 없이는 작업 완료를 알아낼 수 없다.
- 예외를 처리할 수 없다.

다음 절들에서는 병렬 계산을 구현하는 더 나은 방법을 소개한다.

4.6.4 호출자에 결과 통지

⇒ c++11/ptask_example.cpp

실행 중인 thread를 다루는 좀 더 나은 방법은 실행의 '미래' 상태를 추상화한 future(헤더는 <future>)를 사용하는 것이다. future 형식의 객체(간단히 '미래 객체')는 자신과 연관된 스레드가 여전히 실행 중인지 아닌지 알고 있으며, 스레드의 실행이 끝나면 그 결과가 미래 객체에 저장된다. future와 짝을 이루는 것은 미래의 '약속'을 추상화한 promise이다. 스레드의 결과 또는 예외가 이 promise 형식의 객체('약속 객체')에 저장된다.

future와 promise는 packaged_task를 통해서 함수 객체와 연관된다. 이 세 클래스는 모두 <future> 헤더에 있다. 여기서는 표준의 packaged_task를 단순화한 다음과 같은 클래스 템플릿을 이용해서 미래 객체와 약속 객체의 용법을 설명한다.

```
template <typename Ret, typename ...Args>
class ptask
{
    using fun= std::function<Ret(Args...)>;
  public:
    explicit ptask(fun fn) : f{fn} {}
    // ...
  private:
    fun                         f;
    mutable std::promise<Ret>   p;
};
```

이 ptask 클래스는 스레드에서 실행할 함수의 반환 형식과 인수 형식들로 인스턴스화된다. 함수를 저장하고 참조하는 용도로 std::function을 사용한다.

std::function은 다양한 종류의 함수 객체를 저장할 수 있는 유틸리티 클래스이다(좀 더 자세한 사항은 §4.4.7을 보라). ptask 클래스의 promise 멤버 p는 mutable로 선언되어 있으므로, const 메서드에서도 변경할 수 있다. const 메서드는 물론 적용 연산자(호출 연산자)이다.

```
void operator()(Args&& ...args) const
{
    try {
        p.set_value_at_thread_exit(f(std::forward<Args>(args)...));
    } catch(...) {
        p.set_exception_at_thread_exit(std::current_exception());
    }
}
```

이 연산자는 모든 인수를 저장된 함수 f로 전달하고, f의 결과를 약속 객체 p에 저장한다. 단, f가 예외를 던진다면 그 예외를 p에 저장한다.

future는 어떻게 연관될까? 미래 객체는 약속 객체의 get_future 메서드가 제공한다.

```
std::future<Ret> get_future() const { return p.get_future(); }
```

각 future는 각자 하나의 promise와 연관된다. 정리하자면, 일꾼 스레드(worker thread; 해당 함수 객체를 실행하는 스레드)는 자신의 결과 또는 예외를 약속 객체에 설정하고, 호출자는 그 약속 객체와 연관된 미래 객체로부터 결과를 얻는다.

이제는 thread들의 컨테이너와 결과들의 컨테이너를 따로 둘 필요 없이, future들의 컨테이너 하나만 사용하면 된다.

```
vector<future<bool> > futures;
for (long i= 0; i < num_threads; ++i) {
    ptask<bool, long> pt{is_prime};
    futures.push_back(pt.get_future());
    thread t{move(pt), vi[i]};
    t.detach();
}
```

이 코드는 원하는 함수(is_prime)로 ptask 객체를 생성하고, 그 객체에서 미래 객체를 얻어서 컨테이너에 넣는다. 그런 다음 이 ptask 객체로 새 thread를 띄우고, detach 메서드를 호출해서 실행 스레드를 thread 객체와 분리한다. 이렇게 하면 다른 스레드들에 실행의 기회가 주어지며, 이 스레드가 종료될 때 이 스레드의 자원들이 해제된다. 이러한 과정을 스레드 개수만큼 반복한다.

이전 버전과는 달리 이 버전은 thread 객체들을 따로 담아 두지 않는다(담아 둘 필요가 없다). 대신 각 스레드와 연관된 future 객체의 get 메서드로 스레드의 결과를 조회하면 된다.

```
for (long i= 0; i < num_threads; ++i)
    cout << vi[i] << (futures[i].get() ? " is " : " is not ")
         << "a prime number.\n";
```

get 메서드는 스레드의 작업이 끝날 때까지 기다렸다가 그 결과를 돌려준다.

4.6.5 비동기 호출

⇒ c++11/async_example.cpp

앞의 나온, vector에 future 객체들을 채우는 루프의 본문에서 스레드를 띄우고 분리하는 작업은 async가 하는 일과 사실상 같다. 따라서 해당 루프를 다음과 같이 아주 간결하게 표현할 수 있다.

```
vector<future<bool> > vf;
for (long v : vi)
    vf.emplace_back(async(is_prime, v));
```

루프 본문이 짧아졌을 뿐만 아니라, thread와 packaged_task도 필요하지 않다. 그냥 async 함수를 호출해서 미래 객체를 얻기만 하면 된다.

사실 이 async 호출이 앞의 구현과 완전히 동일한 것은 아니다. 지금처럼 실행 정책(launching policy)을 따로 지정하지 않고 함수와 함수 인수들만 지정해서 async를 호출하면 시스템은 그 함수의 실행을 지연할 수 있다. async 호출과 함께 스레드가 즉시 생성, 실행되게 하고 싶으면 다음처럼 launch::async 정책을 지정하면 된다.

```
async(launch::async, is_prime, v);
```

반대로, 명시적으로 **지연 평가**(lazy evaluation)를 적용하고 싶으면 launch::deferred 정책을 지정한다.

```
async(launch::deferred, is_prime, v);
```

이렇게 하면 주어진 함수는 future의 wait 메서드를 통해서 해당 스레드의 종료를 기다리기 시작할 때 비로소 실행된다. future의 get으로 스레드의 결과를 요청할 때도 내부적으로 wait가 적용된다. 시스템이 두 정책 중 적절한 것을 선택하게 하고 싶으면, 다음처럼 두 정책을 비트 단위 OR로 결합해서 지정하면 된다.

```
async(launch::async | launch::deferred, is_prime, v);
```

앞에서처럼 정책을 아예 생략해도 이와 동일한 효과가 난다.

마지막으로, 스레드에서 발생한 예외를 처리하는 방법을 살펴보자. 주어진 큰 수가 소수가 아님을 바로 알아볼 수 있는 경우가 있다. 예를 들어 마지막 자리의 숫자가 짝수이거나 5인 큰 수는 무조건 소수가 아니다(2와 5 자체는 소수이지만 '큰 수'는 아니다). 5로 끝나는 수를 일일이 판정하는 것은 "예외적으로" 멍청한 일이므로, 그런 경우에는 예외를 던지기로 하자.

```
bool is_prime(long i)
{
    if (i % 10 == 5 && i != 5)
        throw trivial_nonprime{};
    // ... 나머지 코드는 이전과 동일 ...
}
```

다음은 이 예외를 처리하도록 수정한 소수 판정 루프이다.

```
for (long i= 0; i < num_threads; ++i)
    try {
        while (vf[i].wait_for(200ms) != future_status::ready)
            cout ≪ "Still waiting." ≪ endl;
        cout ≪ vi[i] ≪ (vf[i].get() ? " is " : " is not ")
             ≪ "a prime number.\n";
    } catch (trivial_nonprime) {
        cout ≪ " is obviously not a prime number.\n";
    }
```

이 구현은 지저분하다고 말할 정도는 아니지만 좀 까다롭다. 출력문을 try-catch 블록으로 감쌌다. try 블록에서는 계산이 끝났는지, 즉 미래 객체가 준비되었는지(future_status::ready)† 판정한다. 아직 스레드가 계산 중이면 200ms 동안

† [옮긴이] 코드의 future_status는 <future>에 정의된 열거형 클래스 std::future_status이다. C++11에서 도입된 열거형 클래스에 관해서는 블로그 글 "C++0x 미리보기 4, 새로운 열거형"(*https://occamsrazr.net/tt/184*)을 참고하기 바란다.

기다렸다가 다시 판정하는 과정을, 비동기 계산의 상태가 ready가 될 때까지 반복한다. wait_for 호출에 C++14의 접미사 ms가 쓰였음을 주목하자. C++11이라면 200ms가 아니라 chrono::milliseconds(200)을 사용해야 한다.

이 과정에서 아무런 예외도 발생하지 않으면 그냥 이전처럼 결과가 출력된다. 만일 예외가 발생한다면 그 예외는 get 호출에서 발생한 것이다(is_prime이 예외를 발생하면 그것을 get이 다시 던진다). 그 시점에서는 이미 현재 판정 중인 값이 cout에 출력된 후이므로,[9] catch 절에서는 그 수 자체는 출력하지 않고 그 수가 당연히 소수가 아니라는 문구만 출력한다.

4.6.6 비동기적인 반복 해법

좀 더 복잡한 예로, 이번에는 비동기적이고 가로챌 수 있는(interruptible) 반복 해법(iterative solver)을 구현해 본다. 이런 해법의 동시성과 가로채기 능력은 과학자나 공학자의 생산성에 다음과 같이 도움이 된다.

- 비동기성: 한 모형에 대해 해법이 실행되는 동안 다음 모형으로 넘어갈 수 있다.
- 가로채기 능력: 새 모형이 이전 모형들보다 훨씬 낫다는 확신이 들면 언제라도 이전 모형에 대한 해법을 중지할 수 있다.

안타깝게도 thread는 죽일 수 없다. thread를 억지로 종료하면 응용 프로그램 전체가 종료된다. 스레드를 "우아하게" 종료하려면, 스레드(가 실행하는 함수) 자체가 잘 정의된 가로채기 지점들을 제공해야 한다. 그런 가로채기를 지원하도록 특별히 고안된 jthread라는 클래스가 C++20에서 도입되었다. 반복 해법을 종료하기에 가장 자연스러운 지점은 각 반복의 끝에서 루프 종료 조건을 판정하는 지점이다. 하나의 반복에서 수행하는 계산이 아주 길다면, 그 지점에서는 해법을 즉시 중지할 수는 없다. 그렇지만 실제 응용 프로그램들에서는 흔히 비교적 짧은 계산을 아주 많이 반복한다. 그런 응용 프로그램의 경우 이 접근 방식을 적용하면 비교적 적은 노력으로 큰 이득을 얻을 수 있다.

따라서, 가로챌 수 있는 반복 해법을 구현하는 첫 단계는 가로챌 수 있는 반복 제어 클래스(interruptible iteration control class)를 만드는 것이다. 간결함을

---

9 단, 표준 출력 스트림의 구현 방식에 따라서는 이것이 보장되지 않을 수 있다. 실제로 Visual Studio에서는 메시지가 뒤죽박죽이 된다. 명확성과 이식성이 개선되도록 코드를 리팩터링해보기 바란다.

위해 여기서는 MTL4[21]10의 basic_iteration 클래스에 기반해서 반복 제어 클래스를 만들기로 하겠다. 몇 가지 현실적인 문제로 이 예제의 전체 코드를 독자에게 제공하지 못함을 사과드린다. 반복 제어 객체는 흔히 절대 엡실론과 상대 엡실론, 그리고 최대 반복 횟수로 초기화된다. 반복 해법은 계산을 반복할 때마다 오차를 추정하고(흔히 잔차(residue)의 노름을 오차 추정치로 사용한다), 그 오차 추정치에 기초해서 계산의 완료 여부를 판정한다.

우리의 반복 제어 클래스 interruptible_iteration은 basic_iteration 클래스에 interrupted라는 플래그(부울 변수)를 추가한다. 사용자는 이 멤버 변수를 true로 설정함으로써 해법 스레드의 가로채기를 요청한다. 해법을 호출하는 스레드와 해법의 스레드 둘 다 interrupted에 접근하므로, 미정의 행동(undefined behavior)이 발생하지 않으려면 이 플래그에 대한 접근은 '상호 배타적(**mut**ually **ex**clude, mutex[뮤텍스])'이어야 한다. 이를 위해 mutex 객체를 이용해서 접근을 관리한다.

```
class interruptible_iteration
{
  public:
    interruptible_iteration(basic_iteration<double>& iter)
      : iter{iter}, interrupted{false} {}
    bool finished(double r)
    {
        m.lock();
        bool i= interrupted;
        bool f= iter.finished(r);
        m.unlock();
        return f || i;
    }
    void interrupt()
    {
        m.lock();
        interrupted= true;
        m.unlock();
    }
    bool is_interrupted() const
    {
        m.lock();
        bool i= interrupted;
        m.unlock();
        return i;
    }
```

10 *https://github.com/simunova/mtl4*에서 내려받을 수 있다.

```
  private:
    basic_iteration<double>&  iter;
    bool                      interrupted;
    mutable mutex             m;
};
```

interrupted에 접근하는 메서드들은 먼저 mutex 객체 m을 잠그고(lock 메서드) interrupted를 조회하거나 설정한 후 다시 m을 푼다(unlock 메서드). 사실 표준은 이처럼 lock과 unlock을 명시적으로 호출하는 방식을 권장하지 않는다. lock 호출 이후 프로그래머가 unlock 호출을 빼먹거나 예외 때문에 unlock이 호출되지 못하면 mutex가 계속해서 잠긴 상태가 될 수 있기 때문이다. 특정한 연산 이전과 이후에 mutex를 잠그고 푸는 것은 항상 짝을 이루어서 일어나야 하므로, RAII 원칙을 적용하기에 적합하다. 실제로 표준 라이브러리에는 mutex를 생성자에서 잠그고 소멸자에서 푸는 lock_guard라는 클래스가 있는데, 이것을 이용하면 unlock 호출을 까먹거나 예외가 발생해서 mutex가 풀리지 않는 문제를 피할 수 있다. 다음은 interruptible_iteration에 lock_guard를 도입한 버전이다. 이전 버전보다 코드가 훨씬 간결해졌다.

```
class interruptible_iteration
{
  public:
    interruptible_iteration(basic_iteration<double>& iter)
      : iter{iter}, interrupted{false} {}
    bool finished(double r)
    {
        lock_guard<mutex> g{m};
        return iter.finished(r) || interrupted;
    }
    void interrupt()
    {
        lock_guard<mutex> g{m};
        interrupted= true;
    }
    bool is_interrupted() const
    {
        lock_guard<mutex> g{m};
        return interrupted;
    }
  private:
    basic_iteration<double>&  iter;
    bool                      interrupted;
    mutable mutex             m;
};
```

lock_guard를 도입해서 생긴 큰 장점 하나는, 이제는 독점적 접근을 보장하기 위해 interrupted를 복사할 필요가 없다는 것이다. 명시적으로 lock을 호출하는 이전 버전에서는 return 문 전에 unlock을 호출해야 했기 때문에 interrupted를 임시 변수에 복사해 두었다. 그러나 RAII를 이용한 이 버전에서는 return 문 이후에 lock_guard의 소멸자에서 unlock을 호출하므로 그럴 필요가 없다.

이 예제에서는 사용하지 않았지만, array에 담긴 mutex 객체들을 lock으로 한꺼번에 잠그는 것도 가능하다. §4.6.7에 이에 관한 예제가 나온다.

C++14 이 예제에서는 공유 자원(interrupted 플래그)에 접근하는 함수들을 한 번에 한 스레드만 사용할 수 있다. 이와는 달리 공유 자원을 변경하는 함수만 그 자원을 독점하게 하고, 자원을 읽는 함수들은 동시에 접근할 수 있게(어떤 스레드가 자원을 변경하는 도중이 아닌 한) 하는 것이 바람직한 상황도 있다. 이를 위해 C++14는 shared_timed_mutex를 도입했고, C++17은 그보다 더 간단한, 그리고 더 빠를 수 있는 shared_mutex를 도입했다. 이 클래스들은 독점적인 lock과 unlock 메서드 뿐만 아니라 그 메서드들의 공유 버전이라 할 수 있는 lock_shared와 unlock_shared 메서드도 제공한다. 짐작했겠지만, lock_shared는 비독점적 읽기 접근을 가능하게 한다. 다음은 interruptible_iteration에 shared_mutex를 도입한 버전이다.

```
class interruptible_iteration
{
  public:
    interruptible_iteration(basic_iteration<double>& iter)
      : iter{iter}, interrupted{false} {}
    bool finished(double r)
    {
        shared_lock<shared_mutex> g{m};
        return iter.finished(r) || interrupted;
    }
    void interrupt()
    {
        lock_guard<shared_mutex> g{m};
        interrupted= true;
    }
    bool is_interrupted() const
    {
        shared_lock<shared_mutex> g{m};
        return interrupted;
    }
  private:
    basic_iteration<double>&  iter;
```

```
    bool                        interrupted;
    mutable shared_mutex        m;
};
```

뮤텍스에 의존하는 대신, interrupted 자체를 atomic 변수로 만들어서 동시 접근 문제를 해결할 수도 있다. atomic 형식은 소위 **원자적**(atomic) 연산들만 제공한다. 여기서 원자적 연산이란 다른 스레드가 가로채거나 간섭할 수 없는 연산을 뜻한다. 다음은 이 접근 방식으로 구현한 interruptible_iteration 클래스이다.

```
class interruptible_iteration
{
  public:
    interruptible_iteration(basic_iteration<double>& iter)
      : iter{iter}, interrupted{false} {}
    bool finished(double r)
    {  return iter.finished(r) || interrupted; }
    void interrupt() { interrupted= true; }
    bool is_interrupted() const { return interrupted; }
  private:
    basic_iteration<double>&  iter;
    std::atomic<bool>         interrupted;
};
```

atomic<bool> 변수는 읽기(조회) 연산과 쓰기(배정) 연산만 제공한다.

순수한 단일 스레드 프로그램에서는 이 interruptible_iteration의 능력이 발휘되지 않는다. 하나의 해법을 실행하고 나면, 그다음 명령은 오직 그 해법이 종료된 후에야 실행된다. 따라서 interruptible_iteration을 제대로 활용하려면 해법들을 비동기적으로 실행해야 한다. 모든 순차적 해법을 비동기 실행을 지원하도록 다시 구현하는 것은 비효율적이므로, 기존 해법을 비동기적으로 실행하기 위한 수단을 도입하자. 다음의 async_executor 클래스는 주어진 해법을 새 thread로 실행하고 즉시 실행의 제어권을 돌려준다.

```
template <typename Solver>
class async_executor
{
  public:
    async_executor(const Solver& solver)
      : my_solver{solver}, my_iter{}, my_thread{} {}

    template <typename VectorB, typename VectorX,
              typename Iteration>
```

```
    void start_solve(const VectorB& b, VectorX& x,
                     Iteration& iter) const
    {
        my_iter.set_iter(iter);
        my_thread= std::thread(
            [this, &b, &x](){
                my_solver.solve(b, x, my_iter);}
        );
    }
    int wait() {
        my_thread.join();
        return my_iter.error_code();
    }
    int interrupt() {
        my_iter.interrupt();
        return wait();
    }

    bool finished() const { return my_iter.iter.finished(); }
  private:
    Solver                           my_solver;
    mutable interruptible_iteration my_iter;
    mutable std::thread             my_thread;
};
```

사용자는 async_executor로 하나의 해법을 시작한 후에는 다른 작업을 진행하면서 가끔 그 해법이 완료되었는지를 finished()로 점검한다. 그 해법의 결과가 중요하지 않음이 확실해지면 interrupt()를 호출해서 해법의 실행을 중단한다. 확실한 답을 얻었으며, 해법을 완전히 종료해야 할 상황이 되면 wait()를 호출한다. 그러면 내부 thread 객체에 대해 join 메서드가 호출되어서 스레드가 우아하게 종료된다.

다음의 의사코드는 과학자가 이 비동기 실행 수단을 사용하는 방법을 보여준다.

```
while ( !happy(science_foundation) ) {
    discretize_model();
    auto my_solver= itl::make_cg_solver(A, PC);
    itl::async_executor async_exec{my_solver};
    async_exec.start_solve(b, x, iter);

    play_with_model();
    if ( found_better_model )
        async_exec.interrupt();
    else
        async_exec.wait();
}
```

공학자라면 science_foundation 대신 client 같은 이름의 변수를 사용했을 것이다.†

어려운 수치 계산이 필요하며 해법이 언제 수렴할지 미리 알 수 없는 시스템에도 이런 비동기 해법들을 적용할 수 있을 것이다. 그런 경우에는 수렴할 가능성이 있는 모든 해법을 병렬로 시작하고 그중 하나라도 완료되면 다른 모두를 중단하는 식으로 작업을 진행하면 될 것이다. 코드의 명확성을 위해서는 비동기 해법 실행기 객체들을 컨테이너에 담아 두는 것이 바람직하다. 비동기 실행기가 복사와 이동을 지원하지 않는 경우에는 §4.1.3.2에서 소개한 컨테이너의 emplace 메서드를 사용하면 된다.

4.6.7 가변 개수 뮤텍스 잠금

다중 스레드 응용 프로그램에서 잠긴 뮤텍스가 풀리길 기다리는 스레드가 많아지면, 응용 프로그램의 전체적인 속도가 아주 느려질 수 있다. 이런 스레드 혼잡(congestion; 또는 정체, 밀집)을 완화하는 한 가지 방법은, 큰 자료 구조 전체를 하나의 뮤텍스로 잠그고 푸는 대신, 뮤텍스를 여러 개 두고 자료 구조의 여러 부분을 각 뮤텍스로 각각 잠그고 푸는 것이다. 그러면 한 스레드는 자신이 원하는 부분을 사용 중인 다른 스레드가 있는 경우에만 차단된다.

여기서 이 접근 방식의 구현 예를 제시하지는 않겠다. 이 접근 방식과 관련한 또 다른 난제를 살펴보기로 하자. 큰 자료 구조의 일부분만 사용하는 연산들 외에, 자료 구조 전체를 고려하는 연산들도 있을 수 있다. 데이터를 복잡한 방식으로 재조직화하는 연산이 그러한 예이다. 이 경우에는 모든 뮤텍스를 잠가야 한다. 만일 뮤텍스들을 차례로 잠근다면 소위 **교착**(dead lock) 상태에 빠질 수 있다. 교착이란 스레드들 사이의 순환적인 의존관계 때문에 스레드들이 원하는 자원이 영원히 제공되지 못하는 상태를 말한다.‡ 교착 상태는 그 자체로 중요한 연구 주제이지만 여기서 자세히 이야기하지는 않겠다. 또한, 교착 상태를 방지하는 현명한 관례들이 있지만 역시 이 책에서 다룰 주제는 아니다.

여기서는 모든 뮤텍스를 동시에 잠글 수 있는, 또는 모든 뮤텍스가 동시에 잠길 때까지 기다릴 수 있는 현대적 C++ 수단을 소개하는 것으로 논의를 한정하

† [옮긴이] 참고로 science_foundation은 연구비를 지원하는 과학 재단, client는 프로젝트를 맡긴 고객사 또는 의뢰인을 암시한다.

‡ [옮긴이] 간단한 예로, 스레드 A는 스레드 B가 가진 자원이 풀리길 기다리지만 스레드 B는 스레드 A가 가진 자원이 있어야 자신의 자원을 풀 수 있다면 교착 상태가 된다.

기로 한다. 커다란 자료 구조를 위한 뮤텍스들을 하나의 array 객체에 담는다고 하자. 만일 array 객체가 항상 같은 크기라면, 예를 들어 항상 4라면, 다음처럼 네 개의 배열 요소로 가변 인수 lock 함수를 호출하면 그만이다.

```
lock(m[0], m[1], m[2], m[3]);
```

그렇지만 일반성을 위해서는 임의의 크기의 배열들을 다룰 수 있어야 한다. 또한, 우리의 구현은 lock_guard처럼 RAII 원칙을 따를 필요가 있다. 다음은 lock_guard처럼 작동하되 하나의 뮤텍스가 아니라 뮤텍스 배열을 자동으로 잠그고 푸는 클래스의 틀이다.

```
template <std::size_t N>
class array_lock_guard
{
  public:
    array_lock_guard(std::array<std::mutex, N>& mutexes)
      : mutexes{mutexes}
    {
        // 모든 뮤텍스를 잠근다.
    }

    ~array_lock_guard()
    {
        for (auto& m : mutexes)
            m.unlock();
    }
  private:
    std::array<std::mutex, N>& mutexes;
};
```

이 클래스는 생성자에서 모든 뮤텍스를 잠그고 소멸자에서 모든 뮤텍스를 풀어야 한다. 소멸자는 간단하다. 뮤텍스들을 그냥 차례로 풀어도 안전하다. 그렇지만 뮤텍스들을 잠글 때는 반드시 모든 뮤텍스를 한 번의 호출로 동시에 잠가야 교착 상태가 발생하지 않는다. 다음이 그러한 구현이다.

```
template <std::size_t ...I>
void lock_all(std::index_sequence<I...>)
{
    std::lock(mutexes[I]...);
}

array_lock_guard(std::array<std::mutex, N>& mutexes)
  : mutexes{mutexes}
```

```
{
    lock_all(std::make_index_sequence<N>{});
}
```

생성자는 index_sequence 객체를 생성해서 lock_all을 호출한다. lock_all은 가변 인수 표현식을 이용해 index_sequence 객체에 담긴 색인들을 전개해서 모든 뮤텍스를 잠근다. 실제로 뮤텍스들을 잠그는 것은 표준의 가변 인수 함수 lock이다. 이와 관련해서 C++17에서 도입된 scoped_lock 클래스도 언급할 필요가 있겠다. 이 클래스는 lock_guard처럼 RAII 원칙에 따라 뮤텍스을 관리하되, 임의의 개수의(그리고 심지어는 형식이 다른) 뮤텍스들을 잠그고 풀 수 있다.

C++20 4.6.8 코루틴

코루틴[coroutine](협동 루틴, 연동 루틴)은 실행을 일시 정지했다가(suspend) 나중에 재개할(resume) 수 있는 함수이다. 실행 재개 시 코루틴은 마치 자신이 중간에 가로채인 적이 없었던 것처럼 실행을 계속 진행한다. 코루틴을 이용하면 이전과는 다른 방식의 동시성 프로그래밍이 가능하다. 어떤 함수가 자원이 없어서 작업을 진행하지 못한다고 해도, 그 자원이 준비되길 마냥 기다릴 필요가 없다. 그냥 실행을 일시 정지하고 실행의 제어권을 호출자에게 돌려주면 된다. 호출자는 자원이 마련되면 다시 함수의 실행을 재개한다. 여러 사건 주도적(event-driven) 비동기 시스템이 이런 방식으로 구현된다.

⇒ c++20/coroutine-generator.cpp

동시성과는 무관한 코루틴의 또 다른 용도는 생성기(generator) 구현이다. 생성기는 호출될 때마다 새로운 값(특정한 계산을 수행하거나 자료 구조를 순회해서 만든)을 돌려주는 함수인데, 코루틴을 이용하면 하나의 값을 돌려준 후 실행을 일시 정지하고, 나중에 호출자가 실행을 재개하면 다시 새로운 값을 돌려주는 방식으로 구현할 수 있다. 한 예로, 다음은 int 값들을 담은 트리 자료 구조를 중위(inoder) 순으로 순회해서 각 값을 출력하는 의사코드이다.

```
tree t;
fill_tree(t);

for (auto i : traverse(t, inorder))
    cout << i << endl;
```

이 예에서 traverse가 바로 생성기 함수이다. 이 함수는 주어진 트리의 부분트리(subtree)들을 재귀적으로 훑으면서 모든 값을 지정된 순서로 하나씩 돌려주어야 한다. 중위 순회에서는 먼저 현재 노드의 왼쪽 부분트리를 재귀적으로 순회하고, 현재 노드의 값을 돌려주고, 오른쪽 부분트리를 재귀적으로 순회해야 한다. 다음은 중위뿐만 아니라 전위(preorder) 순회도 지원하는 traverse 구현이다.

```
struct preorder_t {} const preorder;
struct inorder_t {} const inorder;
struct postorder_t {} const postorder; // 추가적인 순회 코드

template <typename Order>
generator<int> traverse(const tree& t, Order)
{
    stack<tree_entry*> s;
    tree_entry* current = t.head.get();

    while (current != nullptr || ! s.empty()) {
        while (current != nullptr) {
            if constexpr (is_same_v<Order, preorder_t>)
                co_yield current->value;
            s.push(current);
            current = current->left.get();
        }
        current = s.top(); s.pop();
        if constexpr (is_same_v<Order, inorder_t>)
            co_yield current->value;
        current = current->right.get();
    }
}
```

전위 순회에서는 두 부분트리로 내려가기 전에 현재 노드의 값을 돌려준다. 후위(postorder) 순회는 두 부분트리를 모두 순회한 후 현재 노드의 값을 돌려주는 것인데, 그 구현 방식이 중위 · 전위와는 크게 다르므로 따로 구현하는 것이 낫다. c++20/coroutine-generator.cpp에 후위 순회의 구현이 있다.

C++의 코루틴은 **스택 없는**(stackless) 코루틴이다. 이는 코루틴이 일시 정지될 때 호출 스택의 상태가 저장되지 않음을 뜻한다. 이 때문에 C++의 코루틴은 재귀적으로 사용할 수 없으며, 재귀 호출을 지원하려면 데이터를 담을 스택을 구현해서 재귀를 직접 처리해야 한다. 코루틴이 일시 정지될 때 저장되는 것은 지역 변수들과 레지스터들, 함수 인수들이다. 이는 이후 코루틴의 실행이 재개되는 데 필요한 모든 것에 해당한다.

코루틴을 일시 정지하는 수단은 co_await와 co_yield이다. 전자는 코루틴

을 일시 정지하기만 하고, 후자는 일시 정지와 함께 코루틴의 값을 돌려준다.† 값을 돌려주고 코루틴을 종료하려면 co_return을 사용하면 된다. 이 세 키워드는 모두 C++20에서 도입되었다.

코루틴은 반드시 소위 **약속**(promise) 객체를 돌려주어야 한다. 이 약속 객체는 클래스 템플릿 std::promise와는 다른 것임을 주의하기 바란다. 약속 객체는 코루틴의 실행 재개를 처리한다. c++20/coroutine-generator.cpp에는 케니 커Kenny Kerr의 튜토리얼[42]에서 가져온 generator 클래스가 있는데, 길이가 무려 100행을 넘는다. 코루틴 전문가들은 자신만의 약속 객체를 구현해서 코루틴을 세밀하게 제어하는 방식에 큰 불만이 없겠지만, 이 분야가 생소한 프로그래머들은 좀 더 단순한 접근 방식을 원할 것이다. 다행히 C++ 표준 라이브러리에 추가할 표준 generator의 명세와 구현이 준비되고 있다. 이것이 별 사고 없이 C++23에 도입되길 바랄 뿐이다.

현재 C++20의 코루틴은 저수준 언어 기본수단들을 제공할 뿐, 고수준 라이브러리 구성요소들은 제공하지 않는다. 지금 당장 코루틴을 효과적으로 사용하고 싶다면, 루이스 베이커Lewis Baker의 CppCoro 라이브러리[5] 같은 고수준 라이브러리를 추천한다. CppCoro 라이브러리는 표준화가 제안된 상태이다. 라이너 그림Rainer Grimm의 소개 글[25]도 참고하기 바란다.

C++20 4.6.9 그 밖의 새 동시성 기능들

코루틴 외에 C++20은 여러 가치 있는 새로운 동시성 기능들을 도입했다. 안타깝게도 이 글을 쓰는 현재 컴파일러들의 지원 부족 때문에 필자는 이 기능들을 시험해 보지 못했다. 그렇다고 웹에 떠도는 예제 코드를 여기에 복사해 붙여 넣을 수도 없는 노릇이라서, 여기서는 그냥 새 기능들을 예제 코드 없이 간단하게만 언급하기로 한다. jthread는 자동으로 부모 스레드에 합류하는(join) 기능이 추가된 스레드 클래스로, 협동적 가로채기(collaborative interruption)를 자연스럽게 지원한다. latch와 barrier는 카운터가 0이 될 때까지 스레드의 실행을 차단함으로써 스레드들의 실행을 동기화하는 수단이다. latch 객체는 한 번만 사용할 수 있는 반면 barrier 객체는 여러 번 재사용할 수 있다. 또 다른 새 동기화 수

† [옮긴이] 코루틴의 값을 돌려주는 데 쓰이는 키워드 co_yield의 yield는 두 가지 의미를 가지는데, 하나는 실행의 제어권을 호출자에게 "양보하는" 것이고 다른 하나는 어떠한 결과를 "산출하는" 것이다. 이는 키워드 return이 호출 지점으로의 '복귀'와 결과의 '반환'이라는 두 가지 의미를 가지고 있는 것과 비슷하다.

단으로 semaphore가 있다. semaphore를 이용하면 공유 자원에 접근하는, 또는 임계 영역에 진입하는 스레드의 수를 제한할 수 있다. atomic_ref를 이용하면 데이터 경쟁의 위험 없이 변수를 참조할 수 있다. atomic에 대한 shared_ptr와 weak_ptr의 특수화가 추가되어서 포인터 연산들을 스레드에 안전한 방식으로 수행할 수 있게 되었다. 부동소수점 수에 대한 atomic 특수화들이 추가되어서 부동소수점 수들의 연산을 원자적으로 수행할 수 있게 되었다.

이번 절의 의도가 C++ 동시성 프로그래밍의 모든 세부사항을 알려주는 것은 물론 아니다. 이번 절은 단지 동시성 프로그래밍에 이러저러한 요소들을 사용할 수 있다는 정도만 알려주기 위한 것이었다. 본격적인 동시적 응용 프로그램을 작성하기 전에, 이 주제를 전문으로 다루며 이론적 배경도 제공하는 책들을 읽고 공부하길 권한다. 특히 필자는 C++11 동시성 기능의 주요 기여자인 앤서니 윌리엄스Anthony Williams의 *C++ Concurrency in Action* [75] 을 추천한다. 또한, 이 복잡한 주제를 아주 이해하기 쉽게 설명한 라이너 그림Rainer Grimm의 *Concurrency with Modern C++*[26](독일어판은 [27])도 추천한다.

4.7 표준 라이브러리 이외의 과학 라이브러리

표준 라이브러리 외에도 과학 응용 프로그램을 위한 여러 서드파티 라이브러리가 있다. 이번 절에서는 몇 가지 오픈소스 라이브러리를 간략하게나마 소개한다. 이번 절에서 소개하는 라이브러리들은 전적으로 이 글을 쓰는 당시 필자의 주관적인 의견에 따라 선택한 것이다. 따라서 여기서 소개하지 않았다고 해서 가치가 없는 라이브러리는 아니라는 점을 명심하기 바란다. 또한, 이 글을 쓴 이후에 더욱 훌륭한 라이브러리들이 등장했을 가능성도 간과해서는 안 될 것이다. 오픈소스 소프트웨어는 바탕 프로그래밍 언어의 토대보다 훨씬 빠르게 진화하며 여러 라이브러리에 새로운 기능이 빠르게 추가되고 있는 만큼, 여기서 각 라이브러리의 기능을 세세하게 이야기하지는 않겠다. 좀 더 자세한 사항은 해당 매뉴얼을 참고하기 바란다.

4.7.1 대안 산술

과학 및 공학 응용 프로그램에서 대부분의 계산은 실수와 복소수, 정수를 사용한다. 또한, 제2장의 예제들에서 보았듯이 유리수(분수)를 사용할 수도 있다. 유리수를 표준에 추가하려는 시도가 몇 번 있었지만 (아직) 성공하지 못했다. 현재

C++ 표준 라이브러리에는 컴파일 시점 값으로서의 유리수밖에 없다. 그러나 유리수와 고정밀도(higher precision) 산술을 위한 오픈소스 라이브러리들은 여러 개가 있다.

Boost::Rational

Boost::Rational은 통상적인 산술 연산들을 자연스러운 연산자 표기법으로 표현할 수 있는 템플 라이브러리이다. 유리수는 항상 정규화된다(즉, 분모는 항상 양수이고, 분자와 분모는 항상 약분된다). 무한 정밀도 정수를 지원하기 때문에 정밀도 소실이나 위넘침(overflow), 아래넘침(underflow) 문제를 피할 수 있다.

GMP

GMP(GNU Multiple Precision Arithmetic Library) 도 Boost::Rational처럼 무한/임의 정밀도 정수를 지원한다. 또한 독자적인 정수 기반 유리수와 임의 정밀도 부동소수점 수도 지원한다. C++ 인터페이스는 클래스들과 해당 연산들을 위한 연산자 표기법을 제공한다.

ARPREC

또 다른 임의 정밀도 라이브러리인 ARPREC(ARbitrary PRECision)는 유효자릿수를 임의로 지정할 수 있는 정수와 실수, 복소수를 지원한다.

Posits

Posits는 변형된(tapered) 부동소수점 시스템으로, IEEE 755 부동소수점에 비해 정확성(accuracy), 효율성, 수학적 정확성(mathematical correctness)이 개선되었다. 정확성 개선 덕분에 IEEE 부동소수점 시스템보다 부동소수점 수의 비트 수가 줄어들었는데, 이는 메모리와 네트워크 대역폭이 제한 요인인 대부분의 고성능 컴퓨팅(high-performance computing, HPC) 코드에서 커다란 장점이다. Posits는 Universal Number Arithmetic 라이브러리[50]의 일부이다.

4.7.2 구간 산술

구간 산술(interval arithmetic)은 구체적인 값이 아니라 모형화된 개체들의 근삿값(approximation)을 다루는 산술이다. 근삿값이 가지는 부정확성을 반영하기 위해, 구간 산술에서는 각 데이터 항목을 참값이 포함될 것이 확실한 하나의 구간으로 표현한다. 그리고 이러한 구간들에 대한 산술은, 결과 참값이 반드시 결과 구간에 포함됨을 보장하는 적절한 반올림 규칙들로 구현된다. 여기서 참값 결과(exact result)은 완벽한 입력 데이터에 완벽하게 정확한 계산을 적용했다면 얻었을 결과를 말한다. 그렇지만 입력 데이터의 구간이 이미 크거나 알고리즘이 수치적으로 불안정하면 결과 구간이 아주 클 수 있다. 최악의 경우에는 $[-\infty,\infty]$가 될 수도 있다. 이는 만족스러운 결과는 아니지만, 적어도 뭔가가 잘못 되었다는 증거라는 점에서 의미가 있다. 반면에, 보통의 방식으로 계산한 부동소수점 수의 품질은 전적으로 불확실하기 때문에 추가적인 분석이 필요하다.

Boost::Interval

Boost::Interval 라이브러리는 구간을 표현하는 템플릿 클래스와 구간에 대한 일반적인 산술 연산들, 그리고 삼각함수들을 제공한다. 이 템플릿 클래스는 계산 결과에 관한 필수적인 정책들(앞 문단에서 말한 것 같은)을 확립해야 할 각 수치 형식에 대해 인스턴스화할 수 있다.

Valids

Valids는 개구간(open interval)에 기초한 새로운 구간 산술 시스템으로, Posits 부동소수점 시스템을 활용한다. Valids는 개구간뿐만 아니라 닫힌 구간과 반개구간도 지원하며, 자리올림(carry)과 주어진 값이 참값인지 근삿값인지에 관한 추가 정보도 제공한다. Valids는 원래 과학 소프트웨어에서 실험적 수치해석(empirical numerical analysis)을 지원하기 위해 설계된 것으로, 발생한 수치 오차를 의미 있는 방식으로 평가할 수 있다. Posits처럼 Valids는 오픈소스 Universal Number Arithmetic 라이브러리[50]의 일부이다.

4.7.3 선형대수

선형대수는 오픈소스 라이브러리도 많고 상용 소프트웨어 패키지도 많은 분야이다. 다음은 그중 일부이다.

Blitz++

Blitz++는 표현식 템플릿(§5.3)을 이용한 최초의 과학 라이브러리로, 표현식 템플릿 기법을 창안한 두 사람 중 하나인 토드 펠트하위전Todd Veldhuizen이 만들었다. 커스텀화할 수 있는 스칼라 형식들의 벡터, 행렬, 고차 텐서를 지원한다.

MTL4

MTL4는 이 책의 필자가 만든 템플릿 라이브러리로, 벡터와 다양한 종류의 행렬을 지원한다. 표준 선형대수 연산들 외에 최신의 반복적 선형 해법들도 제공한다. 기본 버전은 오픈소스이다. CUDA를 통해서 GPU도 지원한다. 슈퍼컴퓨팅 에디션은 수천 개의 프로세서에서 실행할 수 있다. MTL5가 개발 중인데, C++17

기능들을 적극적으로 사용할 계획이다.[11]

HPR

HPR("하이퍼[hyper]"라고 발음한다)는 고성능 재현 가능 계산(high-performance reproducible computation) 기능을 제공하는 템플릿 라이브러리이다. MTL과 Universal Number Arithmetic 라이브러리에 기반한 이 라이브러리가 제공하는 알고리즘 구현들은 Posits 산술의 반올림 제어 기능을 활용해 동시성 환경과는 무관하게 재현 가능한 결과를 낸다. 핵심적인 두 오픈소스 라이브러리는 HPR-BLAS[48]와 HPR-Tensor[49]이다. 이들은 각각 재현 가능한 기본 선형대수 연산자들과 텐서 연산자들을 제공한다.

4.7.4 상미분방정식

odeint

카르슈텐 아네르트[Karsten Ahnert]와 마리오 물란스키[Mario Mulansky]의 odeint는 상미분방정식(ordinary differential equation, ODE)을 수치해석적으로 푼다. 일반적 설계 덕분에 이 라이브러리는 여러 표준 컨테이너뿐만 아니라 외부 라이브러리와도 잘 연동된다. 예를 들어 바탕 선형대수 연산들을 MKL, CUDA 라이브러리 Thrust, MTL4, VexCL, ViennaCL에도 적용할 수 있다. 이 라이브러리에 쓰인 고급 기법들을 마리오 물란스키가 §7.1에서 설명한다.

4.7.5 편미분방정식

편미분방정식(partial differential equation, PDE)을 푸는 소프트웨어 패키지는 엄청나게 많다. 여기서는 필자가 보기에 적용 범위가 가장 넓고 현대적 프로그래밍 기법을 잘 사용한 몇 가지만 언급한다.

FEniCS

FEniCS는 유한요소법(finite element method, FEM)을 이용해서 PDE를 푸는 소프트웨어 모음집이다. FEniCS는 사용자를 위한 파이썬 API와 C++ API를 제공하는데, 이들은 주어진 PDE의 약형식(weak form) 표기를 지원한다. FEniCS는 PDE 문제를 푸는 C++ 프로그램 소스 코드를 약형식 정의로부터 생성하는 기능을 제공한다.†

---

11 모든 사람에게 C++의 새 기능을 사용해 보라고 추천해 온 만큼, 한때는 혁신적이었던 라이브러리가 점점 구식이 되어 가는 사태를 두고만 볼 수는 없는 노릇이다.

† [옮긴이] 2018년부터는 FEniCS를 좀 더 개선한 FEniCSx 프로젝트로 개발 노력이 집중되고 있다.

FEEL++

FEEL++는 크리스토프 프뤼돔Christophe Prud'homme이 만든 유한요소법 라이브러리로, FEniCS처럼 약형식 표기법을 지원한다. FEniCS와는 달리 외부 코드 생성기는 사용하지 않고, C++ 컴파일러의 기능을 이용해서 코드를 변환한다.

4.7.6 그래프 알고리즘

Boost Graph Library

BGL로 줄여서 표기하기도 하는 Boost Graph Library는 주로 제러미 시크Jeremy Siek가 만들었다. BGL은 대단히 일반적인 접근 방식을 사용하기 때문에 아주 다양한 데이터 형식들에 적용할 수 있다.[56] BGL에는 대단히 많은 그래프 알고리즘이 있으며, 병렬 확장 버전은 수백 개의 프로세서에서 효율적으로 실행할 수 있다.

4.8 연습문제

4.8.1 크기순 정렬

double 값 −9.3, −7.4, −3.8, −0.4, 1.3, 3.9, 5.4, 8.2로 벡터 객체를 생성하라. 초기치 목록(§2.8.4)을 사용해도 좋다. 그런 다음 그 값들을 크기(절댓값) 순서로 정렬하되,

- 비교 함수로 함수자를 이용하는 버전과
- 람다 표현식을 이용하는 버전을

따로 작성하라.

4.8.2 람다 술어를 이용한 요소 찾기

주어진 값의 첫 배수를 컨테이너에서 찾는 find_first_multiple 함수를 작성하라. 이 함수를 다음과 같은 방식으로 사용할 수 있어야 한다.

```
vector<int> vi{12, 3, 15, 5, 7, 9};
for (int i= 2; i < 10; ++i) {
    auto it= find_first_multiple(vi, i);
    if ( ??? )
        cout << "The first multiple of " << i << " is " << ??? << endl;
    else
        cout << "There is no multiple of " << i << endl;
}
```

find_first_multiple 함수는 i의 첫 배수를 가리키는 반복자를 돌려주되, 만일 그런 배수가 존재하지 않으면 컨테이너의 끝 반복자를 돌려주어야 한다. 마지막 인수로 단항 술어를 받는 STL 함수 find_if를 이용하면 손쉽게 구현할 수 있다. 그 단항 술어를 람다 표현식으로 지정해 볼 것.

4.8.3 STL 컨테이너

이 연습문제는 전화번호부를 흉내 내는 것이다. 문자열을 unsigned long으로 사상하는 std::map 객체를 생성하고, 적어도 네 개의 항목을 추가하라. 존재하는 이름과 존재하지 않는 이름으로 맵을 검색하라. 또한, 존재하는 번호와 존재하지 않는 번호로도 맵을 검색하라.

4.8.4 복소수

§4.2.1.1의 망델브로 집합 시각화를 참고해서, 2차 다항식들의 쥘리아 집합(Julia set)을 시각화하는 프로그램을 작성하라. 쥘리아 집합이 망델브로 집합과 다른 점은 제곱 함수에 더하는 상수가 픽셀 위치와는 무관하다는 것뿐이다. 본질적으로는 상수 k를 도입하고 iterate 함수를 조금만 고치면 된다.

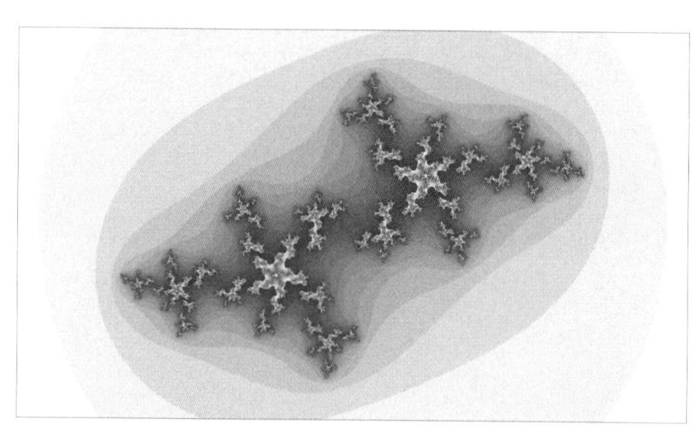

그림 4-9 복소 칸토어 먼지를 산출하는 $k = -0.6 + 0.6i$에 대한 쥘리아 집합.

- 처음에는 $k = -0.6 + 0.6i$로 두어서 쥘리아 집합을 시각화하라(그림 4-9). 이것은 하나의 복소 칸토어 먼지(complex Cantor dust)인데, 파투 먼지(Fatou dust)라고 부르기도 한다.
- $0.353 + 0.288i$ 같은 다른 k 값들도 시험해 보라(*http://warp.povusers.org/Mandelbrot*와 비교해 볼 것). 좀 더 멋진 시각화를 위해 색상 스킴을 바꾸어 보는 것도 좋다.

- 소프트웨어 설계 차원의 도전 과제로, 코드 중복을 최소화해서 망델브로 집합과 쥘리아 집합을 모두 시각화하는 프로그램을 작성하라. (알고리즘 차원에서 난제는 어쩌면 모든 k에 대해 그럴듯하게 보이는 색상들을 찾는 문제일 수 있다. 그러나 이 부분은 이 책의 범위를 벗어난 주제이다.)
- 고급 과제: 두 프랙탈의 다음과 같은 상호작용 방식으로 결합하라. 창 두 개를 띄우되, 한 창은 이전처럼 망델브로 집합을 표시하고 다른 창에는 쥘리아 집합을 표시한다. 망델브로 창에 마우스 커서를 올리면, 커서 밑에 있는 복소수를 k로 사용해서 쥘리아 집합 창을 갱신한다.
- 더 고급 과제: 쥘리아 집합의 계산이 너무 느리다면, 병렬성을 이용하거나 CUDA나 OpenCL을 이용해서 GPU 가속을 적용해 볼 것.

4.8.5 병렬 벡터 덧셈

두 벡터를 병렬적으로 더하는 프로그램을 작성하라(`c++03/vector_test.cpp`의 코드를 재활용해도 된다). `thread` 두 개로 시작하고, 다양한 크기의 벡터들에 대해 실행 시간을 측정할 것.

4.8.6 병렬 덧셈 리팩터링

연습문제 4.8.5의 구현을 `thread` 대신 `async`를 사용하도록 리팩터링하라. 병렬 작업 개수를 가용 하드웨어 스레드 개수로 설정해야 한다. 가용 하드웨어 스레드 개수는 정적 메서드 `thread::hardware_concurrency`로 알아낼 수 있다.

5장

D i s c o v e r i n g M o d e r n C + +

메타프로그래밍

궁극의 미스터리는 자기 자신이다.

—새미 데이비스 Jr.Sammy Davis Jr.

메타프로그램meta-program은 프로그램에 대한 프로그램 또는 프로그램을 생성하는 프로그램이다. 이번 장에서는 메타프로그래밍이라는 흥미로운 주제를 자세히 살펴본다. 특히, 메타프로그래밍의 다음 세 가지 주요 용도에 초점을 둔다.

- 컴파일 시점 계산(§5.1)
- 형식에 관한 정보와 형식의 변환(§5.2)
- 코드 생성(§5.3, §5.4)

이러한 메타프로그래밍 기법을 이용해서 이전 장들의 예제들의 신뢰성과 효율성, 그리고 적용 범위를 개선해 본다. 이번 장의 마지막 절(§5.6)에서는 모든 종류의 알고리즘을 C++ 프로그램의 컴파일 과정에서 수행할 수 있음을 증명한다.

5.1 컴파일러가 계산하게 하라

전설에 따르면 메타프로그래밍은 버그 덕분에 우연히 발견되었다. 90년대 초에 어윈 언러Erwin Unruh는 컴파일 시점에서 소수들을 출력하는 프로그램을 작성해서 C++ 컴파일러에 계산 능력이 있음을 입증했다. 이 프로그램은 컴파일되지 않은 C++ 코드 중 가장 유명한 코드임이 분명하다. 관심 있는 독자를 위해 §A.9.1에 이 프로그램의 소스 코드를 수록해 두었다. 단, 그 프로그램은 C++ 컴파일러의 기이한 행동을 보여주는 예일 뿐, 여러분이 작성해야 하는 모범적인 프로그램의 예는 아님을 주의하기 바란다.

C++에서 컴파일 시점 계산을 실현하는 방법은 두 가지이다. 하나는 템플릿 메타함수를 이용하는 것인데, 구식 C++에서도 가능하다. 다른 하나는 C++11에서 도입된 constexpr를 이용하는 것으로, 템플릿을 이용하는 것보다 훨씬 쉽다.

C++11 5.1.1 컴파일 시점 함수

⇒ c++11/fibonacci.cpp

그럼 constexpr를 이용한 컴파일 시점 계산 방법을 살펴보자. 먼저 간단한 예제로 몸을 푼 후에 소수 출력도 시도해 볼 것이다. 간단한 예제는 피보나치수열 출력이다. 피보나치수열은 다음과 같이 재귀적으로 계산할 수 있다.

```
constexpr long fibonacci(long n)
{
    return n <= 2 ? 1 : fibonacci(n - 1) + fibonacci(n - 2);
}
```

constexpr로 선언된 함수를 간결하게 constexpr 함수라고 부른다. C++11을 기준으로 constexpr 함수는 대부분의 경우 return 문 하나로만 구성된다. 그러나 계산을 요구하지 않는 다른 종류의 문장들도 함수 본문에 추가할 수 있다. 구체적으로, 빈 문장, static_assert 문, 형식 정의, using 선언 및 지시문도 constexp 함수의 본문에 포함할 수 있다. 정규 함수(보통의 함수)와는 달리 constexpr 함수는 상당히 제한적이다. constexpr 함수는 다음 조건들을 지켜야 한다.

- 함수 바깥에 있는 데이터를 읽거나 쓰면 안 된다. 즉, 부수 효과(side effect)는 허용되지 않는다.
- 지역 변수가 없어야 한다.[1]
- if나 for 같은 제어 구조가 없어야 한다.
- 하나의 계산 문장만 담을 수 있다.
- 다른 constexpr 함수들만 호출할 수 있다.

하지만 C++03 시절의 전통적인 템플릿 메타함수(§5.2.5)보다는 constexpr 함수가 훨씬 유연하다.

- 부동소수점 형식의 인수를 받을 수 있다(그리고 C++20에서는 비형식 템플릿 매개변수로도 부동소수점 수를 받을 수 있다).

1 C++11에서만 그렇다. 이 제약은 C++14에서 사라졌다. 이 점은 §5.1.2에서 설명한다.

- 사용자 정의 형식도 처리할 수 있다(컴파일 시점 계산을 지원하는 형식인 경우).
- 형식 연역을 사용할 수 있다.
- 멤버 함수를 정의할 수 있다.
- 조건 분기를 사용할 수 있다(특수화보다 간단하다).
- 실행 시점 인수들로 함수를 호출할 수 있다.

최근 표준들에서는 클래스 템플릿에 대한 이런 제약들이 대부분 제거되었지만, 그래도 컴파일 시점 계산에는 constexpr 함수가 여전히 더 나은 접근 방식이다.

부동소수점 수에 대한 constexpr 함수의 간단한 예로, 다음은 주어진 수의 제곱을 돌려주는 square 함수이다.

```
constexpr double square(double x)
{
    return x * x;
}
```

C++20 이전에는 부동소수점 형식의 값을 비형식 템플릿 인수로 사용할 수 없었고, C++11 이전에는 컴파일 시점 계산에서 부동소수점을 아예 사용할 수 없었다. 그러나 이제는 컴파일 시점 계산에서 부동소수점 형식을 자유롭게 사용할 수 있으므로, 템플릿 매개변수를 도입해서 square를 모든 수치 형식에 대해 다음과 같이 일반화할 수 있다.

```
template <typename T>
constexpr T square(T x)
{
    return x * x;
}
```

일반화된 이 함수는 특정한 조건을 충족하기만 한다면 사용자 정의 형식들도 지원한다. 주어진 형식이 constexpr 함수에 적합한지는 그 형식에 어떤 멤버가 있느냐에 달렸다. 예를 들어 volatile 멤버나 포인터, 가상 멤버 함수가 있으면 컴파일 시점 객체의 생성이 불가능하다.

C++20 C++20에서는 특정 조건하에서 더 많은 형식이 컴파일 시점 계산을 지원하게 되었다. 예를 들어 string와 vector를 컴파일 시점 계산에 사용할 수 있다. 구체적인 조건들이 C++ 표준 명세서에 정의되어 있긴 하지만, C++ 표준 명세서

는 고도로 기술적인 문서라서 일상적인 프로그래밍에서 그 조건들이 실제로 어떻게 작용하는지를 표준 명세서만으로는 이해하기가 쉽지 않다. 게다가 이 글을 쓰는 현재 그 어떤 컴파일러도 이 기능을 지원하지 않아서[2], 실제로 시험해 보기도 어렵다.

표준 위원회는 constexpr 함수에서 사용할 수 있는 형식이 갖추어야 할 조건들을 정의하려 했지만, 그 조건들을 형식의 어떠한 속성(property)[†]으로 정의할 수 없다는 점이 밝혀졌다. 그 조건들은 형식이 쓰이는 방식에 의존한다. 좀 더 구체적으로는, 주어진 constexpr 함수 안에서 어떤 생성자가 호출되느냐에 따라 사용 가능 여부가 결정된다. 그 결과로 해당 형식 특질 is_literal_type은 쓸모가 없음이 판명되었고, 결국 C++14에서 폐기 예정으로 분류되었다.[3]

constexpr 함수의 한 가지 멋진 특징은 컴파일 시점과 실행 시점 모두에서 사용할 수 있다는 점이다.

```
long n= atoi(argv[1]);
cout ≪ "fibonacci(" ≪ n ≪ ") = " ≪ fibonacci(n) ≪ '\n';
```

이 코드는 사용자가 명령줄(command line)에서 입력한 값으로 atoi를 호출한다. 당연한 말이지만, 컴파일 시점에서는 사용자의 입력을 알 수 없다. 따라서 재귀적인 fibonacci 호출 과정에서 적어도 하나의 인수는 실행 시점에서야 알려진다. 반대로, 모든 함수 인수를 컴파일 시점에서 알 수 있으면 그 호출의 결과는 컴파일 과정에서 계산된다.

constexpr 함수의 이러한 혼합 적용 능력 때문에, constexpr 함수의 매개변수는 오직 constexpr 함수에만 전달할 수 있다는 제약이 생긴다. constexpr 함수가 정규 함수를 호출하면 컴파일 시점 계산이 불가능해진다. 반대로, static_assert처럼 컴파일 시점에서만 평가되는 표현식에 매개변수를 전달하는 함수는 실행 시점에서는 사용하지 못하게 된다. 결과적으로, C++11의 constexpr 함수에서는 정적 단언문을 사용할 수 없다.

C++ 표준에는 표준 라이브러리의 함수 중 반드시 constexpr로 구현해야 하는 것들이 명시되어 있다. 일부 표준 라이브러리 구현은 표준에 명시되지 않은

---

2 좀 더 구체적으로, 필자는 c++20/constexpr_vector_string.cpp를 clang++-13과 gcc++-11, VS 19에서 컴파일해 보았으나 모두 실패했다.

† [옮긴이] 이런 문맥에서 형식의 '속성'은 클래스 멤버 변수가 아니라, 형식이 가진 어떤 성질 또는 형식이 따라야 하는 법칙을 뜻한다.

3 그렇지만 쓸모 없는 결과가 잘 정의되었다는(well-defined) 점은 주의를 끌었다.

몇몇 함수도 추가로 constexpr로 구현한다. 예를 들어 g++의 일부 버전들에서는 다음 함수가 잘 컴파일된다.

```
constexpr long floor_sqrt(long n)
{
    return floor(sqrt(n));
}
```

반면 clang++의 표준 라이브러리 구현에서는 floor와 sqrt가 constexpr 함수가 아니라서 이 코드가 컴파일되지 않는다.

⇒ c++20/fibonacci.cpp

C++20 C++20부터는 함수가 반드시 컴파일 시점에서 평가되어야 함을 명시적으로 선언할 수 있다. 다음 예처럼 consteval 키워드를 붙이면 된다.

```
consteval long fibonacci(long n)
{
    return n <= 2 ? 1 : fibonacci(n - 1) + fibonacci(n - 2);
}
```

이 함수를 실행 시점 인수로 호출하면 오류가 발생한다.

C++14 5.1.2 확장된 컴파일 시점 함수

컴파일 시점 함수에 대한 제약들이 C++14와 C++20에서 완화되었다. 이제는 다음 함수들도 컴파일 시점 함수가 될 수 있다.

- void 함수. 예:
  `constexpr void square(int &x) { x *= x; }`
- virtual 함수(C++20부터; §6.1.3)
- 코루틴(C++20부터; §4.6.8)

그리고 컴파일 시점 함수에서 다음 요소들도 사용할 수 있게 되었다.

- 지역 변수, 단 다음 조건을 충족해야 함
  - 초기화됨(C++20 이전에만)
  - 저장 기간(storage duration)이 static이나 thread가 아님
  - 리터럴 형식
- 다음을 제외한 제어 구조들

- goto(컴파일 시점 함수가 아니라도 사용하지 않는 것이 좋다)
- 어셈블리 코드, 즉 asm 블록(C++20 이전에만)
- try-catch 블록(C++20 이전에만)

다음은 C++11에서는 컴파일되지 않지만 C++14부터는 컴파일되는 함수의 예이다.

```
template <typename T>
constexpr T power(const T& x, int n)
{
    T r{1};
    for (; n > 0; --n)
        r *= x;
    return r;
}
```

⇒ c++14/popcount.cpp

이렇게 제약이 완화되면서 컴파일 시점 함수의 표현력이 거의 정규 함수만큼이나 높아졌다. 좀 더 본격적인 예로, 주어진 이진 데이터의 1비트 개수를 세는 popcount(population count를 줄인 것이다) 함수를 구현해 보자.

```
constexpr size_t popcount(size_t x)
{
    size_t count= 0;
    for (; x != 0; ++count)
        x&= x - 1;
    return count;
}
```

이 함수의 알고리즘을 분석해 보면 이진 산술을 이해하는 데에도 도움이 될 것이다. 여기서 핵심은 x&= x - 1이 최하위 비트(least significant bit)만 0으로 설정하고 다른 비트들은 그대로 둔다는 점이다.

⇒ c++11/popcount.cpp

C++11 C++11에서는 컴파일 시점 함수에서 제어 구조가 허용되지 않으므로, 다음처럼 재귀적으로 구현해야 한다. 재귀 호출 덕분에 코드가 더 짧아졌다.

```
constexpr size_t popcount(size_t x)
{
    return x == 0 ? 0 : popcount(x & x-1) + 1;
}
```

이 상태 없는 재귀적 계산을 이해하기 어려워하는 독자도 있겠지만, 오히려 더 이해하기 쉽다고 느끼는 독자도 있을 것이다. 반복적 표현과 재귀적 표현 중 어느 것이 더 이해하기 쉬운지는 처음 프로그래밍을 배울 때 어느 쪽을 먼저 접했는지에 달렸다는 이야기가 있다. 다행히 C++ 언어는 재귀적 표현과 반복적 표현을 모두 지원한다.

C++14 5.1.3 소수 판정 예제

소수가 최초의 진지한 메타프로그램의 주제였음은, 그리고 그 메타프로그램이 컴파일되지는 않았다는 점은 이번 장 도입부에서 이야기했다. 이번 절에서는 (컴파일되는) 현대적 C++ 메타프로그램으로 소수를 판정해 보겠다. 좀 더 구체적으로는, 주어진 수가 소수인지를 컴파일 시점에서 판정해서 부울 값을 돌려주는 함수를 구현한다. "소수 여부를 굳이 컴파일 시점에서 알 필요가 있는가?"라는 질문을 던지는 독자도 있을 것이다. 좋은 질문이다. 실제로 필자는 순환군(cyclic group)들을 의미론적 콘셉트(§3.10)들로 범주화하는 연구 프로젝트에서 컴파일 시점 소수 판정 함수를 활용한 경험이 있다. 만일 군의 크기가 소수이면 그 군은 체(field)이고, 소수가 아니면 환(ring)이다. 당시 필자는 ConceptGCC [24]라는 실험적 컴파일러를 이용해서 그런 대수적 개념들을 C++ 콘셉트로 표현하고, 해당 모형 선언들 안에 컴파일 시점 소수 판정을 포함시킬 수 있었다(안타깝게도 그때는 constexpr를 사용할 수 없었다).

⇒ c++14/is_prime.cpp

이번 예제의 소수 판정 논리는 §4.6.3의 것과 같다. 즉, 1은 소수가 아니고, 2를 제외한 짝수는 소수가 아니고, 그 외의 수들의 경우 1보다 크고 자신보다 작은 홀수로 나누어지면 소수가 아니다.

```
constexpr bool is_prime(int i)
{
    if (i == 1)
        return false;
    if (i % 2 == 0)
        return i == 2;
    for (int j= 3; j < i; j+= 2)
        if (i % j == 0)
            return false;
    return true;
}
```

사실 자신보다 작은 모든 홀수로 나누어 볼 필요는 없다. 자신의 제곱근보다 작은 홀수들만 시험해도 된다.

```
constexpr bool is_prime(int i)
{
    if (i == 1)
        return false;
    if (i % 2 == 0)
        return i == 2;
    int max_check= static_cast<int>(sqrt(i)) + 1;
    for (int j= 3; j < max_check; j+= 2)
        if (i % j == 0)
            return false;
    return true;
}
```

그런데 이 버전은 표준 라이브러리의 sqrt가 constexpr 함수인 경우에만 작동한다(g++는 4.7 이후의 대부분의 버전에서 이 조건을 충족한다). 그렇지 않은 경우에는 제곱근을 계산하는 constexpr 함수를 직접 만들어서 사용하는 수밖에 없다. 다음은 §4.3.1의 고정소수점 알고리즘을 이용한 구현이다.

```
constexpr int const_abs(int i) { return i < 0 ? -i : i; }

constexpr int square_root(int x)
{
    double r= x, dx= x;
    while (const_abs((r * r) - dx) > 0.1) {
        r= (r + dx/r) / 2;
    }
    return static_cast<int>(r);
}
```

square_root는 double에 대한 반복법으로 제곱근을 구한 후 그 결과를 int로 변환해서 돌려준다. 다음은 이 함수를 이용한, (충분히) 효율적이고 이식성 있는 컴파일 시점 소수 판정 함수이다.

```
constexpr bool is_prime(int i)
{
    if (i == 1)
        return false;
    if (i % 2 == 0)
        return i == 2;
    int max_check= square_root(i) + 1;
    for (int j= 3; j < max_check; j+= 2)
```

```
        if (i % j == 0)
            return false;
    return true;
}
```

필자는 이 예제 덕분에 그동안 컴파일 시점 평가 성능이 얼마나 개선되었는지 실감할 수 있었다. 2006년경 이 함수와 동일한 논리를 사용하는 컴파일 시점 함수로 100만 부근의 수의 소수 여부를 판정하는 데 약 18초가 걸렸고, 1000만 부근은 수의 소수 판정에는 약 1분이 걸렸다. 그러나 constexpr를 지원하는 g++-10에서 이 함수로 10억 부근의 수를 판정하는 데에는 ≈ 0.02초밖에 걸리지 않는다.

⇒ c++11/is_prime.cpp

마지막으로, 이 함수(의 첫 번째 버전)를 제어 구조를 허용하지 않는 C++11의 constexpr 함수로 구현해 보자.

```
constexpr bool is_prime_aux(int i, int div)
{
    return div >= i ? true :
        (i % div == 0 ? false : is_prime_aux(i, div + 2));
}

constexpr bool is_prime(int i)
{
    return i == 1 ? false :
        (i % 2 == 0 ? i == 2 : is_prime_aux(i, 3));
}
```

이번에는 두 개의 함수로 구현했다. 하나는 특수 사례(2를 제외한 짝수)를 위한 함수이고 다른 하나는 3 이상의 홀수들로 나누어지는지를 이용해서 소수를 판정하는 함수이다.

하위 호환성

constexpr가 도입되기 전에는 컴파일 시점 계산을 템플릿 **메타함수**(meta-function)로 구현했다. 메타함수는 constexpr 함수보다 구현하기 어려울 뿐만 아니라, C++20 이전에는 적용 범위도 훨씬 제한적이었다(float나 사용자 정의 형식은 사용할 수 없었다). 어떠한 이유로 C++11의 기능들을 사용할 수 없는 상황이거나 역사적 프로그래밍에 관심이 있는 독자는 §A.9.2에서 템플릿 메타함수를 좀 더 이야기하니 참고하기 바란다.

C++11 5.1.4 상수 변수의 상수성

다음과 같이 하나의 변수(멤버 변수가 아닌 보통의 변수)를 const로 선언한다고 하자.

```
const int i= 어떤 표현식;
```

const 선언에 의해 다음 두 수준의 상수성(constancy)이 생긴다.

1. 해당 객체를 프로그램 실행 도중에 변경할 수 없다(항상 보장).
2. 해당 객체의 값을 컴파일 시점에서 알 수 있다(항상 보장되지는 않음).

i의 값을 컴파일 시점에서 알 수 있느냐는 i에 배정된 표현식에 따라 달라진다. 만일 다음 예처럼 *어떤 표현식*이 어떠한 리터럴이면,

```
const long i= 7, j= 8;
```

i를 컴파일 시점에서 사용할 수 있다. 다음은 i를 비형식 템플릿 인수로 사용하는 예이다.

```
template <long N>
struct static_long
{
    static const long value= N;
};

static_long<i>   si;
```

그리고 리터럴뿐만 아니라 컴파일 시점 상수들로 이루어진 간단한 표현식도 보통의 경우 그 값이 컴파일 시점에서 알려진다.

```
const long k= i + j;
static_long<k>   sk;
```

그렇지만 상수 변수가 아닌 변수를 const 객체에 배정하면 그 객체의 값은 컴파일 시점에서 알 수 없다.

```
long ll;
cin >> ll;

const long cl= ll;
static_long<cl>   scl;    // 오류
```

cl은 프로그램 실행 도중 변경할 수 없다는 의미에서 상수 변수이지만, 실행 시점 값에 의존하므로 컴파일 시점에서 그 값을 알 수는 없다.

소스 코드만 봐서는 주어진 변수의 두 가지 상수성을 파악할 수 없을 때도 있다. 다음이 그러한 예이다.

```
const long         ri= floor(sqrt(i));
static_long<ri>  sri;                 // 대부분의 g++ 버전에서는 컴파일된다.
```

여기서 ri의 값은, 현재 컴파일러의 표준 라이브러리가 sqrt와 floor를 constexpr 함수로 구현한 경우에만(이를테면 버전 4.7 이후의 대부분의 g++ 버전들) 컴파일 시점에서 알려진다. 그렇지 않은 경우 ri를 예를 들어 템플릿 인수로 사용하면 오류가 된다.

상수 변수의 값이 반드시 컴파일 시점에서 결정되게 하려면 다음처럼 변수를 constexpr로 선언해야 한다.

```
constexpr long ri= floor(sqrt(i)); // g++ 4.7~4.9에서 컴파일됨
```

이렇게 하면 ri의 값은 반드시 컴파일 시점에서 알려지거나, 그것이 불가능하면 코드가 아예 컴파일되지 않는다. constexpr는 함수보다 변수에 대해 더 엄격하다는 점을 주의하자. constexpr 변수는 오직 컴파일 시점 값만 가능하지만, constexpr 함수는 컴파일 시점 인수와 실행 시점 인수를 모두 받는다. 즉 constexpr 변수의 형식은 반드시 컴파일 시점에서 표현할 수 있는 형식이어야 한다. 다음 예를 보자.

```
constexpr string      name1{"Herbert"};  // 오류(현재는)
constexpr string_view name2{"Herbert"};  // C++17 이상에서만 가능
```

현재 string은 컴파일 시점에서 사용할 수 없다. 이는 string이 메모리를 동적으로 관리하기 때문이다.[4] 반면에 string_view는 외부 메모리(지금 예에서는 실행 파일에 있는 char 배열)를 참조하기만 하므로 컴파일 시점에서 사용할 수 있다.

C++20

C++20에서 constinit이라는 지정자가 도입되었다. constinit으로 선언된 변수는 해당 객체가 반드시 컴파일 시점에서 초기화된다. 생성 이후에는 실행 시점에서 얼마든지 변경할 수 있다. 그리고 소멸자는 constexpr가 아니어도 된

4 C++20은 제한적이나마 컴파일 시점에서의 메모리 처리를 지원하므로, 원칙적으로는 컴파일 시점 string이 가능해야 한다. 그렇지만 이 글을 쓰는 현재 최신 컴파일러들(g++-10과 clang++-11)은 여전히 예제의 첫 행을 거부한다.

다. constinit은 저장 기간이 static이나 thread_local인 변수에만 적용할 수 있고, 지역 변수에는 적용할 수 없다. constinit은 정적 변수들의 초기화 순서를 프로그래머가 명시적으로 제어할 수 없다는 C++의 오래된 문제점에 대한 답이다. 정적 변수들의 초기화 순서를 제어할 수 없으면, 상황에 따라서는 미정의 행동이 발행할 수 있다. 예를 들어 전역 변수의 생성자에 해당 클래스의 정적 멤버가 쓰이는데, 아직 정적 멤버가 생성되어 있지 않는 상황을 생각해 보기 바란다. 이런 소위 '정적 변수 초기화 순서 낭패(static initialization order fiasco)'의 해법은 원하는 변수들을 컴파일 시점에서(적어도 부분적으로) static이나 thread_local로 선언하는 것이다. 그렇지만 잘 설계된, 그러니까 전역 변수가 없거나 아주 적은 소프트웨어 프로젝트에서는 이런 문제가 별로 발생하지 않는다. 만일 여러분이 이런 문제를 겪는다면, 먼저 전역 변수나 스레드 지역 변수가 꼭 필요한지부터 점검하기 바란다. 따라서 C++20의 constinit은 현대적인 C++ 프로그램을 작성하는 데 필요한 기능이라기보다는 기존 코드의 문제점을 해결하는 도구라고 보아야 할 것이다.

C++17 5.1.5 컴파일 시점 람다

⇒ c++17/constexpr_lambda.cpp

람다의 적용 범위를 더욱 늘리기 위해 C++ 표준 위원회는 람다를 컴파일 시점에서도 사용할 수 있게 했다. 예를 들어 주어진 컨테이너를 단항 함수나 함수자를 이용해서 변환하는 다음과 같은 constexpr 함수가 있다고 하자.

```
template <typename Container, typename Functor>
constexpr Container transform(const Container& c, Functor f)
{
    Container t{};
    for (unsigned i= 0; i < size(c); ++i)
        t[i]= f(c[i]);
    return t;
}
```

다음은 이 함수를 이용해서 array의 요소들에 3을 더하는, 좀 더 정확히 말하면 모든 요소가 3만큼 증가한 새 배열을 생성하는 예이다.

```
constexpr int inc_by_3(int i) { return i + 3; }

constexpr array<int, 6> a{3, 7, 2, 4, 5, 9};

constexpr auto daf= transform(a, inc_by_3);
```

그런데 C++17부터는 컴파일 시점 람다가 가능하므로, inc_by_3 같은 함수를 따로 정의할 필요 없이 다음처럼 즉석에서 constexpr 람다 표현식을 지정하면 된다.

```
constexpr auto dal1= transform(a,
                        [](int i) constexpr {return i+3;});
```

이런 맥락에서 키워드 constexpr는 mutable처럼 매개변수 목록 다음에, 그리고 반환 형식이 있다면 그 앞에 놓인다. 그런데 C++17부터는 컴파일 시점에서 계산할 수 있는 람다에는 자동으로 constexpr가 적용되므로, constexpr를 생략해도 된다. 즉, 다음 코드는 앞의 코드와 동등하다.

```
constexpr auto dal1= transform(a, [](int i) {return i+3;});
```

프로그래머의 의도를 명확히 나타내기 위해서는, 그리고 컴파일 시점 람다가 될 수 없는 어떤 요소가 람다 표현식에 있을 때 컴파일러가 그 점을 지적하게 하기 위해서는 constexpr를 생략하지 않는 것이 나을 것이다. constexpr 함수가 아닌 함수를 호출하거나, 리터럴 형식이 아닌 형식의 변수를 사용하거나, 외부 변수를 갈무리하는 람다 표현식은 컴파일 시점 람다가 될 수 없다.

```
int inc= 3;
constexpr auto dal2= transform(a,
                        [inc](int i){return i+inc;}); // 오류
```

컴파일 시점 상수를 갈무리하는 것은 허용된다.

```
constexpr int cinc= 3;
constexpr auto dal2= transform(a,
                        [cinc](int i) {return i+cinc;}); // Ok
```

사실 cinc는 굳이 갈무리할 필요가 없다(그리고 일부 컴파일러는 이런 갈무리에 대해 경고 메시지를 출력한다). 보통의 상수를 컴파일 시점 람다에서 갈무리할 수 있는지의 여부는 해당 람다 표현식을 컴파일러가 컴파일 시점에서 평가할 수 있는가에 달려 있는데, 앞 절에서 언급했듯이 이런 능력은 컴파일러마다(그리고 버전마다) 다를 수 있다. 따라서 컴파일 시점 람다에서는 항상 constexpr 상수만 사용하는 것이 바람직하다.

5.2 형식 정보의 제공과 활용

제3장에서 함수 템플릿과 클래스 템플릿의 표현력을 살펴보았다. 그런데 함수 템플릿은 모든 가능한 인수 형식에 대해 정확히 동일한 코드를 사용하며, 클래스 템플릿의 경우에는 만일 특정 형식을 특별하게 취급해야 한다면 특수화를 통해서 클래스를 완전히 다시 재구현해야 한다. 주어진 인수 형식에 따라 다른 코드를 사용할 수 있다면 템플릿의 표현력을 더욱 높일 수 있을 것이다. 그러려면 주어진 형식에 대한 정보를 얻을 수 있어야 한다. 그런 형식 정보로는 is_const나 is_reference처럼 언어 자체와 관련한 기술적인 정보도 있고, is_matrix나 is_pressure처럼 의미론이나 응용 영역에 특화된 정보도 있을 수 있다. 대부분의 기술적 형식 정보는 표준 라이브러리의 <type_traits> 헤더와 <limits> 헤더에 있는 수단들로 얻을 수 있는데, 이들은 §4.3에서 소개했다. 응용 영역에 특화된 형식 속성들은 우리가 직접 제공해야 한다.

5.2.1 형식 특질

⇒ c++11/magnitude_example.cpp

지금까지 작성한 함수 템플릿들에서는 임시 객체 형식들과 반환 형식이 함수 인수 형식들과 일치했다. 안타깝게도 형식들이 그렇게 딱 일치하지 않는 경우도 있다. 예를 들어 주어진 두 객체 중 크기(magnitude)가 더 작은 객체를 돌려주는 템플릿 함수를 생각해 보자.

```
template <typename T>
T inline min_magnitude(const T& x, const T& y)
{
    using std::abs;
    T ax= abs(x), ay= abs(y);
    return ax < ay ? x : y;
}
```

이 함수는 int와 unsigned, double 등의 수치 형식들도 호출할 수 있다. 다음은 double 값들로 호출하는 예이다.

```
double          d1= 3., d2= 4.;
cout << "min |d1, d2| = " << min_magnitude(d1, d2) << '\n';
```

그러나 complex 객체들로 호출할 수는 없다.

```
std::complex<double> c1(3.), c2(4.);
cout ≪ "min |c1, c2| = " ≪ min_magnitude(c1, c2) ≪ '\n';
```

이 코드를 컴파일하면 다음과 비슷한 오류 메시지가 출력될 것이다.

```
no match for 'operator<' in 'ax < ay'
```

이는 complex가 operator<를 제공하지 않아서 생긴 문제이다. complex에 대해 abs가 double 값을 돌려주긴 하지만, ax와 ay는 템플릿 형식 인수에 의해 complex 형식이 되므로, double이 암묵적으로 complex로 변환된다.

C++11 현대적 C++에서 이 문제를 해결하는 방법은 여러 가지이다. 하나는 임시 객체의 형식을 템플릿 형식 매개변수와는 무관하게 만드는 것이다. C+11부터는 임시 객체의 형식을 컴파일러가 연역하게 할 수 있다.

```
template <typename T>
T inline min_magnitude(const T& x, const T& y)
{
    using std::abs;
    auto ax= abs(x), ay= abs(y);
    return ax < ay ? x : y;
}
```

그렇지만 여기서는 형식 정보의 활용을 설명하기 위해 좀 더 명시적인 해법을 제시한다. 그 해법이란, 사용 가능한 인수 형식들에 대한 크기 형식을 사용자가 제공하게 하는 것이다. 이러한 명시적 형식 정보는 최근 C++ 표준들에서는 덜 중요하지만, 그래도 그 쓸모가 완전히 사라진 것은 아니다. 또한, 형식 정보와 관련한 기본적인 메커니즘을 알아 두면 기존 코드의 까다로운 구현 방식을 이해하는 데 도움이 된다.

C++은 형식의 여러 속성을 **형식 특질**(type trait)을 통해서 제공한다. 본질적으로 형식 특질은 형식을 인수로 받는 메타함수이다. 여기서는 크기의 형식을 제공하는 형식 특질을 예로 들겠다. 다음은 템플릿 특수화를 이용한 크기 형식 특질 구현이다(이 구현 자체는 using 선언을 전통적인 typedef로 바꾸면 C++03에서도 컴파일된다).

```
template <typename T>
struct Magnitude {};

template <>
```

```
struct Magnitude<int>
{
    using type= int;
};

template <>
struct Magnitude<float>
{
    using type= float;
};

template <>
struct Magnitude<double>
{
    using type= double;
};

template <>
struct Magnitude<std::complex<float> >
{
    using type= float;
};

template <>
struct Magnitude<std::complex<double> >
{
    using type= double;
};
```

솔직히 이 구현은 상당히 장황하다. “만일 더 구체적인 정보가 없다면 T의 Magnitude 형식이 T 자체라고 간주한다”라는 규칙을 도입하면 처음 정의들을 다음의 정의 하나로 줄일 수 있다.

```
template <typename T>
struct Magnitude
{
    using type= T;
};
```

이 규칙은 모든 내장 형식에 유효하므로, 이 하나의 정의가 모든 내장 형식을 정확히 처리한다. 그렇지만 이 정의에는 특수화된 형식 특질이 없는 다른 모든 형식에도 잘못 적용된다는 작은 단점이 있다. 이 정의가 정확한 형식을 알려주지 못함이 확실한 사례는 다름 아닌 우리의 복소수 클래스 템플릿 complex이다. 따라서 complex를 위한 특수화를 정의해 주기로 하자.

```
template <>
struct Magnitude<std::complex<double> >
{
    using type= double;
};
```

그런데 complex<double> 말고 complex<float> 등에도 이와 사실상 동일한 정의를 추가하는 것은 바람직하지 않다. 이런 개별 특수화들 대신, 다음처럼 모든 complex 인스턴스화에 대한 부분 특수화 하나면 충분하다.

```
template <typename T>
struct Magnitude<std::complex<T> >
{
    using type= T;
};
```

형식 특질들을 만들었으니 최소 크기 함수에 사용해 보자.

```
template <typename T>
T inline min_magnitude(const T& x, const T& y)
{
    using std::abs;
    typename Magnitude<T>::type ax= abs(x), ay= abs(y);
    return ax < ay ? x : y;
}
```

더 나아가서, (수학의) 벡터와 행렬로도 이 정의를 확장할 수 있다. 다음은 그냥 벡터의 값 형식(요소의 형식)을 벡터의 크기 형식으로 돌려주는 특수화이다.

```
template <typename T>
struct Magnitude<vector<T> >
{
    using type= T;           // 완벽하지는 않음
};
```

그런데 이 정의는 완벽하지 않다. 값 형식이 complex인 vector의 크기가 complex인 것은 말이 되지 않는다. 대신 다음처럼 값 형식의 Magnitude를 사용하면 문제가 해결된다.

```
template <typename T>
struct Magnitude<vector<T> >
{
    using type= typename Magnitude<T>::type;
};
```

형식 특질들을 구현하려면 상당한 프로그래밍 노력이 필요하지만, 형식 특질들을 갖추어 두면 더욱더 강력한 프로그래밍이 가능해지므로 노력 대비 이득이 크다.

C++11 5.2.2 조건부 noexcept 선언

⇒ c++11/vector_noexcept.cpp

§1.6.2.6에서 함수가 예외를 던지면 안 됨을 나타내는 noexcept 한정사를 소개했다. noexcept로 선언된 함수에 대해서는 예외 처리 코드가 생성되지 않으며, 실행 시점에서 혹시라도 예외가 발생하면 프로그램이 중단된다(C++17 이전에는 unexpected라는 함수가 호출된다). 템플릿 함수의 예외 발생 가능성은 형식 인수들의 예외 발생 가능성에 의존한다.

예를 들어 주어진 객체를 복제하는 clone 함수는 인수 형식에 예외를 던지지 않는 복사 생성자가 있으면 예외를 던지지 않는다. 표준 라이브러리는 그런 복사 생성자의 존재 여부를 말해주는 다음과 같은 형식 특질을 제공한다.

```
std::is_nothrow_copy_constructible
```

다음은 이 형식 특질을 이용해서, clone이 예외를 던지지 않음을 조건부로 지정한 것이다.

```
#include <type_traits>

template <typename T>
inline T clone(const T& x)
    noexcept(std::is_nothrow_copy_constructible<T>::value)
{    return T{x}; }
```

배보다 배꼽이 크다는 느낌이 들었을지도 모르겠다. 함수 본문에 비해 함수 서두가 훨씬 길다. 솔직히 필자도 그런 느낌이 들었다. 이런 장황한 선언은 아주 엄격한 코딩 기준을 따르는 프로젝트에서 대단히 많이 쓰이는 함수에나 사용해야 하지 않을까 생각한다.

조건부 noexcept의 또 다른 용법으로, 일반적 벡터 덧셈 연산자를 구현할 때 벡터 클래스의 대괄호 연산자가 예외를 던지지 않으면 그 연산자도 예외를 던지지 않게 만들 수 있다. 다음이 그러한 구현이다.

```
template <typename T>
class my_vector
```

```
{
    const T& operator[](int i) const noexcept;
};

template <typename Vector>
inline Vector operator+(const Vector& x, const Vector& y)
                                        noexcept(noexcept(x[0]))
{   ... }
```

중첩된 noexcept가 좀 생소할 것이다. 바깥쪽 noexcept는 조건부 선언이고, 안쪽은 그 조건부 선언의 조건식이다. 이 noexcept 조건식은 주어진 표현식(x[0])에 대한 noexcept 선언이 존재하면 참이 된다. 만일 x의 형식이 my_vector이면, my_vector는 noexcept로 선언된 operator[]가 있으므로 전체 조건식이 참이 된다. 따라서 두 my_vector 형식 벡터의 덧셈은 noexcept로 선언되어서 예외를 던지지 않는다.

5.2.3 const를 깔끔하게 처리하는 뷰 예제

⇒ c++11/trans_const.cpp

이번 절에서는 형식 특질을 이용해서 **뷰**view의 몇 가지 기술적 문제점을 해결해 본다. 뷰는 다른 객체에 대한 어떠한 '관점' 또는 '시야'를 제공하는 작은 객체이다. 뷰의 좋은 예로는 행렬의 전치(transposition)를 들 수 있다. 어떤 행렬의 전치행렬이 필요할 때, 행렬 성분들을 실제로 움직여서 새 행렬 객체를 만드는 것은 비용이 크다. 자리가 바뀐 성분들의 데이터를 일일이 복사하고 메모리를 할당/해제해야 하기 때문이다. 그보다는 그냥 주어진 행렬을 전치된 관점으로 보는 뷰를 만드는 것이 훨씬 효율적이다.

5.2.3.1 간단한 전치 뷰 클래스 작성

뷰는 새 데이터로 객체를 생성하는 대신 기존 객체를 참조하기만 하고, 기존 객체에 대한 인터페이스를 다른 방식으로 적응시키는(adapt) 객체이다. 따라서 행렬의 전치에는 뷰가 아주 적합하다. 행렬의 인터페이스에서 행들과 열들을 맞바꾸기만 하면 전치행렬이 되기 때문이다.

목록 5-1 간단한 전치 뷰 구현

```
template <typename Matrix>
class transposed_view
{
  public:
```

```
    using value_type= typename Matrix::value_type;
    using size_type=  typename Matrix::size_type;

    explicit transposed_view(Matrix& A) : ref{A} {}

    value_type& operator()(size_type r, size_type c)
    { return ref(c, r); }
    const value_type& operator()(size_type r, size_type c) const
    { return ref(c, r); }

  private:
    Matrix& ref;
};
```

이 코드는 Matrix 클래스가 행 색인과 열 색인을 받고 해당 행렬 성분 a_{ij}에 대한 참조를 돌려주는 operator()를 제공한다고 가정한다. 그리고 value_type과 size_type에 대한 형식 특질들이 정의되어 있다고도 가정한다. 이 작은 예제에서 행렬 형식들이 제공해야 할 인터페이스는 이것이 전부이다(이 가정들을, 단순 행렬을 위한 하나의 콘셉트로 정의해도 좋을 것이다). 물론, MTL4 같은 진짜 템플릿 라이브러리는 이보다 큰 인터페이스를 제공한다. 그렇지만 이 작은 예제는 특정한 뷰에서 메타프로그래밍이 어떻게 쓰이는지 보여주는 용도로는 충분하다.

transposed_view 클래스의 객체는 보통의 행렬 객체처럼 다룰 수 있다. 예를 들어 행렬을 받는 모든 함수 템플릿에 전달할 수 있다. 전치 연산은 즉석에서 행과 열을 맞바꾼 색인들로 해당 객체의 operator()를 호출함으로써 일어난다. 앞에서 말한 가정을 충족하는 모든 종류의 행렬 객체에 대해, 행렬처럼 작동하는 전치행렬 뷰를 정의할 수 있다.

```
mtl::dense2D<float> A= {{2, 3, 4},
                        {5, 6, 7},
                        {8, 9, 10}};
transposed_view<mtl::dense2D<float> >  At(A);
```

At(i, j)에 접근하면 실제로는 A(j, i)를 얻게 된다. const가 없는 operator()도 정의해 두었으므로, 해당 성분을 변경하는 것도 가능하다.

```
At(2, 0)= 4.5;
```

이 연산은 A(0, 2)를 4.5로 설정한다. 그런데 이 transposed_view는 객체를 생성하는 코드가 너무 장황하다. 간결한 코드를 위해, 주어진 행렬에 대한 transposed_view 객체를 돌려주는 함수를 추가하자.

```
template <typename Matrix>
inline transposed_view<Matrix> trans(Matrix& A)
{
    return transposed_view<Matrix>{A};
}
```

이제는 과학 응용 프로그램에서 trans를 이용해서 전치행렬을 좀 더 간결하게 표현할 수 있다. 다음은 전치행렬과 벡터를 곱하는 예이다.

```
v= trans(A) * q;
```

우변은 임시로 생성한 전치행렬 뷰에 벡터를 곱한다. 대부분의 컴파일러는 뷰의 operator()를 인라인화할 것이므로, trans(A)에 대한 연산은 A에 대한 연산만큼이나 빠를 것이다. 단, 메모리에 있는 성분들에 접근하는 순서가 다르다는 점이 성능에 영향을 미칠 수 있다.

5.2.3.2 상수성 다루기

지금까지는 우리의 전치행렬 뷰가 잘 작동했다. 그러나 상수 행렬에 대해서는 잘 작동하지 않는다. 다음과 같은 상수 행렬이 있다고 하자.

```
const mtl::dense2D<float> B{A};
```

이 B의 전치행렬 뷰를 만들 수는 있지만, 그 성분들에 접근할 수는 없다.

```
cout << "trans(2, 0) = " << trans(B)(2, 0) << '\n'; // 오류
```

컴파일러는 const float로부터 float&를 초기화할 수 없다는 뜻의 오류 메시지를 출력한다. 오류 지점을 잘 살펴보면, 이 문제가 operator() 중복적재의 비상수 버전에서 발생했음을 알 수 있다. 상수 참조를 돌려주는 상수 버전이 호출되었다면 오류가 발생하지 않았을 것이다. 그렇다면 이 코드에서 왜 상수 버전이 호출되지 않고 비상수 버전이 호출될까?

그 이유를 파악하기 위해, 먼저 ref 멤버가 실제로 상수 멤버인지 확인해 보자. 전치행렬 뷰 클래스나 trans 함수의 정의에서 const 선언자는 한 번도 사용하지 않았으므로, 코드에서 const를 찾아보는 것은 도움이 안 된다. 지금 상황에서 우리가 의존할 것은 C++의 **RTTI**, 즉 **실행 시점 형식 식별**(run-time type identification) 기능이다. <typeinfo> 헤더와 형식 정보를 출력하는 문장들을 적절히 추가해 보자.

```
#include <typeinfo>
...

cout ≪ "trans(A) = " ≪ typeid(tst::trans(A)).name() ≪ '\n';
cout ≪ "trans(B) = " ≪ typeid(tst::trans(B)).name() ≪ '\n';
```

g++의 경우 이 코드는 다음을 출력한다.

```
typeid of trans(A) = N3tst15transposed_viewIN3mtl6matrix7dense2DIfNS2_10
  parametersINS1_3tag9row_majorENS1_5index7c_indexENS1_9non_fixed10
  dimensionsELb0EEEEEEE
typeid of trans(B) = N3tst15transposed_viewIKN3mtl6matrix7dense2DIfNS2_10
  parametersINS1_3tag9row_majorENS1_5index7c_indexENS1_9non_fixed10
  dimensionsELb0EEEEEEE
```

이름 맹글링 때문에 난해한 메시지들이 출력되었다. Visual Studio의 `typeid`는 맹글링되지 않은 형식 이름을 출력해주지만, 필자가 알고 있는 다른 모든 컴파일러의 RTTI는 맹글링된 형식 이름을 제공한다. 어쨌든 출력을 자세히 살펴보면, `trans(B)`에 대한 출력에는 K가 추가되었음을 알 수 있다. 이 K는 상수를 뜻한다.† 즉, B에 대한 전치행렬 뷰는 상수 행렬 형식으로 인스턴스화된 것이다. 이 예에서는 맹글링된 이름으로부터 우리가 원하는 정보를 얻었지만, 다른 경우에서 맹글링된 이름 가지고 시간을 낭비하지 말길 권한다. 좀 더 쉬운 (그리고 이식성 있는!) 방법은 다음과 같이 의도적으로 오류가 있는 코드를 컴파일해서 오류 메시지를 확인하는 것이다.

```
int ta= trans(A);
int tb= trans(B);
```

또는, **이름 디맹글러**(name demangler)를 사용하는 것도 좋은 방법이다. 예를 들어 GNU 컴파일러 컬렉션에는 `c++filt`라는 도구가 있는데, 이 도구는 `clang++`에도 잘 작동한다. 기본적으로 이 도구는 함수 이름만 디맹글링하므로, 형식 이름도 디맹글링하려면 명시적으로 `-t` 옵션을 지정해야 한다. `trans_const¦c++filt -t`처럼 프로그램의 출력을 파이프로 이 도구에 연결하면 다음과 같은 결과가 나온다.

† [옮긴이] C는 char(문자 형식)를 나타내기 때문에 constant에 해당하는 독일어 단어 konstant에서 K를 따온 것으로 짐작한다. g++의 이름 맹글링은 IA64 C++ ABI 명세를 따르는 것으로 알려져 있다.

```
typeid of trans(A) = transposed_view<mtl::matrix::dense2D<float,
  mtl::matrix::parameters<mtl::tag::row_major, mtl::index::c_index,
  mtl::non_fixed::dimensions, false, unsigned long> > >
typeid of trans(B) = transposed_view<mtl::matrix::dense2D<float,
  mtl::matrix::parameters<mtl::tag::row_major, mtl::index::c_index,
  mtl::non_fixed::dimensions, false, unsigned long> > const>
```

이제는 trans(B)가 형식 인수가 const dense2D<...>인(dense2D<...>가 아니라) transposed_view를 돌려준다는 점을 명확히 알 수 있다. 따라서 멤버 변수 ref의 형식은 const dense 2D<...>&이다. Matrix& 형식의 인수를 받는 trans를 const dense2D<...> 형식의 객체로 호출하면, 템플릿 매개변수 Matrix는 const dense2D<...>로 대체된다. 따라서 반환 형식은 transposed_view<const dense2D<...> >이 된다. 짧은 형식 조사(type introspection) 끝에 우리는 멤버 변수 ref가 상수 참조라는 답을 얻었다. 우리가 알아낸 것을 정리하면 다음과 같다.

- trans(B)를 호출하면 함수의 템플릿 매개변수가 constdense2D<float>로 인스턴스화된다.
- 따라서 함수의 반환 형식은 transposed_view<const dense2D<float> >이다.
- 생성자 매개변수의 형식은 const dense2D<float>&이다.
- 마찬가지로 멤버 변수 ref의 형식은 const dense2D<float>&이다.

남은 질문은 전치행렬 뷰가 상수 행렬을 참조하는 데도 const가 아닌 operator()가 호출되었는가이다. 답은, ref의 상수성은 중복적재 버전의 선택에 영향을 미치지 않는다는 것이다. 그 선택에 영향을 미치는 것은 뷰 객체 자체의 상수성이다. 뷰 객체 자체가 상수인 다음 코드는(좀 장황하긴 하지만) 잘 컴파일된다.

```
const transposed_view<const mtl::dense2D<float> > Bt{B};
cout ≪ "Bt(2, 0) = " ≪ Bt(2, 0) ≪ '\n';
```

상수 행렬에 대한 뷰를 얻는 또 다른 방법은 const_cast를 이용해서 상수성을 강제로 제거해 버리는 것이다. 그러면 상수 행렬에 대한 가변 뷰가 만들어진다. 이는 뷰를 통해서 '상수' 행렬을 변경할 수 있다는 뜻이다. 이는 상수성에 관한 원칙을 크게 위반하는 것이므로, 구체적인 방법이나 예제 코드는 제시하지 않겠다.

규칙

const를 강제로 제거하는 것은 최후의 수단으로 남겨야 한다.

이제부터는 상수성을 제대로 처리하는 대단히 강력한 방법론(methodology)들을 제시하겠다. 코드에 const_cast가 존재한다는 것은 설계에 심각한 문제가 있음을 뜻한다. 허브 서터와 안드레이 알렉산드레스쿠가 말했듯이, "한 번 제거한 const는 되찾을 수 없다." const_cast가 필요한 유일한 상황은 애초에 const를 잘못 적용한 서드파티 소프트웨어를 다룰 때뿐이다. 예를 들어 읽기 전용 인수를 가변 포인터나 참조로서 전달하는 서드파티 라이브러리도 있다. 이런 문제는 우리의 잘못이 아니고, 우리가 선택한 것도 아니다. 안타깝게도 const 한정사를 제대로 이해하지 않고 사용하는 패키지들이 아직도 많이 있다. 우리가 할 수 있는 최선의 일은 그런 소프트웨어에 또 다른 층의 API를 추가해서 사용하고, 원래의 API는 될 수 있으면 사용하지 않는 것이다. 그러면 const_cast가 우리의 응용 프로그램을 망치는 일을 피할 수 있으며, 끔찍한 const_cast는 기존 API만 쓰이는 것으로 제한할 수 있다. 그런 추가적인 API 층의 좋은 예가 *Boost::Bindings*[44]이다. 이 라이브러리는 BLAS와 LAPACK를 비롯해 (좋게 말해) "고풍스러운" 인터페이스를 가진 여러 라이브러리에 대한, const를 정확히 적용한 고품질 인터페이스를 제공한다. 한편, 구식 라이브러리들을 전혀 사용하지 않고 우리가 만든 함수와 클래스만 사용한다면, 약간의 공만 들이면 모든 const_cast를 제거할 수 있다.

앞에서 상수 행렬에 대한 상수 뷰를 생성하는 코드가 장황하다고 했었다. 이 문제를 해결하기 위해, 상수 행렬을 위한 또 다른 뷰 클래스를 만들고 이를 위한 trans의 중복적재 버전을 추가하자.

```
template <typename Matrix>
class const_transposed_view
{
  public:
    using value_type= typename Matrix::value_type;
    using size_type=  typename Matrix::size_type;

    explicit const_transposed_view(const Matrix& A) : ref{A} {}

    const value_type& operator()(size_type r, size_type c) const
    { return ref(c, r); }
  private:
    const Matrix& ref;
```

```
};

template <typename Matrix>
inline const_transposed_view<Matrix> trans(const Matrix& A)
{
    return const_transposed_view<Matrix>(A);
}
```

이제는 간결하게 trans로 상수 뷰를 얻을 수 있다. 그렇지만 새로운 뷰 클래스를 추가하느라 상당한 양의 코드를 작성해야 했다. 게다가 새 코드의 대부분은 기존 코드와 중복이다. 새 클래스 const_transposed_view는 기존 클래스 transposed_view와 거의 동일하다. 단지 const가 아닌 operator()가 없을 뿐이다. 그럼 좀 더 생산적이고 중복이 적은 해법을 살펴보자. 이 해법을 위해서는 메타함수 두 개를 추가해야 한다.

5.2.3.3 상수성을 점검하는 메타함수

목록 5-1의 전치행렬 뷰가 가진 문제점은 모든 메서드에서 형식들을 템플릿 인수로서 다룰 수 없다는 것이다. 상수 인수의 행동 방식을 수정하려면 주어진 인수가 상수인지 아닌지부터 알아내야 한다. 그런 용도로 표준 라이브러리는 std::is_const라는 형식 특질을 제공한다. 이 메타함수는 부분 템플릿 특수화를 이용해서 아주 간단하게 구현할 수 있다.

```
template <typename T>
struct is_const
{
    static const bool value= false;
};

template <typename T>
struct is_const<const T>
{
    static const bool value= true;
};
```

상수 형식들은 이 두 정의 모두에 부합하지만, 둘째 것이 더 구체적이므로 컴파일러는 둘째 정의를 선택한다. 비상수 형식은 첫 정의에만 부합한다. 지금 우리의 관심사는 제일 외곽 형식임을 주의하자. 템플릿 매개변수들의 상수성은 고려하지 않는다. 예를 들어 view<const matrix>는 view가 const가 아니므로 상수로 간주하지 않는다.

C++14

5.2.3.4 변수 템플릿

변수 템플릿(variable template)을 이용하면 메타프로그래밍이 좀 더 편해진다. is_const 형식 특질에 대해 다음과 같은 변수 템플릿을 정의할 수 있다.

```
template <typename T>
constexpr bool is_const_v= is_const<T>::value;
```

그러면 형식 특질의 값을 참조할 때 매번 ::value를 붙일 필요가 없다.

C++17

C++17에서는 모든 값 기반 형식 특질에 대한 변수 템플릿이 표준 라이브러리에 추가되었다. 이 표준 변수 템플릿들은 앞의 예처럼 형식 특질 이름에 접미사 _v가 붙은 형태이다. 예를 들어 is_pointer에 대한 변수 템플릿은 is_pointer_v이다. 앞의 is_const_v 역시 표준에 추가되었다.

5.2.3.5 컴파일 시점 분기를 위한 메타함수

상수 뷰에 필요한 두 메타함수 중 나머지 하나는 조건식(논리식)에 따라 두 형식 중 하나를 선택하는 메타함수이다. 이러한 '컴파일 시점 if' 기법은 크시슈토프 차르네츠키Krzysztof Czarnecki와 울리히 아이제네커Ulrich Eisenecker가 소개했다.[10] 컴파일 시점 if에 해당하는 표준 라이브러리의 메타함수는 conditional이다. 구현은 상당히 간단하다.

목록 5-2 컴파일 시점 if에 해당하는 메타함수 conditional

```
template <bool Condition, typename ThenType, typename ElseType>
struct conditional
{
    using type= ThenType;
};

template <typename ThenType, typename ElseType>
struct conditional<false, ThenType, ElseType>
{
    using type= ElseType;
};
```

조건식과 두 형식으로 이 템플릿을 인스턴스화하면, 조건식이 true이면 첫 특수화가 선택되어서 type 멤버가 ThenType으로 설정되고, 조건식이 false이면 둘째 특수화가 선택되어서 type 멤버가 ElseType으로 설정된다. 다른 여러 독창적인 발명처럼 일단 원리만 알면 아주 간단하다. 이 메타함수는 C++11에서 <type_traits>

헤더에 포함되었다.[5]

이 메타함수를 이용하면 여러 가지 신기한 일을 할 수 있다. 다음은 최대 반복 횟수가 100을 넘으면 임시 객체에 double을 사용하고 그렇지 않으면 float를 사용하는 예이다.

```
using tmp_type=
    typename conditional<(max_iter > 100), double, float>::type;
cout ≪ "typeid = " ≪ typeid(tmp_type).name() ≪ '\n';
```

물론 max_iter는 반드시 컴파일 시점에서 알려지는 값이어야 한다. 솔직히 이 예제는 컴파일 시점 if의 매력을 보여주기에는 너무 사소하고 작위적이다. 실제로, 이렇게 작고 고립된 코드 조각에서는 컴파일 시점 if가 별로 중요하지 않다. 그렇지만 대규모 일반적 소프트웨어 패키지를 개발할 때는 이런 수단이 극히 중요해진다. conditional 인스턴스화의 첫 인수(조건식)를 괄호로 감쌌음을 주목하자. 이렇게 하지 않으면 조건식의 비교 연산자 >가 템플릿 인수 목록의 끝으로 간주된다. 오른쪽 자리이동 연산자 ≫를 포함한 조건식 역시 같은 이유로 괄호로 감싸야 한다(C++11 이상에서).

C++14 선택된 형식을 지칭할 때 typename과 ::type을 입력하는 부담을 덜기 위해, C++14는 다음과 같은 템플릿 별칭을 도입했다.

```
template <bool b, class T, class F>
using conditional_t= typename conditional<b, T, F>::type;
```

5.2.3.6 전치행렬 뷰의 최종 버전

이제 참조된 Matrix 형식의 상수성을 식별하는 수단이 모두 갖추어졌다. 가변 접근 연산자를 다른 함수들과 함께 없애 버리면 좋겠지만(§5.2.6에서 하듯이), 이 기법은 함수 자체의 템플릿 매개변수에만 작동할 뿐 함수가 속한 클래스에는 작동하지 않는다.[6]

따라서 가변 접근 연산자와 상수 접근 연산자를 모두 유지하되, 가변 접근 연산자의 반환 형식은 템플릿 인수의 형식에 따라 선택하기로 한다. 다음이 그

5 C++03에서는 Boost의 MPL(Meta-Programming Library)을 사용하면 된다. 표준 형식 특질들과 Boost의 형식 특질들 함께 사용할 때는 둘의 서로 다른 명명 관례를 주의할 필요가 있다.

6 클래스 템플릿 매개변수에 의존하는 인위적인 함수 템플릿 매개변수를 도입해서 이를 해결하는 기법이 있긴 하지만, 그러면 코드가 상당히 지저분해지므로 가능하면 사용하지 않는 것이 좋다. 더 쉽고 우아한 해법은 C++20의 콘셉츠를 이용하는 것이다. 이 해법은 이번 장에서 나중에 콘셉츠를 다룰 때 좀 더 이야기하겠다.

러한 구현이다.

목록 5-3 const에 안전한 전치행렬 뷰 구현

```
1   template <typename Matrix>
2   class transposed_view
3   {
4     public:
5       using value_type= Matrix::value_type;
6       using size_type=  Matrix::size_type;
7     private:
8       using vref_type= conditional_t<is_const<Matrix>::type,
9                                      const value_type&,
10                                     value_type&>;
11    public:
12      explicit transposed_view(Matrix& A) : ref{A} {}
13
14      vref_type operator()(size_type r, size_type c)
15      { return ref(c, r); }
16
17      const value_type& operator()(size_type r, size_type c) const
18      { return ref(c, r); }
19
20    private:
21      Matrix& ref;
22  };
```

이 구현은 행렬 형식의 상수 참조와 가변 참조 중 하나를 가변 접근 연산자의 반환 형식으로 선택한다. 아래에서 보듯이 이 구현은 우리가 원하는 방식으로 작동한다.

먼저, 만일 행렬 참조가 가변이면 operator()의 반환 형식은 뷰 객체 자체의 상수성에 따라 다음과 같이 결정된다.

- 뷰 객체가 가변이면 행 14의 operator()가 가변 참조(행 10)를 돌려준다.
- 뷰 객체가 상수이면 행 17의 operator()가 상수 참조를 돌려준다.

이는 목록 5-1과 같은 방식이다.

다음으로, 만일 행렬 참조가 상수이면 operator()는 뷰 객체의 상수성과는 무관하게 항상 상수 참조를 돌려준다.

- 뷰 객체가 가변이면 행 14의 operator()가 상수 참조(행 9)를 돌려준다.
- 뷰 객체가 상수이면 행 17의 operator()가 상수 참조를 돌려준다.

이렇게 해서 뷰 객체와 참조된 행렬 둘 다 가변일 때만 쓰기 접근을 제공하는 뷰 클래스를 구현해 보았다.

C++20 5.2.4 매개변수화된 유리수

⇒ c++20/spaceship_rational_meta.cpp

§2.7.5에서 rational 클래스의 우주선 연산자를 중복적재한 기억이 날 것이다. 그 연산자의 반환 형식은 유리수를 기약분수 형태로 정규화해서 저장하느냐 아니냐에 따라 달라진다. §2.7.5 이후에 배운 기법들을 이용하면 분자와 분모를 약분한 표준형(canonical form) 표현과 약분하지 않은 비표준형 표현을 하나의 클래스로 처리할 수 있다. 전체적인 틀은 다음과 같다.

```
template <bool Canonical= false>
class rational { ... }
```

먼저, 표준형에 대해서는 분자와 분모를 약분하도록 생성자를 수정한다.

```
rational(int p, unsigned q) : p{p}, q{q}
{
    if (q == 0)
        throw zero_denominator{};
    if constexpr (Canonical) {
        auto g= gcd(abs(p), q);
        p/= g;
        q/= g;
    }
}
```

표준형인지 비표준형인지는 컴파일 시점의 비형식 템플릿 인수로 알 수 있으므로, constexpr-if를 이용해서 실행 시점의 추가부담(overhead) 없이 두 경우를 차별화할 수 있다.

다음으로, 우주선 연산자는 구현은 그대로 두고 반환 형식만 차별화하면 된다.

```
using ordering= std::conditional_t<Canonical, std::strong_ordering,
                                              std::weak_ordering>;

ordering operator<=>(const rational& r2) const {
    return p * ll(r2.q) <=> r2.p * ll(q);
}
```

산술 연산자들 역시 생성자에서처럼 조건에 따라 약분을 처리하면 된다. 더 나은 해법은 약분 처리를 생성자에서 빼내서 개별 함수로 두는 것이다.

```
void reduce() & {
    if constexpr (Canonical) {
        auto g= gcd(abs(p), q);
        p/= g;
        q/= g;
    }
}

rational(int p, unsigned q) : p{p}, q{q}
{
    if (q == 0)
        throw zero_denominator{};
    reduce();
}
```

이렇게 하고 operator+= 같은 연산자들에서도 생성자처럼 reduce를 호출하면 된다. Canonical이 false이면 reduce는 빈 함수가 되며, 그 사실을 컴파일 시점에서 컴파일러도 알기 때문에 실행 파일에 아무런 이진 코드도 추가하지 않는다.

5.2.5 영역 특화 형식 속성

앞에서 표준 라이브러리의 몇몇 형식 특질을 실제로 구현해 보았다. 그 경험과 지식을 바탕으로, 과학 및 공학과 관련한 문제 영역에 특화된 형식 속성을 표현하는 형식 특질을 구현해 보자. 짐작했겠지만, 문제 영역은 선형대수이고 형식 속성은 "주어진 형식이 행렬 형식인가?"이다. 이를 is_matrix라는 형식 특질로 구현하기로 한다. 안전을 위해, 자신이 행렬이라고 명시적으로 선언한 형식만 행렬 형식이라고 간주한다. 반대로 말하면, 모든 형식은 기본적으로는 행렬이 아닌 것으로 간주된다. 다음은 이 점을 표현한 is_matrix이다.

```
template <typename T>
struct is_matrix
{
    static const bool value= false;
};
```

C++11 그런데 표준 라이브러리에는 이처럼 false 값을 제공하는 false_type이라는 메타함수가 있다.[7] 이 메타함수를 상속(제6장)하면 코드가 좀 더 간결해진다.

7 C++03에서는 boost::mpl::false_를 사용하면 된다.

value를 따로 정의할 필요 없이, false_type에서 그대로 물려받으면 된다.

```
template <typename T>
struct is_matrix
  : std::false_type
{};
```

다음으로, 행렬임을 알고 있는 모든 클래스에 대해서는 표준의 true_type을 상속하도록 메타술어(meta-predicate) is_matrix를 특수화한다.

```
template <typename Value, typename Para>
struct is_matrix<mtl::dense2D<Value, Para> >
  : std::true_type
{};
// ... 그 밖의 행렬 클래스들 ...
```

메타술어가 템플릿 인수들에 의존하게 만들 수도 있다. 예를 들어 행렬과 벡터에 적용할 수 있는 transposed_view라는 뷰 클래스가 있다 할 때(그런 뷰 클래스를 구현하기란 상당히 까다로운데, 이는 다른 주제이므로 여기서 더 이야기하지 않겠다), 전치된 행렬 뷰에 대해서만 이 메타술어가 참이 되게 하려면 다음과 같이 특수화하면 된다.

```
template <typename Matrix>
struct is_matrix<transposed_view<Matrix> >
  : is_matrix<Matrix>
{};
// ... 그 밖의 뷰들 ...
```

벡터는 행렬 형식이 아니므로 전치된 벡터 뷰 역시 행렬 형식이 아니라고 판정된다. 그러나 이렇게 하나의 뷰를 두는 대신, 그냥 행렬과 벡터에 대해 개별적인 뷰를 만들어서 적용하는 경우가 더 많을 것이다.

```
template <typename Matrix>
struct is_matrix<matrix::transposed_view<Matrix> >
  : std::true_type
{};
```

C++11 뷰가 의도와는 다르게 쓰이는 일을 방지하기 위해, 템플릿 인수가 (알려진) 행렬 형식인지를 static_assert를 이용해서 점검할 수도 있다.

```
template <typename Matrix>
class transposed_view
```

```
{
    static_assert(is_matrix<Matrix>::value,
                  "Argument of this view must be a matrix!");
    // ...
};
```

만일 행렬이 아닌(좀 더 정확히는 행렬이라고 명시적으로 선언하지 않은) 형식으로 뷰를 인스턴스화하면 컴파일이 실패하고 지정된 오류 메시지("Arguement of ...")가 출력된다. static_assert 문에 대해 컴파일러는 실행 시점 코드를 생성하지 않으므로, 형식 수준에서 검출할 수 있는 오류나 컴파일 시점 상수와 관련한 오류에 대해서는 항상 static_assert를 사용하는 것이 바람직하다. C++20까지는 오류 메시지가 반드시 리터럴이어야 하는데, 이후의 C++ 버전들에서는 형식 정보를 이용해서 메시지를 조합할 수 있게 되길 희망한다.

§5.2.3의 전치행렬 뷰 클래스에 정적 단언문들을 추가해서 예제를 컴파일해 보면 trans(A)는 컴파일되지만 trans(B)는 컴파일되지 않음을 확인할 수 있다. 근본 원인은, 템플릿 특수화의 맥락에서 const dense2D<>와 dense2D<>가 서로 다른 형식으로 간주되기 때문이다. 그래서 따로 is_matrix를 특수화하지 않은 const dense2D<>는 행렬 형식이 아닌 것으로 판정된다. 그렇다고 가변 형식과 상수 형식을 일일이 따로 특수화할 필요는 없다. 모든 상수 버전에 대한 부분 특수화 하나만 추가하면 된다.

```
template <typename T>
struct is_matrix<const T>
  : is_matrix<T> {};
```

C++14 이렇게 하면 행렬 형식의 T에 대해 const T도 자동으로 행렬 형식이 된다.

표준 라이브러리의 관례에 따라 _v로 끝나는 변수 템플릿도 추가하자.

```
template <typename T>
constexpr bool is_matrix_v= is_matrix<T>::value;
```

이렇게 하면 매번 ::value를 타이핑할 필요가 없다.

C++20 가장 진보된 해법은 물론 콘셉트를 정의하는 것이다.

```
template <typename T>
concept IsMatrix= is_matrix_v<T>;

template <IsMatrix Matrix>
class transposed_view ...
```

그러면 템플릿 매개변수에 대한 요구조건을 require 절로 직접 표현할 수 있다.

필자가 참여한 프로젝트들에서, OOP(객체 지향적 프로그래밍)의 맥락에서 형식 특질들은 코드를 길고 장황하게 만드는 요인이었다. 요즘 필자는 형식 특질 대신 함수 중복적재에 기초한 다른 접근 방식을 이용해서 그러한 장황함을 피한다. 이 새 기법은 OOP 기법들을 제대로 소개한 이후 §6.6.2에서 제시하겠다.

C++11 5.2.6 enable_if

enable_if는 야코 예르비Jaakko Järvi와 제러마이어 윌콕Jeremiah Wilcock이 발견한 대단히 강력한 메타프로그래밍 메커니즘이다. enable_if는 함수 템플릿의 컴파일에 적용되는 **SFINAE**(substitution failure is not an error; 치환 실패는 오류가 아니다) 원칙에 기반한다. SFINAE란, 함수 템플릿의 템플릿 매개변수들을 주어진 템플릿 인수들로 치환할 수 없다고 해도 그 자체가 컴파일 오류는 아니라는 뜻이다. 그런 치환 실패가 발생하면 컴파일러는 해당 템플릿을 그냥 무시한다. SFINAE가 적용되는 예로, 반환 형식이 템플릿 인수에 대한 메타함수인 함수 템플릿을 생각해 보자.

```
template <typename T>
typename Magnitude<T>::type
inline min_abs(const T& x, const T& y)
{
    using std::abs;
    auto ax= abs(x), ay= abs(y);
    return ax < ay ? ax : ay;
}
```

이 함수 템플릿의 반환 형식은 T에 대한 Magnitude의 type 멤버이다. 이 템플릿을 템플릿 인수 U로 인스턴스화한다고 할 때, 만일 Magnitude<U>의 type 멤버가 T(x와 y의 형식)와 호환되지 않는다면 T를 U로 치환할 수 없다. 그러면 이 함수 템플릿은 무시된다. 이러한 원칙의 효과는, 여러 중복적재 버전 중 치환에 성공하는 것이 적어도 하나 있으면 해당 함수 호출이 컴파일될 수 있다는 것이다. 치환에 성공하는 것이 여러 개이면 그중 가장 구체적인 것이 선택된다. enable_if는 바로 이러한 메커니즘을 활용한다.

그럼 영역 특화 형식 속성에 따라 여러 함수 템플릿 중 하나를 선택하는 문제를 enable_if를 이용해서 풀어 보자. L_1 노름norm을 예로 들겠다. L_1 노름은 벡터 공간과 선형 연산자(행렬)들에 대해 정의된다. 벡터에 대한 노름과 행렬에 대한 노름이 연관되어 있긴 하지만, 실제 응용에서 유한 차원 벡터와 행렬은 충분히 다르기 때문에 노름 역시 따로 구현하는 것이 바람직하다. 물론 one_norm(x)를 호출하면 x의 형식에 맞는 구현이 선택되도록 모든 행렬과 벡터 형식에 대해 L_1 노름을 구현하는 것은 가능하다.

⇒ c++11/enable_if_example.cpp

생산성을 고려해서, 모든 행렬 형식(뷰 포함)에 대한 하나의 구현과 모든 벡터에 대한 하나의 구현을 만들기로 하자. 행렬과 벡터는 메타함수 is_matrix와 is_vector로 식별한다. is_matrix는 이전에 구현한 것을 사용하고, is_vector는 is_matrix를 참고해서 새로 구현한다. 그리고 복소 행렬과 복소 벡터의 크기를 처리하기 위해 Magnitude라는 메타함수를 새로 도입하고, 해당 크기 형식에 편하게 접근하기 위한 템플릿 별칭 Magnitude_t도 만들기로 한다. 이들의 구현은 아주 간단하므로 따로 코드를 제시하지는 않겠다.

다음으로, 주어진 조건이 성립할 때만 함수 중복적재 버전이 정의되게 하는 데 사용할 메타함수 enable_if를 구현한다.

```
template <bool Cond, typename T= void>
struct enable_if {
    using type= T;
};

template <typename T>
struct enable_if<false, T> {};
```

이 템플릿 클래스는 첫 템플릿 인수가 참일 때만 type 멤버를 정의한다. 이 구현은 C++11의 <type_traits> 헤더에 있는 형식 특질들과 호환된다. 이번 절의 예제 코드는 형식 속성과 메타함수를 설명하기 위한 것일 뿐, 실제 응용에서는 가능하면 표준 라이브러리의 메타함수들을 사용하는 것이 바람직함을 기억하기 바란다. C++14에서처럼 간결한 표기를 위한 템플릿 별칭도 추가하자.

```
template <bool Cond, typename T= void>
using enable_if_t= typename enable_if<Cond, T>::type;
```

이렇게 하면 typename ... ::type을 생략할 수 있다. 이제 L_1 노름을 일반적인 형태로 구현할 준비가 끝났다.

```
1    template <typename T>
```

```
2   enable_if_t<is_matrix_v<T>, Magnitude_t<T> >
3   one_norm(const T& A)
4   {
5       using std::abs;
6       Magnitude_t<T> max{0};
7       for (unsigned c= 0; c < num_cols(A); c++) {
8           Magnitude_t<T> sum{0};
9           for (unsigned r= 0; r < num_rows(A); r++)
10              sum+= abs(A[r][c]);
11          max= max < sum ? sum : max;
12      }
13      return max;
14  }
15
16  template <typename T>
17  enable_if_t<is_vector_v<T>, Magnitude_t<T> >
18  one_norm(const T& v)
19  {
20      using std::abs;
21      Magnitude_t<T> sum{0};
22      for (unsigned r= 0; r < size(v); r++)
23          sum+= abs(v[r]);
24      return sum;
25  }
```

선택은 행 2와 행 17의 enable_if가 담당한다. T가 행렬 형식일 때 행 2에 의해 다음과 같은 일이 벌어진다.

1. is_matrix_v<T>가 true로 평가된다.
2. enable_if_t< >는 Magnitude_t<T>가 된다.
3. 그 형식이 이 one_norm 버전의 반환 형식으로 쓰인다.

T가 행렬 형식이 아니면 다음과 같은 일이 벌어진다.

1. is_matrix_v<T>는 false로 평가된다.
2. 그러면 enable_if< >::type이 존재하지 않으므로 enable_if< >는 치환되지 못한다.
3. 따라서 one_norm의 반환 형식이 결정되지 않는다.
4. 반환 형식이 없어서 함수가 완성되지 않았으므로, 컴파일러는 이 버전을 무시한다.

간단히 말하면, 이 중복적재 버전은 오직 인수가 행렬일 때만 활성화된다.

마찬가지 원리로, 둘째 중복적재 버전은 인수가 벡터일 때만 활성화된다. 실제로 그런지 간단하게 시험해 보자.

```
matrix A= {{2, 3, 4},
           {5, 6, 7},
           {8, 9, 10}};

dense_vector<float> v= {3, 4, 5}; // dense_vector는 MTL4의 벡터 클래스

cout ≪ "one_norm(A) is " ≪ one_norm(A) ≪ "\n";
cout ≪ "one_norm(v) is " ≪ one_norm(v) ≪ "\n";
```

행렬도 아니고 벡터도 아닌 형식에 대한 one_norm의 중복적재 버전은 없다(그래야 마땅하다). 행렬로도, 벡터로도 간주되는 형식은 중의성 오류를 일으킨다. 이 오류는 설계에 결함이 있다는 증거이다.

특정한 형식 속성을 자주 판정해야 한다면, 그 형식 속성 전용의 enable_if를 만드는 게 낫다. 다음이 그러한 예이다.

```
template <typename M, typename T= void>
using enable_matrix_t=
    typename enable_if<is_matrix<M>::value, T>::type;

template <typename T>
enable_matrix_t<T, Magnitude_t<T> > one_norm(const T& A) { ... }
```

§A.9.4에 이런 성격의 예제들이 더 나온다.

한계: enable_if의 메커니즘이 상당히 강력하긴 하지만, 디버깅이 복잡해진다는 단점이 있다. 특히 예전 버전의 컴파일러들은 enable_if와 관련해서 상당히 길고 장황한, 게다가 별로 의미 없는 오류 메시지를 출력한다. 주어진 인수 형식과 부합하는 함수가 없어서 오류가 났을 때 컴파일러의 오류 메시지가 길고 장황하고 영양가마저 없으면 프로그래머로서는 오류의 원인을 찾기가 아주 어렵다. 다행히 최근 컴파일러들(clang++ ≥ 3.3 또는 g++ ≥ 4.9)은 적절한 중복적재 버전이 발견되었지만 enable_if가 비활성화했음을 프로그래머에게 알려준다.

또 다른 단점으로, 조건부 활성화 메커니즘은 가장 구체적인 조건을 선택하지 않는다. 예를 들어 행렬 중에서 희소 행렬에 좀 더 특화된 구현을 제공한다고 할 때, 이를테면 is_sparse_matrix를 위해 구현을 특수화할 수는 없다. 다음처럼 적절한 부정(negative) 조건을 추가해서 중복성을 제거해 주어야 한다.

```
template <typename T>
enable_if_t<is_matrix<T>::value && !is_sparse_matrix<T>::value,
            Magnitude_t<T> >
one_norm(const T& A);

template <typename T>
enable_if_t<is_sparse_matrix<T>::value, Magnitude_t<T> >
one_norm(const T& A);
```

그렇지만 이렇게 위계적인(hierarchical) 조건들을 추가하기 시작하면 실수의 여지가 아주 커진다.

SFINAE 원칙은 함수 자신의 템플릿 인수들에만 적용된다. 멤버 함수에서 클래스의 템플릿 인수에 대해 enable_if를 적용할 수는 없다. 예를 들어 목록 5-1 행 9의 가변 접근 연산자를, 상수 행렬에 대한 뷰를 위해 enable_if로 비활성화하는 것은 불가능하다. 그 연산자 자체는 템플릿 함수가 아니기 때문이다.

앞의 예제들에서는 반환 형식을 비활성화하는 용도로 SFINAE를 사용했다. 그와는 달리 함수 매개변수를 조건부로 활성화/비활성화는 데에도 SFINAE를 사용할 수 있다. 변환 연산자처럼 인수가 없고 반환 형식이 조건에 따라 달라질 수 있는 함수는 다루기가 까다로운데, 종종 익명 형식 매개변수가 해결책이 되기도 한다(§A.9.4 참고).

SFINAE를 위해 반드시 enable_if가 필요한 것은 아니다. 상황에 따라 유효하지 않을 수도 있는 형식 선언으로도 SFINAE를 적용할 수 있다. 아주 흔한 예는 조건에 따라 정의되지 않을 수도 있는 표현식에 대한 decltype이다. 예를 들어, 컨테이너의 순회에 자주 쓰이는 자유 함수 begin을 생각해 보자. 이 함수는 (인수를 받지 않는) begin 메서드를 제공하는 모든 형식에 대해 정의된다. SFINAE와 decltype을 이용하면 그러한 조건을 정확히 표현할 수 있다. 다음은 begin이라는 이름의 메서드를 가진 모든 형식에 대해(그리고 그런 형식들에 대해서만) 정의되는 자유 함수 begin이다.

```
template <typename T>
auto begin(T& x) -> decltype(x.begin())
{
    return x.begin();
}
```

이 함수는 표현식 x.begin()의 형식을 반환 형식(후행 반환 형식; §3.4.2)으로 지정했다. 그 표현식이 정의되지 않으면 decltype이 유효하지 않으며, 따라서 반환 형식도 유효하지 않다. 그러면 SFINAE 원칙에 따라 컴파일러는 오류를 발생하는 대신 그냥 이 함수 템플릿을 무시한다. 표준 라이브러리의 begin과 end도 바로 이런 식으로 정의된다(단, 세부적으로 들어가면 추가적인 constexpr와 noexcept가 적용되어 있으며, const&을 위한 중복적재 버전들이 있다). 이런 메커니즘 덕분에, 사용자 정의 형식에 정의된 begin과 end 메서드를 필요에 따라 자유 함수 형태로 호출할 수 있다.

C++11

5.2.7 가변 인수 템플릿의 재고찰

§3.11에서 우리는 임의의 개수와 형식의 인수들을 받아서 모두 합하는 일반적 가변 인수 합산 함수를 구현했다. 그런데 그 구현에는 문제점이 있었다. 제3장에서는 적절한 반환 형식을 결정하는 데 필요한 C++ 기능들을 이야기하지 않았기 때문에, 그냥 첫 인수의 형식을 반환 형식으로 사용 다. 이제는 여러분은 이 문제를 풀 수 있는 기능들을 충분히 알고 있다. 첫 번째 해법은 decltype을 이용해서 반환 형식을 결정하는 것이다.

```
template <typename T>
inline T sum(T t) { return t; }

template <typename T, typename ...P>
auto sum(T t, P ...p) -> decltype( t + sum(p...) ) // 오류
{
    return t + sum(p...);
}
```

안타깝게도 이 구현은 인수를 두 개까지만 지원하고, 세 개부터는 컴파일 오류가 발생한다. n개의 인수들에 대한 반환 형식을 결정하려면 마지막 $n-1$개의 인수들에 대한 반환 형식이 필요한데, 그 반환 형식은 함수가 완전히 정의된 후에나 주어지기 때문에 후행 반환 형식으로는 불가능하다.

C++11

5.2.7.1 가변 인수 클래스 템플릿

따라서 반환 형식을 먼저 결정해야 한다. 그러려면 다음처럼 재귀적인 가변 인수 형식 특질을 도입해야 한다.

```
// 선행 선언
template <typename ...P> struct sum_type;

template <typename T>
```

```
struct sum_type<T>
{
    using type= T;
};

template <typename T, typename ...P>
struct sum_type<T, P...>
{
    using type= decltype(T() + typename sum_type<P...>::type());
};

template <typename ...P>
using sum_type_t= typename sum_type<P...>::type;
```

가변 인수 클래스 템플릿도 재귀적으로 선언된다. 가시성(visibility) 때문에 일반적인 형태를 미리 선언해 두고 정의를 작성했다. 이런 재귀적 정의는 다음 두 부분으로 구성된다.

- 합성(composite) 부분: 매개변수가 n개인 클래스를 $n-1$개의 매개변수로 정의한다.
- 종료 조건 부분: 매개변수가 0 또는 1개일 때의 구체적인 정의

이 예제의 `P...`는 이전의 가변 인수 함수 템플릿 예제들에서는 사용하지 않은 구문이다. 이 구문은 주어진 형식 묶음(type pack) `P`에 있는 형식들을 그 자리에 풀어 넣는다('전개').

재귀적 함수와 재귀적 클래스의 컴파일 방식에 차이가 있음을 주의하기 바란다. 재귀적 클래스는 재귀적으로 인스턴스화되지만 재귀적 함수는 그렇지 않다. 이는 가변 인수 클래스에서는 `decltype`을 재귀적으로 사용할 수 있지만 가변 인수 함수에서는 그럴 수 없는 이유이다.

C++11 5.2.7.2 반환 형식 연역과 가변 인수 계산의 분리

다음은 앞에서 만든 형식 특질(의 템플릿 별칭)을 이용해서 `sum`의 반환 형식을 지정한 예이다.

```
template <typename T>
inline T sum(T t) { return t; }

template <typename T, typename ...P>
inline sum_type_t<T, P...> sum(T t, P ...p)
{
```

```
    return t + sum(p...);
}
```

이제는 인수가 셋 이상인 경우에도 잘 컴파일된다.

```
auto s= sum(-7, 3.7f, 9u, -2.6);
cout << "s is " << s << " and its type is "
     << typeid(s).name() << '\n';

auto s2= sum(-7, 3.7f, 9u, -42.6);
cout << "s2 is " << s2 << " and its type is "
     << typeid(s2).name() << '\n';
```

출력을 보면 적절한 반환 형식이 선택되었음을 알 수 있다.

```
s is 3.1 and its type is d
s2 is -36.9 and its type is d
```

C++11 5.2.7.3 공통 형식

표준 라이브러리에는 sum_type과 비슷한 형식 특질이 있다. 바로, <type_traits> 헤더에 정의된 std::common_type이다(C++14에서는 간결한 표기를 위한 템플릿 별칭 common_type_t도 추가되었다). 이 형식 특질은 C++ 내장 형식들에 대한 모든 연산에 동일한 암묵적 변환(coercion) 규칙이 적용된다는 점 때문에 생겼다. 암묵적 변환 규칙에 의해, 내장 형식들에 대한 표현식의 결과 형식은 연산의 종류와는 무관하고 단지 인수(피연산자)들의 형식에만 의존한다. 예를 들어 x, y, z가 내장 형식의 변수들이라고 할 때, x + y + z와 x - y - z, x * y * z, x * y + z의 결과 형식은 모두 같다. 내장 형식들에 대해 다음의 메타술어는 항상 true로 평가된다(언급한 다른 표현식들도 마찬가지).

```
is_same_v<decltype(x + y + z),
          common_type_t<decltype(x), decltype(y), decltype(z)> >
```

사용자 정의 형식들은 모든 연산에 대해 결과 형식이 같다는 보장이 없다. 따라서, 사용자 정의 형식들에 대해서는 연산 의존적(operation-dependent) 형식 특질들을 제공하는 것이 바람직할 수 있다.

표준 라이브러리의 min 함수는 같은 형식의 두 값 중 작은 것을 돌려준다. common_type과 가변 인수 템플릿을 이용하면, 이 함수를 임의의 형식과 개수의 값들에 대해 작동하도록 일반화하는 것이 어렵지 않다.

```
template <typename T>
inline T minimum(const T& t) { return t; }

template <typename T, typename ...P>
typename std::common_type<T, P...>::type
minimum(const T& t, const P& ...p)
{
    using res_type= typename std::common_type<T, P...>::type;
    return std::min(res_type(t), res_type(minimum(p...)));
}
```

혼동을 피하기 위해 함수 이름을 minimum으로 바꾸었다. 이 minimum 함수는 임의의 개수와 형식의 인수들을 받는다. 단, 그 인수들에 대해 std::common_type과 비교 연산자가 정의되어야 한다. 예를 들어 다음 표현식은

```
minimum(-7, 3.7f, 9u, -2.6)
```

double 형식의 값 -7을 돌려준다. C++14부터는 이 minimum을 다음과 같이 좀 더 간결하게 구현할 수 있다.

```
template <typename T, typename ...P>
inline auto minimum(const T& t, const P& ...p)
{
    using res_type= std::common_type_t<T, P...>;
    return std::min(res_type(t), res_type(minimum(p...)));
}
```

템플릿 별칭과 반환 형식 연역 덕분에 코드가 짧아졌다.

5.2.7.4 가변 인수 함수의 결합성

가변 인수 sum의 구현은 첫 인수를 나머지 인수들의 합에 더한다. 이는 제일 오른쪽의 +가 제일 먼저 계산된다는 뜻이다. 그러나 기본적으로 C++의 + 연산자는 왼쪽 결합이다. 즉, 여러 값을 더하는 표현식에서 제일 왼쪽의 +가 제일 먼저 계산된다. 왼쪽 결합 방식으로 가변 인수 sum을 구현한다면 다음과 같은 모습이 될 것이다.

```
template <typename T>
inline T sum(T t) { return t; }

template <typename ...P, typename T> // 오류
inline sum_type_t<P..., T>
sum(P ...p, T t)
```

```
{
    return sum(p...) + t;
}
```

안타깝게도 이 코드는 컴파일되지 않는다. C++은 마지막 인수의 분리를 지원하지 않기 때문이다.

정수는 덧셈과 곱셈에 대해 결합법칙을 지원한다(즉, 연산의 순서가 결과에 영향을 미치지 않는다). 부동소수점 수는 반올림 오차 때문에 결합법칙을 지원하지 않는다. 따라서, 가변 인수 템플릿을 사용할 때는 평가 순서 때문에 수치적 불안정성이 생기지 않도록 조심해야 한다.

5.3 표현식 템플릿

과학 소프트웨어에는 엄격한 성능 요구조건이 가해질 때가 많다. C++이 관여할 때는 특히나 그렇다. 물리나 화학, 생물학 과정에 대한 대규모 시뮬레이션은 몇 주나 몇 달씩 실행된다. 이 긴 실행 시간의 일부라도 줄일 수 있다면 모두가 기뻐할 것이다. 공학 소프트웨어도 마찬가지이다. 예를 들어 큰 건물의 정적, 동적 분석을 생각해 보라. 그런데 실행 시간을 줄이면 그 대신 프로그램 소스 코드의 가독성과 유지보수성이 희생되는 경우가 많다. §5.3.1에서는 덧셈 연산자를 단순한 방식으로 구현하고 그것이 왜 비효율적인지 살펴본다. §5.3의 나머지 절들에서는 자연스러운 표기법을 희생하지 않고 연산자의 성능을 개선하는 방법을 제시한다.

5.3.1 단순한 연산자 구현

⇒ c++11/expression_template_example.cpp

벡터들을 더하는 응용 프로그램을 만든다고 하자. 예를 들어 벡터들의 덧셈을 다음과 같은 형태로 표현할 수 있어야 한다.

```
w = x + y + z;
```

그리고 §3.3에서 만든 것과 비슷한 vector 클래스가 이미 갖추어져 있다고 하자.

```
template <typename T>
class vector
{
  public:
```

```
    explicit vector(int size) : my_size{size}, data{new T[size]} {}

    const T& operator[](int i) const { check_index(i); return data[i]; }
    T& operator[](int i) { check_index(i); return data[i];  }
    // ...
};
```

이런 벡터들을 더하는 연산자를 만드는 것은 어렵지 않다.

목록 5-4 단순한 벡터 덧셈 연산자

```
1   template <typename T>
2   inline vector<T> operator+(const vector<T>& x, const vector<T>& y)
3   {
4       x.check_size(size(y));
5       vector<T> sum(size(x));
6       for (int i= 0; i < size(x); ++i)
7           sum[i] = x[i] + y[i];
8       return sum;
9   }
```

간단한 프로그램으로 시험해 보면 이 연산자가 잘 작동하는지 확인할 수 있다.

```
vector<float> x= {1.0, 1.0, 2.0, -3.0},
              y= {1.7, 1.7, 4.0, -6.0},
              z= {4.1, 4.1, 2.6, 11.0},
              w(4);

cout ≪ "x = " ≪ x ≪ std::endl;
cout ≪ "y = " ≪ y ≪ std::endl;
cout ≪ "z = " ≪ z ≪ std::endl;

w= x + y + z;
cout ≪ "w= x + y + z = " ≪ w ≪ endl;
```

이 프로그램은 예상대로의 결과를 출력한다. 사실 일반적인 소프트웨어 공학의 관점에서는 이러한 구현에 딱히 흠잡을 것이 없다. 그러나 성능의 관점에서는 문제가 많다.

배정문 `w= x + y + z;`이 평가되는 과정에서 `operator+` 구현은 다음과 같이 작동한다.

1. x와 y를 더한 결과를 담을 임시 변수 sum을 생성한다(행 5).
2. 루프를 돌려서, x와 y의 요소들을 각각 더해서 sum의 해당 요소들에 배정한다(행 6과 7).

3. sum을 복사한 임시 객체(t_xy라고 하자)가 return 문에 의해 호출자에 반환된다(행 8).
4. 범위를 벗어나면서 sum의 소멸자가 호출되어서 sum이 삭제된다(행 9).
5. t_xy와 z를 더한 결과를 담을 임시 변수 sum을 생성한다(행 5).
6. 루프를 돌려서, t_xy와 z의 요소들을 각각 더해서 sum의 해당 요소들에 배정한다(행 6과 7).
7. sum을 복사한 임시 객체(t_xyz라고 하자)가 return 문에 의해 호출자에 반환된다(행 8).
8. sum을 삭제한다(행 9).
9. t_xy를 삭제한(두 번째 덧셈 이후).
10. vector 클래스의 배정 연산자에 있는 루프에서 t_xyz를 읽어서 w에 설정한다(배정문).
11. t_xyz를 삭제한다(배정문 이후).

사실 이것은 아주 오래된 컴파일러에서만 벌어지는 최악의 시나리오이다. 요즘 컴파일러들은 정적 코드 분석과 반환값 최적화(§2.3.5.3)를 적용해서, t_xy와 t_xyz 같은 임시 객체 복사가 생략된 좀 더 효율적인 이진 코드를 생성한다. 그렇지만 최적화된 버전도 다음 연산들은 여전히 수행한다.

1. x와 y를 더한 결과를 담을 임시 변수 sum(구별을 위해 sum_xy라고 하자)을 생성한다(행 5).
2. 루프를 돌려서, x와 y의 요소들을 각각 더해서 sum_xy의 해당 요소들에 배정한다(행 6과 7).
3. sum_xy와 z를 더한 결과를 담을 임시 변수 sum(구별을 위해 sum_xyz라고 하자)을 생성한다(행 5).
4. 루프를 돌려서, sum_xy와 z의 요소들을 각각 더해서 sum_xyz의 해당 요소들에 배정한다(행 6과 7).
5. sum_xy를 삭제한다(두 번째 덧셈 이후).
6. sum_xyz의 데이터를 w로 이동한다(배정문).
7. sum_xyz를 삭제한다(배정문 이후).

n차원 벡터들을 더할 때 수행되는 연산들은 다음과 같다.

- 덧셈 $2n$회

- 요소 읽기 $4n$회
- 요소 쓰기 $2n$회
- 메모리 할당 2회
- 메모리 해제 2회

다음과 같은 단일 루프 인라인 함수로 벡터 덧셈을 구현한다면 어떨까?

```
template <typename T>
void inline add3(const vector<T>& x, const vector<T>& y,
                      const vector<T>& z, vector<T>& sum)
{
    x.check_size(size(y));
    x.check_size(size(z));
    x.check_size(size(sum));
    for (int i= 0; i < size(x); ++i)
        sum[i] = x[i] + y[i] + z[i];
}
```

이 함수가 수행하는 연산들은 다음과 같다.

- 덧셈 $2n$회
- 요소 읽기 $3n$회
- 요소 쓰기 n회

그러나 이 함수는 다음과 같은 형태로 호출해야 한다.

```
add3(x, y, z, w);
```

이런 표기는 연산자 표기보다 덜 우아하다. 또한, 실수의 여지도 약간 크다. 최종 덧셈 결과가 첫 인수에 저장되는지 아니면 마지막 인수에 저장되는지를 문서화를 보고 확인해야 한다. 반면 연산자를 이용한 표기법에서는 이를 헷갈릴 여지가 없다.

고성능 소프트웨어를 작성할 때 프로그래머들은 중요한 연산들을 더 작은 표현식들로 자유로이 조합해서 구현하는 대신 최적화된 형태로 일일이 하드코딩하는 경향이 있다. 이유는 당연히 성능 때문이다. 앞의 단순한 연산자 구현은 최적화된 버전에 비해 다음과 같은 연산들을 추가로 수행한다.

- 요소 읽기 n회
- 요소 쓰기 n회

- 메모리 할당 2회
- 메모리 해제 2회

다행히 산술 연산은 추가로 더 수행하지 않지만, 이 연산들이 산술 연산보다 비용이 더 크다. 현세대 컴퓨터들에서 고정소수점이나 부동소수점 산술보다 메모리에서 큰 데이터를 읽고 쓰는 데 시간이 훨씬 더 많이 걸린다.

안타깝게도 과학 응용 프로그램에서 벡터들은 상당히 길다. 프로그램이 실행되는 시스템의 캐시보다 길 때도 많다. 또한, 벡터들을 주 메모리에서 읽거나 저장하는 연산이 빈번하게 일어난다. 그림 5-1은 전형적인 컴퓨터의 메모리 위계구조(hierarchy)를 도식화한 것이다. 제일 위의 칩은 CPU이고 그 아래 칩은 L1 캐시, 디스크는 L2 캐시, 플로피디스크는 주 메모리, 카세트테이프는 가상 메모리이다. 이 메모리 위계구조의 메모리들은 CPU에 가까울수록 빠르지만 용량이 작고, 멀수록 용량이 크지만 느리다. 하나의 데이터 항목을 가상 메모리(그림의 카세트테이프) 같은 느린 메모리에서 읽으면, 시스템은 이후 빠른 조회를 위해 그 항목을 그보다 빠른 모든 메모리(주 메모리, L2 캐시, L1 캐시)에 복사해 둔다.

짧은 벡터의 경우에는 데이터가 L1 캐시나 L2 캐시에 계속 남아있을 가능성이 크므로 데이터 이동 연산의 비용이 큰 문제가 되지 않는다. 그렇지만 메모리 할당과 해제는 심각한 속도 저하 요인이다.

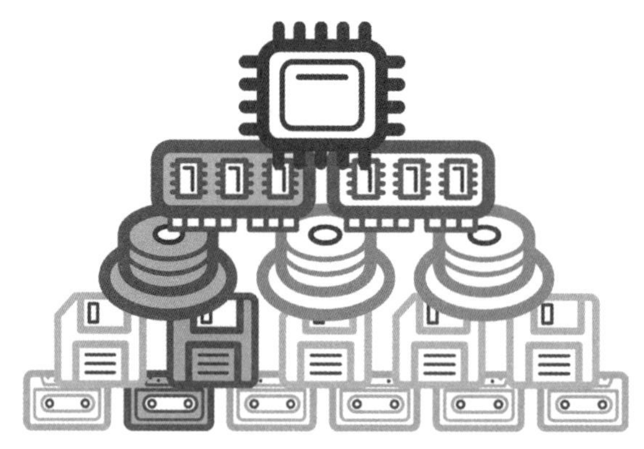

그림 5-1 메모리 위계구조

5.3.2 표현식 템플릿 클래스

표현식 템플릿(expression template)의 목적은 원래의 연산자 표기법을 유지하면서도 임시 객체에 의한 추가부담을 피하는 것이다. 이 기법은 토드 펠트하위전과 데이비드 밴더보드가 따로 발견했다.

⇒ c++11/expression_template_example.cpp

우아함과 성능을 모두 챙기기 위해, 두 벡터의 합을 나타내는 새 클래스를 도입하기로 하자. 두 벡터의 덧셈은 새 벡터를 돌려주는 대신 이 vector_sum 클래스의 객체를 돌려준다.

```
template <typename T>
class vector_sum
{
  public:
    vector_sum(const vector<T>& v1, const vector<T>& v2)
      : v1{v1}, v2{v2} {}
  private:
    const vector<T> &v1, &v2;
};

template <typename T>
vector_sum<T> operator+(const vector<T>& x, const vector<T>& y)
{
    return {x, y};
}
```

덧셈 연산자 덕분에 x + y라는 표현식은 가능하지만, 배정문 w= x + y는 아직 불가능하다. 그냥 배정 연산자를 추가하는 것으로는 부족하다. 배정 연산에서 뭔가 유용한 일을 수행하는 기능을 아직 vector_sum에 추가하지 않았기 때문이다. 따라서 우선 할 일은 vector_sum을 벡터처럼 사용할 수 있도록 확장하는 것이다.

```
template <typename T>
class vector_sum
{
  public:
    // ...
    friend int size(const vector_sum& x) { return size(x.v1); }
    T operator[](int i) const { return v1[i] + v2[i]; }
  private:
    const vector<T> &v1, &v2;
};
```

이 클래스에서 흥미로운 함수는 대괄호 연산자이다. i번째 요소가 접근되면 이 연산자는 즉석에서 i번째 요소들의 합을 계산한다.

요소별 합을 이처럼 대괄호 연산자에서 즉석으로 계산하는 접근 방식의 단점은, 같은 요소에 여러 번 접근하는 경우 같은 계산이 여러 번 되풀이된다는 것이다. 이런 일은 A * (x+y) 같은 행렬 벡터 곱셈에서 발생한다. 따라서, 접근 연산자에서 매번 요소별 합산을 수행하는 것보다는 다른 어떤 연산자에서 벡터 합을 미리 계산해 두는 게 낫다.

w= x + y를 평가하려면 물론 vector_sum에 대한 배정 연산자가 필요하다.

```
template <typename T> class vector_sum; // 선행 선언

template <typename T>
class vector
{   // ...
    vector& operator=(const vector_sum<T>& that)
    {
        check_size(size(that));
        for (int i= 0; i < my_size; ++i)
            data[i]= that[i];
        return *this;
    }
};
```

배정 연산자는 현재 객체의 data와 매개변수 that를 훑으면서 벡터 요소들을 설정한다. that은 vector_sum 객체이므로, 표현식 that[i]는 요소별 합을 계산한다. 지금 예에서는 x[i] + y[i]이다. 따라서, w= x + y에 대해 목록 5-4의 단순한 구현과는 달리 이 구현은 다음 연산들만 수행한다.

- 루프 단 1회
- 임시 벡터 없음
- 추가적인 메모리 할당 및 해제 없음
- 추가적인 데이터 읽기, 쓰기 없음

실제로, 이 구현의 연산들은 다음 루프의 연산들과 동일하다.

```
for (int i= 0; i < size(w); ++i)
    w[i] = x[i] + y[i];
```

vector_sum 객체의 생성 비용은 무시할 수 있는 수준이다. 이 객체는 스택 메모리에 만들어지므로 메모리 할당은 필요하지 않다. 그리고 이 객체를 생성하는 작은 비용조차도, 쓸 만한 정적 코드 기능을 갖춘 대부분의 컴파일러는 최적화해서 없애버린다.

벡터 세 개의 덧셈은 어떨까? 목록 5-4의 단순한 덧셈 연산자 구현은 하나의 벡터를 돌려주고, 그 벡터가 다른 벡터와 더해진다. 그러나 지금의 표현식 템플

릿 구현은 vector_sum을 돌려주는데, 아직 vector_sum과 vector를 더하는 연산자는 없다. 따라서 벡터 세 개를 더하려면 또 다른 표현식 템플릿 클래스와 해당 연산자를 만들어야 한다.

```
template <typename T>
class vector_sum3
{
  public:
    vector_sum3(const vector<T>& v1, const vector<T>& v2,
                const vector<T>& v3)
      : v1{v1}, v2{v2}, v3{v3}
    { ... }

    T operator[](int i) const { return v1[i] + v2[i] + v3[i]; }
  private:
    const vector<T> &v1, &v2, &v3;
};

template <typename T>
vector_sum3<T> inline operator+(const vector_sum<T>& x,
                                const vector<T>& y)
{
    return {x.v1, x.v2, y};
}
```

더 나아가서, vector_sum은 반드시 새 덧셈 연산자를 **friend**로 선언해야 한다. 그래야 덧셈 연산자가 vector_sum의 비공개 멤버들에 접근할 수 있다. 또한, vector에는 vector_sum3을 받는 배정 연산자를 추가해야 한다. 갑자기 할 일이 많이 생겼다. 게다가, 두 번째 덧셈을 먼저 수행하려면, 즉 w= x + (y + z)를 평가할 수 있으려면 또 다른 덧셈 연산자가 필요하다. 이것이 끝이 아니다. w= x + dot(x, y) * y + 4.3 * z처럼 벡터에 스칼라를 곱하는 표현식은 어떨까? 그 스칼라 곱 역시 또 다른 표현식 템플릿 클래스로 처리해야 할까? 표현식이 복잡해짐에 따라 수많은 조합이 생겨서, 구현에 필요한 노력이 지수적으로 폭발한다. 뭔가 유연한 해법이 필요하다. 다음 절에서 그 해법을 제시하겠다.

5.3.3 일반적 표현식 템플릿

⇒ c++11/expression_template_example2.cpp

앞에서 우리는 vector라는 구체적인 클래스에서 출발해서 구현을 점진적으로 일반화했다. 그런 접근 방식이 표현식 템플릿의 메커니즘을 이해하는 데에는 도움이 되었지만, 이번 절에서는 임의의 벡터 형식과 벡터 뷰 형식에 대해 작동하는 일반적 버전으로 직접 들어간다. 목표는 다음과 같은 일반적 덧셈 연산자가 잘 작동하게 하는 것이다.

```
template <typename V1, typename V2>
inline vector_sum<V1, V2> operator+(const V1& x, const V2& y)
{
    return {x, y};
}
```

임의의 인수들을 지원하는 표현식 템플릿 클래스의 틀은 다음과 같다.

```
template <typename V1, typename V2>
class vector_sum
{
  public:
    vector_sum(const V1& v1, const V2& v2) : v1{v1}, v2{v2} {}

    ???? operator[](int i) const { return v1[i] + v2[i]; }

  private:
    const V1& v1;
    const V2& v2;
};
```

전체적으로는 아주 간단하다. 유일한 문제는 operator[]의 반환 형식을 어떻게 잡아야 하는가이다. 한 가지 해법은 표현식 템플릿이 지원하는 클래스마다 value_type이라는 멤버 형식을 두고, 첫 인수(vector_sum과는 다른 형식일 수 있다)의 value_type을 대괄호 연산자의 반환 형식으로 사용하는 것이다(외부 형식 특질을 사용하는 것이 좀 더 유연하겠지만, 일단 여기서는 최대한 간단한 해법을 추구하기로 한다). 이는 응용 프로그램이 항상 동일한 스칼라 형식들을 사용한다면 받아들일 수 있는 해법이다. 그렇지만 §3.11에서 보았듯이 형식이 서로 다른 인수들로 계산을 수행하는 경우 결과 형식에 주의를 기울이지 않으면 완전히 이상한 결과가 나올 수 있다. 그런 혼합 형식 산술에 대비하기 위해, 두 인수의 값 형식들의 공통 형식에 해당하는 common_type_t를 반환 형식으로 사용하기로 하자.

```
template <typename V1, typename V2>
class vector_sum
{
    // ...
    using value_type= std::common_type_t<typename V1::value_type,
                                         typename V2::value_type>;
```

```
    value_type operator[](int i) const { return v1[i] + v2[i]; }
};
```

vector_sum 클래스가 value_type을 명시적으로 선언할 필요가 없다면, C++14부터는 후행 반환 형식을 decltype(auto)로 두어서 전적으로 컴파일러가 반환 형식을 연역하게 해도 된다. 그렇지만 vector_sum 템플릿을 vector_sum 자체로 인스턴스화할 때는 재귀적인 의존관계가 생겨서 후행 반환 형식 기법이 통하지 않는다.

다음으로, 벡터 변수에 여러 종류의 표현식을 배정할 수 있으려면 vector 클래스의 배정 연산자도 일반화해야 한다.

```
template <typename T>
class vector
{
  public:
    template <typename Src>
    vector& operator=(const Src& that)
    {
        check_size(size(that));
        for (int i= 0; i < my_size; ++i)
            data[i]= that[i];
        return *this;
    }
};
```

이 배정 연산자는 vector<T>를 제외한 모든 형식의 인수를 받는다. vector<T>의 경우에는 전용 복사 배정 연산자가 필요하다. 코드 중복을 피하려면, 복사를 실제로 수행하는 메서드를 따로 만들어 두고 일반적 배정 연산자와 복사 배정 연산자가 그 메서드를 호출하게 하면 될 것이다.

C++11 5.3.4 상하기 전에 복사하라

앞에서 소개한 일반적 표현식 템플릿의 한 가지 문제점은, 표현식이 길어지면 참조들이 무효화될 수 있다는 것이다. 언젠가는 이미 파괴된 표현식 템플릿 객체 부분표현식을 가리키는 '상한 참조(stale reference)'가 만들어진다.

참조들이 상하지 않게 하려면 vector_sum처럼 표현식에 해당하는 인수들을 모두 복사해야 한다. 반면 vector 같은 컨테이너는 복사할 필요가 없다. 만일 그런 값 객체들까지 모두 복사한다면, 표현식 템플릿이 단순한 연산자 구현보다 더 느려질 것이다. 따라서, 일단은 컨테이너에 해당하는 인수와 표현식에 해당하는 인수를 구별할 수 있어야 한다. 전자는 이전처럼 참조만 하고, 후자는 복사해야 한다. 이 접근 방식의 장점은 표현식 템플릿 클래스들만 수정하면 된다는 것이다. 표현식 템플릿 객체를 돌려주는 연산자들은 바꿀 필요가 없다. 단점은, 컨테이너와 표현식을 구별하려면 형식 특질을 이용해서 명시적으로 선언해 주어야 한다는 것이다. 지금 예제에서는 대부분의 형식이 이미 명시적으로 범주화되어 있으므로 이런 선언들을 추가하는 것이 그리 어렵지 않다. 벡터처럼 행동하는 형식들을 그냥 벡터로 범주화하는 대신, 구체적인 종류에 따라 벡터 컨테이너 아니면 표현식으로 구별해서 범주화하기만 하면 된다(물론 둘 다 벡터처럼 행동한다는 점은 공통이지만).

⇒ c++17/expression_template_guided.cpp

이 접근 방식은 표현식 템플릿의 모든 "정상적인" 용법에서 잘 작동한다. 그러나 다음처럼 임시로 생성되는 컨테이너에 대해서는 잘 작동하지 않는다.

```
w= x + y + z + vector{2.0, 8.4, 9.1, 11.1};
```

이 경우는 임시 컨테이너가 일찍 파괴되어서 여전히 상한 참조가 발생한다. 따라서, 오른값(rvalue)으로 전달된 컨테이너는 표현식처럼 복사해야 한다. 생각해 보면, 그냥 다음처럼 오른값은 무조건 복사하고 왼값(lvalue)은 무조건 참조하면 문제가 해결된다.

```
template <typename T>
using copy_or_cref= conditional_t<is_lvalue_reference_v<T>,
                                  remove_reference_t<T> const&,
                                  remove_reference_t<T> >;
```

이 해법은 일반적으로 vector_sum 같은 표현식 객체가 항상 오른값으로만 나타난다는 사실에 근거한다. 드물겠지만 누군가가 명시적으로 vector_sum 객체를 생성해서 표현식에 전달할 수도 있다. 그러나 그런 경우에는 어차피 참조가 상하는 일이 없다.

이제 좀 더 까다로운 부분을 살펴보자. vector_sum(또는 이와 비슷한 표현식 템플릿 클래스)의 각 멤버 변수의 형식은 현재 vector_sum이 다루는 것이 왼값이냐 오른값이냐에 따라 달라져야 한다. 더 나아가서, 그러한 멤버 형식들은 오직 클래스의 템플릿 매개변수들에만 의존해야 한다. 따라서 클래스의 템플릿 매개변수들 자체에 인수가 왼값이냐 오른값이냐에 대한 정보가 포함되어야 한다. 클래스의 템플릿 매개변수들이 그런 식으로 적절히 인스턴스화되기만 한다면, 그냥 멤버 변수들에 대해 그 형식들을 직접 사용하면 그만이다.

```
template <typename V1, typename V2>
class vector_sum
{
    V1 v1;
    V2 v2;
};
```

남은 일은 클래스 템플릿 매개변수들 자체로 왼값과 오른값의 구별하게 만드는 것이다. 방법은 두 가지인데, 첫째는 생성자에서 전달 참조(§3.1.2.3)를 받는 것이다.

```
template <typename VV1, typename VV2>
vector_sum(VV1&& v1, VV2&& v2);
```

모든 참조가 생성자에 정확히 전달된다면, 생성자에서 각 참조의 종류를 파악할 수 있다. 그런데 이 정보는 생성자 자체에 필요한 것이 아니라 클래스 템플릿 매개변수들에 필요하다. 인수 형식들을 전파하기 위해 다음과 같이 연역 지침을 추가한다.

```
template <typename VV1, typename VV2>
vector_sum(VV1&&, VV2&&)
  -> vector_sum<copy_or_cref<VV1>, copy_or_cref<VV2> >;
```

컴파일러가 이 지침에 따라 형식을 연역하게 하려면 연산자는 형식 인수들을 명시하지 않고 vector_sum을 돌려주어야 한다.

```
template <typename V1, typename V2>
auto operator+(V1&& x, V2&& y)
{
    return vector_sum{std::forward<V1>(x), std::forward<V2>(y)};
}
```

그럼 임시 컨테이너에 대해 이상의 구현이 잘 작동하는지 확인해 보자. 이전 예제와는 달리 RTTI를 이용해서 결과 형식의 이름을 출력한다.

```
cout ≪ typeid(x + y + z + vector{2.0, 8.4, 9.1, 11.1}).name();
```

디맹글링된 출력을 보면 모든 피연산자가 적절히 복사되거나 참조되었음을 알 수 있다.

```
vector_sum<vector_sum<vector_sum<vector<float> const&,
                              vector<float> const&>,
                    vector<float> const&>,
          vector<double> >
```

벡터 x, y, z는 모두 상수 참조로서 접근되지만, 마지막 벡터는 표현식 템플릿 객체 안으로 복사되었다. 그리고 모든 vector_sum 객체는 값으로 저장되었다.

⇒ c++17/expression_template_nonstale.cpp

연역 지침만큼이나 멋진 또 다른 해법은 다음처럼 연산자 자체에서 vector_sum을 직접 인스턴스화하는 것이다.

```
template <typename V1, typename V2>
operator+(V1&& x, V2&& y)
  -> vector_sum<copy_or_cref<V1>, copy_or_cref<V2> >
{  return {x, y};  }
```

이 접근 방식을 이용하면 vector_sum 같은 표현식 템플릿 클래스의 구현이 간단해진다. 연산자에서 직접 인스턴스화한다는 차이가 있지만, 표현식 인수들의 형식들은 이전 기법과 동일하다. 연산자의 서명과 연역 지침이 비슷하다는 점을 생각하면 놀랄 일은 아니다.

표현식 템플릿 요약

연산자 중복적재 덕분에 C++로 좀 더 자연스럽고 우아한 코드를 작성할 수 있지만, 그래도 과학 공동체는 오랫동안 포트란Fortran을 사용하거나 루프를 C/C++로 직접 구현해왔다. 이유는 전통적인 C++ 연산자 구현이 너무 느리다는 것이다. 임시 객체의 생성과 벡터 · 행렬 객체의 복사에 따른 추가부담 때문에, 연산자 중복적재를 이용하는 C++ 프로그램은 성능면에서 포트란으로 작성한 프로그램과 경쟁이 되지 않았다. 이 문제는 일반적 프로그래밍과 표현식 템플릿이 등장하면서 해결되었다. 표현식 템플릿을 이용하면 극도로 효율적인 과학 프로그램을 자연스럽고 편한 표기법으로 작성할 수 있다. 이번 절의 기법들 덕분에 우리는 참조가 상할 것을 걱정하지 않고 긴 표현식을 작성할 수 있다. 대규모 프로젝트에서 표현식 템플릿들을 만들려면 상당한 개발 노력이 필요하다. 이번 절에서는 여러분이 첫 발을 떼기 쉽도록 예제를 최대한 단순하게 만들었다. is_vector 같은 영역 특화 형식 특질(§5.2.5)을 도입해서 템플릿 인수들이 적절한 형식으로 인스턴스화되었는지 점검하는 등으로 예제의 클래스들을 더욱 개선해 보면 좋을 것이다. 더 나아가서, 여러분의 컴파일러가 C++20의 콘셉츠를 잘 지원한다면, 메타함수와 형식 특질 대신 적절한 콘셉트들을 이용해서 형식에 대한 제약을 표현해 보길 권한다.

C++17 5.4 메타조율: 나만의 컴파일러 최적화 작성

먼저 일러둘 것이 있다. 이번 절 제목 옆의 C++17 표시가 말해주듯이 이번 절의 예제를 컴파일하려면 C++17을 지원하는 컴파일러가 필요하지만, 이번 절의 기법들 자체는 그 이전 표준들에서도 사용할 수 있다. 실제로 필자는 C++03에서 이 기법들을 사용했는데, 그 코드가 MTL4에 여전히 남아 있다. C++17을 이용하면 템플릿 특수화 대신 `constexpr-if`를 이용해서 특수 경우들을 구현할 수 있어서 편하다. 깃허브의 예제 코드 저장소를 살펴보면, `c++11` 디렉터리나 `c++03` 디렉터리에도 이번 장 예제 코드 파일들과 같은 이름의 파일들이 있다. C++11 버전은 C++03으로 어렵지 않게 이식할 수 있다. 기본적으로 C++11 버전들은 최신 표준으로 구현한 버전들과 실행 속도를 비교하기 위한 것이다. 예전 표준 버전들과 최근 표준 버전들의 또 다른 차이점은, 예전 표준 버전들은 호출 연산자를 사용하는 반면에 최근 표준 버전들은 정적 함수를 이용해서 객체 생성 횟수를 줄인다는 것이다. 그밖에, `this` 포인터의 유효성을 점검할 때 `0` 대신 `nullptr`와 비교한다는 차이도 있다.

컴파일러 기술은 계속 발전하고 있다. 시간이 지나면서 컴파일러들은 점점 더 많은 최적화 기법을 제공한다. 이상적인 상황이라면 사람은 가장 쉽고 읽기 편한 방식으로 소스 코드를 작성하고, 컴파일러는 그로부터 최적의 실행 파일을 만들어낸다. 소스 코드를 고치지 않아도, 그냥 새 컴파일러가 나올 때마다 프로그램이 더 빨라진다. 그렇지만 현실에서는 성능 향상을 위해 소스 코드를 사람이 좀 더 개선하고 조율할 필요가 있다.

복사 제거(copy elision; §2.3.5.3) 같은 범용적인 최적화 외에, 컴파일러들은 **루프 펼치기**(loop unrolling) 같은 수치 최적화 기법들도 제공한다. 루프 펼치기란 루프의 본문을 루프 반복 횟수만큼 명시적으로 표현하는 것이다. 그러면 루프 반복의 제어를 위한 비용이 사라지고 동시(병렬) 실행 가능성이 커진다. 대부분의 컴파일러는 중첩된 루프의 제일 안쪽 루프에 대해서만 루프 펼치기를 적용하지만, 여러 개의 루프를 함께 펼쳤을 때 성능이 더 개선되는 경우가 많다. 반복적인 계산 중에는 추가적인 임시 객체를 도입함으로서 성능을 개선할 수 있는 것들이 있는데, 임시 객체를 도입하려면 사용자 형식이나 연산은 제공하지 못하는 의미론적 정보가 필요할 때가 있다.

구체적인 종류의 연산들에 좀 더 특화된 컴파일러들도 있다. 특히 벤치마크에 쓰이는 컴파일러들이 그런데, 좀 더 구체적으로 말하면 세계에서 가장 빠른 컴퓨터 500종을 선정하는 LINPACK 벤치마크(www.top500.org)를 위해 특화된 컴파일러들이 있다. 그런 컴파일러들은 예를 들어 패턴 부합을 이용해서 정규 밀집행렬 곱셈의 전형적인 3중 루프를 인식하고, 그 루프를 고도로 조율된 어셈블리 구현으로 대체한다. 그러면 속도가 여러 자릿수로(수십, 수백, 수천, ...) 빨라질 수 있다. LINPACK 벤치마크 프로그램들은 플랫폼 의존적 블록 크기의 7중 또는 9중 루프를 사용해서 모든 캐시 수준의 비트들을 최대한 짜내고, 부분행렬들을 전치하고, 다수의 스레드로 계산을 병렬로 실행하고, 레지스터들을 세밀하고 다양하게 조작하는 등으로 컴퓨터의 성능을 최대한 정확하게 측정하려 한다.[8]

간단한 루프 구현을 최적에 가까운 성능으로 실행되는 코드로 대체하는 것이 훌륭한 성과임은 분명하다. 안타까운 일은, 그런 성과 때문에 대부분의 계산을 그와 비슷한 방식으로 가속할 수 있다고 믿고 마는 프로그래머가 많다는 점이다. 코드를 조금만 바꾸어도 컴파일러가 인식하는 최적화 패턴에서 벗어날 수 있으며, 그러면 기대에 못 미치는 성능이 나온다. 패턴을 아무리 일반화해도, 패턴 적용 대상은 항상 제한적이다. 블록화(blocking)와 펼치기 최적화에 방해가 되지 않는 방식으로 알고리즘을 수정해도(이를테면 직사각행렬 대신 삼각행렬을 곱하는 등), 컴파일러의 특수 경우 최적화에서는 벗어날 가능성이 크다.

정리하자면, 컴파일러가 많은 일을 해주긴 하지만 모든 일을 해주지는 않는다. 컴파일러가 아무리 많은 특수 사례를 최적으로 조율한다고 해도, 컴파일러 최적화의 적용 범위는 항상 제한적이다. 컴파일러의 최적화 기능에 의존하는 대신, 사용자가 직접 소스 코드를 자신이 원하는 방식으로 변환하게 하는 도구들도 있다. 예를 들어 ROSE[53]는 C++을 포함한 여러 프로그래밍 언어로 된 소스 코드를 AST(abstract syntax tree; 추상 구문 트리. 컴파일러가 프로그램을 내부적으로 표현한 자료 구조)를 통해서 변환하는 기능을 제공한다.

컴파일러 최적화의 주된 걸림돌은 의미론적 정보가 있어야 가능한 변환들이 존재한다는 점이다. 의미론적 정보는 컴파일러 구현자가 이미 알고 있는 형

8 고성능 컴퓨팅(HPC) 공동체가, 밀집행렬을 최적에 가까운 성능으로 곱할 수만 있다면 이 세상의 모든 성능 문제가 해결된다거나, 적어도 열심히 노력하면 모든 것을 최적에 가까운 성능으로 계산할 수 있음을 보여줄 수 있다고 믿는 사람들로 가득하다는 인상을 받은 독자도 있을 것이다. 다행히, 슈퍼컴퓨터 센터에서 일하는 사람 중에도 자신의 컴퓨터가 단지 밀집행렬을 곱하는 데만 쓰이는 것이 아니라는 점과 실제 응용 프로그램의 성능은 대부분의 경우 메모리 대역폭과 잠복지연(latency)에 제한을 받는다는 점을 깨닫는 이가 늘고 있다.

식과 연산에 대해서만 주어진다. 관심 있는 독자는 이 주제를 좀 더 깊게 논의한 [22]를 참고하기 바란다. 콘셉트 기반 최적화를 통한 사용자 정의 변환에 관한 연구가 진행 중이지만[67], 안타깝게도 이런 접근 방식이 주류가 되려면 시간이 좀 걸릴 것이다. C++20에 도입된 **콘셉츠**는 사용자 의미론에 기초한 최적화로 가는 한 걸음일 뿐이다. 현재 콘셉츠는 단지 구문적 콘셉트만 지원하며, 의미론적 콘셉트는 흉내(emulation)만 낼 수 있다(§5.5 참고).

다음 두 절에서는 선형대수 영역에서 메타프로그래밍을 이용한 사용자 정의 코드 변환 기법을 소개한다. 목표는, 사용자가 연산을 최대한 간결하고 자연스럽게 표현할 수 있게 하면서도 함수 템플릿과 클래스 템플릿이 가능한 최적의 성능을 내게 만드는 것이다. C++ 템플릿 시스템은 '튜링 완전(Turing complet)'인 만큼, 내부적으로는 가장 효율적인 코드와 동등한 수준으로 작동하는 구현을 만들어 내면서도 사용하기 좋은 사용자 인터페이스를 제공하는 것이 가능하다. 다음 두 절에서 실제로 그런 예를 보게 될 것이다. 잘 조율된 템플릿을 만들어 내려면 프로그래밍, 테스트, 벤치마킹에 상당한 노력이 필요하다. 그런 노력이 결실을 맺으려면, 템플릿들을 잘 관리된 라이브러리에 담아서 좀 더 많은 사용자가(연구팀이나 회사 안에서라도) 사용할 수 있게 해야 할 것이다.

5.4.1 고전적인 고정 크기 루프 펼치기

⇒ c++17/fsize_unroll_test.cpp

§3.6에 나온 수학 벡터 같은 고정 크기 데이터 형식은 컴파일 시점 최적화를 적용하기가 아주 쉽다. 다음은 기본 배정 연산자와 비슷하게 구현한 일반적 벡터 배정 연산자이다.

```
template <typename T, int Size>
class fsize_vector
{
  public:
    const static int     my_size= Size;

    template <typename Vector>
    self& operator=(const Vector& that)
    {
        for (int i= 0; i < my_size; ++i)
            data[i]= that[i];
    }
};
```

최신 컴파일러는 루프의 반복 연산들이 서로 독립적임을 인식한다. 예를 들어 data[2]= that[2];와 data[1]= that[1];은 독립적이다. 또한, 컴파일러는 루프의 크기(반복 횟수)도 컴파일 과정에서 알아낸다. 그런 정보에 기초해서, 예를 들어 크기가 3인 fsize_vector의 배정 연산자에 대해 컴파일러는 다음에 해당하는 이진 코드를 생성한다.

```
template <typename T, int Size>
class fsize_vector
{
    template <typename Vector>
    self& operator=(const Vector& that)
    {
        data[0]= that[0];
        data[1]= that[1];
        data[2]= that[2];
    }
};
```

그런데 우변의 벡터 that이 표현식 템플릿(§5.3)일 수도 있다. 예를 들어 that이 alpha * x + y라고 하면, 능력 있는 컴파일러는 그 표현식도 인라인화할 것이다.

```
template <typename T, int Size>
class fsize_vector
{
    template <typename Vector>
    self& operator=(const Vector& that)
    {
        data[0]= alpha * x[0] + y[0];
        data[1]= alpha * x[1] + y[1];
        data[2]= alpha * x[2] + y[2];
    }
};
```

루프 펼치기를 좀 더 명시적으로 적용하기 위해, 그리고 이번 절의 주제인 메타조율(meta-tuning)을 단계적으로 설명하기 위해, 다음과 같이 배정을 수행하는 (정적) 함수자를 도입한다.[9]

```
template <typename Target, typename Source, int N>
struct fsize_assign
{
```

9 엄밀히 말하면 이 클래스는 operator()가 없으므로 함수자가 아니다. 연산자는 static으로 선언할 수 없기 때문에, 함수 호출 연산자의 static 버전이라 할 수 있는 eval 메서드를 사용한다. 이제부터 이런 메서드가 있는 클래스를 static 함수자라고 부르기로 하겠다.

```
    static void eval(Target& tar, const Source& src)
    {
        if constexpr (N > 0)
            fsize_assign<Target, Source, N-1>::eval(tar, src);
        tar[N]= src[N];
    }
};
```

인수 형식들을 명시적으로 인스턴스화하는 번거로움을 피하기 위해, 클래스 자체 대신 eval을 매개변수화하자.

```
template <int N>
struct fsize_assign
{
    template <typename Target, typename Source>
    static void eval(Target& tar, const Source& src)
    {
        if constexpr (N > 0)
            fsize_assign<N-1>::eval(tar, src);
        tar[N]= src[N];
    }
};
```

이렇게 하면 컴파일러는 eval 호출에 지정된 인수들로부터 벡터 형식들을 연역할 수 있다.

이제 배정 연산자를 보자. 루프를 돌리는 배정 함수자를 재귀적으로 호출해서 벡터 성분들을 배정한다.

```
template <typename T, int Size>
class fsize_vector
{
    static_assert(my_size > 0, "Vector must be larger than 0.");

    self& operator=(const self& that)
    {
        fsize_assign<my_size-1>::eval(*this, that);
        return *this;
    }

    template <typename Vector>
    self& operator=(const Vector& that)
    {
        fsize_assign<my_size-1>::eval(*this, that);
        return *this;
    }
};
```

이제 다음 코드를 실행하면,

```
fsize_vector<float, 4> v, w;
v[0]= v[1]= 1.0; v[2]= 2.0; v[3]= -3.0;
w= v;
```

아래 출력(예제 파일의 `fsize_assign<N>::eval` 메서드에 있는 출력문이 출력한 것이다)에서 보듯이 배정 연산들이 우리가 원했던 방식으로 일어난다.

```
assign entry 0
assign entry 1
assign entry 2
assign entry 3
```

이 구현에서는 컴파일러가 연산들과 루프 제어를 인라인화할 것이라고 가정하고 루프를 재귀로 대체했다. 그 가정이 참이 아니라면 재귀 함수 호출이 보통의 루프보다 느릴 것이다.

이 기법은 L1 캐시로 감당할 수 있는 작은 루프에 대해서만 유효하다. 그보다 큰 루프는 메모리에서 데이터를 적재하는 시간이 성능 제한 요인이고, 루프 제어의 추가부담은 무시할 수 있다. 아주 큰 벡터의 모든 연산을 펼치면 오히려 성능이 떨어진다. 적재해야 할 명령들이 많아서 데이터 전송이 미루어지기 때문이다. 앞에서 언급했듯이, 그런 연산들을 펼치는 최적화 기능은 이미 컴파일러 자체에 들어 있다. 컴파일러가 펼치기 적용 여부를 적절한 발견법적 규칙들(heuristics)로 잘 판단하길 바랄 뿐이다. 필자는 컴파일러의 단일 루프 펼치기가 지금 예제 같은 명시적 구현보다 더 빠른 경우를 본 적이 있다.

C++14에 도입된 `constexpr`를 이용하면 구현이 좀 더 간단해질 것 같겠지만, 안타깝게도 그렇지 않다. 이 예제는 컴파일 시점 인수(벡터의 크기)와 실행 시점 인수(벡터 참조)를 함께 사용하기 때문에, `constexpr` 함수는 그냥 보통의 실행 시점 함수가 된다. (이 한계를 극복하기 위한 C++ 확장 기능이 준비되고 있다.)

5.4.2 중첩 루프 펼치기

⇒ `c++17/fsize_unroll_test.cpp`

필자가 알기로 대부분의 컴파일러는 중첩되지 않은 단일 루프만 펼친다. 중첩 루프를 처리할 수 있는 훌륭한 컴파일러라도, 프로그램의 모든 핵심 코드를 최적화하지는 못한다. 특히 사용자 정의 형식으로 인스턴스화되는 템플릿 매개변수가 많이 있는 템플릿 함수는 최적화하기 어렵다. 이번 절에서는 행렬 벡터 곱셈을 예로 들어서 컴파일 시점에서 중첩 루프를 펼치는 방법을 살펴본다. 다음은 이 예제에서 사용할, 단순화된 고정 크기 행렬 클래스이다.

```
template <typename T, int Rows, int Cols>
class fsize_matrix
{
    static_assert(Rows > 0, "Rows must be larger than 0.");
    static_assert(Cols > 0, "Cols must be larger than 0.");

    using self= fsize_matrix;
  public:
    using value_type= T;
    constexpr static int     my_rows= Rows, my_cols= Cols;

    fsize_matrix(const self& that) { ... }

    // 여기서 열 색인은 점검할 수 없음!
    const T* operator[](int r) const { return data[r]; }
    T* operator[](int r) { return data[r]; }

    mat_vec_et<self, fsize_vector<T, Cols> >
    operator*(const fsize_vector<T, Cols>& v) const
    {
        return {*this, v};
    }

  private:
    T     data[Rows][Cols];
};
```

이 예제에서는 단순함을 위해 대괄호 연산자가 그냥 포인터를 돌려주지만, 제대로 하려면 열 색인을 점검할 수 있는 프록시 객체를 돌려주어야 할 것이다(§A.4.3.3 참고). 벡터와의 곱셈을 처리하는 곱셈 연산자는 결과 벡터의 복사를 피하기 위해 표현식 템플릿 mat_vec_et를† 돌려준다. 벡터 클래스에는 이 표현식 템플릿 객체를 받는 배정 연산자를 추가한다.

```
template <typename T, int Size>
class fsize_vector
{
```

† [옮긴이] 이 템플릿을 비롯해 이번 절의 예제 코드에서 'et'는 expression template(표현식 템플릿)을 나타낸다.

```
    // ... 생략 ...

    template <typename Matrix, typename Vector>
    self& operator=(const mat_vec_et<Matrix, Vector>& that)
    {
        using et= mat_vec_et<Matrix, Vector>;
        fsize_mat_vec_mult<et::my_rows-1, et::my_cols-1>::eval(
            that.A, that.v, *this);
        return *this;
    }
};
```

이 배정 연산자에 쓰인 fsize_mat_vec_mult는 static 함수자이다. 이 함수자는 행렬 벡터 곱을 계산하고 그 결과를 결과 벡터에 저장한다.

```
template <int Row, int Col>
struct fsize_mat_vec_mult
{
    template <int R, int C> using mvm= fsize_mat_vec_mult<R, C>;

    template <typename Matrix, typename VecIn, typename VecOut>
    static void eval(const Matrix& A, const VecIn& v_in, VecOut& v_out)
    {
        if constexpr (Col == 0) {
            if constexpr (Row > 0)
                mvm<Row-1, Matrix::my_cols-1>::eval(A, v_in, v_out);
            v_out[Row]= A[Row][Col] * v_in[Col];
        } else {
            mvm<Row, Col-1>::eval(A, v_in, v_out);
            v_out[Row]+= A[Row][Col] * v_in[Col];
        }
    }
};
```

일반적인 경우(else 분기)에는 현재 열 바로 앞 열에 대한 연산을 실행한 후, v_out의 한 성분을 A[Row][Col]과 v_in[Col]의 스칼라 곱만큼 증가한다. 특수 경우인 0번 열에 대해서는 증가 대신 보통의 배정을 이용해서 결과 성분을 초기화한 후 다른 행에 대해 연산을 시작한다. 이에 의해 재귀 호출이 시작된다. 이 재귀는 0번 행에 도달하면 끝난다. C++17 이전에는 주 템플릿과 두 개의 특수화를 이용해서 이러한 행동을 구현해야 했다.

컴파일러가 인라인화를 적절히 적용한다고 할 때, 표현식 w= A * v에 대해(여기서 v는 크기가 4인 벡터) 같은 연산들이 수행된다.

```
w[0]=  A[0][0] * v[0];
w[0]+= A[0][1] * v[1];
w[0]+= A[0][2] * v[2];
w[0]+= A[0][3] * v[3];
w[1]=  A[1][0] * v[0];
w[1]+= A[1][1] * v[1];
w[1]+= A[1][2] * v[2];
            ⋮
```

필자의 벤치마크 결과에 따르면, 이런 구현이 컴파일러의 루프 펼치기 결과보다 실제로 더 빠르다.

5.4.2.1 동시성 증가

앞의 구현은 결과 벡터(대상 벡터)의 한 성분을 완전히 계산한 후에 그다음 성분으로 넘어간다. 한 성분을 초기화 후 증가 방식으로 계산하기 때문에, 한 성분에 대한 첫 연산이 끝나야 둘째 연산을(그리고 둘째 연산이 끝나야 셋째 연산을, 등등) 수행할 수 있다. 성분이 바뀌는 지점에서는 병렬 계산이 가능하다. 즉, 벡터의 크기가 4인 경우 넷째 연산과 다섯째 연산, 여덟째 연산과 아홉째 연산 등등은 동시에 수행할 수 있다. 그렇지만 이는 상당히 제한적인 동시성이다. 슈퍼스칼라 프로세서의, 또는 적어도 **SSE**(Streaming SIMD Extensions)나 **AVX**(Advanced Vector Extensions)의 병렬 파이프라인이 작동하도록 프로그램의 병렬성을 높일 수 있으면 좋을 것이다. 컴파일러가 문장들을 적절한 순서로 재배열해주길 기다릴 수도 있겠지만, 여기서는 동시성/병렬성을 높이기 위해 우리가 직접 손을 쓰기로 한다. 결과 벡터와 행렬의 행들을 다음처럼 '안쪽' 루프에서 순회한다면 동시성을 높일 수 있다.

```
w[0]=  A[0][0] * v[0];
w[1]=  A[1][0] * v[0];
w[2]=  A[2][0] * v[0];
w[3]=  A[3][0] * v[0];
w[0]+= A[0][1] * v[1];
w[1]+= A[1][1] * v[1];
            ⋮
```

이를 위해 수정할 것은 `static` 함수자뿐이다.

```
template <int Row, int Col>
struct fsize_mat_vec_mult_cm
{
    template <int R, int C> using mvm= fsize_mat_vec_mult_cm<R, C>;
```

```
    template <typename Matrix, typename VecIn, typename VecOut>
    static void eval(const Matrix& A, const VecIn& v, VecOut& w)
    {
        if constexpr (Col == 0) {
            if constexpr (Row > 0)
                mvm<Row-1, 0>::eval(A, v, w);
            w[Row]= A[Row][0] * v[0];
        } else {
            if constexpr (Row > 0)
                mvm<Row-1, Col>::eval(A, v, w);
            else
                mvm<Matrix::my_rows-1, Col-1>::eval(A, v, w);
            w[Row]+= A[Row][Col] * v[Col];
        }
    }
};
```

일반인 경우에는 재귀 호출을 통해 이전 행으로(이전 열이 아니라) 넘어가고, 특수 경우(0번 행)에서는 열을 바꾼다. 0번 열에서는 결과 성분을 초기화하고 재귀를 끝낸다. C++17 이전에는 주 템플릿과 세 개의 특수화로 구현해야 했다는 점도 언급하고 넘어가겠다.

이 구현은 같은 연산을 서로 다른 데이터 항목들에 적용하므로, **SIMD** 아키텍처의 장점을 살릴 수 있다. SIMD는 *single instruction*, *multiple data*(단일 명령 다중 데이터)를 줄인 용어이다. 요즘 프로세서들에는 다수의 부동소수점 수들에 대해 산술 연산을 동시에 수행하는 SSE 유닛들이 있다. 이 SSE 명령들을 사용하려면, 연산 대상 데이터가 연속된 메모리 블록에 정렬(alignment)되어 있어야 하며, 그 사실을 컴파일러가 알아야 한다. 이 구현이 정렬까지 고려하지는 않지만, 펼친 코드를 보면 알 수 있듯이 동일한 연산이 연속된 메모리 블록에 적용되는 것은 확실하다.

5.4.2.2 레지스터 활용

성능과 관련해서 반드시 염두에 두어야 할 것은 요즘 프로세서들의 캐시 응집성(cache coherency)이다. 프로세서들은 메모리를 공유하면서도 캐시의 응집성은 최대한 유지하도록 설계되었다. 그런 식으로 설계된 시스템에서는, 프로그램이 예제의 벡터 `w` 같은 데이터 항목을 주 메모리에 기록할 때마다 캐시 무효화(cache invalidation) 신호가 다른 코어들과 프로세서들에 전달된다. 안타깝게도, 캐시가 무효화되면 계산이 눈에 띄게 느려진다.

다행히 레지스터들에 담을 수 있는 임시 객체를 함수에 도입하는 것만으로도 캐시 무효화 병목을 피할 수 있는 경우가 많다. 임시 객체를 레지스터에 담을 수 있는지는 그 객체의 형식에 달려 있다. 요즘 컴파일러들은 임시 객체를 둘 장소를 충분히 잘 판단한다. C++03까지는 레지스터에 담을 변수를 지정하는 용도로 register라는 키워드가 있었다. 그렇지만 이 키워드는 단지 '힌트'일 뿐이며, 컴파일러는 얼마든지 이 힌트를 무시하고 변수를 다른 곳에 저장할 수 있다. 특히 프로그램을 실제 실행 환경과는 다른 플랫폼에서 개발하는 경우, 이런 명시적 레지스터 지정이 오히려 성능에 해가 될 수 있다. 프로그램의 도움 없이도 변수의 위치를 플랫폼에 맞게 잘 결정하는 발견법적 규칙들을 컴파일러들이 이미 갖추고 있다는 판단에서, 이 키워드는 C++11에서 폐기 예정으로 분류되었다.†

지금의 행렬 벡터 곱셈 예제에서 레지스터 활용을 위해 임시 객체들을 도입하려면 클래스 두 개가 필요하다. 하나는 바깥 루프를 위한 것이고 다른 하나는 안쪽 루프를 위한 것이다. 바깥쪽 루프를 위한 클래스부터 보자.

```
1    template <int Row, int Col>
2    struct fsize_mat_vec_mult_reg
3    {
4        template <typename Matrix, typename VecIn, typename VecOut>
5        static void eval(const Matrix& A, const VecIn& v, VecOut& w)
6        {
7            if constexpr (Row > 0)
8                fsize_mat_vec_mult_reg<Row-1, Col>::eval(A, v, w);
9
10           typename VecOut::value_type tmp;
11           fsize_mat_vec_mult_aux<Row, Col>::eval(A, v, tmp);
12           w[Row]= tmp;
13       }
14   };
```

이 코드는 fsize_mat_vec_mult_aux라는 static 함수자가 정의되어 있다고 가정한다. eval 함수의 첫 문장(행 8)은 첫 행(0번 행) 이후의 행들에 대해, 이전 행들에 대한 계산을 재귀적으로 호출한다. 행 10에서는 컴파일러가 레지스터에 담아야 할 임시 객체를 생성한다. 그런 다음에는 현재 행렬 행에 대한 계산을 시작한다. 합이 레지스터에서 계산되도록, 임시 객체를 참조로서 inline 함수에 전달한다. 행 12에서는 그 결과를 다시 w에 기록한다. 그러면 여전히 버스에서 캐시 무효화 신호가 발생하지만, 이는 행렬 성분당 한 번뿐이다.

† [옮긴이] 그리고 C++17에서 실제로 폐기되었다. 그러나 여전히 예약어이므로 register를 변수, 함수, 클래스 등의 이름으로 사용할 수는 없다.

다음으로, 한 행의 열들을 처리하는 static 함수자 fsize_mat_vec_mult_aux를 살펴보자. eval 메서드는 0번 열에 대해서는 임시 객체를 초기화하고, 그 이후의 열들에서는 임시 객체를 적절히 증가한다.

```
template <int Row, int Col>
struct fsize_mat_vec_mult_aux
{
    template <typename Matrix, typename VecIn, typename Tmp>
    static void eval(const Matrix& A, const VecIn& v, Tmp& w)
    {
        if constexpr (Col == 0) {
            w= A[Row][0] * v[0];
        } else {
            fsize_mat_vec_mult_aux<Row, Col-1>::eval(A, v, w);
            w+= A[Row][Col] * v[Col];
        }
    }
};
```

지금까지 고정 크기 벡터 및 행렬과 관련한 2차원 루프(이중 루프)를 최적화하는 다양한 방법을 살펴보았다. 물론 이번 절에서 이야기하지 않은 방법도 구현할 수 있을 것이다. 예를 들어 동시성 증가와 레지스터 활용을 모두 가능하게 하는 구현을 만들거나, 주 메모리 기록 연산들을 최대한 모아서 수행함으로써 캐시 무효화 신호 발생을 최소화하는 최적화도 가능할 것이다.

5.4.3 동적 루프 펼치기: 간단한 예제 하나

⇒ c++17/vector_unroll_example.cpp

크기가 동적으로 결정되는 컨테이너의 계산을 가속하는 것도 고정 크기 컨테이너의 최적화만큼 중요하다. 어쩌면 더 중요할 것이다. 이번 절에서는 간단한 예제를 통해서 이 문제의 주요 고려 사항 몇 가지를 살펴본다. 이번에는 목록 3-1의 벡터 클래스를 사용하겠다. 구현을 좀 더 명확히 보여주기 위해, 연산자와 표현식 템플릿은 예제 코드에 사용하지 않기로 한다. 이번 예제의 목표는 다음 수식에 해당하는 연산을 최적화하는 것이다.

$$u = 3v + w$$

수식의 세 벡터는 모두 크기가 1,000이다. 예제 코드에서 <chrono>를 이용한 구체적인 실행 시간 측정 코드는 생략한다(예제 파일을 참고할 것). 벤치마크 코드는 벡터 v와 w를 초기화하고, 데이터가 캐시에 들어가도록 미리 몇 가지 연산을 수행한다. 그런 다음에는 아래와 같이 반복당 4회의 연산을 수행하도록 펼친 루프와 보통의 루프(목록 5-5의 마지막 부분)의 실행 시간을 측정해서 비교한다.

```
for (unsigned i= 0; i < s; i+= 4) {
    u[i]=   3.0f * v[i]   + w[i];
    u[i+1]= 3.0f * v[i+1] + w[i+1];
    u[i+2]= 3.0f * v[i+2] + w[i+2];
    u[i+3]= 3.0f * v[i+3] + w[i+3];
}
```

물론 이 코드는 벡터의 크기가 4로 나누어떨어질 때만 제대로 작동한다. 오류를 피하기 위해 벡터 크기에 대한 단언문을 추가할 수도 있지만, 그리 만족스러운 해법은 아니다. 그보다는 임의의 벡터 크기를 지원하도록 구현을 일반화하는 것이 바람직하다.

목록 5-5 $u = 3v + w$의 계산을 펼친 코드

```
unsigned sb= s / 4 * 4;
for (unsigned i= 0; i < sb; i+= 4) {
    u[i]=   3.0f * v[i]   + w[i];
    u[i+1]= 3.0f * v[i+1] + w[i+1];
    u[i+2]= 3.0f * v[i+2] + w[i+2];
    u[i+3]= 3.0f * v[i+3] + w[i+3];
}
for (unsigned i= sb; i < s; ++i)
    u[i]= 3.0f * v[i] + w[i];
```

벤치마크를 실행해 보니, 오래된 컴파일러에서는 이렇게 루프를 펼쳐도 별로 이득이 없음을 알 수 있었다. `g++` 4.4에서 `-O3 -ffast-math -DNDEBUG` 옵션을 주고 컴파일한 프로그램을 Intel i7-3820 3.6 GHz 시스템에서 실행했 때 다음과 같은 결과를 얻었다.

```
Compute time native loop is 0.801699 µs.
Compute time unrolled loop is 0.600912 µs.
```

이번 절의 시간 측정 수치는 모두 10초 이상의 실행 시간들을 평균한 것이므로, 마이크로초(µs)면 해상도가 충분하다.†

† [옮긴이] 출력에서 µs는 >>를 ≫로 표기하는 것처럼 '미려한 표현'을 위한 것이고, 실제 예제 파일의 출력문은 mmicros라는 문구를 출력한다.

이렇게 하는 대신 그냥, 또는 직접 펼친 코드에 대해서도, -funroll-loops 플래그를 지정해서 컴파일해 볼 수도 있다. 앞에서 언급한 시험용 컴퓨터에서는 다음과 같은 결과가 나왔다.

```
Compute time native loop is 0.610174 μs.
Compute time unrolled loop is 0.586364 μs.
```

컴파일러의 루프 펼치기가 우리의 직접적인 펼치기만큼이나 성능을 향상시켰다. 벡터 크기를 컴파일 시점에서 알 수 있으면 컴파일러는 더 많은 최적화 기법을 적용할 수 있다.

```
constexpr unsigned s= 1000;
```

위와 같은 문장을 프로그램에 추가하면 컴파일러는 루프를 좀 더 쉽게 변환할 수 있거나, 변환이 도움이 될지를 좀 더 쉽게 판정할 수 있게 된다.

```
Compute time native loop is 0.474725 μs.
Compute time unrolled loop is 0.471488 μs.
```

g++ 4.8에서는 실행 시간이 0.42μs 정도이고 clang++ 3.4에서는 그보다도 짧은 0.16μs 정도이다. 컴파일러가 생성한 어셈블리 코드를 보면, 주된 차이는 데이터를 주 메모리에서 부동소수점 레지스터들로(그리고 그 반대로) 이동하는 방식이다.

또한, 어셈블리 코드를 보면 요즘 컴파일러들이 1차원 루프를 대단히 잘 최적화한다는 점도 알 수 있다. 실제로, 전문가가 손으로 조율한 코드보다도 나을 때가 많다. 그렇긴 하지만 이번 절에서는 더 높은 차원의 루프들을 준비하는 취지로 1차원 루프를 위한 메타조율 기법을 소개한다(더 높은 차원에서는 이런 메타조율이 실제로 컴파일러 최적화보다 나은 효과를 낼 수 있다).

주어진 플랫폼과 주어진 계산에 대해 루프 펼치기가 실제로 이득이 된다고 가정할 때, 그다음으로 주어지는 질문은 "루프 펼치기를 위한 최적의 블록 크기† 는 무엇인가?"이다. 여기서 중요한 것은, 최적의 블록 크기가

† [옮긴이] 여기서 블록 크기는 루프 본문을 몇 개의 문장으로 전개할 것인가를 뜻한다. 예를 들어 목록 5-5의 첫 루프는 원래의 본문 문장 하나를 네 개로 문장으로 전개한 것이므로, 블록 크기는 4이다.

- 표현식에 따라 다르고,
- 인수의 형식에 따라 다르고,
- 컴퓨터 아키텍처에 따라 다르다

는 점이다. 주된 이유는 프로세서의 종류에 따라 레지스터의 개수가 다르기 때문이다. 게다가, 한 번의 루프 반복에 필요한 레지스터 개수는 표현식과 형식에 의존한다(예를 들어 complex 객체를 담으려면 float 하나를 담을 때보다 레지스터가 많이 필요하다).

다음 절에서는 루프를 다시 작성하지 않고도 블록 크기를 바꾸는 법을 살펴본다. 또한, 이러한 코드 변환이 응용 프로그램 수준에까지 드러나지는 않도록 잘 캡슐화하는 방법도 이야기한다.

5.4.4 벡터 표현식 펼치기

이해를 돕기 위해 메타조율의 추상을 단계별로 논의하겠다. 먼저 이전 루프 예제 $u = 3v + w$로 시작해서, 그것을 하나의 조율 가능한 함수로 구현한다. 함수의 이름은 my_axpy이다. 이 함수에는 블록 크기를 위한 비형식 템플릿 매개변수가 있다. 그래서 예를 들어 다음과 같은 식으로 호출해야 한다.

```
my_axpy<2>(u, v, w);
```

이 함수의 본문은 주어진 블록 크기에 맞게 펼쳐질 주 루프와 마무리 루프로 구성된다.

```
template <unsigned BSize, typename U, typename V, typename W >
void my_axpy(U& u, const V& v, const W & w)
{
    assert(u.size() == v.size() && v.size() == w.size());
    unsigned s= u.size(), sb= s / BSize * BSize;

    for (unsigned i= 0; i < sb; i+= BSize)
        my_axpy_ftor<0, BSize>::eval(u, v, w, i);

    for (unsigned i= sb; i < s; ++i)
        u[i]= 3.0f * v[i] + w[i];
}
```

이전에 언급했듯이, 연역되는 템플릿 형식들은 반드시 매개변수 목록의 끝에 두어야 하고, 명시적으로 주어지는 템플릿 인수들은 반드시 첫 번째 템플릿 매개변수로 두어야 한다. 지금 예에서 연역되는 템플릿 형식들은 벡터의 형식들이고, 명시적으로 주어지는 인수는 블록 크기이다. 첫 루프의 본문 문장을 §5.4.1의 static 함수자와 비슷한 방식으로 구현할 수도 있다. 그러나 여기서는 그때와는 달리 템플릿 매개변수를 두 개 사용했다. 필자가 파악한 바로는, 인수 하나만 사용해서 0으로 감소시키는 것보다 이렇게 인수를 두 개를 사용할 때 더 빠른 실행 파일이 만들어진다(g++에서). 또한, 이 인수 두 개 버전이 §5.4.7에서 살펴볼 다차원 구현과 좀 더 일치한다.

고정 크기 루프 펼치기에서처럼, 루프를 펼치려면 재귀적인 템플릿 정의가 필요하다. 이를 위한 함수자 my_axpy_ftor의 각 eval 호출에서는 하나의 연산을 수행한다.

```
template <unsigned Offset, unsigned Max>
struct my_axpy_ftor
{
    template <typename U, typename V, typename W>
    static const eval(U& u, const V& v, const W& w, unsigned i)
    {
        if constexpr (Offset < Max) {
            u[i+Offset]= 3.0f * v[i+Offset] + w[i+Offset];
            my_axpy_ftor<Offset+1, Max>::eval(u, v, w, i);
        }
    }
};
```

고정 크기 루프 펼치기와의 유일한 차이점은 색인들이 색인 i에 상대적이라는 점이다. 첫 eval() 호출에서 Offset은 0이고, 이후 1, 2, ...로 나아간다. 각 호출이 인라인화되므로, 이 (정적) 함수자 호출들은 마치 루프 제어와 함수 호출 없이 실제 문장들을 그대로 나열한 것과 같은 효과를 낸다. 즉, my_axpy_ftor<0, 4>::eval(u, v, w, i)는 목록 5-3의 첫 루프를 한 번 반복한 것과 동일한 연산들을 수행한다. 다음은 언급한 벡터 덧셈 연산을 여러 블록 크기로 수행해서 시간을 측정한 결과이다.

```
Compute time unrolled<2> loop is 0.667546 µs.
Compute time unrolled<4> loop is 0.601179 µs.
Compute time unrolled<6> loop is 0.565536 µs.
Compute time unrolled<8> loop is 0.570061 µs.
```

이렇게 해서 임의의 블록 크기로 벡터 덧셈 연산을 수행할 수 있게 되었다. 그런데 단 하나의 구체적인 벡터 연산을 최적화하기 위해 이렇게 큰 노력을 들이는 것은 그리 생산적이지 못하다. 그래서 다음 절에서는 이 기법을 표현식 템플릿과 결합한다.

5.4.5 표현식 템플릿의 성능 조율

⇒ c++17/vector_unroll_example2.cpp

§5.3.3에서 벡터 덧셈을 위한 표현식 템플릿을 (펼치기 없이) 구현했었다. 스칼라 벡터 곱셈도 마찬가지 방식으로 구현할 수 있지만, 이 부분은 관심 있는 독자를 위해 연습문제 5.7.5로 남겨 두겠다. 여기서는 다음처럼 덧셈만 있는 수식을 위한 표현식 템플릿만 고려한다.

$$u = v + v + w$$

이에 대한 §5.3.3의 기준 성능은 다음과 같다.

```
Compute time is 1.72 µs.
```

표현식 템플릿에 메타조율을 적용하려면 실제 배정 연산자만 수정하면 된다. 모든 루프 기반 벡터 연산이 수행되는 곳이 배정 연산자이기 때문이다. 다른 연산들(덧셈, 뺄셈, 비례 등등)은 그냥 참조들을 담은 작은 객체를 돌려주기만 한다. 앞에서 했던 것처럼, operator=의 루프를 재귀적 펼치기를 위한 루프와 마무리 루프로 분할하자.

```
template <typename T>
class vector
{
    template <typename Src>
    vector& operator=(const Src& that)
    {
        check_size(size(that));
        unsigned s= my_size, sb= s / 4 * 4;

        for (unsigned i= 0; i < sb; i+= 4)
            assign<0, 4>::eval(*this, that, i);

        for (unsigned i= sb; i < s; ++i)
            data[i]= that[i];
        return *this;
    }
};
```

이 연산자가 사용하는 assign 함수자는 이전 예제의 my_axpy_ftor와 비슷하다.

```
template <unsigned Offset, unsigned Max>
struct assign
{
    template <typename U, typename V>
    static void eval(U& u, const V& v, unsigned i)
    {
        if constexpr (Offset < Max) {
            u[i+Offset]= v[i+Offset];
            assign<Offset+1, Max>::eval(u, v, i);
        }
    }
};
```

이번 절 도입부에서 제시한 예제 수식에 대한 성능은 다음과 같다.

```
Compute time is 1.37 μs.
```

배정 연산자를 조금만 수정했는데도 모든 벡터 표현식 템플릿의 계산 속도가 빨라졌음을 주목하자. 그렇지만 이전의 메타조율 구현(§5.4.4)에 비하면, 루프 펼치기를 커스텀화하는(블록 크기를 지정해서) 유연성이 사라졌다. assign 함수자는 두 개의 인수를 받으므로 커스텀화가 가능하다. 문제는 배정 연산자이다. 원칙적으로는, 배정 연산자에 다음과 같이 블록 크기를 위한 비형식 템플릿 매개변수를 도입함으로써 커스텀화 능력을 부여할 수 있다.

```
template <unsigned BSize, typename Src>
vector& operator=(const Src& that)
{
    check_size(size(that));
    unsigned s= my_size, sb= s / BSize * BSize;

    for (unsigned i= 0; i < sb; i+= BSize)
        assign<0, BSize>::eval(*this, that, i);

    for (unsigned i= sb; i < s; ++i)
        data[i]= that[i];
    return *this;
}
```

그러나 이렇게 하면 = 기호를 중위 연산자 형태로 자연스럽게 사용할 수 없다. 대신 다음과 같은 어색한 표현을 사용해야 한다.

```
u.template operator=<4>(v + v + w);
```

이런 표기법을 더 좋아하는 괴짜 프로그래머가 없지는 않을 것이다. 또한, 예나 지금이나 성능을 위해서라면 이보다 더 고통스러운 일도 감수하는 프로그래머들이 존재한다. 그렇지만 이런 코드가 이 책이 추구하는 직관성과 가독성의 이상을 충족하지 못한다는 점은 분명하다. 아니면, 다음과 같은 표기법도 있다.

```
unroll<4>(u= v + v + w);
```

또는

```
unroll<4>(u)= v + v + w;
```

두 버전 모두 구현이 가능하다. 전자가 프로그래머의 의도를 좀 더 잘 표현한다. 그러나 후자는 구현하기가 더 쉽고, 계산되는 표현식을 괄호로 감싸지 않았기 때문에 문장의 전체적인 구조를 이해하기가 더 쉽다. 그래서 여기서는 후자를 구현하기로 한다(MTL4도 후자를 사용한다). 함수 unroll은 간단하게 구현할 수 있다. 그냥 벡터에 대한 참조 하나와 펼치기 크기를 위한 형식 정보를 담은 unroll_vector 객체를 돌려줄 뿐이다.

```
template <unsigned BSize, typename Vector>
auto unroll(Vector& v)
{
    return unroll_vector<BSize, Vector>(v);
}
```

핵심은 unroll_vector 클래스인데, 이 클래스 역시 그리 복잡하지 않다. 결과 벡터의 참조를 받는 생성자와 루프를 펼치는 배정 연산자만 제공하면 된다.

```
template <unsigned BSize, typename V>
class unroll_vector
{
  public:
    unroll_vector(V& ref) : ref(ref) {}

    template <typename Src>
    V& operator=(const Src& that)
    {
        assert(size(ref) == size(that));
        unsigned s= size(ref), sb= s / BSize * BSize;

        for (unsigned i= 0; i < sb; i+= BSize)
```

```
            assign<0, BSize>::eval(ref, that, i);

        for (unsigned i= sb; i < s; i++)
            ref[i]= that[i];
        return ref;
    }
  private:
    V&    ref;
};
```

다음은 몇 가지 블록 크기로 이 구현의 성능을 시험해 본 것이다.

```
Compute time unroll<1>(u)= v + v + w is 1.72 µs.
Compute time unroll<2>(u)= v + v + w is 1.52 µs.
Compute time unroll<4>(u)= v + v + w is 1.36 µs.
Compute time unroll<6>(u)= v + v + w is 1.37 µs.
Compute time unroll<8>(u)= v + v + w is 1.4 µs.
```

이 벤치마크 수치들은 이전의 결과와 부합한다. `unroll<1>`의 성능은 루프를 펼치지 않은 기준 구현과 같고, `unroll<4>`의 성능은 우리가 직접 루프를 펼친 버전과 같다.

5.4.6 축약 연산의 조율

이번 절의 기법들은 벡터와 행렬의 다양한 노름norm들에도 비슷한 방식으로 적용할 수 있다. 또한 내적과 텐서 축약(reduction) 연산에도 적용할 수 있다.

5.4.6.1 변수 하나를 이용한 축약

⇒ `c++17/reduction_unroll_example.cpp`

앞의 벡터 연산 구현들은 각 벡터의 i번째 성분을 다른 성분들과는 독립적으로 처리한다. 그러나 축약 연산의 경우에는 모든 연산이 하나 또는 적은 수의 임시 변수(중간 결과)들과 연관된다. 그런 임시 변수들은 성능상의 심각한 병목으로 작용할 수 있다.

먼저, §5.4.4의 기법들로 축약 연산을 실제로 가속할 수 있는지부터 확인하기 위해 이산 L_1 노름의 구현을 조율해 보자. 다음은 주어진 벡터의 L_1 노름을 계산하는 `one_norm` 함수인데, `one_norm_ftor` 함수자를 이용해서 루프를 펼친다.

```
template <unsigned BSize, typename Vector>
typename Vector::value_type
```

```
inline one_norm(const Vector& v)
{
    using std::abs;
    typename Vector::value_type sum{0};
    unsigned s= size(v), sb= s / BSize * BSize;

    for (unsigned i= 0; i < sb; i+= BSize)
        one_norm_ftor<0, BSize>::eval(sum, v, i);
    for (unsigned i= sb; i < s; ++i)
        sum+= abs(v[i]);
    return sum;
}
```

one_norm_ftor 함수자의 구현은 이전의 함수자들과 같은 방식이다.

```
template <unsigned Offset, unsigned Max>
struct one_norm_ftor
{
    template <typename S, typename V>
    static void eval(S& sum, const V& v, unsigned i)
    {
        using std::abs;
        if constexpr (Offset < Max) {
            sum+= abs(v[i+Offset]);
            one_norm_ftor<Offset+1, Max>::eval(sum, v, i);
        }
    }
};
```

다음은 여러 블록 크기로 이 구현을 시험한 결과이다. g++ 4.8로 컴파일했다.

```
Compute time one_norm<1>(v) is 0.788445 µs.
Compute time one_norm<2>(v) is 0.43087 µs.
Compute time one_norm<4>(v) is 0.436625 µs.
Compute time one_norm<6>(v) is 0.43035 µs.
Compute time one_norm<8>(v) is 0.461095 µs.
```

루프를 펼치지 않을 때보다 속도가 대략 1.8배이다. 그럼 다른 구현들도 시험해 보자.

5.4.6.2 배열을 이용한 축약

⇒ c++17/reduction_unroll_array_example.cpp

앞의 구현을 잘 살펴보면, 각 반복에서 v의 서로 다른 성분이 쓰임을 알 수 있다. 그러나 모든 계산이 동일한 임시 변수 sum에 접근한다. 따라서 이 접근이 동시성을 제한한다. 동시성을 높이는 한 가지 방법은 임시 변수들을 여러 개 도입하는 것이다.[10] 다음은 임시 변수들의 배열을 사용하도록 수정한 one_norm 함수이다.

```
template <unsigned BSize, typename Vector>
typename Vector::value_type
inline one_norm(const Vector& v)
{
    using std::abs;
    typename Vector::value_type sum[BSize]= {};

    unsigned s= size(v), sb= s / BSize * BSize;
    for (unsigned i= 0; i < sb; i+= BSize)
        one_norm_ftor<0, BSize>::eval(sum, v, i);

    for (unsigned i= 1; i < BSize; ++i)
        sum[0]+= sum[i];
    for (unsigned i= sb; i < s; ++i)
        sum[0]+= abs(v[i]);

    return sum[0];
}
```

one_norm_ftor 함수자 역시, 인스턴스마다 sum 배열의 서로 다른 요소를 사용하도록 수정해야 한다.

```
template <unsigned Offset, unsigned Max>
struct one_norm_ftor
{
    template <typename S, typename V>
    static void eval(S* sum, const V& v, unsigned i)
    {
        using std::abs;
        if constexpr (Offset < Max) {
            sum[Offset]+= abs(v[i+Offset]);
            one_norm_ftor<Offset+1, Max>::eval(sum, v, i);
        }
    }
};
```

앞에서와 같은 벤치마크 코드를 실행해서 다음과 결과를 얻었다.

10 엄밀히 말하면 이 기법이 우리가 생각할 수 있는 모든 스칼라 형식에 통하지는 않는다. sum 형식의 덧셈은 반드시 가환 모노이드(commutative monoid)이어야 한다. C++의 모든 내장 형식은 이 조건을 충족하며, 사용자 정의 산술 형식들도 거의 대부분 이 조건을 충족한다. 그렇지만 덧셈이 교환법칙을 따르지 않도록, 또는 모노이드가 아니도록 사용자 정의 형식의 덧셈 연산자를 구현하는 것은 얼마든지 가능하다. 그런 경우 이 구현은 잘못된 결과를 산출할 수 있다. 그런 예외적인 상황을 처리하려면 의미론적 콘셉트들이 필요한데, 이에 관해서는 §5.5에서 이야기한다.

```
Compute time one_norm<1>(v) is 0.797224 μs.
Compute time one_norm<2>(v) is 0.45923 μs.
Compute time one_norm<4>(v) is 0.538913 μs.
Compute time one_norm<6>(v) is 0.467529 μs.
Compute time one_norm<8>(v) is 0.506729 μs.
```

변수 하나만 사용하는 버전보다 속도가 조금 느려졌는데, 아마 인라인 함수에서도 배열을 인수로 넘겨주는 데 비용이 많이 들기 때문일 것이다. 그럼 다른 접근 방식을 시도해 보자.

5.4.6.3 내포된 클래스 객체를 이용한 축약

⇒ c++17/reduction_unroll_nesting_example.cpp

값비싼 배열 전달을 피하기 위해, n개의 임시 변수를 가진 클래스를 도입하기로 하자. 여기서 n은 템플릿 매개변수를 통해서 컴파일 시점에서 결정되는 값이다. 이 클래스는 함수자의 재귀적 구조와도 잘 부합한다.

```
template <unsigned BSize, typename Value>
struct multi_tmp
{
    using sub_type= multi_tmp<BSize-1, Value>;

    multi_tmp(const Value& v) : value(v), sub(v) {}

    Value     value;
    sub_type  sub;
};

template <typename Value>
struct multi_tmp<0, Value>
{
    multi_tmp(const Value& v) {}
};
```

이 형식의 객체는 재귀적으로 초기화할 수 있다. 함수자는 멤버 변수 value를 계산에 사용하고, 멤버 변수 sub에 대한 참조를 자신의 다음 인스턴스에 넘겨주는 식으로 이 형식의 객체를 활용한다. 다음이 그러한 방식으로 구현한 함수자 one_norm_ftor이다.

```
template <unsigned Offset, unsigned Max>
struct one_norm_ftor
{
```

```
    template <typename S, typename V>
    static void eval(S& sum, const V& v, unsigned i)
    {
        using std::abs;
        if constexpr (Offset < Max) {
            sum.value+= abs(v[i+Offset]);
            one_norm_ftor<Offset+1, Max>::eval(sum.sub, v, i);
        }
    }
};
```

다중 임시 변수 클래스와 이 함수자를 사용하는 one_norm 함수는 다음과 같은 모습이다.

```
template <unsigned BSize, typename Vector>
typename Vector::value_type
inline one_norm(const Vector& v)
{
    using std::abs;
    using value_type= typename Vector::value_type;
    multi_tmp<BSize, value_type> multi_sum{0};

    unsigned s= size(v), sb= s / BSize * BSize;
    for (unsigned i= 0; i < sb; i+= BSize)
        one_norm_ftor<0, BSize>::eval(multi_sum, v, i);

    value_type sum= multi_sum.sum();
    for (unsigned i= sb; i < s; ++i)
        sum+= abs(v[i]);

    return sum;
}
```

아직 맞춰지지 않은 퍼즐 조각이 하나 남아 있다. 끝에서 multi_sum에 있는 부분합들을 축약해야 하는데, 안타깝게도 multi_sum의 멤버들을 훑는 루프를 작성할 수는 없다. 그래서 multi_sum으로 들어가서 멤버들을 훑는 재귀 함수가 필요하다. 이 재귀 함수는 해당 특수화의 멤버 함수로 구현하는 것이 가장 간단하다.

```
template <unsigned BSize, typename Value>
struct multi_tmp
{
    Value sum() const { return value + sub.sum(); }
};

template <typename Value>
```

```
struct multi_tmp<0, Value>
{
    Value sum() const { return 0; }
};
```

가장 안쪽의 value 멤버가 아니라 빈 multi_tmp 객체로 합산을 시작한다는 점에 주목하자. 그렇게 하지 않는다면 multi_tmp<1, Value>를 위한 또 다른 특수화가 필요하다. §3.7.4의 accumulate에서처럼 일반적 축약을 구현할 수도 있겠지만, 그러려면 초기 값이 필요하다.

```
template <unsigned BSize, typename Value>
struct multi_tmp
{
    template <typename Op>
    Value reduce(Op op, const Value& init) const
    { return op(value, sub.reduce(op, init)); }
};

template <typename Value>
struct multi_tmp<0, Value>
{
    template <typename Op>
    Value reduce(Op, const Value& init) const { return init; }
};
```

이 버전의 실행 시간들은 다음과 같다.

```
Compute time one_norm<1>(v) is 0.786668 μs.
Compute time one_norm<2>(v) is 0.442476 μs.
Compute time one_norm<4>(v) is 0.441455 μs.
Compute time one_norm<6>(v) is 0.410978 μs.
Compute time one_norm<8>(v) is 0.426368 μs.
```

결론적으로, 필자의 시험 환경에서 이상의 여러 구현은 성능이 대체로 비슷하다.

5.4.6.4 추상화 벌점 다루기

⇒ c++17/reduction_unroll_registers_example.cpp

앞에서 우리는 더 많은 독립적 연산을 가능하게 하려고 임시 변수들을 도입했다. 그런데 그런 임시 변수들은 레지스터에 배정되어야만 실제로 성능에 도움이 된다. 그러지 않으면 추가적인 메모리 전송과 캐시 무효화 신호 때문에 오히려 실행 시간이 더 늘어날 수 있다. 일부 오래된 컴파일러들은 배열과 내포된 클래스를 주 메모리에 담기 때문에, 루프를 펼친 코드가 그렇지 않은 코드보다 실행 시간이 더 길었다.

이는 소위 **추상화 벌점**(abstraction penalty)의 전형적인 예이다. 추상화 벌점이란, 의미론적으로는 동등하지만(즉, 실행 시점의 행동 자체는 동일하지만) 좀 더 추상적인 정식화를 사용한 프로그램이 그렇지 않은 프로그램보다 더 느리게 실행되는 것을 말한다. 추상화 벌점의 정량화를 위해 90년대 초에 알렉스 스테파노프는 래퍼wrapper 클래스들이 `accumulate` 함수의 성능에 미치는 영향을 측정하는 벤치마크를 서술했다.[59] 그 벤치마크의 핵심은, 벤치마크 테스트의 모든 버전을 같은 속도로 실행할 수 있는 컴파일러는 STL 알고리즘들을 추가부담(overhead) 없이 수행할 수 있어야 한다는 것이었다.

당시에는 추상적인 코드가 많을수록 추가부담이 크게 늘어났다. 그러나 요즘 컴파일러들은 그 벤치마크의 추상들을 수월하게 처리할 수 있다. 그렇다고 요즘 컴파일러들이 모든 수준의 추상을 처리할 수 있는 것은 아니다. 우리 프로그래머들은, 만일 성능이 중요한 프로그램 핵심부를 덜 추상적으로 구현한다면 더 빠르게 실행될 여지가 있는지 항상 점검해 보아야 한다. 예를 들어 MTL4에서 행렬 벡터 곱셈은 모든 행렬 형식과 뷰에 대해 반복자 비슷한 방식으로 일반적으로 구현되어 있지만, 몇몇 주요 행렬 클래스들에 대해서는 좀 더 효율적인 형태로 특수화되어 있다. 특히, 원시 포인터를 사용하는 자료 구조들에 대해서는 고도로 조율된 특수화를 제공한다. 고성능의 일반적 소프트웨어는 일반적 재사용성과 특화된 조율의 균형을 맞추어야 한다. 한쪽으로 치우치면 성능이 눈에 띄게 나빠지거나, 아니면 조합적 코드 폭발로 생산성이 떨어진다.

레지스터 활용의 관점에서, 자료 구조의 복잡성을 다른 곳으로 옮기면 컴파일러의 최적화에 도움이 될 것이다. 임시 변수들이 레지스터에 저장될 가능성을 높이기 위해 우리가 할 수 있는 최선의 일은 임시 변수들을 다음과 같이 함수의 지역 변수로 선언하는 것이다.

```
inline one_norm(const Vector& v)
{
    typename Vector::value_type s0{0}, s1{0}, s2{0}, ...
}
```

문제는 임시 변수를 몇 개나 선언하는 것이 좋은가이다. 그 개수가 템플릿 매개변수에 의존해서는 안 된다. 블록 크기와는 무관하게 고정된 값이어야 한다. 또한,

임시 변수 개수는 루프를 펼치는 능력을 제한한다는 점도 주의해야 한다.

반복 블록에서 실제로 쓰이는 임시 변수의 개수는 템플릿 매개변수 BSize에 의존한다. 그런데 템플릿 매개변수에 따라 함수 호출의 인수 개수를 변경하는 기능은 현재의 C++에 없다. 예를 들어 BSize의 값이 작으면 더 적은 수의 인수를 전달하는 등의 처리는 불가능하다. 따라서 모든 임시 변수를 반복 블록 함수자에 전달해야 한다.

```
for (unsigned i= 0; i < sb; i+= BSize)
    one_norm_ftor<0, BSize>::eval(s0, s1, s2, s3, s4,
                                  s5, s6, s7, v, i);
```

각 블록의 첫 계산은 부분합을 s0에 누산(accumulation; 또는 합산)하고, 둘째 계산은 s1에, 셋째 계산은 s2에 누산하는 식으로 진행된다. 안타깝지만 누산을 위한 임시 변수를 오프셋 색인으로 선택하는 것은 불가능하다(모든 색인 값에 대해 함수자를 특수화하지 않는 한).

대신, 각 계산을 함수의 첫 인수에 대해 수행하되 이후의 함수자들은 첫 인수를 생략해서 호출한다면 어떨까?

```
one_norm_ftor<1, BSize>()(s1, s2, s3, s4, s5, s6, s7, v, i);
one_norm_ftor<2, BSize>()(s2, s3, s4, s5, s6, s7, v, i);
one_norm_ftor<3, BSize>()(s3, s4, s5, s6, s7, v, i);
```

그러나 이 역시 현재의 C++ 템플릿 기능으로는 구현할 수 없다. 가능한 해법은 다음처럼 참조들을 순환시키는 것이다.

```
one_norm_ftor<1, BSize>()(s1, s2, s3, s4, s5, s6, s7, s0, v, i);
one_norm_ftor<2, BSize>()(s2, s3, s4, s5, s6, s7, s0, s1, v, i);
one_norm_ftor<3, BSize>()(s3, s4, s5, s6, s7, s0, s1, s2, v, i);
```

다음은 이러한 순환(rotation)을 구현하는 함수자이다.

```
template <unsigned Offset, unsigned Max>
struct one_norm_ftor
{
    template <typename S, typename V>
    static void eval(S& s0, S& s1, S& s2, S& s3, S& s4, S& s5,
                     S& s6, S& s7, const V& v, unsigned i)
    {
        using std::abs;
        if constexpr (Offset < Max) {
            s0+= abs(v[i+Offset]);
```

```
            one_norm_ftor<Offset+1, Max>::eval(s1, s2, s3, s4, s5,
                                               s6, s7, s0, v, i);
        }
    }
};
```

이 함수자를 사용하는 one_norm 함수는 다음과 같이 간단하다.

```
template <unsigned BSize, typename Vector>
typename Vector::value_type
inline one_norm(const Vector& v)
{
    using std::abs;
    typename Vector::value_type s0{0}, s1{0}, s2{0}, s3{0}, s4{0},
                                s5{0}, s6{0}, s7{0};
    unsigned s= size(v), sb= s / BSize * BSize;

    for (unsigned i= 0; i < sb; i+= BSize)
        one_norm_ftor<0, BSize>::eval(s0, s1, s2, s3, s4,
                                      s5, s6, s7, v, i);
    s0+= s1 + s2 + s3 + s4 + s5 + s6 + s7;

    for (unsigned i= sb; i < s; i++)
        s0+= abs(v[i]);
    return s0;
}
```

이 구현의 작은 단점 하나는, 아주 작은 벡터에 대해서는 약간의 추가부담이 존재한다는 것이다. 작은 벡터는 가용 레지스터들의 일부만 사용하지만, 블록 반복 후에는 무조건 모든 레지스터를(쓰이지 않은 것들까지도) 합산해야 한다. 하지만 블록 크기를 임시 변수 개수보다 크게 잡을 수 있다는 커다란 장점이 그러한 작은 단점을 능가한다. 임시 변수들은 결과를 망치는 일 없이 재사용된다. 그렇지만 실제 동시성(이를테면 동시에 실행되는 스레드의 수)이 임시 변수 개수보다 크지는 않다. 다음은 시험 환경에 이 구현을 실행해서 나온 결과이다.

```
Compute time one_norm<1>(v) is 0.793497 μs.
Compute time one_norm<2>(v) is 0.500242 μs.
Compute time one_norm<4>(v) is 0.443954 μs.
Compute time one_norm<6>(v) is 0.441819 μs.
Compute time one_norm<8>(v) is 0.430749 μs.
```

이 구현의 성능은 내포된 클래스를 잘 처리하는(즉, 데이터 멤버들을 레지스터에 저장하는) 컴파일러로 컴파일한 내포된 클래스 구현의 것과 비슷하다. 내포된 클래스를 잘 처리하지 못하는 예전 컴파일러의 경우에는 이 순환 구현이 확실히 더 빠르다.

5.4.7 중첩 루프의 조율

⇒ c++17/matrix_unroll_example.cpp

성능을 논의할 때 예제로 가장 자주 쓰이는 것은 밀집행렬들의 곱셈이다. 메타조율을 이용한 코드가 전문가가 손으로 조율한 어셈블리 코드만큼의 성능을 낼 수 있다고 주장하는 것은 아니지만, 하나의 구현으로부터 다양한 형태의 코드를 생성하는 메타프로그래밍의 위력을 살펴보는 것은 의미 있는 일이다. 이번 절에서는 다음과 같은 행렬 곱셈 연산을 메타프로그래밍을 이용해서 조율한다. 이번 절의 예제에서 matrix<>는 §A.4.3에 나오는 행렬 템플릿 클래스이다.

```
const unsigned s= 128;
matrix<float> A(s, s), B(s, s), C(s, s);

for (unsigned i= 0; i < s; ++i)
    for (unsigned j= 0; j < s; j++) {
        A(i, j)= 100.0 * i + j;
        B(i, j)= 200.0 * i + j;
    }
mult(A, B, C);
```

행렬 곱셈은 3중 루프로 어렵지 않게 구현할 수 있다. 세 개의 루프를 중첩하는 방법은 총 여섯 가지인데, 그중 하나는 다음과 같이 행렬 C의 각 성분에 대해 내적 비슷한 계산을 수행하는 형태이다.

$$c_{ik} = A_i \cdot B^k$$

여기서 A_i는 행렬 A의 i번째 행이고 B^k는 행렬의 k번째 열이다. 각 연산에서 C의 성분을 기록할 때 생기는 캐시 무효화를 줄이기 위해, 임시 변수를 제일 안쪽 루프에서 사용한다.

```
template <typename Matrix>
inline void mult(const Matrix& A, const Matrix& B, Matrix& C)
{
    assert(A.num_rows() == B.num_rows()); // ...

    using value_type= typename Matrix::value_type;
    unsigned s= A.num_rows();
```

```
    for (unsigned i= 0; i < s; ++i)
        for (unsigned k= 0; k < s; k++) {
            value_type tmp{0};
            for (unsigned j= 0; j < s; j++)
                tmp+= A(i, j) * B(j, k);
            C(i, k)= tmp;
        }
}
```

128 × 128 행렬들에 대한 이 가장 기본적인 구현의 실행 시간과 성능은 다음과 같다.†

```
Compute time mult(A, B, C) is 1980 μs. These are 2109 MFlops.
```

이 구현이 성능과 계산 결과에 대한 기준이다.

그럼 루프를 펼쳐서 성능을 높여 보자. 간단한 설명을 위해 이제부터는 4 × 4 행렬들을 다루기로 한다. §5.4.6에서는 하나의 축약 연산을 펼쳤지만, 여기서는 여러 개의 축약 연산을 병렬로 수행한다. 루프가 3중이라는 것은 바깥쪽 두 루프를 펼치고 제일 안쪽 루프에서 블록 연산들을 수행한다는 뜻이다. 즉, 각 반복에서 여러 개의 i 값들과 j 값들을 다루어야 한다. 이러한 블록을, 블록 크기를 지정할 수 있는 함수자로 처리한다.

기준 구현에서는 축약을 C의 성분들에 직접 수행했지만, 이 구현은 임시 변수들에 대해 축약을 수행한다. 이를 위해 §5.4.6.3의 multi_tmp 클래스를 사용한다. 단순함을 위해, 행렬 크기들이 반드시 펼치기 매개변수들의 배수이어야 한다는 제약을 두기로 하자(MTL4에는 임의의 행렬 크기를 지원하는 완전한 구현이 있다). 3중 루프를 펼쳐서 행렬 곱셈을 수행하는 함수는 다음과 같은 모습이다.

```
template <unsigned Size0, unsigned Size1, typename Matrix>
inline void mult(const Matrix& A, const Matrix& B, Matrix& C)
{
    using value_type= typename Matrix::value_type;
    unsigned s= A.num_rows();
    using block= mult_block<0, Size0-1, 0, Size1-1>;

    for (unsigned i= 0; i < s; i+= Size0)
```

† [옮긴이] 출력의 MFlops는 mega flops, 즉 100만 플롭스이다. flops는 FLoating point Operations Per Second, 즉 초당 부동소수점 연산 횟수를 뜻한다.

```
        for (unsigned k= 0; k < s; k+= Size1) {
            multi_tmp<Size0 * Size1, value_type> tmp{value_type{0}};
            for (unsigned j= 0; j < s; j++)
                block::eval(tmp, A, B, i, j, k);
            block::update(tmp, C, i, k);
        }
}
```

이 함수가 작동하려면 함수자 mult_block을 구현해야 한다. 이 함수자의 구현은 벡터 연산에 대한 함수자와 기본적으로 동일하다. 다만, 다루어야 할 색인과 한계(블록 크기)가 더 많다.

```
template <unsigned Index0, unsigned Max0,
          unsigned Index1, unsigned Max1>
struct mult_block
{
    using next= mult_block<Index0, Max0, Index1+1, Max1>;
    using next_row= mult_block<Index0+1, Max0, 0, Max1>;

    template <typename Tmp, typename Matrix>
    static void eval(Tmp& tmp, const Matrix& A, const Matrix& B,
                     unsigned i, unsigned j, unsigned k)
    {
        tmp.value+= A(i + Index0, j) * B(j, k + Index1);
        if constexpr(Index1 == Max1) {
            if constexpr(Index0 < Max0)
                next_row::eval(tmp.sub, A, B, i, j, k);
        } else
            next::eval(tmp.sub, A, B, i, j, k);
    }

    template <typename Tmp, typename Matrix>
    static void update(const Tmp& tmp, Matrix& C, unsigned i, unsigned k)
    {
        C(i + Index0, k + Index1)= tmp.value;
        if constexpr(Index1 == Max1) {
            if constexpr(Index0 < Max0)
                next_row::update(tmp.sub, C, i, k);
        } else
            next::update(tmp.sub, C, i, k);
    }
};
```

적절한 로깅 문장을 추가하면 이 구현이 C의 각 성분에 대해 기준 구현과 동일한 연산들을 수행함을 확인할 수 있다. 또한, 성분들에 관한 계산들이 교대로(interleaving) 수행된다는 점도 확인할 수 있다. 다음은 두 4×4 행렬의 곱셈을

2×2 블록으로 펼친 경우의 로그 출력에서 네 개의 임시 변수 중 두 개에 관한 부분만 발췌한 것이다..

```
tmp.4+= A[1][0] * B[0][0]
tmp.3+= A[1][0] * B[0][1]
tmp.4+= A[1][1] * B[1][0]
tmp.3+= A[1][1] * B[1][1]
tmp.4+= A[1][2] * B[2][0]
tmp.3+= A[1][2] * B[2][1]
tmp.4+= A[1][3] * B[3][0]
tmp.3+= A[1][3] * B[3][1]
C[1][0]= tmp.4
C[1][1]= tmp.3
tmp.4+= A[3][0] * B[0][0]
tmp.3+= A[3][0] * B[0][1]
tmp.4+= A[3][1] * B[1][0]
tmp.3+= A[3][1] * B[1][1]
tmp.4+= A[3][2] * B[2][0]
tmp.3+= A[3][2] * B[2][1]
tmp.4+= A[3][3] * B[3][0]
tmp.3+= A[3][3] * B[3][1]
C[3][0]= tmp.4
C[3][1]= tmp.3
```

펼처진 코드는 tmp.4(임시 변수 4번)에 $A_1 \cdot B^0$을 누산해서 그 결과를 $c_{1,0}$에 저장한다. 이 누산을 tmp.3에 대한 $A_1 \cdot B^1$ 누산과 교대로 수행하는 덕분에 슈퍼스칼라 프로세서의 다중 파이프라인이 활용된다. 또한, 로그 출력을 보면 이 구현에서 다음이 성립함을 확인할 수 있다.

$$c_{ik} = \sum_{j=0}^{3} a_{ij} b_{jk} \quad \forall i, k.$$

마지막으로, 이 그리 간단하지 않은 행렬 곱셈 구현이 과연 성능 향상에 도움이 되는지도 확인할 필요가 있다. 다음은 필자의 시험용 컴퓨터에서 실행한 벤치마크 프로그램의 출력이다.

```
Time mult<1, 1> is 1968 μs. These are 2122 MFlops.
Time mult<1, 2> is 1356 μs. These are 3079 MFlops.
Time mult<1, 4> is 1038 μs. These are 4022 MFlops.
Time mult<1, 8> is 871 μs. These are 4794 MFlops.
Time mult<1, 16> is 2039 μs. These are 2048 MFlops.
Time mult<2, 1> is 1394 μs. These are 2996 MFlops.
```

```
Time mult<4, 1> is 1142 μs. These are 3658 MFlops.
Time mult<8, 1> is 1127 μs. These are 3705 MFlops.
Time mult<16, 1> is 2307 μs. These are 1810 MFlops.
Time mult<2, 2> is 1428 μs. These are 2923 MFlops.
Time mult<2, 4> is 1012 μs. These are 4126 MFlops.
Time mult<2, 8> is 2081 μs. These are 2007 MFlops.
Time mult<4, 4> is 1988 μs. These are 2100 MFlops.
```

mult<1, 1>의 성능은 기준 구현과 동일하다. 실제로 mult<1, 1>의 연산들은 기준 구현과 정확히 같은 순서로 실행된다(아직까지는 컴파일러의 최적화가 내부적으로 연산 순서를 변경하지는 않는다). 또한, 가장 많이 펼친 버전은 기존 구현보다 최대 2.3배로 빠르다. double 행렬들은 대체로 성능이 약간 낮다.

```
Time mult is 1996 μs. These are 2092 MFlops.
Time mult<1, 1> is 1989 μs. These are 2099 MFlops.
Time mult<1, 2> is 1463 μs. These are 2855 MFlops.
Time mult<1, 4> is 1251 μs. These are 3337 MFlops.
Time mult<1, 8> is 1068 μs. These are 3908 MFlops.
Time mult<1, 16> is 2078 μs. These are 2009 MFlops.
Time mult<2, 1> is 1450 μs. These are 2880 MFlops.
Time mult<4, 1> is 1188 μs. These are 3514 MFlops.
Time mult<8, 1> is 1143 μs. These are 3652 MFlops.
Time mult<16, 1> is 2332 μs. These are 1791 MFlops.
Time mult<2, 2> is 1218 μs. These are 3430 MFlops.
Time mult<2, 4> is 1040 μs. These are 4014 MFlops.
Time mult<2, 8> is 2101 μs. These are 1987 MFlops.
Time mult<4, 4> is 2001 μs. These are 2086 MFlops.
```

이 결과에서 보듯이, mult<1, 1> 이외의 설정들은 기준 구현보다 빠르며, 설정에 따라서는 두 배 이상으로 성능이 높아질 수 있다.

어떤 설정이 최선이고 왜 그런지는 이전에도 언급했듯이 이 책의 주제가 아니다. 이 책은 단지 프로그래밍 기법을 보여줄 뿐이다. 여러분의 컴퓨터에서 여러 설정을 직접 시험해 보기 바란다. 이번 절의 기법들은 L1 캐시를 최대한 활용하는 것을 목적으로 한다. 행렬이 더 커지면 더 많은 수준의 블록화를 사용해야 할 것이다. L2, L3, 주 메모리, 지역 디스크 등등의 국소성(locality)을 활용하기 위한 범용적인 방법은 다름 아닌 재귀이다. 재귀를 이용하면 크기가 서로 다른 캐시마다 구현을 다시 작성할 필요가 없을 뿐만 아니라, 심지어 가상 메모리에서도 비교적 좋은 성능을 보인다. 이에 관해서는 이를테면 [23] 같은 문헌을 참고하기 바란다.

5.4.8 조율 요약

벤치마킹[32]을 포함한 소프트웨어 조율은 그 자체로 하나의 번듯한 전문 분야이다. 특히, 고급 컴파일러 최적화와 연동하는 경우는 더욱 그렇다. 소스 코드를 아주 조금만 수정해도, 해당 계산의 실행 시점 행동이 크게 변할 수 있다. 앞의 예제에서는 크기가 컴파일 시점에서 알려지느냐가 중요하지 않아야 마땅하지만, 실제로는 중요했다. 특히, -DNDEBUG를 지정하지 않고 소스 코드를 컴파일하면 컴파일러는 어떨 때는 색인 범위 점검을 생략하고 어떨 때는 색인의 범위를 점검한다. 또한, 중간 계산 결과들을 출력하는 것도 중요하다. 그렇지 않으면, 컴파일러는 어떤 계산 결과가 필요하지 않음이 명백한 경우 해당 계산을 아예 생략할 수 있다.

또한, 정확한 시간 측정을 위해서는, 구체적으로 말하면 더 나은 클록 해상도와 측정 추가부담의 상각(armotization)을 위해서는, 반복된(repeated) 계산 수행이 실제로 반복되는지도 확인해야 한다. 똑똑한 컴파일러는 계산 결과가 반복 횟수와 무관하다고 판단한 경우 해당 코드를 딱 한 번만 실행할 수 있기 때문이다(블록 크기 8로 펼쳐진 축약 계산을 clang++ 3.4로 컴파일했을 때 실제로 이런 현상을 목격했다). 그런 최적화는 결과가 내장 형식일 때 특히 잘 일어난다. 대체로 사용자 정의 형식에 대한 계산에서는 그런 반복 생략이 발생하지 않는다(그러나 반드시 발생하지 않는다는 보장은 없다). 특히, CUDA 컴파일러는 상세한 정적 코드 분석을 수행해서, 결과에 영향을 미치지 않는 모든 계산을 가혹하게 제거해 버린다. 벤치마킹 프로그래머가 이 점을 간과하면, 예상과는 전혀 다른 벤치마크 결과를 보고 어리둥절할 수밖에 없다(계산이 실제로는 전혀 수행되지 않았거나 의도한 것보다 적게 수행되어서 나온 높은 성능 수치를 보고 성급하게 기뻐할 때가 많다).

이번 절의 목표가 행렬 곱이나 스칼라 곱의 '궁극의 구현'은 아니었다. 코어가 수천 개이고 스레드가 수백만 개인 새로운 CPU와 다수 코어(many-core) 프로세서들이 존재하는 만큼, 이번 장의 슈퍼스칼라 파이프라인 활용은 그저 새 발의 피 정도로밖에 보이지 않을 것이다. 하지만 그렇지 않다. 조율된 구현들을 §4.6에 나온 다중 스레드 기법이나 OpenMP와 결합한다면 그 효과는 더욱 커진다. 템플릿 매개변수를 통한 블록화는 고도의 SSE 가속으로도 이어진다.

이 책의 목적에서, 구체적인 성능 수치보다는 C++의 표현력과 코드 생성 능력을 보여주는 것이 더 중요하다. 적절한 기법을 이용하면, 우리가 원하는 것에 최대한 가까운 문법과 표기법으로 소스 코드를 작성하고 그로부터 고성능의 이진 실행 코드를 뽑아내는 것이 가능하다. 고성능 컴퓨팅 분야에서 가장 잘 알려진 코드 생성 프로젝트는 ATLAS[73]이다. 주어진 밀집 선형대수 함수에 대해 ATLAS는 그 함수를 구현하는 다양한 C 코드와 어셈블리 코드를 생성하고 그것들의 대상 플랫폼에서 실행해서 성능을 비교한다. 그러한 훈련 단계를 거친 후에는, 대상 플랫폼에 맞게 효율적으로 구현한 BLAS 라이브러리[7]를 만들어 낸다.

C++에서는 외부 코드 생성기 없이 그냥 아무 C++ 컴파일러나 이용해서 모든 가능한 구현을 생성할 수 있다. 이번 절의 예제들처럼 메타조율 기법으로 작성된 프로그램은 템플릿 인수들만 변경하면 프로그램이 조율된다. 조율 매개변수들을 플랫폼 독립적인 방식으로 외부 설정 파일에 설정해 두면, 대규모 코드 재구현 없이도 여러 플랫폼에서 서로 상당히 다른 실행 파일들을 만들어 낼 수 있다.

그렇지만 성능 조율이라는 것은 기본적으로 움직이는 목표물을 맞히는 행위이다. 오늘 큰 성과를 낸 기법이라도 내일은 별 효과가 없을 수 있다. 따라서 성능 개선책들을 응용 프로그램 내부 깊은 곳에 하드코딩해 둘 것이 아니라, 조율 매개변수들을 편하게 변경할 수 있는 시스템을 갖추는 것이 중요하다.

이번 절의 메타조율 예제들은 구현에 드는 노력이 비교적 컸지만, 실망스럽게도 2006년에 필자가 메타조율을 처음 살펴봤을 때에 비하면 성능 향상의 폭이 그리 크지 않았다. 또한, 예제 중에는 그냥 컴파일러의 기본 최적화를 적용했을 때보다 성능이 못한 경우도 있었다. 드는 노력의 관점에서 볼 때, 밀집 선형대수 같은 인기 있는 영역에서 고도로 조율된 기존 라이브러리와 경쟁을 하는 것은 바람직하지 않다. MKL이나 Goto-BLAS 같은 라이브러리는 고도로 효율적이며, 엄청난 노력을 들인다고 해도 우리의 라이브러리가 그런 라이브러리를 능가할 가능성은 작다. 그런 만큼, 우리는 가장 중요한 대상에 노력을 집중해야 한다. 즉, 응용 프로그램의 전체적인 실행 시간에 큰 영향을 미치는 근본적인 핵심부의 구체적인(영역 특화) 최적화에 초점을 두는 것이 바람직하다.

C++20 5.5 의미론적 콘셉트를 이용한 최적화

앞에서 우리는 C++의 기능들을 이용해서 계산을 가속하는 여러 기법을 살펴보았다. 이제부터는 C++20의 콘셉츠를 이용해서 프로그램이 특정 계산의 가속 여부를 결정하게 만드는 방법을 논의한다. 좀 더 구체적으로는, 계산이 더 빠르게 수행될 뿐만 아니라 여전히 정확한 결과를 산출할 것임이 확실한 경우에만 최적화가 적용되게 하는 방법을 이야기할 것이다. 이를 위해 **의미론적 콘셉트**(semantic concept)를 소개한다. 의미론적 콘셉트는 빠르고 정확한 계산을 가능하게 하는 형식들과 연산들에 대한 요구조건을 정의한다. C++20의 콘셉츠 기능이 인디애나 대학교에서 제안한 콘셉트 설계의 모든 기능[24,55]을 지원하지는 않는다. 특히, 현재의 콘셉츠로는 형식과 연산의 의미론적(실행 시점) 행동 방식을 명시할 수 없다. 원래의 콘셉트 설계에서는 곱셈의 결합법칙 $(x \times y) \times z = x \times (y \times z)\ \forall x,y,z$ 같은 특정 속성(propety; 성질, 법칙)을 명시하는 axiom(공리)를 서술할 수 있었지만, 현재의 C++ 콘셉츠로는 이런 공리를 하나의 콘셉트에서 직접 표현하지 못한다. 이번 절에서는 C++에서 수학적 성질에 관한 선언을 표현하는 방법과 그것을 원래의 의미론적 콘셉트와 같은 방식으로 사용하는 방법을 설명한다.

5.5.1 의미론적 조율 요구조건

⇒ c++20/concept_accumulate_semantic.cpp

§3.10.1에서 제약이 가해진 accumulate의 구현을 소개했다. 독자의 편의를 위해 해당 구현 코드를 다시 제시한다.

```
template <typename Iter, typename Value, typename Op>
concept Accumulatable=
    requires (Iter it, Value init, Op op)
{
    requires std::input_iterator<Iter>;
    requires Returnable<Value>;
    init= op(init, *it);
};

template <typename Iter, typename Value, typename Op>
Value accumulate(Iter first, Iter last, Value init, Op op)
    requires Accumulatable<Iter, Value, Op>
{
    for (; first != last; ++first)
        init= op(init, *first);
    return init;
}
```

앞의 예제들에서 보았듯이, 여러 개의 변수가 관여하는 누산을 이용한 축약 연산은 펼치기에 의한 성능 향상이 크다. 그런데 펼치기를 적용하면 중간 계산들이 실행되는 순서가 바뀐다. 따라서 축약 연산의 이항 연산 op는 다음과 같은 두 가지 성질을 가져야 한다.

- **결합성**(associativity): 결합법칙 $\text{op}(\text{op}(x, y), z) = \text{op}(x, \text{op}(y, z))\ \forall x,y,z$를 충족한다.
- **가환성**(communitativity): 교환법칙 $\text{op}(x, y) = \text{op}(y, x)\ \forall x,y$를 충족한다.

또한, 펼치기를 위해서는 추가적인 누산기(accumulator; 누산 결과가 저장되는 임시 변수)들이 초기화되는 방식에도 신경을 써야 한다. 구식 C++에서는 형식 연역을 단순화하기 위해 호출자가 초기 값을 지정하게 했다. 그러면 $\text{op}(x, e) = \text{op}(e, x) = x\ \forall x$를 충족하는 연산의 중립 원소(neutral element) 또는 항등원(identity) e를 알아야 한다는 문제도 해결된다. 호출자가 자연스러운 항등원과는 다른 초기 값을 지정했다면, 그냥 그것을 누산에 포함시키면 된다. 그러나 펼치기를 위해 여분의 누산기들을 사용하는 경우, 사용자가 지정한 초기 값이 항등원과 다르다면 사용자의 값이 아니라 항등원으로 여분의 누산기들을 초기화해야 한다.

앞에서 말한 것과 같은 방식으로 행동하는 값들의 집합을 대수학에서는 **가환 모노이드**(commutative monoid)라고 부른다. 다음은 가환 모노이드라는 대수학적 구조를 C++의 콘셉트로 표현한 것이다.

```
template <typename Op, typename Value>
concept CommutativeMonoid =
  requires (Op op, Value x, Value y)
{
    {op(x, y)} -> std::convertible_to<Value>;
    {identity(op, x)} -> std::convertible_to<Value>;
    requires commutative_monoid_map<Op, Value>;
};
```

이 콘셉트는 구문적(문법적, 컴파일 시점) 요구조건과 의미론적 요구조건으로 구성된다. 중괄호 블록 안의 처음 두 요구조건에서 보듯이, 구문적 요구조건은 C++ 언어 자체로 직접 표현할 수 있다. 두 요구조건은 연산의 결과를 반드시 `Value` 형식으로 변환할 수 있어야 한다는 점과 `identity`라는 함수가 존재하며 그 함수의 반환값을 `Value` 형식으로 변환할 수 있어야 한다는 점을 명시적으로 나타낸다.

의미론적 요구조건 또는 의미론적 속성은 언어의 기능이 아니라 사용자 정의 형식으로, 구체적으로는 형식 특질의 형태로 지정해야 한다. 그럼 가환 모노이드를 위한 형식 특질을 살펴보자. 여기서는 §6.6.2의 함수 기반 접근 방식(템플릿 특수화에 기초한 기법이 아니라 파생 클래스에 적용되는 기법)을 사용한다. 즉, 명시적으로 가환 모노이드라고 선언하지 않은 연산은 모두 가환 모노이드가 아니다.

```
std::false_type cm_map_impl(...);

template <typename Op, typename Value>
constexpr bool commutative_monoid_map=
   decltype(cm_map_impl(std::declval<Op>(),
                        std::declval<Value>()))::value;
```

이런 고급 콘셉트를 성가신 가변 인수 줄임표로 구현한다는 것이 마음에 들지 않는 독자도 있을 것이다. 필자도 공감한다. 그렇지만 이것은 우선순위가 낮은 예비용(fall-back) 함수일 뿐이다. 덧셈 연산을 모노이드로 선언하기 위해, 다음과 같은 add 함수자를 도입한다.

```
struct add
{
    template <typename T>
    T operator()(T x, T y) const noexcept { return x + y; }
};
```

그리고 덧셈의 항등원을 위한 identity 함수도 추가한다.

```
template <typename Value>
Value identity(add, Value)
{
    return Value{0};
}
```

모든 '합당한(resonable)' Value 형식의 덧셈은 법칙과 결합법칙을 충족할 것이므로, 기본적으로는 모든 덧셈이 기본적으로 가환 모노이드라고 선언한다.

```
template <typename Value>
std::true_type cm_map_impl(add, Value);
```

덧셈이 가환성이나 결합성을 가지지 않는 형식의 경우에는 다음 예처럼 명시적으로 가환 모노이드가 아니라고 선언하면 된다.

```
std::false_type cm_map_impl(add, strange_type);
```

엄밀히 말해서 부동소수점 수의 덧셈은 근사적으로만 교환법칙을 충족하며, 크기가 아주 다른 값들에 대해서는 근사적으로도 교환법칙이 지켜지지 않는다. 물론 부동소수점은 합당한 형식으로 간주하지 말아야 한다고 주장하는 사람도 있겠지만, 여기서 논의할 만한 주제는 아니다. 이러한 사항들을 고려한다면, 기본 가환 모노이드 선언을 표준 정수 형식들로만 한정해도 될 것이다. 다음에서 보듯이 표준 정수 형식들은 표준 콘셉트 integral로 식별할 수 있다.

```
template <std::integral Value>
std::true_type cm_map_impl(add, Value);
```

필요한 콘셉트가 모두 갖추어졌으니, 이들을 이용해서 accumulate 구현을 펼쳐 보자.

```
template <std::random_access_iterator Iter, typename Value,
          typename Op>
Value accumulate(Iter first, Iter last, Value init, Op op)
    requires Accumulatable<Iter, Value, Op>
          && CommutativeMonoid<Op, Value>
{
    auto t1= identity(op, *first), t2= t1, t3= t1;
    auto size= last - first;
    auto bsize= size / 4 * 4;
    for (Iter blast= first + bsize; first != blast; first+= 4) {
        init= op(init, *first);
        t1= op(t1, *(first+1));
        t2= op(t2, *(first+2));
        t3= op(t3, *(first+3));
    }
    for (; first != last; ++first)
        init= op(init, *first);
    return op(op(init, t1), op(t2, t3));
}
```

간결함을 위해 블록 크기의 커스텀화는 생략했다. 이 함수의 템플릿 매개변수들은 콘셉트Accumulatable과 CommutativeMonoid의 제약조건을 충족해야 한다. 또한, 자명한 기술적 이유로 Iter는 반드시 random_access_iterator 콘셉트를 따르는 반복자 형식이어야 한다. 이 조건 없이도 accumulate를 구현할 수 있지만, 그러면 블록의 네 연산이 독립적이지 않기 때문에 펼치기에 의한 성능 향상을 기대하기 어렵다.

사용자가 일일이 begin과 end를 호출하지 않아도 되도록 다음과 같은 구간 인터페이스도 추가하자.

```
template <ranges::range R, typename Value, typename Op>
Value accumulate(const R& r, Value init, Op op)
{
    return accumulate(begin(r), end(r), init, op);
}
```

펼치기를 위해 이 함수를 중복적재할 필요는 없다. 컴파일러가 적절한 반복자 기반 중복적재 버전을 선택할 것이기 때문이다. 간단함을 위해 begin과 end의 반환 형식들이 같다고 가정한다. 구간에 대해 일반적으로 이러한 가정이 요구되지는 않는다. 이와 관련해서 이 구현을 개선하는 방법은 두 가지인데, 하나는 first와 last가 서로 다른 형식일 수 있게 하는 것이고 다른 하나는 주어진 구간으로부터 begin과 end가 같은 형식인 common_view를 만들어서 사용하는 것이다.

구간을 사용한 덕분에 함수의 매개변수가 네 개에서 세 개로 줄었다. 더 줄일 수도 있을 것이다. 초기 값(매개변수 init)은 까다로운 형식 연역을 피하고 항등원을 지정하지 않아도 되게 하기 위해 도입한 것이다. 그러나 현대적 C++에서는 형식 연역이 더 이상 문제가 아니며, 항등원은 CommutativeMonoid를 따르는 연산 자체가 제공한다. 따라서 구간과 연산만 받도록 accumulate를 구현할 수 있다.

```
template <ranges::range R, typename Op>
auto accumulate(const R& r, Op op)
    requires CommutativeMonoid<Op, ranges::range_value_t<R> >
{
    auto init= identity(op, *begin(r));
    return accumulate(begin(r), end(r), init, op);
}
```

물론 비가환 모노이드에도 항등원이 있다. 이 점을 반영하려면 좀 더 세밀한 콘셉트 위계구조가 필요한데, 이 문제는 다음 절에서 살펴본다.

5.5.2 의미론적 콘셉트 위계구조

⇒ c++20/algebraic_concepts.cpp

이번 절에서는 가장 근본적인 대수 구조(aglgbraic structure)들을 일단의 콘셉트들로 정의해 본다. 이 부분은 프로그래밍 책치고는 상당히 이론적인 주제이므로, 기술적인 문제에 더 관심이 있는 독자라면 이번 절을 그냥 건너뛰어도 좋다.

그렇지만 C++ 콘셉츠로 의미론을 표현하는 것은 완전히 새로운 차원의 프로그래밍이고 작은 틈으로나마 C++의 미래를 내다볼 수 있는 주제인 만큼, 관심 있게 읽어 주었으면 한다.

가장 근본적인 대수 구조는 마그마magma이다. 마그마는 하나의 값 집합과 그 집합에 대해 닫혀 있는(즉, 연산의 결과도 그 집합에 속하는) 이항 연산 하나로 구성된다. 다음은 이러한 마그마를 표현하는 콘셉트 Magma이다.

```
template <typename Op, typename Value>
concept Magma =
    requires (Op op, Value x, Value y)
{
    {op(x, y)} -> std::same_as<Value>;
};
```

기술적인 관점에서, 이번 절에서 다루는 콘셉트들의 위계구조에서 순수하게 구문적인 콘셉트는 이 Magma뿐이다. 순수하게 구문적인 콘셉트이므로, 컴파일러는 주어진 형식이 이 콘셉트를 충족하는지를 그 어떤 사용자 선언 없이도 점검할 수 있다.

마그마 다음의 대수 구조는 반군(semi group)이다. 반군은 마그마의 요구조건 외에 연산이 결합성을 가져야 함을 요구한다. 다음은 반군을 나타내는 SemiGroup 콘셉트이다.

```
template <typename Op, typename Value>
concept SemiGroup =
  Magma<Op, Value> &&
  semi_group_map<Op, Value>;
```

주어진 연산이 주어진 형식에 대해 결합법칙을 충족하는지를 컴파일러가 연역할 수는 없다. 이 정보는 반드시 사용자가 제공해야 한다. 이번에도 이전 예제들처럼 함수 기반 선언을 이용하기로 하겠다.

다음으로, 항등원이 있는 반군을 모노이드monoid라고 부른다. 다음은 모노이드를 나타내는 Monoid 콘셉트이다.

```
template <typename Op, typename Value>
concept Monoid =
    SemiGroup<Op, Value> &&
    requires (Op op, Value x)
{
    {identity(op, x)} -> std::same_as<Value>;
```

```
    requires monoid_map<Op, Value>;
};
```

주어진 값 형식과 연산으로 호출할 수 있는 함수 identity가 존재하며 그 반환 형식이 Value인지는 컴파일러가 점검할 수 있다. 그러나 이 항등원이 실제로 수학의 항등원처럼 행동하는지는 사용자가 monoid_map으로 선언해 주어야 한다.

Commutative 콘셉트는 Magma를 다른 방식으로 정련한다.† 마그마의 조건 외에, 인수들을 교환할 수 있으면 가환적 구조이다. 이러한 의미론적 성질은 반드시 commutative_map에 사용자가 명시적으로 선언해야 한다.

```
template <typename Op, typename Value>
concept Commutative =
    Magma<Op, Value> &&
    commutative_map<Op, Value>;
```

이전 절에서 본 CommutativeMonoid 콘셉트는 Commutative와 Monoid의 정련으로 표현할 수 있다.

```
template <typename Op, typename Value>
concept CommutativeMonoid =
    Monoid<Op, Value> && Commutative<Op, Value>;
```

그러나 이제는 상세한 의미론적 콘셉트들의 상세한 위계구조가 갖추었기 때문에, 함수들에 아주 정교한 방식으로 제약을 가할 수 있다.

콘셉트로 표현할 수 있는 대수 구조들은 이외에도 많다. 실제로 필자는 학술 활동에서 이런 접근 방식을 사용했다. 관심 있는 독자는 이 접근 방식을 요약한 논문 "Integrating Semantics and Compilation: Using C++ Concepts to Develop Robust and Efficient Reusable Libraries"[22]와 좀 더 상세히 논의한 "The Fundamental Algebraic Concepts in Concept-Enabled C++"[18]를 참고하기 바란다.

의미론적 콘셉트 위계구조를 만든 다음에는, 주어진 연산이 충족하는 성질들을 세심하게 선언해야 한다. 이 '선언'은 원하는 함수자와 형식에 대해 해당 map_impl 함수들을 중복적재하는 식으로 이루어진다.

ConceptGCC에는 어떤 컨셉트에 대해 그런 선언을 추가하면 그 컨셉트가 기초한 모든 콘셉트에 대해서도 해당 선언이 추가되는 아주 편리한 기능

† [옮긴이] 이에 의해 마그마에서 새로운 가지가 뻗어 나온다. 이번 절이 트리 모양의 위계구조를 다루고 있음을 기억하자.

이 있었다. C++20의 콘셉츠는 의미론적 콘셉트를 지원하지 않기 때문에, 현재 C++ 컴파일러들은 이 기능을 제공하지 않는다. 그렇지만 우리가 이러한 '함의(implication)' 기능을 직접 구현할 수 있다. 예를 들어 모든 모노이드는 반군이며, 이 점은 Monoid 콘셉트를 정의할 때 SemiGroup을 명시적으로 언급한 것으로 반영되었다. 그렇지만 SemiGroup의 맵 선언을 Monoid 콘셉트로 제약할 수는 없다. 그러면 순환적인 의존관계가 발생하기 때문이다. 이러한 관계는 다음과 같이 enable_if를 이용해서 map_impl 함수들에서 직접 구현해야 한다.

```
template <typename Op, typename Value,
          typename = std::enable_if_t<monoid_map<Op, Value> > >
std::true_type semi_group_map_impl(Op, Value);
```

이렇게 하면, 주어진 연산이 Monoid임을 선언하기만 하면 자동으로 SemiGroup 선언도 함의된다. 마찬가지로, 모든 CommutativeMonoid는 Commutative이자 Monoid이다. 그러나 앞에서는CommutativeMonoid를 명시적 선언 없이 그 두 콘셉트의 정련으로 구현했다. 따라서 Commutative와 Monoid의 명시적 선언들은 CommutativeMonoid를 함의하지만, 그 역은 그렇지 않다. 우리의 콘셉트 위계구조 구현이 CommutativeMonoid에 대한 map_impl를 요구하지는 않지만, 사용자 선언을 줄이는 목적으로 그러한 map_impl을 도입하는 것은 가능하다.

```
std::false_type cm_map_impl(...);

template <typename Op, typename Value,
          typename = std::enable_if_t<cm_map<Op, Value> > >
std::true_type monoid_map_impl(Op, Value);

template <typename Op, typename Value,
          typename = std::enable_if_t<cm_map<Op, Value> > >
std::true_type commutative_map_impl(Op, Value);
```

이런 식으로 구현을 확장하면, 사용자가 주어진 연산이 CommutativeMonoid를 따른다고 선언하기만 하면 위계구조의 다른 모든 콘셉트에 대한 선언도 자동으로 함의된다.

의미론적 콘셉트가 우리의 프로그래밍 방식을 근본적으로 바꿀 중요한 기능임을 이상의 예제가 잘 보여주었길 바랄 뿐이다. 컴파일러가 의미론적 속성들을 검증할 수 있다는(비록 사용자의 명시적인 선언이 필요하지만) 사실은 완전히 새로운 차원의 소프트웨어 신뢰성을 확립한다. 미래의 C++ 표준은 이러한 의미론적 콘셉트를 좀 더 잘 지원하게 되리라 믿는다.

C++11 5.6 튜링 완전성

계산 가능성 이론(computability theory)은 컴퓨터 과학과 수리논리학(mathematical logic)의 중요한 분야이다. 프로그래밍 서적에서 이 이론을 상세히 소개하는 것은 무리이다. 이 이론의 핵심은 **처치-튜링 정리**(church-turing thesis)이다. 알론조 처치Alonzo Church와 앨런 튜링Alan Turing의 이름을 딴 이 정리에 따르면, 모든 함수는 만일 그것을 **튜링 기계**(turing machine)로 계산할 수 있다면, 그리고 오직 그럴 때만(if and only if), 사람이나 컴퓨터가 알고리즘을 따라 계산할 수 있다(자원 제한은 무시할 때). 그런 함수를 가리켜 **튜링 계산 가능**(turing-computable) 함수라고 부른다. 튜링 기계란 다음 요소들로 구성된, 단순화된 컴퓨터 모형이다.

- 유한한 개수의 초기화된 칸과 무한한 개수의 빈칸으로 구성된, 무한히 긴 테이프.
- 현재 위치의 칸에서 값을 읽거나 쓸 수 있으며 현재 위치를 왼쪽 또는 오른쪽 칸으로 이동할 수 있는 헤드.
- 상태 레지스터 하나(인간의 정신 상태(stae of mind)를 본뜬).
- 유한한 개수의 명령들

튜링 기계가 "승인 상태(accepting state)" 중 하나에 도달하면, 테이프의 초기 열(initial sequence; 미리 초기화된 칸들)이 승인되었다고 말한다.

> **정의 5-1.** 어떠한 시스템(컴퓨터의 명령 집합이든 프로그래밍 언어이든)으로 튜링 기계를 시뮬레이션할 수 있다면, 그러한 시스템을 가리켜 **튜링 완전**(Turing-complete)이라고 말한다. 이는, 튜링 완전 시스템은 모든 튜링 계산 가능(Turing-computable) 함수를, 다시 말해 알고리즘으로 서술할 수 있는 모든 함수를 계산할 수 있음을 함의한다.

정리

C++의 메타프로그래밍은 튜링 완전이다.

이 정리를 이번 절에서 증명해 볼 것이다. 예전에 토드 펠트하위전은 구식 C++의 템플릿으로 튜링 기계를 구현함으로써 C++의 템플릿 시스템이 튜링 완전임을 증명했다.[71] 그와는 달리 이번 절에서는 `constexpr` 함수가 μ-재귀 함수임을

보임으로써 이 정리를 증명한다. 이번 절에 쓰인 표기법은 계산 이론에 관한 러츠 해멀Lutz Hamel의 강의 "Theory of Computation"[29]에 나온 것이다.

먼저, μ-재귀 함수를 constexpr 함수로 구현할 수 있다는 점부터 증명하자.†

영함수

영함수(zero function)는 임의의 인수들을 0으로 사상한다.‡

$$f^k(n_1, \ldots, n_k) := 0$$

예를 들어 인수가 세 개인 영함수는 다음과 같이 간단하게 구현할 수 있다.

```
constexpr int ternary_zero(int, int, int)
{
    return 0;
}
```

인수에 대한 사영

인수에 대한 사영(projection on argument)은 인수 중 하나를 돌려준다.

$$\pi_i^k(n_1, \ldots, n_k) := n_i$$

다음은 세 인수 중 둘째 인수를 돌려주는 예이다.

```
constexpr int second_from_three(int, int j, int)
{
    return j;
}
```

후행 원소

자연수의 경우 후행 원소(successor; 바로 다음 원소) 함수는 그냥 그다음 자연수이다.

$$\nu(n) := n + 1$$

다음처럼 간단하게 구현할 수 있다.

```
constexpr int successor(int i)
{
    return i + 1;
}
```

† [옮긴이] 참고로 μ-재귀 함수는 자연수에서 자연수로의 계산 가능한 부분함수이다. 따라서 아래의 논의에서는 자연수, 즉 0과 양의 정수만 다룬다.

‡ [옮긴이] 아래 수식들에서 :=는 '정의(defiinition)'를 나타내는 기호이다. A := B는 "A는 B로 정의된다."라는 뜻이다.

원시 재귀

원시 재귀 함수(primitive recursive function)는 다음과 같이 정의된다.

$$f(n_1, \dots, n_k, 0) := g(n_1, \dots, n_k)$$
$$f(n_1, \dots, n_k, \nu(n)) := g(n_1, \dots, n_k, n, f(n_1, \dots, n_k, n))$$

다음은 기본 재귀 함수의 예이다.

```
constexpr int p_rec(int i, int j, int k)
{
    return k == 0 ? g(i, j) : h(i, j, k-1, p_rec(i, j, k-1));
}
```

최소화

값들의 튜플 $(n_1, \dots, n_k)$와 관계(relation) p에 대한 최소화(minimalization) μ-재귀 함수는 $(n_1, \dots, n_k, z)$가 관계 p를 충족한다는 조건이 성립하는 최소의 z를 돌려준다.

$$f(n_1, \dots, n_k) := \mu z[p(n_1, \dots, n_k, z)]$$
$$\text{여기서 } \mu z[p(n_1, \dots, n_k, z)] := \min\{z \mid p(n_1, \dots, n_k, z)\}.$$

이전의 모든 함수와는 달리 이 최소화 함수는 일부 인수에 대해서는 정의되지 않을 수 있는 '부분함수(partial function)'임을 주의하기 바란다. 이러한 부분함수도 constexpr 함수로 구현할 수 있다. 한 예로, 다음은 주어진 자연수의 제곱근(역시 자연수)을 돌려주는 부분함수 sqrt이다.

```
constexpr bool is_square_of(int i, int j) // 관계 p에 해당
{
    return i == j*j;
}

constexpr int sqrt_aux(int i, int j)
{
    return is_square_of(i, j) ? j : sqrt_aux(i, j+1);
}

constexpr int sqrt(int i)
{
    return sqrt_aux(i, 0);
}
```

인수가 제곱수가 아니면 이 알고리즘은 무한 루프에 빠진다(컴파일 시점에서 그럴 수도 있다). C++14의 constexpr 기능을 이용하면 sqrt를 좀 더 간결하게 구현할 수 있지만, 여기서는 C++11의 constexpr 함수도 튜링 완전임을 보이기 위해 C++14의 constexpr 기능은 사용하지 않았다.

이렇게 해서 constexpr 함수가 μ-재귀 함수를 구현함을, 다시 말해 모든 μ-재귀 함수를 constexpr 함수로 프로그래밍할 수 있음을 보았다. 게다가 μ-재귀 함수가 람다 산법(λ-calculus)을 구현한다는 점과 람다 산법이 튜링 기계를 구현한다는 점, 그리고 튜링 기계는 μ-재귀 함수를 구현한다는 점도 연구자들이 증명한 바 있다. 즉, 이들 사이에는 다음과 같은 관계가 성립한다.

$$\mu\text{−재귀 함수} \prec \text{람다 산법} \prec \text{튜링 기계} \prec \mu\text{−재귀 함수}.$$

이에 대한 증명의 개요가 [29]에 나온다. 추이법칙에 의해 다음도 성립한다.

$$\texttt{constexpr} \prec \mu\text{−재귀 함수} \prec \text{람다 산법} \prec \text{튜링 기계}.$$

따라서 모든 튜링 기계 프로그램을 constexpr 함수로 구축할 수 있다.

이러한 사실에서 유도되는 한 가지 결론은, 알고리즘으로 계산할 수 있는 모든 함수는 C++ 컴파일러가 컴파일 시점에서 계산할 수 있다는 것이다.[11] 허브 서터의 말을 빌자면, C++의 템플릿 시스템에는 함수형 프로그래밍 언어가 내장되어 있다. 이번 장의 예제들이 이러한 주장을 충분히 입증했길 바란다.

5.7 연습문제

5.7.1 형식 특질

참조를 제거하거나 추가하는 형식 특질들을 작성하라. 지금까지 알려진 벡터들은 my_vector<Value>와 vector_sum<E1, E2> 뿐이라고 가정하고 메타술어 is_vector를 위한 영역 특화 형식 특질을 추가하라.

5.7.2 피보나치 수열

피보나치 수열의 n번째 값을 컴파일 시점에서 계산하는 템플릿 메타함수를 작성하라. 피보나치 수열은 다음과 같이 재귀적으로 정의된다.

11 동적 메모리 할당 같은 기술적인 장애물을 제거한다고 가정할 때의 이야기이다(C++20에서는 특정한 제약하에서 실제로 동적 메모리 할당이 가능하다).

$$x_0 = 0$$
$$x_1 = 1$$
$$x_n = x_{n-1} + x_{n-2},\ n \geq 2 \text{에 대해.}$$

5.7.3 최대공약수 메타프로그램

다음 알고리즘을 이용해서 두 정수의 최대공약수(greatest common divisor, GCD)를 계산하는 메타프로그램을 작성하라.†

```
1 function gcd(a, b):
2     if b = 0 return a
3     else return gcd(b, a mod b)
```

```
template <typename I>
I gcd( I a, I b ) { ... }
```

그리고 같은 알고리즘을 컴파일 시점에서 수행하는 정수 메타함수를 작성하라. 이 메타함수의 틀은 다음과 같아야 한다.

```
template <int A, int B>
struct gcd_meta {
  static int const value = ... ;
} ;
```

즉, `gcd_meta<a,b>::value`는 a와 b의 최대공약수이다. 이 메타함수의 결과들이 앞의 `gcd()`의 결과들과 일치하는지 확인하라.‡

5.7.4 혼합 형식 유리수 클래스

연습문제 3.12.4의 유리수 클래스를, 다음과 같이 혼합 형식을 지원하도록 개선하라.

- 분모와 분자의 형식이 다를 수 있다.
- 서로 다른 형식의 유리수들에 대한 산술 연산이 가능하다.
- 서로 다른 형식의 유리수들을 배정하거나 복사할 수 있다(좁아지는 변환에서는 명시적 변환 연산자가 필요함).

---

† [옮긴이] a mod b는 a를 b로 나눈 나머지를 뜻한다.

‡ [옮긴이] 더 나아가서, 두 함수의 결과를 `<numeric>` 헤더에 있는 표준 함수 `std::gcd`의 결과와 비교해도 좋을 것이다.

혼합 형식 연산의 결과 형식을 형식 특질이나 decltype 표현식 같은 적절한 기법으로 결정해 볼 것.

5.7.5 벡터 표현식 템플릿

적어도 다음과 같은 멤버들을 가진 벡터 클래스를 구현하라(내부적으로 std::vector<double>를 사용해도 된다).

```
class my_vector {
  public:
    using value_type= double;

    my_vector( int n );

    // 이 벡터 형식에 대한 복사 생성자
    my_vector( my_vector const& );

    // 일반적 벡터 형식에 대한 복사 생성자
    template <typename Vector>
    my_vector( Vector const& );

    // 이 벡터 형식에 대한 배정 연산자
    my_vector& operator=( my_vector const& v );

    // 일반적 벡터 형식에 대한 배정 연산자
    template <typename Vector>
    my_vector& operator=( Vector const& v );

    value_type& operator() ( int i );

    int size() const;
    value_type operator() ( int i ) const;
};
```

스칼라와 벡터의 곱셈을 위한 표현식 템플릿을 구축하라.

```
template <typename Scalar, typename Vector>
class scalar_times_vector_expression
{};

template <typename Scalar, typename Vector>
scalar_times_vector_expressions<Scalar, Vector>
operator*( Scalar const& s, Vector const& v )
{
    return scalar_times_vector_expressions<Scalar, Vector>( s, v );
}
```

더 나아가서, 두 벡터의 덧셈을 위한 표현식 템플릿도 만들어 보기 바란다. 모든 클래스와 함수를 이름공간 math에 집어넣은 후 다음과 같은 모습의 작은 프로그램을 작성하고,

```
int main() {
  math::my_vector v( 5 );
  ... v에 값들을 채운다 ...

  math::my_vector w( 5 );
  w = 5.0 * v;

  w = 5.0 * (7.0 * v );
  w = v + 7.0*v; // (operator+도 구현했다면)
}
```

디버거를 이용해서 코드가 어떤 방식으로 실행되는지 확인해 볼 것.

5.7.6 메타목록

컴파일 시점 형식 목록(list of types)을 위한 가변 인수 클래스 템플릿을 작성하라. 메타함수 insert, append, erase, size를 구현하라.

6장

Discovering Modern C++

객체 지향적 프로그래밍

우리는 아무것도 물려받지 않는다. 우리를 가치 있게 만드는 것은 우리의 행동이다.

—조지 채프먼George Chapman

C++은 다중 패러다임 언어이다. C++이 지원하는 여러 패러다임 중에, 사람들이 흔히 C++과 연관짓는 것은 **객체 지향적 프로그래밍**(object-oriented programming, OOP)일 것이다. 그러다 보니 C++ 교과서나 튜토리얼에는 개와 고양이, 쥐가 등장하는 예제들이 넘쳐난다. 그렇지만 필자의 경험으로 보면, 대부분의 실제 소프트웨어 패키지에는 여러 서적에 언급된 깊디 깊은 클래스 위계구조가 없다. 더 나아가서, 필자가 경험한 바로 과학과 공학 프로그래밍에서 더 중요한 패러다임은 일반적 프로래밍(generic programming, GP)이다. 그 이유는 다음과 같다.

- 일반적 프로그래밍이 더 유연하다. 다형성이 하위 클래스로 한정되지 않는다.
- 성능도 더 우월하다. 간접 함수 호출에 의한 추가부담이 없다.

이번 장에서 이 점을 좀 더 자세히 살펴볼 것이다.

그렇지만 다수의 클래스가 데이터와 기능성을 공유하는 경우 OOP의 상속이 프로그래머의 생산성 향상에 도움이 된다. 상속된 데이터 멤버에 접근하는 데에는 추가부담이 없으며, 상속된 메서드를 호출하는 것도 가상 함수(virtual function)가 아닌 한 비용이 추가되지 않는다.

객체 지향적 프로그래밍의 가장 큰 장점은 실행 시점 다형성(run-time polymorphism)이다. 실행 시점 다형성은 한 메서드의 어떤 구현을 호출할 것인지를 실행 시점에서 결정하는 능력을 말한다. 심지어는, 사용할 클래스 형식을 실행 시점에서 선택할 수도 있다. 앞에서 언급한 가상 함수의 추가부담은 아주 조밀한(fine-grained) 메서드(요소 접근 같은)에서만 문제가 된다. 아주 거친(coarse-grained)† 메서드(선형대수 해법 같은)만 가상 함수로 둔다면 간접 호출의 추가부담은 무시할 수 있는 수준이다.

OOP와 GP를 제대로 조합하면, 각자 따로 사용할 때는 얻을 수 없는 형태의 재사용성을 얻을 수 있다(§6.2~§6.6.1).

6.1 기본 원리

C++과 관련한 OOP의 기본 원리 세가지는 다음과 같다.

- **추상화**(abstraction): 클래스(제2장)는 한 객체의 속성(멤버 변수)들과 메서드(멤버 함수)들을 정의한다. 클래스는 또한 그 속성들의 불변식도 명시한다. 예를 들어 유리수 클래스에서 분자와 분모가 서로소라야 한다는 것이 속성들에 대한 불변식의 예이다. 모든 메서드는 그런 불변식들을 반드시 유지해야 한다.
- **캡슐화**(encapsulation): 간단히 말해서 캡슐화는 구현 세부사항을 숨기는 것이다. 불변식 위반을 피하려면 외부에서 내부 속성에 직접 접근하지 못하게 하고, 클래스의 메서드들을 통해서만 접근할 수 있게 해야 한다. `public` 데이터 멤버는 내부 속성이 아니라 클래스 인터페이스의 일부이어야 한다.
- **상속**(inheritance): 상속은 파생된 클래스가 그 기반 클래스(들)의 모든 데이터 멤버와 함수 멤버를 담게 하는 것을 말한다.
- **다형성**(polymorphism): 다형성은 어떠한 식별자의 능력을 문맥 또는 매개변수들에 따라 해석하는 능력이다. 이전 장들에서 본 함수 중복적재와 템플릿 인스턴스화도 일종의 다형성 기능이다. 이번 장에서는 상속과 관련된 다른 형태의 다형성을 살펴본다.
  - **지연 바인딩**(late binding)은 호출할 함수를 실행 시점에서 선택하는 것을 말한다.

추상화와 캡슐화, 그리고 몇몇 형태의 다형성은 이전 장들에서 이미 살펴보았다. 이번 장에서는 상속을, 그리고 상속과 관련된 다형성을 소개한다.

† [옮긴이] '조밀한'과 '거친'은 각각 fine-grained와 coarse-grained를 옮긴 것으로, 하나의 함수(또는 어떠한 블록)가 수행하는 작업의 양과 종류를 나타낸다. 간단하게 말하면, 구체적인 한 가지 일만 하는 함수는 조밀하고, 여러 가지 작업을 하는 함수는 거칠다.

OOP의 고전적인 용법을 보여주기 위해, 이번 장의 초반부에서는 과학 및 공학과 아주 조금만 연관된 간단한 예제를 제시한다. 과학과 공학 분야의 응용보다는, OOP와 관련한 C++ 기능들을 최대한 이해하기 쉽게 살펴보는 데 초점을 둔 예제라고 생각해 주기 바란다. 뒷부분에서는 과학 소프트웨어와 좀 더 연관이 깊은 정교한 클래스 위계구조와 예제들을 제시한다.

6.1.1 기반 클래스와 파생 클래스

⇒ c++11/oop_simple.cpp

OOP의 세 가지 원칙을 보여주기에 적합한 예는 다양한 사람들에 관한 데이터베이스이다. 먼저, 이 예제에 나오는 모든 클래스의 기반이 되는 클래스로 시작하자. 다음은 사람(person)을 표현하는 클래스이다.

```
class person
{
  public:
    person() {}
    explicit person(const string& name) : name{name} {}

    void set_name(const string& n) { name= n; }
    string get_name() const { return name; }
    void all_info() const
    { cout << "[person]   My name is " << name << endl; }

  private:
    string name;
};
```

단순함을 위해 이름을 성과 이름으로 나누지 않고 그냥 하나의 멤버 변수에 담았다.

전형적인 OOP 클래스에는 멤버 변수를 설정하고 조회하는 메서드들이 있다. 어떤 IDE는 클래스에 새 멤버 변수를 추가하면 자동으로 그런 메서드들을 추가해준다. 그렇지만 요즘에는, 모든 멤버 변수에 무조건 설정, 조회 메서드를 두는 것을 캡슐화 원칙과 모순되는, 바람직하지 않은 관행으로 간주한다. 심지어 이를 **안티패턴**anti-pattern으로 보는 사람들도 많다. 메서드를 거친다고 해도, 외부 코드가 객체의 내부 상태를 읽고 쓰는 것은 마찬가지이기 때문이다. 클래스는 객체의 내부 상태를 드러내는 설정, 조회 메서드들 제공하는 대신, 내부 상태에 대해 수행할 작업의 관점에서 의미 있는 메서드들을 제공해야 한다.

all_info 메서드는 **다형적**(polymorphic)으로 작동하도록, 다시 말해서 주어진 사람의 구체적인 종류(클래스)에 맞는 정보를 출력하도록 의도된 메서드이다.

사람 중에는 학생이 있다. 다음은 학생을 대표하는 student 클래스이다.

```
class student
  : public person
{
  public:
    student(const string& name, const string& passed)
      : person{name}, passed{passed} {}
    void all_info() const {
        cout << "[student]  My name is " << get_name() << endl;
        cout << "I passed the following grades: " << passed << endl;
    }
  private:
    string passed;
};
```

이 student 클래스는 person으로부터 파생된 클래스(derived class), 줄여서 **파생 클래스**이다. 따라서 이 클래스는 person의 모든 멤버(데이터 멤버와 메서드)를 가진다. 다른 말로 하면, 이 클래스는 **기반 클래스**(base class)인 person의 멤버들을 **상속**한다(inherit). 그림 6-1은 person과 student의 멤버들을 도식화한 것인데, +가 붙은 것은 public 멤버이고 -가 붙은 것은 private 멤버이다. 각 student 객체에는 고유한 person 객체가 있다. student 객체는 그 person 객체의 private 멤버들에는 접근할 수 없지만 public 멤버들에는 접근할 수 있다. 그리고 그 public 멤버들은 마치 student 자신의 멤버들처럼 행동한다. 따라서, 예를 들어 person에 get_birthday()라는 public 메서드를 추가한다면 student 객체에 대해서도 그 메서드를 호출할 수 있다.

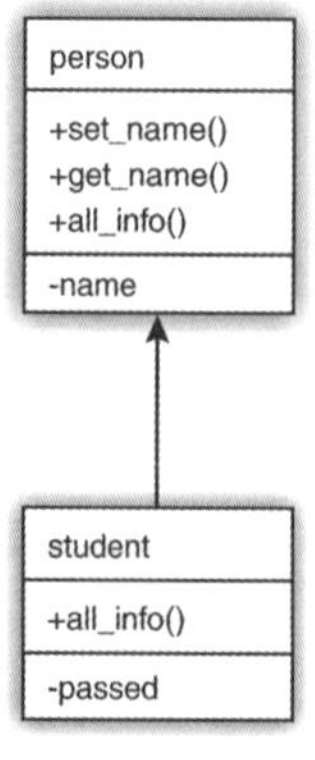

그림 6-1 파생 클래스

이러한 관계를 **is-a** 관계 또는 '일종' 관계라고 부르기도 한다. 즉, student는 person의 일종(is-a)이다. 이는 person 객체를 사용할 있는 곳이라면 어디서든(함수 호출의 인수로든, 배정문에서든) student 객체를 사용할 수 있음을 뜻한다. 현실에 비유하자면, 사람이 은행 계좌를 열 수 있다면 학생도 은행 계좌를 열 수 있다(이러저러한 이유로 은행에서 푸대접을 받은 모든 학생에게 위로의 말을 전한다). 이를 C++에서 어떻게 표현하는지는 나중에 이야기하겠다.

이름의 가시성과 관련해서, 파생 클래스는 안쪽 범위(inner scope)와 비슷하다. 즉, 파생 클래스에서는 자신의 멤버들뿐만 아니라 기반 클래스의 멤버들(그리고 기반 클래스의 기반 클래스들의 멤버들)도 볼 수 있다. 기반 클래스의 멤버와 같은 이름의 파생 클래스 멤버가 있으면 기반 클래스의 멤버가 숨겨진다는(hiding) 점도 범위와 비슷하다. 숨겨진 이름에 접근하려면 person::all_info처럼 기반 클래스 이름을 명시적으로 한정해 주면 된다. 이름이 같고 서명(§1.5.4)이 다른 함수(중복적재)도 파생 클래스에서 숨겨진다(C++의 이름 가리기는 말 그대로 이름을 기준으로 일어난다. 서명이 기준이 아님을 주의하기 바란다). 그런 함수 중복적재 버전은 using person::all_info 같은 **using** 선언을 이용해서 파생 클래스에서 다시 보이게 만들 수 있다. 그렇게 하면 파생 클래스에서 기반 클래스 이름 한정 없이 그 중복적재 버전에 접근할 수 있다. 단, 그 중복적재 버전은 파생 클래스에 있는 모든 중복적재 버전과 서명이 달라야 한다.

다음은 student와 person을 함께 사용하는 예이다.

```
person mark{"Mark Markson"};
mark.all_info();

student tom{"Tom Tomson", "Algebra, Analysis"};
tom.all_info();

person  p{tom};
person& pr= tom;      // 또는 pr(tom)이나 pr{tom}도 가능
person* pp= &tom;     // 또는 pp(&tom)이나 pp{&tom}도 가능

p.all_info();
pr.all_info();
pp->all_info();
```

이 코드는 다음을 출력하는데, 출력의 일부 메시지는 조금 의외일 것이다.

```
[person]   My name is Mark Markson
[student]  My name is Tom Tomson
```

```
    I passed the following grades: Algebra, Analysis
[person]   My name is Tom Tomson
[person]   My name is Tom Tomson
[person]   My name is Tom Tomson
```

student 형식의 변수에 대해서만 학점 이수(grade) 정보가 출력되었음을 주목하자. student를 보통의 person처럼 다루는 코드를 컴파일러는 불평 없이 컴파일하긴 하지만, student만의 추가 정보는 반영되지 않는다. 어쨌거나, 다음과 같은 일이 허용된다.

- student 객체를 person 객체에 복사한다.
- person 형식의 참조 변수로 student 객체를 참조한다.
- person 객체를 받는 함수에 student 객체를 전달한다.

전문 용어로 말하자면, 파생 클래스는 기반 클래스의 **하위형식**(sub-type)이며, 기반 클래스가 요구되는 어떤 곳에서도 파생 클래스를 사용할 수 있다.

이러한 하위형식과 상위형식(super-type)을 부분집합과 포함집합에 비유하면 이해에 도움이 될 것이다. 하나의 클래스는 어떤 하나의 집합을 모형화(modeling)하며, 그 클래스의 파생 클래스는 그 집합에 어떠한 불변식을 적용해서 구성원들을 제한한 부분집합을 모형화한다. person 클래스는 모든 종류의 사람을 모형화하고, 학생처럼 특정한 조건(불변식)을 충족하는 사람들의 집단은 person 클래스를 상속한 파생 클래스로 모형화한다.

이러한 '부분집합' 비유의 모순점 하나는, 파생 클래스가 기반 클래스보다 멤버 변수가 더 많을 수 있고 가능한 객체들도 기반 클래스보다 많을 수 있다는 점이다. 이 모순은 부분집합을 제대로 모형화하는 적절한 불변식들을 통해서 해소할 수 있다. 예를 들어 student 클래스라면 학생의 이름이 같되 이수한 과목이 다른 두 객체가 존재해서는 안 된다는 불변식을 둘 수 있다.† 그러면 student 집합의 크기(cardinality)가 person 집합의 크기보다 클 수 없다. 안타깝게도, 그런 불변식은 검증하기가 쉽지 않다(자동 불변식 점검 기능이 있는 언어에서도). 그런 불변식은 잘 설계된 프로그램 논리(logic)를 통해서 암묵적으로 확립해야 한다.

† [옮긴이] 동명이인이 비교적 흔한 한국에서는 공감이 되지 않는 예인데, '이름'을 '학번'으로 바꾸어서 이해하기 바란다.

기반 클래스에서 파생 클래스를 만들 때, 기반 클래스에서 상속받은 public 멤버들에 대한 외부의 접근을 적절히 제한할 수 있다. 앞의 예에서는 student가 pesrson을 상속할 때 public 키워드를 지정했다(class student : **public** person). 이렇게 하면 기반 클래스의 public 멤버들은 파생 클래스에서도 public 멤버가 되어서 외부에서 접근할 수 있다(private과 protected 멤버들은 해당 접근 제한이 그대로 유지된다). 상속 시 public 대신 protected를 지정하면 기반 클래스의 public 멤버들은 파생 클래스의 protected 멤버가 되어서, 파생 클래스의 외부에서는 접근할 수 없고 파생 클래스의 파생 클래스에서만 접근할 수 있다. 마지막으로, 상속 시 private를 지정하면 기반 클래스의 public 멤버들은 파생 클래스의 private 멤버가 된다(이런 형태의 상속은 요즘 OOP 응용 프로그램에서 그리 자주 쓰이지 않는다). 상속 시 아무 키워드도 지정하지 않으면, class 키워드로 클래스를 정의할 때는 기본적으로 private이 적용되고 struct 키워드로 클래스를 정의할 때는 public이 적용된다.

C++11 6.1.2 상속 생성자

⇒ c++11/inherit_constructor.cpp

다른 메서드들과는 달리 생성자는 자동으로 상속되지 않는다. 따라서 다음 프로그램은 컴파일되지 않는다.

```
class person
{
  public:
    explicit person(const string& name) : name{name} {}
    // ...
};

class student
  : public person
{};                    // string에 대한 생성자를 정의하지 않음

int main ()
{
    student tom{"Tom Tomson"}; // 오류: string을 받는 생성자가 없음
}
```

student 클래스는 person으로부터 생성자들을 제외한 모든 메서드를 물려받는다. C++11부터는 using 선언을 이용해서 기반 클래스의 생성자들을 명시적으로 상속할 수 있다.

```
class student
  : public person
{
    using person::person;
};
```

두 클래스에 서명이 같은 생성자가 존재하면 파생 클래스의 것이 우선시된다.

이렇게 해서 OOP의 세 가지 기본 원리 중 하나인 상속을 살펴보았고, 캡슐화와 하위형식도 곁들여서 이야기했다. 다음 절에서는 OOP의 또 다른 기본 원리인 다형성을, 특히 동적 다형성을 소개한다.

6.1.3 가상 함수와 다형적 클래스

⇒ c++11/oop_virtual.cpp

C++에서 OOP의 잠재력을 최대한 발휘하려면 가상 함수, 즉 virtual로† 선언된 멤버 함수가 필요하다. 가상 함수가 존재하면 클래스의 행동 방식이 근본적으로 변한다. 이로부터 다형적 형식이라는 개념이 나온다.

> **정의 6-1. (다형적 형식)**. 하나 이상의 가상 함수가 있는 클래스를 **다형적 형식**(polymorphic type)이라고 부른다.

사람과 학생의 예를 계속 이어서, all_info 메서드에 virtual 지정자를 추가해서 두 클래스를 다형적 형식으로 만들어 보자.

```
class person
{
    virtual void all_info() const
    { cout << "My name is " << name << endl; }
    ...
};

class student
  : public person
{
    virtual void all_info() const {
        person::all_info();          // person의 all_info()를 호출한다.
        cout << "I passed the following grades: " << passed << endl;
    }
    ...
};
```

† [옮긴이] 또한, §6.1.3.2에서 소개하는 키워드 override와 final도 메서드를 가상 함수로 만든다.

어떤 클래스의 메서드를 호출할 것인지 지정할 때도 이름공간을 한정할 때처럼 (§3.2) 이중 콜론(::)을 사용한다. 물론 해당 메서드에 접근할 수 있어야 한다. 다른 클래스의 private 메서드를 호출할 수는 없으며, 기반 클래스도 예외는 아니다. 파생 클래스에서는 virtual을 생략해도 된다. 파생 클래스의 메서드와 서명이 같은 virtual 메서드가 기반 클래스에 존재하면, 파생 클래스 메서드에도 암묵적으로 virtual이 적용된다. 그렇지만 입문용 예제에서는 가독성을 위해 virtual을 명시적으로 표기하는 것이 낫다. 이 다형적 형식들로 앞에서와 같은 시험용 프로그램을 실행하면 이전과는 완전히 다른 결과가 출력된다.

```
[person]   My name is Mark Markson
[student]  My name is Tom Tomson
    I passed the following grades: Algebra, Analysis
[person]   My name is Tom Tomson
[student]  My name is Tom Tomson
    I passed the following grades: Algebra, Analysis
[student]  My name is Tom Tomson
    I passed the following grades: Algebra, Analysis
```

보통의 객체들에 대한 all_info 호출은 이전과 동일하게 작동한다. 그렇지만 객체에 대한 참조나 포인터에 대한 all_info 호출은 이전과 다른 결과를 낸다. pr.all_info()와 pp->all_info()는 student에서 재정의(overriding)된 all_info를 호출한다. 이 경우 컴파일러는 다음과 같은 과정을 거쳐서 구체적인 하나의 메서드를 호출한다.

1. pr이나 pp의 정적 형식은 무엇인가? 즉, pr이나 pp가 어떻게 선언되었는가?
2. 그 클래스(정적 형식)에 all_info라는 멤버 함수가 존재하는가?
3. 그 메서드에 접근할 수 있는가? private 메서드는 아닌가?
4. 가상 함수인가? 아니라면 그냥 그것을 호출한다.
5. 가상 함수라면 pr이나 pp의 동적 형식은 무엇인가? 즉, pr이나 pp가 참조하는 객체의 형식은 무언인가?
6. 그 동적 형식의 all_info를 호출한다.

이러한 동적 메서드 호출을 실현하기 위해 컴파일러는 **가상 함수 테이블**(virtual function tables) 또는 **가상 메서드 테이블**(virtual method tables)을 관리한다. 이 테이블을 흔히 v테이블[vtable]이라고 줄여서 표기한다. v테이블에는 현재 클래스와 그 기반 클래스들의 가상 함수들을 가리키는 함수 포인터들이 있으며, 컴파일러는 이 테이블을 조회해서 현재 객체에 해당하는 메서드를 가리키는 함수 포인터를 찾아낸다. 지금 예제에서 참조 변수 pr은 형식이 person&이고, student 형식의 객체를 참조한다. 이 경우 v테이블의 all_info 항목에는 student::all_info를 가리키는 함수 포인터가 있다. pr.all_info()에 대해 컴파일러는 그 함수 포인터를 이용해서 해당 메서드를 호출한다. 이처럼 메서드 호출이 함수 포인터를 거쳐서 간접적으로 이루어지기 때문에, 가상 함수에는 일정한 추가 비용이 따른다. 이 비용은 작은 가상 함수에 대해서는 상대적으로 상당히 크지만, 충분히 큰 함수에 대해서는 무시할 수 있는 수준이다.

> **정의 6-2. (지연 바인딩과 동적 다형성)**. 실행할 메서드를 실행 시점에서 선택하는 것을 **지연 바인딩**(late binding) 또는 **동적 바인딩**(dynamic binding)이라고 부른다. 이러한 지연 바인딩은, 템플릿을 이용한 정적 다형성과는 대조되는 **동적 다형성**(dynamic polymorphism)의 특징이다.

참조 변수 pr과 비슷하게, 포인터 pp는 student 객체를 가리키며, pp->all_info()에 대한 지연 바인딩에 의해 student::all_ info가 호출된다.

지연 바인딩과 동적 다형성 덕분에, 다음과 같은 자유 함수 spy_on은 비록 기반 클래스에 대한 참조를 받지만 실제 파생 클래스에 대한 정보를 출력하게 된다.

```
void spy_on(const person& p)
{
    p.all_info();
}
```

이러한 실행 시점 메서드 선택의 장점은 person의 파생 클래스가 몇 개이든 이 함수의 이진 코드를 실행 파일에 한 번만 두면 된다는 것이다. 함수 템플릿의 경우에는 인스턴스화 횟수만큼 비슷한 코드가 중복된다. 함수 템플릿에 비한 또 다른 장점은, 함수의 선언만 있으면(즉, 컴파일러가 함수의 서명만 알면) 함수를 호출할 수 있다는 점이다. 함수의 정의(구현)는 없어도 된다. 이 덕분에 컴파일 시간이 크게 줄어들 뿐만 아니라, 우리의 영리한(또는 지저분한) 구현을 사용자에게 숨길 수 있다.

앞의 예제에서, 학생 Tom Tomson을 나타내는 객체 중 person::all_info()의 호출로 이어지는 것은 p밖에 없다. p는 person 형식의 객체로, student 객체 tom을 복사해서 생성한 것이다. 파생 클래스의 객체를 복사해서 기반 클래스의 객체를 생성하면 파생 클래스에 있는 추가 데이터가 모두 사라지고 기반 클래스의 멤버들만 복사된다. 마찬가지로, 가상 함수의 호출은 기반 클래스의 해당 함수(지금 예에서는 person::all_info)로 이어진다. 즉, 파생 클래스의 객체를 복사해서 만든 기반 클래스의 객체는 파생 클래스처럼 행동하지 않고 그냥 기반 클래스처럼 행동한다. 추가적인 멤버들은 사라지고, v테이블에는 파생 클래스의 메서드들에 대한 항목이 없다. 인수를 값으로 함수에 전달할 때도 마찬가지 일이 벌어진다.

```
void glueless(person p)
{
    p.all_info();
}
```

이렇게 하면 지연 바인딩이 비활성화되므로 파생 클래스의 가상 함수 호출은 일어나지 않는다. OOP 초보자들이 자주 저지르는(그리고 초보자만 저지르는 것은 아닌) 이러한 실수를 **슬라이싱**[slicing]이라고 부른다. 이런 실수를 피하려면 다음 규칙을 지켜야 한다.

다형적 형식의 전달

다형적 형식은 항상 참조나 (스마트) 포인터로 전달해야 한다.

6.1.3.1 다형적 형식 객체의 파괴

다형적 형식의 객체를 기반 클래스 형식의 참조 변수로 참조하는 것 외에, 다음처럼 기반 클래스 형식의 포인터 변수에 저장할 수도 있다.

```
person* max= new student("Max Smith", "Numerics");
```

그런데 이 포인터를 삭제하면 person의 멤버들만 파괴되고 student의 멤버들은 파괴되지 않는다. 삭제 시 person의 소멸자만 호출되고 student의 소멸자는 호출되지 않기 때문이다. 파생 클래스의 멤버들까지 제대로 파괴되게 하려면 다음과 같이 소멸자에 virtual을 지정해서 가상 소멸자(virtual destructor)를 정의해야 한다.

```
class person
{
    virtual ~person() {}
};
```

모든 기반 클래스와 멤버에 적절한 소멸자가 존재한다면, 다음처럼 =default를 지정해서 가상 소멸자의 생성을 컴파일러에 맡겨도 된다.

```
virtual ~person() = default;
```

어떤 경우이든 다음 규칙을 지키기 바란다.

다형적 형식의 소멸자

모든 다형적 형식에는 virtual 소멸자가 필요하다.

차기 C++ 표준에는 다형적 클래스의 소멸자를 사용자가 명시적으로 정의하지 않은 경우 소멸자에 자동으로 virtual이 적용된다는 규칙이 생기면 좋겠다.

C++11 6.1.3.2 명시적 재정의

경험 있는 프로그래머도 종종 빠지는 또 다른 흔한 실수는, 기반 클래스의 가상 함수를 재정의한다는 의도로 파생 클래스에 메서드를 정의할 때 실수로 기반 클래스의 것과는 서명이 다른 메서드를 만드는 것이다. 다음 예를 보자.

```
class person
{
    virtual void all_info() const { ... }
}

class student
  : public person
{
    virtual void all_info() { ... }
};

int main ()
{
    student tom("Tom Tomson", "Algebra, Analysis");
    person& pr= tom;
    pr.all_info();
}
```

이 예에서 pr.all_info()가 지연 바인딩에 의해 student::all_info()로 이어지지는 않는다. 두 메서드가 서명이 다르기 때문이다. 두 메서드의 서명이 다르다는 점이 아주 명백하지는 않다. 이는 메서드의 const 한정사가 메서드의 서명과 무슨 관계인가라는 질문으로 이어진다. 멤버 함수에는 객체 자신을 가리키는 매개변수가 숨겨져 있다고 생각하면 이 문제를 이해하기 쉬울 것이다. 메서드 자체에 대한 const는 바로 그 숨겨진 매개변수에 적용된다. person::all_info()의 경우에는 다음과 같다.

```
void person::all_info_impl(const person& me= *this) { ... }
```

이처럼, const로 선언된 메서드는 서명 자체가 다르다. const로 한정되지 않은 student::all_info()는 person::all_info()와는 서명이 다르므로, person::all_info()를 재정의하는 것이 아니다. 이런 문제점을 컴파일러가 경고하지는 않는다. 그냥 student::all_info()를 또 다른 중복적재 버전으로 취급할 뿐이다. 사소한 실수이지만, 이런 문제를 디버깅하려면 시간이 오래 걸린다. 클래스들이 크고 서로 다른 파일에 정의되어 있다면 더욱 그렇다.

C++11 C++11의 override 지정자를 이용하면 이런 문제를 컴파일러가 점검해준다.

```
class student
  : public person
{
    virtual void all_info() override { ... }
};
```

이 경우 프로그래머는 이 함수가 기반 클래스의 해당 가상 함수(서명이 정확히 동일한)를 재정의함을 명시적으로 선언했다. 만일 기반 클래스에 그런 메서드가 없으면 컴파일러는 오류를 발생한다. 다음은 clang++의 오류 메시지이다.[1]

```
...: error: 'all_info' marked 'override' but doesn't override
            any member functions
    virtual void all_info() override {
                 ^~~~~~~~~
...: warning: 'student::all_info' hides overloaded virtual fct.
...: note: hidden overloaded virtual function 'person::all_info'
           declared here: different qualifiers (const vs none)
    virtual void all_info() const { ... }
                 ^~~~~~~~~
```

오류 메시지에서 보듯이 clang++는 한정사(qualifier)들이 다르다는 점까지 알려준다. virtural이 아닌 메서드에 대해 override를 사용하면 이와는 다른 오류 메시지가 나온다.

1 오류 메시지를 지면에 맞게 정리했다.

```
...: error: only virtual member fct. can be marked 'override'
    void all_info() override {
                    ^~~~~~~~~
```

override가 우리의 소프트웨어에 어떤 새로운 기능을 추가하는 것은 아니지만, 앞에서 말한 것 같은 사소한 실수 때문에 시간을 허비하는 사태를 막아준다. 하위 호환성이 필요한 것이 아닌 한, 재정의할 가상 함수에 대해서는 항상 override를 적용하는 것이 바람직하다. override는 타이핑하기도 쉽고(특히 자동 완성 기능이 있는 IDE에서는), 코드의 신뢰성을 높여 준다. 또한 우리의 의도를 다른 프로그래머에게, 심지어는 그 후 몇 년 동안 해당 코드를 들여다보지 않은 우리 자신에게 명확히 표현한다.

C++11에는 final이라는 지정자도 추가되었다. 이 지정자는 주어진 **virtual** 멤버 함수를 재정의할 수 없음을 명시한다. 컴파일러는 final로 선언된 가상 함수에 대해서는 v테이블을 거치지 않고 해당 함수를 직접 호출하는 이진 코드를 생성한다. 만일 final 메서드를 기반 클래스의 참조나 포인터를 통해서가 아니라 해당 클래스의 객체로 직접 호출하는 경우 컴파일러는 그 호출을 인라인화하기까지 한다. 더 나아가서, 클래스 전체를 final로 선언함으로써 그 클래스로부터는 파생 클래스를 만들 수 없게 만드는 것도 가능하다.

두 지정자를 비교하자면, override는 기반 상위 클래스(기반 클래스)에 관한 명세지만 final은 하위 클래스(파생 클래스)에 대한 제약이다. 둘 다 문맥적 키워드(contextual keyword)이다. 즉, 둘 다 특정 문맥(멤버 함수에 대한 지정자로 쓰일 때)에서만 예약어이고, 그 외의 문맥에서는 변수 이름이나 함수 이름 등으로 자유로이 사용할 수 있다. 그렇지만 코드의 명확성을 위해서는 두 지정자를 다른 용도로 사용하는 것은 바람직하지 않다.

C++ Core Guidelines[63]는 가상 함수에는 virtual과 override, final중 하나만 적용하라고 권한다. 하나를 지정하면 다른 둘도 암묵적으로 적절히 적용되기 때문이다.†

6.1.3.3 함수 호출 메커니즘

다형적 클래스의 멤버 함수 호출에는 다음 세 가지 메커니즘이 관여한다.

† [옮긴이] override와 final은 virtual을 포함하며, 서로를 부정한다.

- 중복적재
- 재정의
- 이름 가리기

각각의 메커니즘이 어떤 식으로 작동하는지는 이전에 살펴보았다. 여기서는 이 세 메커니즘이 어떤 식으로 연동하는지에 초점을 둔다. 다음과 같은 파생 클래스들이 있다고 하자.

```
class c1 { ... };
class c2 : public c1 { ... };
class c3 : public c2 { ... };
class c4 : public c3 { ... };
class c5 : public c4 { ... };
```

그리고 c3에 대한 참조를 통해서 멤버 함수 f를 호출한다고 하자.

```
void call(c3& r)
{
    r.f(2.6);
}
```

인수 2.6은 double이므로, 컴파일러는 c3에서 보이는 f의 중복적재 버전 중 double과 가장 잘 부합하는 것을 찾는다. c3에 실제로 f가 선언되어 있으면, 컴파일러는 모든 중복적재 버전을 볼 수 있다. c1과 c2에 있는 f의 모든 중복적재 버전은 숨겨진다(c3에 using c1::f나 using c2::f 선언이 없다고 할 때). c3이 f를 선언하지 않았다면, c2의 중복적재 버전들이 보이고 c1의 것들은 숨겨진다(c2에 using c1::f 선언이 없다고 할 때). 같은 방식으로, c3과 c2 둘 다 f를 선언하지 않았으면 c1의 중복적재 버전들이 보이게 된다. 세 클래스 모두 f를 선언하지 않았으면 이 호출은 명백히 오류이다.

컴파일러는 멤버 함수 f에 대한 모든 가시적 중복적재 버전 중에서 인수 형식 double과 가장 구체적으로 부합하는 버전을 선택한다. 선택된 버전이 가상 함수이면, 해당 객체 형식에서 가장 마지막으로 재정의된 버전이 실행 시점에서 선택된다. 예를 들어 r이 c5 형식의 객체를 참조하고 c4와 c5가 f(double)을 재정의했다면, c5의 재정의 버전이 호출된다. f(double)을 c5에서는 재정의했지만 c4에서는 재정의하지 않았고 r이 c4 형식의 객체를 참조한다면, c5의 재정의 버전은 유효한 선택 대상이 아니므로 c3의(또는 c3에서 파생된 다른 파생 클래스의) 버전이 선택된다.

실제 응용에서 이렇게 상황이 복잡한 경우는 별로 없지만, 어쨌든 호출 해소 과정에 컴파일 시점 메커니즘과 실행 시점 메커니즘이 복잡하게 엮인다는 점은 기억해 두어야 할 것이다. 파생 클래스의 메서드나 연산자가 기반 클래스에 있는 같은 이름의 메서드나 연산자를 숨기는 문제나 서명이 조금 달라서 재정의가 아니라 중복적재가 되는 문제는 대단히 기술적인 세부사항이라서, 경험 있는 프로그래머들도 코드가 뭔가 이상하게 행동할 때 이런 문제를 바로 떠올리기 어렵다.

6.1.3.4 추상 클래스

지금까지의 예제들은 기반 클래스에서 가상 함수를 실제로 정의하고 그것을 파생 클래스에서 확장하는 형태였다. 그런데 프로그램을 만들다 보면, 공통의 함수들을 가진 일단의 클래스들을 실행 시점에서 동적으로 선택하기 위해 하나의 공통 상위 클래스를 도입해야 하는 경우가 종종 생긴다. 예를 들어 §6.4에는 `solve` 함수라는 공통의 인터페이스를 제공하는 여러 해법(solver) 클래스에 대한 예제가 나온다. 그중 한 클래스를 실행 시점에서 선택하려면 그 클래스들이 `solve` 함수가 있는 하나의 상위 클래스를 공유해야 한다. 그런데 그 상위 클래스의 `solve` 함수는 단지 공통의 인터페이스를 위한 것일 뿐이다. 게다가, 모든 구체적인 해법에 공통인 하나의 보편적인 해법은 없다. 따라서 그 상위 클래스의 `solve`는 굳이 구현(정의)할 필요가 없다. 이 점을 코드 자체에서 표현하기 위해서는, "이 가상 함수는 다른 하위 클래스에서 구현할 것이므로 이 클래스에서는 따로 구현하지 않겠다"를 명시할 수 있는 수단이 필요하다.

> **정의 6-3. (순수 가상 함수와 추상 클래스).** `virtual`과 `= 0`으로 선언된 가상 함수를 **순수 가상 함수**(pure virtual function)라고 부른다. 순수 가상 함수가 있는 클래스를 **추상 클래스**(abstract class)라고 부른다.

⇒ c++11/oop_abstract.cpp

구체적인 예로, 추상 상위 클래스 `creature`를 도입해서 `person` 예제를 확장해 보자.

```
class creature
{
  public:
    virtual void all_info() const= 0; // 순수 가상 함수
    virtual ~creature() = default;
```

```
};

class person
  : public creature
{ ... };

int main ()
{
    creature some_beast;    // 오류: 추상 클래스

    person mark("Mark Markson");
    mark.all_info();
}
```

추상 클래스 creature의 객체를 생성하려 하면 다음과 같은 오류 메시지가 나온다.

```
...: error: variable type 'creature' is an abstract class
    creature some_beast;
             ^
...: note: unimplemented pure method 'all_info' in 'creature'
    virtual void all_info() const= 0;
                 ^
```

person에는 순수 가상 함수가 없으므로 객체 mark는 문제없이 생성되며, 재정의된 all_info 호출도 잘 작동한다.

추상 클래스는 인터페이스로 간주할 수 있다. 추상 클래스로는 객체를 생성할 수는 없지만, 참조 변수나 포인터 변수의 형식으로는 사용할 수 있다. C++에서 한 클래스에 순수 가상 함수와 보통의 가상 함수를 모두 두는 것도 가능하다. 추상 클래스를 상속한 파생 클래스는 물려 받은 모든 순수 가상 함수를 재정의해야만 객체를 생성할 수 있다.[2]

자바 프로그래머를 위한 참고 사항: 자바에서는 모든 멤버 함수가 기본적으로 가상 함수이다. 다른 말로 하면, 비가상 메서드라는 것은 없다.[3] 자바는 메서

---

2 혼동의 여지가 있어서 **인스턴스화**(instantiation)라는 용어는 사용하지 않기로 한다. 자바에서 인스턴스화는 클래스로부터 객체를 생성하는 것을 뜻하는 용어로 쓰인다(심지어 어떤 저자는 객체를 'specific class'라고 부르기도 한다). 그러나 이 책에서 인스턴스화는 항상 클래스 템플릿이나 함수 템플릿으로부터 구체적인 클래스나 함수를 생성하는 과정을 뜻한다. 다른 C++ 책에서는 클래스로부터 객체를 생성하는 것을 '클래스 인스턴스화'라고 부르기도 하지만, 이 책에서는 그런 용어를 사용하지 않는다.

3 그렇지만 메서드를 final로 선언해서 컴파일러가 지연 바인딩의 추가부담을 제거하게 만드는 것은 가능하다.

드를 선언만 하고 정의하지는 않는 클래스를 위해 interface라는 언어 기능을 제공한다(단, default 특성이 있으면 interface 클래스도 메서드를 구현할 수 있다). interface는 순수 가상 함수만 있는 C++ 클래스에 대응된다.

대규모 프로젝트들은 흔히 다음과 같은 여러 수준의 추상을 사용한다

- 인터페이스: 구현 없음
- 추상 클래스: 기본 구현을 제공함
- 구체 클래스

이러한 추상 수준들은 정교한 클래스 위계구조의 명확한 상을 머릿속에 유지하는 데 도움이 된다.

6.1.4 함수자 대 상속

§3.7에서 함수자를 소개할 때 함수자를 상속을 이용해서 구현할 수도 있다고 말했다. 상속을 이용한 함수자 구현의 구체적인 예로, 제3장의 유한차분 미분 근사 예제를 재구현해보자. 먼저, 모든 함수자가 구현해야 하는 공통의 기반 클래스가 필요하다.

```
struct functor_base
{
    virtual double operator() (double x) const= 0;
    virtual ~functor_base() = default;
};
```

이 기반 클래스는 인터페이스 역할만 할 것이므로 이처럼 추상 클래스로 두어도 된다. 다음은 예를 들어 유한차분을 구하는 finite_difference 함수에 함수자 객체를 전달하기 위해 이 클래스를 인터페이스로 사용하는 예이다.

```
double finite_difference(functor_base const& f,
                         double x, double h)
{
    return (f(x+h) - f(x)) / h;
}
```

다음으로, 미분 근사에 사용할 함수자들을 functor_base로부터 파생해야 한다. 다음은 §3.7.1의 sin_plus_cos 함수자를 상속을 이용해서 다시 구현한 것이다.

```
class para_sin_plus_cos
  : public functor_base
```

```
{
  public:
    para_sin_plus_cos(double p) : alpha{p} {}

    virtual double operator() (double x) const override
    {
        return sin(alpha * x) + cos(x);
    }

  private:
    double alpha;
};
```

이제 이 para_sin_plus_cos를 이용해서 유한차분법으로 $\sin(\alpha x) + \cos x$의 미분을 근사해 보자.

```
para_sin_plus_cos sin_1{1.0};
cout << finite_difference(sin_1, 1., 0.001) << endl;
double df1= finite_difference(para_sin_plus_cos{2.}, 1., 0.001),
       df0= finite_difference(para_sin_plus_cos{2.}, 0., 0.001);
```

이러한 객체 지향적 접근 방식으로 상태를 가진 함수를 구현할 수도 있다. 필요하다면 유한차분법들을 OOP 함수자들로 구현하고, 그것을 일반적 함수자들에서처럼 결합하는 것도 가능하다. 그러나 OOP 접근 방식에는 다음과 같은 단점이 있다.

- 성능: operator()는 항상 가상 함수로서 호출된다.
- 적용성: functor_base를 상속한 클래스만 인수로 사용할 수 있다. 반면 일반적 접근 방식에서는 보통의 함수와 §3.7에 나오는 것들을 포함한 모든 종류의 함수자와 람다를 템플릿 인수로 사용할 수 있다.

따라서, 가능한 한 함수자는 §3.7의 일반적 접근 방식에 따라 구현하는 것이 바람직하다. 객체 지향적 접근 방식은 함수를 반드시 실행 시점에서 선택해야 하는 경우에만 이득이 된다.

6.1.5 예외 클래스의 파생

⇒ c++03/exception_example.cpp

§1.6.2에서 예외를 소개할 때 그 어떤 형식의 객체도 예외로서 던질 수 있다고 말했다. 그렇지만 아무 객체나 예외로 사용하는 것은 그리 좋은 관행이 아니다. 예외 전용 클래스를 만들어서 사용하면 예외 처리가 훨씬 쉬워진다. 더 나아가

서, 예외 클래스들의 위계구조를 구축할 수도 있다. 예를 들어 전반적인 I/O 오류를 위한 예외 클래스가 있고, 파일 열기 오류에 특화된 예외 클래스를 그로부터 파생하는 식이다. 고품질 소프트웨어들은 흔히 표준 헤더 <exception>에 있는 std::exception 이나 그 하위 클래스(runtime_error 등)를 상속해서 자신만의 예외 클래스 위계구조를 구축한다. 다음은 언급한 I/O 예외 클래스 위계구조의 간단한 예이다.

```
!!#include <exception>

struct io_error
  : std::runtime_error
{
    io_error(const string& message= "I/O error")
      : std::runtime_error(message) {}
};

struct cannot_open_file
  : io_error
{
    cannot_open_file(const string& fname)
      : io_error("File '" + fname + "' not found or no permission") {}
};
```

모든 예외 클래스를 std::exception에서 파생하면, 예기치 않은 행동에 대한 최후의 대비책(fallback option)이 사용자에게 제공된다는 장점이 생긴다. std::exception에는 오류 메시지를 담은 string 객체를 돌려주는 what이라는 가상 함수가 있다. std::runtime_error는 이 오류 메시지를 생성자에서 설정한다.

슬라이싱을 피하려면 예외 객체를 참조로 잡아야 한다. 한 try 블록에 catch 절이 여러 개인 경우, 가장 구체적인 파생 클래스를 받는 catch 절들부터 배치해야 한다. 던져진 예외 객체는 그냥 자신과 부합하는 첫 catch 절에서 잡히므로, 나중에 더 구체적으로 부합하는 catch 절이 있다고 해도 그 catch 절은 실행되지 않는다. 다음은 다소 작위적인 try-catch 블록이지만, 더/덜 구체적인 예외들이 처리되는 방식을 잘 보여준다.

```
bool keep_trying= true;
do {
    string fname;
    cout ≪ "Please enter file name: ";
    cin ≫ fname;
    try {
```

```
        A= read_matrix_file(fname);
        keep_trying= false;
    } catch (cannot_open_file& e) {
        cout << "Could not open the file. "
             << "Try another one!\n";
    } catch (io_error& e) {
        cerr << "Unexpected I/O error. Fix it!\n"; throw;
    } catch (std::runtime_error& e) {
        cerr << "Unknown run-time error: "
             << e.what() << "\n"; throw;
    } catch (std::exception& e) {
        cerr << "Unknown standard exception:"
             << e.what() << "\n"; throw;
    } catch (...) {
        cerr << "Unknown exception caught. "
             << "I call it a day.\n"; throw;
    }
} while (keep_trying);
```

이 예제는 파일 열기와 관련한 예외를 가장 먼저 잡으려 하고, 그다음에는 I/O에 관련한 좀 더 일반적인 예외를 잡는 식으로 나아간다. 준비된 예외 위계구조에서 벗어난 예외의 경우에는 예외 처리를 포기한다는 메시지를 출력한 후 throw로 예외를 다시 던진다(그것을 외부에서 처리할 가능성은 없어 보이지만).

6.2 중복성 제거

상속과 암묵적 상향 형변환(up-casting)을 이용하면 멤버 함수나 자유 함수를 여러 번 다시 구현할 필요가 없다. 하위 클래스가 암묵적으로 상위 클래스로 변환되는 덕분에, 공통의 기능을 상위 클래스에서 한 번만 구현해 두면 모든 파생 클래스에서 그 구현을 재활용할 수 있다. 예를 들어 다양한 행렬(밀집행렬, 압축행렬, 띠 행렬, 삼각행렬 등등)을 위한 클래스들이 있으며, 이 클래스들이 num_rows와 num_cols 같은[4] 공통의 멤버 함수를 정의한다고 하자. 그런 공통의 멤버 함수들을 관련 데이터 멤버와 함께 추출해서 하나의 공통 상위 클래스에 넣으면 코드 중복성(redundancy)이 크게 줄어든다.

```
class base_matrix
{
  public:
    base_matrix(size_t nr, size_t nc) : nr{nr}, nc{nc} {}
```

4 이 메서드 이름들은 MTL4에서 따온 것이다.

```
    size_t num_rows() const { return nr; }
    size_t num_cols() const { return nc; }
  private:
    size_t nr, nc;
};

class dense_matrix
  : public base_matrix
{ ... };

class compressed_matrix
  : public base_matrix
{ ... };

class banded_matrix
  : public base_matrix
{ ... };

...
```

이제 모든 행렬 클래스는 공통의 메서드들을 base_matrix에서 상속해서 사용자에게 제공한다. 이처럼 공통의 구현들을 한 장소에 몰아넣으면 타이핑이 줄어들 뿐만 아니라, 구현을 변경하면 모든 파생 클래스에 적용된다. 이 예제처럼 장난감 수준의 작은 프로젝트에서는(특히 코드를 별로 변경할 일이 없는 경우에는) 이것이 큰 장점이 아니겠지만, 대형 프로젝트에서는 중복된 모든 코드 조각을 일일이 찾아서 고치는 데 상당한 노력이 필요하다. 자유 함수에서도 마찬가지 방식으로 구현을 재활용할 수 있다. 예를 들면 다음과 같다.

```
inline size_t num_rows(const base_matrix& A)
{   return A.num_rows(); }

inline size_t num_cols(const base_matrix& A)
{   return A.num_cols(); }

inline size_t size(const base_matrix& A)
{   return A.num_rows() * A.num_cols(); }
```

암묵적 상향 형변환 덕분에, base_matrix에서 파생된 모든 클래스로 이 자유 함수들을 호출할 수 있다. 이런 형태의 공통 기반 클래스 구현 재활용에는 실행 시점 비용이 들지 않는다.

자유 함수의 인수들에 대한 암묵적 상향 형식 변환을 좀 더 일반적인 개념인 일종 관계(*is-a* 관계)의 한 특수 사례로 볼 수도 있다. 예를 들어 compressed_ matrix는 base_matrix의 일종이므로, base_matrix 객체를 받는 모든 함수를 compressed_matrix 객체로 호출할 수 있다.

6.3 다중 상속

C++은 다중 상속(multiple inheritance)을 지원한다. 몇 가지 예제를 통해서 다중 상속 기능을 살펴보자.

6.3.1 다중 부모 클래스

⇒ c++11/oop_multi0.cpp

한 클래스가 둘 이상의 기반 클래스를 상속할 수 있다. 직관적인 설명을 위해, 그리고 기반 클래스의 기반 클래스 같은 개념을 좀 더 간결하게 논의하기 위해, 기반 클래스와 파생 클래스를 종종 부모(parent)와 자식(chlid) 관계에 비유하기도 한다. 예를 들어 기반 클래스의 기반 클래스는 '조부모' 클래스라고 부를 수 있고, 부모, 조부모, 증조부모, 고조부모 등등은 '조상(ancestor)' 클래스들이라고 부를 수 있다. 한 자식 클래스의 부모가 둘이면 클래스 위계구조는 V자 모양이 된다(부모가 더 많으면 꽃다발처럼 보일 것이다). 자식 클래스의 멤버들은 모든 부모 클래스 멤버들의 합집합이다. 따라서, 같은 이름의 멤버들이 존재하면 중의성이 발생한다. 다음 예를 보자.

```
class student
{
    virtual void all_info() const {
        cout << "[student]  My name is " << name << endl;
        cout << "    I passed the following grades: " << passed << endl;
    }
    ...
};

class mathematician
{
    virtual void all_info() const {
        cout << "[mathematician]  My name is " << name << endl;
        cout << "    I proved: " << proved << endl;
    }
    ...
};

class math_student
  : public student, public mathematician
```

```
{
    // all_info를 정의하지 않음: 상속된 all_info들에서 중의성 발생
};

int main ()
{
    math_student bob{"Robert Robson", "Algebra", "Fermat's Last Theorem"};
    bob.all_info(); // 오류: 중의성
    bob.student::all_info();
}
```

math_student는 student와 mathematician에서 all_info를 상속하며, 컴파일러로서는 두 all_info 중 하나를 더 선호할 이유가 없다. bob에 대해 all_info를 호출하려면, 위의 예제에서처럼 특정 기반 클래스를 명시해 주어야 한다.

이러한 중의성은 우리가 반드시 조심해야 할 C++의 미묘한 세부사항으로 이어진다. 그 세부사항이란, public과 protected, private는 멤버의 가시성(visibility)이 아니라 접근성(accessibility)을 지정한다는 것이다. 다음은 이 점을 잘 보여주는 예로, 하나 이상의 부모 클래스를 private나 protected로 상속함으로써 멤버 함수들의 중의성를 제거하려 하지만 잘 되지 않는다.

```
class student { ... };
class mathematician { ... };

class math_student
  : public student, private mathematician
{ ... };
```

math_student에서 student의 메서드들은 public이고 mathematician의 메서드들은 private이다. 다른 클래스의 private 메서드는 호출할 수 없으므로, math_student::all_info 호출은 student::all_info로 이어지리라는 것이 이 코드의 의도이다. 그렇지만 mathematician의 all_info는 접근할 수 없을 뿐이지 보이지 않는 것은 아니다. 따라서 컴파일러는 여전히 중의성 오류를 발생한다. 일부 똑똑한 컴파일러는 mathematician::all_info에 접근할 수 없다는 추가 오류 메시지를 제공하기까지 한다.

6.3.2 공통의 조부모

다수의 기반 클래스들 자체가 공통의 기반 클래스에서 파생되는 경우도 드물지 않다. 앞의 예제에서 mathematician과 student는 따로 기반 클래스가 없었다. 그

렇지만 수학자와 학생은 모두 사람이므로, §6.1의 예제들에 나온 person 클래스를 상속하는 것이 자연스럽다. 그러면 클래스 위계구조는 그림 6-2처럼 마름모꼴 또는 다이아몬드형이 된다. 이러한 위계구조를, 서로 약간 다른 두 가지 방식으로 구축할 수 있다.

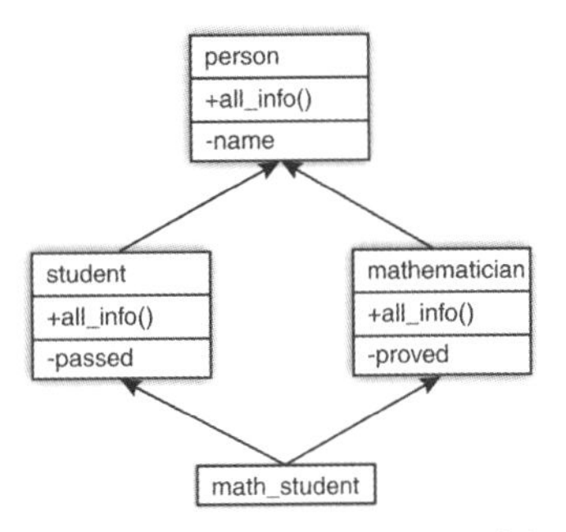

그림 6-2 마름모꼴(다이아몬드형) 클래스 위계구조

6.3.2.1 중복성과 중의성

⇒ c++11/oop_multi1.cpp

먼저, 지금까지 배운 것만으로 math_student를 위한 마름모꼴 위계구조를 만들어 보자.

```
class person { ... };  // §6.1에서와 동일
class student: public person { ... }; // §6.1에서와 동일

class mathematician
  : public person
{
  public:
    mathematician(const string& name, const string& proved)
      : person{name}, proved{proved} {}
    virtual void all_info() const override {
        person::all_info();
        cout << "    I proved: " << proved << endl;
    }
  private:
    string proved;
};

class math_student
  : public student, public mathematician
{
  public:
    math_student(const string& name, const string& passed,
```

```
                    const string& proved)
          : student(name, passed), mathematician(name, proved) {}
        virtual void all_info() const override {
            student::all_info();
            mathematician::all_info();
        }
};

int main ()
{
        math_student bob{"Robert Robson", "Algebra", "Fermat's Last Theorem"};
        bob.all_info();
}
```

다음은 이 프로그램의 출력인데, 이름이 두 번 출력되었다.

```
[student]  My name is Robert Robson
    I passed the following grades: Algebra
[person]   My name is Robert Robson
    I proved: Fermat's Last Theorem
```

원한다면 바로 연습문제 6.7.1로 넘어가서 이름이 두 번 출력되는 문제를 직접 해결해 보아도 좋다.

이름이 두 번 출력된 것은 math_student가 person을 두 번 상속하기 때문이다. 이처럼 같은 클래스를 여러 번 상속하면 다음과 같은 문제가 발생한다.

- **중복성**: 그림 6-3에서 보듯이 name이 두 번 저장된다.
- **오류의 여지**: 두 name이 서로 다른 값을 가질 위험이 있다.
- **중의성**: math_student에서 person::name에 접근하는 경우 컴파일러는 두 person::name 중 하나를 선택할 수 없다(둘 중 하나가 private이 아닌 한).

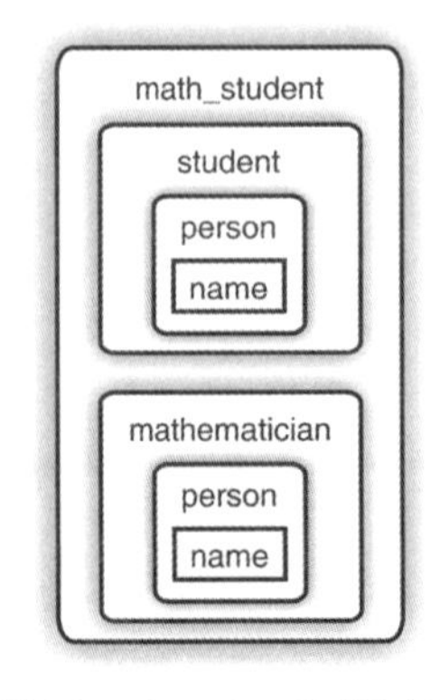

그림 6-3 math_student의 메모리 구조

⇒ c++11/oop_multi2.cpp

math_student에서 person::all_info를 호출할 때도 마찬가지로 중의성이 발생한다.

```
class math_student : ...
{
    virtual void all_info() const override {
        person::all_info();
    }
};
```

이 코드에 대해 clang++는 다음과 같은 오류 메시지를 출력한다(지면에 맞게 정리했음).

```
...: error: ambiguous conversion from derived class
            'const math_student' to base class 'person':
    class math_student -> class student -> class person
    class math_student -> class mathematician -> class person
        person::all_info();
                ^~~~~~~~~
```

여러 경로로 상속된 기반 클래스의 다른 멤버 함수와 멤버 변수에 대해서도 이와 동일한 중복성 문제가 발생한다.

6.3.2.2 가상 기반 클래스

⇒ c++11/oop_multi3.cpp

가상 기반 클래스(virtual base class)를 이용하면 공통 기반 클래스의 멤버들을 한 번만 저장할 수 있다. 그러면 앞에서 언급한 문제점들이 사라진다. 그렇지만 가상 기반 클래스를 제대로 활용하려면 이 기능의 내부 구현을 어느 정도 이해해야 한다. 잘 모르고 사용하면 또 다른 문제점이 발생할 수 있기 때문이다. 짐작했겠지만, 기반 클래스에 virtual 지정자를 붙이면 가상 기반 클래스가 된다. 다음은 person에만 virtual을 적용한 예이다.

```
class person { ... };

class student
  : public virtual person
{ ... };
```

```
class mathematician
  : public virtual person
{ ... };

class math_student
  : public student, public mathematician
{
  public:
    math_student(const string& name, const string& passed,
                 const string& proved)
      : student{name, passed}, mathematician{name, proved} {}
  ...
};
```

안타깝게도, bob.all_info()는 다음을 출력한다.

```
[student]  My name is
    I passed the following grades: Algebra
    I proved: Fermat's Last Theorem
```

의도와는 달리 name에 담긴 이름이 누락되었다. student와 mathematician이 person 생성자를 호출해서 name을 초기화하는데도 이런 현상이 발생한 것이다. 왜 그런지 알려면 C++이 가상 기반 클래스를 다루는 방식을 이해해야 한다. 알다시피, 기반 클래스의 생성자를 제대로 호출하는 것은 파생 클래스의 몫이다(생략 시 컴파일러는 기본 생성자를 호출하는 코드를 생성한다). 그런데 math_student 객체에는 공통 기반 클래스 person의 객체가 하나만 존재한다. 그림 6-4의 새 메모리 구조에서 보듯이, mathematician과 student에는 person 데이터가 없다. 이들은 최하위 파생 클래스인 math_student가 가진 공통의 객체를 참조하기만 한다.

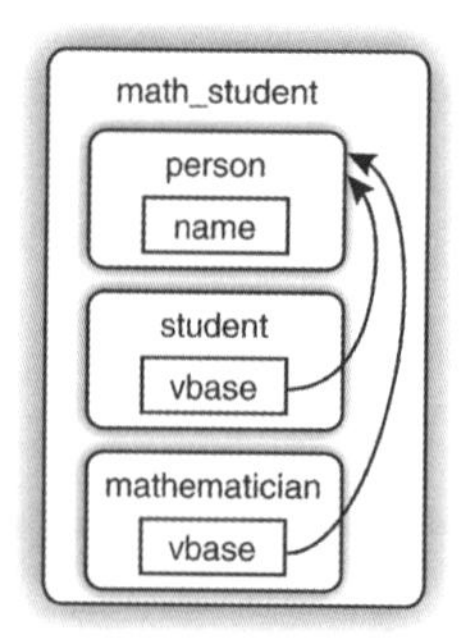

그림 6-4 가상 기반 클래스를 상속한 math_student의 메모리 구조

student 객체를 생성할 때 student의 생성자는 반드시 person의 생성자를 호출한다. 마찬가지로, mathematician 객체를 생성할 때 mathematician의 생성자는 person의 생성자를 호출한다. math_student 객체를 생성할 때는 어떻게 될까? math_student의 생성자는 mathematician의 생성자와 student의 생성자를 호출한다. 그런데 그 생성자들은 둘 다 person의 생성자를 호출하므로 공통의 person 데이터가 두 번 생성된다.

가상 기반 클래스는 그러한 중복 생성을 피하기 위한 것이다. 이를 위해 C++ 표준은 가상 기반 클래스의 경우 공유된 기반 클래스 생성자의 호출을 **최하위 파생 클래스**(most derived class)의 책임이라고 정의한다. 지금 예제에서는 math_student가 최하위 파생 클래스이므로, 가상 기반 클래스 person의 생성자는 math_student의 생성자가 호출한다. 그리고 최하위 파생 클래스의 생성자로부터 간접적으로 호출되는 다른 파생 클래스(지금 예에서 mathematician과 student)의 생성자에 있는 person 생성자 호출은 비활성화된다.

⇒ c++11/oop_multi4.cpp

다음은 이상의 내부 구현 방식을 염두에 두고 생성자들을 제대로 수정한 버전이다.

```
class student
  : public virtual person
{
  protected:
    student(const string& passed) : passed{passed} {}
    void my_info() const { ... }
  ...
};

class mathematician
  : public virtual person
{
  protected:
    mathematician(const string& proved) : proved{proved} {}
    void my_info() const { ... }
  ...
};

class math_student
  : public student, public mathematician
{
  public:
    math_student(const string& name, const string& passed, const string&
```

```
        proved) : person{name}, student{passed}, mathematician{proved} {}
    virtual void all_info() const override {
        student::all_info();
        mathematician::my_info();
    }
};
```

이제 math_student는 person의 생성자가 name을 적절히 설정하도록 person 객체를 명시적으로 초기화한다. 중간의 두 클래스 student와 mathematician의 생성자들은 포함적(inclusive) 멤버 처리와 배재적(exclusive) 멤버 처리를 구분하도록 수정되었다.

- 포함적 멤버 처리에는 person의 두 멤버, 즉 인수 두 개짜리 생성자와 all_info 메서드가 관여한다. 이들은 public이며, (기본적으로) student 객체와 mathematician 객체를 위한 것이다.
- 배제적 멤버 처리는 클래스 자신의 멤버들, 즉 인수 하나짜리 생성자와 my_info만 취급한다. 이 멤버들은 protected이므로 파생 클래스에서만 접근할 수 있다.

이 예제는 세 가지 접근 수정자가 모두 필요하다는 점을 보여준다. 다음은 세 접근 수정자의 용도이다.

- private은 이 클래스 안에서만 접근할 데이터 멤버와 메서드를 위한 것이다.
- protected는 이 클래스를 상속하는 파생 클래스의 공용(public) 인터페이스에 포함되지 않을 메서드를 위한 것이다.
- public은 사용자가 객체의 내부 세부사항을 알 필요 없이 객체를 다루게 하는 메서드에 필요하다.

지금까지 OOP의 토대가 되는 주요 원칙과 개념, 기법을 살펴보았다. 그럼 이들을 과학 응용 프로그램에 적용해 보자.

6.4 하위형식화(subtyping)를 통한 동적 선택

⇒ c++11/solver_selection_example.cpp

주어진 문제에 대한 구체적인 해법(solver)을 실행 시점에서 동적으로 선택한다고 할 때, 한 가지 방법은 다음처럼 switch 문을 이용하는 것이다.

```
#include <iostream>
#include <cstdlib>

class matrix {};
class vector {};

void cg(const matrix& A, const vector& b, vector& x);
void bicg(const matrix& A, const vector& b, vector& x);

int main (int argc, char* argv[])
{
    matrix A;
    vector b, x;

    int solver_choice= argc >= 2 ? std::atoi(argv[1]) : 0;
    switch (solver_choice) {
        case 0: cg(A, b, x); break;
        case 1: bicg(A, b, x); break;
        ...
    }
}
```

그러나 이런 접근 방식에는 응용 프로그램의 규모가 커짐에 따라 소스 코드가 급격하게 복합해진다는 치명적인 약점이 있다. 예를 들어 다른 어딘가에서 또 다른 벡터와 행렬로 해법을 호출한다면, 인수 조합마다 switch-case 블록 전체를 복사해서 붙여야 한다. 이 문제 자체는, 그 블록을 함수로 캡슐화하고 그 함수를 서로 다른 인수들로 호출해서 해결할 수 있다.

그러나 다수의 인수를 동적으로 선택해야 하면 상황이 훨씬 더 복잡해진다. 연립방정식을 푸는 선형 해법(linear solver)에서는 왼쪽과 오른쪽 선조건자(preconditioner; 대각, ILU, IC 등등)를 선택해야 하는데, 인수가 둘이므로, §A.8에 나온 것 같은 이중 switch 문이 필요하다. 이처럼, OOP 없이도 함수 객체를 동적으로 선택하는 것이 가능하긴 하지만, 매개변수 공간(지금 예에서 해법들과 왼쪽 선조건자들, 오른쪽 선조건자들)에 대한 지수적 폭발을 감수해야 한다. 새로운 해법이나 선조건자가 추가되면, 이 엄청나게 복잡한 선택 블록을 확장해야 한다(그것도 코드의 여러 곳에서).

해법들과 선조건자들에 대한 좀 더 우아한 해법은 추상 클래스를 인터페이스로 사용하고 그로부터 특정 해법에 대한 클래스를 파생하는 것이다.

```
struct solver
{
    virtual void operator()( ... )= 0;
```

```
    virtual ~solver() {}
};

// 이 클래스들을 템플릿화할 수도 있다.
struct cg_solver : solver
{
    virtual void operator()( ... ) override { cg(A, b, x); }
};

struct bicg_solver : solver
{
    virtual void operator()( ... ) override { bicg(A, b, x); }
};
```

C++11 예제 소스 파일의 동적 선택 코드에서는 이 인터페이스 형식의 solver (스마트) 포인터에 원하는 해법 객체를 배정한다.

```
unique_ptr<solver> my_solver;
switch (solver_choice) {
  case 0: my_solver= unique_ptr<cg_solver>(new cg_solver);
          break;
  case 1: my_solver= unique_ptr<bicg_solver>(new bicg_solver);
          break;
  ...
}
```

GoF의 설계 패턴(design pattern) 책[16]은 이 기법을 **팩토리 패턴**factory pattern이라는 이름으로 상세히 설명한다. 팩토리 패턴은 C++03에서 원시 포인터로도 구현할 수 있다.

C++14 그런데 unique_ptr들을 생성하는 코드가 다소 장황하다. C++14에 도입된 편의용 함수 make_unique를 이용하면 코드가 훨씬 간결해진다.

```
unique_ptr<solver> my_solver;
switch (solver_choice) {
  case 0: my_solver= make_unique<cg_solver>(); break;
  case 1: my_solver= make_unique<bicg_solver>(); break;
}
```

연습문제 3.12.14에서 제시한 것처럼 여러분이 make_unique를 직접 구현해 보면 C++ 학습에 도움이 될 것이다. 이런 식으로 다형적 포인터를 만들었다면, 동적으로 선택된 해법을 호출하는 것 자체는 아주 간단하다.

```
(*my_solver)(A, b, x);
```

첫 괄호는 먼저 포인터를 역참조해서(dereference) 추상 해법 클래스 객체를 얻고 그것의 operator()를 호출하기 위해 꼭 필요하다. 이 괄호가 없으면 컴파일러는 포인터 자체의 operator()를 호출한 후 그 결과를 역참조하려 든다.

추상 기반 클래스의 표현력은 다수의 함수를 동적으로 선택할 때 최대로 발휘된다. 추상 기반 클래스 접근 방식에서는 그런 경우에도 앞에서 말한 조합적 폭발이 발생하지 않는다. 다형적 함수 포인터들 덕분에 반복적인 선택들을 분리할 수 있으며, 구현을 일련의 팩토리들과 포인터를 이용한 호출로 분해할 수 있다.

```
struct pc
{
    virtual void operator()( ... )= 0;
    virtual ~pc() {}
};

struct solver { ... };

// ... 해법 팩토리 ...
// ... 왼쪽 선조건자 팩토리 ...
// ... 오른쪽 선조건자 팩토리 ....

(*my_solver)(A, b, x, *left, *right);
```

이제는 크고 중첩된 선택 블록 대신 일련의 팩토리들과 하나의 함수 호출문으로 동적 선택을 구현할 수 있다. 코드 복잡도는 3차(세제곱)에서 1차(선형)으로 줄어든다.

이 예제는 공통의 상위 클래스를 사용한다. 그런데 공통의 기반 클래스 없이 std::function을 이용해서 해법 클래스들과 함수들을 처리할 수도 있다. 그러면 좀 더 일반적인 팩토리들을 구현할 수 있게 된다. 그러나 그런 접근 방식 역시 이 예제에서처럼 가상 함수와 다형적 클래스에 대한 포인터를 활용하므로, 기법 자체는 동일하다. C++03 하위 호환성을 위해서는 std::function 대신 boost::function을 사용하면 된다.

C++11

C++에서 가상 함수는 템플릿으로 만들 수 없다(템플릿 가상 함수를 지원하려면 컴파일러 구현이 대단히 어려워진다. 잠재적으로 v테이블이 무한히 확장될 수 있다). 그렇지만 클래스 템플릿에 가상 함수를 두는 것은 허용된다. 즉, 개별 가상 함수의 형식 매개변수화는 불가능하지만, 클래스 전체의 형식 매개변수화를 통해서 가상 함수에 일반적 프로그래밍을 적용하는 것이 가능하다.

6.5 형식의 변환

여러 형식 변환 방법 중 형변환(type casting)은[†] OOP에 국한된 주제는 아니지만, 기반 클래스와 파생 클래스를 소개하기 전에는 제대로 논의할 수 없는 주제일 뿐만 아니라 관련된 클래스들 사이의 형변환이 상속을 이해하는 데 도움이 된다는 점에서 여기서 이야기한다.

C++은 강 형식 언어(strongly typed language)이다. 각 객체의 형식은 컴파일 시점에서 결정되며, 원칙적으로 실행 도중에는 변하지 않는다. 형변환과 관련해서 객체(object)라는 것을 다음 두 가지 관점으로 해석할 수 있다.

- 메모리 안의 비트들
- 그 비트들에 의미를 부여하는 형식

형변환 연산자 중에는 컴파일러가 메모리 안의 비트들을 다른 형식으로 해석하거나 다른 접근 권한으로 해석하게 하는(이를테면 `const` 대 비 `const`) 것들도 있고, 실제로 새 객체를 생성하는 것들도 있다.

C++의 핵심 형변환 연산자는 다음 네 가지이다.

- `static_cast`
- `dynamic_cast`
- `const_cast`
- `reinterpret_cast`

이들은 모두 **(형식) 표현식** 형태의 C 스타일 형변환 구문에 뿌리를 둔다. C의 유일한 형변환 구문인 이 구문은 복합적인 형식 변환을 하나의 표현식으로 표현할 수 있다는 점에서(예를 들어 `int`를 가리키는 `const` 포인터를 `char`를 가리키는 비 `const` 포인터로 단번에 변환할 수 있다) 강력하지만, 코드를 이해하기 어렵게 만든다. 반면에 C++의 형변환 연산자들은 한 번에 형식의 한 측면만 변경한다.

C 스타일 형변환의 또 다른 단점은 코드에서 형변환 표현식을 찾아내기가 어렵다는 것이다([66, Chapter 95]도 보라). 반면에 C++의 형변환은 그냥 `_cast`를 검색하면 되므로 찾기가 아주 쉽다. C++은 구식의 C 스타일 형변환도 지원하

† [옮긴이] type conversion과 type casting을 같은 뜻으로 간주하는 책들도 있지만, 여기서는 둘을 구분해서 전자는 형식 변환으로, 후자는 형변환으로 옮기기로 한다. 형식 변환은 좀 더 일반적인 개념이고, 형변환은 형식 변환 중 강제성이 있는, 그리고 메모리 안의 비트 패턴과 좀 더 가까운 형태의 형식 변환이다.

지만, 모든 C++ 전문가는 구식의 C 스타일 형변환을 가능하면 사용하지 말아야 한다는 점에 동의한다.

C 스타일 형변환

C 스타일 형변환은 사용하지 말라.

이번 절에서는 C++의 여러 형변환 연산자를 소개하고, 다양한 문맥에서 각 형변환 연산자의 장단점을 논의한다. 또한, 후반부에서는 엄밀히 말해 형변환은 아닌 형식 변환 주제 두 가지도 논의한다.

6.5.1 기반 클래스와 파생 클래스 사이의 형변환

C++은 같은 클래스 위계구조에 있는 클래스들 사이의 동적 형변환와 정적 형변환을 지원한다.

6.5.1.1 상향 형변환

⇒ c++03/up_down_cast_example.cpp

파생 클래스에서 기반 클래스로의 형변환을 **상향 형변환**(up-casting)이라고 부른다. 상향 형변환은 중의성이 없는 한 항상 가능하다. spy_on 함수(§6.1.3)에서처럼 상향 형변환이 암묵적으로(즉, 명시적인 형변환 연산자 없이) 일어날 수도 있다.

```
void spy_on(const person& p);

spy_on(tom);                    // student에서 person으로 상향 형변환
```

spy_on은 명시적인 형변환 없이도 person의 모든 하위 클래스를 받아들인다. 따라서 student tom을 인수로 전달할 수 있다.

마름모꼴 위계구조에 있는 클래스들 사이의 형변환은 어떨까? 간결한 논의를 위해, 이름이 한 글자인 클래스들로 위계구조를 만들어 보자.

```
struct A
{
    virtual void f(){}
    virtual ~A(){}
    int ma;
};
struct B : A { float mb; int fb() { return 3; } };
struct C : A {};
struct D : B, C {};
```

그리고 다음과 같은 단항 함수들도 추가하자.

```
void f(A a)  { /* ... */ } // 다형적 함수가 아님(슬라이싱 발생)
void g(A& a) { /* ... */ }
void h(A* a) { /* ... */ }
```

B 형식의 객체는 세 함수 모두에 전달할 수 있다.

```
B b;
f(b);   // 슬라이싱!
g(b);
h(&b);
```

세 경우 모두에서 객체 b는 암묵적으로 A 형식의 객체로 변환된다. 그렇지만 f는 다형적함수가 아니라서 b의 일부가 잘려 나간다(§6.1.3 참고).

상향 형변환은 기반 클래스에 중의성이 있을 때만 실패한다. 지금 예에서는 D에서 A로의 상향 형변환이 실패한다.

```
D d;
A ad(d); // 오류: 중의성
```

컴파일러로서는 기반 클래스 A로 올라가기 위해 B를 거칠지 C를 거칠지 결정할 수 없다. 이런 상황에서 오류를 피하려면 다음처럼 중간 단계의 상향 형변환을 명시해 주어야 한다.

```
A ad(B(d));
```

아니면 B와 C가 A를 가상 기반 클래스로 공유하게 할 수도 있다.

```
struct B : virtual A { ... };
struct C : virtual A {};
```

이렇게 하면 A의 멤버들은 D에 한 번만 존재한다. 메모리가 절약되고 A가 일관성 없이 복제될 위험이 없다는 점에서, 다중 상속에서는 이것이 최선의 해법일 때가 많다.

6.5.1.2 하향 형변환

하향 형변환(down-casting)은 한 형식의 포인터나 참조를 그 하위형식의 포인터나 참조로 변환하는 것을 말한다. 참조 대상 객체가 해당 하위형식의 객체가 아닐 때의 행동은 정의되지 않는다. 따라서 하향 형변환을 사용할 때는 대상 형식이 정확한지를 프로그램 자체가 점검 또는 보장해야 한다. 상향 형변환 예제에서 우리는 B 형식의 객체를 A에 대한 참조(A&)를 받는 함수와 A에 대한 포인터를 받는 함수에 전달했다.

```
void g(A& a) { ... }
void h(A* a) { ... }

B b;
g(b);
h(&b);
```

매개변수 a가 참조하는 객체 b의 형식이 B이긴 하지만, g와 h는 a를 통해서 B의 멤버들(mb와 fb())에 접근할 수 없다. a가 실제로 B 형식의 객체를 가리키는 것이 확실하다고 할 때, a를 B& 또는 B*로 하향 형변환하고 나면 B의 멤버들에 접근할 수 있다.

하향 형변환을 여러분의 응용 프로그램에 사용하기 전에 반드시 다음 질문들에 답해야 한다.

- 함수로 전달된 인수가 실제로 해당 클래스의 객체임을 어떻게 보장할 것인가? 예를 들어 추가적인 인수로 확인할 것인가? 아니면 실행 시점에서 형식을 점검할 것인가?
- 하향 형변환이 불가능한 객체가 전달되었을 때 어떻게 처리할 것인가?
- 대신 파생 클래스에 대한 함수를 작성하는 것이 낫지 않을까?
- 기반 형식과 파생 형식들에 대해 함수를 중복적재하는 것이 어떨까? 그쪽이 설계가 훨씬 깔끔하고, 항상 가능하다.
- 마지막으로, 원하는 결과를 가상 함수의 지연 바인딩으로 달성할 수 있도록 클래스들을 재설계할 여지는 없는가?

이 모든 질문에 솔직하게 답한 후에도 여전히 하향 형변환이 필요하다고 생각한다면, 구체적인 하향 형변환 방법을 결정해야 한다. 하향 형변환에 사용할 수 있는 연산자는 다음 두 가지이다.

- static_cast — 빠르지만 안전하지 않다.
- dynamic_cast — 안전하지만 비용이 크며, 다형적 형식들에만 적용할 수 있다.

이름에서 짐작하겠지만 static_cast는 정적으로 작동한다. 즉, 이 연산자에 대해 컴파일러는 컴파일 시점 정보만 사용한다. 하향 형변환의 맥락에서 컴파일 시점 정보는 대상 형식이 실제로 원본 형식에서 파생된 것인지의 여부이다. 다음은 g 함수의 매개변수 a를 B&로 하향 형변환해서 B의 메서드를 호출하는 예이다.

```
void g(A& a)
{
    B& bref= static_cast<B&>(a);
    std::cout ≪ "fb returns " ≪ bref.fb() ≪ "\n";
}
```

컴파일러는 B가 A의 하위 클래스인지 확인한다. 어떠한 이유로 B 또는 B에서 파생된 어떤 형식이 아닌 객체가 실행 시점에서 a로 전달되었을 때 프로그램의 행동은 정의되지 않지만, 대체로 프로그램이 충돌할 가능성이 크다.

앞에서 예로 든 마름모꼴 위계구조에서 B 포인터를 D 포인터로 하향 형변환할 수도 있다. 다음과 같이 B 객체를 가리키는 B* 형식의 포인터와 D 객체를 가리키는 B* 형식의 포인터가 있다고 하자.

```
B *bbp= new B, *bdp= new D;
```

컴파일러는 두 포인터 모두 D*로의 하향 형변환을 허용한다.

```
D* dbp= static_cast<D*>(bbp); // 잘못된 하향 형변환이지만 검출되지 않음
D* ddp= static_cast<D*>(bdp); // 올바른 하향 형변환(실행 시점 점검은 없음)
```

정적 하향 형변환에서 실행 시점 점검이 없다는 것은, 올바른 형식을 지정하는 것이 전적으로 프로그래머의 책임이라는 뜻이다. bbp는 B 형식의 객체를 가리키지만, dbp를 위해 bbp를 D*로 하향 형변환해도 컴파일러는 불평하지 않는다. 그러나 실행 시점에서 dbp를 역참조해서 D의 멤버들에 접근하려 하면 데이터가 깨져서 프로그램이 충돌할 가능성이 있다. 이 예제처럼 간단한 코드는 똑똑한 컴파일러가 정적 코드 분석으로 하향 형변환을 검출해서 경고 메시지를 출력할 수도 있다. 그렇지만 일반적으로 포인터가 실제로 가리키는 형식을 역추적하는 것이 항상 가능한 일은 아니다. 특히 다음처럼 실행 시점에서 형식을 선택하는 경우에는 역추적이 더욱더 어렵다.

```
B* bxp= (argc > 1) ? new B : new D;
```

§6.6.1에서는 형식 정보를 템플릿 인수로 제공함으로써 정적 하향 형변환을 안전하게 사용하는 방법을 제시한다.

dynamic_cast는 주어진 객체가 실제로 대상 형식 또는 그 형식의 하위형식인지를 실행 시점에서 확인한다. 이 연산자는 다형적 형식(하나 이상의 가상 함수를 가진 클래스 또는 그런 클래스를 상속한 클래스; §6.1 참고)에만 적용할 수 있다.

```
D* dbp= dynamic_cast<D*>(bbp); // 오류: D로 하향 형변환 불가
D* ddp= dynamic_cast<D*>(bdp); // OK: bdp는 D 객체를 가리킴
```

포인터에 대한 형변환이 실패하면 dynamic_cast 연산자는 널 포인터를 돌려주고, 참조에 대한 형변환이 실패하면 std::bad_cast 형식의 예외를 던진다. 전자의 경우 프로그래머는 널 포인터를 점검해서 문제를 검출할 수 있고, 후자의 경우에는 **try-catch** 블록으로 예외를 잡으면 된다. 형변환 가능 여부를 점검할 때 dynamic_cast는 RTTI(run-time type information; 실행 시점 형식 정보)를 이용하기 때문에 시간이 더 걸린다.

고급 배경 정보: 내부적으로 dynamic_cast는 가상 함수의 형태로 구현된다. 사용자가 가상 함수를 적어도 하나는 정의해서 클래스를 다형적으로 만들어야 이 연산자를 적용할 수 있는 것은 이 때문이다. 가상 함수에 기반하지 않고 이 연산자의 기능을 구현하려면 모든 클래스에 v테이블을 추가해야 하므로 비효율적이다. 다형적 형식에는 이미 v테이블이 있으므로, dynamic_cast의 저장 공간 비용은 그냥 그 v테이블에 포인터 하나만 추가하는 수준이다.

6.5.1.3 교차 형변환

dynamic_cast의 흥미로운 특징 하나는 같은 기반 클래스에서 파생된 클래스들 사이의 형변환이 가능하다는 것이다. 이를 **교차 형변환**(cross-casting)이라고 부른다. 다음은 B에서 C(둘 다 A에서 파생됨)로의 교차 형변환이다.

```
C* cdp= dynamic_cast<C*>(bdp); // OK: D를 가리키는 B 포인터를 C 포인터로 변환
```

예전 예제에서는 student에서 mathematician으로의 교차 형변환이 가능하다.

static_cast로는 B에서 C로의 교차 형변환이 불가능하다.

```
cdp= static_cast<C*>(bdp);      // 오류: 하위 클래스도, 상위 클래스도 아님
```

이는 C가 B의 기반 클래스도, 파생 클래스도 아니기 때문이다. 그러나 다음과 같이 간접적으로는 가능하다.

```
cdp= static_cast<C*>(static_cast<D*>(bdp)); // B -> D -> C
```

이 경우에도, 해당 객체가 실제로 해당 형식으로 형변환될 수 있는지를 확인 또는 보장하는 것은 프로그래머의 책임이다.

6.5.1.4 정적 형변환과 동적 형변환의 비교

동적 형변환은 안전하지만 정적 형변환보다 느리다. 대상 객체의 형식을 실행 시점에서 점검해야 하기 때문이다. 정적 형변환은 상향 형변환과 하향 형변환을 지원하지만, 대상 객체가 제대로 된 형식인지는 프로그래머가 책임져야 한다. 표 6-1에 두 형변환의 차이점이 요약되어 있다.

6.5.2 상수 형변환

const_cast는 대상 객체의 상수성(const)과 휘발성(volatile)을 제거하거나 추가하는 용도로 쓰이는 형변환 연산자이다. volatile 한정사는 해당 변수가 다른 어딘가에서 변경될 수 있음을 컴파일러에게 알려주는 역할을 한다. 예를 들어 특정한 메모리 주소의 값은 C++ 프로그래머를 실행하는 프로세서가 아닌 다른 어떤 하드웨어 장치가 변경할 수 있다. 그런 장치를 위한 드라이버를 작성할 때는 이 점을 반드시 고려해야 한다. 그런 메모리 항목은 캐시 메모리나 레지스터에 담으면 안 되며, 반드시 매번 주 메모리에서 읽어야 한다. 과학 소프트웨어나 고수준 공학 소프트웨어에서는 이처럼 외부 장치가 수정하는 변수가 드물다. 그래서 volatile은 이 책에서 거의 다루지 않는다.

표 6-1 정적 형변환 대 동적 형변환

	static_cast	dynamic_cast
적용 대상	모든 형식	다형적 형식
교차 형변환	아니요	예
실행 시점 점검	아니요	예
추가부담	없음	RTTI 조회

const와 volatile 둘 다 암묵적으로 추가될 수 있다. 정말로 휘발성인 객체에서 volatile 특성을 제거하면 실제 값(주 메모리의 값)과는 다른 값이 캐

시와 레지스터에 남을 수 있으며, 그러면 프로그램의 행동은 정의되지 않는다. volatile 한정은 비 volatile 객체를 가리키는, volatile로 한정된 포인터나 참조 변수에서만 제거할 수 있다.

const를 제거하면 전체 호출 스택의 모든 관련 const 한정사가 무효화되기 때문에, 코드의 한 부분에서 실수로 데이터를 덮어쓰면 디버깅하기가 대단히 어려워진다. 안타깝게도, const 한정사를 적절히 사용하지 않은 구식 라이브러리를 다루다 보면 명시적으로 const를 제거해야 할 일이 생긴다.

6.5.3 재해석 형변환

재해석 형변환(reinterpretation cast)은 가장 강제적인 형변환으로, 이 책의 예제들에서는 전혀 쓰이지 않는다. 재해석 형변환 연산자 reinterpret_cast는 주어진 객체의 메모리 장소에 있는 비트들을 마치 지정된 형식의 객체인 것처럼 해석한다. 예를 들어 부동소수점 수를 정수로 재해석해서 특정 비트 하나만 변경한 후 다시 부동소수점 수로 변환하는 것이 가능하다. reinterpret_cast는 고급 선속(flux) 방정식 해법보다는 하드웨어 드라이버 프로그래밍에 더 중요하다. 이 연산자가 응용 프로그램의 이식성을 해치는 가장 효율적인 수단임은 굳이 말할 필요도 없을 것이다. 재해석 형변환을 꼭 사용해야 한다면, 플랫폼 의존적 조건부 컴파일 기법을 반드시 적용하고 코드를 상세히 테스트할 필요가 있다.

6.5.4 함수 스타일 형식 변환

클래스의 생성자를 형식 변환에 사용할 수 있다. 형식 T에 U 형식의 인수를 받는 생성자가 있다면, U 형식의 객체로부터 T 형식의 객체를 생성할 수 있다.

```
U u;
T t(u);
```

다음이 좀 더 현대적인 표현이다.

```
U u;
T t{u};    // C++11
```

이 예에서 보듯이 생성자 표기법을 값의 형식 변환에 사용할 수 있다. 그럼 여러 가지 행렬 형식에 대한 예제를 하나 보자. 다음 코드는 밀집행렬을 다루는 함수를 압축행렬로 호출하려고 한다.

```
struct dense_matrix
{   ... };

struct compressed_matrix
{   ... };

void f(const dense_matrix&) {}

int main ()
{
    compressed_matrix A;
    f(dense_matrix{A});
}
```

이 코드는 compressed_matrix 객체 A를 dense_matrix로 변환해서 f를 호출한다. 이 코드가 컴파일되려면 다음 두 조건 중 적어도 하나가 충족되어야 한다.

- dense_matrix에 compressed_matrix를 받는 생성자가 있다.
- compressed_matrix를 dense_matrix로 바꾸는 변환 연산자가 존재한다.

그러한 생성자와 변환 연산자는 다음과 같은 모습이다.

```
struct compressed_matrix; // 선행 선언(생성자에 필요함)

struct dense_matrix
{
    dense_matrix() = default;
    dense_matrix(const compressed_matrix& A) { ... }
};

struct compressed_matrix
{
    operator dense_matrix() { dense_matrix A; ... return A; }
};
```

둘 다 존재하는 경우, 앞의 호출문에서는 생성자가 우선시되어서 새 객체가 생성된다. 이러한 구현에서는 밀집행렬을 받는 함수 f를 다음처럼 압축행렬로 직접 호출해도 된다(암묵적 변환이 적용된다).

```
int main ()
{
    compressed_matrix A;
    f(A);
}
```

C++11 이 경우에는 변환 연산자가 생성자보다 우선시된다. 생성자나 변환 연산자가 explicit으로 선언되어 있으면 이러한 암묵적 변환이 통하지 않는다는 점도 기억하기 바란다. explicit 변환 연산자는 C++11에서 도입되었다.

이러한 함수 스타일 형식 변환 표기에서 주의할 점 하나는, 내장 형식에 대해 사용할 때는 C 스타일 형변환처럼 작동한다는 것이다.

```
long(x);    // 아래와 같음
(long)x;
```

이를 이용하면 예를 들어 다음과 같은 사악한 코드도 작성할 수 있다.

```
double d= 3.0;
double const* const dp= &d;

long l= long(dp);    // 형식에 관한 모든 것이 무의미해짐
```

이 코드는 const double을 가리키는 const 포인터를 그냥 **long** 값으로 변환해 버린다. 코드 자체는 그냥 새 값을 하나 만드는 것처럼 보이지만, 내부적으로는 const_cast와 reinterpret_cast가 작용한다. l의 값이 사실상 무의미하며, l에 의존하는 다른 값 모두 무의미해진다는 점은 말할 필요도 없을 것이다. 최신 컴파일러는 이런 코드에 대해 적어도 경고 메시지라도 출력할 것이다. 한편, 다음과 같은 초기화문은 앞의 배정문과 비슷한 형태이지만 컴파일되지 않는다는 점도 주목하기 바란다.

```
long l(dp);    // 오류: 포인터로 long 변수를 초기화할 수는 없음
```

다음과 같은 중괄호 초기화 역시 컴파일되지 않는다.

```
long l{dp};    // 같은 오류(C++11)
```

중괄호 구문을 앞의 배정문에 사용하면 어떨까?

```
l= long{dp};  // 오류: 초기화 실패(C++11)
```

중괄호를 사용하면 항상 새 값이 초기화되며, 좁아지는 변환(narrowing conversion)도 방지된다. 좁아지는 변환은 static_cast를 이용해서 강제로 적용할 수 있지만, 포인터에서 수치로의 변환은 static_cast로도 불가능하다.

```
l= static_cast<long>(dp); // 오류: 포인터 -> long
```

이런 이유로 비야네 스트롭스트룹은 "예의 바른(well-behaved)" 객체 생성에는 T{u}를, 그 밖의 변환에는 static_cast 같은 명시적 형변환 연산자를 사용할 것을 권한다.

6.5.5 암묵적 변환

암묵적 변환에 적용되는 규칙은 꽤 복잡하다. 다행히 대부분의 경우는 그냥 가장 중요한 규칙 몇 가지만 알면 되고, 규칙들의 우선순위는 몰라도 된다. 상세한 규칙은 cppreference.com의 "C++ Reference"[33]에 있으니 참고하기 바란다. 표 6-2는 가장 중요한 암묵적 변환 규칙 몇 가지이다.

수치 형식이 다른 수치 형식으로 변환되는 방식은 여러 가지이다. 첫째로, 정수 형식은 더 큰 정수 형식으로 '승격(promotion)'된다. 이때 여분의 비트들에는 0들과 적절한 부호 비트가 채워진다.[5] 또한, 모든 내장 수치 형식은 함수 인수 형식들과의 부합이 필요할 때 다른 모든 수치 형식으로 변환될 수 있다. 단, C++11에서 도입된 새로운 초기화 구문들에서는 정확성을 잃지 않는(즉, 좁아지지 않는) 변환 단계들만 허용된다. 좁아지는 변환 금지 규칙이 없다면, 심지어 부동 소수점 수도 int를 거쳐서 bool로(그리고 그 반대로) 변환할 수 있다. 함수 스타일(§6.5.4)로 표현할 수 있는 모든 사용자 정의 형식 변환 역시, 해당 생성자나 변환 연산자가 explicit으로 선언되어 있지만 않으면 암묵적으로 일어날 수 있다. 물론 암묵적 변환을 남용하는 것은 좋지 않다. 암묵적 변환을 금지하고 싶으면 해당 생성자나 변환 연산자를 explicit으로 선언하면 된다. 어떤 변환에 대한 명시적 변환을 요구하고 어떤 변환에 대해 암묵적 변환을 허용할 것인지는 중요한 설계상의 결정이지만, 일반적인 법칙은 존재하지 않는다.

표 6-2 암묵적 변환

원본	대상
T	T의 상위 형식
T	const T
T	volatile T
T[N]	T*
T	U(§6.5.4의 조건들을 충족하는)

5 엄밀한 프로그래밍 언어론의 관점에서 승격이 형식 변환은 아니다.

함수	함수 포인터
nullptr_t	T*
정수	더 큰 정수
수치 형식	다른 수치 형식

6.6 고급 기법

6.6.1 CRTP

이번 절에서는 **CRTP**(curiously recurring template pattern; 묘하게 되풀이되는† 템플릿 패턴)를 설명한다. CRTP는 템플릿 프로그래밍을 상속과 매우 효율적으로 결합하는 기법이다. 이 기법을 **바턴-낵먼 요령**(barton-nackman trick)과 혼동하기도 하는데, 존 바턴John Barton과 리 낵먼Lee Nackman이 고안한 그 요령은 CRTP에 기초한 기법이긴 하지만 CRTP와 완전히 같은 것은 아니다.[6]

6.6.1.1 간단한 예제

⇒ c++03/crtp_simple_example.cpp

간단한 예제 하나로 이 기법을 설명해 보겠다. 상등 연산자를 가진 point라는 클래스가 있다고 하자.

```
class point
{
  public:
    point(int x, int y) : x(x), y(y) {}

    bool operator==(const point& that) const
    { return x == that.x && y == that.y; }
  private:
    int x, y;
};
```

여기에 부등 연산자를 추가한다고 하자. 상식 또는 드모르간의 법칙(de Morgan's law)에 따라‡ 다음과 같이 구현하면 될 것이다.

† [옮긴이] 'curiously recurring'은 부모 클래스와 자식 클래스의 신기한 재귀적 관계를 나타내기도 하지만, 원래 이 이름은 제임스 코플리엔이 서로 무관한 여러 개발자의 코드나 책에서 이런 패턴이 거듭 등장하는 것을 신기하게 여겨서 붙인 것이라고 한다. 그래서 "묘하게 재귀적인" 대신 "묘하게 되풀이되는"이라는 표현을 사용했다.

‡ [옮긴이] 상등 연산자에 비해 ==가 !=로 바뀌었을 뿐만 아니라 &&가 ||로 바뀌었음을 주목하자.

```
bool operator!=(const point& that) const
{ return x != that.x || y != that.y; }
```

그렇지만 다음처럼 그냥 상등 연산자의 결과를 부정(negation)하는 것이 더 간단하다.

```
bool operator!=(const point& that) const
{ return !(*this == that); }
```

요즘 C++ 컴파일러들은 아주 정교하기 때문에, 인라인화 이후에 드모르간의 법칙을 완벽하게 처리할 수 있다. 상등 연산자를 가진 모든 형식에서, 이런 식으로 상등 연산자를 부정해서 부등 연산자를 구현하는 것은 정확한 구현 방법이다. 그렇다고 모든 클래스에 이 코드를 복사해 붙이고 매개변수 형식만 바꾸는 것은 비효율적이다. 대신, 다음과 같이 부등 연산자를 구현하는 클래스를 하나 만들어 두고,

```
template <typename T>
struct inequality
{
    bool operator!=(const T& that) const
    { return !(static_cast<const T&>(*this) == that); }
};
```

새 클래스를 만들 때 부등 연산자가 필요할 때면 이 클래스를 상속하는 것이 더 생산적이다.

```
class point : public inequality<point> { ... };
```

이 클래스 정의는 다음과 같은 상호 의존성을 만들어 낸다.

- point는 inequality를 상속한다.
- inequality는 point로 매개변수화된다.

상호 의존성 때문에 마치 닭이 먼저냐 달걀이 먼저냐 같은 상황으로 보이지만, 그래도 두 클래스는 잘 컴파일된다. 이는 inequality 같은 템플릿 클래스의 멤버 함수는 인스턴스화된 후에야 컴파일되며, 보통의 경우 템플릿 클래스의 멤버 함수는 그것이 호출될 때 비로소 인스턴스화되기 때문이다. 다음은 operator!=가 정말로 잘 작동하는지 점검하는 코드이다.

```
point p1(3, 4), p2(3, 5);
cout << "p1 != p2 is " << boolalpha << (p1 != p2) << '\n';
```

표현식 p1 != p2에 대해 다음과 같은 일이 벌어진다.

1. 컴파일러는 point 클래스에서 operator!=를 찾지만, 그런 연산자는 없다.
2. 컴파일러는 point의 기반 클래스인 inequality<point>에서 operator!=를 찾는다. 이번에는 그런 연산자가 있으므로 그 연산자를 호출한다.
3. 이 operator!=에서 this 포인터는 point 객체의 일부인, inequality<point> 형식의 객체를 가리킨다.
4. point와 inequality<point> 모두 inequality<point>::operator!=를 인스턴스화하는 시점에서 완전히 알려진다. 따라서 static_cast를 적용해서 this를 point*로 하향 형변환할 수 있다.
5. 원래 이 this 포인터는 point*에서 inequality<point>*로 상향 형변환된 것이므로, 다시 inequality<point>*로 하향 형변환해도 안전하다.
6. 이제 point의 상등 연산자를 호출한다(이전에 이 상등 연산자가 인스턴스화된 적이 없다면 이때 인스턴스화된다).

상등 연산자가 있는 모든 클래스 U를 마찬가지 방식으로 inequality<U>로부터 파생할 수 있다. 이런 식으로 활용할 수 있는, 연산자들의 기본 구현을 담은 CRTP 템플릿들이 제러미 시크와 데이비드 에이브럼스의 Boost.Operators에 있다.

C++20

이 예제 역시 좀 더 최신의 C++ 표준이 프로그래밍을 얼마나 간단하게 만드는지 보여주는 예이다. C++20에서는 default 키워드를 이용해서 operator==의 기본 구현을 컴파일러에게 요청할 수 있다.

```
class point
{
    bool operator==(const point& that) const = default;
    // ...
};
```

더 나아가서, C++20을 준수하는 컴파일러는 클래스에 operator==가 존재하면 operator!=도 자동으로 생성해 준다. 따라서 위의 기본 상등 연산자 선언 하나만 있으면 point 객체들의 상등 판정과 부등 판정이 모두 가능해진다. 그렇다고 CRTP 기법이 쓸모가 없는 것은 아니다. 그럼 CRTP의 또 다른 용법을 살펴보자.

6.6.1.2 재사용 가능한 접근 연산자

⇒ c++14/matrix_access_example.cpp

CRTP 관용구를 이용하면 §2.6.4에서 언급한, 대괄호 연산자로 다차원 자료 구조에 접근할 때 구현 코드가 중복되는 문제를 해결할 수 있다. 그때는 템플릿과 인스턴스화 등 이 문제를 푸는 데 필요한 언어 기능을 배우기 전이라 이 문제를 그냥 미해결 상태로 남겨 두었다. 이제는 두 대괄호 연산자 호출이 하나의 이항 연산자 호출로 이어지도록, 즉 `A[i][j]`가 `A(i, j)`로 평가되도록 하는 데 필요한 모든 기능과 기법을 여러분이 배운 상태이다.

some_matrix라는 아주 재치 있는(?) 이름의 행렬 클래스를 생각해 보자. 이 클래스에는 행렬 성분 a_{ij}에 접근하기 위한 operator()가 있다. 벡터 표기법과의 일관성을 위해서는 대괄호 표기로도 행렬의 한 성분에 접근할 수 있어야 한다. 그런데 대괄호 연산자는 인수를 하나만 받으므로, 행렬의 성분에 접근하려면 대괄호 연산자가 두 개 필요하다. 첫 대괄호 연산자, 즉 some_matirx의 대괄호 연산자는 행렬의 특정 행에 접근하기 위한 하나의 프록시 객체를 돌려주어야 한다. 그리고 이 프록시 객체는 그 행의 특정 열에 접근하는 또 다른 대괄호 연산자를 제공해야 한다. 다음이 이상의 설계를 구현한 행렬 클래스와 프록시 클래스이다.

```
class some_matrix; // 선행 선언

class simple_bracket_proxy
{
  public:
    simple_bracket_proxy(some_matrix& A, size_t r)
      : A{A}, r{r} {}

    double& operator[](size_t c){ return A(r, c); }  // 오류
  private:
    some_matrix&  A;
    size_t        r;
};

class some_matrix
{
    // ...
    double& operator()(size_t r, size_t c) { ... }

    simple_bracket_proxy operator[](size_t r)
    {
        return simple_bracket_proxy(*this, r);
```

```
    }
};
```

핵심은 A[i]가 A를 가리키며 i를 담은 프록시 객체 p를 돌려준다는 것이다. 즉, A[i][j]는 p[j]가 되며, p[j] 자체는 A(i, j)를 호출한다. 안타깝게도 이 코드는 컴파일되지 않는다. simple_bracket_proxy::operator[]에서 some_matrix::operator()를 호출하는 시점에서 some_matrix는 선언만 되어 있을 뿐 완전히 정의되지는 않았기 때문이다. some_matrix 클래스의 정의를 simple_bracket_proxy 앞으로 옮겨 봤자 의존성이 뒤집히기만 할 뿐, 코드가 컴파일되지 않는 것은 마찬가지이다. 이 프록시 기반 구현에서 우리가 풀어야 할 문제는, 서로 의존하는 두 형식을 동시에 완전히 정의해야 한다는 것이다.

이 예제는 템플릿의 중요한 특징인 '코드 생성 지연'의 흥미로운 용도를 보여준다. 인스턴스화 시점에서야 비로소 템플릿의 코드가 생성된다는 점 덕분에 두 형식의 상호 의존성을 깰 수 있다. 다음처럼 프록시 클래스에 템플릿 매개변수를 추가하면 의존성 문제가 사라진다.

```
template <typename Matrix>
class bracket_proxy
{
  public:
    bracket_proxy(Matrix& A, size_t r) : A{A}, r{r} {}

    auto& operator[](size_t c){ return A(r, c); }
  private:
    Matrix& A;
    size_t     r;
};

class some_matrix
{
    // ...
    bracket_proxy<some_matrix, double> operator[](size_t r)
    {
        return bracket_proxy<some_matrix>{*this, r};
    }
};
```

이제는 A[i][j]가 내부적으로 인수 두 개짜리 operator()의 호출로 이어진다. 게다가, operator()의 구현이 서로 다른 여러 행렬 클래스들에 대해 하나의 bracket_proxy를 이 예제와 동일한 방식으로 적용해서 이중 대괄호 표기법을 지원하게 만들 수 있다.

C++11 그런데 행렬 클래스를 여러 개 구현하다 보면 operator[] 자체도 대부분 비슷비슷하다는 점을 알게 된다. 대부분의 경우 operator[]는 그냥 행렬의 한 행에 대한 참조와 행 번호를 담은 프록시 객체를 돌려줄 뿐이다. 따라서, 대괄호 연산자를 구현하는 또 다른 CRTP 클래스를 만들어서 재사용하는 것이 당연한 수순이다.

```
template <typename Matrix>
class bracket_proxy { ... };

template <typename Matrix>
class crtp_matrix
{
    using const_proxy= bracket_proxy<const Matrix>;
  public:
    bracket_proxy<Matrix> operator[](size_t r)
    {
        return {static_cast<Matrix&>(*this), r};
    }

    const_proxy operator[](size_t r) const
    {
        return {static_cast<const Matrix&>(*this), r};
    }
};

class some_matrix
  : public crtp_matrix<some_matrix>
{
  // ...
};
```

여기서 C++11의 기능들은 코드를 간결하게 만드는 용도로만 쓰였다. C++03으로도 이런 접근 방식을 구현할 수 있다. 이 CRTP 행렬 클래스는 인수 두 개짜리 적용 연산자(operator())가 있는 모든 행렬 클래스에 대괄호 연산자를 제공한다. 그렇지만 갖출 것을 모두 갖춘 완전한 선형대수 소프트웨어 패키지라면 이 정도 구현으로는 부족하다. 그런 패키지에서는 어떤 행렬이 가변(mutable)인지, 반환되는 것이 참조인지 값인지 같은 사항들도 고려해야 한다. 그런 구분은 제5장의 메타프로그래밍 기법이나 형식 연역(특히 decltype(auto)를 이용한)으로 안전하게 처리할 수 있다.

이 프록시 접근 방식이 여분의 객체를 생성하긴 하지만, 벤치마크를 돌려 보니 대괄호 연산자를 사용하는 코드가 적용 연산자를 직접 사용하는 코드보다 느리지 않았다. 아마도 최근 컴파일러들이 참조 전달을 정교하게 처리해서 임시 프록시 객체의 생성을 아예 제거했기 때문일 것이다.

C++11 6.6.2 형식 특질과 중복적재

⇒ c++11/type_traits_overloading.cpp

§5.2에서 살펴본 형식 특질(type trait)들은 클래스 템플릿의 특수화에 기반해서 작동한다. 부분 특수화를 이용하면 하나의 속성을 단 한 번만 선언해서 무한히 많은 수의 형식에 적용할 수 있다. 단, 대상 형식들 전체를 하나의 패턴으로 서술할 수 있어야 한다(예를 들어 모든 원시 포인터를 T*로 서술하는 등).

그런데 실제 응용에서는 다수의 파생 클래스에 대해서도 그런 식으로 형식 특질을 한 번만 선언해서 적용할 수 있어야 한다. 필자의 작업 중 그런 능력이 중요했던 사례는 행렬들에 대한 map_view였다. 맵 뷰의 한 성분을 조회하면, 대상 행렬의 한 성분에 단항 함수자를 적용한 결과가 반환된다. 예를 들어 A에 대한 negate_view의 i열 j행 성분을 조회하면 $-a_{ij}$가 반환된다. 이런 예들은 선형대수에 특화된 것이지만, 다른 영역에서도 객체에 대한 이와 비슷한 뷰들이 유용할 것이다.

아마 다른 여러 프로젝트도 이런 뷰 기능을 이미 갖추었을 것이라고 짐작할 수 있다. 이런 기능은 흔히 가상 함수로 구현되는데, 가상 함수를 사용하는 것이 다른 방법보다 훨씬 쉽기 때문이다. 그렇지만 그런 구현은 간접 함수 호출 때문에 속도가 느리다. 물론 가상 함수에 의한 성능 손실이 감내할 수준이라면 굳이 구현을 바꿀 필요는 없을 것이다.

이번 절에서는 가상 함수 없이 다수의 뷰를 제공하는 기법을 예제와 함께 소개한다. 핵심은 대상 행렬 형식 Matrix와 단항 함수자 형식 Functor로 매개변수화되는 클래스 템플릿 map_view이다. 개별 뷰 클래스마다 동일한 코드를 반복해서 작성하는 일을 피하기 위해, 뷰 기능과 관련한 모든 연산자와 메서드를 이 map_view에서 한 번만 구현한다.

```
template <typename Matrix, typename Functor>
struct map_view { ... };
```

이제 적절한 함수자 형식을 지정한 map_view를 상속함으로써, 비례(scaling), 증가, 켤레, 부정 등등 원하는 사상(mapping)을 구현하는 뷰 클래스를 손쉽게 작성할 수 있다. 다음은 행렬 성분의 부정을 돌려주는 뷰의 예이다.

```
template <typename Matrix>
struct negate_view
  : map_view<Matrix, negate_functor>
{
   // ... 생성자 구현 또는 상속 ...
};
```

C++03에서는 뷰 클래스마다 관련 형식 특질들을 일일이 특수화해야 했다. 당시 이는 일반적 라이브러리들에서 가장 덜 일반적인(least generic) 측면이었다. 다른 모든 것은 어떤 방식으로든 재사용할 수 있었지만, 형식 특질만큼은 여러 번 되풀이해서(예를 들어 map_view를 파생한 모든 뷰 클래스마다 한 번씩) 구현해야 했다.

C++11부터 그런 장황한 선언을 제거할 여지가 생겼다. 간단한 사례들부터 살펴보자. 많은 경우 상속을 이용해서 새 맵 뷰 클래스를 작성하는 기법은 typedef의 제한된 표현력을 극복하기 위한 차선책이었을 뿐이다. C++11에서 도입된 템플릿 별칭 기능(§3.4.6) 덕분에, 이제는 모든 뷰 클래스를 직접 정의할 수 있다(함수자가 기본 생성자를 제공한다는 조건하에서). 다음이 그러한 예이다.

```
template <typename Matrix>
using abs_view= map_view<Matrix, abs_functor>;
```

abs_view는 새로운 형식이 아니라 기존 형식의 또 다른 이름(별칭)일 뿐이므로, abs_view에 대해 형식 특질들을 다시 특수화할 필요는 없다. map_view의 특수화들이 그대로 적용된다.

이 맥락에서 유용한 또 다른 현대적 C++ 기능은 람다 표현식이다. 람다 표현식을 이용하면 새 맵 뷰를 즉석에서 생성할 수 있다. 다음은 행렬의 모든 성분을 일정한 비율(factor 변수)로 비례시키는 예이다.

```
template <typename Matrix, typename Functor>
map_view<Matrix, Functor> map(const Matrix& A, Functor f)
{
    return {A, f};
}

int factor= 7;
dense_matrix<int> A;
auto B= map(A, [factor](int x){ return factor * x; });
```

앞의 템플릿 별칭 예제처럼, 이 예제 역시 새로운 형식을 만드는 것이 아니라 map_view를 인스턴스화할 뿐이다. 따라서 형식 특징들은 객체 B의 형식에 대해서도 잘 작동한다.

이상의 두 기법을 결합하면 추가적인 형식 특질 특수화 없이도 다수의 뷰들을 생성할 수 있다. 더 나아가서, C++14의 일반적 람다와 함수 반환 형식 연역 같은 기능을 이용하면 모든 가능한 뷰 용법을 포괄할 수 있을 것이다.

그렇긴 하지만, 실제로 새로운 형식을 정의해서 객체를 만들어야 할 때도 있다. 기본 생성자를 제공하지 않는 함수자로 뷰를 만들려면 상속을 이용해서 새로운 형식을 정의해야 한다. 한 예로, 다음 코드는 앞의 비례 뷰를 명시적인 형식을 이용해서 생성한다.

```
struct scale_functor
{
    scale_functor(int factor) : factor{factor} {}
    int operator()(int x) const { return factor * x; }
    int factor;
};

template <typename Matrix>
struct scale_view
  : map_view<Matrix, scale_functor>
{
    scale_view(const Matrix& A, int factor) : A{A}, f{factor} {}
    const Matrix& A;
    scale_functor f;
};
```

짧은 코드를 위해 factor와 x에 대한 (다른) 템플릿 매개변수들은 생략했다.

이 map_view 구현이 작동하려면 원하는 행렬 형식들에 대한 is_matrix를 명시적으로 선언해야 한다. 이와 관련한 부담을 줄이는 한 방법은 각 행렬 형식으로 is_matrix를 중복적재하되 그 반환 형식을 형식 특질로 사용하는 것이다. 예전처럼, 명시적으로 행렬 형식임을 선언하지 않은 형식들은 모두 행렬이 아닌 것으로 간주한다.

```
template <typename T>                          // #1
std::false_type is_a_matrix(const T&);

template <typename T>
using is_matrix= decltype(is_a_matrix(std::declval<T>()));
```

필요한 것은 반환 형식뿐이고 어차피 declval을 인수로 해서 함수를 호출할 수는 없으므로, 정의(함수의 본문) 없이 선언만 했다.

C++14 C++14에서는 다음처럼 템플릿 변수를 사용할 수도 있다.

```
template <typename T>
constexpr bool is_matrix_v=
    decltype(is_a_matrix(std::declval<T>()))::value;
```

이제 실제 행렬 형식들에 대해 is_a_matrix를 중복적재하면 준비가 끝난다.

```
template <typename Value>                          // #2
std::true_type is_a_matrix(const dense_matrix<Value>&);

template <typename Matrix, typename Functor>  // #3
std::true_type is_a_matrix(const map_view<Matrix, Functor>&);
```

그러나 안타깝게도 이 새 구현 역시 파생 클래스들에 대해서는 정확한 형식 특질을 제공하지 못한다.

```
int is not a matrix.
dense_matrix<int> is a matrix.
negate_view<dense_matrix<int> > is not a matrix.
```

이 문제는 중복적재 해소의 우선순위 때문이다. negate_view 객체로 is_a_matrix를 호출할 때 부합 가능한 후보는 두 개이다. 하나는 가장 일반적인 템플릿 함수(#1)이고 다른 하나는 임의의 map_view에 대한, 좀 더 구체적인 템플릿(#3)이다. 언뜻 생각하면 컴파일러가 좀 더 구체적인 #3을 선택할 것 같지만, 실제로는 그렇지 않다. 이 상황에서 중복적재 해소의 우선순위는 다음과 같다.

1. 완벽한 부합(매개변수 형식과 인수 형식이 정확히 일치하는 버전)
2. 템플릿 인스턴스화
3. 암묵적 변환

#1은 T에 negate_view <dense_matrix<int> >를 대입하기만 하면 해당 호출과 부합하지만, #3은 먼저 인수를 map_view <dense_matrix<int>, negate_view>로 변환한 후 형식 매개변수 Matrix와 Functor에 구체적인 형식들을 대입하고 나서야 비로소 호출과 부합한다. 그래서 컴파일러는 #1을 선택하며, 결과적으로 negate_view <dense_matrix<int> >는 행렬 형식이 아닌 것으로 간주된다.

모든 뷰에 대해 #3이 호출되게 하려면, #1을 모든 가능한 인수 형식과 부합하면서도 암묵적 변환보다 중복적재 해소 순위가 낮은 무언가로 바꾸어야 한다.

C++에서 이 조건을 충족하는 데 사용할 수 있는 기능이 하나 있긴 하지만, 안타깝게도 그 기능은 매크로나 goto, void*와 동급으로 취급되는 사악한 기능이다. 그 기능이란 다름 아닌 가변 인수 줄임표(...)이다. 줄임표는 임의의 형식, 임의의 개수의 인수들과 부합하며, C++ 표준은 그 인수들을 처리하는 데 사용할 수 있는 매크로들을 제공한다. 매개변수들을 줄임표로 선언한 함수는 호출에 주어진 인수들의 형식에 관해 아무것도 알지 못한다. 심지어 인수가 몇 개인지도 알 수 없다. 따라서 인수 개수를 호출자가 지정해야 하며, 함수는 실행 시점에서 그 인수 개수를 이용해서 인수들을 처리해야 한다. 인수들에 관한 정보가 잘못되었을 때 프로그램의 행동은 정의되지 않는다.

이런 기능을 이용하는 대표적인 예가 printf 함수이다. printf에서 인수들의 형식과 개수에 관한 정보는 서식 문자열(format string)을 통해서 간접적으로만 주어진다. 최근 컴파일러들은 가능한 경우에는 서식 문자열과 나머지 인수들 사이의 일관성을 점검해 주지만, 서식 문자열이 실행 시점에서 만들어지는 경우에는 그런 점검이 애초에 불가능하다. 서식 문자열에 사소한 오타가 하나만 있어도 심각한 문제가 발생할 수 있다. 예를 들어 int 값을 문자열로 출력하려 들면 프로그램이 충돌할 가능성이 크다. 그런 경우 int 값은 하나의 주소로 간주되며, 프로그램은 그 주소에서 문자들을 읽어서 화면에 출력하려 한다. 그러다 보면 구역 위반 오류(segmentation fault)가 발생하게 된다.

요약하자면, 함수가 인수들을 줄임표로 받게 하는 것은 극히 위험한 접근 방식이다. 그렇지만 지금 예제에서는 중복적재된 함수의 반환 형식만 알면 되고 함수를 실제로 호출하지는 않는다. 즉, is_a_matrix는 주어진 인수들에 전혀 접근하지 않는다. 따라서 이번만큼은 줄임표를 사용해도 안전하다. 다른 코드는 그대로 두고 #1만 다음으로 대체하면 문제가 해결된다.

```
std::false_type is_a_matrix(...); // #1
```

이제 모든 뷰가 행렬로 간주된다.

```
int is not a matrix.
dense_matrix<int> is a matrix.
negate_view<dense_matrix<int> > is a matrix.
```

대규모 프로젝트에서는 모든 클래스와 클래스 템플릿에 대해 선행 선언을 제공하는 것이 권장된다. 그런 경우에는 클래스들을 실제로 정의(구현)하지 않고도 형식 특질들을 구현할 수 있다(심지어는 함수 중복적재 스타일로도 가능). 이는 헤더 파일들 사이의 순환 의존성을 피하는 데 도움이 된다.

지금까지 살펴본 기법이 처음에는 이전의 템플릿 특수화 기반 기법보다 복잡해 보일 것이다. 그러나 대규모 프로젝트에서는 파생 클래스들에 대해 형식 특질들을 되풀이해서 정의하는 부담을 줄일 수 있다는 점이 더 크게 작용한다. 게다가 람다를 함수자로 사용해서 새 클래스를 생성할 수 있으므로, 응용 프로그램의 기능성을 아주 손쉽게 확장할 수 있다.

6.7 연습문제

6.7.1 중복 없는 마름모꼴 위계구조

§6.3.2의 마름모꼴 위계구조를 구현하되, 각 객체의 정보를 출력했을 때 이름이 한 번만 출력되게 하라. 파생 클래스들에서 all_info()와 my_info()를 구분하고 두 함수를 적절히 호출해야 한다.

6.7.2 상속을 이용한 벡터 클래스 구현

제2장의 벡터 예제를 상속을 이용해서 재구현하라. 멤버 변수 size와 메서드 operator()가 있는 기반 클래스 vector_expression을 작성하고, 그로부터 vector 클래스를 파생하라. 또한, 모든 성분이 1인 벡터를 나타내는 ones라는 클래스를 역시 vector_expression에서 파생하라.

6.7.3 템플릿 벡터의 예외 지원

이 연습문제에서는 제3장의 템플릿 벡터 구현(c++11/vector_template.cpp)를 좀 더 견고하게 만든다. check_index와 check_size에서 assert 매크로를 제거하고, 적절한 예외를 던지는 코드를 추가하라. 여기서 '적절한'은 의미 있는 내부 구조를 가진 예외 클래스들을 std::exception 또는 std::exception의 하위 클래스를 상속해서 만들고 사용하라는 뜻이다. 테스트 코드와 예외 클래스들을 더 많이 추가해도 좋다.

6.7.4 던져진 예외 잡기

세심한 소프트웨어 개발자는 전형적이고 정확한 프로그램 코드 조각들이 잘 작동하는지를 검사할 뿐만 아니라, 잘못된 코드 조각에서 문제점이 잘 검출되는지도 검사한다. 그런 부정적 테스트는 assert나 static_assert로는 구현하기가 쉽지 않지만, 예외를 이용하면 좀 더 우아하게 구현할 수 있다. 연습문제 6.7.3의 구현에 대한 부정적 테스트라면, 예를 들어 크기와 색인에 대한 제약이 위반되었을 때 적절한 예외가 던져지는지 확인하면 될 것이다.

좀 더 구체적으로, try 블록에서는 특정한 예외(크기 불일치 등)를 던지는 문장과 "예외를 놓쳤음"을 뜻하는 어떤 형식(이를테면 missing_exception 형식)의 예외를 던지는 문장을 둔다. 그리고 try 블록 다음에는 첫 문장이 던지는 예외를 잡아서 적절한 메시지("예외가 발생했지만 잘 처리했음" 등)를 출력하는 catch 절 하나만 둔다. 다른 예외(missing_exception)는 잡히지 않으므로, 그 예외가 발생하면 결과적으로 프로그램이 강제로 종료된다. 따라서 이 테스트 프로그램은 해당 문장이 예상된 예외를 던진 경우에만 정상적으로 실행된다.

의욕이 있는 독자는 여기서 한 걸음 더 나아가서, 예상된 예외 형식과 try 블록에서 호출할 무항 함수 객체를 받는 일반적 테스트 함수를 구현해 보아도 좋을 것이다. 예상된 예외 형식은 템플릿 인수로 받되, 컴파일러가 연역하게 하지 않고 호출자가 명시적으로 지정하게 해야 한다. 무항 함수는 람다 표현식으로 지정하는 경우가 많을 것이다. 이는 대단히 유용한 테스트 도구이며, 필자도 실제 업무에서 이런 도구를 자주 사용한다.

6.7.5 복제 함수

clone()이라는 멤버 함수의 구현을 제공하는 CRTP 클래스를 작성하라. 멤버 함수 clone()은 자바의 clone()처럼 현재 객체의 복사본을 생성해야 한다. 메서드의 반환 형식은 반드시 복제된 객체의 형식과 일치해야 한다.

7장

D i s c o v e r i n g M o d e r n C + +

과학 프로젝트

이론과 실제의 차이는 이론보다 실제에서 더 크다.

—틸마어 쾨니히Tilmar König

이전 장들에서는 C++의 언어적 기능들에 초점을 두고, 비교적 작고 인위적인 예제들을 통해서 그 기능들의 바람직한 활용 방법을 살펴보았다. 이 책의 마지막 장인 제7장에서는 좀 더 큰 프로젝트를 구축하는 방법을 익히는 데 도움이 되는 내용을 제공한다. 여러 라이브러리의 연동(interoperation) 문제를 다루는 이번 장의 첫 절(§7.1)은 필자의 친구인 마리오 물란스키Mario Mulansky가 작성했다. 첫 절에서는 다른 여러 라이브러리와 아주 밀접한 방식으로 매끄럽게 연동하는 일반적 라이브러리인 Boost.odeint의 내부를 들여다본다. §7.2에서는 C++ 프로그램의 조직화와 구축에 초점을 둔다. §7.2.1에서는 프로그램 소스 코드와 라이브러리 파일을 이용해서 실행 파일을 만드는 과정에 관한 몇 가지 배경지식을 살펴보고, §7.2.2에서는 그런 과정을 돕는 여러 도구를 소개하고, §7.2.3에서는 프로그램 소스 코드를 다수의 파일로 적절히 분산하는 방법을 고찰한다. 마지막으로 §7.3에서는 C++20의 주요 기능인 모듈을 간략하게나마 소개한다.

7.1 상미분방정식 해법의 구현

마리오 물란스키Mario Mulansky

이번 절에서는 수치 라이브러리(numerical library)를 설계하는 과정의 주요 단계들을 따라가 본다. 이번 절의 초점은 완결적인 수치 기능을 구현하는 것이 아니라, 최고의 일반성을 보장하는 견고한 설계에 도달하는 방법을 독자에게 제시하는 것이다. 이를 위해 **상미분방정식**(ordinary differential equation, ODE)의 해를 구하는 수치 알고리즘을 예로 든다. 제3장에서처럼 이번에도 일반적 프로그래밍을 이용해서 구현의 범용성을 최대화하고자 한다. 먼저 상미분방정식을 푸는 알고리즘의 수학적 배경을 간략하게나마 소개한 후, 구현을 구성하는 개별 요소들을 식별하고 그 구성요소들을 하나씩 구현해 나가기로 하겠다. 일반적 라이브러리의 설계에 관한 이번 절의 상세한 예제를 잘 공부하고 나면, 다른 수치 알고리즘들에도 이번 절의 기법을 적용할 수 있게 될 것이다.

7.1.1 상미분방정식

흔히 ODE로 표기하는 상미분방정식은 물리, 생물, 화학, 사회적 과정을 모형화하는 데 쓰이는 근본적인 수학 도구이다. 그런 만큼 ODE는 과학과 공학에서 가장 중요한 개념 중 하나이다. 몇몇 간단한 문제를 제외할 때, ODE를 풀려면 수치 알고리즘을 이용해서 근사해(approximate solution)를 구하는 것이 최선인 경우가 많다. 이번 절에서는 범용 ODE 해법(solver)의 하나인 룽게-쿠타-4(Runge-Kutta-4) 알고리즘을 일반적 라이브러리의 형태로 구현한다. 룽게-쿠타-4 알고리즘은 간단하고도 견고한 덕분에 널리 쓰이고 있다.

일반적으로 ODE는 독립변수 t의 함수 $x(t)$와 그것의 도함수 x', x'',...들을 포함하는 하나의 방정식이다.

$$F(x, x', x'', \ldots, x^{(n)}) = 0. \tag{7.1}$$

식 7.1은 음함수 형태(implicit form)의 ODE들까지 포함하는 가장 일반적인 형태의 방정식이다. 그렇지만 이번 절에서는 **양함수 형태**(explicit form)의 ODE만 고려한다. 양함수 ODE란 $x^{(n)} = f(x, x', x'', ..., x^{(n-1)})$ 형태의 ODE를 말하는데, 이런 형태가 수치적으로 풀기가 훨씬 쉽다. ODE에는 **계수**(order)가 있다. 주어진 ODE의 최고계 도함수(계수가 가장 높은 도함수)의 계수가 곧 ODE의 계수이다. 그런데 모든 n계 ODE는 n개의 1계 ODE들로 이루어진 연립방정식으로 쉽사리 변환할 수 있다. 따라서, n계 ODE를 풀려면 1계 미분방정식들만 고려하면 된다. 이번 절에서 제시하는 수치 루틴들은 모두 초깃값 문제(initial value problem, IVP)를 다룬다. 초깃값 문제란 시작점 $x(t = t_0) = x_0$에서 출발해서 x의 값을 구하는 ODE를 말한다. 정리하자면, 이번 절에서 수치적으로 풀고자 하는 문제를 수식으로 표현하면 다음과 같다.

$$\frac{\mathrm{d}}{\mathrm{d}t}\vec{x}(t) = \vec{f}(\vec{x}(t), t), \qquad \vec{x}(t = t_0) = \vec{x}_0. \tag{7.2}$$

여기서 $\vec{x}$라는 표기는 x가 다차원 벡터일 수 있음을 뜻한다. 보통의 경우 ODE는 실숫값 변수들에 대해 정의된다. 즉, $\vec{x} \in \mathbb{R}^N$이다. 그렇지만 $\vec{x} \in \mathbb{C}^N$인 복소

ODE를 푸는 것도 가능하다. 함수 $\vec{f}(\vec{x},t)$를 ODE의 우변(right-hand side, RHS)이라고 부른다. 물리학에서 가장 간단한 ODE의 예는 **조화 진동자**(harmonic oscillator)일 것이다. 예를 들어 점 질량(point mass)이 달린 용수철이 조화 진동자이다. 다음은 그런 물리계를 서술하는 뉴턴의 운동 방정식이다.

$$\frac{\mathrm{d}^2}{\mathrm{d}t^2}q(t) = -\omega_0^2 q(t). \tag{7.3}$$

여기서 $q(t)$는 질량의 위치이고 ω_0은 진동수(oscillation frequency)이다. 진동수는 $w_0 = \sqrt{k/m}$로 정의된다. 즉, 이것은 질량 m과 용수철 강도(stiffness) k의 함수이다. $\vec{x} = (q,p)^T$이라 할 때 $p = \mathrm{d}q/\mathrm{d}t$로 두고 몇 가지 초기 조건(이를테면 $q(0) = q_0$, $p(0) = 0$)을 도입하면 이 운동 방정식을 식 7.2 같은 양함수 ODE로 만들 수 있다. 미분을 $\dot{\vec{x}} := \mathrm{d}\vec{x}/\mathrm{d}t$로 줄여서 표기하고 명시적인 시간 의존성들을 생략하면 다음 공식이 나온다.

$$\dot{\vec{x}} = \vec{f}(\vec{x}) = \begin{pmatrix} p \\ -\omega_0^2 q \end{pmatrix} \qquad \vec{x}(0) = \begin{pmatrix} q_0 \\ 0 \end{pmatrix}. \tag{7.4}$$

식 7.4의 $\vec{f}$가 독립변수 t에 의존하지 않음을 주목하자. 이 때문에 식 7.4는 **자율적**(autonomous) ODE가 된다. 또한, 이 예제에서 독립변수 t는 시간을 나타내고 $\vec{x}$는 위상공간(phase space)의 한 점을 나타낸다는 점도 기억하기 바란다. 따라서 ODE의 해 $\vec{x}(t)$는 조화 진동자의 **궤적**(trajectory; 또는 자취)이다. 이는 물리 ODE에서 흔한 상황이며, 애초에 변수 이름을 t와 $\vec{x}$로 선택한 이유이다.[1]

식 7.4의 조화 진동자에 대해서는 IVP의 해를 해석적으로[†] 구할 수 있다. $q(t) = q_0 \cos \omega_0 t$이고 $p(t) = -q_0 \omega_0 \sin(\omega_0 t)$이다. 그러나 좀 더 복잡한 비선형 ODE는 해석적으로 풀 수 없을 때가 많다. 그런 경우에는 수치적 방법을 이용해서 근사해를 구할 수밖에 없다. 그런 비선형 ODE의 구체적 예는 **혼돈 동역학**(chaotic dynamics; 또는 카오스적 동역학) 행동을 보이는 일단의 복잡계들이다.[52] 혼돈 동역학계의 궤적은 해석적 함수들로는 서술할 수 없다. 이 분야에서 가장 먼저 연구된 모형 중 하나로 로렌츠 계(Lorenz system)가 있다. 로렌츠 계는 $\vec{x} = (x_1, x_2, x_3)^T \in \mathbb{R}^3$에 대해 다음과 같은 수식으로 정의되는 3차원 ODE이다.

1 수학에서는 독립변수를 x로, 해를 $y(x)$로 표기할 때가 많다.

† [옮긴이] '해석적(analytical)'은 대수 법칙들을 이용해서 연역적으로 참값(정확해) 또는 참값의 공식을 구하는 것을 말한다. 반면 '수치해석적' 또는 '수치적(numerical)'은 반복적인(iterative) 또는 발견법적인(heuristic) 수치 계산 과정을 통해서 근사해를 구하는 것을 말한다.

$$\begin{aligned}\dot{x}_1 &= \sigma(x_2 - x_1)\\ \dot{x}_2 &= Rx_1 - x_2 - x_1x_3 \\ \dot{x}_3 &= x_1x_2 - bx_3.\end{aligned} \tag{7.5}$$

여기서 $\sigma, R, b \in \mathbb{R}$은 이 계의 매개변수(parameter)들이다. 그림 7-1은 $\sigma = 10$, $R = 28$, $b = 10/3$(흔히 쓰이는 설정이다)에 대한 이 계의 궤적을 나타낸 것이다. 이 매개변수 값들에 대해 로렌츠 계는 그림 7-1의 궤적과 같은 모습의, 소위 **기이한 끌개**(strange attractor; 또는 chaotic attractor)로 행동한다.

이런 해는 해석적으로 구하는 것이 불가능하다. 그러나 우변 $\vec{f}$가 특정한 조건들을 충족할 때 유일한 해가 존재하는 경우들이 수학적으로 증명되었다. 예를 들어 피카르-린델뢰프 정리(Picard-Lindelöf theorem)에 따르면, $\vec{f}$가 립시츠 연속 함수(Lipschitz-continuous function)일 때 유일한 해가 존재한다.[68] ODE가 이 조건을 충족하며 유일한 해가 존재한다면(거의 모든 실제 문제에서 그렇다), 알고리즘 루틴을 적용해서 그 해의 수치적 근사를 구할 수 있다.

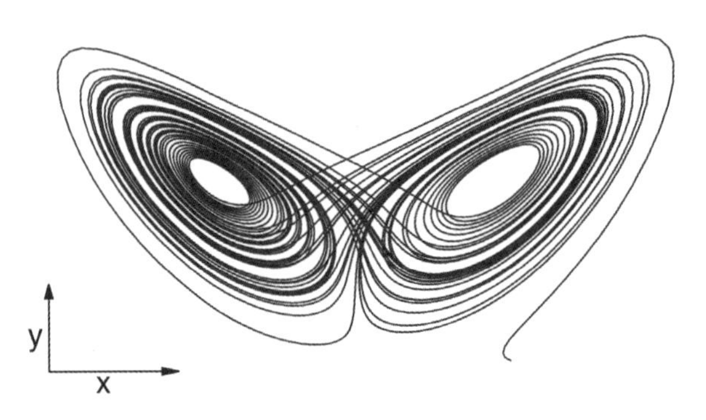

그림 7-1 매개변수 $\sigma = 10$, $R = 28$, $b = 10/3$에 대한 로렌츠 계의 혼돈 궤적

7.1.2 룽게-쿠타 알고리즘

상미분방정식의 초깃값 문제를 푸는 데 가장 흔히 쓰이는 범용적인 방법(method 또는 scheme)은 소위 **룽게-쿠타 방법**(Runge-Kutta method)[28]이다. 여기서는 구현하기도 쉽고 GPU에도 잘 맞는 **양함수** 룽게-쿠타 방법에 초점을 둔다. 룽게-쿠타 방법은 시간 이산화(temporal discretization)를 이용해서 IVP의 근사해를 계산하는 반복적 1단계 방법들을 아우르는 용어이다. 여기서 시간 이산화란 근사해를 시점(time point) t_n에서 평가한다는 뜻이다. 이 예제에서는 시간 t_n에서의 해 $x(t_n)$의 수치 근사를 $\tilde{x}_n$으로 표기한다. 가장 간단하면서 가장 흔히 쓰이는 시간 이산화 방법은 고정된 단계 크기 Δt를 사용하는 등간격 이산화

(equidistant discretization)이다. 등간격 이산화에서 수치적 근사해를 다음과 같이 표현할 수 있다.

$$\vec{x}_n \approx \vec{x}(t_n), \quad \text{여기서 } t_n = t_0 + n \cdot \Delta t. \tag{7.6}$$

근사점(approximate point) $\vec{x}_n$은 수치 알고리즘을 이용해서 순차적으로 구할 수 있다. 다음은 그러한 수치 알고리즘의 가장 일반적인 형태이다.

$$\vec{x}_{n+1} = \vec{F}_{\Delta t}(\vec{x}_n). \tag{7.7}$$

여기서 사상(mapping) $\vec{F}_{\Delta t}$는 하나의 수치 알고리즘을 대표한다. 이런 수치 알고리즘으로 유명한 것이 룽게-쿠타 방법이라고도 부르는 룽게-쿠타-4 알고리즘, 줄여서 **RK4** 알고리즘이다. $\vec{x}_n$에 대해 RK4의 갱신 공식을 한 번 반복하면 $\vec{x}_{n+1}$이 나온다(시간 단계는 Δt로 고정). 근사해의 오차의 차수(규모)가 최대 $m+1$인 수치 알고리즘을 가리켜 m차 알고리즘이라고 부른다.

$$\vec{x}_1 = \vec{x}(t_1) + O(\Delta t^{m+1}). \tag{7.8}$$

여기서 $\vec{x}(t_1)$은 초기 조건 $\vec{x}(t_0) = \vec{x}_0$에서 시작했을 때의, t_1에서의 ODE의 정확해(exact solution)이다. 따라서 m은 수치 알고리즘의 **단계 하나**의 정확도 차수이다.

그러한 이산 궤적 $x_1, x_2, \ldots$을 계산하는 가장 기본적인 수치 알고리즘은 **오일러 방법**(Euler method)이다. 오일러 방법에서 $F_{\Delta t}(\vec{x}_n) := \vec{x}_n + \Delta t \cdot \vec{f}(\vec{x}_n, t_n)$이다. 즉, 오일러 방법에서는 현재 근사해로부터 다음 단계의 근사해를 다음 공식으로 얻는다.

$$\vec{x}_{n+1} = \vec{x}_n + \Delta t \cdot \vec{f}(\vec{x}_n, t_n). \tag{7.9}$$

그런데 이 방법은 정확도 차수가 $m = 1$밖에 되지 않아서 실용적인 가치가 없다. 중간 점들을 도입하면, 즉 하나의 단계(step)를 여러 개의 부분단계(stage)로 분할하면 정확도 차수를 높일 수 있다. 예를 들어 RK4는 부분단계 수가 4이고($s = 4$)이고 정확도 차수도 4이다($m = 4$). RK4는 다음과 같이 정의된다.

$$\begin{aligned}
\vec{x}_{n+1} &= \vec{x}_n + \frac{1}{6}\Delta t \cdot (\vec{k}_1 + 2\vec{k}_2 + 2\vec{k}_3 + \vec{k}_4), \quad \text{여기서} \\
\vec{k}_1 &= \vec{f}(\vec{x}_n t_n), \\
\vec{k}_2 &= \vec{f}\left(\vec{x}_n + \frac{\Delta t}{2}\vec{k}_1,\ t_n + \frac{\Delta t}{2}\right), \\
\vec{k}_3 &= \vec{f}\left(\vec{x}_n + \frac{\Delta t}{2}\vec{k}_2,\ t_n + \frac{\Delta t}{2}\right), \\
\vec{k}_4 &= \vec{f}(\vec{x}_n + \Delta t\,\vec{k}_3,\ t_n + \Delta t).
\end{aligned} \tag{7.10}$$

중간 결과 $\vec{k}_i$들을 구하는 계산들이 이전 하위단계 결과 $\vec{k}_{j<i}$들에 의존함을 주목하자.

좀 더 일반적으로, 룽게-쿠타 방법들은 하위단계 수 s와 일단의 매개변수 $c_1 \ldots c_s$, a_{21}, a_{31}, a_{32}, ..., $a_{s\,s-1}$, $b_1 \ldots b_s$로 정의된다. 다음 근사해 x_{n+1}을 계산하는 알고리즘은 다음과 같이 정의된다.

$$x_{n+1} = x_n + \Delta t \sum_{i=1}^{s} b_i k_i, \quad \text{여기서} \quad k_i = f(x_n + \Delta t \sum_{j=1}^{i-1} a_{ij} k_j,\ \Delta t\, c_i). \qquad (7.11)$$

매개변수 집합 $a_{i,j}$, b_i, c_i는 소위 부처 타블로[Butcher tableau](그림 7-2)로 정의된다. 이 매개변수 집합들은 주어진 특정한 룽게-쿠타 방법을 완전히 서술한다. 그림 7-2의 (b)는 식 7.11의 RK4 방법을 위한 부처 타블로이다.

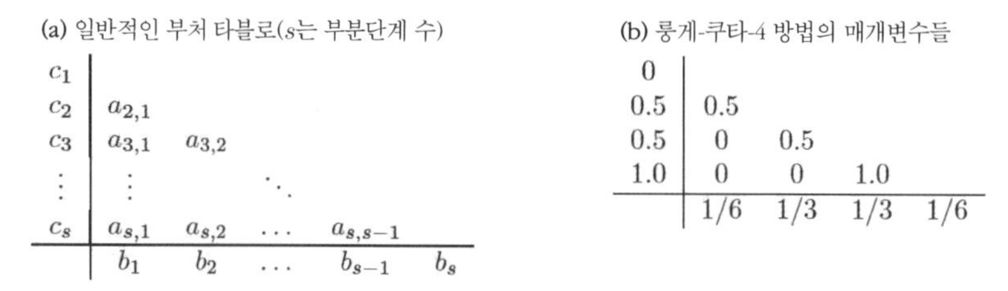

(a) 일반적인 부처 타블로(s는 부분단계 수)

c_1					
c_2	$a_{2,1}$				
c_3	$a_{3,1}$	$a_{3,2}$			
$\vdots$	$\vdots$		$\ddots$		
c_s	$a_{s,1}$	$a_{s,2}$	$\cdots$	$a_{s,s-1}$	
	b_1	b_2	$\cdots$	b_{s-1}	b_s

(b) 룽게-쿠타-4 방법의 매개변수들

0				
0.5	0.5			
0.5	0	0.5		
1.0	0	0	1.0	
	1/6	1/3	1/3	1/6

그림 7-2 부처 타블로

7.1.3 일반적 구현

앞에서 소개한 룽게-쿠타 방법을 C++로 직접 구현하는 것은 그리 어렵지 않다. 예를 들어 상태 $\vec{x}$와 도함수 $\vec{k}_n$들을 `std::vector<double>`로 표현하고, 템플릿 함수를 이용해서 우변 함수 $\vec{f}(\vec{x}, t)$에 어느 정도의 일반성을 부여할 수 있다. 목록 7-1은 앞에서 소개한 오일러 방법의 직접적인 구현이다. 간결한 코드를 위해 오일러 방법을 예로 들었지만, 좀 더 복잡한 룽게-쿠타 방법도 이와 비슷한 방식으로 구현할 수 있다.

목록 7-1 오일러 방법의 기본 구현

```
using state_type= std::vector<double>;

template <typename System>
void euler_step(System system, state_type& x,
                const double t, const double dt)
{
    state_type k{x.size()};
    system(x, k, t);
    for(int i= 0; i < x.size(); ++i)
```

```
        x[i]+= dt * k[i];
}
```

ODE의 우변 함수를 대표하는 system을 이처럼 템플릿 함수로 정의하는 것만으로도 어느 정도의 일반성이 생긴다. euler_step 함수의 system 매개변수는 함수 포인터뿐만 아니라 함수자와 C++ 람다 객체도 받아들인다. system(x, dxdt, t)의 형태로 호출했을 때 dxdt에 대한 도함수를 돌려주는 것이면 그 어떤 것이라도 system이 될 수 있다.

그런데 이 구현이 많은 문제에서 완벽하게 잘 작동하지만, 몇몇 비표준적인 상황에서는 심각한 한계를 노출한다. 예를 들어 다음과 같은 요소들이 끼어드는 상황을 생각해 볼 수 있을 것이다.

- 통상적이지 않은 상태 형식들—예를 들어 고정 크기 배열(std::array)을 사용하면 성능이 향상될 수도 있다.
- 복소수에 대한 ODE.
- 비표준적 컨테이너—예를 들어 복잡 네트워크(complex network)에 대한 ODE.
- double보다 수치의 정밀도가 높아야 하는 경우.
- 병렬화가 가능한 경우(이를테면 OpenMP나 MPI를 이용해서).
- GPGPU 장치를 활용할 수 있는 경우.

이제부터는 이러한 상황들에도 잘 대처할 수 있도록 목록 7-1의 구현을 좀 더 일반화한다. 이를 위해서는 먼저 룽게-쿠타 방법들의 필수 계산 요건(computational requirement)들을 식별하고 각각의 요건을 해결해야 한다. 이들을 모두 해결하고 나면, 룽게-쿠타 알고리즘들의 고도로 모듈화된 구현이 만들어진다. 이러한 구현에서는 계산의 특정 부분을 적절히 갈아 끼움으로써 앞에서 언급한 비표준적인 상황들에서도 해를 구할 수 있는 ODE 해법을 제공할 수 있다.

7.1.3.1 필수 계산 요건

오일러 방법의 기본 구현(목록 7-1)을 좀 더 일반화하려면 알고리즘과 구현 세부 사항을 분리할 필요가 있다. 이를 위해서는 먼저 오일러 방법에 관여하는 계산 요건들을 식별해야 한다. 식 7.9와 식 7.10을 목록 7-1의 오일러 방법 기본 구현과 대조해 보면 계산에 꼭 필요한 요소 몇 가지를 찾아낼 수 있다.

먼저, 코드로 표현할 수학적 대상들이 있다. ODE의 상태 변수 $\vec{x}(t)$와 독립 변수 t, 그리고 룽게-구타 방법의 상수(매개변수) a, b, c가 바로 그것이다. 목록 7-1에서는 `std::vector<double>`과 `double`을 사용했지만, 일반적 구현에서는 이 형식들을 템플릿 매개변수로 두어야 한다. 둘째로, 중간 결과 $\vec{k}$들을 저장하기 위해서는 메모리를 할당해야 한다. 더 나아가서, 고차원 상태 변수의 경우 다수의 요소를 반복(iteration)해야 하며, 상태 변수 x_i의 요소들과 독립변수 t, Δt, 수치 상수 a, b, c가 관여하는 스칼라 계산도 수행해야 한다. 요약하자면, 앞에서 소개한 룽게-쿠타 방법을 위해서는 다음과 같은 계산 구성요소들이 필요하다.

1. 수학적 대상들의 표현
2. 메모리 관리
3. 반복
4. 기본 수치 산술 연산

계산 요건들을 식별했으니, 이 요건들 각각을 모듈화된, 교체 가능한 코드 조각으로 처리하는 일반적 구현을 설계해 보자.

7.1.3.2 모듈화된 알고리즘

모듈화된 설계에서는 앞에서 식별한 네 가지 요건 각각에 대해 개별적인 코드 구조를 도입한다. 먼저 수학적 대상들을 표현하는 데이터 형식들부터 살펴보자. 필요한 수학적 대상은 상태 변수 $\vec{x}$와 독립변수(시간) t, 알고리즘 매개변수 a, b, c이다(그림 7-2(a)). C++에서 어떠한 알고리즘을 임의의 형식에 대해 일반화하는 표준적인 접근 방식은 해당 형식을 템플릿 매개변수로 두는 것이다. 여기서는 상태 변수의 형식과 독립변수의 형식, 그리고 알고리즘 매개변수들의 형식을 템플릿 매개변수로 두어야 한다. 이 템플릿 매개변수들의 이름은 순서대로 `state_type`, `time_type`, `value_type`으로 하자. 목록 7-2는 이 템플릿 매개변수들을 갖춘, 룽게-쿠타-4 알고리즘을 위한 클래스의 정의이다. `value_type`과 `time_type`의 기본 인수를 `double`로 지정해 두었음을 주목하자. 따라서 대부분의 경우 사용자는 `state_type`만 지정하면 된다.

목록 7-2 템플릿 매개변수들을 갖춘 룽게-쿠타-4 해법 클래스

```
template <typename state_type,
          typename value_type= double,
          typename time_type= value_type>
class runge_kutta4 {
```

```
    // ...
};
using rk_stepper= runge_kutta4<std::vector<double> >;
```

다음으로, 메모리 할당 요건을 처리해 보자. 목록 7-1의 구현에서는 벡터 크기를 매개변수로 받는 std::vector의 생성자를 이용해서 메모리를 할당했다. 일반적 state_type에 대해서는 이런 방법을 사용할 수 없다. 예를 들어 사용자가 std::array를 상태 변수의 형식으로 사용하려 들 수도 있는데, std::array에는 크기를 받는 생성자가 없기 때문이다. 그래서 메모리 할당을 처리하는 resize라는 보조 템플릿 함수를 도입하기로 한다. 이 템플릿 함수는 사용자가 임의의 state_type으로 특수화할 수 있다. 목록 7-3에 std::vector를 염두에 둔 resize의 기본 구현과 std::array에 대한 특수화, 그리고 resize를 이용하도록 정의한 runge_kutta4 클래스가 나와 있다. 기본 구현은 상태 변수 in의 크기에 기반해서 상태 변수 out을 위한 메모리를 할당하지만, std::array에 대한 특수화는 아무 일도 하지 않음을 주목하자. 이 접근 방식은 이런 종류의 메모리 할당을 구현하는 가장 일반적인 방법이다. 예제에는 없지만, 이 접근 방식은 필요한 크기를 쉽게 구할 수 없는 희소 행렬 형식들도 지원한다. 목록 7-3의 크기 변경(resizing) 접근 방식은 목록 7-1의 비일반적 버전과 동일한 기능성을 제공할 뿐만 아니라, 메모리 관리를 runge_kutta4 클래스가 스스로 책임진다는 장점이 있다. 기본 구현은 resize와 size 메서드를 제공하는 모든 벡터 형식을 지원한다. 그 외의 형식이라면 사용자가 resize를 특수화하기만 하면 된다. 그러면 runge_kutta4 클래스가 적절히 메모리를 할당한다.

목록 7-3 메모리 할당

```
template <typename state_type>
void resize(const state_type& in, state_type& out) {
  // 표준 컨테이너들을 지원하는 기본 구현
  using std::size;
  out.resize(size(in));
}

// std::array에 대한 특수화
template <typename T, std::size_t N>
void resize(const std::array<T, N>& , std::array<T,N>& ) {
  /* 배열은 크기 변경이 필요 없음 */
}

template < ... >
```

```
class runge_kutta4 {
    // ...
    template <typename Sys>
    void do_step(Sys sys, state_type& x,
                 time_type t, time_type dt)
    {
        adjust_size(x);
        // ...
    }

    void adjust_size(const state_type& x) {
        resize(x, x_tmp);
        resize(x, k1);
        resize(x, k2);
        resize(x, k3);
        resize(x, k4);
    }
};
```

다음으로, ODE 우변의 함수 $\vec{f}(\vec{x},t)$를 계산하는 부분으로 넘어가자. 이 계산 요건은 이미 목록 7-1에서 충분히 일반적으로 구현했으므로, 더 고칠 것은 없다.

마지막으로, 수치 계산에 대한 추상을 찾아야 한다. 앞에서 언급했듯이 수치 계산에는 $\vec{x}$의 요소들에 대한 반복과 그 요소들에 대한 기본 산술 연산(덧셈, 곱셈)이 관여한다. 요소 반복과 기본 산술 연산을 각각 '대수(algebra)'와 '연산(operations)'이라고 부르는 두 코드 구조로 분리해서 처리하기로 한다. 대수 구조는 반복을 처리하고, 연산 구조는 산술 연산을 처리한다.

대수 구조부터 보자. RK4 알고리즘을 위해서는 `state_type`의 인스턴스 세 개를 반복하는 함수와 인스턴스 여섯 개를 반복하는 함수 가 필요하다. 보통의 경우 `state_type`은 `std::vector`나 `std::array`이므로, 대수 구조가 C++ 표준 컨테이너를 다룰 수 있게 만드는 것이 합리적이다. 기본적인 대수 구조를 최대한 일반적으로 만들기 위해, C++11에서 표준 라이브러리에 도입된 `std::begin` 함수와 `std::end` 함수를 사용하기로 한다.

목록 7-4에 표준 컨테이너를 위한 대수 구조의 구현인 `container_algebra`가 나와 있다. 이 `container_algebra` 클래스는 요소들을 훑으면서 산술 연산을 적용하는 `for_each`*n* 메서드들을 제공한다. 이 메서드들은 특정한 개수의 컨테이너 객체들과 요소별 산술 연산을 위한 함수 객체를 받는다. 그 호출 가능 객체가 앞에서 언급한 '연산' 구조에 해당하는데, 잠시 후에 보겠지만 이 함수 객체는 간단한 곱셈과 덧셈을 수행한다.

목록 7-4 컨테이너를 위한 대수 구조

```
struct container_algebra
{
    template <typename S1, typename S2, typename S3, typename Op>
    void for_each3(S1& s1, S2& s2, S3& s3, Op op) const
    {
        using std::begin;
        using std::end;

        auto first1= begin(s1);
        auto last1=  end(s1);
        auto first2= begin(s2);
        auto first3= begin(s3);
        for( ; first1 != last1; )
            op(*first1++, *first2++, *first3++);
    }
};
```

기본 수치 산술 요건의 마지막 조각은 대수 구조에서 반복하는 요소들에 대한 함수자들을 하나의 struct로 묶은 연산 구조이다. 목록 7-5가 그런 연산 구조의 예인데, 단순함을 위해 목록 7-4의 for_each3에 사용할 수 있는 함수자 scale_sum2 하나만 담았다. 그렇지만 예를 들어 for_each6에 사용할 수 있는 scale_sum5를 추가해서 연산 구조를 더욱 확장하는 것은 쉬운 일이다. 목록 7-5에서 보듯이, 연산 구조의 함수자는 해법의 매개변수들에 대응되는 일련의 멤버 변수 alpha1, alpha2,...과 곱셈 및 덧셈을 수행하는 함수 호출 연산자로 구성된다.

조언

목록 7-4는 using std::begin을 이용해서 std::begin을 현재 이름공간에 도입한 후 이름공간 한정사 없이 begin(x)로 호출한다. 이것이 일반적 라이브러리에서 std::begin 같은 자유 함수를 올바르게 사용하는 방법이다. 또한, 이런 방법에서는 컴파일러가 필요하다면 x의 형식과 동일한 이름공간에 정의된 begin 함수를 찾아서(§3.2.2에서 이야기한 ADL을 통해) 호출할 수 있다.

목록 7-5 연산 구조의 예

```
struct default_operations {
    template <typename F1= double, typename F2= F1>
    struct scale_sum2 {
        const F1 alpha1;
        const F2 alpha2;

        scale_sum2(F1 a1, F2 a2)
```

```
                : alpha1{a1}, alpha2{a2} { }

            template <typename T0, typename T1, typename T2>
            void operator()(T0& t0, const T1& t1, const T2& t2) const
            {
                t0= alpha1 * t1 + alpha2 * t2;
            }
        };
};
```

이제 룽게-쿠타-4 알고리즘을 구현하는 데 필요한 모든 부품이 갖추어졌다. 목록 7-6이 그러한 구현이다. 모든 부품이 템플릿 매개변수의 형태로 지정됨을 주목하자. 따라서 사용자가 얼마든지 자신의 요구에 맞게 커스텀화할 할 수 있다.

목록 7-6 일반적 룽게-쿠타-4 알고리즘 구현)

```
template <typename state_type, typename value_type= double,
          typename time_type= value_type,
          typename algebra= container_algebra,
          typename operations= default_operations>
class runge_kutta4 {
public:
    template <typename System>
    void do_step(System& system, state_type& x,
                 time_type t, time_type dt)
    {
        adjust_size(x);
        const value_type one= 1;
        const time_type dt2= dt/2, dt3= dt/3, dt6= dt/6;

        using scale_sum2= typename operations::template
                  scale_sum2<value_type, time_type>;

        using scale_sum5= typename operations::template
                  scale_sum5<value_type, time_type, time_type,
                             time_type, time_type>;

        system(x, k1, t);
        m_algebra.for_each3(x_tmp, x, k1, scale_sum2{one, dt2});

        system(x_tmp, k2, t + dt2);
        m_algebra.for_each3(x_tmp, x, k2, scale_sum2{one, dt2});

        system(x_tmp, k3, t + dt2);
        m_algebra.for_each3(x_tmp, x, k3, scale_sum2{one, dt});
```

```
        system(x_tmp, k4, t + dt);
        m_algebra.for_each6(x, x, k1, k2, k3, k4,
                            scale_sum5{one, dt6, dt3, dt3, dt6});
    }
private:
    state_type x_tmp, k1, k2, k3, k4;
    algebra    m_algebra;

    void adjust_size(const state_type& x) {
        resize(x, x_tmp);
        resize(x, k1); resize(x, k2);
        resize(x, k3); resize(x, k4);
    }
};
```

다음 코드는 이 룽게-쿠타-4 해법 클래스를 인스턴스화하는 방법을 보여준다.

```
using rk4_type= runge_kutta4<vector<double>, double, double,
                    container_algebra, default_operations>;
// 기본 템플릿 인수들이 있으므로 다음과 같이 짧게 써도 된다.
// using rk4_type= runge_kutta4<vector<double> >;

rk4_type rk4;
```

7.1.3.3 간단한 예제 하나

이제 일반적 룽게-쿠타-4 구현을 실제로 사용해 보자. 목록 7-7은 유명한 로렌츠 계의 궤적을 이 구현을 이용해서 적분하는 예제 프로그램이다. 일반성을 염두에 둔 설계 덕분에 상태 형식을 정의하고, 로렌츠 계의 우변 방정식을 구현하고, runge_kutta4 클래스를 표준 container_algebra와 default_operations로 인스턴스화하기만 하면 된다. 목록 7-7에서 보듯이 C++ 코드 30행만으로 구현할 수 있다.†

목록 7-7 로렌츠 계의 궤적

```
using state_type= std::vector<double>;
using rk4_type=   runge_kutta4<state_type>;

struct lorenz {
    const double sigma, R, b;
    lorenz(const double sigma, const double R, const double b)
      : sigma{sigma}, R{R}, b{b} {}

    void operator()(const state_type& x, state_type& dxdt,
```

† [옮긴이] runge_kutta4 클래스의 정의를 포함한 전체 코드는 원서 깃허브 저장소의 ode_solver/ 디렉터리에 있다.

```
                    double t)
    {
        dxdt[0]= sigma * (x[1] - x[0]);
        dxdt[1]= R * x[0] - x[1] - x[0] * x[2];
        dxdt[2]= -b * x[2] + x[0] * x[1];
    }
};

int main() {
    const int steps= 5000;
    const double dt= 0.01;

    rk4_type   stepper;
    lorenz     system{10.0, 28.0, 8.0/3.0};
    state_type x{3, 1.0};
    x[0]= 10.0;  // 적당한 초기 조건
    for (size_t n= 0; n < steps ; ++n) {
        stepper.do_step(system, x, n*dt, dt);
        std::cout << n * dt << ' ';
        std::cout << x[0] << ' ' << x[1] << ' ' << x[2]
                  << std::endl;
    }
}
```

7.1.4 개선 방향

앞에서 우리는 룽게-쿠타-4 방법을 일반적인 형태로 구현했다. 이 구현을 더 개선하는 방향은 여러 가지이다. 더 많은 룽게-쿠타 방법들을 추가할 수도 있고, 단계 크기를 사용자가 제어하게 하거나 밀집(dense) 출력 기능성을 추가할 수도 있다. 그런 방법들은 앞의 예제보다 구현하기가 더 어렵고 뒷단(back end; 대수 구조와 연산 구조) 쪽에 더 많은 기능을 추가해야 하겠지만, 개념적으로는 앞에서 본 일반적 틀에서 벗어나지 않는다. 또는, 다단계 방법(multi-step method)들이나 예측자-수정자 방법(predictor-corrector method)들 같은 다른 양함수 알고리즘도 지원하도록 구현을 확장할 수도 있을 것이다. 이론적으로, 앞에서 살펴본 우변의 평가와 벡터 연산들만 의존하는 것이라면 그 어떤 양함수 방법도 지원할 수 있다. 그러나 음함수 방법들을 지원하려면 연립방정식 해법 같은 고차 대수 루틴들이 필요하며, 따라서 앞에 나온 것과는 다른 형태의 대수 클래스가 필요하다.

더 나아가서, `container_algebra` 이외의 뒷단들을 추가할 수도 있다. 예를 들어 병렬성을 고려한 `omp_algebra`나 `mpi_algebra` 같은 뒷단을 추가해도 좋을 것이다. 같은 맥락에서 GPU 활용을 위한 `opencl_algebra` 같은 대수와 해당 자료 구조들도 추가할 수 있을 것이다. 병렬 계산이나 GPU 활용 기능이 이미 구현된 벡터 형식과 행렬 형식을 제공하는 기존 선형대수 패키지와 이 구현을 연동하는 것도 고려해 보면 좋을 것이다. 그런 경우 반복을 직접 처리하지 않고 그냥 필요한 계산을 `default_operations`로 전달하기만 하는 더미dummy 대수 구조를 사용하면 된다.

이상의 예제에서 보았듯이, 일반적 구현에서는 알고리즘을 다른 종류의 자료 구조나 GPU 계산 같은 비표준적인 상황에 적응시키는 것이 수월하다. 이 접근 방식의 주된 장점은 실제 알고리즘을 변경할 필요가 없다는 것이다. 일반성 덕분에 특정 요소 몇 개만 교체하면 구현을 다른 상황들에 적응시킬 수 있다. 알고리즘 자체의 구현은 바꿀 필요가 없다.

이러한 접근 방식에 따라 방대한 일반적 ODE 알고리즘들을 구현한 실제 사례로 Boost.odeint 라이브러리[2]가 있다. 이 라이브러리는 수많은 수치 라이브러리와 여러 뒷단들(이를테면 병렬성과 GPU 계산을 위한)을 갖추고 있다. 이 라이브러리는 활발하게 개발, 관리되며, 널리 쓰이고 검증되었다. 가능한 한 여러분이 알고리즘들을 다시 구현하기보다는 이 라이브러리를 사용할 것을 강력히 권한다. 그렇긴 하지만, 이번 절에서 살펴본 개념들과 코드는 여러분이 새롭고 주어진 문제에 좀 더 특화된 루틴들을 일반적인 방식으로 구현할 때 좋은 출발점이 될 것이다.

7.2 프로젝트 만들기

작은 프로젝트에서는 프로그램의 설계가 그리 중요하지 않다. 그러나 대규모 소프트웨어 프로젝트(이를테면 코드가 10만 행 이상인)에서는 소스 코드들을 잘 조직화하는 것이 극히 중요하다. 무엇보다도, 프로그램 소스 코드를 반드시 잘 정의된 방식으로 다수의 파일에 분산시켜야 한다. 개별 파일의 적절한 크기는 프로젝트에 따라 결정할 일이므로 이 책에서는 다루지 않겠다. 여기서는 기본적인 원칙들만 제시한다.

7.2.1 C++ 프로그램의 빌드 과정

프로그램 빌드 과정, 즉 소스 파일로부터 실행 파일을 구축하는 과정은 여러 단계로 구성되며 개발자나 환경에 따라 차이가 난다. C++ 표준에는 총 아홉 가지

2 *http://www.odeint.com*

내부 단계가 명시되어 있지만[39, §5.2], 일반적으로 외부에서 관측할 수 있는 단계는 크게 네 가지이다. 그렇긴 하지만, 파일이 그리 많지 않은 여러 프로그램은 컴파일러를 한 번만 실행하는 것으로도 실행 파일을 만들어 낼 수 있다. 그러다 보니, '컴파일(compilation)'이라는 용어가 실제 컴파일 단계(§7.2.1.2)뿐만 아니라 실행 파일을 구축하는 전체 과정을 뜻하기도 한다(특히 한 번의 명령으로 실행 파일을 만들어 내는 경우).

그림 7-3은 빌드 과정의 네 단계인 전처리, 컴파일, 어셈블, 링크 단계를 보여준다. 그럼 이 단계들을 하나씩 살펴보자.

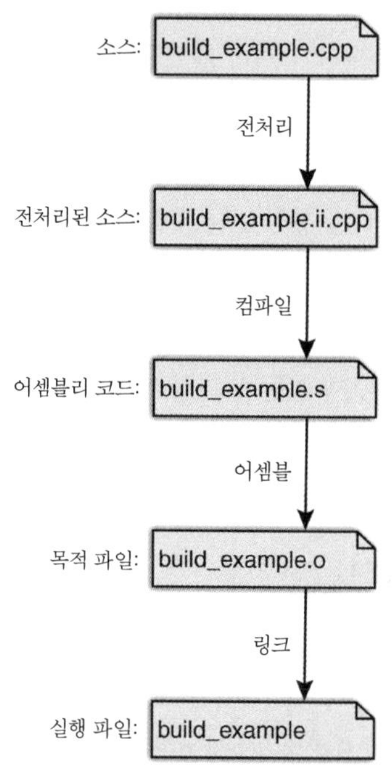

그림 7-3 단순화된 프로그램 빌드 과정

7.2.1.1 전처리

⇒ `c++03/build_example.cpp`

전처리(preprocessing) 단계를 수행하는 전처리기(preprocessor)의 (직접적인) 입력은 함수들과 클래스들의 구현을 담은 소스 파일이다. C++ 프로젝트에서 소스 파일의 확장자로는 `.cpp`나 `.cxx`, `.C`, `.cc`, `.c++`가 흔히 쓰인다.[3] 이번 절에서는

3 파일 이름 확장자는 관례일 뿐, 컴파일러는 소스 파일의 확장자를 신경 쓰지 않는다. 예를 들어 소스 파일의 확장자를 `.bambi`로 해도 프로그램이 잘 컴파일된다. 이번 절에서 논의하는 빌드 과정의 다른 모든 파일 확장자도 마찬가지이다.

build_example.cpp라는 이름의 소스 파일을 예로 사용한다.

```
#include <iostream>
#include <cmath>

int main (int argc, char* argv[])
{
    std::cout << "sqrt(17) is " << sqrt(17) << '\n';
}
```

⇒ c++03/build_example.ii.cpp

전처리 단계의 간접적인 입력은 #include 지시문으로 포함된 모든 파일이다. #include 문은 선언들을 담은 헤더 파일의 내용을 해당 위치에 포함시킨다. 이러한 파일 포함 과정은 재귀적이다. 즉, 포함된 헤더 파일에 또 다른 #include 지시문이 있으면 그 헤더 파일도 마찬가지 방식으로 포함된다. 이런 식으로 모든 #include를 재귀적으로 처리하고 나면, 모든 직접 입력 파일과 간접 포함 파일들을 담은 하나의 커다란 파일이 만들어진다. Boost의 라이브러리들처럼 의존요소(dependency)들이 많은 서드파티 라이브러리를 사용하는 경우, 이 과정에서 수십만 줄 규모의 커다란 파일이 만들어질 수 있다. 그냥 <iostream> 하나만 포함시켜도, 조금 전에 본 장난감 수준의 간단한 소스 파일이 약 2만 줄로 불어난다.

```
# 1 "build_example.cpp"
# 1 "<command-line>"
// ... 몇 행 생략 ...
# 1 "/usr/include/c++/4.8/iostream" 1 3
# 36 "/usr/include/c++/4.8/iostream" 3
// ... 몇 행 생략 ...
# 184 "/usr/include/x86_64-linux-gnu/c++/4.8/bits/c++config.h" 3
namespace std
{
  typedef long unsigned int size_t;
// ... 엄청나게 많은 행 생략 ...
# 3 "build_example.cpp" 2

int main (int argc, char* argv[])
{
    std::cout << "sqrt(17) is " << sqrt(17) << '\n';
}
```

전처리된 C++ 프로그램 소스 파일의 확장자로는 .ii가 흔히 쓰인다(전처리된 C 소스 파일은 .i). 전처리만 수행하고 싶으면 컴파일러 실행 시 -E 옵션을 주면 된다(Visual Studio의 경우 전처리 결과를 콘솔로 출력하려면 /E, 파일에 저장하려면 /P). 전처리 출력을 저장할 파일은 -o 옵션으로 지정한다. 이 옵션을 생략하면 전처리 결과가 콘솔 화면에 출력된다.

헤더 파일 포함 외에, 전처리기는 매크로들을 확장하고 조건부 컴파일 지시문을 평가해서 적절한 코드를 선택한다. 전체 전처리 과정은 순수한 텍스트 치환이며, 프로그래밍 언어와는 대부분 무관하다. 그래서 전처리 단계는 대단히 유연하면서도 §1.9.2.1에서 논의했듯이 대단히 위험하다. 포함된 헤더 파일들과 확장된 매크로들, 조건부로 선택된 코드들을 모두 포함한 전처리 단계의 최종 결과를 **번역 단위**(translation unit)라고 부른다.

⇒ c++17/has_include_example.cpp

C++17 C++17은 특정 헤더 파일의 사용 가능 여부를 말해주는 __has_include라는 매크로를 제공한다. 이를 이용하면 다음 예처럼 특정 헤더 파일을 선택적으로 포함시킬 수 있다.

```
# if __has_include(<any>)
#   include <any>
# endif
```

특정 표준을 부분적으로만 사용하는 경우(예를 들어 -std=c++2a 플래그를 지정하면 C++20의 일부만 사용하게 된다), 표준 라이브러리의 일부 헤더가 제공되지 않을 수 있다. 예를 들어 <any>는 사용할 수 있어도 <ranges>는 사용할 수 없는 컴파일러 버전들이 존재한다. 정규 표준 플래그(C++20을 위한 -std=c++20 등)를 지정한 경우에도, 컴파일러 자체의 표준 지원 수준에 따라서는 일부 표준 헤더가 제공되지 않을 수 있다. 물론, 원하는 헤더가 없는 경우에는 나머지 코드를 그 상황에 맞게 적절히 적응시켜야 할 것이다.

```
int main ()
{
# if __has_include(<any>)
    std::cout << "any found, we do something useful.\n";
# else
    std::cerr << "any not found, we have to skip this example.\n";
# endif
}
```

표준 헤더뿐만 아니라 응용 프로그램 헤더의 사용 가능 여부를 점검하거나 포함 경로가 제대로 설정되지 않았을 때 오류 메시지를 발생하는 용도로도 __has_ include 매크로를 사용할 수 있다. 그런 오류 메시지는 빌드 시스템에서 프로젝트에 특화된 기능 테스트(적절한 사용자 정의 조건부 컴파일을 수반한)를 통해서만 처리할 수 있을 것이다. 이런 접근 방식을 사용하면 개발 비용이 크게 늘고, 테스트 작업은 그보다도 더 늘어난다. 따라서 하위 호환성이 극히 중요한 경우에만 고려해야 마땅하다. 조건부 컴파일을 최대한 피하고, 어떤 컴파일러가 주어진 프로젝트에 필요한 언어 기능을 충분히 지원하는지 파악해서 그 컴파일러만 사용하는 방식이 훨씬 쉽다.

7.2.1.2 컴파일

⇒ c++03/build_example.s

실제 컴파일 단계는 C++ 언어로 된 번역 단위(전처리된 소스 파일)를 대상 플랫폼의 어셈블리어(assembly language)로 '번역'해서 어셈블리 코드를 산출한다.[4] 어셈블리 코드는 플랫폼의 기계어 명령들을 기호로 표현한 것으로, 다음과 같은 모습이다.

```
.file   "build_example.cpp"
        .local  _ZStL8__ioinit
        .comm   _ZStL8__ioinit,1,1
        .section        .rodata
.LC0:
        .string "sqrt(17) is "
        .text
        .globl  main
        .type   main, @function
main:
.LFB1055:
        .cfi_startproc
        pushq   %rbp
        .cfi_def_cfa_offset 16
        .cfi_offset 6, -16
        movq    %rsp, %rbp
        .cfi_def_cfa_register 6
        subq    $32, %rsp
        movl    %edi, -4(%rbp)
        movq    %rsi, -16(%rbp)
        movl    $.LC0, %esi
        movl    $_ZSt4cout, %edi
```

4 C++ 컴파일러가 반드시 어셈블리 코드를 생성해야 한다고 표준에 명시된 것은 아니지만, 흔히 쓰이는 모든 컴파일러는 어셈블리 코드를 생성한다.

```
        call    _ZStlsISt11char_traitsIcEERSt13basic_ostream⁵
        movq    %rax, %rdx
; 이하 생략
```

이 예의 경우 전처리된 C++ 번역 단위보다 어셈블리 코드가 훨씬 짧다(총 92행). 이는 어셈블리 코드가 실제로 수행될 명령들만 담고 있기 때문이다. 어셈블리 코드의 확장자로는 흔히 `.s`나 `.asm`이 쓰인다.

컴파일 단계는 빌드 과정에서 가장 복잡한 단계이다. C++ 언어의 모든 규칙이 이 단계에서 적용된다. 컴파일 단계 자체는 여러 하위단계(전위, 중위, 후위)로 구성되며, 각 하위단계 역시 또 다른 하위단계로 구성된다.

코드 생성 외에, 컴파일 단계에서는 C++ 프로그램에 쓰이는 이름들에 형식과 이름공간(§3.2.1) 정보를 반영한 '장식'을 추가한다. 이러한 과정을 **이름 맹글링**(name mangling)이라고 부른다.

7.2.1.3 어셈블

어셈블 단계에서는 어셈블리 코드를 기계어 코드로 변환한다. 그냥 어셈블리어 명령들을 기계어 16진 코드로 대체하고 레이블들을 진짜 주소(상대 주소)로 치환해서 기계어 코드를 '조립하는(assemble)' 간단한 단계이다. 어셈블리 단계가 산출한 결과를 **목적 코드**(object code)라고 부르고, 목적 코드를 담은 파일을 목적 파일(object file)이라고 부른다. 목적 파일에 흔히 쓰이는 확장자는 `.o` 또는 `.obj`(Windows)이다. 목적 파일에 담긴 개체(코드와 변수)들을 **기호**(symbol)라고 부른다.

여러 개의 목적 파일을 하나로 묶어서 라이브러리 파일(확장자는 `.a`나 `.so`, `.lib`, `.dll` 등)을 만들기도 한다. 이 부분은 그냥 코드 조직화를 위한 것일 뿐이다.

7.2.1.4 링크

링크 단계에서는 목적 파일들과 라이브러리 파일들을 링크(연결)해서 실행 파일을 만든다. 링크 단계를 수행하는 프로그램을 링커[linker]라고 부른다. 링커의 주된 임무는 다음과 같다.

- 여러 목적 파일들의 기호들을 부합시킨다.
- 각 목적 파일의 상대 주소들을 응용 프로그램 전체의 주소 공간에 대응시킨다.

---

5 원래는 함수 이름이 더 길지만, 지면에 맞게 줄였다.

원칙적으로 링커는 데이터 형식이라는 것을 알지 못하고, 기호들을 그냥 이름만으로 부합시킨다. 그렇지만 이름 자체에 형식 정보가 장식되어 있으므로, 링크 과정에서도 형식 안정성이 어느 정도는 제공된다. 함수가 중복적재된 경우 특정 함수 호출이 그에 맞는 중복적재 버전으로 링크되는 것은 이름 맹글링 덕분이다.

아카이브archive라고도 부르는 라이브러리 파일이 링크되는 방식은 크게 두 가지이다.

- **정적 링크**: 라이브러리 파일 전체를 실행 파일에 담는다. 이런 식으로 링크되는 라이브러리를 정적 라이브러리라고 부르는데, 유닉스류 시스템에서는 확장자가 `.a`이고 Windows에서는 `.lib`이다.
- **동적 링크**: 링커는 라이브러리 파일에 있는 기호들에 대한 참조 정보만 실행 파일에 추가한다.† 이런 라이브러리를 동적 라이브러리 또는 공유 라이브러리라고 부른다. 확장자는 `.so`(유닉스류)와 `.dll`(Windows)이다.

두 방식의 차이는 확연하다. 동적으로 링크된 실행 파일은 크기가 작지만, 대신 해당 공유 라이브러리 파일이 시스템에 있어야 실행이 가능하다. 유닉스나 리눅스에서 동적 라이브러리가 없어서 실행 파일이 실행되지 않는 문제는 환경 변수 `LD_LIBRARY_PATH`에 설정된 경로에 해당 동적 라이브러리 파일을 넣어서 해결할 수 있다(Windows는 이보다 약간 더 복잡하다). 반면 정적으로 링크된 실행 파일은 크기가 크긴 하지만 실행에 필요한 모든 코드를 갖추었기 때문에 외부 라이브러리의 존재 여부와는 무관하게 실행된다.

7.2.1.5 빌드 과정의 예

그림 7-4는 선속(flux) 시뮬레이션 응용 프로그램의 빌드 과정을 도식화한 것이다. 먼저, 응용 프로그램의 주 소스 파일인 `fluxer.cpp`를 전처리한다. 이 과정에서 `<iostream>` 같은 표준 라이브러리 헤더와 메시 및 해법 관련 응용 프로그램 헤더들이 포함된다. 전처리 단계가 산출한 번역 단위(`fluxer.ii.cpp`)를 컴파일하고 어셈블리해서 목적 파일 `fluxer.o`를 만든다. 이 목적 파일을 `libstdc++.so` 같은 표준 라이브러리와 앞에서 포함한 응용 프로그램 헤더 파일들의 구현 코드를 담은 응용 프로그램 라이브러리 파일들과 링크해서 실행 파일 `fluxer`를 만든다.

† [옮긴이] 또한, 프로그램 실행 시 그 참조 정보를 이용해서 라이브러리 파일에 있는 이진 코드를 메모리에 적재하고 프로그램의 코드와 적절히 연결하는 런타임 코드가 추가될 수도 있다.

이 라이브러리 파일들은 정적으로 링크할 수도 있고 동적으로 링크할 수도 있는데, 이 예에서 libsolver.a는 정적으로 링크되고 libstdc++.so와 libmesher.so는 동적으로 링크된다. libstdc++.so 처럼 자주 쓰이는 라이브러리는 두 형태 모두로 제공될 때가 많다.

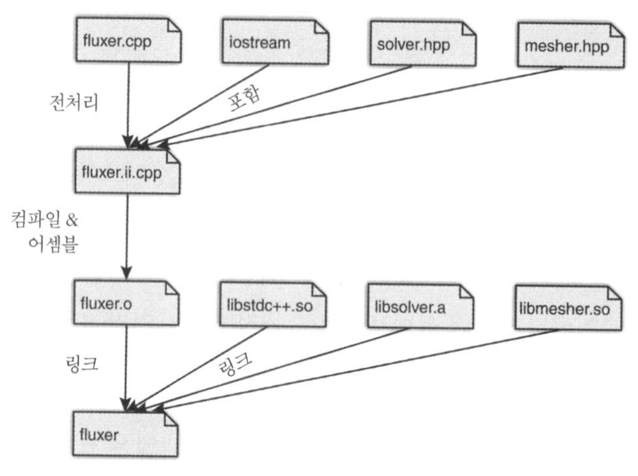

그림 7-4 복잡한 빌드 과정

7.2.2 빌드 도구

소스 코드와 이미 컴파일된 라이브러리로부터 응용 프로그램과 라이브러리를 빌드할 때, 필요한 명령들을 여러분이 일일이 타이핑해서 실행하는 것보다는 빌드 작업을 위한 도구들을 사용하는 것이 편하다. 이번 절에서는 두 가지 빌드 도구 make와 CMake를 소개한다. 예제로는 그림 7-4의 선속 시뮬레이터를 사용한다. 주 프로그램인 fluxer뿐만 아니라, 주 프로그램에 링크되는 mesher 라이브러리와 solver 라이브러리를 해당 소스 코드와 헤더 파일로부터 구축하는 과정도 이야기할 것이다.

7.2.2.1 make

⇒ makefile_example/makefile

make에 관해 독자가 어떤 이야기를 들었는지는 모르겠지만, 이 도구가 사람들이 흔히 욕하는 것만큼 나쁘지는 않다.[6] 사실, 작은 프로젝트에서는 make가 꽤나 잘 작동한다. make의 핵심은 이렇다. 빌드 대상(target; 또는 목표)과 해당 원천

6 이런 소문이 있다. 이 도구의 작성자가 휴가를 떠나기 전에 동료들에게 보여주었는데, 복귀하니 이미 이 도구가 회사 곳곳에서 쓰이고 있어서 작성자도 알고 있는 설계상의 실수를 고칠 수 없었다고 한다.

(source) 파일 사이의 의존관계와 빌드 규칙들을 담은 텍스트 파일을 작성해서 make를 실행하면 make는 의존관계들을 해석해서 적절한 빌드 명령을 실행해 준다. 좀 더 구체적으로, make는 주어진 대상이 존재하지 않거나 원천 파일보다 오래되었으면 목표 파일을 생성하는 명령을 실행한다. 빌드 규칙을 담은 텍스트 파일의 이름으로 흔히 쓰이는 것은 makefile과 Makefile이다.† 다음은 이번 예제를위한 makefile의 한 규칙인데, 첫 행은 대상 파일 fluxer.o와 그것을 만들기 위한 원천 파일들(C++ 소스 파일과 헤더 파일들)을 명시한 것이고 둘째 행은 대상을 생성하기 위한 명령이다.

```
fluxer.o: fluxer.cpp mesher.hpp solver.hpp
	g++ fluxer.cpp -c -o fluxer.o
```

실행할 명령을 서술하는 줄은 반드시 탭 문자 하나로 시작해야 한다.‡ 그런데 C++ 소스 파일로부터 목적 파일을 만드는 명령은 대부분 비슷비슷하다. 다행히 make는 파일 이름 패턴에 기반한 일반적인 빌드 규칙을 표현하는 기능을 제공한다. 다음은 모든 C++ 소스 파일로부터 목적 파일을 생성하는 빌드 규칙이다.

```
.cpp.o:
	${CXX} ${CXXFLAGS} $^ -c -o $@
```

이 규칙의 명령 행에는 자동 변수가 포함되어 있다. $@는 이 규칙의 대상 이름으로 대체되고 $^는 원천 파일 이름으로 대체된다. ${CXX}는 시스템의 기본 C++ 컴파일러 명령으로 대체되고 ${CXXFLAGS}는 그 컴파일러의 기본 플래그들로 대체된다. 이들의 값을 Makefile에서 직접 설정할 수도 있다. 다음이 그러한 예이다.

```
CXX=         g++-10
CXXFLAGS=    -O3 -DNDEBUG     # 릴리스 모드
# CXXFLAGS= -O0 -g            # 디버그 모드
```

이 예는 기본 컴파일러 이외의 컴파일러를 지정했고 릴리스 모드를 위해 좀 더 적극적인 최적화를 지정했다. 주석으로 처리된 부분은 디버그 모드를 위한 것인

† [옮긴이] -f 옵션으로 파일 이름을 지정하지 않고 make만 실행하면 make는 현재 디렉터리에서 순서대로 GNUmakefile(GNU make의 경우), makefile, Makefile을 찾는다. 셋 중 권장되는, 그리고 사실상 표준으로 쓰이는 것은 Makefile이다. 유닉스류 운영체제는 파일 이름의 대소문자를 구분하므로, makefile과 Makefile은 다른 파일임을 주의해야 한다.

‡ [옮긴이] 이것이 [주 5]에서 말한 설계상의 실수이다. 흔히 탭 대신 다수의 빈칸들로 명령 행을 시작하는 실수를 저지르는데, C++ 소스 코드에서는 탭이냐 빈칸이냐가 단지 취향의 문제지만 make는 탭만 인식한다.

데, 최적화는 적용하지 않고 디버깅 도구를 위해 목적 파일 안에 기호 테이블을 생성하는 컴파일러 옵션들이다.

다음으로, 라이브러리 파일들을 위한 빌드 규칙을 보자.

```
libmesher.a: mesher.o # mesher에 필요한 또 다른 코드
	ar cr $@ $^

libsolver.a: solver.o # solver에 필요한 또 다른 코드
	ar cr $@ $^
```

예제를 간단하게 만들기 위해, 7-3과는 달리 두 라이브러리 모두 정적 라이브러리로 만들었다

마지막으로, 다음은 목적 파일과 라이브러리 파일들을 링크해서 실행 파일을 빌드하는 규칙이다.

```
fluxer: fluxer.o libmesher.a libsolver.a
    ${CXX} ${CXXFLAGS} $^ -o $@
```

링크도 C++ 컴파일러로 수행함을 주목하자. 이렇게 하지 않고 기본 링커를 사용한다면 C++ 표준 라이브러리들을 직접 지정해야 하고 C++ 링크를 위한 플래그들을 추가해야 할 것이다.

이제 다음 명령 하나만 실행하면 실행 파일 생성에 필요한 모든 빌드 과정이 실행된다.

```
make fluxer
```

이 명령에 의해 실행되는 구체적인 명령들은 다음과 같다.

```
g++  fluxer.cpp -c -o fluxer.o
g++  mesher.cpp -c -o mesher.o
ar cr libmesher.a mesher.o
g++  solver.cpp -c -o solver.o
ar cr libsolver.a solver.o
g++  fluxer.o libmesher.a libsolver.a -o fluxer
```

소스 파일 mesher.cpp를 변경한 후 다시 make를 실행하면, mesher.cpp에 의존하는 대상들만 다시 생성된다.

```
g++  mesher.cpp -c -o mesher.o
ar cr libmesher.a mesher.o
g++  fluxer.o libmesher.a libsolver.a -o fluxer
```

앞에서는 빌드할 대상인 fluxer를 명시적으로 지정해서 make를 실행했다. 그런데 make는 마침표로 시작하지 않는 첫 번째 대상을 기본 대상으로 간주한다. 따라서, 다음과 같은 규칙을 Makefile의 앞부분에 추가해 두면, 그냥 make만 실행하면 된다.

```
all: fluxer
```

7.2.2.2 CMake

⇒ CMake_example/CMakeLists.txt

CMake는 make보다 높은 추상 수준에서 작동하는 도구이다. 이 점을 이번 장의 예제에서 실감하게 될 것이다. CMake도 텍스트 파일에 담긴 규칙들과 명령들을 사용하는데, 그 파일의 기본 이름은 CMakeLists.txt이다. 일반적으로 CMakeLists.txt는 CMake의 최소 요구 버전과 프로젝트 이름으로 시작한다.

```
cmake_minimum_required (VERSION 2.6)
project (Fluxer)
```

새 라이브러리를 빌드하려면 다음처럼 라이브러리 이름과 해당 소스 파일만 지정하면 된다.

```
add_library(solver solver.cpp)
```

라이브러리를 빌드하기 위한 구체적인 명령과 옵션들은 기본적으로 CMake가 알아서 결정한다. 물론 특정 명령과 옵션을 우리가 명시적으로 지정할 수도 있다. 동적으로 링크할 라이브러리도 정적 라이브러리만큼이나 쉽게 만들 수 있다.

```
add_library(mesher SHARED mesher.cpp)
```

빌드 과정의 최종 목표는 실행 파일 fluxer를 만드는 것이다. 다음은 주 소스 파일을 컴파일하고 앞의 두 라이브러리를 링크해서 실행 파일을 빌드하는 명령들이다.

```
add_executable(fluxer fluxer.cpp)
target_link_libraries(fluxer solver mesher)
```

생성된 모든 파일을 한 번에 처리할 수 있도록 프로젝트의 디렉터리들을 적절히 구성하는 것이 바람직하다. 흔히 쓰이는 관례는 build라는 이름의 하위 디렉터리를 만들고 모든 빌드 명령을 그 디렉터리 안에서 실행하는 것이다

```
cd build
cmake ..
```

CMake는 메타빌드 시스템이라고 할 수 있다. 즉, CMake는 자신이 직접 프로젝트를 빌드하는 것이 아니라, make나 ninja 같은 다른 빌드 시스템을 위한 파일들을 생성한다. CMake는 또한 Eclipse나 Visual Studio 같은 IDE를 위한 프로젝트 파일을 생성하는 능력도 갖추고 있다. 빌드 도구나 IDE를 위한 파일들을 생성하는 과정의 초반부에서 CMake는 시스템에 존재하는 컴파일러와 기타 도구들을 찾고 적절한 플래그들을 파악한다.

```
-- The C compiler identification is GNU 4.9.2
-- The CXX compiler identification is GNU 4.9.2
-- Check for working C compiler: /usr/bin/cc
-- Check for working C compiler: /usr/bin/cc -- works
-- Detecting C compiler ABI info
-- Detecting C compiler ABI info - done
-- Check for working CXX compiler: /usr/bin/c++
-- Check for working CXX compiler: /usr/bin/c++ -- works
-- Detecting CXX compiler ABI info
-- Detecting CXX compiler ABI info - done
-- Configuring done
-- Generating done
-- Build files have been written to: ... /CMake_example/build
```

이 예에서 CMake는 Makefile을 생성한다. 따라서 그냥 다음을 실행하면 프로젝트가 빌드된다.

```
make
```

이 명령을 실행하면 아래와 같은 출력이 나올 것이다.

```
Scanning dependencies of target solver
[ 33%] Building CXX object CMakeFiles/solver.dir/solver.cpp.o
Linking CXX static library libsolver.a
```

```
[ 33%] Built target solver
Scanning dependencies of target mesher
[ 66%] Building CXX object CMakeFiles/mesher.dir/mesher.cpp.o
Linking CXX shared library libmesher.so
[ 66%] Built target mesher
Scanning dependencies of target fluxer
[100%] Building CXX object CMakeFiles/fluxer.dir/fluxer.cpp.o
Linking CXX executable fluxer
[100%] Built target fluxer
```

생성된 Makefile은 원천 파일과 대상의 의존관계를 반영하므로, 원천 파일을 변경하고 다시 make를 실행하면 변경된 원천 파일에 의존하는 대상들만 다시 빌드된다. 출력을 보면, §7.2.2.1에서 본 단순화된 Makefile와는 달리 이 Makefile은 수정된 헤더 파일들도 고려함을 알 수 있다. 예를 들어 solver.hpp를 수정하면 libsolver.a와 fluxer가 다시 빌드된다.

CMake의 가장 큰 장점은 이식성이다. 동일한 CMakeLists.txt 파일로부터 make를 위한 Makefile를 만들 수도 있고 Visual Studio 프로젝트 파일을 만들 수도 있다. 필자도 이러한 능력을 자주 애용한다. 필자는 지금까지 Visual Studio 프로젝트를 직접 생성한 적이 없다. 항상 CMake로 생성했다. 또한, Visual Studio 프로젝트를 Visual Studio의 새 버전으로 이식한 적도 없다. 그냥 Visual Studio의 새 버전을 지정해서 CMake를 실행하면 새 버전에 맞는 프로젝트 파일이 만들어진다. Eclipse나 XCode 프로젝트도 마찬가지이다. KDevelop과 최신 버전의 Visual Studio에서는 CMake로 생성한 파일들로부터 프로젝트를 직접(IDE를 띄우지 않고) 구축하거나 갱신할 수 있다. 정리하자면, CMake는 진정으로 강력한 도구이며, 이 글을 쓰는 현재 수많은 C++ 프로젝트에서 최선의 선택은 바로 CMake일 것이다.

7.2.3 분리 컴파일

앞에서 다수의 원천 파일(C++ 소스 파일과 헤더 파일)로부터 실행 파일을 구축하는 방법을 이야기했다. 그런데 소스 파일이 여러 개이면 충돌이 발생할 수 있다. 이번 절에서는 그러한 충돌을 방지하는 방법을 논의한다.

7.2.3.1 헤더 파일과 소스 파일

inline 함수와 템플릿 코드를 제외할 때, 일반적으로 프로그램의 소스 코드는 다음과 같은 두 종류의 파일들로 구성된다.

- 선언들이 있는 헤더 파일(.hpp 등)
- 소스 파일(.cpp 등)

소스 파일에는 실행 파일에 포함될 실제 명령들(이진 코드)을 생성하는 데 필요한 모든 구현 코드가 들어 있고, 헤더 파일에는 소스 파일에서 구현할 함수 및 클래스 선언들이 들어 있다. 하나의 소스 파일 안에서만 사용할 함수는 굳이 헤더 파일에서 선언하지 않고 그냥 소스 파일에서 직접 선언해서 정의하기도 한다. 함수의 선언과 정의를 헤더 파일과 소스 파일로 분리하는 예로, 다음은 우리의 친구 허버트(§1.6.2.1)가 만든 수학 함수들의 선언과 정의이다.

```
// 파일: herberts/math_functions.hpp
#ifndef HERBERTS_MATH_FUNCTIONS_INCLUDE
#define HERBERTS_MATH_FUNCTIONS_INCLUDE

typedef double hreal; // 허버트의 실수(real number)

hreal sine(hreal);
hreal cosine(hreal);
...
#endif

// 파일: herberts/math_functions.cpp
#include <herberts/math_functions.hpp>

hreal divide_by_square(hreal x, hreal y) { ... }

hreal sine(hreal) { ... }
hreal cosine(hreal) { ... }
...
```

허버트가 굳이 자신만의 실수 형식을 도입한 이유는 독자의 상상에 맡기겠다. 허버트의 이 엄청난 함수들을 사용하려면 다음 두 가지가 필요하다.

- 선언들:
  - 헤더 파일 herberts/math_functions.hpp를 포함하거나,
  - 그 함수들을 우리가 직접 선언해야 한다.
- 컴파일된 코드:
  - math_functions.o(Windows에서는 .obj)를 링크하거나
  - math_functions.o를 포함한 라이브러리 파일을 링크해야 한다.

선언들은 주어진 서명의 함수들을 정의한 코드가 어딘가에 존재한다는 점과 그 함수들을 현재 번역 단위에서 호출할 수 있다는 점을 컴파일러에 알려주는 역할을 한다.

링크 단계에서는 함수 호출들을 실제 코드와 연결한다. 컴파일된 함수들을 응용 프로그램에 링크하는 가장 간단한 방법은 목적 파일 또는 라이브러리 파일을 지정해서 C++ 컴파일러를 실행하는 것이다. 아니면 표준 링커를 사용할 수도 있지만, 그러면 C++ 관련 플래그들을 잔뜩 추가해야 할 수 있다.

7.2.3.2 링크 오류

링크 단계에서 함수나 변수 같은 C++ 개체들은 기호로 표현된다. C++은 기호 이름에 형식과 이름공간에 관한 정보를 포함시키는데, 이를 **이름 맹글링**(name mangling)이라고 부른다. 링크 단계에서 발생하는 오류는 크게 다음 세 가지이다.

1. 기호(함수나 변수)를 찾을 수 없음.
2. 같은 기호가 여러 개 발견됨
3. `main` 함수가 없거나 여러 개임

컴파일러 또는 링커가 기호를 찾지 못하는 원인은 다양하다.

- 선언의 기호와 정의의 기호가 일치하지 않음
- 기호를 담은 목적 파일이나 라이브러리를 링크하지 않았음
- 라이브러리들이 잘못된 순서로 링크되었음

대부분의 경우 근본 원인은 단순한 오타이다. 그리고 함수의 기호 이름에는 이름 맹글링에 의해 형식 정보가 포함되므로, 매개변수들의 형식이 일치하지 않아서 기호를 찾지 못할 수도 있다. 또 다른 가능성은 목적 파일을 만들 때 사용한 컴파일러와 링크에 사용한 컴파일러의 종류나 버전이 다른 것이다. 그런 경우 이름 맹글링 규칙이 달라서 같은 함수라도 다른 이름의 기호가 될 수 있다.

이런 문제들을 피하려면 모든 소스 코드를 같은 또는 호환되는 컴파일러로 컴파일해야 한다. 그러면 이름들이 동일한 방식으로 맹글링되고 함수 인수들이 동일한 순서로 스택에 배치된다. 이 규칙은 여러분이 만든 목적 파일이나 서드파티 라이브러리뿐만 아니라, 항상 링크되는 C++ 표준 라이브러리에도 적용해야 한다. 리눅스라면 기본 컴파일러를 사용하는 것이 바람직하다. 기본 컴파일

러는 모든 미리 컴파일된 소프트웨어 패키지와의 호환성을 보장하기 때문이다. 이전 버전이나 최신 버전의 컴파일러가 패키지로 제공되지 않는다면, 그것은 호환성 문제 때문일 수 있다. 그런 버전들도 여전히 사용할 수 있지만, 추가적인 작업이 필요하다(수동 설치, 빌드 과정의 세심한 설정 등등).

링커가 기호 중복 정의(mutiple definition) 또는 재정의(redefition) 문제를 보고한 경우, 여러 소스 파일에서 같은 이름의 함수나 변수를 선언하고 정의했기 때문일 가능성도 있지만, 그보다는 변수나 함수를 헤더 파일에서 정의했기 때문일 가능성이 더 크다. 그런 헤더 파일이 하나의 번역 단위에 딱 한 번만 포함된다면 중복 정의 문제가 발생하지 않지만, 여러 번 포함되면 링크가 실패한다.

우리의 친구 허버트의 악명 높은 수학 함수를 예로 들어서 이 문제를 설명해 보겠다. 허버트의 한 헤더 파일에는 여러 엄청난 함수 선언들과 함께 다음과 같은 치명적인 정의들이 존재한다.

```
// 파일: herberts/math_functions.hpp
..
double square(double x) { return x*x; }
double pi= 3.14159265358979323846264338327950288419716939;
```

이 헤더 파일이 여러 번역 단위에 포함되면 링커는 다음과 같은 오류 메시지를 출력한다.

```
g++-4.8 -o multiref_example multiref1.cpp multiref2.cpp
/tmp/cc65d1qC.o:(.data+0x0): multiple definition of 'pi'
/tmp/cc1slHbY.o:(.data+0x0): first defined here
/tmp/cc65d1qC.o: In function 'square(double)':
multiref2.cpp:(.text+0x0): multiple definition of 'square(double)'
/tmp/cc1slHbY.o:multiref1.cpp:(.text+0x63): first defined here
collect2: error: ld returned 1 exit status
```

이 문제를 해결해 보자. 먼저 함수부터 해결하고 변수를 해결하겠다. 함수 중복 정의 문제에 대한 일차적인 해결책은 함수를 static으로 선언해서 정의하는 것이다.

```
static double square(double x) { return x*x; }
```

자유 함수를 static으로 선언하면 그 함수는 해당 번역 단위로 국한된다. C++ 표준은 이러한 링크 방식을 **내부 링키지**(internal linkage)라고 부른다(보통의 경우는 외부 링키지(external linkage)이다). 이 해결책의 단점은 코드 중복이다. 헤더가 n번 포함되면 함수의 코드가 실행 파일 안에 n번 나타난다.†

inline 선언도 비슷한 효과를 낸다.

```
inline double square(double x) { return x*x; }
```

함수가 실제로 인라인화되는지와 무관하게, inline 함수의 링크 방식은 항상 내부 링키지이다.[7] 반대로, inline을 지정하지 않은 함수는 외부 링키지이므로 링커는 중복 정의 오류를 발생한다.

C++17 C++17부터는 변수도 inline으로 선언할 수 있다. 따라서 외부 링키지 변수와 관련한 링커 오류를 간단하게 해결할 수 있다. 이 덕분에 일부 라이브러리는 헤더 파일들로만 구성할 수 있게 되었다.

좀 더 전통적인 해결책은 함수를 하나의 소스 파일에서만 정의하는 것이다.

```
// 파일: herberts/math_functions.hpp
double square(double x);

// 파일: herberts/math_functions.cpp
double square(double x) { return x*x; }
```

덩치가 큰 함수라면 이 방법이 바람직하다.

함수 정의

짧은 함수는 헤더 파일에서 inline으로 선언해서 정의하라. 큰 함수는 헤더에서 선언하고 소스 파일에서 정의하라.

다음처럼 변수를 static으로 선언하면 어떨까?

```
static double pi= 3.14159265358979323846264338327950288419716939;
```

이렇게 하면 pi가 모든 번역 단위에 중복되지만, 링커가 중복 정의를 발생하지는 않는다. 그렇지만 다른 문제점을 일으킬 수 있다. 다음은 다소 작위적이지만 이 점을 잘 보여주는 예이다.

† [옮긴이] 이 역시 중복 정의가 아닌가 하는 의문이 들겠지만, 간단하게만 말하면 내부 링키지에 대해서는 중복 정의가 허용된다. 단, 모든 정의가 동일해야 한다. static으로 선언하더라도 같은 서명의 함수를 다른 방식으로 여러 번 정의하면 안 된다.

7 고급: static 함수와는 달리 inline에서는 코드가 중복되지 않을 수도 있다. 컴파일러는 이런 함수를 링커가 중복 정의 오류를 일으키지 않는 약한 기호(weak symbol)로 표현할 수 있다.

```
// 파일: multiref.hpp
static double pi= 17.4;

// 파일: multiref1.cpp
int main (int argc, char* argv[])
{
    fix_pi();
    std::cout ≪ "pi = " ≪ pi ≪ std::endl;
}

// 파일: multiref1.cpp
void fix_pi() { pi= 3.14159265358979323846264338327950288419716939; }
```

이런 공용 데이터는 하나의 소스 파일에서 정의하고 헤더에서는 extern으로 선언하는 것이 더 낫다.

```
// 파일: herberts/math_functions.hpp
extern double pi;

// 파일: herberts/math_functions.cpp
double pi= 3.14159265358979323846264338327950288419716939;
```

물론, 변하지 않아야 하는 데이터는 상수 변수로 정의하는 것이 더 합당한 방법이다. 상수 변수도 내부 링키지이므로[8](이전에 extern으로 선언되지 않은 한) 헤더 파일에서 정의해도 안전하다.

```
// 파일: herberts/math_functions.hpp
const double pi= 3.14159265358979323846264338327950288419716939;
```

이상의 지정자들이 없는 보통의 함수와 변수는 헤더 파일에서 정의하지 말아야 한다.

요즘도 일부 과학 프로젝트는 여전히 C로 구현된다. 여러분이 그런 프로젝트에 참여한다면, 이 책에서 배운 여러 고급 기능을 사용할 수 없어서 아쉬울 것이다. 그래서 C++ 구현들을 C 프로젝트에서 사용하는 방법을 §A.10에서 제시하니 참고하기 바란다.

C++20 7.3 모듈

C++20의 **모듈**module 기능 덕분에 C++에서도 본격적으로 프로젝트를 모듈화할 수 있게 되었다. 헤더 파일은 그냥 다른 파일에 포함되는 텍스트 파일일 뿐이지

8 고급: 상수 변수도 실행 파일에 약한 기호로 한 번만 저장될 수 있다.

만, 모듈은 실제로 C++ 언어의 규칙을 따르는 실질적인 프로그램 요소이다. 모듈 기능 추가를 C++ 역사에서 가장 극적인 변화로 여기는 C++ 전문가들도 있다. 브라이스 애들스테인Bryce Adelstein이 지적했듯이, 모듈은 다음 사항들을 바꾼다.[3]

- 개발자가 프로그램을 작성하는 방식
- 컴파일러가 코드를 파싱하는 방식
- 컴파일러가 프로그램을 컴파일하는 방식
- 개발자가 프로젝트를 조직화하는 방식
- 사용자가 프로젝트를 사용하는 방식

간단히 말하면, 언젠가는 모듈 기능이 대규모 프로젝트의 개발 과정을 극적으로 바꿀 것이다. 그리고 그 과정에서 새로운 세대의 개발 보조 도구들이 필요하게 될 것이다. 안타깝게도 이 글을 쓰는 현재 도구들의 모듈 지원 수준은 그리 높지 않다.† `g++`는 모듈을 전혀 지원하지 않으며, `clang++`은 부분적으로만 지원한다. Visual Studio는 모듈을 어느 정도 지원하지만, IDE는 모듈 파일을 보통의 텍스트 파일로 취급하기 때문에 헤더 파일이나 소스 파일에 비하면 모듈을 작성하기가 불편하다. 또한 모듈 파일을 프로젝트에 도입하는 방법에 관한 정보도 제공하지 않는다. `CMake` 같은 다른 빌드 도구들 역시, 개발자가 많은 정보를 제공해 주어야 비로소 모듈과 관련한 여러 의존관계를 파악한다. 우리가 모듈을 자연스럽고 편하게 사용할 수 있으려면 도구와 컴파일러가 지금과는 다른 방식으로 연동해야 할 것이다. 여러분이 이 책으로 모듈을 공부할 즈음에는 도구들이 모듈을 좀 더 잘 지원하길 바랄 뿐이다. 어쨌든 현재의 사정을 고려할 때 여기서 모듈의 모든 세부사항을 논의하는 것은 무리이므로, 모듈을 간략하게 소개만 하겠다.

⇒ `modules/math.cppm`

`clang++`와 Visual Studio에서 모듈 파일의 확장자는 `cppm`이다. Visual Studio는 `ixx` 확장자도 지원한다. 짧은 예제로 시작하자.

† [옮긴이] 주요 컴파일러들의 모듈 기능 지원 상황은 *https://en.cppreference.com/w/cpp/compiler_support*의 C++20 core language features 섹션에서 확인할 수 있다. 이 글을 번역하는 2022년 5월 현재 Visual Studio 컴파일러 버전 19.28은 모듈 기능을 완전히 지원하며(적어도 언어 차원에서), `g++`와 `clang++`도 높은 수준으로 지원한다. 《C++ 20: 풍부한 예제로 익히는 핵심 기능》(2022, 인사이트)의 제3장은 모듈 기능을 VS, `g++`, `clang++`에서 실제로 작동하는 예제들과 함께 이번 절보다 자세하게 다룬다.

```
export module math;

namespace math {

    export bool is_prime(long i);

}
```

이것은 math라는 이름의 새 모듈을 정의하는 모듈 파일이다. 첫 행의 export module math;는 다음에 나오는 내용이 math라는 모듈의 인터페이스임을 알리는 모듈 인터페이스 선언문이다. 그다음은 이 모듈을 위한 이름공간 math이다. 모듈과 이름공간은 독립적이다. 이 모듈 안에서 또 다른 이름공간을 선언할 수도 있고, 모듈의 모든 요소를 전역 이름공간으로 내보낼(export) 수도 있다. 그렇지만 모듈의 요소들을 모듈 이름과 같은 이름의 이름공간에 담으면 모듈을 사용하기가 훨씬 쉽다는 것이 필자의 믿음이다. math 이름공간 안에서는 is_prime이라는 함수를 export 키워드를 이용해서 내보낸다. 모듈 밖으로 내보내지 않은, 즉 export로 선언하지 않은 요소는 모듈 외부에서 사용할 수 없다. 모듈 외부에서는 오직 export로 선언한 요소만 사용할 수 있다. 이는 모듈 밖에서 볼 수 있는 요소들을 모듈 작성자가 완전히 통제할 수 있음을 뜻한다. 이는, 단순한 텍스트 치환으로 처리되는 헤더 파일에서는 불가능한 일이다. 그냥 전처리기가 통째로 포함시키는 헤더 파일과는 달리, 모듈은 컴파일러가 C++ 언어의 규칙에 따라 처리한다. 컴파일러는 모듈 파일을 처리해서 미리 컴파일된 모듈(pre-compiled module) 파일을 출력한다.

⇒ modules/math.cpp

모듈에서 선언한 함수들은 보통의 소스 파일에서 정의한다. 다음은 앞의 is_prime 함수를 구현하는 C++ 소스 코드이다.

```
module math;

#include <cmath>

using namespace std;

namespace math {

    long max_check(long i) { return std::sqrt(i) + 1; }

    bool is_prime(long i)
    {
```

```
        if (i == 1)
            return false;
        if (i % 2 == 0)
            return i == 2;
        for (long j= 3; j < max_check(i); j+= 2)
            if (i % j == 0)
                return false;
        return true;
    }

} // namespace math
```

특기할 점은 파일 첫 행의 모듈 선언문(module math;)뿐이다. 컴파일러는 이 소스 파일을 컴파일할 때 이 모듈 선언문에 명시된 모듈의 미리 컴파일된 모듈 파일을 찾아서 참조한다.

⇒ module/math_app.cpp

다음은 이 math 모듈을 도입해서(import) 사용하는 주 프로그램이다.

```
#include <iostream>

import math;

int main()
{
    using namespace math;
    cout << "982451653 is " << (is_prime(982451653) ? "" : "not ")
         << "a prime number.\n";
}
```

이 예제는 모듈과 보통의 헤더 파일을 함께 사용할 수 있다는 점도 보여준다. 그렇지만 모듈을 사용할 수 있다면 항상 모듈을 사용하는 것이 바람직하다. 예를 들어 Visual Studio 최근 버전에서는 <iostream> 헤더를 포함하는 대신 std.core 모듈을 도입하면 std::cout을(그리고 표준 라이브러리의 여러 요소를) 사용할 수 있다.

⇒ modules/math.cppm

템플릿의 한 가지 단점은 템플릿을 반드시 헤더 파일에서 정의해야 한다는 것이다. 그래서 내부적으로만 쓰이는 템플릿 함수들까지도 모두 소스 파일(헤더 파일을 포함시킨)에서 볼 수 있게 된다. 반면에 모듈은 오직 명시적으로 내보낸 요소들만 모듈 밖에서 보이므로 그런 문제점이 없다.

```
export module math;

namespace math {
          auto square(auto x) { return x * x; }
    export auto cubic(auto x) { return square(x) * x; }
} // namespace math
```

이 math 모듈을 도입한 소스 코드에서는 템플릿 함수 cubic만 사용할 수 있고 square는 사용할 수 없다.

모듈의 또 다른 장점은 매크로의 영향을 모듈 안으로 한정할 수 있다는 것이다. 필자는 이 장점을 더 크게 여긴다. 다음 예를 보자.

```
export module math;

namespace math {

#define MACRO_SQUARE(x) ((x) * (x))

} // namespace math
```

MACRO_SQUARE 매크로는 이 모듈 안에서만 작용하며, 이 모듈을 도입한 소스 코드에는 아무런 영향도 미치지 않는다. 물론, 모듈에서도 매크로는 가능하면 사용하지 않는 것이 좋다. 매크로는 최후의 수단으로 남겨야 한다.

⇒ module/math_extra.cppm

커다란 모듈은 여러 개의 하위 모듈로 분할할 수 있다. 보통의 경우 각 하위 모듈을 개별 파일로 작성한다. 다음은 하위 모듈의 예이다.†

```
export module math.extra;

namespace math {

    export inline double twice(double x) { return 2.0 * x; }

} // namespace math
```

† [옮긴이] 참고로 math.extra는 두 이름 math와 extra를 마침표로 연결한 것이 아니라 그냥 하나의 이름이다(변수나 클래스, 함수와는 달리 모듈 이름에는 마침표가 허용된다). 현재의 C++ 표준에서 모듈 이름의 마침표에 특별한 의미는 없다. 특히, 마침표가 모듈들의 어떠한 위계구조를 나타내는 것은 아니다. 따라서 math_extra처럼 마침표 없는 이름을 사용해도 되고, 심지어는 상하가 뒤집힌 extra.math를 사용해도 된다. 그러나 가독성과 원활한 의사소통을 위해서는 이 예제처럼 상위 모듈 이름 다음에 마침표와 하위 모듈 이름을 쓰는 관례를 따르는 것이 안전하다.

이 하위 모듈은 주 모듈인 math와 같은 이름공간을 사용한다. 이는 사용자가 하위 모듈의 함수들도 주 모듈의 함수들과 동일한 방식으로 사용할 수 있게 하기 위한 것이다. 사용자가 이런 하위 모듈들을 직접 도입해서 사용하는 것도 가능하다. 그러나 다음처럼 주 모듈에서 하위 모듈들을 내보내면, 사용자는 그냥 주 모듈 하나만 도입하면 된다.

```
// 파일: modules/math.cppm
export module math;

export import math.extra;
// ...
```

이렇게 하면 math.extra가 내보내는 모든 요소를 math 모듈이 내보내므로, math 모듈만 도입하면 math.extra의 요소들도 바로 사용할 수 있다. 모듈을 지원하는 컴파일러가 모듈 파일 math.cppm을 컴파일하려면 미리 math_extra.cppm을 컴파일해서 만든 math_extra.pcm 파일이 필요하다. 다음은 clang++로 이 예제를 빌드하는 전체 과정이다.

```
clang++-10 --precompile -o math_extra.pcm math_extra.cppm
clang++-10 -fmodule-file=math_extra.pcm --precompile -o math.pcm
math.cppm
clang++-10 -fmodule-file=math.pcm -c -o math.o math.cpp
clang++-10 -fprebuilt-module-path=. -o math_app math.o math_app.cpp
```

각 명령을 지면 너비에 맞추기 위해, 공통의 플래그 -std=c++2a와 -fmodules-ts는 생략했다.

헤더 파일이 여러 번 포함되면 빌드 과정이 느려질 뿐만 아니라, 다양한 종류의 대단히 골치 아픈 버그가 발생할 수 있다. 어떤 헤더 파일에 특정 매크로의 정의 여부 또는 매크로의 값에 의존하는 조건부 컴파일 코드 조각들이 들어 있다고 하자. 그 헤더 파일을 포함하는 소스 파일마다 그 매크로의 정의 여부 또는 매크로의 값이 다르다면, 그 헤더로부터 생성되는 어셈블리 코드도 달라진다. 이에 의한 위험은 하나의 프로젝트를 여러 사람이 빌드할 때 특히나 커진다. 예를 들어 유틸리티 라이브러리, 문제 영역에 특화된 라이브러리, 주 응용 프로그램을 세 팀이 따로 개발하고 컴파일한다고 하자. 최종 소프트웨어를 만들려면 모든 것을 링크해야 하는데, 만일 헤더들이 일관되지 않게 컴파일된다면 소프트웨어가 이상하게 행동할 수 있으며, 문제의 원인을 찾아서 해결하기가 대단히 고통스러울 것이다.

모듈은 그런 측면에서 훨씬 더 견고하다. 미리 컴파일된 모듈 파일은 컴파일 설정에 관한 정보를 유지하므로, 해당 모듈을 사용하는 다른 번역 단위를 컴파일할 때 설정들이 호환되지 않으면 컴파일러가 문제를 검출해서 보고한다.

그러나 앞에서 언급했듯이, 이 글을 쓰는 현재 컴파일러들과 도구들의 모듈 지원 수준은 높지 않다. 따라서 큰 프로젝트에서 모듈을 사용하기로 하기 전에, 먼저 여러분의 빌드 환경이 모듈을 충분히 잘 지원하는지부터 확인해 보아야 한다. 충분히 잘 지원한다면, 모듈을 사용함으로써 여러분의 프로젝트가 크게 개선될 것이다. 그 이유는 다음과 같다.

- 분리 컴파일은 컴파일 시간을 크게 줄여준다. 헤더 파일과는 달리 모듈은 딱 한 번만 컴파일되기 때문이다.
- 미리 컴파일된 모듈은 모든 번역 단위에서 일관되게 작동한다.
- 모듈 안에서 정의한 매크로는 모듈 외부에 영향을 미치지 않는다.
- 중복 포함 방지책(include guard) 같은 오류의 여지가 많은 메커니즘은 더 이상 필요하지 않다.
- 템플릿을 선택적으로 내보낼 수 있다.
- 모듈들을 묶어서 더 큰 모듈을 만드는 것도 간단하다.

이런 장점들을 생각하면, 모듈 기능이 우리가 더 나은 소프트웨어를 만드는 데 크게 기여할 것이라는 점에는 의심의 여지가 없다.

7.4 맺음말

독자 여러분이 이 책을 재미있게 읽었기를, 그리고 이 책에서 배운 새로운 기법들을 여러분의 프로젝트에 적극적으로 적용하길 희망한다. 이 책을 저술하면서 C++의 모든 측면을 다루려 하지는 않았다. 단지 C++이라는 프로그래밍 언어가 다양한 방식으로 활용할 수 있는, 그리고 표현력과 성능을 모두 제공하는 강력한 언어라는 점을 보여주고 싶었을 뿐이다. 조만간 여러분도 C++을 최선으로 활용하는 자신만의 방법을 찾게 될 것이다. '최선의 활용 방법'을 전달하는 것이 필자의 핵심 목표였다. 언어의 수많은 기능과 난해한 세부사항을 일일이 나열하기보다는, 대부분의 경우에서 목표를 달성하는 데 가장 도움이 되는 기능이나 기법이 어떤 것인지 보여주고자 했다.

프로그래밍 실무에서 필자는 프로그램의 성능을 최대한 쥐어짜는 데 시간을 많이 투자한다. 이 책에서 필자는 성능 최적화에 관련된 지식도 어느 정도 제시했다. 솔직히 그런 성능 조율이 항상 재미있지는 않으며, 가혹한 성능 요구조건이 없다면 C++ 프로그램을 작성하기가 훨씬 쉽다. 사실 까다로운 성능 최적화 요령을 적용하지 않아도, 대부분의 경우 C++ 프로그램이 다른 언어로 작성한 것보다 확실히 더 빠르다.

따라서, 성능에 집중하기 전에 먼저 프로그래머의 생산성에 관심을 둘 필요가 있다. 컴퓨팅에서 가장 귀한 자원은 프로세서 시간이나 메모리가 아니라 여러분 자신의 프로그램 개발 시간이다. 그리고 아무리 집중한다고 해도 코드를 짜는 데는 생각보다 시간이 오래 걸린다. 기억해 둘 만한 일반 법칙은, 작업 시간을 예상한 다음 그것을 두 배로 하고, 시간의 단위를 그다음으로 큰 단위로(예를 들어 시(hour)를 일(day)로) 바꾸는 것이다. 확실히 더 나은 프로그램이나 계산 결과를 얻을 수만 있다면, 시간이 더 들어도 손해가 아니다. 아무쪼록 독자 여러분이 그런 성과를 얻길 간절히 바라면서 이 책의 본문을 마무리한다.

부록 A

D i s c o v e r i n g M o d e r n C + +

지저분한 세부사항

"태산 같은 노고(efforts)를 뒤로 한 우리 앞에 노고로 가득한 평원이 놓여 있다."

—베르톨트 브레히트 Bertolt Brecht

이 부록은 무시할 수 없는, 그렇지만 본문에서 이야기하기에는 학습 진행에 걸림돌이 될만한 C++의 세부사항을 논의한다. C++의 기초와 클래스에 관한 초기 장(chapter)들에서 이런 고급 주제를 (필요 이상으로 길게) 다루면 오히려 학습에 방해가 될 수 있다. 이 부록을 읽고 더 많은 세부사항을 알고 싶어진다면, 그리고 이 부록의 세부사항이 그리 지저분하다고 생각되지 않는다면, 그것도 독자에게 좋은 일일 것이다. 어떤 면에서 이 부록은 영화의 삭제 장면 모음과 비슷하다. 정식 버전에는 포함되지는 못했지만, 그래도 관객(독자)에게 가치 있는 콘텐츠라는 점에서 그렇다.

A.1 좋은 과학 소프트웨어의 요건

이번 절의 목표는 좋은 과학 소프트웨어와 나쁜 과학 소프트웨어가 어떤 것인지 독자가 감을 잡게 하는 것이다. 그런 만큼, 이번 절의 예제 코드를 완전하게 이해하지 못한다고 해도 걱정할 필요는 없다. 서문의 예제처럼, 이 예제들 역시 C++의 여러 가지 프로그래밍 스타일을 소개하고 그 장단점을 논의하기 위한 것일 뿐이다. 전반적인 관점과 작동 원리가 중요할 뿐 코드의 세부사항은 중요하지 않다.

이 부록은 $Ax = b$ 형태의 연립방정식을 푸는 반복법(iterative method)을 예로 들어서 논의를 전개한다. 여기서 A는 대칭인 양의 정부호(symmetric positive-definite, SPD) 행렬이고 x와 b는 벡터이다. SPD 행렬 A가 희소(sparse) 행렬일 수 있다는 점도 기억하기 바란다. 이러한 연립방정식의 x를 반복법으로 구하는 것이 목표인데, 사용할 반복법은 매그너스 R. 헤스틴스Magnus R. Hestenes와 에두아르트 슈티펠Eduard Stiefel이 고안한 켤레기울기법(conjugate gradient method)[31]이다. 이 논의에서 수학의 세부사항은 중요하지 않다. 중요한 것은 여러 가지 구현 스타일이다. 알고리즘 A-1은 켤레기울기법을 의사코드로 표현한 것이다.

알고리즘 A-1: 켤레기울기법

입력: SPD 행렬 A, 벡터 b, 왼쪽 선조건자 L, 종료 판정 기준 ε
출력: $Ax \approx b$를 충족하는 벡터 x

1 $r = b - Ax$
2 **while** $|r| \geq \varepsilon$ **do**
3 $z = L^{-1}r$
4 $\rho = \langle r, z \rangle$
5 **if** 첫 번째 반복 **then**
6 $p = z$
7 **else**
8 $p = z + \frac{\rho}{\rho'}p$
9 $q = Ap$
10 $\alpha = \rho / \langle p, q \rangle$
11 $x = x + \alpha p$
12 $r = r - \alpha q$
13 $\rho' = \rho$

⇒ c++03/cg_ugly.cpp

프로그래머는 이런 수학 공식들을, 프로그래밍 언어의 기능들을 이용해서 컴파일러가 이해할 수 있는 형태의 소스 코드로 변환한다. 제1장을 읽지 않고 바로 이 부록으로 넘어온 독자를 위해 언급하자면, 아래에서 자주 언급하는 '허버트'는 이 책의 반영웅(anti-hero)이다. 허버트는 독창적인 수학자로, 프로그래밍은 그냥 자신의 알고리즘이 얼마나 멋지게 작동하는지 보여주기 위한 필요악 정도로만 취급한다. 그에게 다른 수학자의 알고리즘을 구현하는 것은 더욱더 짜증스러운 일이다. 목록 A-1은 허버트가 이 켤레기울기법을 서둘러 구현한 것인데, 그냥 훑어만 보길 바란다.

목록 A-1 추상화 수준이 낮은 켤레기울기법 구현

```
#include <iostream>
```

```
#include <cmath>

void diag_prec(int size, double *x, double* y)
{
    y[0] = x[0];

    for (int i= 1; i < size; i++)
        y[i] = 0.5 * x[i];
}

double one_norm(int size, double *vp)
{
    double sum= 0;
    for (int i= 0; i < size; i++)
          sum+= fabs(vp[i]);
    return sum;
}
double dot(int size, double *vp, double *wp)
{
    double sum= 0;
    for (int i= 0; i < size; i++)
          sum+= vp[i] * wp[i];
    return sum;
}

int cg(int size, double *x, double *b,
       void (*prec)(int, double*, double*), double eps)
{
    int i, j, iter= 0;
    double rho, rho_1, alpha;
    double *p= new double[size];
    double *q= new double[size];
    double *r= new double[size];
    double *z= new double[size];

    // r= A*x;
    r[0] = 2.0 * x[0] - x[1];
    for (int i= 1; i < size-1; i++)
          r[i] = 2.0 * x[i] - x[i-1] - x[i+1];
    r[size-1] = 2.0 * x[size-1] - x[size-2];

    // r= b-A*x;
    for (i= 0; i < size; i++)
          r[i]= b[i] - r[i];

    while (one_norm(size, r) >= eps) {
        prec(size, r, z);
        rho= dot(size, r, z);
        if (!iter) {
```

```
            for (i= 0; i < size; i++)
                p[i]= z[i];
        } else {
            for (i= 0; i < size; i++)
                p[i]= z[i] + rho / rho_1 * p[i];
        }

        // q= A * p;
        q[0] = 2.0 * p[0] - p[1];
        for (int i= 1; i < size-1; i++)
            q[i] = 2.0 * p[i] - p[i-1] - p[i+1];
        q[size-1] = 2.0 * p[size-1] - p[size-2];

        alpha= rho / dot(size, p, q);
        // x+= alpa * p; r-= alpha * q;
        for (i= 0; i < size; i++) {
            x[i]+= alpha * p[i];
            r[i]-= alpha * q[i];
        }
        rho_1= rho;
        iter++;
    }
    delete [] q; delete [] p; delete [] r; delete [] z;

    return iter;
}

void ic_0(int size, double* out, double* in) { /* .. */ }

int main (int argc, char* argv[])
{
    int size=100;

    // ... nnz와† size 설정 ...

    double *x=   new double[size];
    double *b=   new double[size];

    for (int i=0; i<size; i++)
        b[i] = 1.0 ;

    for (int i=0; i<size; i++)
        x[i] = 0.0 ;

    // ... A와 b 설정 ...
```

† [옮긴이] nnz는 number of non-zeros(0이 아닌 성분들의 개수)를 줄인 것으로, 희소 행렬의 효율적인 처리와 관련이 있다.

```
    cg(size, x, b, diag_prec, 1e-9);

    return 0 ;
}
```

전반적으로 평하자면, 이 구현의 장점은 다른 헤더 파일이나 소스 파일 없이 이 소스 파일 하나로 작동한다는 것이다. 장점이라고 한다면 이것뿐이고, 그나마도 이 '장점'은 사실 여러 나쁜 프로그램에서 볼 수 있는 특징이다. 이 구현의 주된 문제점은 추상화 수준이 낮다는 것이다. 낮은 추상화는 다음과 같은 세 가지 단점으로 이어진다.

- 가독성이 나쁘다.
- 유연성이 없다.
- 사용자가 실수할 여지가 아주 크다.

가독성이 나쁘다는 단점은 거의 모든 연산이 단일 또는 다중 루프로 구현되어 있다는 사실에서 잘 나타난다. 예를 들어 주석이 없다면 cg 함수의 안쪽 for 루프가 행렬 벡터 곱셈 $q = Ap$를 수행하는 것임을 알아채기 힘들다. 수식의 q와 A, p에 해당하는 변수들은 알아볼 수 있지만, 그 루프가 행렬 벡터 곱셈임을 알 수 있으려면 코드를 자세히 들여다보아야 하고 행렬이 저장되는 방식도 잘 이해하고 있어야 한다.

이 문제점은 둘째 단점 즉 유연성 부재로 이어진다. 이 구현은 여러 기술적인 세부사항들에 얽매여 있어서 현재의 문맥에서만 정확하게 작동한다. 알고리즘 A-1은 A가 SPD 행렬이라는 점만 요구할 뿐이다. 저장 방식이나 행렬의 좀 더 구체적인 종류에 관한 제약은 없다. 그러나 허버트의 구현은 이산 1차원 푸아송 방정식에 해당하는 행렬에 특화되어 있다. 이런 낮은 추상화 수준의 프로그램을 다른 종류의 데이터에 사용하려면 코드를 크게 뜯어고쳐야 한다.

이 구현이 얽매여 있는 세부사항이 행렬의 종류와 저장 방식만은 아니다. 계산을 더 낮은 정밀도(float)나 더 높은 정밀도(long double)로 수행해야 한다면 어떻게 해야 할까? 복소수 연립방정식을 풀고자 한다면? 허버트의 접근 방식에서는 상황이 조금만 달라져도 켤레기울기법을 다시 구현해야 한다. 계산을 여러 컴퓨터에서 병렬로 실행하거나 GPGPU(general-purpose graphic processing unit; 범용 그래픽 처리 장치)를 활용하려고 해도 역시 알고리즘을 다시 구현해야 한다. 더욱 나쁜 일은, 이러한 여러 요소의 서로 다른 조합마다 새로운 구현이 필요하다는 것이다.

혹자는 “2~30줄짜리 함수 하나를 다시 작성하는 게 뭐 그리 힘든 일인가? 행렬 형식이나 컴퓨터 아키텍처가 매달 새로 나오는 것도 아니지 않은가?”라고 말할지도 모른다. 틀린 말은 아니지만, 어떤 의미에서 그런 주장은 마차를 말 앞에 다는 것과 비슷하다. 유연성 없고 세부사항에 매몰된 프로그래밍 스타일로 과학 응용 프로그램을 작성하다 보면 코드가 수십만, 수백만 행으로 커지게 된다. 응용 프로그램이나 라이브러리의 덩치가 그렇게 엄청나게 커지면 함수를 수정하기가 몹시 어렵다(이 부분을 고치면 저 부분도 고쳐야 하는 일이 끝없이 이어지기 때문이다). 그러다 보니 그냥 함수를 수정하지 않게 된다. 좋은 소프트웨어를 만드는 비결은 처음부터 높은 추상화 수준으로 시작하는 것이다. 초반에 할 일이 많다고 해도, 그렇게 시작하는 것이 유리하다.

허버트의 구현의 마지막 주요 단점은 사용자가 실수를 저지를 여지가 크다는 것이다. cg 함수는 배열을 가리키는 포인터와 배열의 크기를 인수로 받는다. 주어진 포인터와 크기가 정확한지를 cg 함수가 확인할 수 없으므로, cg 함수의 작성자는 그저 사용자가 인수들을 정확히 지정했길 바랄 수밖에 없다. 만일 사용자가 배열에 충분한 메모리를 할당하지 않았다면(또는, 아예 메모리를 할당하지 않았다면), 데이터는 물론 프로그램의 기계어 코드까지도 깨질 수 있기 때문에 프로그램이 어느 정도 실행되다가 충돌하거나, 더 나쁘게는 엉뚱한 결과를 산출하게 된다. 좋은 프로그래머는 이런 불안한 인터페이스를 피한다. 사소한 실수로도 커다란 피해가 발생할 수 있으며, 이런 종류의 프로그램 오류는 찾아내기가 극히 어렵기 때문이다. 안타깝게도, 최근 출시된, 그리고 널리 쓰이는 소프트웨어도 이런 방식으로 작성된다. C와 포트란에 대한 하위 호환성 때문일 수도 있고, 애초에 그런 언어로 작성되었기 때문일 수도 있다. 아니면, 개발자들이 그냥 소프트웨어 개발 분야의 발전과 진보를 거부하기 때문일 수도 있겠다. 혹시 독자도 그런 사람이라면 이 책이 그리 마음에 들지 않을 것이다.

‘나쁜’ 소프트웨어의 특징을 한참 이야기했는데, 그럼 좋은 소프트웨어는 어떤 모습일까? 목록 A-2는 우리의 이상에 좀 더 가까운 버전이다.

⇒ c++11/cg_nice.cpp

목록 A-2 추상화 수준이 좀 더 높은 켤레기울기법 구현

```
template <typename Matrix, typename Vector,
          typename Preconditioner, typename Eps>
int conjugate_gradient(const Matrix& A, Vector& x, const Vector& b,
                       const Preconditioner& L, Eps eps)
{
```

```
    using Scalar= value_type_t<Vector>;
    Scalar rho= 0, rho_1= 0, alpha= 0;
    Vector p(size(x)), q(size(x)), r(size(x)), z(size(x));

    r= b - A * x;
    int iter = 0 ;

    while (one_norm(size, r) >= eps) {
        z = r / L;
        rho = dot(r, z);

        if (iter.first())
            p = z;
        else
            p = z + (rho / rho_1) * p;
        q= A * p;
        alpha = rho / dot(p, q);

        x += alpha * p;
        r -= alpha * q;
        rho_1 = rho;
        ++iter;
    }
    return iter;
}

int main (int argc, char* argv[])
{

    // ... 여기서 A, x, b를 초기화한다 ...

    conjugate_gradient(A, x, b, diag_prec, 1.e-5);
    return 0 ;
}
```

우선 눈에 띄는 점은, 이 켤레기울기법 구현을 주석 없이도 읽을 수 있다는 점이다. 대체로, 훌륭한 프로그래머의 코드는 다른 프로그래머들의 주석과 비슷하다. 목록 A-2의 코드를 알고리즘 A-1의 수식들과 비교해 보면, 형식과 변수 선언을 제외할 때 둘이 사실상 동일하다는 점을 알 수 있을 것이다. C++ 코드라기보다는 MATLAB이나 매스매티카 코드 같다고 느끼는 독자도 있을 것이다. 사실 그렇다. 좋은 소프트웨어를 만들기 위해 충분히 노력한다면, C++로도 이처럼 높은 추상화 수준을 달성할 수 있다.

게다가, 이런 수준의 추상화에서 알고리즘을 구현하는 것이 저수준 연산들로 알고리즘을 표현하는 것보다 훨씬 쉽다는 점도 명백하다. 얼마나 많은 과학자가 목록 A-1 같은 나쁜 소프트웨어의 사소한 기술적 세부사항에 집착하면서 얼마나 많은 시간을 낭비하는지는 아무도 모른다. 물론 기술적 세부사항이 중요한 분야가 있긴 하지만, 과학 응용 프로그램은 그런 분야가 아니다. 과학 소프트웨어는 기술적 세부사항에 집착하기에는 최악의 분야이다. 항상 2수준 접근 방식을 따르길 권한다. 즉, 먼저 응용 프로그램을 표현력 있는 수학 연산들의 관점에서 작성하고, 아직 구현되지 않은 연산들은 개별적으로 구현하는 것이다. 이 수학 연산들은 절대적인 정확한 결과를 최적의 성능으로 산출하도록 세심하게 구현해야 한다. 여기서 '최적의 성능'이 어느 정도의 성능인지는 여러분이 성능 조율에 투여할 수 있는 시간과 그로부터 얻는 성능 향상의 폭에 따라 달라진다. 기본적인 연산들에 들이는 노력은 그 연산들이 아주 많이 **재사용**될 때 비로소 이득이 된다. 구현 세부사항보다는, 소프트웨어를 미래에도 의미 있게 사용할 수 있도록 적절한 추상을 찾아서 적용하는 것이 중요하다. 기존의 라이브러리나 패키지 중에 그런 추상을 제공하는 것이 없다면, 여러분이 직접 구현하는 즐거움을 누릴 기회이다.

추상화 수준의 관점에서 볼 때, 목록 A-2의 켤레기울기법 구현은 그 어떤 기술적 세부사항에도 구속되지 않음을 높게 평가해야 할 것이다. 예를 들어 `conjugate_gradient` 함수는 `double` 같은 특정 수치 형식에 국한되지 않는다. 예를 들어 `float`이나 GMP(GNU Multiple-Precision) 라이브러리의 다중정밀도 수치 형식, 복소수, 구간 산술(interval arithmethic), 사원수(quaternion) 등도 얼마든지 사용할 수 있다.

행렬 A의 내부 저장 방식에도 특별한 제약이 없다. 어떤 방식이든, A를 벡터와 곱할 수 있으면 된다. 사실 A가 반드시 행렬일 필요도 없다. 임의의 선형 연산자(linear operator)를 A로 사용할 수 있다. 예를 들어 벡터에 FFT(fast Fourier transformation; 빠른 푸리에 변환)를 수행하는 객체를 A로 사용할 수 있다(FFT 연산을 A와 벡터의 곱셈 형태로 표현한다고 할 때). 마찬가지로, 벡터 역시 반드시 유한한 차원의 배열로 표현할 필요는 없다. 어떤 방식으로든 컴퓨터로 표현할 수 있으며 알고리즘의 모든 연산을 적용할 수 있는 임의의 벡터 공간의 성분이기만 하면 된다.

다른 CPU 아키텍처의 활용 가능성도 열려 있다. 행렬과 벡터를 병렬 슈퍼컴퓨터의 노드들에 분산한다면, 그리고 해당 병렬 연산들이 갖추어져 있다면, 코드 한 줄 고치지 않아도 함수가 병렬로 실행된다. (GP)GPU 가속 역시 알고리즘의 구현을 고치지 않고 적용할 수 있다. 일반화하자면, 우리의 **일반적** 켤레기울기법 함수는 행렬 형식과 벡터 형식, 그리고 해당 연산들을 구현할 수 있는 플랫폼이라면 그 어떤 플랫폼도(새로운 것이든 기존 것이든) 지원한다.

결과적으로, 그런 추상들에 기반해서 수천 줄의 코드로 구현된 정교한 과학 응용 프로그램을 코드를 거의 고치지 않고도 새로운 플랫폼으로 이식할 수 있다.

A.2 기초 관련 세부사항

이번 절은 제1장에서 생략한 세부사항들을 모은 것이다.

A.2.1 정적 변수

§1.2.7.2에서 이야기한 지역 변수는 자신이 선언된 범위를 벗어나면 파괴된다. 그러나 static으로 선언한 지역 변수는 프로그램의 끝까지 살아남는다. 따라서 어떤 블록의 지역 변수를 static으로 선언하는 것은 그 블록이 프로그램 실행 도중에 여러 번 실행될 때만, 이를테면 루프나 함수의 본문 블록일 때만 의미가 있다. 그런 정적 변수의 한 가지 용도는 함수가 호출된 횟수를 세는 것이다.

```
void self_observing_function()
{
    static int counter= 0;        // 한 번만 초기화된다.
    ++counter;
    cout ≪ "I was called " ≪ counter ≪ " times.\n";
    ...
}
```

정적 변수는 딱 한 번만 초기화되므로, 한 호출에서 갱신된 정적 변수의 값은 이후의 호출에서도 유지된다. 정적 변수의 주된 용도는 현재 호출의 결과를 다음 번 호출에서 활용할 수 있도록 담아 두는 것이다. 즉, 정적 변수를 일종의 조회 테이블이나 캐시로 활용하는 것이다. 그러나 보조 데이터의 관리가 일정 수준 이상으로 복잡하다면, 클래스(제2장) 기반 해법을 사용하는 것이 더 나은 설계로 이어질 것이다. static 키워드의 효과는 문맥에 따라 다르지만, 다음은 문맥과 무관하게 공통인 사항들이다.

- 지속성: 정적 변수는 프로그램 실행 내내 메모리에 상주한다.
- 파일 범위: 정적 변수와 정적 함수는 해당 번역 단위에서만 보이며, 함께 링크되는 다른 번역 단위의 변수나 함수와 충돌하지 않는다. 관련 링크 문제를 §7.2.3.2에서 상세히 이야기했다.

둘째 사항(파일 범위)은 특히 전역 변수와 관련이 있다. 전역 변수는 원래부터 프로그램 실행 내내 메모리에 상주하므로 static이 별 효과가 없다고 생각할 수 있지만, 전역 변수를 static으로 선언하면 그 전역 변수는 오직 해당 번역 단위에서만 보이므로 충돌이나 중복 정의를 피할 수 있다. 클래스의 멤버에 대한 static의 효과는 제2장에서 논의했다(§2.2.4).

A.2.2 if문 추가 사항

if의 조건식은 반드시 bool 표현식(또는 bool로 변환되는 어떤 표현식)이어야 한다. 따라서 다음과 같은 코드도 허용된다.

```
int i= ...
if (i)                          // 나쁜 스타일
   do_something();
```

이 코드는 int에서 bool로의 암묵적 변환에 의존한다. 다른 말로 하면, 이 if 문은 i가 0 이외의 값인지를 판정한다. 그 점을 다음과 같이 명시적으로 표현하는 것이 더 낫다.

```
if (i != 0)                     // 더 나은 스타일
   do_something();
```

if 문에 다른 if 문을 포함할 수 있다.

```
if (weight > 100.0) {
    if (weight > 200.0) {
        cout ≪ "This is extremely heavy.\n";
    } else {
        cout ≪ "This is quite heavy.\n";
    }
} else {
    if (weight < 50.0) {
        cout ≪ "A child can carry this.\n";
    } else {
        cout ≪ "I can carry this.\n";
    }
}
```

이 예에서 중괄호들을 생략해도 코드의 행동이 바뀌지는 않지만, 중괄호들이 있으면 코드의 의미가 좀 더 명확해진다. 그러나 중괄호가 있어도 가독성이 썩 좋지는 않다. if 문들을 다음과 같은 형태로 중첩하면 코드의 가독성이 개선된다.

```
if (weight < 50.0) {
    cout ≪ "A child can carry this.\n";
} else if (weight <= 100.0) {
    cout ≪ "I can carry this.\n";
} else if (weight <= 200.0) {
    cout ≪ "This is quite heavy.\n";
} else {
    cout ≪ "This is extremely heavy.\n";
}
```

이번에도 중괄호들을 생략할 수 있는데, 이전과는 달리 중괄호들을 생략해도 가독성이 떨어지지는 않는다. 가독성과는 무관하게 코드의 정확성을 위해 중괄호가 꼭 필요한 경우도 있다. 다음 예를 보자.

```
if (weight > 100.0)
    if (weight > 200.0)
        cout ≪ "This is extremely heavy.\n";
    else
        cout ≪ "This is quite heavy.\n";
```

마지막 행은 언제 실행될까? `else` 절이 둘째 `if` 절에 속한다면 마지막 행은 `weight`가 100에서 200 사이일 때 실행될 것이다. 반대로 `else` 절이 첫 `if` 절에 속한다면 마지막 행은 `weight`가 100 이하일 때 실행된다. 다행히 C++ 표준에는 `else` 절이 가장 안쪽의 `if` 절에 속한다는 규칙이 명시되어 있다. 따라서 이 경우는 첫 해석이 맞다. 만일 둘째 해석처럼 `else`가 첫 `if`에 속해야 한다면, 다음처럼 중괄호가 필요하다.

```
if (weight > 100.0) {
    if (weight > 200.0)
        cout ≪ "This is extremely heavy.\n";
} else
    cout ≪ "This is not so heavy.\n";
```

이상의 예제들에서 보듯이, 때에 따라서는 중괄호를 더 많이 사용하는 것이 코딩 생산성에 도움이 된다. 중괄호를 적절히 사용하면, 코드를 읽는 사람이 `else` 절이 어느 `if`에 속하는지 추측하는 데 걸리는 시간이 줄어든다.

A.2.3 더프의 장치

§1.4.3.3에서 보았듯이, `break` 문이 없으면 `switch`의 `case` 절들은 계속 아래로 흐르면서 실행된다. 이 점을 이용해서 반복 계산을 명시적인 루프 색인 갱신 및 종

료 판정 없이 switch 문으로 구현할 수 있다. 다음은 길이가 5 이하인 벡터들을 명시적인 루프 없이 더하는 예이다.

```
assert(size(v) <= 5);
int i= 0;
switch (size(v)) {
  case 5: v[i]= w[i] + x[i]; ++i;     // 아래로
  case 4: v[i]= w[i] + x[i]; ++i;     // 아래로
  case 3: v[i]= w[i] + x[i]; ++i;     // 아래로
  case 2: v[i]= w[i] + x[i]; ++i;     // 아래로
  case 1: v[i]= w[i] + x[i];          // 아래로
  case 0: ;
}
```

이 기법을 **더프의 장치**(Duff's device)†라고 부른다. 이 기법은 이 예처럼 독립적으로 쓰이기보다는 루프를 펼친 후 남은 반복들을 처리하는 용도로 쓰일 때가 많다. 이런 최적화 기법을 주된 개발 과정에서 사용하는 것은 바람직하지 않다. 성능이 중요한 핵심 부분의 최종 조율 과정에서만 사용해야 할 것이다.

A.2.4 프로그램 실행

명령줄(command line)에서 프로그램을 실행할 때, 빈칸이 포함된 인수(argument)는 반드시 따옴표로 감싸야 한다. 표준에 명시된 것은 아니지만, 대부분의 플랫폼과 컴파일러에서 프로그램이 받는 첫 인수는 그 프로그램의 실행 파일 이름이다. 예를 들어 argc_argv_test라는 프로그램이 명령줄 인수들을 한 행씩 출력한다고 할 때,‡ 다음 명령은

```
$ ../c++11/argc_argv_test first "second third" fourth
```

다음을 출력한다.

```
../c++11/argc_argv_test
first
second third
fourth
```

† [옮긴이] 이 기법을 고안한 프로그래머 토머스 더프Thomas Duff의 이름을 딴 것이다.

‡ [옮긴이] 원서 깃허브 저장소의 c++11/argc_argv_test.cpp를 참고하자.

어떤 컴파일러는 명령줄 인수들을 vector<string> 형식으로 받는 main도 지원한다. 그러면 인수들을 다루기가 편하지만, 이식성은 없다.

명령줄 인수들로 수치 계산을 수행하려면 먼저 적절한 수치 형식으로 변환해야 한다.

```
cout ≪ argv[1] ≪ " times " ≪ argv[2] ≪ " is "
     ≪ stof(argv[1]) * stof(argv[2]) ≪ ".\n";
```

다음은 이 예제 프로그램이 우리에게 놀라운 지식을 제공한 예이다.

```
$ argc_argv_test 3.9 2.8
3.9 times 2.8 is 10.92.
```

안타깝게도, stof 함수는 주어진 문자열 전체를 float로 변환할 수는 없는 경우에도 그 사실을 알려주지 않는다. 문자열이 숫자나 마침표(소수점), 플러스/마이너스 기호로 시작하는 한,† 이 함수는 그냥 문자열에서 문자들을 읽다가 수치로 변환할 수 없는 문자를 만나면 그때까지 읽은 부분 문자열을 수치로 변환할 뿐이다. stof를 비롯한 std::string-수치 변환 함수들은 C++11에서 도입되었다. 그 전에는 const char*에 기반한 atof 밖에 없었는데, 실수의 여지가 더 컸다.

C++11

유닉스류 시스템에서는 셸에서 마지막으로 실행한 명령의 종료 코드(exit code)를 $?로 조회할 수 있다.[1] 그리고 종료 코드를 이용하면, 오직 그 전의 명령이 성공했을 때만 다음 명령이 실행되도록 여러 개의 명령을 순서대로 실행할 수 있다. 다음이 그러한 예이다.

```
do_this && do_that && finish_it
```

C나 C++과는 달리 명령 셸은 종료 코드 0을 true 또는 '성공'으로 해석한다. 그렇지만 &&는 C나 C++의 &&와 비슷하게 작동한다. 즉, 왼쪽 부분표현식이 참일 때만 오른쪽 부분표현식이 평가된다. 그와는 대칭적으로 ||는 왼쪽 부분표현식

† [옮긴이] 제일 앞의 빈칸들은 무시되며, INF, NAN 같은 특별한 단어도 허용된다. 아예 변환할 수 없는 문자열에 대해서는 std::invalid_argument 예외를 던진다. 좀 더 자세한 사항은 *https://en.cppreference.com/w/cpp/string/basic_string/stof*를 참고하자.

1 Windows의 배치 스크립트(.bat이나 .cmd)에서는 %ERRORLEVEL%를 비슷한 용도로 사용할 수 있다.

이 거짓일 때만 오른쪽 부분표현식이 평가되므로, 오류 처리(명령들 중 하나라도 실패한 경우)에 유용하다.

A.2.5 단언 대 예외

비용과 관련해서 자세한 이야기는 생략하고 결론만 말하면, 예외가 단언보다 약간 비싸다. 예외가 던져지면 C++ 런타임이 실행 시점 환경을 정리해야 하기 때문이다. 과거에는 예외 처리를 끄면 응용 프로그램이 눈에 띄게 빨라졌지만, 요즘은 컴파일러들의 최적화 수준이 높기 때문에 예외가 던져지지 않는 한 예외 처리에 따르는 추가부담은 없거나 극히 작다. 반면에 단언은 위반 시 추가적인 정리 작업 없이 바로 프로그램을 종료시킨다. 게다가 대부분의 경우 릴리스 모드에서는 단언문들을 아예 비활성화한다.

본문에서 이야기했듯이 프로그래밍 실수에서 비롯한 모순된 또는 예기치 못한 값들은 단언문으로 잡는 것이 바람직하고, 예외는 말 그대로 예외적인 상황을 처리하는 데 사용해야 한다. 달리 표현하면, 단언문은 여러분 자신의 실수를 점검하는 수단이고 예외는 다른 사람들의 실수를 점검하는 수단이다. 안타깝게도, 문제가 발생했을 때 그 근원이 여러분 자신인지 아니면 다른 사람인지를 명확하게 구분하기 어려울 때가 있다. 예를 들어 프로그램이 어떤 파일을 열지 못한다고 하자. 문제의 원인이 사용자가 파일 이름을 잘못 입력한 것일 수도 있고, 설정 파일의 오타일 수도 있다. 이런 문제는 예외로 처리해야 할 것이다. 반면에, 소스 파일 안의 리터럴 문자열로 설정된 파일 이름이 잘못되었거나 파일 이름을 만들기 위해 문자열을 연결하는 코드에 문제가 있을 수도 있다. 이런 오류는 단언문으로 잡아서 프로그램을 바로 종료시키는 것이 낫다. 단, 릴리스 모드에서는 이런 오류가 검출되지 않는 위험을 감수해야 한다.

골치 아픈 문제는 중복성(redundancy) 피하기와 직접적인 건전성 점검(sanity check)이 충돌한다는 것이다. 파일 이름을 만들거나 사용자에게 입력받는 지점에서는, 잘못된 파일 이름이 프로그래머의 실수 때문인지 사용자 입력 오류 때문인지 알 수 없다. 그 지점에서 오류 처리를 구현하려면 파일 열기를 여러 번 점검해야 할 수 있다. 반복된 점검의 구현에는 추가적인 프로그래밍 작업이 필요하며, 그 점검들이 서로 일관되지 않을 위험도 있다. 따라서, 문제의 원인이 무엇인지는 알아내지 못한다고 하더라도 그냥 한 번만 점검하는 접근 방식이 더 생산적이고 실수의 여지도 적다. 즉, 파일 열기에 실패하면 과감하게 예외를 던져서 다른 단위에서 문제를 해결하게 만드는 것이 바람직하다.

일반적으로, 데이터가 깨진 문제는 단언문보다는 예외로 처리하는 것이 낫다. 예를 들어 여러분이 다니는 회사의 월급 계산 프로그램이 이번 달 월급을 계산하다가, 어떤 신입사원의 레코드에 누락된 필드가 있음을 발견했다고 하자. 이런 오류를 단언문로 처리한다면 월급 계산 프로그램이 아예 종료되므로, 그 신입사원뿐만 아니라 모든 직원이(여러분도 포함해서) 월급을 받지 못하거나 문제가 해결될 때까지 지급이 미루어진다. 반면에 예외를 사용한다면, 깨진 레코드 발견 시 그냥 예외를 던져서 오류를 보고하게 하고 그다음 직원으로 넘어갈 수 있다.

프로그램의 강건성(robustness; 견고함) 측면에서 보자면, 널리 쓰이는 라이브러리의 함수는 오류 때문에 프로그램을 강제로 종료하는 일이 없어야 한다. 예를 들어 항공기의 자동 조종 기능을 구현한 함수에서 오류가 발생했을 때 항공기 제어 프로그램 전체가 종료되어서는 안 된다(비행기가 착륙하는 도중에 시스템이 재부팅한다고 생각해 보라). 다른 말로 하면, 여러분이 주어진 라이브러리의 모든 응용 영역(application domain)을 알지 못한다면, 프로그램 강제 종료의 후과는 알 수 없다.

문제의 원인이 이론적으로 100% 확실하지는 않지만 실제(실천)의 관점에서는 충분히 명확할 때도 종종 있다. 벡터나 행렬의 접근 연산자는 주어진 색인이 유효한 범위 안에 있는지 점검해야 한다. 원칙적으로는 사용자 입력이나 설정 파일의 오류도 색인이 범위 바깥인 이유가 될 수 있다. 그렇지만 실제 응용에서 범위 밖 색인 문제는 프로그램의 버그 때문인 경우가 거의 100%이다. 따라서 단언문으로 프로그램을 종료시키는 게 적합할 것이다. 강건성의 관점에서는, 조건부 컴파일(§1.9.2.3)을 이용해서 사용자가 단언과 예외를 선택하게 할 필요가 있다.

A.2.6 이진 입출력

문자열을 다른 형식으로(그리고 그 반대로) 변환하려면 비용이 상당히 클 수 있다. 그래서 데이터를 해당 이진 표현 그대로 파일에 기록하는 게 더 효율적일 때가 많다. 그렇지만 여러분이 그런 접근 방식을 따르기 전에, 성능 측정 도구를 이용해서 파일 입출력과 문자열 변환이 실제로 응용 프로그램의 중요한 병목인지부터 확인할 것을 권한다.

이진 입출력을 사용하기로 했다면, 입출력 연산들에서 반드시 `std::ios::binary` 플래그를 설정해야 한다. 그렇지 않으면, 예를 들어 줄 바꿈 문자를

Windows, 유닉스, 맥OS에 따라 다르게 처리하는 등의 암묵적인 변환이 적용되어서 데이터가 기대와는 다르게 읽히거나 기록될 수 있다. 이 플래그의 용도가 텍스트 파일과 이진 파일을 구분하는 것은 아님을 주의하자. 이 플래그를 설정하지 않아도 이진 데이터를 기록할 수 있고, 이 플래그를 설정한 채로 텍스트 데이터를 기록할 수도 있다. 그렇지만 앞에서 언급한 암묵적 변환 때문에 예기치 못한 결과가 나오는 상황을 피하려면 이 플래그를 적절히 설정해 주어야 한다.

이진 출력은 ostream의 멤버 함수 write로, 이진 입력은 istream::read로 수행한다. 이 함수들은 char 포인터와 크기를 받는다. 따라서 이 함수들을 사용하려면 다른 모든 형식을 char 포인터 형식으로 형변환해야 한다.

```
int main (int argc, char* argv[])
{
    std::ofstream outfile;
    with_io_exceptions(outfile);
    outfile.open("fb.txt", ios::binary);

    double o1= 5.2, o2= 6.2;
    outfile.write(reinterpret_cast<const char *>(&o1), sizeof(o1));
    outfile.write(reinterpret_cast<const char *>(&o2), sizeof(o2));
    outfile.close();

    std::ifstream infile;
    with_io_exceptions(infile);
    infile.open("fb.txt", ios::binary);

    double  i1, i2;
    infile.read(reinterpret_cast<char *>(&i1), sizeof(i1));
    infile.read(reinterpret_cast<char *>(&i2), sizeof(i2));
    std::cout << "i1 = " << i1 << ", i2 = " << i2 << "\n";
}
```

이진 입출력의 한 가지 장점은 스트림이 파싱되는 방식에 신경 쓸 필요가 없다는 것이다. 하지만 주어진 형식과 부합하지 않는 데이터를 읽거나 쓰면 완전히 쓸모없는 데이터가 만들어진다. 특히, 파일을 기록한 플랫폼과는 다른 플랫폼에서 파일을 읽을 때는 극도로 신중해야 한다. 예를 들어 한 플랫폼에서는 long 변수가 32비트지만 다른 플랫폼에서는 64비트일 수 있다. 이런 문제를 위해 표준 라이브러리의 <cstdint> 헤더에는 모든 플랫폼에서 크기가 같은 형식들이 정의되어 있다. 예를 들어 int32_t는 모든 플랫폼에서 32비트 부호 있는 정수이고 uint32_t는 모든 플랫폼에서 32비트 부호 없는 정수이다.

이진 입출력은 자기 완결적인 클래스의 객체에 대해서도 내장 형식의 값들과 같은 방식으로 작동한다. 여기서 자기 완결적이라는 것은 모든 데이터가 객체에 담겨 있으며, 포인터나 참조로 외부 데이터를 참조하지는 않는다는 뜻이다. 트리나 그래프처럼 메모리 주소들을 포함한 자료 구조를 파일에 기록하려면 특별한 표현 방식이 필요하다. 그 메모리 주소들은 프로그램을 새로 실행하면 무의미해지기 때문이다. §A.6.4에서는 다수의 객체를 한 번의 호출로 읽거나 쓰는 편의용 함수를 소개한다.

서로 다른 플랫폼/아키텍처에서 데이터를 전송할 때는 앞에서 언급한 데이터 크기 문제 외에도 다른 여러 문제가 발생할 수 있다. 예를 들어 하나의 수치를 구성하는 바이트들이 저장되는 순서가 다를 수 있고(소위 빅엔디안big endian 대 리틀엔디안little endian), 객체의 멤버들이 저장되는 순서도 다를 수 있다. 이런 데이터 이식성 문제를 위해 만들어진 파일 형식과 라이브러리도 있는데, Protobuf[70]가 좋은 예이다.

A.2.7 C 스타일 입출력

C++에서 구식의 C 스타일 입출력을 사용하는 것도 가능하다.

```
#include <cstdio>

int main ()
{
    double x= 3.6;
    printf("The square of %f is %f\n", x, x*x);
}
```

printf의 f는 formatting(서식화)을 뜻한다. 즉, 이 함수는 서식화된 출력을 위한 것이다. 서식화된 입력을 위한 함수는 scanf이다. 이 둘은 콘솔(표준 입출력)에 대해 작용한다. 파일 입출력을 위한 서식화 함수는 fprintf와 fscanf이다.

이런 서식화 함수들의 장점은, 상당히 간결한 명세(specification)로 서식화 방식을 서술할 수 있다는 것이다. 다음은 첫 수치를 총 여섯 개의 유효숫자로 출력하되 소수점 이하 두 자리까지 출력하고, 둘째 수치는 유효자릿수 14와 소수점 이하 자릿수 9로 출력하는 예인데, 그런 서식화 방식을 아주 간결한 서식화 명세로 표현함을 주목하자.

```
printf("The square of %6.2f is %14.9f\n", x, x*x);
```

그러나 이런 서식 문자열(format string)은 **형식 안전성**(type-safety)을 보장하지 않는다. 지정된 명세와는 부합하지 않는 인수가 주어지면 함수가 이상하게 작동할 수 있다. 다음 예를 보자.

```
int i= 7;
printf("i is %s\n", i);
```

인수는 int이지만 서식 문자열에는 그것을 하나의 C 문자열로 출력하도록 지정되어 있다. 그래서 printf는 주어진 인수를 문자열의 첫 문자를 가리키는 포인터로 간주해서 문자열을 출력하려 한다. 즉, 인수 7은 메모리 주소 7로 간주된다. 대부분의 경우 이런 상황에서는 프로그램이 충돌하게 된다. 최근 컴파일러들은 printf 호출의 서식 문자열이 리터럴 문자열로 주어지는 경우 인수의 형식들을 점검한다. 그렇지만 다음처럼 서식 문자열을 변수에 설정해서 지정하거나,

```
int i= 7;
char s[]= "i is %s\n";
printf(s, i);
```

다른 어떤 문자열 연산의 결과로 주어지는 경우에는 컴파일러가 형식들을 점검하지 못한다.

서식화 함수들의 또 다른 단점은 사용자 형식들로 확장할 수 없다는 것이다. C 스타일 입출력은 로그 기반 디버깅에 유용할 수 있지만, C++의 스트림이 실수의 여지가 훨씬 적다. 따라서 고품질의 실무용 소프트웨어에서는 스트림을 사용하는 것이 바람직하다.

다행히 C++20에서 추가된 새 서식화 라이브러리(<format>; §1.7.6)를 이용하면 C 함수만큼이나 유연한 서식화 기능을 형식에 안전한 방식으로 사용할 수 있다. 컴파일러가 지원한다면 이 라이브러리를 사용하길 원한다.

C++11 A.2.8 쓰레기 수거

쓰레기 수거(garbage collection, GC)† 는 더 이상 쓰이지 않는 메모리를 자동으로 해제하는 기능이라고 할 수 있다. 자바를 비롯한 여러 언어는 프로그램이 더 이상 참조하지 않는 메모리를 간헐적으로 폐기한다. 반면에 C++은 메모리를 프로그램이 좀 더 명시적으로 처리하도록 설계되었다. 즉, 메모리가 언제 해제되는

† [옮긴이] '수집'이 아니라 '수거' 이유는 *https://occamsrazr.net/tt/107*을 참고하자.

지는 (어떤 형태로든) 프로그래머가 결정한다. 그렇긴 하지만, 더 안정적인 소프트웨어를 만들기 위해 GC에 관심을 두는 C++ 프로그래머들이 있다. 특히, 아무도 고치려 들지 않거나 고치지 못하는 오래된 구성요소가 메모리 누수를 일으키는 경우나 관리되는 메모리 처리(managed memory handling) 방식의 다른 언어와 연동이 필요한 경우에는 GC가 해답일 수 있다. 후자의 예는 .NET의 **관리되는 C++**(managed C++)이다.

그런 관심에 발맞추어, C++11부터 C++ 표준은 쓰레기 수거기(garbage collector)를 위한 인터페이스를 제공한다. 예를 들어 `declare_reachable`이나 `declare_no_pointers` 같은 함수가 이 인터페이스의 일부이다. 그러나 쓰레기 수거가 필수 기능은 아니며, 필자가 아는 한 현재 그 어떤 컴파일러도 이 인터페이스를 지원하지 않는다.† 한편, 쓰레기 수거에 의존하는 응용 프로그램들은 일반적인 컴파일러로는 컴파일되지 않는다. 그런 만큼 쓰레기 수거는 최후의 선택으로 남겨 두는 것이 안전하다. C++에서는 메모리 관리를 클래스 안에 캡슐화하고 메모리의 할당 및 해제를 객체의 생성 및 소멸과 연동하는 것이, 간단히 말해 RAII 원칙(§2.4.2.1)을 따르는 것이 정석이다. 그것이 불가능한 경우에는, 더 이상 참조되지 않은 메모리를 자동으로 해제해 주는 `unique_ptr`(§1.8.3.1)나 `shared_ptr`(§1.8.3.2)를 고려해야 한다. 사실 `shared_ptr`가 내부적으로 사용하는 참조 카운팅(reference counting)은 단순한 형태의 쓰레기 수거라고 할 수 있다(여기에 동의하지 않는 사람도 있겠지만). 어떤 까다로운 순환 참조 때문에 이런 기법들을 적용할 수 없는 극단적인 상황에서만, 그리고 이식성이 중요하지 않은 경우에만 쓰레기 수거를 고려해야 한다.

A.2.9 매크로 문제

다음과 같은 함수를 생각해 보자.

```
double compute_something(double fnm1, double scr1, double scr2)
```

대부분의 컴파일러는 이런 서명을 가진 함수를 문제없이 컴파일하지만, Visual Studio의 예전 버전 하나는 이상한 오류 메시지를 낸다. 이유는, 그 버전의 컴파일러에는 `scr1`이라는 이름의 매크로가 이미 정의되어 있으며, 그 매크로의 값은

† [옮긴이] 두 함수를 비롯해 C++11에서 도입된 쓰레기 수거 인터페이스 관련 요소들은 차기 표준인 C++23에서 제거될 예정이다.

16진수 리터럴이라서 매개변수의 이름으로 사용할 수 없기 때문이다. 매개변수 이름이 16진수인 함수는 유효한 C++ 코드가 아님이 명백하지만, 오류 메시지에는 실제 16진수 리터럴이 아니라 그것으로 대체되기 전의 scr1이 포함되기 때문에 프로그래머로서는 무엇이 문제인지 알아차리기가 힘들다. 원인을 알아내려면 전처리기만 실행해서 확장된 소스 코드를 조사해 보아야 하는데, 확장된 소스 코드에는 직, 간접적으로 포함된 모든 파일이 들어 있으므로 시간이 꽤 걸린다. 한참 시간을 허비한 후에야 다음과 같은 코드가 문제를 일으켰음을 알게 될 것이다.

```
double compute_something(double fnm1, double 0x0490, double scr2)
```

매개변수 이름을 다른 것으로 바꾸기만 하면 해결되는 간단한 문제였지만, 원인을 알아내는 데 시간이 오래 걸린다. 애초에 scr1이라는 이름의 매크로가 정의되어 있다는 점을 알았다면 이런 시간 낭비가 없었을 것이다.

계산에 쓰이는 상수는 다음처럼 매크로로 정의하지 말고

```
#define pi 3.1415926535897932384626433832795028841 // 이렇게 하지 말 것!!!
```

진짜 상수로 정의해야 마땅하다.

```
const long double pi= 3.1415926535897932384626433832795028841L;
```

상수를 매크로로 정의하면 앞에서 말한 scr1의 예와 정확히 동일한 종류의 문제를 겪을 가능성이 생긴다. 예를 들어 다른 누군가가 pi를 변수나 함수 매개변수 이름으로 사용하지 않는다는 보장은 없다. C++11부터는 constexpr 키워드를 이용해서 컴파일 시점 상수를 정의할 수 있으며, C++14부터는 템플릿 매개변수를 가진 상수를 정의할 수 있다(§3.9).

함수 형태의 매크로는 매크로 상수와는 다른 종류의 까다로운 문제를 일으킨다. 주된 문제점은 매크로 함수의 인수가 보통의 함수 인수와는 다른 방식으로 작동한다는 것이다. 아주 간단한 매크로 함수에서는 별문제가 안 되지만, 매크로 함수가 조금만 복잡해도 프로그래머의 예상과는 다르게 행동한다. 한 예로, 다음 매크로 함수를 생각해 보자.

```
#define max_square(x, y) x*x >= y*y ? x*x : y*y
```

이 max_square 매크로는 두 인수의 제곱 중 더 큰 것을 돌려주는데, 언뜻 보면 그냥 평범한 표현식이다. 그렇지만 예를 들어 두 값의 합이나 차를 인수로 지정하면 문제가 드러난다.

```
int max_result= max_square(a+b, a-b);
```

우변의 매크로 '호출'은 다음과 같이 전개되는데, 연산자 우선순위 때문에 기대한 것과는 다른 결과가 나온다.

```
int max_result= a+b*a+b >= a-b*a-b ? a+b*a+b : a-b*a-b;
```

정확한 결과를 얻으려면 다음과 같이 괄호들을 추가해야 한다.

```
#define max_square(x, y) ((x)*(x) >= (y)*(y) ? (x)*(x) : (y)*(y))
```

개별 인수 외에 표현식 전체도 괄호로 감쌌음을 주목하자. 이는 매크로 호출이 다른 표현식의 일부일 때 연산자 우선순위 때문에 표현식이 예상과 다르게 해석될 수 있기 때문이다. 연산자 우선순위 때문에 인수들과 부분 표현식들, 그리고 표현식 전체를 일일이 괄호로 감싸야 했다. 그런데 이것은 매크로 함수가 정확히 작동할 필수조건일 뿐 충분조건은 아니다. 또 다른 심각한 문제점은 인수들이 표현식 안에서 그대로 복제된다는 것이다. 예를 들어 max_square를 다음과 같이 호출하면, 의도와는 달리 변수 a와 b가 총 네 번 증가된다.

```
int max_result= max_square(++a, ++b);
```

매크로 자체는 그냥 텍스트 대체(치환)에 기반한, 상당히 단순한 기능이다. 그러나 매크로를 제대로 정의하고 활용하는 것은 생각보다 훨씬 복잡하고 위험하다. 주된 함정은 매크로가 범위(scope)와 무관하게 프로그램 전체에 영향을 미친다는 점이다. 이런 문제점들이 있으므로, 새로 시작하는 프로젝트에서는 매크로를 아예 사용하지 않는 것이 좋다. 그렇지만 안타깝게도 수많은 기존 소프트웨어가 매크로를 활용하므로, 새 프로젝트에서도 어쩔 수 없이 매크로와 마주치게 된다. 매크로 관련 문제점에 대한 보편적인 치료법은 없다. 다음은 대부분의 상황에서 통할 만한 몇 가지 요령이다.

- 흔히 쓰이는 매크로 이름을 피한다. 대표적인 예로 표준 라이브러리의 assert는 매크로이므로, 여러분의 함수에 assert라는 이름을 붙이면 갖가지 문제가 발생하게 된다.

- 여러분의 함수나 변수와 충돌하는 매크로는 `#undef`를 이용해서 해제한다.
- 매크로를 많이 사용하는 라이브러리의 헤더는 다른 헤더들을 모두 포함한 후에 포함한다. 그래도 여전히 매크로들이 응용 프로그램을 오염시키지만, 적어도 다른 헤더 파일들은 오염시키지 않는다.
- 인상적이게도, 어떤 라이브러리는 자신이 정의한 매크로들에 대한 보호책을 제공한다. 사용자는 매크로 하나를 정의함으로써 위험하게 짧은 이름의 매크로들을[2] 비활성화하거나 다른 이름들로 바꿀 수 있다.

A.3 사례 연구: 역행렬 구하기

C++의 기본 기능들을 정리하는 의미에서, 기본 기능들로 소프트웨어에 새로운 기능성을 추가하는 것이 얼마나 쉬운지 보여주는 예제 하나를 살펴보자. 개념들을 안정적이고 효율적인 C++ 프로그램으로 자연스럽게 진화시키는 방법을 이 예제를 통해서 배우길 바란다. 특히 주목할 지점은 코드의 명확성과 재사용성이다. 우리는 안을 들여다보면 잘 조직화되어 있고 밖에서 볼 때는 직관적으로 사용할 수 있는 프로그램을 추구해야 한다.

이 사례 연구의 소스 코드를 짧게 유지하기 위해, 필자가 개발한 **MTL4**(matrix template library 4; *http://www.mtl4.org*)를 사용하기로 하겠다(오픈소스 부분만). MTL4에는 이 예제에서 구현하고자 하는 것을 포함해 선형대수의 여러 기능성이 이미 구현되어 있다.[3] 차기 C++ 표준들에서 이와 비슷한 선형대수 라이브러리가 도입되길 희망한다. 이 책의 독자가 그러한 작업에 기여한다면 더욱 좋을 것이다.

소프트웨어 개발 접근 방식으로는 **XP**(extreme programming)의 한 원칙인 "테스트를 먼저 작성하고 기능성은 그다음에 구현하라"를 사용한다. 이런 접근 방식을 흔히 **테스트 주도 개발**(test-driven development, TDD)이라고 부른다. 테스트 주도 개발의 주된 장점은 다음과 같다.

- 프로그래머가 소위 **기능주의**(featurism)에 빠지는 일을 방지한다(어느 정도는). 여기서 기능주의란 한 기능을 완성한 후 다음 기능으로 넘어가는 것이 아니라 기능들을 자꾸 더 추가하기만 하는 것을 말한다. 우리가 달성하고자

---

2 필자는 밑줄 하나가 이름인 매크로를 정의하는 라이브러리도 본 적이 있다. 그 때문에 많은 문제가 발생했다.

3 MTL4에는 이번 절에서 구현할 역행렬 함수 `inv`가 이미 있지만, 그런 함수가 아직 없는 척하고 이번 절을 읽어 나가기 바란다.

하는 것을 먼저 테스트 형태로 작성해 두면 그 목표로 좀 더 직접 나아갈 수 있으며, 목표를 달성하기도 훨씬 쉬워진다. 예를 들어 어떤 함수를 구현할 때 먼저 그 함수를 호출하는 테스트 코드를 작성한다. 그 호출은 우리가 구현하고자 하는 함수의 인터페이스를 미리 명시한 것에 해당한다. 마찬가지로, 함수가 특정한 값을 돌려주는지 검사하는 테스트 코드는 그 함수의 의미론(행동 방식)을 어느 정도 명시한 것이다. 이를 두고 "**테스트 코드는 컴파일 가능한 문서(compilable document)이다.**"라고 말하기도 한다.[77] 물론 테스트가 우리가 구현하고자 하는 함수와 클래스의 모든 것을 말해주지는 않겠지만, 말해주는 것은 아주 정확하게 말해준다. 텍스트로 된 문서는 테스트 코드보다 훨씬 상세하고 이해하기 쉽지만, 훨씬 애매모호하다.

- 구현을 다 마친 후에 테스트를 작성한다면, 예를 들어 금요일 오후에 테스트를 작성하기 시작한다면, **테스트 실패를 꺼리게 된다**. 그러면 은연중에 깨끗한 데이터(그것이 무엇인지는 프로젝트마다, 프로그래머마다 다르겠지만)를 이용한, 실패 가능성이 낮은 테스트를 작성하는 쪽으로 치우칠 위험이 있다. 또는, 월요일에 작성하리라고 결심하고 그냥 퇴근을 준비할 수도 있다.
- 생산성이 아주 높은 날에는 흥미롭고 도전적인 프로그래밍 과제에 몰입하고 싶을 것이다. 그런 경우 테스트 작성은 몰입을 깨는 요인이 된다. 테스트들을 미리 많이 작성해 두면 몰입을 최대한 길게 유지할 수 있다.

이런 이유로, 테스트를 먼저 작성하면 우리 자신에게 좀 더 솔직해지고, 생산성도 높아진다.

TDD에서 개발은 세 가지 단계의 반복으로 이루어진다. 세 단계란 테스트 작성, 기능 구현, 리팩터링(이상적인 소프트웨어에 근접하도록 코드를 개선하는)이다. 초기 설계(테스트들로 표현된)가 잘 작동하지 않음이 판명된다면, 또는 비효율적이거나 우아하지 않은 구현으로 이어진다면, 앞 단계들을 건너뛰고 바로 리팩터링으로 들어갈 수도 있다. 즉, 테스트를 통과하기 위해 고통스럽게 구현을 완성한 후 그 구현을 바로 폐기하는 대신, 테스트를 우리의 이상과 지식에 맞게 개선하는 작업을 바로 시작해도 된다. 부분적인 구현을 검증하려면 테스트의 해당 부분을 일시적으로 주석으로 제외시켜야 함은 물론이다.

역행렬 함수의 테스트와 구현으로 들어가기 전에, 역행렬을 구하는 알고리즘을 선택해야 한다. 역행렬을 구하는 방법은 행렬의 행렬식을 이용하는 방법, 블록 알고리즘, 가우스-요르단 소거법, (추축 있는/없는) LU 분해 등등 다양하다. 우리는 다음과 같이 정의되는 열 추축(column pivoting) LU 분해를 사용하기로 하자.

$$LU = PA.$$

여기서 L은 하삼각행렬, U는 상삼각행렬, P는 치환행렬(permutation matrix)이다. 이 수식을 A에 대해 정리하면 다음과 같다.

$$A = P^{-1}LU.$$

따라서, 행렬 A의 역행렬은 다음과 같다.

$$A^{-1} = U^{-1}L^{-1}P. \qquad (A.1)$$

LU 인수분해(LU factorization)라고도 부르는 LU 분해(LU decomposition) 자체는 MTL4의 기존 구현을 사용한다. 여기서는 LU 분해로 얻은 상삼각 행렬과 하삼각 행렬의 역행렬들을 적절히 곱해서 A의 역행렬을 구하는 문제에 초점을 준다.

⇒ c++11/inverse.cpp

가장 기본적인 테스트로서, 가역 행렬을 하나 정의하고 콘솔로 출력해 본다.

```
int main(int argc, char* argv[])
{
    const unsigned size= 3;
    using Matrix= mtl::dense2D<double>;  // MTL4에 정의된 형식
    Matrix   A(size, size);
    A=  4, 1, 2,
        1, 5, 3,
        2, 6, 9;                         // C++03

    cout << "A is:\n" << A;
```

이 코드는 행렬의 크기를 위한 상수와 Matrix라는 형식을 정의해 둔다. 이들은 이후의 추상화에 쓰인다. 그런 다음 행렬 A를 설정하는데,† C++11에서는 다음과 같이 균일 초기화(§2.3.4) 구문을 이용해서 행렬을 설정할 수도 있다.[4]

```
Matrix   A= {{4, 1, 2}, {1, 5, 3}, {2, 6, 9}}; // C++11
```

† [옮긴이] 참고로 행렬 객체 A에 대한 배정문에는 쉼표 연산자의 중복적재를 이용한 표기법이 쓰였다.

4 MTL4는 C++03으로 작성되었으며, 지금도 C++03에 대한 하위 호환성을 유지하고 있다. C++11 기능들은 반드시 MTL_WITH_INITLIST 같은 매크로를 이용해서 명시적으로 활성화해야 한다.

이 예제 역시 C++03으로 구현할 수 있지만, 그러면 이 책의 다른 예제들과 너무 동떨어지므로 적어도 C++11의 기능들은 사용하기로 하겠다. MTL4의 LU 분해 함수는 주어진 행렬을 제 자리에서(in place)† 분해한다. 지금 문제에서는 원래의 행렬이 바뀌는 것이 바람직하지 않으므로, 먼저 원래의 행렬 객체를 복사해서 새 행렬 객체(분해 결과를 담을)를 만든다.

```
Matrix LU{A};
```

그리고 LU 분해에서 계산되는 치환 벡터를 담을 벡터 객체도 정의해 둔다.

```
mtl::dense_vector<unsigned> Pv(size);
```

이제 이 두 객체를 인수로 해서 LU 분해를 수행하자.‡

```
lu(LU, Pv);
```

이 예제의 목적에서는 치환 벡터를 치환행렬로 표현하는 것이 더 편하다.

```
Matrix P{permutation(Pv)};
cout << "Permutation vector is " << Pv
     << "\nPermutation matrix is\n" << P;
```

그러면 행렬의 치환을 다음과 같이 행렬 곱으로 표현할 수 있다.

```
cout << "Permuted A is \n" << P * A;
```

다음으로, 단위행렬을 정의하고, 제자리 분해 결과에서 하삼각행렬 L과 삼상각행렬 U를 추출한다.

```
Matrix I{matrix::identity(size, size)}, L{I + strict_lower(LU)},
       U{upper(LU)};
```

L의 단위 대각행렬은 추출하지 않았는데, 테스트를 위해서는 이 대각행렬도 추가해야 한다. 이 행렬을 암묵적으로 취급할 수도 있지만, 단순함을 위해 여기서는 그렇게 하지 않기로 한다. 이제 첫 번째 테스트 코드를 작성할 준비가 끝났다. 다음은 inverse_upper 함수로 얻은 U의 역행렬(UI)에 U를 곱한 결과가 단위

† [옮긴이] "제 자리에서"는 어떤 객체에 대한 계산을 수행할 때 계산 결과를 새로운 객체로 돌려주는 것이 아니라 그 객체 자체를 변경하는 것을 말한다.

‡ [옮긴이] lu는 MTL4의 LU 분해 함수이다. 앞의 코드 조각들에는 mtl::이 쓰였지만, 이후의 코드 조각들은 using namespace mtl;을 가정한 것이다.

행렬과 (근사적으로) 상등인지, 즉 inverse_upper가 정말로 역행렬을 돌려주었는지 판정하는 테스트이다.

```
constexpr double eps= 0.1;

Matrix UI{inverse_upper(U)};
cout ≪ "inverse(U) [permuted] is:\n" ≪ UI
     ≪ "UI * U is:\n" ≪ Matrix(UI * U);
assert(one_norm(Matrix{UI * U - I}) < eps);
```

사소하지 않은 수치 계산의 결과에 대한 상등 판정은 실패하기 쉽다. 그래서 여기서는 두 행렬의 차이의 노름을 상등 판정의 기준으로 사용한다. 다음은 앞에서와는 다른 함수인 inverse_lower로 얻은 L의 역행렬을 마찬가지 방식으로 테스트하는 코드이다.

```
Matrix LI{inverse_lower(L)};
cout ≪ "inverse(L) [permuted] is:\n" ≪ LI
     ≪ "LI * L is:\n" ≪ Matrix(LI * L);
assert(one_norm(Matrix{LI * L - I}) < eps);
```

더 나아가서, A의 역행렬도 마찬가지 방식으로 테스트할 수 있다.

```
Matrix AI{UI * LI * P};
cout ≪ "inverse(A) [UI * LI * P] is \n" ≪ AI
     ≪ "A * AI is \n" ≪ Matrix(AI * A);
assert(one_norm(Matrix{AI * A - I}) < eps);
```

마지막으로, inverse 함수도 같은 기준으로 테스트한다.

```
Matrix A_inverse{inverse(A)};
cout ≪ "inverse(A) is \n" ≪ A_inverse
     ≪ "A * AI is \n" ≪ Matrix(A_inverse * A);
assert(one_norm(Matrix{A_inverse * A - I}) < eps);
```

아직은 관련 함수들을 구현하지 않았으므로 이상의 테스트들이 아예 컴파일되지 않는다. 이제 각 함수를 구현해 보자. 제일 먼저 구현할 것은 상삼각행렬의 역행렬을 구하는 inverse_upper 함수이다. 이 함수는 밀집행렬을 받고 밀집행렬을 돌려준다.

```
Matrix inverse_upper(const Matrix& A) {
    //.. 구현 ...
}
```

입력 행렬의 복사본이 필요하지는 않으므로, 인수를 그냥 참조로 전달받는다. 이 함수 안에서 인수를 변경하면 안 되므로 const로 선언했다. 상수 매개변수에는 다음과 같은 여러 장점이 있다.

- 프로그램의 신뢰성(reliability)이 증가한다. const로 전달된 인수는 변경되지 않음이 보장된다. 실수로 인수를 변경하는 코드를 작성하면, 컴파일 시 컴파일러가 그 사실을 알려준다. 인수의 상수성을 강제로 제거하는 방법도 있지만, 그것은 최후의 수단으로만 사용해야 한다. 예를 들어 다른 사람이 작성한 구식 라이브러리와의 연동을 위해서는 어쩔 수 없이 상수성을 제거해야 하는 경우가 생기기도 한다. 그러나 여러분 자신의 코드만 사용하는 경우에는 상수성 제거 없이도 모든 것을 구현할 수 있어야 한다.
- 바뀌지 않음이 보장되는 객체에 대해서는 컴파일러가 좀 더 적극적으로 코드를 최적화할 수 있다.
- 참조의 경우, 임시 객체로도 함수를 호출할 수 있다. 비 const 참조 매개변수의 경우에는 인수로 주어진 표현식의 값을 변수에 저장한 후 그 변수를 함수에 전달해야 한다.

이 함수의 서명에 한 가지 더 언급하자면, 함수가 컨테이너 같은 덩치 큰 객체를 그대로 돌려주면 비용이 너무 크니 참조를 사용하는 것이 더 효율적이라는 이야기도 들어 보았을 것이다. 이는 원칙적으로 사실이다. 그렇지만 여기서는 그런 추가 비용을 감수하고, 대신 코드의 간결함과 프로그래머의 편의에 초점을 두기로 한다. 또한, 현대적인 컴파일러들은 반환값에 대해 다양한 최적화를 적용한다. 예를 들어 컴파일러가 컨테이너에 담긴 데이터를 복사하는 대신 이동하는 코드를 생성하기도 하고(§2.3.5의 복사 의미론 참고), 복사 연산을 완전히 제거하기도 한다(§2.3.5.3 참고). 따라서 추가부담이 생각보다 적거나 아예 없을 수도 있다.

함수 서명은 이 정도로 하고, 함수의 본문으로 들어가자. 우선 할 일은 인수가 유효한지 점검하는 것이다. 먼저, 입력 행렬은 반드시 정방행렬(square matrix)이어야 한다.

```
const unsigned n= num_rows(A);
if (num_cols(A) != n)
    throw "Matrix must be square";
```

함수의 본문에서 행 수를 여러 번 사용할 것이므로, 미리 하나의 상수 변수에 담아 둔다. 행 수와 열 수가 같지 않으면 정방행렬이 아니므로 예외를 던진다.

다음으로, 입력 행렬은 반드시 대각 성분들이 모두 0이 아니어야 한다. 그런데 이 조건은 삼각행렬 해법(triangular solver) 함수에서 점검하기로 한다. 관련해서 언급하자면, 삼각행렬의 역행렬은 연립방정식에 대한 삼각행렬 해법으로 구할 수 있다. MTL4에도 그런 해법 함수가 있다. 좀 더 구체적으로 말하면, U^{-1}의 k번째 벡터는 다음과 같은 연립방정식의 해이다.

$$Ux = e_k.$$

여기서 e_k는 k번째 단위 벡터이다. 그럼 이 해법을 실제로 구현해 보자. 먼저, 결과를 담을 임시 변수를 정의한다.

```
Matrix Inv(n, n);
```

그런 다음 Inv의 열들을 훑는다.

```
for (unsigned k= 0; k < n; ++k) {
    //... 아래 ...
}
```

루프의 각 반복에서는 다음과 같이 k번째 단위 벡터를 만든다.

```
dense_vector<double> e_k(n);
for (unsigned i= 0; i < n; ++i)
    if (i == k)
        e_k[i]= 1.0;
    else
        e_k[i]= 0.0;
```

이 삼각행렬 해법 구현은 하나의 열벡터를 돌려준다. 이 벡터의 성분들을 다음과 같이 대상 행렬의 성분들에 직접 배정할 수도 있다.

```
for (unsigned i= 0; i < n; ++i)
    Inv[i][k]= upper_trisolve(A, e_k)[i];
```

그러나, 코드가 간결하고 명확하긴 하지만, upper_trisolve를 n번이나 반복해야 하므로 비효율적이다. 앞에서 추가 비용보다는 간결함과 편의에 초점을 두겠다고 말했지만, 그래도 전반적인 복잡도의 차수(지수)가 3에서 4로 올라가면 자원의 낭비가 너무 심하다. 대체로 최적화를 너무 일찍 적용하는 것은 실수로 여겨지지만, 그렇다고 복잡도의 차수 자체가 증가하는 구현을 받아들여야 한다는 뜻은 아니다(그럴 만한 충분한 이유가 없는 한). 이러한 비효율성을 피하기 위해, 삼각행렬 해법의 결과를 개별 객체에 담아 두고 그 객체에서 성분들을 복사하기로 한다.

```
dense_vector<double> res_k(n);
res_k= upper_trisolve(A, e_k);

for (unsigned i= 0; i < n; ++i)
    Inv[i][k]= res_k[i];
```

이제 이 Inv를 돌려주면 끝이다. 다음은 지금까지의 코드를 포함한 inverse_upper 함수의 전체 정의이다.

```
Matrix inverse_upper(Matrix const& A)
{
    const unsigned n= num_rows(A);
    if (num_cols(A) != n)
        throw "Matrix must be square";

    Matrix Inv(n, n);

    for (unsigned k= 0; k < n; ++k) {
        dense_vector<double> e_k(n);
        for (unsigned i= 0; i < n; ++i)
            if (i == k)
                e_k[i]= 1.0;
            else
                e_k[i]= 0.0;

        dense_vector<double> res_k(n);
        res_k= upper_trisolve(A, e_k);

        for (unsigned i= 0; i < n; ++i)
            Inv[i][k]= res_k[i];
    }
    return Inv;
}
```

inverse_upper 함수가 완성되었으므로, 첫 테스트를 실행해 보자. 당연한 말이지만, 아직 구현하지 않은 함수가 관여하는 코드는 주석으로 처리해야 한다. 주석 처리가 다소 번거롭겠지만, 이 첫 함수가 기대한 대로 작동하는지를 가능하면 일찍 확인하는 것이 바람직하다. 테스트를 실행하면 이 함수가 실제로 우리가 기대한 대로 작동함을 확인할 수 있다. 이제 나머지 함수들도 구현하고 싶겠지만, 그러는 대신 이 첫 함수를 좀 더 개선하는 데 시간을 투자하기로 하자. 외부 인터페이스는 그대로 두고 코드의 내부 구현과 구조를 개선하는 작업을 **리팩터링**refactoring이라고 부른다. 경험에 따르면, 구현 후 즉시 리팩터링하는 것이 나중에 버그가 발견되거나 소프트웨어를 다른 플랫폼에 이식할 때 리팩터링하는 것보다 시간이 덜 걸린다. 코드의 구조와 작동 방식이 머릿속에 생생할 때 리팩터링하는 것이 몇 주/달/년 지나서 리팩터링하는 것보다 훨씬 쉬울 것임은 굳이 말할 필요가 없겠다.

이 구현에서 마음에 들지 않는 첫째 사항은 단위 벡터를 만드는 데 다섯 행이나 필요하다는 점이다. 하는 일에 비해 코드가 상당히 장황하다.

```
for (unsigned i= 0; i < n; ++i)
    if (i == k)
        e_k[i]= 1.0;
    else
        e_k[i]= 0.0;
```

조건부 연산자를 이용하면 코드가 훨씬 간결해진다.

```
for (unsigned i= 0; i < n; ++i)
    e_k[i]= i == k ? 1.0 : 0.0;
```

조건부 연산자 ?:는 익숙해지려면 시간이 좀 걸리겠지만, 잘 활용하면 코드를 아주 간결하게 만들 수 있다. 프로그램의 행동 자체는 변하지 않았으므로 프로그램이 이전과 동일한 결과를 내겠지만, 그래도 테스트를 다시 실행해서 나쁠 것은 없다. 코드를 수정했을 때는 프로그램의 행동이 변하지는 않았는지 확인해 보는 것이 좋다. 예기치 못한 행동을 빨리 발견할수록, 고치는 데 드는 노력이 줄어든다. 테스트(들)를 미리 작성해 둔 덕분에, 테스트를 다시 실행하는 데에는 몇 초밖에 걸리지 않으며, 테스트 통과 결과를 보면 지금까지 한 작업에 대한 우리 자신의 확신이 더욱 강해진다.

C++ 언어에 대한 지식을 활용하면 코드를 더욱 간결하게 만들 수 있다. 표현식 `i == k`는 `bool` 형식의 값을 돌려주며, `bool` 형식은 암묵적으로 `int`로 변환된다. 그리고 이러한 변환 과정에서 `false`는 0으로, `true`는 1로 바뀜을 표준이 보장한다. 그 0 또는 1을 `double`로 형변환하면 된다.

```
e_k[i]= static_cast<double>(i == k);
```

그런데 int 역시 암묵적으로 double로 변환되므로, 형변환 연산자를 생략해도 된다.

```
e_k[i]= i == k;
```

간결한 코드이긴 하지만, 논리 조건식의 값을 부동소수점 형식에 배정하는 것이 아주 자연스러운 모습은 아니다. bool → int → double이라는 암묵적 변환 사슬이 표준에 잘 정의되어 있는 것은 사실이다. 그러나 이런 변환에 익숙하지 않은 사용자도 있을 것이며, 그러다 보니 메일링리스트에 종종 올라오는 질문에 답하기에 지친 개발자가 결국에는 코드에 주석을 달기도 한다. 어떤 경우이든, 코드를 줄인 양보다 더 많은 텍스트를 작성하게 되는 것이다.

또 다른 고려 사항은, 나중에 다른 곳에서도 단위 벡터를 사용하게 될 가능성이 크다는 점이다. 따라서 단위 벡터를 위한 함수를 만들어 두면 좋을 것이다.

```
dense_vector<double> unit_vector(unsigned k, unsigned n)
{
    dense_vector<double> e_k(n, 0.0);
    e_k[k]= 1;
    return e_k;
}
```

이 함수는 단위 벡터를 돌려주므로, 삼각행렬 해법의 인수로 직접 사용해도 된다.

```
res_k= upper_trisolve(A, unit_vector(k, n));
```

다음으로, 반환값(최종 역행렬)을 설정하는 부분도 개선의 여지가 있다. MTL4의 밀집행렬 객체는 행렬의 한 열을 열벡터로서(부분행렬이 아니라) 돌려주는 기능을 제공한다. 따라서 결과 벡터를 다음과 같이 루프 없이 직접 배정할 수 있다.

```
Inv[irange{0, n}][k]= res_k;
```

잠깐 설명하자면, 대괄호 연산자는 행 색인과 열 색인에 해당하는 정수들이 주어지면 해당 성분을 돌려주고, 행들과 열들의 구간(range)이 주어지면 부분행렬을 돌려주도록 구현되어 있다. 비슷하게, 행들의 구간과 하나의 열 색인(정수)을 지정하면 해당 행렬의 한 열 또는 그 열의 일부가 반환된다. 반대로, 행 색인과 열들의 구간을 지정하면 행 벡터가 반환된다.

이 예는 C++의 한계와 가능성을 동시에 보여 준다는 점에서 흥미롭다. 다른 몇몇 언어는 구간 표기법을 언어 자체가 직접 지원한다. 예를 들어 파이썬에서는 : 기호를 이용해서 색인들의 구간을 지정할 수 있다.[5]

C++은 그런 기호를 제공하지 않지만, MTL4의 irange 같은 새로운 형식을 도입하고 operator[]를 적절히 중복적재함으로써 구간 기능을 흉내 내는 것은 가능하다. C++의 연산자 중복적재 기능은 서로 다른 형식들이 관여하는 기능성을 직관적인 표기법으로 표현할 수 있는 극도로 강력한 메커니즘으로 이어진다. 사용자 형식에 대한 연산자의 의미론(행동 방식)은 직관적이어야 할 뿐만 아니라 언어 자체의 연산자 우선순위와도 부합해야 한다(이에 관한 예를 §1.3.10에서 보았다).

다시 역행렬 예제로 돌아가서, 앞의 리팩토링에서는 삼각행렬 해법의 결과를 벡터에 담아 두고 그것을 행렬의 한 열에 배정했지만, 다음처럼 결과를 직접 배정해도 된다.

```
Inv[irange{0, n}][k]= upper_trisolve(A, unit_vector(k, n));
```

더 나아가서, 모든 색인을 포함하는 구간이 iall이라는 변수에 미리 정의되어 있으므로 그 변수를 이용하기로 하자.

```
Inv[iall][k]= upper_trisolve(A, unit_vector(k, n));
```

다음으로, 배경 수학 지식을 이용한 리팩터링도 가능하다. 상삼각행렬의 역행렬은 상삼각행렬이므로, 결과의 상삼각 부분만 계산하고 나머지 성분들은 모두 0으로 설정하면 된다. 또는, 행렬 전체를 0으로 초기화한 후 상삼각 부분만 계산해도 마찬가지의 결과가 된다. 물론 상삼각 부분만 계산, 갱신하려면 단위 벡터들이 더 짧아야 하며, A 전체 대신 A의 부분행렬들만 있으면 된다. 이 역시 구간을 이용해서 깔끔하게 표현할 수 있다.

```
Inv= 0;
for (unsigned k= 0; k < n; ++k)
    Inv[irange{0, k+1}][k]=
        upper_trisolve(A[irange{0, k+1}][irange{0, k+1}],
                       unit_vector(k, k+1));
```

irange 때문에 표현식을 읽고 이해가기가 좀 더 어려워지긴 했다. 이 코드는 즉

5 C++에서 이와 근접한 것은 C++20에서 추가된 구간 라이브러리(§4.1.5)이다.

석에서 irange 객체를 생성해서 operator[]에 전달한다. 그런데 이 irange{0, k+1} 구간은 총 세 곳에서 쓰이므로, 미리 정의해 두는 것이 낫겠다.

```
for (unsigned k= 0; k < n; ++k) {
    irange r{0, k+1};
    Inv[r][k]= upper_trisolve(A[r][r], unit_vector(k, k+1));
}
```

이렇게 하면 행렬 성분을 배정하는 문장이 더 짧아질 뿐만 아니라, 매번 같은 구간이 쓰인다는 점도 명확해진다.

또 다른 리팩터링 기회가 있다. 짧아진 단위 벡터들은 마지막 성분만 1이고 나머지 성분은 모두 0이다. 따라서 벡터의 크기만 알면 필요한 단위 벡터를 바로 만들어 낼 수 있다.

```
dense_vector<double> last_unit_vector(unsigned n)
{
    dense_vector<double> v(n, 0.0);
    v[n-1]= 1;
    return v;
}
```

이전과는 다른 의미의 단위 벡터임을 나타내기 위해 함수 이름을 바꾸었다. 그런데 이런 함수가 꼭 필요할까? 이런 함수를 나중에 다시 사용하게 될 확률은 어느 정도일까? 포스Forth라는 프로그래밍 언어를 만든 찰스 H. 무어Charles H. Moore는 "함수의 목적은 프로그램을 작은 조각들로 쪼개는 것이 아니라 고도로 재사용 가능한 개체들을 만들어 내는 것이다."라고 말한 적이 있다. 그 조언에 따라 재사용 가능성이 큰 함수들에 집중하는 차원에서, last_unit_vector는 버리기로 한다.

이제 inverse_upper 함수를 충분히 리팩터링한 것 같으니 다음 함수의 구현으로 넘어가자. 어쩌면 나중에 inverse_upper를 다시 고치게 될 수도 있지만, 코드를 더 명확하게 하고 구조를 개선해 두었으니 나중에 여러분이(또는 다른 누군가가) 함수를 훨씬 쉽게 고칠 수 있을 것이다. 경험이 쌓이면 만족스러운 구현에 좀 더 빠르게 도달하게 된다. 그리고 앞에서 명시적으로 이야기하지는 않았지만, 필자는 inverse_upper를 조금씩 개선할 때마다 테스트를 실행해서 프로그램의 행동이 변하지는 않았는지 확인했다는 점도 기억해 두기 바란다.

상삼각행렬의 역행렬을 구하는 방법은 이제 충분히 알고 있다. 이를 하삼각행렬에도 적용할 수 있다. 또는, 그냥 입력과 출력을 전치해도 된다.

```
Matrix inverse_lower(Matrix const& A)
{
    Matrix T{trans(A)};
    return Matrix(trans(inverse_upper(T)));
}
```

이상적으로는 아래와 같은 모습으로 구현하면 좋을 것이다.

```
Matrix inverse_lower(Matrix const& A)
{
    return trans(inverse_upper(trans(A)));
}
```

기술적인 세부사항 때문에, Matrix 객체 두 개가 명시적으로 생성되는 것은 피하기 어렵다. 이를 피하려면 여러 가지 고급 프로그래밍 기법이 필요하다.[6] MTL5 개발 작업의 경험에 따르면, 최신 C++ 표준들을 이용하면 그런 기법들을 적용하기가 훨씬 쉽다. MTL5에서는 불필요한 객체 생성을 처음부터 피할 수 있었다.

그런데 이런 식으로 inverse_upper를 재활용하면 전치 연산과 복사 연산의 비용이 추가된다. 우리는 하삼각행렬에 단위 대각행렬(대각 성분들이 모두 1인 행렬)이 포함되어 있다는 점을 그리 자세히 고찰하지 않았다. 이 성질을 예를 들어 삼각행렬 해법에서 나눗셈을 피하는 데 사용할 수 있다. 또한, 이 대각행렬을 아예 무시하고 알고리즘 안에서 암묵적으로 처리할 수도 있다. 이 모든 것이 가능하다. 그렇지만 여기서는 성능보다는 구현의 단순함과 명확함, 그리고 재사용성을 우선시한다.[7]

이제 필요한 모든 것이 갖추어졌다. 그럼 이 요소들을 조합해서 역행렬 계산 함수 inverse를 구현해 보자. 앞에서처럼 먼저 입력이 정방행렬인지부터 점검한다.

```
Matrix inverse(Matrix const& A)
{
    const unsigned n= num_rows(A);
    if ( num_cols ( A ) != n)
      throw " Matrix must be square " ;
```

그런 다음에는 LU 분해를 수행한다. 성능 때문에 MTL4의 lu 함수는 분해 결과를 돌려주는 대신, 인수들을 가변 참조로 받아서 제 자리에서 분해를 수행한다. 그래서 먼저 입력 행렬의 복사본과 적절한 크기의 치환 벡터를 만들어서 lu를 호출한다.

6 지연 평가를 적극적인 평가로 바꾸는 문제는 §5.3을 참고하자.

7 성능이 정말로 중요한 응용 프로그램이라면 애초에 역행렬 계산을 사용하지 않을 것이다.

```
Matrix                  PLU{A};
dense_vector<unsigned>  Pv(n);

lu(PLU, Pv);
```

lu는 치환된 A의 상삼각 계수 U를 LU의 상삼각 부분에 저장하고, 하삼각 계수 L을 LU의 순(strict) 하삼각 부분(대각 성분들을 제외한 아랫부분)에 저장한다. 즉, lu는 L의 단위 대각 성분들을 무시하며, 알고리즘에서 암묵적으로 처리한다. 그런데 역행렬을 구하려면 그 대각 성분들이 필요하다. 그래서 다음처럼 대각 성분들을 명시적으로 추가해 준다(이렇게 하는 대신 역행렬 계산 알고리즘에서 단위 대각 성분들을 암묵적으로 처리할 수도 있다).

```
Matrix  U{upper(LU)}, L{strict_lower(LU) + identity(n, n)};
```

마지막으로, 식 A.1에 나온 정방행렬의 역행렬 공식에 따라 이상의 요소들을 곱한 결과를 돌려준다.[8]

```
return inverse_upper(U) * inverse_lower(L) * permutation(Pv);
```

지금까지의 논의에서 본 것처럼, 대부분의 경우에는 같은 행동을 다른 방식으로 구현하는 대안이 존재한다. 아마 여러분도 그런 경험이 있을 것이다. 이 예제에서는 여러 대안 중 가장 적합한 것을 선택한 것처럼 보이지만, 사실 MTL4의 모든 선택이 최선의 선택이었다고 장담하기는 힘들다. 또한, 모든 문제에 '유일한 최선의 해답'이 있는 것은 아니며, 여러 대안의 장단점을 아무리 세밀하게 따져보아도 최종적인 결론에 도달하지 못하고 그냥 아무거나 마음 가는 대로 선택하게 되는 일도 있다. 이 예제는 또한 선택이 목표에 의존한다는 점도 보여주었다. 예를 들어 성능이 주된 목표였다면 구현이 앞에서 본 것과는 다른 모습이 되었을 것이다.

그리고 이번 절은, 어느 정도 규모가 있는 프로그램은 한 명의 천재가 단숨에 만들어 낸 것이 아니라(물론 예외는 있겠지만) 점진적인 개선과 발전의 산물이라는 점도 보여주었다. 경험이 쌓이면 최종 목표에 더 빨리, 더 직접적으로 도달할 수 있겠지만, 그래도 첫 시도에서 완벽한 프로그램을 작성하는 경우는 극히 드물다.

8 Matrix 형식으로의 명시적 변환을 생략했음을 주목하자. 앞에서도 언급했듯이, 어차피 MTL5(향후 출시될)에서는 이럴 필요가 없다.

A.4 클래스 관련 세부사항

A.4.1 멤버에 대한 포인터

멤버를 가리키는 포인터 또는 **멤버에 대한 포인터**(pointer to member) †는 클래스 멤버의 상대 주소를 저장할 수 있는 클래스 지역 포인터이다. 다음 예를 보자.

```
double complex::* member_selector= &complex::i;
```

변수 member_selector의 형식은 double complex::*이다. 이 변수는 complex 클래스 안의 한 double 형식 멤버 변수 i를 가리킨다(이 예에서 i는 public 멤버라고 가정한다).

구체적인 complex 객체에 대해 연산자 .*와 멤버에 대한 포인터 변수를 적용하면 그 객체의 i에 접근할 수 있다. complex 객체를 가리키는 포인터가 있는 경우에는 ->* 연산자로 해당 멤버를 역참조하면 된다.

```
double complex::* member_selector= &complex::i;

complex c{7.0, 8.0}, c2{9.0};
complex *p= &c;

cout ≪ "c's selected member is " ≪ c.*member_selector ≪ '\n';
cout ≪ "p's selected member is " ≪ p->*member_selector ≪ '\n';

member_selector = &complex::r; // 다른 멤버 변수를 선택한다.
p= &c2;                        // 다른 complex 객체를 가리킨다.

cout ≪ "c's selected member is " ≪ c.*member_selector ≪ '\n';
cout ≪ "p's selected member is " ≪ p->*member_selector ≪ '\n';
```

멤버 변수뿐만 아니라 멤버 함수도 이런 식으로 멤버에 대한 포인터를 이용해서 실행 시점에서 선택할 수 있다.

A.4.2 추가적인 초기화 예

C++11에서 도입된 초기치 목록(§2.8.4)은 강력한 기능이지만, 예상과는 다르게 작동해서 놀라는 일이 없으려면 어느 정도 연습이 필요하다. 연습 삼아 다음의 여러 초기화문이 어떻게 작동하는지 추측해 보기 바란다.

---

† [옮긴이] '멤버 포인터'로 줄여서 부르는 경우도 있지만, 멤버 포인터라는 용어는 포인터 형식의 멤버 변수와 혼동할 여지가 있다. 그래서 다소 장황하지만(그래도 '멤버를 가리키는 포인터'보다는 간결한) '멤버에 대한 포인터'를 사용하기로 한다.

초기치 목록 끝에 여분의 쉼표(,)가 있어도 된다. 이러한 후행 쉼표는 초기치 목록을 인수들의 목록과 구분하는 용도로도 쓰인다. 다음 예제의 몇몇 초기화문도 이 점을 이용한다.

```
vector_complex v1= {2};
vector_complex v1d= {{2}};

vector_complex v2= {2, 3};
vector_complex v2d= {{2, 3}};
vector_complex v2dc= {{2, 3}, };
vector_complex v2cd= {{2, 3, }};
vector_complex v2w= {{2}, {3}};
vector_complex v2dw= {{{2}, {3}}};

vector_complex v3= {2, 3, 4};
vector_complex v3d= {{2, 3, 4}};
vector_complex v3dc= {{2, 3}, 4};
```

이 코드가 생성하는 벡터들은 다음과 같다.

```
v1 is [(2,0)]
v1d is [(2,0)]

v2 is [(2,0), (3,0)]
v2d is [(2,3)]
v2dc is [(2,3)]
v2cd is [(2,3)]
v2w is [(2,0), (3,0)]
v2dw is [(2,3)]

v3 is [(2,0), (3,0), (4,0)]
v3d is [(2,0), (3,0), (4,0)]
v3dc is [(2,3), (4,0)]
```

연습으로 익숙해진다고 해도, 내포된 데이터의 초기화가 정말로 우리가 의도한 대로 작동하는지는 항상 세심하게 확인할 필요가 있다. 또한, 다른 사람과 공유할 코드에서는 초기화 문장들이 최대한 이해하기 좋은 형태인지 다시금 확인해 볼 필요가 있다.

균일 초기화는 `initializer_list<>`를 받는 생성자를 우선시하며, 중괄호 표기법에는 다른 여러 생성자가 숨어 있다. 그래서 생성자의 모든 중괄호를 괄호(소괄호)로 대체하면 의도와는 다른 결과가 나올 수 있다.

```
vector_complex v1(7);
vector_complex v2{7};
```

v1은 값이 0인 성분 7개를 담은 벡터이지만, v2는 값이 7인 성분 하나만 있는 벡터이다.

A.4.3 다차원 자료 구조의 접근

다음과 같은 간단한 matrix 클래스를 생각해 보자.

```
class matrix
{
  public:
    matrix(int nrows, int ncols)
      : nrows{nrows}, ncols{ncols}, data{new double[nrows * ncols]} {}

    matrix(const matrix& that)
      : matrix(that.nrows, that.ncols)
    {
        for (int i= 0, size= nrows*ncols; i < size; ++i)
            data[i]= that.data[i];
    }

    void operator=(const matrix& that)
    {
        if ( num_cols ( A ) != n)
          throw " Matrix must be square " ;
        for (int i= 0, size= nrows*ncols; i < size; ++i)
            data[i]= that.data[i];
    }

    int num_rows() const { return nrows; }
    int num_cols() const { return ncols; }

  private:
    int                     nrows, ncols;
    unique_ptr<double[]>  data;
};
```

이 클래스 정의는 본문에서 이야기한 여러 지침과 모범관행을 잘 따른다. 변수들은 private이고, 생성자들은 모든 멤버를 정의하며, 복사 생성자와 복사 배정 연산자 사이에 모순이 없다. 그리고 크기 정보를 제공하는 멤버 함수들은 const로 선언되었다. 한 가지 빠진 것은 행렬의 성분에 접근하는 수단이다.

주의!

대괄호 연산자는 인수를 하나만 받는다.

따라서 다음과 같은 서명의 대괄호 연산자를 정의할 수는 없다.

```
double& operator[](int r, int c) { ... }
```

그러나 행렬의 성분에 접근하려면 두 개의 인수(행 번호와 열 번호)가 필요하다. 그럼 이 문제를 해결하는 여러 접근 방식을 살펴보자.

A.4.3.1 접근 방식 1: 적용 연산자

다중 색인을 처리하는 가장 간단한 방법은 대괄호를 포기하고 소괄호를 이용하는 것, 즉 적용 연산자(함수 호출 연산자)를 사용하는 것이다.

```
double& operator()(int r, int c)
{
    return data[r*ncols + c];
}
```

색인 범위 점검 기능을 추가하면 나중에 디버깅 시간이 크게 줄어든다. 재활용을 위해 색인 범위 점검 기능을 개별 멤버 함수로 정의하기로 하자. 또한, 상수 접근을 위한 연산자도 추가하자.

```
  private:
    void check(int r, int c) const { assert(0 <= r && r < nrows &&
                                            0 <= c && c < ncols); }
  public:
    double& operator()(int r, int c)
    {
        check(r, c);
        return data[r*ncols + c];
    }
    const double& operator()(int r, int c) const
    {
        check(r, c);
        return data[r*ncols + c];
    }
```

다음은 이 연산자를 이용해서 행렬의 성분에 접근하는 예이다.

```
matrix      A(2, 3), B(3, 2);
// ... 행렬 B를 설정한다 ...
// A= trans(B);
for (int r= 0; r < A.num_rows(); r++)
    for (int c= 0; c < A.num_cols(); c++)
        A(r, c)= B(c, r);
```

구현이 간단하긴 하지만, 소괄호 때문에 행렬 성분 접근이 아니라 함수 호출로 보인다는 점이 불만스럽다. 좀 더 노력하면 대괄호를 사용하는 다른 방법을 찾을 수 있을지 모른다.

A.4.3.2 접근 방식 2: 포인터 반환

앞에서 말했듯이, 하나의 대괄호 연산자에 두 개의 인수를 전달할 수는 없다. 그러나 다음처럼 두 인수를 두 대괄호 쌍으로 전달할 수는 있다.

```
A[0][1];
```

이는 C++에서 2차원 내장 배열의 성분에 접근하는 표기법이기도 하다. 밀집행렬을 나타내는 matrix의 경우, 첫 대괄호 연산자는 r 행의 첫 성분을 가리키는 포인터를 돌려주고 둘째 대괄호 연산자는 그 행의 c 열 성분을 돌려주면 될 것이다. 구체적인 주소는 C++이 계산해 준다.

```
double* operator[](int r) { return data.get() + r*ncols; }
const double* operator[](int r) const { return data.get() + r*ncols; }
```

그러나 이 접근 방식에는 여러 가지 단점이 있다. 첫째로, 이 접근 방식은 성분들이 행 우선 방식으로 저장된 밀집행렬에만 통한다. 둘째로, 열 색인의 범위를 미리 점검할 방법이 없다.

A.4.3.3 접근 방식 3: 프록시 객체 반환

포인터를 돌려주는 대신, 행렬에 대한 참조와 행 색인을 보관하고 행렬 성분들에 접근하는 operator[]를 제공하는 특정한 클래스를 정의해 두고 행렬 클래스의 대괄호 연산자가 그 객체를 돌려주는 방법이 있다. 그런 보조 객체를 흔히 **프록시**^proxy^ 객체 또는 대리 객체라고 부른다. 프록시는 행렬의 비공개 멤버들에 접근해야 하므로, 행렬 클래스에서 프록시 클래스를 friend로 선언해야 두어야 한다. 아니면 행렬 클래스의 소괄호 연산자(함수 호출 연산자)를 그대로 두고, 프록시 클래스에서 그 연산자를 호출해도 된다. 두 경우 모두 상호(순환) 의존관계가 발생한다.

행렬 형식이 여러 개인 경우, 행렬 형식마다 개별적인 프록시가 필요하다. 또한, 하나의 행렬 형식에서도 상수 접근과 가변 접근에 대해 개별적인 프록시가 필요하다. 그렇다고 프록시 클래스들을 일일이 정의할 필요는 없다. §6.6.1

에서 모든 행렬 형식에 대해 작동하는 하나의 프록시 템플릿 클래스를 정의했었는데, 그와 동일한 템플릿 기법으로 상수 접근과 가변 접근을 함께 처리할 수 있다. 게다가 프록시 템플릿은 상호 의존관계 문제도 해결해준다. 오류 발생 시 컴파일러가 길고 긴 오류 메시지를 출력한다는 사소한 문제가 유일한 단점이다.

A.4.3.4 접근 방식들의 비교

앞의 예제는 C++에서 사용자 정의 형식에 대해 다양한 표기법이 가능하며 그 중 우리에게 가장 적합한 것을 선택해서 구현할 수 있다는 점을 잘 보여준다. 앞에서 우리는 여러 개의 색인으로 행렬의 특정 성분에 접근하기 위한 여러 가지 접근 방식을 살펴보았는데, 첫째는 대괄호 대신 소괄호를 사용하는 것이었다. 이 접근 방식이 가장 간단하다. 함수 호출로 오해할 수 있다는 점을 감수한다면, 적은 노력으로 꽤 그럴듯한 행렬 성분 표기법을 얻을 수 있다. 둘째 접근 방식은 포인터를 돌려주는 것인데, 구현이 그리 복잡하지는 않지만 행렬 형식의 내부 표현에 너무 크게 의존한다는 점이 문제이다. 행렬 형식이 내부 블록화(blocking)나 어떤 특별한 내부 저장 방식을 사용한다면 완전히 다른 기법이 필요하다. 이는 항상 내부적인 세부사항을 캡슐화하고 사용자에게는 충분히 추상적인 인터페이스를 제공하는 것이 바람직한 이유이다. 그렇게 하면 응용 프로그램은 기술적인 세부사항에 이존하지 않게 된다. 또 다른 단점은 열 색인의 범위를 점검할 수 없다는 것이다. 이상의 이유로, 프록시를 돌려주는 셋째 접근 방식이 구현에 노력이 좀 더 들긴 하지만 가장 나은 선택이다.

A.5 메서드 생성

C++ 컴파일러가 특정 조건하에서 암묵적으로 생성해 주는 메서드는 다음 여섯 가지이다(C++03에서는 네 가지).

- 기본 생성자
- 복사 생성자
- 이동 생성자(C++11 이상)
- 복사 배정 연산자
- 이동 배정 연산자(C++11 이상)
- 소멸자

이들이 자동으로 생성되는 덕분에 프로그래머는 지루한 반복 작업을 피할 수 있으며, 따라서 필수 메서드를 무심코 빼먹는 실수가 방지된다.

건너뛰기: 기술적 세부사항에는 관심이 없고(적어도 지금 당장은) 실무에 적용할 지침만 알면 되는 독자는 §A.5.2를 간단히 확인한 후 §A.5.4의 설계 지침으로 바로 넘어가도 된다.

A.5.1 자동 생성

다음과 같이 여러 개의 멤버 변수가 있는 클래스를 생각해 보자.

```
class my_class
{
    type1  var1;
    type2  var2;
    // ...
    typen  varn;
};
```

이 클래스에 대해 컴파일러는 앞에서 언급한 여섯 가지 메서드를 생성해 준다(멤버 형식들이 허용하는 한). 결과적으로, 컴파일 과정에서 이 클래스는 다음과 같은 모습으로 변한다.

```
class my_class
{
  public:
    my_class()
      : var1{},
        var2{},
        // ...
        varn{}
    {}

    my_class(const my_class& that)
      : var1{that.var1},
        var2{that.var2},
        //...
        varn{that.varn}
    {}

    my_class(my_class&& that) noexcept                    // C++11
      : var1{std::move(that.var1)},
        var2{std::move(that.var2)},
        //...
        varn{std::move(that.varn)}
```

```
    {}

    my_class& operator=(const my_class& that)
    {
        var1= that.var1;
        var2= that.var2;
        // ...
        varn= that.varn;
        return *this;
    }

    my_class& operator=(my_class&& that) noexcept   // C++11
    {
        var1= std::move(that.var1);
        var2= std::move(that.var2);
        // ...
        varn= std::move(that.varn);
        return *this;
    }

    ~my_class()
    {
        varn.~typen();          // 멤버 소멸자 호출
                                // 보통의 경우에는 이렇게 하지 말 것
        // ...
        var2.~type2();
        var1.~type1();
    }

  private:
    type1  var1;
    type2  var2;
    // ...
    typen  varn;
};
```

생성 방식은 간단하다. 여섯 메서드 모두, 각 멤버 변수의 해당 메서드를(생성자는 생성자를, 소멸자는 소멸자를 등등) 호출한다. 세심한 독자는 생성자 호출들과 배정 연산자 호출들이 해당 멤버 변수들의 선언 순서와 일치한다는 점을 눈치챘을 것이다. 그리고 소멸자 호출들은 선언의 역순이다. 이렇게 순서를 잘 지켜야, 이전에 생성된 멤버에 의존하는 멤버의 연산을 제대로 처리할 수 있다. 소멸자 호출들은 단지 소멸자들의 호출 순서를 보여주기 위한 것일 뿐임을 주의하자. 소멸자들을 여러분이 이렇게 명시적으로 호출해야 하는 경우는 거의 없다(이 책에서 전혀 다루지 않은 '위치지정식 new(placement new)'로 생성한 멤버

만 소멸자를 명시적으로 호출해야 한다). 따라서 명시적 소멸자 호출은 아예 잊어버리기 바란다. 그런 호출은 프로그램의 실행에 문제를 일으킬 가능성이 아주 크다.

이번에는 기반 클래스에서 파생된 클래스에 대한 자동 메서드 생성을 살펴보자.

```
class my_class
  : public base1,
    // ...
    public basem
{
  public:
    my_class()
      : base1{},
        // ...
        basem{},
        var1{},
        // ...
        varn{}
    {}

    // ...

    ~my_class()
    {
        varn.~typen();              // 멤버 소멸자 호출
        // ...
        var1.~type1();
        this->basem::~basem();      // 보통의 경우에는 이렇게 하지 말 것

        // ...
        this->base1::~base1();      // 보통의 경우에는 이렇게 하지 말 것
    }

  private:
    type1  var1;
    // ...
    typen  varn;
};
```

생성된 메서드들에서 보듯이, 기반 클래스 객체들이 멤버 변수들보다 먼저 생성, 배정된다. 순서는 상속 선언 순서이다. 소멸은 그 반대이다. 즉, 기반 객체들은 멤버들이 소멸된 후에 상속 선언의 역순으로 소멸된다.

C++11 A.5.2 자동 생성의 제어

C++11은 여섯 가지 특수 메서드의 생성 여부를 제어하는 두 가지 지정자를 제공한다. 하나는 default이고 다른 하나는 delete이다. 이들의 의미는 이름에서 충분히 짐작할 수 있을 것이다. default는 해당 메서드가 앞에서 본 것처럼 기본적인 방식으로 정의되게 하고, delete는 해당 메서드의 생성을 금지한다. 예를 들어 객체를 이동할 수 있지만 복사할 수는 없는 클래스를 만든다고 하자.

```
class move_only
{
  public:
    move_only() = default;
    move_only(const move_only&) = delete;
    move_only(move_only&&) noexcept = default;
    move_only& operator=(const move_only&) = delete;
    move_only& operator=(move_only&&) noexcept = default;
    ~move_only() = default;
    // ...
};
```

실제로 표준 라이브러리의 unique_ptr가 이런 식으로 구현되어 있다. 복사를 금지한 것은, 두 unique_ptr 객체가 같은 메모리를 가리키는 일이 생기지 않도록 하기 위해서이다.

참고: default로 선언한 메서드는 비록 자동으로 정의되긴 하지만, 사용자가 선언한(user-declared) 메서드로 간주된다. delete로 삭제한 메서드 역시 마찬가지이다. 클래스에 사용자가 선언한 특수 메서드가 존재하면 다른 특수 메서드들이 자동으로 생성되지 않아서 클래스가 예기치 못한 방식으로 작동할 수 있다. 이런 문제를 피하는 가장 안전한 방법은 여섯 특수 메서드 모두를 선언하거나 아무것도 선언하지 않는 것이다.

> **정의 A-1.** 구별을 위해, default나 delete로 선언한 메서드는 **순수 사용자 선언**(purely user-declared) 메서드라고 부르고 실제 구현 블록(비록 빈 블록이라도)을 지정해서 정의한 메서드는 **사용자 구현** 메서드라고 부르기로 한다. C++ 표준 명세서에서는 순수 사용자 선언 메서드와 사용자 구현 메서드 모두 **사용자 선언**(user-declared) 메서드라고 부른다.[†]

† [옮긴이] 이후 문맥에 따라서는 '사용자 선언'을 '사용자 정의(user-defined)'라고 표현하기도 하겠다. 사실 '사용자 정의'가 더 자연스러운 문맥이 많다.

A.5.3 생성 규칙

컴파일러의 암묵적 메서드 생성을 이해하려면 몇 가지 규칙을 알아야 한다. 이번 절에서 그 규칙들을 차례로 설명하겠다. 예시를 위해 다음과 같은 tray라는 클래스를 사용한다.

```
class tray
{
  public:
    tray(unsigned s= 0) : v(s) {}
    std::vector<float>  v;
    std::set<int>       si;
    // ..
};
```

각 규칙을 설명하면서 이 클래스를 수정할 것이다.

A.5.3.1 규칙 1: 멤버들과 기반 클래스가 허용하는 메서드들을 생성한다

앞에서($A.5.1) 컴파일러가 여섯 메서드를 생성해 준다고 말할 때 "멤버 형식들이 허용하는 한"이라는 단서를 달았다. 이를 좀 더 자세히 설명해 보겠다. 생성 가능한 각 특수 메서드에 대해

- 멤버 형식 중 적어도 하나, 또는
- 직접적인 기반 클래스(§6.1.1) 중 적어도 하나, 또는
- 가상 기반 클래스(§6.3.2.2) 중 적어도 하나에

해당 메서드가 정의되어 있지 않으면 그 메서드는 생성되지 않는다. 다른 말로 하면, 생성되는 특수 메서드들은 모든 멤버와 모든 기반 클래스가 제공하는 특수 메서드들의 교집합이다. 예를 들어 tray 클래스에 move_only 형식(§A.5.2)의 멤버를 추가한다고 하자.

```
class tray
{
  public:
    tray(unsigned s= 0) : v(s) {}
    std::vector<float>  v;
    std::set<int>       si;
    move_only           mo;
};
```

move_only는 복사 연산들(복사 생성자와 복사 배정 연산자)과 관련한 메서드들

을 제공하지 않으므로, tray의 해당 메서드들도 자동으로 생성되지 않는다. 따라서 tray 객체를 복사할 수 있으려면 그 메서드들을 우리가 직접 정의해야 한다.

이 규칙은 재귀적으로 적용된다. 한 형식에 삭제된 특수 메서드가 있으면, 그 형식의 멤버나 기반 클래스가 있는 모든 클래스에서 해당 메서드가 암묵적으로 삭제되고, 그런 클래스들을 멤버나 기반 클래스로 사용하는 다른 모든 클래스 등등도 마찬가지이다. 예를 들어 복사 연산들(복사 생성자와 복사 배정 연산자)이 없는 tray 형식의 멤버를 가진 bucket 클래스는 복사가 금지되고, bucket을 상속한 barrel 클래스와 barrel 형식의 멤버를 가진 truck 클래스 역시 복사가 금지된다.

A.5.3.2 까다로운 멤버 형식들

생성 가능한 여섯 특수 메서드를 제공하지 않는 형식의 멤버를 클래스에 두면 문제가 발생할 수 있다. 그런 형식의 가장 두드러진 예는 다음 두 가지이다.

- 참조 형식은 기본 생성 가능(default-constructible)이 아니다. 따라서 참조 형식의 멤버를 가진 모든 클래스에는 기본 생성자가 없다(사용자가 직접 구현하지 않는 한). 그러면 참조된 주소를 나중에 설정할 수 없으므로 클래스를 사용하기가 아주 어렵다. 가장 손쉬운 우회책은 내부적으로 포인터를 사용하고 외부에는 참조를 제공하는 것이다. 그러나 안타깝게도 기본 생성자가 필요한 경우가 꽤 많다. 예를 들어 객체들을 컨테이너에 담으려면 기본 생성자가 필요하다.
- C++11 unique_ptr는 복사 생성과 복사 배정이 금지되어 있다. unique_ptr 멤버를 가진 클래스의 객체를 복사할 수 있으려면 복사 생성자와 복사 배정 연산자를 직접 구현해 주어야 한다. 또는, unique_ptr 이외의 포인터 형식을 사용할 수도 있다. 그러나 unique_ptr를 원시 포인터(원래부터 문제가 많은)나 shared_pointer(추가부담이 있는)로 바꾸기 전에, 그런 포인터들이 이 클래스에 적합한 추상인지 따져 볼 필요가 있다.

A.5.3.3 규칙 2: 소멸자는 사용자가 정의하지 않는 한 생성된다

아마 가장 간단한 규칙일 것이다. 소멸자는 프로그래머가 작성하거나, 아니면 컴파일러가 생성한다. 모든 형식에는 소멸자가 있으므로,† 규칙 1은 여기에 적

† [옮긴이] 물론 소멸자를 명시적으로 delete로 선언한 형식은 예외이다.

용되지 않는다.

A.5.3.4 규칙 3: 기본 생성자는 홀로 생성된다

자동 생성과 관련해서 기본 생성자는 가장 수줍음이 많은 메서드이다. 어떤 종류이든 다른 생성자가 하나라도 정의되어 있으면 기본 생성자는 생성되지 않는다.

```
struct no_default1
{
    no_default1(int) {}
};

struct no_default2
{
    no_default2(const no_default2&) = default;
};
```

두 클래스 모두 기본 생성자가 자동으로 생성되지 않는다. 규칙 1과 이 규칙의 조합에 의해, 예를 들어 다음 클래스는 컴파일되지 않는다.

```
struct a
{
    a(int i) : i{i} {}   // 오류

    no_default1  x;
    int          i;
};
```

멤버 변수 x는 생성자의 초기화 목록에 없으므로 기본 생성자가 호출되지만, no_default1에는 기본 생성자가 없으므로 컴파일이 실패한다.

C++ 표준이 다른 사용자 정의 생성자가 있으면 기본 생성자가 자동으로 생성되지 않는다는 규칙을 두는 이유는, 다른 생성자들은 멤버 변수들을 명시적으로 초기화하는 것으로 간주되는 반면 여러 기본 생성자들(특히 기본 내장 형식들의 기본 생성자)은 멤버 변수를 초기화하지 않은 상태로 놔두기 때문이다. 다른 생성자가 존재하는 클래스에서 멤버 변수들에 쓰레기 값이 담기지 않게 하려면 기본 생성자를 직접 정의하거나 명시적으로 default로 선언해야 한다. 좀 더 확실한 방법은 모든 멤버 변수의 기본값을 클래스 안에서 직접 설정하는 것이다(§2.3.1.5 참고).

A.5.3.5 규칙 4: 복사 연산들의 생성 조건

복사 생성자와 복사 배정 연산자가 생성되는 규칙은 다음과 같다.

- 사용자 정의 이동 연산이 존재하면 복사 연산들은 자동으로 생성되지 않는다.
- 둘 중 하나가 정의되어 있어도 다른 하나는 자동으로 생성된다.
- 소멸자가 정의되어 있어도 둘은 자동으로 생성된다.

그리고 복사 배정 연산자에는 다음과 같은 추가적인 규칙이 적용된다.

- 참조 형식의 비정적 멤버가 있으면 자동으로 생성되지 않는다.
- 비정적 const 멤버가 있으면 자동으로 생성되지 않는다.

다음은 이동 연산 때문에 복사 연산들이 비활성화되는 예이다. 간결함을 위해 이동 생성자에 C++11의 default 선언을 사용했지만, 우리가 직접 정의한다고 해도 마찬가지로 작동한다. = delete는 해당 연산이 자동으로 생성되지 않음을 나타내는 용도로 쓰였다.

```
class tray
{
  public:
    // tray(const tray&) = delete;     // 생성되지 않음
    tray(tray&&) noexcept = default;   // 사용자 정의
    // tray& operator=(const tray&) = delete; // 생성되지 않음
    // ...
};
```

두 복사 연산 중 하나가 존재해도 여전히 다른 하나의 연산이 자동으로 생성되는 규칙은 C++11과 C++14에서 폐기 예정(deprecated)으로 분류되었다. 아직 정말로 폐기된 것은 아니므로, 컴파일러들은 여전히 이 규칙을 적용한다.

```
class tray
{
  public:
    tray(const tray&) = default; // 사용자 정의
    // tray& operator=(const tray&) = default; // 폐기 예정
    // ...
};
```

소멸자가 존재해도 복사 연산들이 자동으로 생성된다는 규칙 역시 폐기 예정이지만, 아직까지는 적용된다.

A.5.3.6 규칙 5: 복사 연산들의 기본 구현 방식과 가변 참조

보통의 경우 복사 연산들은 상수 참조를 받지만, 가변 참조를 받도록 복사 연산들을 정의하는 것도 가능하다. 여기서 가변 참조를 받는 복사 연산을 언급하는 것은 그런 복사 연산이 실용적으로 의미가 있어서가 아니라, 단지 논의의 완전함을 위한 것이다(그리고 이렇게 하지 말라는 일종의 경고의 의미도 있다). 클래스의 멤버 중에 복사 연산이 가변 참조를 받는 것이 있으면, 컴파일러가 생성한 복사 연산도 가변 참조를 받는다.

```
struct mutable_copy
{
    mutable_copy() = default;
    mutable_copy(mutable_copy&) {}
    mutable_copy(mutable_copy&&) noexcept = default;
    mutable_copy& operator=(const mutable_copy&) = default;
    mutable_copy& operator=(mutable_copy&&) noexcept = default;
};

class tray
{
  public:
    // tray(tray&) = default;
    // tray(tray&&) noexcept = default;
    // tray& operator=(const tray&) = default;
    // tray& operator=(tray&&) noexcept = default;
    mutable_copy     m;
    // ...
};
```

mutable_copy 클래스의 복사 생성자는 가변 참조만 받는다. 따라서 tray의 복사 생성자도 가변 참조를 받아야 한다. 자동으로 생성되는 가변 참조 복사 생성자에는 const가 붙지 않는다. 다음과 같이 default 키워드를 이용해서 명시적으로 요청하면 컴파일 자체가 실패한다.

```
class tray
{
    tray(const tray&) = default;
    mutable_copy     m;
    // ...
};
```

지금 예제에서 복사 배정 연산자는 생성자와 달리 상수 참조를 받는다. 이것이 적법한 C++ 코드이긴 하지만, 이렇게 상수성과 가변성을 섞는 것은 아주 나쁜 관행이다. 서로 연관된 생성자와 배정 연산자는 인수 형식들과 의미론이 일관되어야 한다. 그렇지 않으면 불필요한 혼동이 생겨서 버그가 생기기 쉽다. 복사 연산에 가변 참조를 사용할 이유가 없지는 않겠지만(다른 소프트웨어의 나쁜 설계에 대처하기 위해서, 등등), 가변 참조 때문에 기이한 효과가 생겨서 우리가 주 업무에 투여할 시간을 빼앗길 수도 있음을 주의해야 한다. 그런 기능을 사용하기 전에 더 나은 해법을 찾는 데 시간을 투자하는 것이 장기적으로는 이득이 된다.

C++11 A.5.3.7 규칙 6: 이동 연산들의 생성 조건

이동 생성자와 이동 배정 연산자는 다음 조건 중 하나라도 참이면 자동으로 생성되지 않는다.

- 사용자 정의 복사 연산이 있다.
- 다른 사용자 정의 이동 연산이 있다.
- 사용자 정의 소멸자가 있다.

추가로, 이동 배정 연산자는 다음 조건 중 하나라도 참이면 자동으로 생성되지 않는다.

- 참조 형식의 비정적 멤버가 있다.
- 비정적 `const` 멤버가 있다.

이 규칙들이 복사 연산의 자동 생성 규칙들보다 더 엄격하다는 점을 주의하기 바란다. 복사의 경우에는 두 복사 연산 중 하나가 사용자 정의라도 다른 복사 연산이 자동으로 생성되지만, 이동은 그렇지 않다. 컴퓨터 과학에서 흔히 있는 일이지만, 이처럼 규칙들이 대칭적이지 않은 데에는 역사적인 이유가 있다. 복사 연산에 대한 규칙들은 C++03의 유물이며, 하위 호환성 때문에 완전히 폐기하지 못했다. 이동 연산에 대한 규칙들은 좀 더 최근에 생긴 것으로, 다음 절(§A.5.4)에서 소개하는 설계 지침들을 반영한다.

다음은 사용자 정의 복사 생성자 때문에 이동 연산들이 자동으로 생성되지 않는 예이다.

```
class tray
{
  public:
```

```
    tray(const tray&) = default;
    // tray(tray&&) = delete; // 암묵적 삭제
    // tray& operator=(tray&&) noexcept = delete; // 암묵적 삭제
    // ...
};
```

이동 연산이 자동 생성되려면 많은 조건이 맞아떨어져야 하므로, 복사 연산이 꼭 자동으로 생성되어야 한다면 명시적으로 default로 선언하는 것이 바람직하다.

A.5.4 클래스 설계 지침과 함정

앞에서 보았듯이, C++ 표준의 규칙들은 클래스의 올바른 행동을 보장한다는 이상과 구식 코드에 대한 하위 호환성을 유지해야 한다는 현실 사이의 타협이 반영되어 있다. 여러분이 새 클래스를 설계할 때는 그런 위험한 구식 관행을 따를 필요가 없다. 이번 절에서는 새 클래스를 설계할 때 따를만한 바람직한 설계 지침과 법칙들을 소개한다.

A.5.4.1 5의 법칙

이 법칙은 사용자(프로그래머)가 관리하는 자원(user-managed resource), 줄여서 사용자 관리 자원을 위한 것이다. 사용자 관리 자원의 존재는 사용자가 복사 연산들과 이동 연산들, 소멸자들을 직접 구현하는 주된 이유이다. 예를 들어 클래스에 원시 포인터 형식의 멤버가 있다고 하자. 그런 클래스에 대해 컴파일러가 자동으로 생성하는 복사, 이동 연산들은 포인터 자체를 복사하거나 이동할 뿐, 포인터가 가리키는 데이터는 건드리지 않는다. 또한, 자동으로 생성된 소멸자는 메모리를 해제하지 않는다. 그런 클래스가 올바르게 작동하게 하려면 다음 다섯 메서드를 모두 구현하거나, 아예 구현하지 않아야 한다. 이것이 바로 5의 법칙(rule of five) 또는 5대 연산 법칙이다.

- 복사 생성자
- 이동 생성자
- 복사 배정 연산자
- 이동 배정 연산자
- 소멸자

원시 포인터뿐만 아니라 C 스타일 파일 핸들 등 사용자가 직접 관리해야 하는 다른 종류의 자원들에도 이 5의 법칙이 적용된다.

만일 이 다섯 메서드 중 하나라도 여러분이 직접 정의해야 한다면, 그것은 해당 클래스에 사용자 정의 자원이 있기 때문일 것이다. 그리고 그런 자원이 존재한다면, 나머지 네 메서드도 적절히 정의해 주어야 클래스가 제대로 동작할 가능성이 크다. 하나 이상의 연산이 기본 구현으로 충분하거나 쓰이지 않는 경우에는, 앞에서 이야기한 암묵적 자동 생성 규칙에 의존하기보다는 명시적으로 `default`와 `delete`로 선언해 주는 것이 바람직하다. 정리하자면:

5의 법칙

앞에서 나열한 다섯 연산을 모두 선언하거나 모두 선언하지 말라.

A.5.4.2 0의 법칙

앞 절에서 보았듯이, 다섯 가지 특수 메서드를 사용자가 직접 구현하는 주된 이유는 자원 관리이다. C++11부터는 원시 포인터를 `unique_ptr`나 `shared_ptr` 같은 스마트 포인터로 대체해서 자원 관리를 스마트 포인터에 맡길 수 있다. 그와 마찬가지로, 구식 파일 핸들 대신 파일 스트림을 이용하면 사용자가 일일이 파일을 닫을 필요가 없다. 다른 말로 하면, 멤버 데이터가 자신의 자원을 RAII 원칙에 따라 해제한다면, 그리고 복사·이동 연산들이 적절히 구현되어 있다면, 컴파일러는 적절한 연산들을 정확하게 생성한다.

0의 법칙

응용 프로그램의 클래스에서는 앞의 다섯 연산을 하나도 구현하지 말라.

이 0의 법칙이 금지하는 것은 '구현'임을 주의하자. 해당 연산들을 `default`나 `delete`로 선언하는 것을 금지하지는 않는다. 여러분이 사용하려는 자원을 관리해 주는 클래스가 표준 라이브러리에 없을 수도 있다. 그런 경우에는 자원을 잘 정의된 방식(§2.4.2.4 참고)으로 관리하는 클래스를 자원마다 하나씩 정의해야 한다. 그리고 모든 고수준 클래스는 그런 자원 관리자 클래스를 사용해야 한다. 그러면 고수준 클래스들에서도 다섯 연산의 기본 행동이 잘 정의된다.

A.5.4.3 명시적 삭제 대 암묵적 삭제

거의 똑같은 다음 두 클래스를 비교해 보자.

```
class tray1
{
  public:
    tray1(const tray1&) = default;
    // tray1(tray1&&) noexcept // 생성되지 않음
    tray1& operator=(const tray1&) = default;
    // tray1& operator=(tray1&&) noexcept // 생성되지 않음
    // ..
};

class tray2
{
  public:
    tray2(const tray2&) = default;
    tray2(tray2&&) noexcept = delete;
    tray2& operator=(const tray2&) = default;
    tray2& operator=(tray2&&) noexcept = delete;
    // ..
};
```

두 경우 모두 복사 연산들은 기본 방식으로 생성되지만 이동 연산들은 생성되지 않는다. 따라서 두 클래스가 똑같이 작동할 것 같다. 하지만 오른값을 넘겨주면 두 클래스의 차이가 드러난다.

```
tray1 a1, c1,
      b1{std::move(a1)}; // 컴파일되지만 복사 생성자가 호출됨
c1= std::move(b1);       // 컴파일되지만 복사 배정 연산자가 호출됨

tray2 a2, c2,
      b2{std::move(a2)}; // 오류: 이동 생성자가 없음
c2= std::move(b2);       // 오류: 이동 배정 연산자가 없음
```

tray1처럼 이동 연산이 암묵적으로 삭제된 클래스는 오른값을 처리할 수 있다. 단, 값들이 이동되지는 않고 복사된다. 이는 오른값 참조가 암묵적으로 상수 왼값 참조로 변환될 수 있기 때문이다. 그러면 중복적재 해소 시 해당 복사 연산이 최선의 부합이 된다. 반면에 tray2처럼 이동 연산들이 명시적으로 삭제된 클래스의 경우에는 오른값에 대한 최선의 부합이 해당 이동 연산인데, 그 연산은 명시적으로 삭제되었으므로 중복적재 해소가 실패해서 컴파일 오류가 발생한다.

복사 연산이 명시적으로 선언되어(그리고 어쩌면 구현되어) 있으면 이동 연산들이 선언되지 않는다는 규칙에 의존하는 대신, 다음처럼 이동 연산을 복사 연산을 이용해서 명시적으로 구현하면 혼동을 피할 수 있다.

목록 A-3 복사를 이용한 명시적인 이동 연산 구현

```
class tray
{
  public:
    tray(const tray&) = default;
    // 이동 생성자가 실제로는 복사를 수행한다.
    tray(tray&& that) noexcept : tray(that) {}
    tray& operator=(const tray&) = default;
    // 이동 배정 연산자가 실제로는 복사를 수행한다.
    tray& operator=(tray&& that) noexcept { return *this= that; }
    // ...
};
```

이동 생성자와 이동 배정 연산자가 받는 오른값 `that`은 메서드들 안에서 (이름을 가진) 왼값이 된다. 이 왼값으로 생성자나 배정 연산자를 호출하면 복사 생성자나 복사 배정 연산자가 호출된다. 이처럼 오른값이 소리 없이 왼값으로 바뀐다는 점을 주석으로 달면 자신의 C++ 전문 지식이 부족해 보일까 걱정하는 독자도 있겠지만, 그런 주석은 누군가가 코드를 오해하고 `std::move`를 추가하는(그러면 프로그램이 충돌하는 까다로운 버그가 생길 수 있다) 실수를 범하지 않게 해준다는 점에서 중요하다.

A.5.4.4 6의 법칙: 명시적 접근

앞의 예제들에서 보았듯이, 여섯 가지 주요 연산의 암묵적 생성 여부는 여러 가지 규칙의 복잡한 상호작용으로 결정된다. 6대 주요 연산은 다음과 같다.

- 기본 생성자
- 복사 생성자
- 이동 생성자
- 복사 배정 연산자
- 이동 배정 연산자
- 소멸자

이 여섯 연산 중 어떤 것이 실제로 생성되는지 파악하려면 클래스의 모든 멤버와 모든 직, 간접적 기반 클래스의 소스 코드를 조사해 보아야 하는데, 일부 클래스가 서드파티 라이브러리에 있다면 상당히 짜증스러운 일이다. 조만간 이것이 그냥 시간 낭비일 뿐임을 알게 될 것이다. 그래서 필자는 자주 쓰이며 사소하지 않은 클래스에 대해 다음과 같은 법칙을 제안한다.

6의 법칙

앞의 여섯 연산을 가능한 한 조금만 구현하고 최대한 많이 선언하라. 구현하지 않은 연산은 반드시 `default`나 `delete`로 선언해야 한다(가능한 경우). 존재하지 않는 연산의 행동 방식을 적어도 주석으로 설명해 두어야 한다(이를테면 "암묵적으로 삭제되었으며, 이동은 복사로 처리됨" 등등).

스콧 마이어스는 이와 상당히 비슷한 **5대 기본 법칙**(rule of five defaults)을 제안한 바 있다. 마이어스의 5대 기본 법칙은 클래스 정의에서 다섯 가지 기본 생성 생성자들과 배정 연산자들을 생략해서는 안 되며, 반드시 `default`로 선언해야 한다는 것이다.[45] 그러나 이 법칙은 이동 의미론이 없는 클래스에는 적용되지 않는다(그런 클래스에서는 기본 생성된 이동 연산들이 컴파일되지 않는다).

이동 의미론이 없는 클래스에서는 이동 연산들을 삭제해서 모든 이동 시도가 컴파일 오류가 되게 만들 수도 있고, 아니면 이동을 복사로 처리할 수도 있다. 후자의 경우 구현에서 명시적으로 복사 연산을 호출해도 되고(목록 A-3처럼), 아니면 클래스 구현에서 이동 연산들을 아예 생략하고 오른값 참조에서 상수 왼값 참조로의 암묵적 변환에 의존해도 된다. 다른 설계 지침들과는 달리 필자는 기본 생성자를 포함시켰는데, 기본 생성자의 암묵적 생성도 멤버들과 기반 클래스들에 의존하기 때문이다(§A.5.3.1의 규칙 1 참고).

A.6 템플릿 세부사항

A.6.1 균일 초기화

C++11

§2.3.4에서 소개한 균일 초기화(uniform initialization)를 함수 템플릿에서도 사용할 수 있다. 그렇지만 함수 템플릿의 경우 중괄호 생략(brace elision)은 형식 매개변수에 의존한다. 즉, 생략된 중괄호들의 개수가 인스턴스화마다 다를 수 있다. 이 덕분에 구현이 간단해지는 경우가 많긴 하지만, 상황에 따라서는 코드가 의외의 방식으로 행동하기도 한다. 아주 간단한 함수에서도 이런 현상을 볼 수 있는데, 예를 들어 몰테 스카럽커Malte Skarupke는 블로그 글 "The problems with uniform initialization."[58]에서 다음과 같이 아주 간단한 `copy` 함수도 실패할 수 있음을 보여주었다.

```
template<typename T>
inline T copy(const T& to_copy)
```

```
{
    return T{ to_copy };
}
```

이 함수는 거의 모든 복사 생성 가능 형식에 대해 작동하지만, std::vector<any> 같은 any 객체들의 컨테이너는 지원하지 않는다. any는 (거의) 모든 형식의 객체를 담을 수 있으므로, std::vector<any>도 담을 수 있다. 그러나 그런 컨테이너가 주어지면 컴파일러는 중괄호가 암묵적으로 생략되었다고 오해할 수 있다. 그런 경우 copy 연산은 그냥 원래의 벡터 하나를 담은 벡터를 돌려준다. 적어도 g++와 버전 3.6까지의 clang++가 그런 식으로 작동한다. clang++의 이후 버전들은 복사를 제대로 수행한다.

A.6.2 어떤 함수가 호출될까?

어떤 함수를 여러 이름공간에서 여러 번 다양한 형태로 중복적재한다고 하자. C++ 함수 중복적재의 모든 가능성을 생각하면, 주어진 한 호출에 대해 그 중복적재 버전 중 어떤 것이 호출될지 파악하기란 쉽지 않다. 아마 도저히 모르겠다고 포기하는 사람도 있겠지만, 과학자로서 우리는 내부적으로 어떤 일이 일어나는지를 확실하게 이해하고 넘어가는 것이 바람직할 것이다. 주어진 상황에서 어떤 함수가 호출되는지 알려면 다음과 같은 C++의 여러 개념을 고려해야 한다.

- 이름공간
- 이름 가리기(숨기기)
- 인수 의존적 조회(ADL)
- 중복적재 해소

그럼 다소 사악한(이유는 잠시 후에 나온다) 예제 하나로 논의를 시작하자. 간결함을 위해 짧은 이름을 사용하기로 한다. c1과 c2는 클래스가 있는 이름공간들이고 f1과 f2는 중복적재된 함수 f를 호출하는 함수가 있는 이름공간들이다.

```
namespace c1 {
    namespace c2 {
        struct cc {};
        void f(const cc& o) {}
    } // namespace c2
    void f(const c2::cc& o) {}
} // namespace c1
```

```
void f(const c1::c2::cc& o) {}

namespace f1 {
    void f(const c1::c2::cc& o) {}
    namespace f2 {
        void f(const c1::c2::cc& o) {}
        void g()
        {
            c1::c2::cc o;
            f(o);
        }
    } // namespace f2
} // namespace f1
```

f1::f2::g의 본문에 있는 호출문 f(o)에 대해 f의 어떤 버전이 호출될까? 일단 중복적재 버전들을 모두 나열해 보자.

- c1::c2::f — ADL에 의해 후보가 된다.
- c1::f — ADL은 바깥쪽 이름공간들을 고려하지 않으므로 후보가 아니니다.
- f — g의 바깥쪽 이름공간에 있지만, f1::f2::f에 의해 가려진다.
- f1::f — f와 같다.
- f1::f2::f — f1::f2::g과 같은 이름공간에 있으므로 후보이다.

다섯 버전 중 세 개를 제외하고 c1::c2::f와 f1::f2::f만 남았다. 이 둘 중 어느 것이 우선시되는지만 밝히면 되는데, 답은 "둘은 동급이다"이다. 즉, 이 호출문은 중의적이다.

다섯 가지 중복적재 버전 중 일부를 제거한다면 어떤 일이 생기는지 생각해 보자. 먼저, c1::f는 애초에 후보가 아니므로 제거해도 대세에 영향이 없다. c1::c2::f를 제거하면 중의성이 사라지고 f1::f2::f가 선택된다. c1::c2::f를 놔두고 f1::f2::f를 제거하면 어떨까? 그러면 f1::f가 더 이상 가려지지 않아서 후보가 되는데, c1::c2::f와 f1::f 중 하나가 다른 하나보다 더 나을 것이 없어서 중의성이 발생한다.

이 예제에서는 모든 중복적재 버전의 인수 형식이 같았다. 이번에는 전역 f가 비 const 참조를 받는 시나리오를 생각해 보자.

```
void f(c1::c2::cc& o) {}

namespace f1 {
    void f(const c1::c2::cc& o) {}
```

```
    namespace f2 {
        void f(const c1::c2::cc& o) {}
        void g()
        {
            c1::c2::cc o;
            f(o);
        }
    } // namespace f2
} // namespace f1
```

중복적재 해소의 관점에서는 전역 f가 최선의 부합이다. 그렇지만 전역 f는 여전히 f1::f2::f에 가려져 있다. 인수 형식이 달라도 함수가 가려짐을 주의하자. 사실, f라는 이름의 모든 것이(함수뿐만 아니라 클래스, 이름공간도) 전역 함수 f를 가린다.

이름 가리기

바깥쪽 이름공간에 있는 임의의 항목(함수, 클래스, 형식 정의)은 안쪽 이름공간에 같은 이름의 항목이 존재하면 보이지 않게 된다. 그 이름이 완전히 다른 종류의 항목에 붙은 것이라고 해도 마찬가지이다.

함수 g 안에서 전역 f가 보이게 하려면 다음처럼 using 선언을 사용하면 된다.

```
void f(c1::c2::cc& o) {}

namespace f1 {
    void f(const c1::c2::cc& o) {}
    namespace f2 {
        void f(const c1::c2::cc& o) {}
        using ::f;
        void g()
        {
            c1::c2::cc o;
            f(o);
        }
    } // namespace f2
} // namespace f1
```

이제 g에서 c1::c2의 함수들뿐만 아니라 전역 이름공간의 함수 f도 보인다. 그리고 가변 참조를 받는 전역 f가 c1::c2의 버전들보다 더 나은 부합이다. 다음 상황은 어떨까? 역시 중의성 없이 중복적재가 해소될까? 그렇다면 f의 어떤 버전이 선택될까?

```
namespace c1 {
    namespace c2 {
        struct cc {};
        void f(cc& o) {}                // #1
    } // namespace c2
} // namespace c1

void f(c1::c2::cc& o) {}

namespace f1 {
    namespace f2 {
        void f(const c1::c2::cc& o) {} // #2
        void g()
        {
            c1::c2::cc o;
            const c1::c2::cc c(o);
            f(o);
            f(c);
        }
        void f(c1::c2::cc& o) {}        // #3
    } // namespace f2
} // namespace f1
```

const 객체 c로 f를 호출하는 경우 후보가 될 수 있는 것은 #2뿐이고, g에서 #2가 보이므로 바로 답이 나온다. 그러나 가변 객체 o의 경우는 좀 더 자세히 살펴봐야 한다. f의 마지막 중복적재 버전(#3)은 g 이후에 선언·정의되어 있으므로 g에서는 보이지 않는다. 전역 함수 f는 #2에 가려진다. 남은 것은 #1과 #2인데, 전자가 더 나은 부합이다(const로의 암묵적 변환이 필요 없으므로).

정리하자면, 어떤 함수 중복적재 버전이 호출되느냐는 다음 세 단계로 결정된다.

1. 해당 호출문 이전에 정의된 모든 중복적재 버전을 다음 장소들에서 찾는다.
   - 호출문이 있는 이름공간
   - 그 부모 이름공간들
   - 인수들의 이름공간들(ADL)
   - using 지시자로 도입된 이름공간들
   - using 선언으로 도입된 이름들

   이 단계에서 발견된 중복적재 버전이 하나도 없으면 프로그램은 컴파일되지 않는다.
2. 다른 이름에 가려진 버전들을 모두 제거한다.

3. 남은 버전 중 인수들과 가장 잘 부합하는 버전 하나를 선택한다. 그런 버전이 여러 개이면 중의성 오류이므로 프로그램은 컴파일되지 않는다.

이번 절의 예제들이 다소 지루했겠지만, 몽크†의 유명 대사를 빌자면: "나중에 나한테 고마워할 겁니다." 좋은 소식은, 향후 여러분의 프로그래머 생활에서 이번 절의 작위적인 예제들만큼 나쁜 경우를 만나는 일은 드물 것이라는 점이다.

A.6.3 특정 하드웨어를 위한 특수화

특정 플랫폼에 특화된 어셈블러 핵hack‡과 관련해서, CPU의 SSE 유닛을 활용해서 두 계산을 병렬로 수행하는 문제를 좀 더 자세히 살펴보자. 다음이 그런 병렬 계산의 예이다.

```
template <typename Base, typename Exponent>
Base inline power(const Base& x, const Exponent) { ... }

#ifdef SSE_FOR_TRYPTICHON_WQ_OMICRON_LXXXVI_SUPPORTED
std::pair<double> inline power(std::pair<double> x, double y)
{
    asm ("
#       Yo, I'm the greatestest geek under the sun!
        movapd xmm6, x
        ...
    ")
    return whatever;
}
#endif

#ifdef ... 더 많은 핵들 ...
```

이 예제 코드에 대해 어떤 말을 해야 할까? 이런 특화된 코드를 작성하고 싶지 않은 독자도 있을 것이다. 그런 마음도 이해할 만하다. 그렇지만 이런 특화된 코드를 작성하기로 했다면, **반드시 조건부 컴파일을 적용해야 한다**. 또한, 현재 플랫폼이 해당 어셈블리 코드를 지원함이 확실한 경우에만 해당 조건부 컴파일을 위한 매크로가 정의되도록 빌드 시스템을 설정해야 한다. 어셈블리 코드를 지원하지 않는 환경에서는 일반적 구현 또는 또 다른 중복적재 버전이 `pair<double>`을 처

† [옮긴이] 코믹 추리 드라마 《탐정 몽크》(원제 Monk)의 주인공으로, 예리한 관찰력과 비상한 기억력을 자랑하지만 사회성은 많이 부족하다.

‡ [옮긴이] 이 문맥에서 hack은 까다로운 문제를 교묘하게 해결하는 어떤 임시방편 또는 우회책을 말한다.

리할 수 있게 만들어야 한다. 이렇게 하지 않으면, 이식성 있는 응용 프로그램에서는 특화된 구현을 호출할 수 없게 된다.

asm은 C++ 프로그램에 어셈블리 코드를 삽입하기 위해 표준 C++이 공식적으로 제공하는 수단이다. 형태만 보면 asm은 마치 문자열 리터럴로 호출하는 함수같다. 물론 그 문자열 리터럴은 플랫폼 의존적인 어셈블리 코드이다. 과학 응용 프로그램에서 어셈블리 코드를 사용할 때는 신중해야 한다. 대부분의 경우에는 들인 노력에 비해 그 이득이 크지 않으며, 오히려 단점이 많다. 어셈블리 코드를 사용하면 프로그램의 정확성은 물론이고 호환성을 점검하는 데에도 더 많은 노력이 필요하며, 실수의 여지가 많아진다. 필자는 리눅스에서는 매끄럽게 작동하지만 Visual Studio에서는 사실상 사용이 불가능한 C++ 라이브러리를 본 적이 있는데, 문제의 이유는 어셈블러를 이용한 과도한 성능 조율이었다. 이 사례는, 어셈블리 코드로 성능을 조율하기 시작하면 개발과 유지보수 비용이 크게 증가할 뿐만 아니라, 오픈소스 영역에서 우리의 소프트웨어에 대한 사용자들의 신뢰도까지 떨어질 수 있음을 잘 말해준다.

C++17 A.6.4 가변 인수 이진 입출력

§A.2.6에서 이진 입출력의 예를 살펴보았다. 그런데 그 예제 코드에는 포인터 형변환과 sizeof가 난무했다. 형식 연역과 가변 인수 함수 같은 C++ 언어의 기능을 이용하면 인터페이스를 그보다 훨씬 더 편하게 만들 수 있다.

```
template <typename T, typename ...P>
void write_data(std::ostream& os, const T& t, const P& ...p)
{
    os.write(reinterpret_cast<const char *>(&t), sizeof t);
    if constexpr(sizeof...(p) > 0)
        write_data(os, p...);
}

template <typename T, typename ...P>
void read_data(std::istream& is, T& t, P& ...p)@\eject@
{
    is.read(reinterpret_cast<char *>(&t), sizeof t);
    if constexpr(sizeof...(p) > 0)
        read_data(is, p...);
}

int main (int argc, char* argv[])
{
    std::ofstream outfile("fb.txt", ios::binary);
```

```
    double o1= 5.2, o2= 6.2;
    write_data(outfile, o1, o2);
    outfile.close();

    std::ifstream infile("fb.txt", ios::binary);
    double  i1, i2;
    read_data(infile, i1, i2);
    std::cout << "i1 = " << i1 << ", i2 = " << i2 << "\n";
}
```

가변 인수 함수 기능 덕분에 한 번의 함수 호출로 얼마든지 많은 자기 완결적(self-contained) 객체들을 읽고 쓸 수 있다. 가변 인수 템플릿은 메타프로그래밍(제5장)과 결합할 때 그 위력이 극대화된다. constexpr-if 구문을 제거하고 빈 매개변수 묶음에 대한 중복적재 버전을 추가한다면 이 예제를 C++11이나 C++14로도 구현할 수 있다.

A.7 표준 라이브러리의 세부사항

A.7.1 C++03의 std::vector 용법

다음은 §4.1.3.1에 나온 vector의 용법을 C++03에서 구현하는 방법을 보여주는 예제 프로그램이다.

```
#include <iostream>
#include <vector>
#include <algorithm>

int main ()
{
    using namespace std;
    vector<int> v;
    v.push_back(3); v.push_back(4);
    v.push_back(7); v.push_back(9);
    vector<int>::iterator it= find(v.begin(), v.end(), 4);
    cout << "After " << *it << " comes " << *(it+1) << '\n';
    v.insert(it+1, 5);            // 둘째 위치에 5를 삽입
    v.erase(v.begin());           // 첫 위치의 요소를 삭제
    cout << "Size = " << v.size() << ", capacity = "
         << v.capacity() << '\n';
    // 다음 블록은 C++11의 shrink_to_fit()을 흉내낸 것이다.
    {
        vector<int> tmp(v);
        swap(v, tmp);
    }
    v.push_back(7);
```

```
    for (vector<int>::iterator it= v.begin(), end= v.end();
         it != end; ++it)
         cout << *it << ",";
    cout << '\n';
}
```

C++11과는 달리 C++03에서는 모든 반복자 형식을 일일이 명시해야 하고 상당히 번거로운 초기화와 벡터 축소도 직접 처리해야 한다. 이런 구식 코딩 스타일은 하위 호환성이 정말로 중요할 때만 사용해야 한다.

C++17 A.7.2 variant

⇒ c++17/variant_example_nerdy.cpp

C++17의 기능들을 더욱 적극적으로 사용해 보자는 취지로, 다음은 §4.4.3의 variant 예제를 중복적재된 람다를 이용해서 다시 구현한 것이다. visit을 위해 operator()를 미리 중복적재하는 대신, 그 중복적재 버전들에 해당하는 람다들을 visit 호출 시 직접 지정한다.

```
for (const auto& mv : v)
    visit(overloaded{
            [&r](int i){r.ints++;r.symbs+= floor(log10(i)) + 1;},
            [&r](double d){r.doubles++; r.symbs+= 15;},
            [&r](string s){r.strings++; r.symbs+= s.size();}
          }, mv);
```

이 람다들은 다음과 같은 가변 인수 템플릿으로 중복적재된다.

```
template <typename ...Functors>
struct overloaded : Functors... {
    using Functors::operator()...;
};

template <typename ...Functors>
overloaded(Functors... ) -> overloaded<Functors...>;
```

이 overloaded 클래스는 주어진 모든 람다를 상속해서, 각 람다에 대해 암묵적으로 생성된 operator()를 도입한다. 이 작고 매력적인 템플릿이 표준위원회 멤버들(비야네 스트롭스트룹 포함) 사이에서 상당히 인기를 끈 만큼, 다음 표준에서 공식적으로 C++ 표준 라이브러리에 도입되지는 않을까 우려(?)된다.

A.8 구식 스타일로 구현한 동적 선택

다음은 중첩된 switch로 구현한 동적 선택이 얼마나 장황한지 보여주는 예이다.

```
int solver_choice= std::atoi(argv[1]), left= std::atoi(argv[2]),
    right= std::atoi(argv[3]);
switch (solver_choice) {
    case 0:
        switch (left) {
            case 0:
                switch (right) {
                    case 0: cg(A, b, x, diagonal, diagonal); break;
                    case 1: cg(A, b, x, diagonal, ILU); break;
                        ... 그 밖의 여러 오른쪽 선조건자들 ...
                }
                break;
            case 1:
                switch (right) {
                    case 0: cg(A, b, x, ILU, diagonal); break;
                    case 1: cg(A, b, x, ILU, ILU); break;
                        ...
                }
                break;
            ... 그 밖의 여러 왼쪽 선조건자들 ...
        }
     case 1:
        ... 그 밖의 여러 해법들 ...
}
```

해법(solver)과 선조건자(preconditioner)가 새로 추가될 때마다, 각각의 호출에 대해 이 거대한 블록의 여러 곳에 코드를 추가해야 한다.

A.9 메타프로그래밍 세부사항

A.9.1 사상 최초의 메타프로그램

사실 **메타프로그래밍**(제5장)은 우연히 발견되었다. 90년대 초에 어윈 언러[Erwin Unruh]는 컴파일 시점에서 소수들을 출력하는 프로그램을 작성해서 C++ 컴파일러에 계산 능력이 있음을 입증했다. 언러가 그 프로그램을 작성한 후로 C++ 언어가 많이 바뀌었기 때문에, 여기서는 원래의 버전 대신 오늘날의 C++ 표준에 맞게 수정한 버전을 제시한다.

```
1    // 어윈 언러의 소수 계산
2
3    template <int i> struct D { D(void*); operator int(); };
```

```
4
5   template <int p, int i> struct is_prime {
6    enum { prim = (p==2) || (p%i) && is_prime<(i>2?p:0), i-1> :: prim };
7   };
8
9   template <int i> struct Prime_print {
10   Prime_print<i-1> a;
11   enum { prim = is_prime<i, i-1>::prim };
12   void f() { D<i> d = prim ? 1 : 0; a.f();}
13  };
14
15  template<> struct is_prime<0,0> { enum {prim=1}; };
16  template<> struct is_prime<0,1> { enum {prim=1}; };
17
18  template<> struct Prime_print<1> {
19   enum {prim=0};
20   void f() { D<1> d = prim ? 1 : 0; };
21  };
22
23  int main() {
24   Prime_print<18> a;
25   a.f();
26  }
```

이 코드를 g++ 4.5로[9] 컴파일하면[†] 다음과 같은 오류 메시지가 나온다.[10]

```
In member function 'void Prime_print<i>::f() [with int i = 17]':
12:36:   instantiated from 'void Prime_print<i>::f() [with int i = 18]'
25:6:   instantiated from here
12:33: error: invalid conversion from 'int' to 'void*'
12:33: error:   initializing argument 1 of 'D<i>::D(void*) [with int i = 17]'
 In member function 'void Prime_print<i>::f() [with int i = 13]':
12:36:   instantiated from 'void Prime_print<i>::f() [with int i = 14]'
12:36:   instantiated from 'void Prime_print<i>::f() [with int i = 15]'
12:36:   instantiated from 'void Prime_print<i>::f() [with int i = 16]'
12:36:   instantiated from 'void Prime_print<i>::f() [with int i = 17]'
12:36:   instantiated from 'void Prime_print<i>::f() [with int i = 18]'
25:6:   instantiated from here
12:33: error: invalid conversion from 'int' to 'void*'
12:33: error:   initializing argument 1 of 'D<i>::D(void*) [with int i = 13]'
```

9 다른 컴파일러들도 비슷한 분석을 제공하지만, 이 메타프로그램의 효과를 보여주기에는 g++의 이 버전이 제일 좋다. 더 최신 컴파일러들은 컴파일을 좀 더 일찍 끝내며, 소수를 하나만 보여준다.

† [옮긴이] g++ 4.5를 구해서 설치하기가 번거롭다면 Compiler Explorer(*https://godbolt.org/*) 같은 온라인 컴파일러를 시험해 보기 바란다. 2022년 6월 현재 Compiler Explorer가 제공하는 GCC의 최하 버전은 4.6.4인데, 이 예와 사실상 동일한 오류 메시지들을 출력한다.

10 지면 관계로 각 메시지 앞부분의 파일 이름은 생략했다.

```
 In member function 'void Prime_print<i>::f() [with int i = 11]':
12:36:   instantiated from 'void Prime_print<i>::f() [with int i = 12]'
12:36:   instantiated from 'void Prime_print<i>::f() [with int i = 13]'
12:36:   instantiated from 'void Prime_print<i>::f() [with int i = 14]'
12:36:   instantiated from 'void Prime_print<i>::f() [with int i = 15]'
12:36:   instantiated from 'void Prime_print<i>::f() [with int i = 16]'
12:36:   instantiated from 'void Prime_print<i>::f() [with int i = 17]'
12:36:   instantiated from 'void Prime_print<i>::f() [with int i = 18]'
25:6:   instantiated from here
12:33: error: invalid conversion from 'int' to 'void*'
12:33: error:   initializing argument 1 of 'D<i>::D(void*) [with int i = 11]'
 In member function 'void Prime_print<i>::f() [with int i = 7]':
12:36:   instantiated from 'void Prime_print<i>::f() [with int i = 8]'
... 이하 생략 ...
```

이 출력을 initializing으로 필터링하면[11] 컴파일러가 계산한 소수들을 잘 볼 수 있다.

```
12:33: error:   initializing argument 1 of 'D<i>::D(void*) [with int i = 17]'
12:33: error:   initializing argument 1 of 'D<i>::D(void*) [with int i = 13]'
12:33: error:   initializing argument 1 of 'D<i>::D(void*) [with int i = 11]'
12:33: error:   initializing argument 1 of 'D<i>::D(void*) [with int i = 7]'
12:33: error:   initializing argument 1 of 'D<i>::D(void*) [with int i = 5]'
12:33: error:   initializing argument 1 of 'D<i>::D(void*) [with int i = 3]'
12:33: error:   initializing argument 1 of 'D<i>::D(void*) [with int i = 2]'
```

C++ 컴파일러에 계산 능력이 있음을 깨달은 사람들은 그 능력을 매우 강력한 성능 최적화 기법을 실현하는 데 사용하기 시작했다. 실제로, C++ 컴파일러는 하나의 응용 프로그램 전체를 컴파일 시점에서 실행할 수 있다. 크시슈토프 차르네츠키와 울리히 아이제네커는 리스프[Lisp] 문법의 일부로 작성된 표현식을 C++ 컴파일 도중에 평가하는 리스프 해석기(interpreter)를 작성한 바 있다.[9]

하지만 메타프로그래밍 기법을 남용하면 컴파일 시간이 상당히 길어질 수 있음을 주의해야 한다. 수백만 달러를 소비한 연구 프로젝트지만 병렬 컴퓨터들에서 20줄 미만의 짧은 응용 프로그램을 컴파일하는 데 몇 주씩 걸리는 탓에 프로젝트 전체가 취소된 사례들이 있다. 필자가 아는 또 다른 섬 한 사례로, 필자가 개인적으로 아는 사람들이 컴파일러가 18MB 분량의 오류 메시지를 뿜어 내게 하는 코드를 작성한 적이 있다. 그 오류 메시지의 대부분은 단 하나의 실수에

11 bash에서는 `make unruh 2>&1 | grep initializing`을, tcsh에서는 `make unruh |& grep initializing`을 실행하면 된다.

서 비롯한 것이었다. 아마도 세계 신기록이겠지만, 그 사람들이 이 성과를 특별히 자랑스러워하지는 않는 눈치이다.

이런 전례들이 있긴 하지만, 필자는 과학 프로젝트들에 메타프로그래밍을 상당히 적극적으로 적용했음에도 컴파일 시간이 극히 길어지는 문제는 겪지 않았다. 게다가 지난 10년간 컴파일러들이 크게 개선되었으며, 특히 컴파일 시점 계산은 예전보다 수십수백배 빨라졌다.

A.9.2 메타함수

본격적으로 논의를 시작하기 전에, 이번 절은 이 책의 완결성을 위해, 그리고 역사적인 사건을 기념하는 취지로 이 부록에 수록한 것임을 밝혀 둔다. 이번 절을 읽으면 아마 "예전에는 메타프로그래밍이 엄청나게 어려웠겠구나"라는 생각이 들 것이다. 이 분야를 본격적으로 탐구할 생각이라면, §5.1.1에서 이야기한 constexpr 함수를 사용하기를 바란다. 그쪽이 훨씬 쉽고 빠르다.

먼 옛날의 메타프로그래밍에 대한 하나의 사례 연구로, *N*번째 피보나치 수를 컴파일 시점에서 계산하고자 한다. 클래스 템플릿이 재귀적으로 인스턴스화되는 현상을 활용하면 컴파일 시점에서 피보나치 수를 계산할 수 있다.

```
template <long N>
struct fibonacci
{
    static const long value= fibonacci<N-1>::value
                             + fibonacci<N-2>::value;
};

template <>
struct fibonacci<1>
{
    static const long value= 1;
};

template <>
struct fibonacci<2>
{
    static const long value= 1;
};
```

컴파일 시점에서 그 값이 알려지는 value라는 이름의 멤버를 정의하는 클래스 템플릿을 가리켜 **메타함수**라고 부른다. static과 const를 함께 지정해서 선언한 멤버 변수는 컴파일 시점에서 사용할 수 있다. static 멤버는 클래스당 하나만 존재하며, 만일 그런 멤버가 const이기까지 하면 컴파일 시점에서 값을 설정할 수 있다.

다시 예제로 돌아가서, 앞의 예제 코드에는 재귀를 끝내기 위한 종료 조건으로서의 1과 2에 대한 특수화들이 있다. 이 특수화들을 생략하고 클래스 템플릿을 다음과 같이 정의하면 어떨까?

```
template <long N>
struct fibonacci
{
    static const long value= N < 3 ? 1 :
        fibonacci<N-1>::value + fibonacci<N-2>::value; // 오류
};
```

이 템플릿의 인스턴스화는 무한 루프에 빠진다. $N = 2$에 대해 컴파일러는 다음과 같은 표현식을 평가한다.

```
template <2>
struct fibonacci
{
    static const long value= 2 < 3 ? 1 :
        fibonacci<1>::value + fibonacci<0>::value; // 오류
};
```

이것이 평가되려면 다음과 같이 fibonacci<0>::value가 평가되어야 한다.

```
template <0>
struct fibonacci
{
    static const long value= 0 < 3 ? 1 :
        fibonacci< -1>::value + fibonacci< -2>::value; // 오류
};
```

이를 위해서는 fibonacci<-1>::value의 평가가 필요하다. 이런 식으로 재귀가 끝없이 이어진다. 3보다 작은 N에 대한 피보나치 수는 의미가 없지만, 그래도 컴파일러는 재귀를 거듭하다 결국에는 메모리 부족 등의 이유로 포기하게 된다.

앞에서 피보나치 수 계산을 재귀적으로 구현한다고 했다. C++의 메타프로그래밍에는 반복 구조가 없기 때문에,[12] 피보나치 수뿐만 아니라 다른 반복 계산도 재귀를 이용해서 계산해야 한다.

12 Boost의 MPL(Meta-Programming Library)은 컴파일 시점 반복자를 제공하지만, 그 역시 내부적으로는 재귀로 구현된다.

다음은 이 메타함수의 사용 예이다.

```
std::cout << fibonacci<45>::value << "\n";
```

45번째 피보나치 수는 컴파일 시점에서 이미 계산되며, 실행 시 프로그램은 그 수를 그냥 출력하기만 한다. `g++ -S fibonacci.cpp -o fibonacci.asm`으로 컴파일러가 생성한 어셈블리 코드를 보면 이 점을 확인할 수 있다. 또는, Compiler Explorer(*https://godbolt.org*)를 이용하면 어셈블리 코드를 좀 더 편하게 확인할 수 있을 것이다.

제5장에서 메타프로그래밍을 소개할 때 메타프로그래밍 때문에 컴파일 시간이 늘어날 수 있다고 말했다. 컴파일 시점에서 45번째 피보나치 수를 구하는 데에는 1초 미만의 시간이 걸린다. 실행 시점 버전은 얼마나 걸릴까?

```
long fibonacci2(long x)
{
    return x < 3 ? 1 : fibonacci2(x-1) + fibonacci2(x-2);
}
```

앞에서 같은 컴퓨터에서 이 함수로 45번째 피보나치 수를 구하는 데 14초가 걸렸다. 이렇게 시간이 오래 걸리는 이유는 재귀 과정에서 같은 계산을 거듭해서 되풀이하기 때문이다. 이 책의 독자라면 지수적인 재계산 추가부담이 없도록 fibonacci2를 다시 구현할 수 있으리라고 믿어 의심치 않는다.†

C++03 A.9.3 하위 호환성 있는 정적 단언문

정적 단언문이 필요하지만 `static_assert`를 지원하지 않는 구식 컴파일러도 고려해야 한다면, Boost 라이브러리 컬렉션의 `BOOST_STATIC_ASSERT`가 좋은 대안이다.

```
#include <boost/static_assert.hpp>

template <typename Matrix>
class transposed_view
{
    BOOST_STATIC_ASSERT((is_matrix<Matrix>::value)); // 반드시 행렬이어야 함
    // ...
};
```

† [옮긴이] 막막하다면 '메모화'나 'memoization'으로 웹을 검색해 보기 바란다.

안타깝게도 오류 메시지는 그리 도움이 되지 않는다. 오히려 상당히 헷갈린다.

```
trans_const.cpp:96: Error: Invalid application of 'sizeof'
on incomplete type
  'boost::STATIC_ASSERTION_FAILURE<false>'
```

오류 메시지에 STATIC ASSERTION이라는 문구가 있다면, 오류 메시지 자체는 별 의미가 없으므로 무시하고 오류가 발생한 소스 코드 행으로 바로 가는 것이 낫다. 저자가 추가 정보를 주석으로 달아 두었다면 다행이다. Boost의 최근 버전과 C++11 지원 컴파일러에서는 BOOST_STATIC_ASSERT 매크로가 static_assert로 확장되므로, 적어도 조건식이 오류 메시지에 포함된다. BOOST_STATIC_ASSERT는 C++ 언어의 규칙을 이해하지 않는 하나의 매크로임을 주의하자. 이 점은 특히 하나 이상의 쉼표가 있는 하나의 인수로 매크로 함수를 호출할 때 명백해진다. 그런 경우 전처리기는 해당 구문을 다수의 인수로 매크로 함수를 호출한 것으로 간주하기 때문에 오작동하게 된다. 이런 문제를 방지하려면 이 예제처럼 BOOST_STATIC_ASSERT의 인수 전체를 괄호로 감싸야 한다(이 예제에서는 그럴 필요가 없었지만).

A.9.4 익명 형식 매개변수

반환 형식과 인수 형식에 대한 대안으로, SFINAE("치환 실패는 오류가 아니다"; §5.2.6) 기법을 템플릿 매개변수 형식에 적용할 수 있다. 그러면 구현의 가독성이 확실히 개선된다. 함수 템플릿의 활성화를 결정하는 조건부 형식 표현이 반환 형식이나 인수 형식을 변경하지 않는 경우, 그런 형식을 쓰이지 않는, 이름이 없는 형식 매개변수로 표현하면 코드의 구조가 훨씬 좋아진다. §5.2.6에서 반환 형식에 SFINAE를 적용함으로써 행렬과 벡터에 대해 L_1 노름을 활성화하는 예제가 나왔는데, 다음처럼 익명 형식 매개변수(anonymous type parameter)를 이용하면 다음과 같이 코드가 더욱 간결해진다.

```
template <typename T,
          typename= enable_if_t<is_matrix<T>::value
                                && !is_sparse_matrix<T>::value> >
inline Magnitude_t<T> one_norm(const T& A);
```

enable_if_t가 정의하는 형식 자체는 중요하지 않으므로 생략했다.† 단, 이런 형태의 함수 활성화는 둘 이상의 구현 중 하나를 선택하는 디스패칭과는 잘 맞지 않음을‡ 주의하기 바란다.

⇒ c++11/enable_if_class.cpp

이번에는 클래스 템플릿 매개변수를 이용해서 멤버 함수를 활성화/비활성화하는 문제를 살펴보자. 이 경우에는 SFINAE가 적용되지 않으므로, 앞에서처럼 enable_if를 사용하면 컴파일 오류가 난다. 예를 들어 벡터의 각 성분에 스칼라 값과의 비트 단위 AND를 적용하는 &= 연산자를 구현한다고 하자. 이 연산자는 벡터의 성분이 정수일 때만 의미가 있다.

```
template <typename T>
class vector
{
    ...
    template <typename= enable_if_t<std::is_integral<T>::value> >
    vector<T>& operator&=(const T& value); // 오류
};
```

안타깝게도 이 코드는 컴파일되지 않는다. 치환 실패가 오류가 아니라고 간주되는 것은 클래스 템플릿이 아니라 함수 템플릿의 템플릿 매개변수가 치환에 실패할 때이기 때문이다. 제러마이어 윌콕(enable_if를 만든 사람 중 하나)에 따르면, 함수 템플릿 매개변수에 의존하는 것처럼 보이기만 하면 enable_if를 사용할 수 있다. 따라서, operator&=에 enable_if를 적용하려면 operator&=가 어떠한 함수 템플릿 매개변수에 의존해야 하며, enable_if는 그 템플릿 매개변수를 언급해야 한다. 다음 코드에서 U가 그러한 템플릿 매개변수이다.

```
template <typename T>
class vector
{
    template <typename U>
    using is_int= std::is_integral<T>;
```

† [옮긴이] enable_if_t 구문을 보면 조건만 있고 조건이 참일 때 활성화되는 형식은 없음을 주목하자. 여기서enable_if_t는 단지 SFINAE를 이용한 조건부 활성화 수단으로만 쓰일 뿐 해당 형식 자체는 다른 용도로 쓰이지 않으므로 굳이 지정할 필요가 없다. 참고로 enable_if_t의 바탕 템플릿인 enable_if의 템플릿 매개변수들은 template< bool B, class T = void >로 정의되어 있다. 즉, 형식 생략 시 기본값은 void이다.

‡ [옮긴이] 아마도 기본 템플릿 인수만 다른 두 함수 템플릿이 서로 다른 중복적재 버전이 아니라 같은 함수의 재정의로 간주되는 문제를 말하는 것 같다. *https://en.cppreference.com/w/cpp/types/enable_if*의 Notes 섹션을 참고하자.

```
    template <typename U, typename= enable_if_t<is_int<U>::value> >
    vector<T>& operator&=(const U& value);
};
```

이 기법의 핵심은 enable_if의 조건식이 U를 통해서 T에 간접적으로 의존한다는 점, 그리고 실질적으로는 오직 T에만 의존한다는 점이다. 이제 operator&=에는 자유로운 함수 템플릿 매개변수가 있으므로 SFINAE가 적용된다.

```
vector<int>    v1(3);
vector<double> v2(3);

v1&= 7;
v2&= 7.0;    // 오류: 해당 연산자가 비활성화되었음
```

이렇게 해서 클래스의 템플릿 매개변수를 이용해서 특정 메서드를 활성화/비활성화할 수 있게 되었다. clang++ 3.4의 오류 메시지는 해당 중복적재 버전이 비활성화되었음을 명시적으로 말해주기까지 한다.

```
enable_if_class.cpp:87:7: error: no viable overloaded '&='
    v2&= 7.0;    // 오류: 해당 연산자가 비활성화되었음
    ~~^  ~~~
enable_if_class.cpp:6:44: note: candidate template ignored:
    disabled by 'enable_if' [with U = double]
using enable_if_t= typename std::enable_if<Cond, T>::type;
```

클래스 템플릿 매개변수에 기반한 멤버 함수 활성화가 가능해지긴 했지만, 아직 아쉬운 점이 남 아 있다. 안타깝게도 함수의 템플릿 매개변수는 오직 활성화에만 쓰일 뿐, 멤버 함수의 기능과는 무관하다. 예를 들어 int 벡터와 double 형식의 스칼라를 비트 단위 AND로 결합하려 들면 어떻게 될까?

```
v1&= 7.0;
```

이 경우 &=가 활성화되지만, double을 받지 않으므로 컴파일 오류가 발생한다. 이보다는 아예 활성화되지 않게 하는 것이 낫다. 원래의 구현에서 인수의 형식은 벡터의 값 형식(클래스 템플릿 매개변수 T)이었지만, 그렇게 하면 SFINAE가 적용되지 않아서 U를 도입했다. SFINAE를 적용하되 T 형식의 인수만 받게 하려면, T와 U가 같은 형식일 때만 &=를 활성화해야 한다.

```
template <typename T>
class vector
{
    template <typename U>
    using is_int= integral_constant<bool, is_integral<T>::value
                                          && is_same<U, T>::value>;
    // ...
}
```

그러나 이 기법이 아주 우아하지는 않으므로, 더 간단한 대안을 찾아보기로 하자. 다행히 대부분의 연산자는 자유 함수로 구현할 수 있으며, 자유 함수는 enable_if를 적용하기가 훨씬 쉽다.

```
template <typename T,
          typename= enable_if_t<is_integral<T>::value> >
vector<T>& operator|=(vector<T>& v, const T& mask);

template <typename T,
          typename= enable_if_t<is_integral<T>::value> >
vector<T>& operator++(vector<T>& v);
```

가짜 템플릿 매개변수를 이용한 작위적인 간접 기법보다는 이런 구현이 항상 더 낫다. 전자는 배정 연산자나 대괄호 연산자처럼 반드시 클래스 안에 정의해야 하는 연산자들이나 메서드(§2.2.5)에만 사용해야 한다.

과학 응용 프로그램에는 치환(permutaion)이나 인수분해 같은 변환 연산이 많이 쓰인다. 이때 중요한 설계상의 결정 사항 하나는 그런 변환이 새 객체를 생성할 것인지 아니면 기존 객체를 수정할 것인지이다. 대량의 데이터를 다루는 경우 새 객체 생성은 비용이 너무 크다. 그렇지만 참조를 받는 기존 객체 수정 방식은 함수 호출을 중첩할 수 없어서 다음과 같은 형태로 사용해야 한다.

```
matrix_type A= f(...);
permute(A);
lu(A);
normalize(A); ...
```

이보다는 다음과 같은 표기가 훨씬 자연스럽다.†

† [옮긴이] 다른 언어들에서 흔히 보는 메서드 연쇄(method chaining), 즉 f(...).permutate().lu().normalize()를 떠올린 독자도 있겠지만, 이런 접근 방식은 '자료 구조와 알고리즘의 분리'라는 STL의 철학과 맞지 않으며, 모든 클래스에서 모든 변환을 메서드로 만들어야 하므로 조합적 폭발로 이어진다. 한편, obj.func() 형태의 호출에 대해 만일 obj의 클래스에 func라는 멤버 함수가 존재하면 그것을 호출하고, 없으면 func(obj)로 호출할 수 있는 자유 함수를 찾는 식으로 C++의 호출 구문을 확장하는 제안도 있다('Unified function call syntax' 검색). 그런 호출 구문이 표준에 채택된다면 조합적 폭발 없이 메서드 연쇄를 사용할 수 있겠지만, 채택 전망이 그리 밝지는 않다.

```
matrix_type A= normalize(lu(permute(f(...))));
```

이 경우 값비싼 복사를 피하려면 인수를 오른값으로 받아야 한다.

```
template <typename Matrix>
inline Matrix lu(Matrix&& LU) { ... }
```

그러나 일반적 템플릿에서 && 표기는 전달 참조(§3.1.2.3)이므로 왼값도 받아들인다.

```
auto B= normalize(lu(permute(A))); // A를 덮어씀
```

오른값만 받고 왼값은 거부하기 위해 다음처럼 SFINAE에 기초한 필터를 도입하자.

```
template <typename T>
using rref_only= enable_if_t<!std::is_reference_v<T> >;
```

이 코드는 전달 참조(보편 참조)의 경우 인수가 왼값이면 형식 매개변수가 참조로 치환된다는 사실을 이용한다. 이제 LU 분해를 수행하는 함수를 다음과 같이 구현할 수 있다.

```
template <typename Matrix, typename= rref_only<Matrix> >
inline Matrix lu(Matrix&& LU, double eps= 0)
{
    using std::abs;
    assert(num_rows(LU) != num_cols(LU));

    for (size_t k= 0; k < num_rows(LU)-1; k++) {
        if (abs(LU[k][k]) <= eps)
            throw matrix_singular{};
        irange r{k+1, imax}; // 구간 [k+1, n-1]
        LU[r][k]/= LU[k][k];
        LU[r][r]-= LU[r][k] * LU[k][r];
    }
    return LU;
}
```

다음처럼 왼값으로 이 함수를 호출하면 오류가 발생한다.

```
auto B= lu(A);    // 오류: 부합하는 버전이 없음
```

오류는 왼값 인수에 대한 중복적재 버전을 `enable_if_t`가 비활성화했기 때문에 발생하는 것이다. 예전 컴파일러는 그냥 부합하는 중복적재 버전이 없다는 점만

(또는 익명 형식 매개변수를 컴파일하는 데 실패했다는 점만) 알려주었지만, 요즘 컴파일러들은 SFINAE에 의해 함수가 비활성화되었다는 사실을 명시적으로 말해준다.

물론 오른값으로 취급할 모든 것을 std::move로 선언하고, 그런 '거짓말'이 우리의 발등을 찍는 일이 없길 바랄 수도 있다. 그보다는 다음처럼 익명의 복사본을 생성하는 게 낫다.

```
auto B= normalize(lu(permute(clone(A))));
```

이 문장은 먼저 A의 복사본을 생성한 후 그 복사본에 대해 모든 변환을 수행한다. 우변의 작업이 끝나면, 그 복사본이 B의 이동 생성자로 전달된다. 이 과정 전체에서 A의 복사본은 단 하나만 생성되며, 그 복사본의 데이터(여러 변환을 거친)가 최종적으로 B에 남는다. 이상의 예제들에서는 enable_if를 이용해서 함수를 활성화/비활성화했지만, 현대적인 C++에서는 같은 결과를 콘셉츠를 이용해서 훨씬 쉽게 달성할 수 있다. 따라서 컴파일러와 플랫폼이 허용한다면 항상 콘셉츠를 사용하는 것이 바람직하다.

A.10 C 코드 링크

과학 라이브러리 중에는 C로 작성된 것이 많다. PETSc가 좋은 예이다. C++ 소프트웨어에서 그런 라이브러리를 사용하는 방법은 크게 두 가지이다.

- C 소스 코드를 C++ 컴파일러로 컴파일한다.
- 컴파일된 코드를 C++ 소프트웨어에 링크한다.

C++은 C의 포함집합(superset)으로 출발했다. C99에서 C++에는 없는 기능 몇 가지가 C에 도입되었으며, C99 이전의 C 표준을 따르는 유효한 C++ 코드가 아닌 예가 존재한다(대부분 현학적인 예들이다). C++을 특별히 싫어하는 사람들은 class나 bool처럼 C의 예약어가 아닌 C++ 키워드들을 C 소스 코드에 사용하고는 자신의 코드가 C++ 컴파일러로 컴파일되지 않는다고 불평하기도 한다. 그렇지만 실무에서 대부분의 C 프로그램은 C++ 컴파일러로 컴파일된다.

라이브러리의 C 소스 코드가 C++과 호환되지 않거나 라이브러리가 소스 코드 없이 컴파일된 형태로만 제공된다면, 컴파일된 이진 코드를 C++ 응용 프로그램에 링크하는 수밖에 없다. 그런데 C++ 컴파일러와는 달리 C 컴파일러는 이름

맹글링(§7.2.3.2)을 사용하지 않는다. 따라서 C 컴파일러와 C++ 컴파일러는 같은 함수 선언을 서로 다른 기호에 대응시킨다.

예를 들어 우리의 친구 허버트가 세계 최고의 세제곱근 계산 알고리즘을 고안해서 C로 구현했다고 하자. 필즈 메달을 노리는 허버트는 소스 코드를 공개하길 거부했다. 위대한 과학자인 만큼 고집도 센 허버트는 자신의 비장의 C 함수들을 우리가 C++ 컴파일러로 컴파일하면 소스 코드가 더럽혀지는 느낌을 받았던 것이다. 대신 무한한 아량을 발휘해서 이진 라이브러리 파일을 제공했다. 이 라이브러리의 함수들을 우리의 C++ 프로그램에서 사용하려면, 먼저 C 명명 방식을 적용해서(즉, 이름 맹글링 없이) 해당 함수들을 선언해야 한다.

```
extern "C" double cubic_root(double);
extern "C" double fifth_root(double);
...
```

다음처럼 블록 표기법을 사용하면 타이핑을 줄일 수 있다.

```
extern "C" {
    double cubic_root(double);
    double fifth_root(double);
    ...
}
```

얼마 후 허버트는 더욱 아량을 발휘해서 자신의 소중한 헤더 파일도 제공했다. 헤더가 있으면 모든 함수를 한 번에 C 명명 방식으로 선언할 수 있다.

```
extern "C" {
  #include <herberts/good_ole_math_functions.h>
}
```

이런 블록을 흔히 **링키지 블록**linkage block이라고 부른다. 컴파일러들의 표준 라이브러리 구현도 흔히 이런 방법을 사용하는데, 예를 들어 `<cmath>`는 `<math.h>`를 이런 식으로 포함한다(Visual Studio 같은 예외도 있지만).

⇒ c++03/interoperable.cpp

이와는 반대로 C 안에서 C++ 구현을 사용하는 것도 가능하다. 드물기는 하지만 완전히 이상한 방식은 아니다. 대부분 C로 구현된 프로젝트에 C++ 프로그래머인 우리가 구성요소를 하나 기여한다고 하자. 그 구성요소는 C에서 호출이 가능해야 하지만, 그렇다고 C++의 강력한 형식 안정성과 고급 기능들을 포기하고 싶지는 않다. 템플릿 클래스 안에서 함수 몇 개를 구현했다고 가정하자.

```
template <typename Value>
class adder
{
  public:
    static Value eval(Value x, Value y) { return x + y; }
};
```

C는 우리의 훌륭한 템플릿을 이해하지 못하므로, 이것을 다음과 같이 비 템플릿 함수들로 감싼다.

```
int iadder(int x, int y) { return adder<int>::eval(x, y); }
float fadder(float x, float y) { return adder<float>::eval(x, y); }
```

⇒ c++03/interoperable.h

이 함수들을 C 프로그램에서 링크할 수 있으려면 반드시 extern "C"로 선언해야 한다. 이 함수들을 그렇게 선언한 헤더 파일을 만들고 cpp 파일에서 그 헤더 파일을 포함시킨 후 평소대로 컴파일한다.

```
g++ -c interoperable.cpp -o interoperable.o
```

이렇게 하면 함수 이름들이 맹글링되지 않은 목적 파일이 만들어진다. 이 목적 파일은 C 프로젝트에 링크할 수 있다. C 프로그램에서 이 함수들을 호출하려면 먼저 함수들을 선언해야 한다. 그런데 C 컴파일러는 extern "C"를 이해하지 못하므로, 앞에서 만든 헤더 파일을 그대로 사용할 수는 없다. C를 위한 헤더 파일을 따로 만들 수도 있지만, 그러면 함수를 추가하거나 함수의 서명을 변경할 때마다 헤더 파일 두 개를 수정해야 한다. 그보다는 다음처럼 하나의 헤더 파일에서 조건부 컴파일 기능을 사용하는 것이 낫다.

```
#ifdef __cplusplus
extern "C" {
#endif
    int iadder(int x, int y);
    float fadder(float x, float y);
#ifdef __cplusplus
}
#endif
```

__cplusplus는 모든 C++ 컴파일러가 미리 정의하는 매크로이다. C 컴파일러들은 이 매크로를 정의하지 않으므로, 이 헤더 파일을 C 컴파일러로 컴파일하면 C 컴파일러는 링키지 블록의 시작과 끝은 보지 못하고 함수 선언들만 보게 된다.

⇒ c++03/interoperable_main.c

이 함수들을 C 프로그램에서 사용하는 것 자체는 간단하다.

```
#include <stdio.h>
#include "interoperable.h"

int main()
{
    printf("iadder(3, 4) = %i.\n", iadder(3, 4));
    printf("fadder(3, 4.2f) = %f.\n", fadder(3, 4.2f));
}
```

이처럼 C와 C++을 섞어 쓰는 것이 그리 어렵지 않지만, 가능하면 C++을 사용하는 것이 바람직하다. 어쨌거나, 언젠가 여러분이 정교한 C++ 라이브러리들을 고색창연한 C 프로젝트에서 사용하기로 결심하는 데 이 예제들이 도움이 되길 바랄 뿐이다.

부록 B

D i s c o v e r i n g M o d e r n C + +

프로그래밍 도구

단순한 도구의 위력을 결코 과대평가하지 말라.

—크레이그 브루스Craig Bruce

부록 B에서는 여러분이 프로그래밍에서 목표를 달성하는 데 도움이 되는 기본적인 프로그래밍 도구를 몇 가지 소개한다.

B.1 g++

g++는 대단히 널리 쓰이는 C++ 컴파일러로, C 컴파일러 gcc의 C++ 버전에 해당한다. gcc는 원래 Gnu C Compiler의 약자였지만, C 외에도 여러 언어(포트란, D, 에이다 등등)를 지원하기 때문에 **GNU Compiler Collection**으로 바뀌었다. 이번 절은 g++의 기본적인 사용법을 소개한다.

다음 명령은 hello.cpp라는 C++소스 파일을 컴파일해서 hello라는 실행 파일을 만들어 낸다.

```
g++ -o hello hello.cpp
```

-o 옵션은 생략할 수 있는데, 그러면 a.out이라는 이름의 실행 파일이 만들어진다(a.out은 다소 괴상한 역사적인 이유로 붙은 이름인데, 'assembler output'을 뜻한다). 한 디렉터리에 다수의 C++ 프로그램 소스 파일이 있는 경우 -o 옵션 없이 컴파일하면 매번 실행 파일이 덮어 쓰이므로, 가능하면 -o 옵션으로 실행 파일 이름을 지정하는 것이 바람직하다.

다음은 g++의 주요 옵션이다.

- -I *directory*: *directory*를 포함 경로(헤더 파일을 검색할 경로)에 추가한다.

- `-O` *n*: 최적화 수준을 *n*으로 설정한다.
- `-g`: 디버그 정보를 생성한다.
- `-p`: 프로파일링 정보를 생성한다.
- `-o` *filename*: 컴파일 결과를 `a.out` 대신 *filename*에 저장한다.
- `-c`: 컴파일만 하고 링크는 하지 않는다.
- `-D` *macro*: *macro*라는 이름의 매크로를 정의한다.†
- `-L` *directory*: *directory*를 라이브러리 검색 경로에 추가한다.
- `-l` *file*: 이름이 *file*`.a` 또는 *file*`.so`인 라이브러리 파일을 링크한다.

다음은 좀 더 복잡한 예이다.

```
g++ -o myfluxer myfluxer.cpp -I/opt/include -L/opt/lib -lblas
```

이 명령은 `myfluxer.cpp`를 컴파일하고 `/opt/lib`에 있는 BLAS 라이브러리를 링크한다. 헤더 파일들은 표준 포함 경로 외에 `/opt/include`에서도 검색한다. 빠른 실행 파일을 생성하고 싶으면 적어도 다음 플래그들을 지정해야 한다.

```
-O3 -DNDEBUG
```

`-O3`은 `g++`에서 최고 수준의 최적화이다. `-DNDEBUG`는 `NDEBUG`라는 매크로를 정의하며, 그러면 조건부 컴파일(`#ifndef NDEBUG`)에 의해 `assert` 문들이 컴파일에서 제외된다(따라서 실행 파일에는 해당 코드가 포함되지 않는다). 이렇게 단언문들을 비활성화하는 것은 성능에 대단히 큰 영향을 미친다. 예를 들어 MTL4는 단언문들을 활성화하면 모든 접근에 대해 범위 점검이 수행되어서 속도가 거의 10배 정도 느려진다. 반대로, 디버깅을 위해서는 다음 플래그들이 필요하다.

```
-O0 -g
```

`-O0`은 모든 최적화를 금지하고 전역적으로 인라인화를 비활성화한다. 이렇게 해야 디버거가 프로그램을 단계별로 실행할 수 있다. `-g` 플래그를 지정하면 컴파일러는 모든 함수와 변수의 이름 및 소스 코드 행 번호를 이진 파일에 저장한

† [옮긴이] 이런 식으로 정의한 매크로는 값이 1이다. 그밖의 값은 `-D 매크로=값`의 형태로 지정할 수 있다.

다. 디버거는 이 정보를 이용해서 이진 파일에 담긴 기계어 명령을 해당 소스 코드 행 번호와 연관시킨다. g++의 사용법에 관한 짧은 튜토리얼이 *http://tinf2.vub.ac.be/~dvermeir/manual/uintro/gpp.html*에 있으니 참고하기 바란다.

B.2 디버깅

스도쿠Sudoku를 즐기는 독자들을 위해 감히 디버깅과 스도쿠를 비교하자면, 프로그램을 디버깅하는 것은 스도쿠에서 실수를 바로잡는 것과 비슷하다. 스도쿠에서든 디버깅에서든, 실수들은 바로잡기가 아주 쉽고 간단하거나, 아니면 대단히 어렵고 복잡하다. 그 중간은 드물다. 비교적 최근에 범한 실수는 재빨리 검출해서 고칠 수 있다. 그러나 한동안 검출되지 않은 실수는 거짓된 가정들로 이어지며, 그런 가정들 때문에 또 다른 실수가 계속해서 빚어진다. 그러다 보니 소스 코드를 뒤져서 실수를 찾다 보면 잘못된 결과를 내는 부분들이나 모순되지만 자기들끼리는 일관성이 있는 부분들을 많이 발견하게 된다. 이는 그런 부분들이 거짓된 전제들에 기초하기 때문이다. 실수를 찾으려면 이전에 자신이 많은 시간과 노력을 들여서 만들어낸 모든 것을 의문시해야 하는데, 이는 대단히 힘 빠지는 일이다. 스도쿠의 경우에는 그냥 게임을 처음부터 다시 시작하는 것이 최선일 때도 많다. 그러나 소프트웨어 개발에서는 그런 선택이 항상 주어지지는 않는다.

오류 처리에 공을 들이는(사용자의 실수를 방어하는 것뿐만 아니라 우리 자신의 잠재적인 프로그래밍 실수도 방어하는) 방어적 프로그래밍(defensive programming)은 더 나은 소프트웨어로 이어질 뿐만 아니라, 투자한 시간보다 훨씬 많은 시간을 절약하는 훌륭한 투자일 때도 많다. 우리 자신의 프로그래밍 실수를 (단언문을 이용해서) 점검하려면 일정 비율의 추가 작업(이를테면 5~20%)이 필요하지만, 큰 프로그램의 깊숙한 곳에 숨어 있는 버그를 찾으려면 무한한 시간이 걸릴 수 있다.

B.2.1 텍스트 기반 디버거

디버깅을 위한 도구는 여러 가지이다. 일반적으로 GUI를 갖춘 디버거가 사용하기가 쉽지만, 그런 디버거를 사용할 수 없는 상황도 있다(특히 원격 컴퓨터에서 작업할 때). 이번 절에서는 실행 시점 오류를 추적하는 데 대단히 유용한 텍스트 기반 디버거인 gdb를 소개한다.

다음은 이번 절의 사례 연구로 삼을 작은 프로그램으로, GLAS 라이브러리[43]를 사용한다.

```
#include <glas/glas.hpp>
#include <iostream>

int main()
{
    glas::dense_vector< int > x( 2 );
    x(0)= 1; x(1)= 2;

    for (int i= 0; i < 3; ++i)
        std::cout << x(i) << std::endl;
    return 0 ;
}
```

gdb로 이 프로그램†을 실행하면 다음이 출력된다.

```
> gdb hello
1
2
hello: glas/type/continuous_dense_vector.hpp:85:
T& glas::continuous_dense_vector<T>::operator()(ptrdiff_t) [with T = int]:
Assertion `i<size_' failed.
Aborted
```

프로그램이 강제 종료된 것은 x(2)에 접근하지 못했기 때문이고, 접근하지 못한 이유는 색인 2가 범위를 벗어났기 때문이다. 다음은 이 예제 프로그램을 gdb로 디버깅하는 과정이다.‡

```
(gdb) r
Starting program: hello
1
2
hello: glas/type/continuous_dense_vector.hpp:85:
T& glas::continuous_dense_vector<T>::operator()(ptrdiff_t) [with T = int]:
Assertion `i<size_' failed.
```

† [옮긴이] §B.1에 나온 대로 최적화를 끄고 디버깅 정보를 생성하도록 컴파일해서 hello라는 이름의 실행 파일을 만들었다고 가정한다.

‡ [옮긴이] (gdb)는 gdb의 프롬프트이고, 그다음은 필자가 입력한 gdb 명령이다. 그 외의 행들은 gdb의 출력이다.

```
Program received signal SIGABRT, Aborted.
0xb7ce283b in raise () from /lib/tls/libc.so.6
(gdb) backtrace
#0  0xb7ce283b in raise () from /lib/tls/libc.so.6
#1  0xb7ce3fa2 in abort () from /lib/tls/libc.so.6
#2  0xb7cdc2df in __assert_fail () from /lib/tls/libc.so.6
#3  0x08048c4e in glas::continuous_dense_vector<int>::operator() (
    this=0xbfdafe14, i=2) at continuous_dense_vector.hpp:85
#4  0x08048a82 in main () at hello.cpp:10
(gdb) break 7
Breakpoint 1 at 0x8048a67: file hello.cpp, line 7.
(gdb) rerun
The program being debugged has been started already.
Start it from the beginning? (y or n) y

Starting program: hello

Breakpoint 1, main () at hello.cpp:7
7          for (int i=0; i<3; ++i) {
(gdb) step
8            std::cout ' x(i) ' std::endl ;
(gdb) next
1
7          for (int i=0; i<3; ++i) {
(gdb) next
2
7          for (int i=0; i<3; ++i) {
(gdb) next
8            std::cout ' x(i) ' std::endl ;
(gdb) print i
$2 = 2
(gdb) next
hello: glas/type/continuous_dense_vector.hpp:85:
T& glas::continuous_dense_vector<T>::operator()(ptrdiff_t) [with T = int]:
Assertion `i<size_' failed.

Program received signal SIGABRT, Aborted.
0xb7cc483b in raise () from /lib/tls/libc.so.6
(gdb) quit
The program is running.  Exit anyway? (y or n) y
```

backtrace 명령은 현재 실행 지점에 도달한 경로를 보여준다. 출력된 역추적(backtrace) 정보를 살펴보면 프로그램이 main 함수의 행 10에서 종료되었으며, 그 이유는 i가 2라서 glas::continuous_dense_vector<int>::operator()에서 assert가 위반되었기 때문임을 알 수 있다.

B.2.2 GUI를 갖춘 디버거: DDD

GUI를 갖춘 디버거를 이용하면 텍스트 전용 디버거를 사용할 때보다 디버깅이 훨씬 편하다. DDD(Data Dislplay Debugger)가 그런 GUI 디버거이다. 디버깅 기능 자체는 gdb와 크게 다르지 않다. 사실 DDD는 내부적으로 gdb(또는 다른 어떤 텍스트 디버거)를 사용한다. 그렇지만 그림 B-1에서 보듯이 소스 코드와 변수의 값을 직접 볼 수 있어서 대단히 편하다.

그림 B-1의 스크린샷은 §5.4.5의 vector_unroll_example2.cpp를 디버깅하는 과정에서 찍은 것이다. GUI 디버거들은 소스 코드를 표시하는 큰 창 외에, 그림 B-2와 같은 작은 창도 제공한다. 이런 작은 창은 흔히 큰 창의 오른쪽(화면에 충분한 공간이 있는 곳)에 배치된다. 이 작은 창은 디버깅 과정을 텍스트 디버깅보다 훨씬 쉽고 편하게 진행할 수 있는 하나의 제어판(control panel)에 해당한다. DDD의 제어판에는 다음과 같은 버튼들이 있다.

Run: 프로그램을 실행 또는 재개한다.

Interrupt: 프로그램이 종료되지 않거나 다음 중단점(break point)에 도달하지 않는 경우 이 버튼을 이용해서 프로그램을 직접 중지(일시 정지)할 수 있다.

Step: 프로그램을 한 단계 진행한다. 현재 위치가 함수 호출인 경우 그 함수 안으로 들어간다.

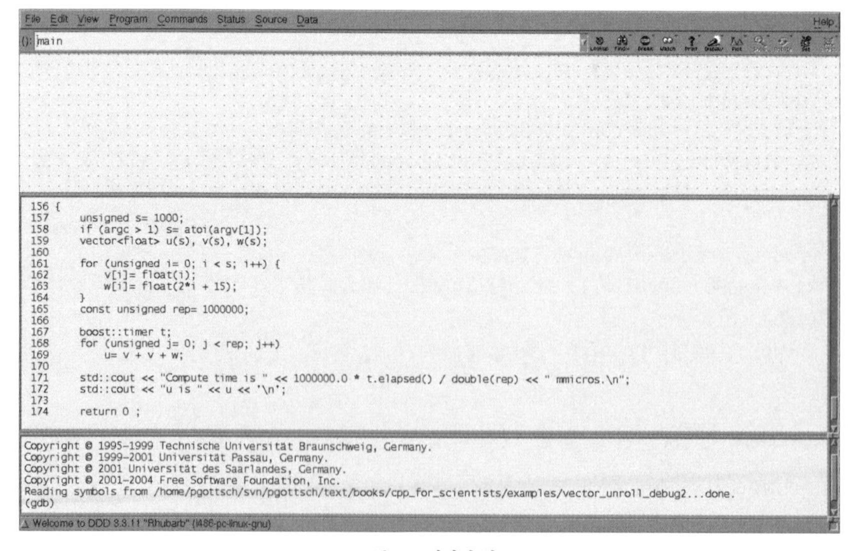

그림 B-1 디버거 창

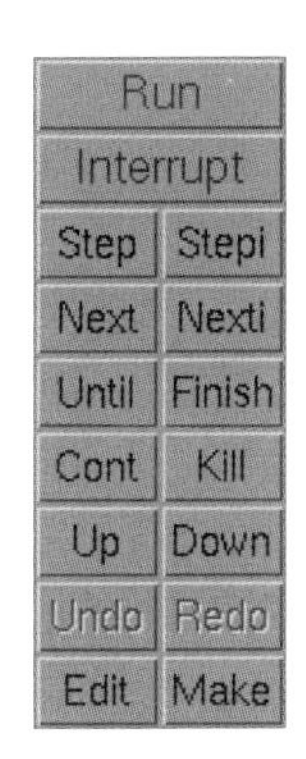

그림 B-2 DDD 제어판

`Next`: 소스 코드의 다음 행으로 넘어간다. 현재 행에 함수 호출이 있는 경우, 해당 함수 안에 중단점이 설정되어 있지 않은 한 그 함수 안으로 들어가지는 않는다.

`Stepi`와 **`Nexti`**: **`Step`**과 **`Next`**와 같되 기계어 명령(instruction) 단위로 작동한다. 어셈블리 코드를 디버깅할 때나 필요하다.

`Until`: 소스 코드의 한 행에 커서를 두고 이 버튼을 클릭하면 프로그램이 그 행에 도달할 때까지 실행된다. 프로그램의 흐름이 그 행을 지나가지 않는다면, 프로그램은 그냥 프로그램의 끝이나 다음 중단점까지, 또는 실행 시점 오류가 발생할 때까지 실행된다. 프로그램에 따라서는 무한 루프에 빠질 수도 있다.

`Finish`: 현재 함수의 나머지 부분을 모두 실행하고, 함수 바깥의 첫 행, 즉 호출 지점의 바로 다음 행에서 중지한다.

`Cont`: 다음 중단 지점(중단점, 실행 시점 오류, 프로그램 종료)까지 프로그램을 실행한다.

`Kill`: 프로그램을 강제로 종료한다.

`Up`: 현재 함수를 호출한 행을 보여준다. 즉, 호출 스택에서 한 수준 위로(up) 이동한다(가능하다면).

`Down`: 호출된 함수로 돌아간다. 즉, 호출 스택에서 한 수준 아래로(down) 이동한다(가능하다면),

`Undo`: 마지막 동작을 취소한다(잘 되는 경우는 거의 없다).

`Redo`: 마지막 명령을 반복한다(잘 될 때가 많다).

`Edit`: 현재 보이는 소스 파일을 편집기로 연다.

`Make`: `make`를 실행해서 실행 파일을 다시 빌드한다.

gdb 버전 7에 도입된 주요 기능 중 하나는 파이썬의 프리티 프린터pretty printer처럼 소스 코드를 보기 좋게 출력하는 능력이다. GUI 디버거들은 이 기능을 이용해서 형식을 간결하게 표시한다. 예를 들어 행렬을 첫 성분에 대한 포인터나 난해한 내부 표현 대신 2차원 배열 형태로 표시할 수 있다. IDE들도 흔히 디버깅 기능을 제공하는데, 일부(Visual Studio 등)에서는 프리티 프린터의 표시 방식을 사용자가 직접 정의하는 것도 가능하다.

대형 프로젝트, 특히 대형 병렬 프로젝트에서는 DDT나 Totalview 같은 전문적인 디버거를 사용하는 것도 고려해야 한다. 그런 디버거는 프로세스들과 스레드들, GPU 스레드들의 실행을 세밀하게(모든 요소, 일부 요소, 특정 요소 하나) 제어할 수 있다.

B.3 메모리 분석

⇒ c++03/vector_test.cpp

필자가 메모리 관리 문제를 해결하는 데 가장 많이 사용하는 도구 모음은 valgrind이다. valgrind에는 메모리 관리 문제 이외의 문제를 위한 도구들도 있지만, 여기서는 메모리 관리 문제에 특화된 memcheck를 소개한다. 다음은 §2.4.2의 vector 예제를 memcheck로 검사하는 명령이다.

```
valgrind --tool=memcheck vector_test
```

memcheck는 메모리 누수(memory leak) 같은 메모리 관리 문제를 검출하며, 초기화되지 않은 메모리에 대한 읽기 접근이나 부분적인 범위 밖 접근 같은 문제점도 보고한다. vector 클래스에서 복사 생성자와 소멸자를 제거하면 별칭 문제(§2.3.1.2)가 발생한다. 그렇게 수정된 예제 프로그램에 대해 memcheck는 다음과 같은 문제점들을 보고한다.

```
==17306== Memcheck, a memory error detector
==17306== Copyright (C) 2002-2013, and GNU GPL'd, by Julian Seward et al.
==17306== Using Valgrind-3.10.0.SVN and LibVEX; rerun with -h for copyright info
==17306== Command: vector_test
==17306==
[1,1,2,-3,]
z[3] is -3
w is [1,1,2,-3,]
```

```
w is [1,1,2,-3,]
==17306==
==17306== HEAP SUMMARY:
==17306==     in use at exit: 72,832 bytes in 5 blocks
==17306==   total heap usage: 5 allocs, 0 frees, 72,832 bytes allocated
==17306==
==17306== LEAK SUMMARY:
==17306==    definitely lost: 128 bytes in 4 blocks
==17306==    indirectly lost: 0 bytes in 0 blocks
==17306==      possibly lost: 0 bytes in 0 blocks
==17306==    still reachable: 72,704 bytes in 1 blocks
==17306==         suppressed: 0 bytes in 0 blocks
==17306== Rerun with --leak-check=full to see details of leaked memory
==17306==
==17306== For counts of detected and suppressed errors, rerun with: -v
==17306== ERROR SUMMARY: 0 errors from 0 contexts (suppressed: 0 from 0)
```

출력을 보면, 프로그램은 메모리 블록 다섯 개를 할당했지만 하나도 해제하지 않았다. 그래서 memcheck는 메모리 누수를 보고했는데, "definitely lost: 128 bytes in 4 blocks(확실한 소실: 네 블록에서 총 128바이트)"라는 문구로 구체적인 누수량도 알려주었다. 해제되지 않은 다섯 번째 블록은 런타임 라이브러리의 것이다. "still reachable: 72,704 bytes in 1 blocks(여전히 도달 가능: 한 블록에서 총 72,704바이트)"가 그 블록인데, 이 누수는 우리 책임이 아니다. 이 예에는 없지만, memcheck는 할당과 해제가 짝이 맞지 않은 문제점(예를 들어 배열 형태로 할당하지 않은 메모리를 delete[]로 해제하는 등)도 보고해 준다.

다음과 같이 상세 모드(verbose mode)를 뜻하는 -v 플래그를 지정해서 실행하면 오류들과 함께 해당 소스 행과 함수 호출 스택도 출력된다.

```
valgrind --tool=memcheck -v --leak-check=full  --show-leak-kinds=all vector_test
```

이렇게 하면 앞의 예보다 훨씬 상세한 정보가 출력되는데, 지면의 한계로 생략한다. 직접 실행해 보기 바란다.

memcheck로 실행한 프로그램은 느리게 실행된다. 극단적인 경우 10~30배까지 느려진다. 그렇긴 하지만 이런 도구로 자주 메모리 관리 문제를 점검하는 것이 좋다. 특히 원시 포인터(향후 표준에서는 원시 포인터를 아예 예외도 두었으면 좋겠다)를 사용하는 소프트웨어는 valgrind를 이용해서 정기적으로 점검해야 마땅하다. valgrind에 관한 좀 더 자세한 사항은 *http://valgrind.org*를 보기 바란다.

DDT 같은 몇몇 상용 디버거에는 이런 메모리 분석 기능이 내장되어 있다. Visual Studio는 메모리 누수를 찾아 주는 CRT 라이브러리를 제공한다.[47]

B.4 gnuplot

gnuplot은 그래프 생성을 위한 퍼블릭 도메인public domain 소프트웨어이다.† 다음과 같은 수치들을 담은 results.dat라는 파일이 있다고 하자.

```
0 1
0.25 0.968713
0.75 0.740851
1.25 0.401059
1.75 0.0953422
2.25 -0.110732
2.75 -0.215106
3.25 -0.237847
3.75 -0.205626
4.25 -0.145718
4.75 -0.0807886
5.25 -0.0256738
5.75 0.0127226
6.25 0.0335624
6.75 0.0397399
7.25 0.0358296
7.75 0.0265507
8.25 0.0158041
8.75 0.00623965
9.25 -0.000763948
9.75 -0.00486465
```

첫 열은 자료점(data point)의 x좌표성분이고 둘째 열은 y좌표성분인데, 흔히 전자는 어떤 함수의 인수이고 후자는 그에 대한 함숫값이다. 다음은 gnuplot으로 함수의 그래프를 그리는 명령이다(그림 B-3의 왼쪽).

```
plot "results.dat" with lines
```

with lines는 자료점들을 선으로 연결하라는 뜻이다. 이것을 생략하고 다음 명령만 실행하면,

† [옮긴이] 이름이 주는 인상과는 달리 gnuplot은 GNU나 FSF와는 무관하게 개발 · 배포되며, GPL을 따르지 않는다.

```
plot "results.dat"
```

그림 B-3의 오른쪽처럼 자료점들만 표시된다. 3차원 그래프는 splot이라는 명령으로 그릴 수 있다. 좀 더 정교한 시각화를 위해서는 Paraview 같은 도구가 있는데, 이 도구도 자유로이 내려받아서 사용할 수 있다.

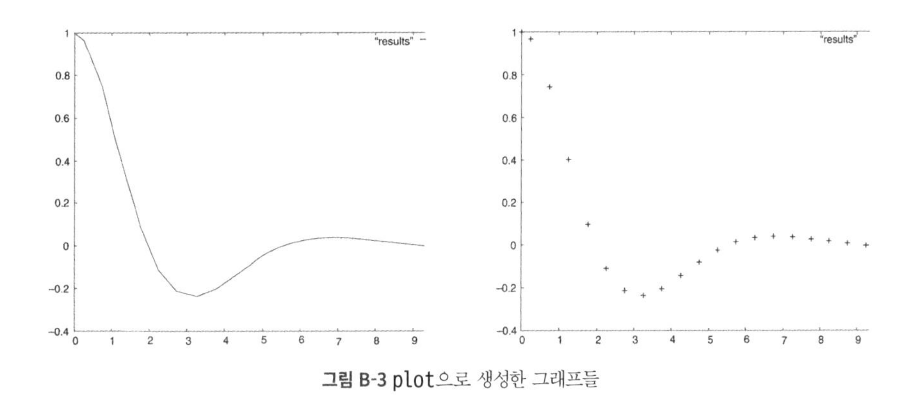

그림 B-3 plot으로 생성한 그래프들

B.5 유닉스, 리눅스, 맥OS

리눅스Linux나 맥OSMac OS 같은 유닉스Unix류 시스템들은 다양한 명령을 제공한다. 그 명령들을 잘 활용하면 프로그래밍을 전혀 또는 거의 하지 않고도 여러 가지 작업을 수행할 수 있다. 다음은 가장 중요한 명령 몇 가지이다.

- ps: 실행 중인 (현재 사용자의) 프로세스들을 나열한다.
- kill *id*: ID가 *id*인 프로세스를 종료한다. kill -9 *id*는 9번 신호를 이용해서 프로세스를 종료한다.
- top: 모든 프로세스와 자원 사용량을 나열한다.
- mkdir *dir*: 이름이 *dir*인 새 디렉터리를 만든다.
- rmdir *dir*: 이름이 *dir*인 디렉터리를 삭제한다(디렉터리가 비어 있어야 한다).
- pwd: 현재 작업 디렉터리를 출력한다.
- cd *dir*: 작업 디렉터리를 *dir*로 변경한다.
- ls: 현재 디렉터리(또는 *dir*로 지정한 특정 디렉터리)의 파일들을 나열한다.
- cp *from to*: *from*이라는 파일을 *to*라는 파일 또는 디렉터리로 복사한다. *to*라는 파일이 존재하면 덮어쓰인다. cp -i *from to* 형태로 실행하면 덮어쓸 것인지를 묻는다.

- mv *from to*: *from*이라는 파일을 *to*라는 디렉터리로 이동한다. *to*라는 디렉터리가 없으면 원본 파일의 이름을 *from*에서 *to*로 변경한다. *to*라는 파일이 존재하면 덮어쓰이며, -i를 지정하면 덮어쓸 것인지를 묻는다.
- rm *files*: *files*로 지정된 모든 파일을 삭제한다. rm *는 모든 것을 삭제하므로 조심해서 사용해야 한다.
- chmod *mode files*: 지정된 파일들의 접근 권한을 변경한다.
- grep *regex*: 터미널 입력(또는 지정된 파일)에서 *regex*로 지정된 정규표현식과 부합하는 부분을 찾는다.
- sort: 입력을 정렬한다.
- uniq: 중복된 행들을 걸러낸다.
- yes: 무한히 y를 출력한다. yes 'my text' 형태로 실행하면 *my text*가 무한히 출력된다.

유닉스 명령들은 파이프로 연결할 수 있다는 점이 특히나 매력적이다. 파이프 연결은 한 프로그램의 출력이 다른 프로그램에 입력되게 하는 것을 말한다. 예를 들어 install.sh라는 설치 스크립트가 던지는 모든 질문에 y로 답하면 되는 경우, 다음과 같이 파이프 기호 |로 yes를 install.sh에 연결하면 된다.

```
yes | ./install.sh
```

또 다른 예로, 다음은 영문자 *t*, *i*, *o*, *m*, *r*, *k*, *f*로 구성된 일곱 글자 단어들을 검색하는 명령이다.

```
grep -io '\<[tiomrkf]\{7\}\>' openthesaurus.txt |sort| uniq
```

필자는 *4 Pics 1 Word*라는 단어 추측 게임을 할 때 이런 명령을 몰래 실행하곤 한다.

이와 비슷한 명령들을 C++로 얼마든지 구현할 수 있음은 물론이다. 이런 시스템 명령들을 우리가 만든 프로그램과 결합하면 더욱 효율적으로 활용할 수 있다. 그런 용도의 프로그램을 작성할 때는 파이프 연결이 쉽도록 출력을 단순하게 만드는 것이 바람직하다. 예를 들어 gnuplot이 직접 처리할 수 있는 형태로 데이터를 출력하는 프로그램을 생각해 볼 수 있겠다.

이번 절은 유닉스류 운영체제가 제공하는 명령들의 위력을 맛만 보여주었다. 사실 이 부록 전체가 그렇다. 적절한 도구들로부터 우리가 얻을 수 있는 이득은 이 부록에 나온 것보다 훨씬 크고 다양하다.

부록 C

D i s c o v e r i n g M o d e r n **C + +**

C++ 언어 정의

언어는 구체적인 상황과 유관한 임의의 정도의 정밀함을 제공하는 데 적합한 도구이다.

—케네스 L. 파이크Kenneth L. Pike

부록 C는 이 책의 본문과 관련이 있는 C++ 언어의 정의들 일부를 독자가 간편하게 참조할 수 있도록 마련된 것으로, C++ 언어 전체를 정의하려는 것은 아니다.

C.1 값 범주

C++은 프로그램에 쓰이는 값(value)들을 여러 범주(catogory)로 분류한다. 여기서는 왼값과 오른값, 그리고 x값만 다룬다. 다음은 이들에 대한 ISO C++ 표준 명세서[38]의 정의를 이 책의 목적에 맞게 적절히 고친 것이다.

정의 C-1. (왼값). 왼값(lvalue) 범주에는 객체, 비트필드, 함수가 속한다.

좀 더 실용적인 관점에서 말하면, 왼값은 이름을 가진, 그래서 주소 연산자 &로 주소를 취할 수 있는 어떠한 개체를 말한다.† "주소를 취할 수 있다"라는 조건을 충족하는 개체는 언뜻 머리에 떠오른 것보다 많다. 예를 들어 호출될 때마다 코드가 치환되며 해당 기호가 실행 파일에 없는[1] 함수조차도 주소가 있다. 그러한 함수의 주소를 취해서, 또는 함수에서 함수 포인터로의 암묵적 변환에 의거해서 그 함수를 다른 함수의 인수로 전달할 수 있다. 왼값과 반대되는 범주는 오른값이다.

---

† [옮긴이] 이런 측면에서 lvalue를 'locatable value(위치를 결정할 수 있는 값)'를 줄인 것으로 간주하자는 주장도 있다.

1 특히 `inline`으로 선언된, 그리고 컴파일러가 최적화를 적용한 함수가 그렇다.

정의 C-2. (오른값). 오른값(rvalue) 범주에는 만료 중인(expiring) 값(예를 들어 오른값으로 형변환된 객체), 임시 객체 또는 임시 객체의 부분객체, 객체와는 연관되지 않은 값이 속한다.

역시 좀 더 실용적인 관점에서 말하면, 오른값은 이름이 없으며 주소 연산자 &로 그 주소를 취할 수 없는 개체이다. 참조가 아닌 결과를 돌려주는 모든 함수가 여기에 해당한다. 이 점은 오른값 함수 매개변수에서 극명하게 드러난다. 그런 매개변수에는 오른값만 전달할 수 있지만, 함수 안에서 그 매개변수는 하나의 왼값이다. 따라서 그 매개변수를 다른 함수에 오른값으로서 전달하려면 반드시 `move`나 `forward`를 적용해야 한다.

왼값과 오른값이라는 이름은 원래 이들이 각각 배정문의 좌변과 우변에 둘 수 있다는 점에서 붙은 것이다. 그러나 언어가 진화하면서 그런 기준은 더 이상 유용하지 않게 되었다. 이제는 왼값이 상수가 될 수 있으며, 상수 왼값은 배정문의 좌변에 둘 수 없다. 또한, &가 붙지 않은 배정 연산자가 정의된 사용자 형식의 오른값 객체는 배정문의 좌변에 둘 수 있다. 이에 관해서는 §2.6.4를 보기 바란다. 그리고 왼값을 배정문의 우변에 둘 수 있음은 물론이다.

정의 C-3. (x값). x값(xvalue)은 오른값으로 형변환(casting)된 왼값이다.

오른값인 객체는 데이터가 깨져 있을 수 있기 때문에 '만료 중'으로 간주된다. §2.3.5.4에서 논의했듯이, 적절히 비워진 오른값 객체는 이런 문제를 발생하지 않는다(심지어 나중에 왼값으로 취급되어도). 그런 만큼, 필자는 x값이라는 범주 자체가 언젠가는 필요하지 않게 되길 희망한다. 여러분의 프로젝트에서 이 책의 기법들을 일관되게 사용한다면, `std::move`나 `std::forward`가 존재하는 코드에서도 객체의 데이터가 깨지는 일은 없을 것이다.

C.2 연산자 요약

표 C-1 연산자 요약

설명	표기법	결합 방향
괄호로 감싼 표현식	(*표현식*)	–
람다 표현식	[*갈무리_목록*] *람다_선언자* { *문장_목록* }	–
범위 해소	*클래스_이름* :: *멤버*	–

범위 해소	이름공간_이름 :: 멤버	—
전역 이름공간	:: 이름	—
전역 이름공간	:: 한정된_이름	—
멤버 선택	객체 . 멤버	⇒
역참조 멤버 선택	포인터 -> 멤버	⇒
첨자	표현식 [표현식]	⇒
첨자(사용자 정의)	객체 [표현식]	⇒
함수 호출	표현식 (표현식_목록)	⇒
	표현식 { 표현식_목록 }	⇒
값 생성	형식 (표현식_목록)	⇒
	형식 { 표현식_목록 }	⇒
후위 증가	왼값 ++	—
후위 감소	왼값 --	—
형식 식별	typeid (형식)	—
실행 시점 형식 식별	typeid (표현식)	—
형변환(실행 시점 점검)	dynamic_cast < 형식 > (표현식)	—
형변환(컴파일 시점 점검)	static_cast < 형식 > (표현식)	—
형변환(점검 없음)	reinterpret_cast < 형식 > (표현식)	—
const 형변환	const_cast < 형식 > (표현식)	—
객체의 크기	sizeof 표현식	—
형식의 크기	sizeof (형식)	—
인수 개수	sizeof... (인수_묶음)	—
형식 인수 개수	sizeof... (형식_묶음)	—
정렬	alignof (표현식)	—
형식의 정렬 단위	alignof (형식)	—
전위 증가	++ 왼값	—
전위 감소	-- 왼값	—
보수(complement)	~ 표현식	⇐
부정	! 표현식	⇐
단항 마이너스	- 표현식	⇐
단항 플러스	+ 표현식	⇐
주소	& 왼값	—

역참조	* *표현식*	⇐
생성(할당)	new *형식*	—
생성(할당 및 초기화)	new *형식* (*표현식_목록*)	—
생성(위치 지정)	new (*표현식_목록*) *형식*	—
생성(위치 지정 및 초기화)	new (*표현식_목록*) *형식* (*표현식_목록*)	—
삭제(메모리 해제)	delete *포인터*	—
배열 삭제	delete [] *포인터*	—
C 스타일 형변환	(*형식*) *표현식*	⇐
예외 발생 대기	co_await *표현식*	—
멤버 선택	*객체* .* *멤버에_대한_포인터*	⇒
멤버 선택	*포인터* ->* *멤버에_대한_포인터*	⇒
곱하기	*표현식* * *표현식*	⇒
나누기	*표현식* / *표현식*	⇒
나머지	*표현식* % *표현식*	⇒
더하기	*표현식* + *표현식*	⇒
빼기	*표현식* - *표현식*	⇒
왼쪽 자리이동	*표현식* << *표현식*	⇒
오른쪽 자리이동	*표현식* >> *표현식*	⇒
3중 비교	*표현식* <=> *표현식*	⇒
미만	*표현식* < *표현식*	⇒
이하	*표현식* <= *표현식*	⇒
초과	*표현식* > *표현식*	⇒
이상	*표현식* >= *표현식*	⇒
상등	*표현식* == *표현식*	⇒
부등	*표현식* != *표현식*	⇒
비트 단위 AND	*표현식* & *표현식*	⇒
비트 단위 XOR	*표현식* ^ *표현식*	⇒
비트 단위 OR	*표현식* | *표현식*	⇒
논리곱(AND)	*표현식* && *표현식*	⇒
논리합(OR)	*표현식* || *표현식*	⇒
조건부 표현식	*표현식* ? *표현식* : *표현식*	⇐
단순 배정	*왼값* = *표현식*	⇐

곱하기 배정	*왼값* *= *표현식*	⇐
나누기 배정	*왼값* /= *표현식*	⇐
나머지 배정	*왼값* %= *표현식*	⇐
더하기 배정	*왼값* += *표현식*	⇐
빼기 배정	*왼값* -= *표현식*	⇐
왼쪽 자리이동 배정	*왼값* <<= *표현식*	⇐
오른쪽 자리이동 배정	*왼값* >>= *표현식*	⇐
비트 단위 AND 배정	*왼값* &= *표현식*	⇐
비트 단위 OR 배정	*왼값* |= *표현식*	⇐
비트 단위 XOR 배정	*왼값* ^= *표현식*	⇐
예외 던지기	throw *표현식*	—
예외 산출	co_yield *표현식*	—
쉼표(순차 처리)	*표현식* , *표현식*	⇒

이 표는 [62, §10.3]에 나온 표에 기초한 것으로,[2] 이항 연산자들과 삼항 연산자들에는 결합 방향도 표시해 두었다. 우선순위가 같은 단항 연산자들은 안쪽에서 바깥쪽의 순서로 평가된다. 왼쪽 결합 연산자들(표에 ⇐로 표시된)이 있는 표현식에서는 왼쪽의 부분식이 먼저 평가된다. 예를 들면 다음과 같다.

```
a + b + c + d + e           // 아래와 같이 평가됨
(((a + b) + c) + d) + e
```

배정은 오른쪽 결합이다. 예를 들면 다음과 같다.

```
a= b= c= d= e               // 아래와 같이 평가됨
a= (b= (c= (d= e)))
```

sizeof의 정의도 유심히 보기 바란다. 객체를 비롯한 표현식에는 괄호 없이 직접 적용할 수 있지만, 형식은 반드시 괄호로 감싸야 한다.

```
int i;
sizeof i;                   // OK: i는 하나의 표현식
sizeof(i);                  // 역시 OK: 여분의 ()가 문제가 되지는 않음
```

2 표준 명세서에는 연산자 우선순위를 직접적으로 나열한 표가 없다. 한편, *cppreference.com*의 연산자 요약표에는 조건부 표현식이 그다음 배정 연산자들과 같은 우선순위 그룹에 속하는 것으로 나와 있다(실무에서 이 차이가 문제가 되는 일은 사실상 없다).

```
sizeof int;               // 오류: 형식에 대해서는 괄호가 필요함
sizeof(int);              // OK
```

괄호가 필요한지 확실하지 않다면, 그냥 괄호를 치는 것이 안전하다.

C.3 변환 규칙

C++에서 정수, 부동소수점 수, `bool` 값들은 다른 형식으로 잘 변환되므로 자유로이 섞어 쓸 수 있다. 가능한 경우 값들은 항상 정보가 소실되지 않는 방향으로 변환된다. 변환된 값을 원래의 형식으로 다시 변환했을 때 원래의 값이 복원되는 방식의 변환을 가리켜 **값 보존 변환**(value-preserving conversiont)이라고 부른다. 그렇지 않은 변환은 **좁아지는 변환**(narrowing conversion)이다. 이 문단은 [62, Intro §10.5]를 요약한 것이다.

C.3.1 승격

값을 보존하는 암묵적 변환을 **승격**(promotion)이라고 부른다. 짧은 정수나 짧은 부동소수점 형식의 값은 더 긴 정수나 더 긴 부동소수점 형식의 값으로 손실 없이 정확하게 변환된다. 값을 보존할 수 있다면 더 긴 형식들보다는 `int`와 `double`로의 변환이 선호되는데, 이 두 형식이 산술 연산에서 "자연스러운(간단히 말하면 하드웨어가 가장 잘 지원하는)" 크기로 간주되기 때문이다. 정수 형식들의 구체적인 승격 규칙은 다음과 같다.

- `char`, `signed char`, `unsigned char`, `short int`, `unsigned short int`는 `int`가 원본 형식의 값을 온전하게 표현할 수 있으면 `int`로 변환되고 아니면 `unsigned int`로 변환된다.
- `char8_t`, `char16_t`, `char32_t`, `wchar_t`와 보통의 `enum`은 `int`, `unsigned int`, `long`, `unsigned long`, `unsigned long long` 중 원본 형식의 값을 온전히 담을 수 있는 첫 형식으로 변환된다.
- 비트필드는 `int`가 해당 비트필드의 모든 값을 표현할 수 있으면 `int`로 변환되고, 그렇지 않으면 `unsigned int`가 고려된다. 만일 `unsigned int`도 모든 값을 표현할 수 없으면 승격은 일어나지 않는다.
- `bool`은 `int`로 변환된다. `false`는 `0`이 되고 `true`는 `1`이 된다.

승격은 산술 변환(§C.3.3)으로 쓰인다. 출처: [62, §10.5.1]

C.3.2 기타 변환

C++은 더 좁은 형식으로의 변환을 암묵적으로 수행한다.[3] 다음은 그러한 잠재적인 좁아지는 변환들이다.

- 정수와 보통의 enum 형식은 임의의 정수 형식으로 변환될 수 있다. 대상 형식이 더 짧으면 선행(왼쪽의) 비트들이 잘려 나간다.
- 부동소수점 값들은 더 짧은 부동소수점 형식으로 변환될 수 있다. 원본 값이 두 대상 값 사이에 놓인다면, 결과는 그 두 값 중 하나이다. 그렇지 않으면 프로그램의 행동은 정의되지 않는다.
- 포인터와 참조: 객체를 가리키는 포인터는 void*로 변환될 수 있다(구식의 사악한 해킹이긴 하지만). 그와는 달리 함수나 멤버를 가리키는 포인터는 void*로 변환되지 않는다. 파생 클래스에 대한 포인터나 참조는 암묵적으로 (중의성이 없는) 기반 클래스에 대한 포인터나 참조로 변환될 수 있다. 0(또는 0으로 평가되는 표현식)은 임의의 포인터 형식으로 변환될 수 있으며, 변환 결과는 널 포인터이다. 그러나 널 포인터를 표현하는 용도로는 0보다 nullptr가 낫다. T*는 const T*로 변환될 수 있으며, 마찬가지로 T&는 const T&로 변환될 수 있다.
- bool: 포인터, 정수, 부동소수점 수는 bool로 변환될 수 있다. 0에 해당하는 값은 false가 되고 그 밖의 모든 값은 true가 된다. 주의: 이런 변환들이 프로그램을 이해하는 데 도움이 되지는 않는다.
- 정수⇔부동소수점: 부동소수점 수가 정수로 변환될 때 소수부는 버려진다(0을 향해 반올림된다). 값이 너무 커서 정수로 표현할 수 없으면 프로그램의 행동은 정의되지 않는다. 정수에서 부동소수점 형식으로의 변환은, 전자를 대상 형식으로 표현할 수 있을 때는 정확한 값으로 변환된다. 그렇지 않으면 그다음으로 작은 또는 큰 부동소수점 수가 선택된다(둘 중 어느 쪽인지는 구현(컴파일러)에 의존한다). 드물지만 정수가 너무 커서 부동소수점 수로 표현할 수 없으면 프로그램의 행동은 정의되지 않는다.

출처: [62, §10.5.2]와 ISO 표준 명세서.

3 요즘 컴파일러들은 흔히 이런 좁아지는 변환을 경고해 준다.

C.3.3 통상적인 산술 변환

다음은 이항 연산의 결과를 담는 하나의 공통 형식으로 두 피연산자의 형식을 통일시키기 위해 피연산자들에 적용되는 변환들이다.

1. 만일 두 피연산자 중 하나가 long double이면 다른 하나가 long double로 변환된다.
   - 그렇지 않고 만일 두 피연산자 중 하나가 double이면 다른 하나가 double로 변환된다.
   - 그렇지 않고 만일 두 피연산자 중 하나가 float면 다른 하나가 float로 변환된다.
   - 그 밖의 경우에는 두 피연산자에 대해 §C.3.1의 정수 승격이 적용된다.
2. 그렇지 않고 만일 두 피연산자 중 하나가 unsigned long long이면 다른 하나가 unsigned long long으로 변환된다.
   - 그렇지 않고 만일 한 피연산자가 long long이고 다른 하나가 unsigned long이면, 만일 후자의 모든 값을 long long으로 온전하게 표현할 수 있으면 후자가 long long으로 변환되고, 그렇지 않으면 둘 다 unsigned long long으로 변환된다.
   - 그렇지 않고 만일 한 피연산자가 long이고 다른 하나가 unsigned이면, 만일 후자의 모든 값을 long으로 온전하게 표현할 수 있으면 후자가 long으로 변환되고, 그렇지 않으면 둘 다 unsigned long으로 변환된다.
   - 그렇지 않고 만일 두 피연산자 중 하나가 long이면 다른 하나가 long으로 변환된다.
   - 그렇지 않고 만일 두 피연산자 중 하나가 unsigned이면 다른 하나가 unsigned로 변환된다.
   - 그 밖의 경우에는 두 피연산자 모두 int로 변환된다.

정수 변환 규칙들이 정수 형식들의 크기에 의존함을 주의하기 바란다. 그래서 signed 정수와 unsigned 정수를 섞어서 사용하는 프로그램의 행동 방식은 플랫폼에 의존적이다. 출처: [62, §10.5.3].

C.3.4 좁아지는 변환

다음과 같은 암묵적 변환들을 **좁아지는 변환**(narrowing conversion; 또는 좁히기 변환)이라고 부른다.

- 부동소수점 형식에서 정수 형식으로의 변환.
- `long double`에서 `double`이나 `float`로의 변환과 `double`에서 `float`로의 변환. 단, 원본이 상수 표현식이고 변환 이후의 실제 값이 표현 가능한 값 범위에 있으면 (정확히 표현할 수는 없다고 해도) 좁아지는 변환이 아니다.
- 정수 형식이나 범위 없는 열거형에서 부동소수점 형식으로의 변환. 단, 원본이 상수 표현식이고 변환 이후의 실제 값을 대상 형식으로 온전히 표현할 수 있으며 다시 원래의 형식으로 변환했을 때 원래의 값이 나온다면 좁아지는 변환이 아니다.
- 정수 형식이나 범위 없는 열거형에서 원본 형식의 모든 값을 표현할 수는 없는 정수 형식으로의 변환. 단, 원본이 상수 표현식이고 변환 이후의 실제 값을 대상 형식으로 온전히 표현할 수 있으며 다시 원래의 형식으로 변환했을 때 원래의 값이 나온다면 좁아지는 변환이 아니다.

출처: ISO 표준 명세서.

참고문헌

[1] David Abrahams, Aleksey Gurtovoy. *C++ Template Metaprogramming: Concepts, Tools, and Techniques from Boost and Beyond*. Addison-Wesley, 2005.

[2] Douglas Adams. *Life, the Universe and Everything*. Pan Macmillan, 1980.

[3] Bryce Adelstein. "Core C++ 2019 :: Bryce Adelstein :: Modules are Coming." *https://www.youtube.com/watch?v=bDTm6y6fNSU*, 2019년 7월.

[4] Matthew H. Austern. *Generic Programming and the STL: Using and Extending the C++ Standard Template Library*. Addison-Wesley, 1999.

[5] Lewis Baker. CppCoro — A coroutine library for C++. *https://github.com/lewissbaker/cppcoro*.

[6] John J. Barton, Lee R. Nackman. *Scientific and Engineering C++*. Addison-Wesley, 1994.

[7] L. Susan Blackford, Antoine Petitet, Roldan Pozo, Karin Remington, R. Clint Whaley, James Demmel, Jack Dongarra, Iain Duff, Sven Hammarling, Greg Henry, et al. "An updated set of basic linear algebra subprograms (blas)." *ACM Transactions on Mathematical Software*, 28(2):135—151, 2002.

[8] Walter E. Brown. "Three <random>-related proposals, v2." Technical Report N3742, ISO/IEC JTC 1, Information Technology, Subcommittee SC 22, Programming Language C++, 2013년 8월.

[9] Krzysztof Czarnecki, Ulrich Eisenecker. "Meta-control structures for template metaprogramming." *http://home.t-online.de/home/Ulrich*.Eisenecker/meta.htm.

[10] Krzysztof Czarnecki, Ulrich W. Eisenecker. *Generative Programming: Methods, Tools, and Applications*. Addison-Wesley, 2000.

[11] Ionut Danaila, Frédéric Hecht, Olivier Pironneau. *Simulation Numérique en C++*. Dunod, Paris, 2003.

[12] Stefanus Du Toit. "Hourglass interfaces for C++ APIs." *http://de.slideshare.net/StefanusDuToit/cpp-con-2014-hourglass-interfaces-for-c-apis*, 2014.

[13] Margaret A. Ellis, Bjarne Stroustrup. *The Annotated C++ Reference Manual*. Addison-Wesley, 1990.

[14] Andreas Fertig. "C++20: Aggregate, POD, trivial type, standard layout class, what is what." *https://andreasfertig.blog/2021/01/cpp20-aggregate-pod-trivial-type-standard-layout-class-what-is-what/*, 2021.

[15] Andreas Fertig. *Programming with C++20*. Fertig Publications (Leanpub를 통해), 2021.

[16] Erich Gamma, Richard Helm, Ralph Johnson, John Vlissides. *Design Patterns: Elements of Reusable Object-Oriented Software*. Addison-Wesley, 1995.

[17] Bernhard Ganter, Rudolf Wille. *Formal Concept Analysis: Mathematical Foundations*. Springer Science & Business Media, 2012.

[18] Peter Gottschling. "Fundamental algebraic concepts in concept-enabled C++." Technical Report 638, Indiana University, 2006.

[19] Peter Gottschling. *Mixed Complex Arithmetic*. SimuNova, 2011. *http://old.simunova.com/docs/mtl4/html/mixed__complex.html*, Matrix Template Library 4의 일부.

[20] Peter Gottschling. "Code Reuse in Class Template Specialization." Technical Report N3596, ISO IEC JTC1/SC22/WG21, 2013. *http://www.open-std.org/jtc1/sc22/wg21/docs/papers/2013/n3596.pdf*.

[21] Peter Gottschling. *Matrix Template Library 4*. SimuNova, 2014. *http://new.simunova.com/index.html#en-mtl4-index-html*.

[22] Peter Gottschling, Andrew Lumsdaine. "Integrating semantics and compilation: using C++ concepts to develop robust and efficient reusable libraries." *GPCE '08: Proceedings of the 7th International Conference on Generative Programming and Component Engineering*, pp. 67—76 ACM, 2008.

[23] Peter Gottschling, David S. Wise, Adwait Joshi. "Generic support of algorithmic and structural recursion for scientific computing." *The International Journal of Parallel, Emergent and Distributed Systems (IJPEDS)*, 24(6):479—503, 2009년 12월.

[24] Douglas Gregor 외. *Concepts: Linguistic Support for Generic Programming in C++*. *https://dl.acm.org/doi/10.1145/1167473.1167499*.

[25] Rainer Grimm. "C++20: Coroutines with CppCoro." *https://www.modernescpp.com/index.php/c-20-coroutines-with-cppcoro*.

[26] Rainer Grimm. *Concurrency with Modern C++*. LeanPub, 2018.

[27] Rainer Grimm. *Modern C++: Concurrency Meistern*. Carl Hanser Verlag GmbH & Co. KG, 2018.

[28] E. Hairer, S.P. Nørsett, G. Wanner. *Solving Ordinary Differential Equations I: Nonstiff Problems*. Springer Series in Computational Mathematics. Springer, 2008.

[29] Lutz Hamel. "Theory on Computation." *https://sites.google.com/a/uri.edu/csc544/*. Lecture 11, 2017년 봄.

[30] Kjell Hedström. "Number crunching: Why you should never, ever, ever use linked-list in your code again." *http://www.codeproject.com/Articles/340797/Number-crunching-Why-you-should-never-ever-EVER-us*, 2012년 8월.

[31] Magnus R. Hestenes, Eduard Stiefel. "Methods of conjugate gradients for solving linear systems." *J. Res. Nat. Bur. Standards*, 49(6):409—436, 1952년 12월.

[32] Roger W. Hockney. *The Science of Computer Benchmarking*, vol. 2. SIAM, 1996.

[33] "C++ reference: Implicit cast." *http://en.cppreference.com/w/cpp/language/implicit_cast*.

[34] ISO/IEC. *ISO/IEC 14882:1998: Programming languages – C++ (C++98)*, 1998. 초안: *http://www.lirmm.fr/%7Educour/Doc-objets/ISO+IEC+14882-1998.pdf*.

[35] ISO/IEC. *ISO/IEC 14882:2003: Programming languages – C++ (C++03)*, 2003. 초안: *https://cs.nyu.edu/courses/fall11/CSCI-GA.2110-003/documents/c++2003std.pdf*.

[36] ISO/IEC. *ISO/IEC 14882:2011: Programming languages – C++ (C++11)*, 2011. 초안: *http://www.open-std.org/jtc1/sc22/wg21/docs/papers/2012/n3337.pdf*.

[37] ISO/IEC. *ISO/IEC 14882:2014: Programming languages – C++ (C++14)*, 10 2014. 초안: *https://github.com/cplusplus/draft/blob/master/papers/n4140.*

pdf?raw=true.

[38] ISO/IEC. *ISO/IEC 14882:2017: Programming languages – C++ (C++17)*, 제5판, 2017년 12월. 초안: *http://www.open-std.org/jtc1/sc22/wg21/docs/papers/2017/n4659.pdf*.

[39] ISO/IEC. *ISO/IEC 14882:2020: Programming languages – C++ (C++20)*, 2020. 초안: *http://www.open-std.org/jtc1/sc22/wg21/docs/papers/2017/n4659.pdf*.

[40] Nicolai Josuttis. *The C++ Standard Library: A Tutorial and Reference, Second Edition*. Addison-Wesley, 2012.

[41] Björn Karlsson. *Beyond the C++ Standard Library: An Introduction to Boost*. Addison-Wesley, 2006.

[42] Kenny Kerr. "From algorithms to coroutines in C++." *http://msdn.microsoft.com/magazine/mt826346*, 2017.

[43] Karl Meerbergen. *Generic Linear Algebra Software*. K.U. Leuven, 2014. *http://people.cs.kuleuven.be/~karl.meerbergen/glas/*.

[44] Karl Meerbergen, Krešimir Fresl, Toon Knapen. "C++ bindings to external software libraries with examples from BLAS, LAPACK, UMFPACK, and MUMPS." *ACM Transactions on Mathematical Software (TOMS)*, 36(4):22, 2009.

[45] Scott Meyers. "A concern about the rule of zero." *http://scottmeyers.blogspot.de/2014/03/a-concern-about-rule-of-zero.html*.

[46] Scott Meyers. *Effective Modern C++: 42 Specific Ways to Improve Your Use of C++11 and C++14*. O'Reilly Media, Inc., 2014.

[47] Microsoft. "Find memory leaks with the CRT library." *https://docs.microsoft.com/en-us/visualstudio/debugger/finding-memory-leaks-using-the-crt-library?view=vs-2019*.

[48] Theodor Omtzigt, Peter Gottschling. *HPR-BLAS*. Stillwater Supercomputing and SimuNova, 2018. *https://github.com/stillwater-sc/hpr-blas*.

[49] Theodor Omtzigt, Peter Gottschling. *HPR-Tensor*. Stillwater Supercomputing and SimuNova, 2018. *https://github.com/stillwater-sc/hpr-tensor*.

[50] Theodor Omtzigt, Peter Gottschling. *Universal Number Arithmetic library*. Stillwater Supercomputing and SimuNova, 2018. *https://github.com/stillwater-sc/universal*.

[51] Oracle. "Oracle C++ call interface." *http://www.oracle.com/technetwork/database/features/oci/index-090820.html*.

[52] Edward Ott. *Chaos in Dynamical Systems*. Cambridge University Press, 2002.

[53] Dan Quinlan. "Rose: Compiler support for object-oriented frameworks." *Parallel Processing Letters*, 10(02n03):215—226, 2000.

[54] Jan Rudl. *Skript zur Vorlesung Finanzmathematik*, 2013년 10월.

[55] Jeremy Siek, Douglas Gregor, Ronald Garcia, Jeremiah Willcock, Jaakko Järvi, Andrew Lumsdaine. "Concepts for C++0x." Technical Report N1758, ISO/IEC JTC 1, Information Technology, Subcommittee SC 22, Programming Language C++, 2005년 1월.

[56] Jeremy G. Siek, Lie-Quan Lee, Andrew Lumsdaine. *Boost Graph Library, The: User Guide and Reference Manual*. Addison-Wesley, 2001.

[57] Jeremy G. Siek, Andrew Lumsdaine. *A Language for Generic Programming*. PhD 학위 논문, Indiana University, 2005.

[58] Malte Skarupke. "The problems with uniform initialization." *http://probablydance.com/2013/02/02/the-problems-with-uniform-initialization*, 2013년 2월.

[59] A.A. Stepanov. "Abstraction penalty benchmark," version 1.2 (KAI), 1992. *http://www.open-std.org/jtc1/sc22/wg21/docs/D_3.cpp*.

[60] Walter Storm. "An in-depth study of the STL deque container." *http://www.codeproject.com/Articles/5425/An-In-Depth-Study-of-the-STL-Deque-Container*.

[61] Bjarne Stroustrup. *The C++ Programming Language, Third Edition*. Addison-Wesley, 1997.

[62] Bjarne Stroustrup. *The C++ Programming Language, Fourth Edition*. Addison-Wesley, 2013.

[63] Bjarne Stroustrup, Herb Sutter. "C++ Core Guidelines." *https://isocpp.github.io/CppCoreGuidelines/CppCoreGuidelines*.

[64] Herb Sutter. "Why not specialize function templates?" *http://www.gotw.ca/publications/mill17.htm*, 2009.

[65] Herb Sutter. "Move, simply." *https://herbsutter.com/2020/02/17/move-simply*, 2020년 2월.

[66] Herb Sutter, Andrei Alexandrescu. *C++ Coding Standards: 101 Rules, Guidelines, and Best Practices*. Addison-Wesley, 2005.

[67] Xiaolong Tang, Jaakko Järvi. "Generic flow-sensitive optimizing transformations in C++ with concepts." *SAC'10: Proceedings of the 2010 ACM Symposium on Applied Computing*, 2010년 3월.

[68] Gerald Teschl. *Ordinary Differential Equations and Dynamical Systems*, vol. 140. American Mathematical Soc., 2012.

[69] David Vandevoorde, Nicolai M. Josuttis, Douglas Gregor. *C++ Templates: The Complete Guide, Second Edition*. Addison-Wesley, 2018.

[70] Kenton Varda. "Protocol buffers: Google's data interchange format." Technical report, Google, 2008년 6월.

[71] T.L. Veldhuizen. "C++ templates are Turing complete." *http://citeseerx.ist.psu.edu/viewdoc/summary?doi=10.1.1.14.3670*, 2003.

[72] Vaughn Vernon. *Implementing Domain-Driven Design*. Addison-Wesley, 2013.

[73] R.C. Whaley, A. Petitet, J. Dongarra. "Automated empirical optimization of software and the ATLAS project." *Parallel Computing*, 27(1—2):3—35, 2001년 1월.

[74] Baptiste Wicht. "C++ benchmark — std::vector vs std::list vs std::deque." *http://baptiste-wicht.com/posts/2012/12/cpp-benchmark-vector-list-deque.html*, 2012.

[75] Anthony Williams. *C++ Concurrency in Action*. Manning Publications, 2019.

[76] P. Wilmott. *Paul Wilmott Introduces Quantitative Finance*. Wiley, 2007.

[77] Greg Wilson. *Data Crunching: Solve Everyday Problems Using Java, Python and More*. The Pragmatic Programmers. Pragmatic Bookshelf, 2005.

찾아보기

일러두기

- 색인어의 정의가 있는 페이지는 **123**처럼 굵게 표시했습니다.
- `__cplusplus`처럼 문장 부호로 시작하는 단어는 문장 부호들을 제외하고 알파벳순으로 정렬한 위치에 있습니다.

[숫자 및 기호]

[ㄱ]

[ㄴ]

[ㄷ]

[ㄹ]

[ㅁ]

[ㅅ]

[ㅇ]

[ㅈ]

[ㅌ]

[A]

[B]

[C]

[E]

[F]

[G]

[H]

[I]

[J]

[K]

[L]

[N]

[O]

[S]

[T]

[W]

[X]

[Y]